Von grauen Mäusen
und
großen Meistern

Bilder: Pressebilderdienst Horst Müller, Essen
                Frank Kruczynski, Zwickau
                Agon Archiv, Kassel
                Archiv Hardy Grüne, Göttingen

Satz: Agon Sportverlag, Kassel
Einband: Weusthoff & Rose, Köln
Einbandfoto: firo, Essen
Druck: Westermann Druck, Zwickau

ISBN 3-89784-114-2

Von grauen Mäusen und und großen Meistern

Hardy Grüne (Hg.)

Vorwort

Es war *der* Glücksgriff in der Geschichte des deutschen Fußballs: Die 1. Bundesliga. Am 24. August 1963 nahm das „liebste Kind der Deutschen" seinen Spielbetrieb auf und verstand es seither ausgezeichnet, die Fans zu faszinieren und für sich zu begeistern. Weder der Skandal von 1971, noch die kollektive Identitätskrise des Fußballs Mitte der achtziger Jahre oder die derzeitige gnadenlose Kommerzialisierung haben ernsthaft am Mythos der Bundesliga kratzen können. In ihrem 35. Jahr ist das Fußballoberhaus so lebendig wie noch nie. Zuschauerrekorde fallen im Wochenendtakt, Samstagabend spricht die Nation über die Ergebnisse.

Die Geschichte der Bundesliga ist auch die Geschichte ihrer Vereine. 45 Klubs haben bislang an ihrem Spielbetrieb teilnehmen dürfen - und alle haben sie der Bundesliga ihren Stempel aufgedrückt. Sei es so nachhaltig wie Bayern München und Borussia Mönchengladbach, so beiläufig wie Darmstadt 98 und der FC Homburg oder so spektakulär wie Tasmania Berlin und der Wuppertaler SV.

Anno 1965: Borussia Mönchengladbach betritt die Bundesligabühne.

Mit „Von großen Meistern und grauen Mäusen" liegt nun erstmals die Geschichte der Bundesligavereine komprimiert in einem Buch vor. Es ist ein überaus demokratisches Buch, denn auf jeweils acht Seiten erfährt jeder einzelne Klub - gleich ob graue Maus Uerdingen oder großer Meister BVB - seine angemessene und gleichberechtigte Würdigung. Ausgehend vom Jahr 1963 wird die Chronik eines jeden Vereins bis in die Gegenwart geschildert - und zwar keineswegs beschränkt auf die Spielzeiten in der 1. Bundesliga. So erfährt der Leser, wie es um den Sport-Club Freiburg anno 1963 stand, was Tasmania Berlin im Jahre 1999 so treibt und warum Rot-Weiß Ober-

hausen 1989 bis in die Viertklassigkeit abstieg. Natürlich geht es auch um den phänomenalen Werdegang der Münchner Bayern (bzw. den Bayernligajahren der Konkurrenz von 1860), die Faszination Bieberer Berg und das letzte noch übriggebliebene Gründungsmitglied der Bundesliga, den HSV.

Entstanden sind 45 Geschichten, in denen viel von der Faszination Fußball die Rede ist. In denen Namen auftauchen, die längst vergessen waren, in denen Ereignisse geschildert werden, an die man sich mit Schmunzeln oder Grauen wiedererinnern wird. Ohnehin wird viel geweckt werden. Erinnerung, Freude, Schmerz, Wehmut. Dabei bleibt es jedoch nicht, denn es wird, wenn nötig, auch der Finger in die Wunde gelegt. Trotz aller notwendigen kritischen Distanz ist freilich viel Raum für Schwärmereien und verträumte Gedanken nach dem Motto „was wäre gewesen, wenn..." eingeräumt worden.

17 Autoren und Autorinnen haben sich - oftmals mit viel persönlichem Herzblut - mit den Vereinen beschäftigt und keine nüchternen historischen Abrisse der Erfolge und Mißerfolge geschaffen, sondern emotionsgeladene, mitunter auch ketzerische Geschichten, in denen vom Leiden der Fans, von Abstürzen bis in die Amateurliga, von sensationellen Wiederauferstehungen und Meisterschaften sowie von der Langeweile des Mittelmaßes die Rede ist. Und genau das ist es doch auch, was den Fußball so faszinierend macht: Seine Ungewißheit.

Alemannia Aachen

Der 6. Mai 1963 sollte für Alemannia Aachen von großer Bedeutung sein. An diesem Tag ehrte der Verein anläßlich einer Feierstunde sein letztes noch lebendes Gründungsmitglied, den Ehrenpräsidenten Rektor Josef Emunds, der seinen achtzigsten Geburtstag beging.

Die Geschichte vom ewigen Zweiten

Was in aller Harmonie und Feierlichkeit begann, endete mit einer der zweifelhaftesten Entscheidungen der deutschen Fußballgeschichte. In Aachen sprach man gar offen von Betrug und Skandal. Betroffen waren der Verein Alemannia, seine Mitglieder und Anhänger in Nah und Fern, die Gerechtigkeit, der Fußballsport im Allgemeinen, das gute Gewissen, der Glaube an die Funktionäre und einige andere Werte mehr.

Ausgelöst wurde alles durch ein Telegramm, welches der Bundesliga-Ausschuß, der sich mit der Zulassung der 16 Vereine in die neu gegründete Fußball-Bundesliga befaßte, just zu dieser Stunde gen Aachen schickte. Der folgenschwere Inhalt lautete kurz und knapp: „...können Ihre Bewerbung zur Fußball-Bundesliga nicht berücksichtigen". Spieler und Funktionäre waren geschockt. Dieser Tiefschlag versetzte den Verein von heute auf morgen in die Zweitklassigkeit - und das, wie man in Aachen erbost schimpfte, völlig zu Unrecht, denn man hatte sich sicher gewähnt, einen Platz in der neuen Spielklasse beanspruchen zu dürfen. Die unscharf formulierten Zulassungskriterien, in denen von sportlichen, wirtschaftlichen und geographischen Aspekten die Rede war, wurden jedoch auf fragwürdige Art gegen die Alemannia ausgelegt. Dies alles unter Beteiligung des Präsidenten des Erzrivalen 1. FC Köln, Franz Kremer, der ebenfalls in der Ausschußkommission saß, und, so ahnte man düster, natürlich kein Interesse an einem zweiten Bundesligisten aus dem Mittelrheingebiet habe. Er fürchtete, hieß es, Nachteile für seinen FC.

Bundesligabilanz	
Bundesligajahre:	1967/68-69/70
Gesamt:	3 Jahre
Beste Plazierung:	Platz 2 (1968/69)
Ewige Tabelle:	Platz 33, 102 Spiele, 34 Siege, 21 Unentschieden, 47 Niederlagen, 140:200 Tore, 123 Punkte
Ø Plazierung:	Platz 10,3
Top-Spieler:	Erwin Hermandung (98), Rolf Pawellek (93), Josef Thelen (88), Josef Martinelli (84), Erwin Hoffmann (83)
Top-Torjäger:	Erwin Hermandung (19), Heinz-Gerd Klostermann (16), Hans-Jürgen Ferdinand (14), Roger Claessen (11), Karl-Heinz Krott (10), Ion Ionescu (10)

Das Kapitel Köln gegen Aachen hatte eine Vorgeschichte. Schon in den letzten Oberligajahren hatte es diverse Scharmützel zwischen den beiden Klubs gegeben, in denen es um Spielerkäufe, damals noch verbotene Trainingslager, Zuschauergunst und die schon seit den dreißiger Jahren umkämpfte Vorherrschaft am Mittelrhein gegangen war. Nach dem Meisterschaftsspiel Alemannia - 1. FC Köln (1:0) im März 1963 hatte sich der Kölner Spielführer Hans Schäfer mit "... hier brauchen wir zum Glück bald nicht mehr hin...", geäußert. Was er damit gemeint hatte, war plötzlich jedem Alemannen klar. Aachens Empörung über die Nichtberücksichtigung zur Bundesliga war nachvollziehbar: Später sprach selbst der DFB von einem „bedauerlichen Härtefall". Die Alemannia ging derweil zum Angriff über, klagte gegen den Beschluß und forderte gemeinsam mit den Offenbacher Kickers, einem weiteren „Härtefall", die Aufstockung der Bundesliga auf 18 Vereine. Die Arbeit der Bundesliga-Kommission, die die jahrelangen Forderungen nach einer einheitlichen höchsten Spielklasse hatte umsetzen sollen, wurde unter die Lupe genommen. In aller Schnelle, scheinbar völlig willkürlich war an der Vereinszusammensetzung gearbeitet worden. Mal war der sportliche Aspekt wichtig gewesen - wobei dies ein Zeitrahmen von 10 - 12 Jahren sein sollte -, mal waren es die wirtschaftlichen Rahmenbedingungen gewesen, mal die „bessere Perspektive", was dies auch immer bedeuten sollte.

Schließlich waren zur Festlegung der beiden letzten Westvereine nach den gesetzten Dortmundern, Schalkern und Kölnern die Plazierungen der letzten fünf Spielzeiten herangezogen worden. Dies war nach Ansicht der Aachener jedoch ein abgekartetes Spiel, da zum Zeitpunkt der Absage an Alemannia - 6. Mai 1963 - der letzte Oberligaspieltag noch ausstand, es also noch längst nicht klar war, wer am Ende welche Position belegen würde! Die Herren der Kommission schienen Hellseher zu sein. Pikant am letzten Spieltag war zudem, daß mit der Begegnung Meidericher SV - Preußen Münster ausgerechnet die beiden Vereine zusammentrafen, mit denen Alemannia das alles entscheidende Plazierungs-

duell austrug. Man hatte ausgewählt, ehe gespielt worden war. Es kam, wie es kommen mußte: Meiderich gewann und landete in der Endtabelle vor der Alemannia, welche plötzlich „paßte".

Eine andere Pikanterie hatte es am 7. Mai 1963 gegeben. Just einen Tag nach der Lizenzvergabe zugunsten der Meidericher mußten die Zebras im Westpokal ausgerechnet bei der Alemannia antreten. Aus Vorsicht schickten die Duisburger nur eine Reserveelf und ließen sogar den Trainer zu Hause, beleidigten damit allerdings die etwa 15.000 Zuschauer auf dem Tivoli. Alemannia konnte nur mit Mühe eine Eskalation verhindern: "Die Meidericher Spieler können nichts dafür, bitte bleiben Sie ruhig", wurde das aufgebrachte Publikum ermahnt. Andererseits: Ein Zuschauerskandal hätte den Verantwortlichen des DFB vermutlich gut in den Kram gepaßt, zumal das Aachener Publikum im Fußballwesten ohnehin keinen allzu guten Ruf hatte. Auch die westdeutschen Verbandsfunktionäre spielten ein eigentümliches Spiel. Zeigten sie sich zunächst solidarisch mit der Alemannia, waren es gerade sie, die Wochen später gegen eine Aufstockung der Bundesliga auf 18 Mannschaften votierten und den Aachenern damit die Hintertür versperrten. Anschließend rief Alemannia erbost ein ordentliches Gericht an, um die Unterlagen der vermeintlich besseren Westkandidaten einzusehen und die Arbeit des Ausschusses zu überprüfen. Es kam, wie es kommen mußte. Wochen zogen ins Land und nichts geschah. Im November 1963, die Bundesliga hatte längst Ihren Spielbetrieb aufgenommen, kam es zur entscheidenden Sitzung des DFB. Die Bedeutung des Verfahrens wurde unterstrichen durch die Live-Übertragung der Urteilsverkündung. Doch der Protest wurde auch hier abgewiesen. Man war nun endgültig zweitklassig.

Sportlich war man das ja schon seit Saisonbeginn. Alemannia spielte in der Regionalliga West, in der die Mannschaft einsame Kreise an der Spitze zog und souverän die Meisterschaft holte. Die Bundesliga sollte nun eben mit einjähriger Verspätung verwirklicht werden. Doch obwohl kein Alemannia-Fan ernsthaft zweifelte, waren die Spieler offensichtlich weniger überzeugt.

Die Aufstiegsrunde begann mit drei Niederlagen in Folge, womit der Traum vom Aufstieg frühzeitig geplatzt war.

Ein Jahr später beendete man hinter Borussia Mönchengladbach, mit der man sich ein heißes Kopf-an-Kopf-Rennen geliefert hatte, als Zweiter die Meisterschaft, erreichte also erneut die Aufstiegsrunde. Zugleich war man überraschend ins Pokalfinale eingezogen. Doch die Belastungen waren zu groß gewesen - Borussia Dortmund gewann das Pokalfinale, und in der Aufstiegsrunde hatten die Bayern aus München die Nase vorn. Alemannias Anhänger waren trotz des großen Kampfes und Einsatzes enttäuscht, daß es wieder nicht geklappt hatte. Auch die kurzfristig aufgekommene Hoffnung, nach dem Skandal um Hertha BSC in der auf 18 Vereine aufgestockten Bundesliga einen Nachrückerplatz einzunehmen, zerschlug sich, weil statt dessen die designierten Absteiger Schalke und Karlsruhe bevorzugt wurden. Die Stimmung rund um den Tivoli war gedrückt. Während die Dortmunder, Bayern und die Mönchengladbacher goldenen Zeiten zusteuerten, versank die Alemannia in Resignation vor ihrem unglücklichen Schicksal.

Hans-Jürgen "Yogi-Bär" Ferdinand war einer der Garanten für Alemannias Aufstieg. Im entscheidenden Aufstiegsspiel gegen Göttingen 05 erzielte er den immens wichtigen Ausgleichstreffer zum 1:1.

In der Spielzeit 1965/66 reichte es nur zum dritten Tabellenplatz hinter Düsseldorf und RW Essen. Anschließend mußte Trainer Oswald Pfau gehen - der Auftakt zu einer Reihe von Trainerentlassungen. Pfau-Nachfolger Hennes Hoffmann war der nächste: Schon im Dezember 1966 bat er um Auflösung seines Vertrages, weil er sich von der Aachener Sportöffentlichkeit nicht akzeptiert fühlte. Hoffmann spielte auf lautstarke Mißfallensäußerungen nach der 0:1-Heimniederlage gegen den SSV Hagen an. Was in den Jahren zuvor unter augenscheinlich besseren Bedingungen nicht verwirklicht worden war, nahm der ab Herbst 1966 amtierende Präsident Leo Führen nun radikal in Angriff: Aufstieg in die Bundesliga. Ein erneutes Scheitern konnte und durfte nicht passieren. In einer Blitzaktion wurde Trainer Michael Pfeiffer engagiert, der viele Jahre für Alemannia in der Oberliga West gespielt und als Mittelfeldregisseur des öfteren brilliert hatte. Nach Reinhold Münzenberg war Pfeiffer der zweite Alemanne im Nationaltrikot gewesen. Er galt als harter Hund und trimmte die Mannschaft vor allem in konditioneller Hinsicht. Es gelang ihm, jene Begeisterung und unbändigen Kampfgeist zu wecken, der die Alemannia immer schon auszeichnete. Pfeiffer schaffte Vertrauen in die Leistungsfähigkeit seines Teams und gab den Zuschauern das Gefühl, daß die Mannschaft alles gibt, um nach oben zu kommen. Sportlich bekam man die Kurve. 1967 zog Alemannia nicht nur

9

ins Pokalhalbfinale ein, sondern wurde zudem erneut Regionalligameister. Mit der Bürde des Favoriten ging man in die Aufstiegsrunde, und schaffte am 25. Juni 1967 vor 30.000 Zuschauern im völlig überfüllten Tivoli mit einem 3:1-Sieg über Göttingen 05 den Aufstieg in die Bundesliga. Mit mehrjähriger Verspätung war der „Härtefall" von 1963 endlich korrigiert worden. Die Namen der Spieler von damals: Prokop, Pawellek, Nievelstein, Walter, Hermandung, Martinelli, Hoffmann, Glenski, Gronen, Ferdinand und Sell. Dazu noch Klostermann, Josef Thelen, Schöngen und Krieger. Die ganze Region nahm Anteil. Tausende Menschen standen an den Straßen die zum Aachener Markt führten, und jubelten den Spielern zu, die in offenen Cabriolets zur Aufstiegsfeier und zum Empfang ins Rathaus gefahren wurden. Diese Begeisterung kennzeichnet den Aachener Fußballfreund in guten wie in schlechten Zeiten.

Die erste Saison in der Bundesliga ließ die Massen ins Stadion strömen - vor allem, weil die Alemannia ausgezeichnet mitspielte.

---

1. Spieltag Saison 1963/64

Regionalliga West, 4. August 1963, STV Horst-Emscher - Alemannia 1:1, 7.500 Zuschauer - Günter Knops, Manfred Nolden, Werner Nievelstein, Josef Martinelli, Branko Zebec, Christian Breuer, Herbert Gronen, Willi Krieger, Hans Lipka, Theodor Laumann, Hans Broichhausen - Tor: 0:1 Broichhausen (29.)

20. Spieltag Saison 1998/99

Regionalliga West/Südwest, 19. Dezember 1998, Alemannia - 1. FC Saarbrücken 0:2, 7.500 Zuschauer - André Lenz, André Winkhold (73. René Hahn), Frank Schmidt, Rasim Suksur, Bart Meulenberg (73. Erwin Vanderbroek), Andreas Bluhm (73. Dino Hoffmann), Thomas Lasser, Henri Heeren, Stephan Lämmermann, Mario Krohm, Dennis Ibrahim

---

Am Tivoli war man eine Macht, kassierte als Aufsteiger nur eine Heimniederlage. Die Stadionkapazität war übrigens durch eine Stahlrohr-Sitzplatztribüne auf 35.000 erhöht worden. Auswärts zahlte man hingegen ab und zu Lehrgeld. Star der Mannschaft war

der zu Saisonbeginn verpflichtete Horacio Troche. Der Spielführer der uruguayischen Nationalmannschaft gab einen ausgezeichneten Ausputzer ab. Am Ende belegte das Team Platz 11 und durfte zur Belohnung auf eine vierwöchige Südamerikatournee mit Freundschaftsspielen in Brasilien, Argentinien und Paraguay aufbrechen. Am 23. Juni 1968 spielte Alemannia im Maracana-Stadion von Rio de Janeiro! Ein Traum für jeden Fan. In der Heimat wurde unterdessen an der Fortsetzung der Erfolgsgeschichte gearbeitet. Wie sich später herausstellte in mehreren parallelen Kapiteln, die teilweise erst Jahre später in ihrer vollen Tragweite dem Leser (also dem Zuschauer) „vorgelesen" wurden. Zur Saison 1968/69 kaufte man mit dem Belgier Roger Claessen und dem Rumänen Ion Ionesu europäische Topstars ein. Claessen kostete die damalige Bundesliga-Rekordablösesumme von 300.000 Mark und wurde als einer der besten Stürmer Europas bezeichnet. Er zog seine belgischen Landsleute in Massen zum Tivoli. Mit den Verpflichtungen wurde allerdings Alemannias finanzieller Rahmen gesprengt, was zu Querelen und Rücktritten innerhalb des Präsidiums führte. Die Investitionen sollten über mehrere Spielzeiten abgezahlt werden, doch wie sich zeigen sollte, gelang dieses Vorhaben nur im ersten Jahr. Sportlich lief es 1968/69 großartig. Stürmer Claessen versprach in jedem Spiel ein Tor, was bei den Fans prima ankam, derweil Trainer Pfeiffer eine Mannschaft formte, die von Beginn an an der Tabellenspitze mitspielte. Mit 8:2-Punkten legte die Alemannia einen Traumstart hin und wurde zunächst nur von den Bayern aus München in Schach gehalten. Aachens Fußballwelt war rosarot. Roger Claessen erhielt eine Einladung ins Aktuelle Sportstudio, ganz Fußball-Deutschland schaute auf die aufstrebende Mannschaft aus dem Dreiländereck, und in der Tabelle belegten die Schwarz-Gelben Rang 2. Doch es gab auch Rückschläge. Fünf Niederlagen in Serie relativierten den Traumstart rasch. Zugleich geriet Trainer Pfeiffer in die Kritik, doch das Präsidium hielt an ihm fest. Zunächst, denn im April 1969 - Alemannia stand auf Rang 7 - teilte man Pfeiffer mit, das sein auslaufender Vertrag nicht verlängert werden würde. Daraufhin legte die Mannschaft noch einmal zu und schaffte am 7. Juni 1969 das Unfaßbare: Mit einem Sieg im Berliner Olympiastadion gegen Hertha BSC sicherte sich Alemannia Aachen Platz 2 hinter Meister Bayern. Die Glückwünsche wollten kein Ende nehmen. Die Mannschaft wurde im Triumphzug durch Aachen geleitet. Der bisherige Höhepunkt in der Vereinsgeschichte war erreicht. Der gewaltige finanzielle Aufwand schien sich gelohnt zu haben. Schien, denn seit jenem Moment wird alles mit Zins und Zinseszins zurückgezahlt. Und das bis zum heutigen Tag! 1969/70 nahm sich Vizemeister Alemannia ein schlechtes Beispiel am 1968 als amtierender Meister abgestiegenen 1. FC Nürnberg und stieg nur eine Saison nach dem größten Erfolg der Vereinsgeschichte aus der Bundesliga ab. Auch eine Leistung, die so schnell wohl keiner mehr überbietet...

Alemannias Stars hatten anderes zu tun, als mit den Schwarz-Gelben um den Klassenerhalt zu kämpfen, wobei ohnehin die Frage erlaubt sei, ob kämpfen zu Stars paßt? Während Claessen als Dressman, Barbecucher und einsamer verlassener Liebhaber in allen Zeitungen zu finden war, und Ionescu einen Trainerlehrgang absolvierte, war die Mannschaft ins untere Tabellenhälfte abgerutscht - nicht zuletzt aufgrund einer kaum noch mit Pech zu bezeichnenden Verletzungsmisere. Aber es gab auch andere Probleme, denn der neue Trainer Georg Stollenwerk wollte aus der Kampfmannschaft Alemannia eine spielende Elf zaubern. Beinahe hätte er dafür mit Wolfgang Overath sogar den notwendigen Dirigenten im Mittelfeld bekommen. Alemannia und Overath waren sich einig, daß er bei einem Kölner Abstieg an den Tivoli kommen würde, doch nachdem sich der 1. FC Köln gerettet hatte, platzte der Wechsel, und Stollenwerks Vorhaben fehlte die personelle Umsetzung.

Querelen hinter den Kulissen, ausbleibende Zuschauer, Unmutsäußerungen aller Art und von allen Seiten, schwindendes Selbstvertrauen, erneuter Trainerwechsel (fanatische Parteigänger hatten Stollenwerk in blumenreicher Sprache beschimpft, woraufhin Willibert Weth am 17. Dezember 1969 das Training übernommen hatte) - das alles nagte an der Mannschaft. So fügte sich eines zum anderen, und nach 19 sieglosen Spielen in Folge wurde das Kapitel Bundesligafußball in Aachen am 3. Mai 1970 mit einem 3:2 über den MSV Duisburg (ausgerechnet...) bis heute abgeschlossen. Auch wenn die Alemannia zugleich im Pokal bis ins Halbfinale kam, war der Höhepunkt überschritten.

Es kamen andere Zeiten - und andere Zuschauer: Der Gerichtsvollzieher wurde Dauergast. Als die Not am größten wurde, sprang die Stadt ein und kaufte für 1,3 Mio. Mark den vereinseigenen Tivoli. Ein Neubeginn war vonnöten. Alemannia spielte wieder in der Regionalliga West. Zu Spitzenpositionen langte es nicht. Immerhin konnte man regelmäßig die jeweiligen Tabellenführer schlagen und sich seine Heimstärke bewahren. Finanziell sah es düster aus. Ende 1972 wurde der Verein vom Konkurs bedroht, konnte diesen jedoch dank tatkräftiger Hilfe selbstloser Vereinsmitglieder und Gönner abwenden. 1973 kam Michael Pfeiffer zurück. "Jeder kann sich ausrechnen, was möglich ist, wenn wir es schaffen, eine schlagkräftige Mannschaft zusammenzustellen, die oben mitspielt". So hatten schon viele vor ihm gesprochen. Ganz oben spielte man dann auch nicht mit, schaffte aber immerhin souverän die Qualifikation zur 2.Bundesliga Nord, welche 1974 ihren Spielbetrieb aufnahm. Nun wurde wieder investiert. Die Stadt brachte das Stadion auf Vordermann, und der Verein bemühte sich, große Spieler nach Aachen zu holen. Klaus-Dieter Sieloff, Hans Schulz, Rolf Kucharski, Josef Bläser usw. hatten aber nur eines gemeinsam: Sie waren teuer und erfüllten bis auf wenige Ausnahmen nicht die Erwartungen. So dümpelte die Alemannia in den unteren bis mittleren Rängen der Liga herum. Das ging Jahr für Jahr so - bis es 1978 fast schief gegangen wäre. Im letzten Spiel mußte ein Punkt beim SC Herford geholt werden, der wiederum derer zwei brauchte, um selbst nicht abzusteigen. Pikanterweise hatte Herfords Trainer Erhard Ahmann für die kommende Saison bereits in Aachen unterschrieben. Eine verzwickte Angelegenheit, die mit 0:0 nochmal gut ausging. Während der Ahmann-Ära schienen sich die Dinge zu stabilisieren. Der Trainer kannte die Liga und wußte die Truppe zu motivieren. Auch äußerlich wurde durch die Überdachung der Stehgeraden am Tivoli der Komfort für den zahlenden Zuschauer verbessert. Sportlich kam Alemannia wieder auf Tuchfühlung zur Spitze.

In der Saison 1980/81 schnupperte der Aachener Zuschauer, immer schon leicht entflammbar, wenn etwas geboten wurde, bis kurz vor Toresschluß an der ersten Liga. Fünfstellige Besucherzahlen, Jubel über gute Heimspiele, Konfettiregen auf den Rängen, der südamerikanische Ausmaße annahm, schufen die idealen Voraussetzungen für eine bessere Zukunft. Es war aber auch die Stunde von Präsident und Geldgeber Egon Münzenberg. Nach drei 0:1-Auswärtsniederlagen opferte er im August 1981 Trainer Ahmann, und läutete das Aachener "Vier-Trainer-Jahr" ein, das über Habig, Martinelli bis hin zu Horst Buhtz ging, dem als Manager der reumütig zurückgeholte Ahmann beigegeben wurde. Unter solch turbulenten Rahmenbedingungen reichte es natürlich nur zu einem Mittelfeldplatz. Buhtz wurde im November '82 entlassen, weil sein System des Sicherheitsfußballs nicht ins Konzept des Präsidiums paßte. "Wir werden vielleicht Meister, haben dann aber keine Zuschauer mehr" rechnete Münzenberg vor. Er handelte ausgerechnet zu jenem Zeitpunkt, als der Tabellenvierte Alemannia bei Spitzenreiter Uerdingen gastierte und trainerlos prompt mit 1:3 verlor. Münzenberg hatte wahrlich den falschen Zeitpunkt erwischt! Außerdem war Buhtz' Sicherheitsfußball in Wirklichkeit ein ausgefuchstes System, Mannschaften, die über keinen echten Torjäger verfügen, in der Defensive zu verstärken, um dann eiskalt zuzuschlagen. Auch ohne

Buhtz verfügte Alemannia in den folgenden Spielzeiten über eine der besten Abwehrreihen der 2. Bundesliga. Echte Topscorer dagegen hatte man am Tivoli nicht.

Im Frühjahr 1984 ging am Tivoli eine Bombe hoch, deren Wirkung auch von einer Atombombe kaum hätte überboten werden können. Auf Tabellenplatz 3 stehend, machte Manager/Trainer Ahmann von seinem täglichen (!) Kündigungsrecht Gebrauch und wechselte nach Osnabrück. Präsident Münzenberg bekam derweil die Krise in der Baubranche zu spüren, meldete Konkurs an und entschwand in das ausweisungssichere Kanada. Der Verein war führungslos in allen Bereichen. Libero Rolf Grünther sprang als Spielertrainer ein, der 72jährige Bubi Hirtz stellte sich trotz eines Schuldenberges von 3,5 Mio. Mark und der chaotischen Verhältnisse auf der Geschäftsstelle als Münzenbergs Nachfolger zur Verfügung. Sein erster Weg hätte - nach "Bekanntwerden der wahren Ausmaße" - zum Konkursrichter führen müssen. Aber Idealismus, Optimismus sowie selbstloser Einsatz verhinderten diesen bitteren Gang. Gemeinsam mit anderen Vorstandsmitgliedern und einer Mannschaft, die sich selbst aus dem sportlichen Sumpf zog, konnte das Vereinsschiff wieder auf Kurs gebracht werden. Grünther empfahl im Sommer 1984 den jungen Werner Fuchs als Trainer. Fuchs, ein Pfälzer, brachte einige talentierte Spieler wie Hach, Ruof, Gries, Delzepich, Brandts und Dean Thomas mit.

Mit einer jungen, hungrigen Mannschaft gelang Einmaliges. Keine sechs Monate nach der größten Vereinskrise war man Herbstmeister. Die Zuschauer durchwanderten ein Wechselbad der Gefühle, wie es sich wohl selten im Leben eines wahren Fans abspielt. Erneut bahnte sich eine Erfolgsgeschichte an. Doch wie so häufig in Alemannias Historie gab es auch diesmal kein Happy-End. Die Rückrunde zehrte an der Substanz. Die Unbekümmertheit ging in Nervosität über, auf dem Spielfeld und auf den Rängen. Das böse Gerücht von "die wollen ja gar nicht aufsteigen" machte die Runde. So spielte man in den 80er Jahren häufig

Spielklassen	
1963/64 - 66/67	Regionalliga West
1967/68 - 69/70	1. Bundesliga
1970/71 - 73/74	Regionalliga West
1974/75 - 89/90	2. Bundesliga (Nord)
1990/91 - 93/94	Amateur-Oberliga Nordrhein
seit 1994/95	Regionalliga West/Südwest

zustürzen. Besonders krass war dies in der Spielzeit 1988/89 unter Trainer Peter Neururer. Nur acht Spieltage vor Saisonschluß auf Platz drei stehend verließ Neururer die Alemannia und wechselte zu Schalke 04, das er vor dem drohenden Abstieg rettete. Alemannia brach derweil einmal mehr ein. Anschließend wechselten auch Stürmer Sendscheid und Abwehrrecke Schacht ins Parkstadion. Wie sich zeigen sollte, eine sportliche Schwächung, die nicht kompensiert werden konnte. Begleitet von den üblichen Randerscheinungen wie Trainerwechsel - Kontinuität ist nicht nur in Aachen ein Fremdwort - und grenzenlosem Optimismus zu Saisonbeginn, durchlebte der Alemannia-Anhänger in jenen Jahren ein Wechselbad der Gefühle. Im Frühjahr 1989 kam es zu einem weiteren traurigen Ereignis. In Müllcontainern wurden diverse wichtige, vertrauliche oder sogar geheime Unterlagen wie Spielerverträge, Bilanzen, interne Analysen, Protokolle von Sitzungen, Zahlungsbelege jeglicher Art und der größte Teil des Vereinsarchives gefunden. Am interessantesten waren allerdings Belege über doppelten Eintrittskartenverkauf, Spieleinnahmen, die auf Privatkonten gebucht waren und unkorrekte Abrechnungen mit dem Verband.
Publik gemacht, zeigte sich schnell, das doch nicht alles so rosig aussah, wie man immer wieder versichert hatte. Auf der Jahreshauptversammlung wurde dies von einer Opposition vorgebracht, die auch gleich die Beweismittel präsentierte. Geschäftsführer Bert Schütt, dem Verein seit Kindertagen als Spieler, Betreuer, Interimstrainer oder Geschäftsstellenleiter verbunden, wurde mit den Vorwürfen konfrontiert, setzte gerade zur Gegenrede an, als ihn ein Herzanfall auf dem Podium zusammenbrechen ließ. Schütt verstarb noch im Saal. Die Versammlung wurde abgebrochen. Der Name des Vereins war wieder in den negativen Schlagzeilen. Das mühsam erarbeitete Image war wieder ramponiert!
In der Spielzeit 1989/90 lief es einmal anders herum. Zuerst war man in den Keller abgestürzt, um später mit dem aus der Türkei geholten Mustafa Denizli einen Siegeslauf zu starten, der zur Winterpause einen sicheren Mittelfeldplatz ergab. Es war wie

ein Märchen aus Tausendundeiner Nacht. Begeisterte türkische Zuschauer überall dort, wo der Zirkus Alemannia gastierte. In der Rückrunde legte die Alemannia dann aber doch wieder die übliche Bruchlandung hin, die diesmal sogar im Abstieg mündete. Am Ende waren es nur noch wenige traurige Einheimische, die den Abschied aus dem Profifußball beweinten. Über Regionalliga, Bundesliga und 2. Bundesliga hatte die Alemannia die Oberliga Nordrhein "erreicht". Und die Alemannia blieb sich auch dort als „ewiger Zweiter" treu. 1994 wurde mit Gabriele Mohne erstmals eine Frau ins Alemannia-Präsidium gewählt, die zwei Jahre später nach dem Rückzug von Präsident und Mäzen Johnen

Unter Peter Neururer klopfte die Alemannia so heftig wie lange nicht mehr ans Bundesligator. Hier mit den Neuzugängen zur Saison 1988/89 Frank Weber, Petteri Korkala, Markus Högner und Dietmar Schacht (von links)

als Vorsitzende dem Verein in einer erneuten schweren Phase vorstand. Ihre Art, den Verein zu leiten, paßte nicht allen am Tivoli, besonders da sie einen Angriffspunkt bot, der wohl einmalig im deutschen Fußball war: Eine Affäre mit Trainer Winni Hannes. Wenn auch später die Affäre in eine feste Beziehung überging, die eine Tochter hervorbrachte, waren diese Verhältnisse für die Alemannia nicht tragbar. Seit 1994 befindet sich der Verein in der Regionalliga West/Südwest. Wie immer spielt man gut mit, hat ein beachtliches Zuschaueraufkommen, bei Erfolg viele, sonst einige wenige treue reiselustige Fans, lernt Gegenden kennen, in die man früher nur selten und nunmehr häufiger kommt - Elversberg, Hauenstein, Edenkoben, Verl -

selten und nunmehr häufiger kommt - Elversberg, Hauenstein, Edenkoben, Verl - freut sich auf alte Westderbys mit den Rivalen aus Essen, Wuppertal oder Münster. Jahrelang ließ die klamme Finanzsituation spektakuläre Neuverpflichtungen nicht zu. Vielmehr wurden verstärkt Spieler aus den Niederlanden und Belgien geholt. Einer von ihnen ist Publikumsliebling Erwin Vanderbroek.

In der Saison 1997/98 erregte Alemannia mal wieder überregionales, ja sogar bundesweites Interesse: Im Achtelfinale des DFB-Pokals traf man auf Waldhof Mannheim. Bei Schnee und Regen spielte sich vor fast ausverkauftem Haus ein einzigartiges Drama ab: Nach 90 Minuten stand es 1:1 und das Spiel ging in die Verlängerung und in einen offenen Schlagabtausch über. Nach 98 Minuten gab Schiedsrichter Dr. Merk einen Elfmeter für die Tivolikicker. Mario Krohm, der gefoulte Spieler, lief an, schoß, der Torwart klatschte ab, Krohm setzte den Nachschuß ins Netz, doch Merk pfiff - kein Tor. Die Erklärung: Während der vom Torwart abprallende Ball Krohm erneut vor die Füße gefallen war, war gleichzeitig von den Rängen ein zweiter Ball aufs Spielfeld geworfen worden! Schiri Merk hatte dies gesehen und sofort das Spiel unterbrochen, um es mit einem "Schiedsrichterball" an der Stelle fortzusetzen, wo der zweite Ball gelandet war. Nämlich im Fünfmeterraum. Das Ganze wurde natürlich begleitet von einem immensen Trubel, und um die Verwirrung komplett zu machen, führte Merk die Mannschaften zur Sicherheit auch erstmal in die Kabinen. Die meisten Zuschauer hatten nicht viel mehr mitbekommen, als einen gewaltigen Tumult vor dem Gästetor und wild gestikulierende Spieler und Offizielle. Sie glaubten, das Spiel sei abgebrochen. Erst der Stadionsprecher beruhigte die aufgebrachte Masse und versicherte, daß es bald weiterginge. Die Partie endete mit 1:1, und im Elfmeterschießen ging Waldhof als Sieger vom Platz. Alemannia legte Protest ein. Begründung: Fehlentscheidung des Unparteiischen, denn das Spiel hätte mit der Wiederholung des Elfmeters fortgesetzt werden müssen. Der Protest wurde jedoch abgelehnt.

Im Sommer 1998 gab es Gerüchte um den Abriß der traditionsreichen Sportstätte Tivoli, was die Fans mobilisierte. Die Interessengemeinschaft der Alemannia-Fan-Clubs startete Unterschriftenaktionen, druckte Flugblätter und T-Shirts, veranstaltete einen Diskussionsabend mit den Spitzen aus Rat und Parteien. Einem geplanten Projekt einer Mischung aus Sportstätte und Einkaufszentrum stehen viele skeptisch gegenüber. In einem Stadion, in dem VIP-Logen, Schalensitze und ähnliche moderne Zeiterscheinungen fremd sind, in dem Fans sich noch auf Stehplätzen ausbreiten können, wo eine Bierbude besser ankommt als ein Restaurant, tut man sich schwer mit dem Gedanken an eine "Aachen-Arena". Die angedachte neue Kapazität von ca. 11.000 Plätzen zeigte zudem, daß die Planer von der dauerhaften Drittklassigkeit Alemannias ausgehen. Im laufenden Spieljahr 1998/99 war Alemannia mal wieder kurz vor dem Gewinn der Herbstmeisterschaft. Ein einziger Sieg fehlte. Trainer Werner Fuchs versucht, die Alemannia mit spielerischen Mitteln - Stichwort Viererkette - zum Erfolg zu bringen. Da Fuchs alleinverantwortlich für sämtliche Jugend- und Seniorenteams ist, wurde das zunächst mit Skepsis aufgenommene System auf alle Mannschaften Alemannias übertragen.

Derzeit gibt es rund um den Tivoli zahlreiche Hoffnungszeichen. Das Präsidium geht professionell mit dem Verein um, die Geschäftsstelle präsentiert sich als solche, und ein Jugendkoordinator kümmert sich um die Nachwuchsfans, die Kunden von morgen. Alemannias Nachwuchsteams spielen in den jeweils höchsten Ligen. Das Spielerreservoir wird aus dem Umland rekrutiert. Kein Spieler soll mehr als 30 km Anfahrtsweg haben. Teamgeist und Geschlossenheit werden gefördert. Damit soll sich der Fan wieder mehr mit dem Verein und der Region identifizieren. Hauptsponsor und Ausrüster stehen zum Verein. Die Zuschauer ebenso. Mittelfristig strebt man die Rückkehr in den bezahlten Fußball an.

Ein Verein mit solch klangvollem Namen, stolzer Tradition und seiner wegen der geographischen Lage besonderen Geschichte gehört einfach in die Bundesliga. Zuerst mal in die Zweite!

Lutz Küpper

14

Blau-Weiß 90 Berlin

Am 4. Mai 1986 stand Berlin Kopf. Zehn Minuten nach Spielbeginn hatte Leo Bunk, ein 24jähriger gebürtiger Bayer, im Kasseler Auestadion ins Netz getroffen und die "Sportliche Vereinigung Blau-Weiß 1890 e.V." mit 1:0 in Führung gebracht. Damit verfügten die Berliner über einen soliden Drei-Punkte-Vorsprung, der zwar durch den zwei Minuten vor

Fußball als kapitalistische Insel im sozialistischen Meer

Spielschluß kassierten Ausgleich noch auf zwei Zähler schrumpfte, angesichts des deutlich besseren Torverhältnisses gegenüber den Verfolgern aber dennoch zum vorzeitigen Aufstieg in die 1. Liga reichte. Während Aufsteiger Blau-Weiß anschließend von einer Handvoll mitgereister Fans abgefeiert wurde, spielten sich im Berliner Olympiastadion herzzerreißende Szenen ab. Dort hatte Sammy Sané vier Minuten vor Spielschluß ein Tor für den Sport-Club Freiburg erzielt, das die Hoffnungen des Berliner Traditionsklubs Hertha BSC, auch in der kommenden Saison in der 2. Liga spielen zu können, deutlich reduzierte. Eine Woche später war es tatsächlich soweit: Hertha verlor mit 0:2 in Aachen und stieg ab, während Erstligaaufsteiger Blau-Weiß 90 sich auch durch eine 1:2-Heimschlappe gegen den bereits als Absteiger feststehenden Lokalrivalen Tennis Borussia nicht die Laune verderben ließ. Mit einem Schlag waren die Blau-Weißen einziger Profiklub Berlins und damit Nummer 1 der geteilten Stadt. Super-GAU im Berliner Fußball – nur wenige Tage nach dem Reaktorunfall von Tschernobyl.
Im Gegensatz zu Tasmania oder Tennis Borussia, die in der Vergangenheit ebenfalls versucht hatten, das lokale Fußball-Walroß Hertha zu kippen, wurden die Blau-Weißen von den Berliner Fußballinteressierten durchaus angenommen. Durchschnittlich 10.653 Fans hatten sie bei ihren Zweitligaheimkicks im Olympiastadi-

Bundesligabilanz	
Bundesligajahre:	1986/87
Gesamt:	1 Jahr
Beste Plazierung:	Platz 18 (1986/87)
Ewige Tabelle:	Platz 43, 34 Spiele, 3 Siege, 12 Unentschieden, 19 Niederlagen, 36:76 Tore, 21 Punkte
Ø Plazierung:	Platz 18
Top-Spieler:	Karlheinz Riedle (34), Manfred Hellmann (33), Jörg Gaedke (32), Egon Flad (30), Horst Feilzer (26), Michael Schmidt (26)
Top-Torjäger:	Karlheinz Riedle (10), Wolfgang Schüler (6), Egon Flad (5), Bodo Mattern (5)

on begrüßen können – Altmeister Hertha hingegen hatte mit rund 5.000 nicht einmal die Hälfte davon angelockt. Berlin hatte offensichtlich die Nase voll von Hertha und ihren Skandalen und war bereit für einen Neubeginn unter anderem Namen. Dadurch bot sich Blau-Weiß 90 eine Chance, wie ein Verein sie heutzutage nur noch selten bekommt: In die Fußstapfen eines jahrzehntelang unangefochtenen Publikumslieblings zu treten und die lokale Fußballhierarchie damit quasi auf den Kopf zu stellen.

Blau-Weiß 90 nutzte seine Chance bekanntlich nicht, sondern meldete statt dessen nur sechs Jahre später Konkurs an. Vom SV Blau Weiss, wie der 1992 gegründete Nachfolgeverein heißt, will kaum jemand etwas wissen. Zum Auswärtskick beim SC Heiligensee am 5. Dezember 1998 beispielsweise kamen ganze 31 Zuschauer...

Nach diesen einleitenden Worten dürfte klar sein, daß die Geschichte von Blau-Weiß 90 eine tragische ist. Sie dreht sich in der Tat vornehmlich um den mit unterschiedlicher Vehemenz vorgetragenen Versuch, durch finanzielle Kraftakte in den lukrativen Kegel des öffentlichen Interesses zu rücken und damit dem tödlichen Dasein eines unterklassigen Klubs in der speziellen Konstellation des geteilten Berlins zu entrinnen. Die Geschichte der Sp.Vg. Blau-Weiß 90 Berlin – oder: Fußball als kapitalistische Insel im sozialistischen Meer.

Anno 1963 ging es Blau-Weiß 90 gut. Just zur Einführung der 1. Bundesliga sicherten sich die Mariendorfer Platz 1 der 1. Amateurliga und schafften damit den Sprung in die neugegründete Regionalliga Berlin. Dort machte die von Fritz Lehmann betreute Elf mit ausgezeichneten Leistungen auf sich aufmerksam: Platz 5 war mehr als man von einem Aufsteiger erwarten durfte. Doch Blau-Weiß 90 hatte ein Problem. An der Kurfürstenstraße in Mariendorf nannte der Verein ein rund 30.000 qm großes Gelände mitsamt Stadion und zwei weiteren Spielfeldern sein eigen. Ein Novum in einer Zeit, in der sich die meisten Sportvereine längst von derlei Dingen getrennt hatten und mehr oder weniger auf dem Weg zu Wirtschaftsunternehmen waren. Der Unterhalt des Geländes kostete

alljährlich ein Vermögen und warf den Klub im sportlichen Vergleich zu anderen Regionalligisten, die auf von der Kommune finanzierten Plätzen spielten, erheblich zurück.

Gleichzeitig ging Blau-Weiß angesichts stagnierender Zuschauerzahlen allmählich das Geld für die Instandhaltung des Areals aus. Dank eines wohlhabenden Mäzens namens Caro konnten zwar Strom- und Wasserrechnungen regelmäßig bezahlt werden, doch der Allgemeinzustand des Geländes verschlechterte sich von Tag zu Tag. Spätestens als das Bezirksamt Tempelhof im September 1966 aus Sicherheitsgründen kurzzeitig eine Sperrung verfügte, war jedem klar, daß nur der Verkauf eine für Blau-Weiß akzeptable Lösung bringen könnte. Im Februar 1968 beauftragten die Vereinsmitglieder daher ihr Präsidium, entsprechende Verhandlungen mit dem Land Berlin aufzunehmen, und zwei Jahre später, am 2. Februar 1970, wechselte das anno 1908 zunächst gepachtete und 1923 gekaufte Gelände für rund 900.000 Mark seinen Besitzer.

Während sich das Bezirksamt anschließend sofort an die Arbeit machte, aus dem maroden Areal wieder eine repräsentative Anlage zu machen, widmeten sich die Blau-Weißen, die nun mit einem Schlag reichster Fußballklub Berlins waren, der Verwirklichung ihrer Bundesligaträume. Mit dem Verkaufserlös in der Tasche ging Vereinsboß Kursawa im Sommer 1969 auf Einkaufstour und lotste gleich fünf ehemalige Bundesligaspieler nach Mariendorf: Torhüter Hans-Jürgen Krumnow, Reinhold Adelmann, Karl-Heinz Hausmann (alle Hertha BSC), Dietmar "Ziege" Mürdter (Bayer Leverkusen) und Heinz Reinhardt (Tasmania 1900). Als es trotzdem nur zu Platz 4 reichte, ging Kursawa im Sommer 1970 erneut auf eine – diesmal allerdings wesentlich moderatere - Einkaufstour. Von Wacker 04 holte er Stürmertalent Jonny Hey, vom BBC Südost den 19jährigen Rainer Liedtke und von Hertha Zehlendorf Torhüter Kosmowski. Doch aus der angestrebten Aufstiegsrundenteilnahme wurde abermals nichts. Am letzten Spieltag wurde Blau-Weiß von Platz 2 verdrängt, weil der bis dato ungeschlagene SC Tasmania ausgerechnet beim größten Rivalen Wacker 04 seine erste Saisonniederlage kassierte. Blau-Weiß, das wütend von "Betrug" sprach, blieb trotz eines 4:0-Sieges in Staaken nur Platz 3.

1971/72 kam der nächste Schicksalsschlag. Mit Wolfgang John, einst Angehöriger des Ostberliner Armeeklubs FC Vorwärts und nach seiner Flucht in den Westen bei Tasmania 1900 bzw. dem 1. FC Köln aktiv, hatten sich die Blau-Weißen einen exzellenten Sturmtank geangelt, der gleich im ersten Saisonspiel mächtig auftrumpfte und beim 4:2-Sieg über Titelverteidiger Tasmania alle vier Tore erzielte. Nach sechs Spieltagen lagen die Blau-Weißen noch immer verlustpunktfrei auf Rang 1, als der Schock kam. Amateur Michael Kube war im Auftaktspiel gegen Tasmania nicht spielberechtigt gewesen, woraufhin der VBB den Sieg in eine Niederlage umwandelte. Genau diese beiden Punkte fehlten am Saisonende: Trotz 102 Saisontoren – davon alleine 39 durch Wolfgang John – sprang erneut nur Rang 3 heraus. Obwohl Blau-Weiß jedes Jahr rund 100.000 Mark aus dem Erlös des Stadionverkaufs zugebuttert hatte und mit seinen Grundgehältern zwischen 150 und 400 Mark zu den Topadressen im Berliner Regionalligafußball zählte - der Erfolg wollte sich einfach nicht einstellen. Zur Saison 1972/73 versuchte man es daher mit dem Nachwuchs. Hey, John, Bien, Liedtke, Reinhardt, Kosmowski, Mürdter und Krumnow verließen die Mariendorfer, die statt dessen kostengünstige Amateure aus der Berliner Szene bzw. dem eigenen Nachwuchs verpflichteten. Von der drei Jahre zuvor zusammengekauften Mannschaft blieb lediglich Regisseur "Kalle" Hausmann, um den Trainer "Spinne" Siegert ein völlig neues Team formierte. Einige wenige Routiniers wie Varbelow (26), Heidemann (27), der von TeBe gekommene "Huzzi" Erdmann (29) und natürlich Hausmann wurden mit hoffnungsvollen Nachwuchsakteuren wie dem 19jährigen Detlef Szymanek oder dem von Hertha BSC umworbenen 17jährigen Jugendnationalspieler Norbert Ivangean kombiniert. "Wir schaffen es, die Moral unserer Truppe ist hervorragend", war Siegert überzeugt vom Gelingen seiner Mission. Daß er gleichzeitig acht Stammspieler hat-

te abgeben müssen, war für ihn kein Problem: "Ein Glück für uns. Mit den jungen Burschen macht es viel mehr Spaß. Weil Ruhe in die Mannschaft eingekehrt ist und nicht mehr ausschließlich vom Geld gesprochen wird, sind wir so erfolgreich", freute sich der Trainerfuchs. Unter Führung des überragenden Kalle Hausmann gelangen Blau-Weiß 90 1972/73 tatsächlich Titelgewinn und Einzug in die Aufstiegsrunde zur 1. Bundesliga.

Auch in wirtschaftlicher Hinsicht herrschte in Mariendorf Zufriedenheit. Vorsitzender Kursawa, der zur selben Zeit im DFB-

Kontrollausschuß mit dem Bundesligaskandal beschäftigt war, konnte stolz verkünden: "Wir haben ein Vereinsvermögen von rund 900.000 Mark, von dem etwa die Hälfte bar auf der Bank liegt". Das dem so war, hatte Blau-Weiß u.a. der umsichtigen Arbeit Kursawas zu verdanken. Angesichts des Zuschauerrückgangs – die geteilte Stadt bekam den Bundesligaskandal mit voller

Wucht zu spüren – hatte er Vorsicht beim Umgang mit den vorhandenen Mitteln angemahnt und für den Fall der Einführung einer zweiten Profiliga eine Zusammenarbeit mit Wacker 04 ins Auge gefaßt. "Auch die Chance, daß in jedem Jahr der Berliner Amateurmeister in die zweite Bundesliga automatisch aufsteigt, kann uns davon nicht abbringen", meinte er und orakelte düster: "Wer immer es allein versuchen sollte, wird kaputtgehen".

Doch 1973 winkte Blau-Weiß ja sogar die 1. Bundesliga, wobei die Ernüchterung näher war, als es Kursawa hätte lieb sein können. Was sich schon in den letzten Regionalligaspielen angedeutet hatte, wurde in der Aufstiegsrunde nämlich mit voller Brutalität deutlich: Die Mannschaft war noch nicht reif. Bereits im April 1973 hatte der »kicker« nach der 0:2-Heimschlappe gegen Tennis Borussia konstatiert: "Blau-Weiß ist in der Krise. Die junge Elf ist offenbar überstrapaziert worden". Verletzungssorgen – Torhüter Kaiser, Sturmtalent Szymanek und Routinier Heidemann fielen in der Saisonendphase aus – hatten die Mariendorfer ziemlich aus dem Tritt gebracht. Als es wenig später im Spitzenspiel gegen Wacker 04 eine weitere empfindliche Niederlage

---

1. Spieltag Saison 1963/64

Regionalliga Berlin, 18. August 1963, Blau-Weiß 90 – Berliner FC Südring 1:0

15. Spieltag Saison 1998/99

Landesliga, 1. Abteilung, 5. Dezember 1998, Weißenseer FC – SV Blau Weiss 0:2, 31 Zuschauer – Michael Dörr, Roger Donig, Thomas Geier, Sven Meier, Marc Schäfer, Aleksandar Licinovic (81. Mathias Rambow), Thomas Albrecht, Michael Zimmermann, Tim Fiedler, Daniel Manshardt, Cario El-Achkar (65. Hohner), **Tore:** 0:1 Fiedler (20.), 0:2 Albrecht (90./FE)

- (0:2) setzte - "Blau-Weiß spielte unkonzentriert, war ohne jede Siegeszuversicht", so der »kicker« - war die erste Meisterschaft seit 31 Jahren sogar plötzlich in weite Ferne gerückt. Eine Woche später verhalf ein 4:2-Sieg in Zehlendorf – bei gleichzeitiger

0:5-Niederlage Wackers gegen TeBe – dann aber doch noch zum Titelgewinn, der jedoch einen entscheidenden Nachteil hatte: Blau-Weiß hatte am ersten Aufstiegsrundenspieltag frei und mußte drei Tage später zuerst bei Gruppenfavorit Fortuna Köln antreten. An jenem 27. Mai 1973 wurden die Aufstiegshoffnungen der Mariendorfer brutal zerstört. "Köln siegte wie es wollte, Berliner Meister war lediglich ein Sparringspartner", titelte der »kicker«. Westmeister Fortuna Köln hatte mit 7:0 gewonnen.

Drei Tage später mußte Torhüter Schumann, der für den nach dem Köln-Debakel völlig entnervten Kaiser ins Gehäuse gerückt war, nur einmal weniger hinter sich greifen. Vor lediglich 2.000 Zuschauern ging Blau-Weiß im Poststadion mit 2:6 gegen St. Pauli unter und drohte, zum Gespött der Fans zu werden. Trainer Siegert war ratlos und erklärte erschüttert: "Diesen Zusammenbruch habe ich nicht erwartet". Auch im dritten Spiel gab es ein Schützenfest. Im Mainzer Bruchwegstadion kassierte Keeper Nummer 3 – Rückkehrer Krumnow – zwar "nur" fünf Tore (Endstand 1:5) und Blau-Weiß heimste sogar Lob ein ("Berlin imponierte bis zum Schluß mit seinem fairen Einsatz"), doch die Tabelle sprach eine deutliche Sprache: Drei Spiele, drei Niederlagen, 3:18 Tore. Erst am letzten Spieltag sorgte ein 3:2 über Mainz 05 zumindest für zwei Pluspunkte auf dem Konto der bedauernswerten Berliner.

In jenen Tagen machte der Klub übrigens nicht nur auf dem Spielfeld Schlagzeilen. 1970 hatte Blau-Weiß den vom 1. Traber FC Mariendorf ausgelobten sogenannten "Derby-Pokal" gewonnen, der mit dem Gewinn eines Rennpferdes verbunden war. Jenes hieß "El Torrid" und ertrabte den Blau-Weißen bis 1972 rund 14.000 Mark. Anschließend war der in die Jahre gekommene Flitzer gegen den etwas jüngeren "Garry" ausgetauscht worden, welcher jedoch kaum Erfolge errang. 1974 wurde er veräußert, und der Klub zog sich wieder aus dem Pferdesport zurück.

Selbiges tat er auch aus dem höherklassigen Fußball. 1973/74 schieden die Blau-Weißen frühzeitig aus dem Aufstiegsrennen aus und verpaßten mit Rang 3 auch die Qualifikation zur 2. Liga Nord. Auch wirtschaftlich sah es trübe aus. Zum letzten Saisonspiel – 1:4 gegen Wacker 04 – waren ganze 443 Zuschauer ins Stadion Tempelhof gekommen. Der Erlös aus dem Stadionverkauf schmolz mehr und mehr dahin. Auch von der angestrebten Spielgemeinschaft und/oder Fusion mit Wacker 04 war keine Rede mehr. Die Reinickendorfer, die sich für die neue 2. Bundesliga qualifiziert hatten, wollten nun entweder mit ihrem Kiezrivalen Alemannia 90 (der über einen rund 3,8 Mio. Mark wertvollen Sportplatz verfügte) zusammengehen oder aber die 2. Liga über den Bau eines Sporthotels finanzieren.

Der Stern der Sp.Vg. Blau-Weiß 90 ging nach Einführung der 2. Bundesliga rasch unter. Die Gelder aus dem Stadionverkauf waren alle, das Zuschauerinteresse tendierte gegen Null und sportlich wiesen die Zeichen in den Keller. Interne Querelen führten schließlich 1977/78 zu einem Massenaustritt und zum Abstieg in die Landesliga, aus der die von Lothar Branig trainierte Elf um den einstigen Jugendnationalspieler "Futte" Ivangean allerdings nach zwölf Monaten souverän wieder herauskam. 1980/81 ging es erneut eine Klasse tiefer. Abermals war das Team aufgrund interner Querelen auseinandergebrochen, und diesmal dauerte es zwei Jahre, ehe man ins Amateur-Oberhaus zurückkehrte. Grundlage jener Mannschaft, die 1983 die Rückkehr schaffte, war der eigene Nachwuchs. Vier Jahre zuvor waren die mit Akteuren wie Vollborn, Brandenburger, Geesdorf, Klatt, Pagels, Paulick, Schröder, Schulze und Tusch besetzten Mariendorfer durch einen 5:4-Elfmeterschießensieg über den FC Augsburg überraschend Deutscher B-Jugendmeister geworden.

Eigentlicher Garant für die Rückkehr war aber ein rüstiger Herr mit dem Namen Konrad Kropatschek. Der im Fränkischen wohnende Deutsch-Rumäne sorgte im Verbund mit der von seiner Lebensgefährtin Cornelia betriebenen Werbeagentur "Hertfelder" für ein Finanzpolster, das Blau-Weiß 90 binnen zweier Jahre von der Landesliga in die 2. Bundesliga katapultierte – und zu einer der unglaublichsten Geschichten im deutschen Profifußball führte.

Zunächst zum Sportlichen. 1983/84 sicher-

te sich Neuling Blau-Weiß auf Anhieb die Berliner Oberligameisterschaft und machte in der anschließenden Aufstiegsrunde den Durchmarsch in die 2. Liga perfekt. Die seit 1983 vom gebürtigen Hessen Stefan Sprey trainierte Mannschaft um Alf Fistler (1984 zu Berlins Fußballer des Jahres gewählt) war systematisch zusammengekauft worden. Schon 1983 hatte man Torhüter Holger Gehrke aus Saarbrücken, Verteidiger Michael Schmidt vom HSV, Peter Stark aus Zehlendorf und Ex-Profi Norbert Bebensee von Hannover 96 verpflichtet. Darüber hinaus hatte Kropatschek seine bayerischen Kontakte spielen lassen und mit Werner Schreiner, Jürgen Haller (Sohn des früheren Nationalspielers Helmut), Leo Bunk und Jürgen Kirschbaum vier Bajuwaren gen Preußen geschickt. Kropatschek nannte sich übrigens "Sportlicher Leiter", obwohl er weiterhin in Franken wohnte und nur gelegentlich in Berlin war...

Nach dem vollbrachten Aufstieg in die 2. Liga ging es planmäßig weiter. "Wir wollen nicht nur drin bleiben, sondern peilen einen guten Mittelplatz an", erklärte Kropatschek und griff erneut tief in die Tasche. Mit Brefort, Clarke, Gerber, Gaedke, Hellmann, Krumbein, Mehmedalic, Mager und Flad wurden ebenso erfahrene wie exzellente Kräfte an die Spree gelotst, um Blau-Weiß, das mit dem Aufstieg ins Olympiastadion umzog, dauerhaft im bezahlten Fußball zu halten und am Thron der mal wieder taumelnden Hertha zu rütteln.

Das klappte besser als erwartet. Nachdem im September 1984 Bernd Hoss Stefan Sprey abgelöst und aus dem aufgeblähten Kader eine funktionierende Mannschaft geformt hatte, pirschten sich die Blau-Weißen mehr und mehr nach vorne. Am Ende liefen sie auf Platz 7 ein, und waren damit gleich um sieben Positionen besser als Lokalrivale Hertha BSC.

"Unser Ziel ist ein Platz im oberen Tabellendrittel. Läuft es gut, schließe ich nicht aus, daß wir uns noch verstärken, um vielleicht sogar in Richtung des dritten Platzes zu schielen", gab Präsident Kursawa neue Ziele aus. Auch Bernd Hoss zeigte sich optimistisch und meinte, daß "die Truppe noch steigerungsfähig ist". Sie war es. Am 26. April 1986 – im ukrainischen Tschernobyl leckte gerade der Reaktor – stellten Bunk, Gaedke, Clarke und Co. im Spitzenspiel gegen den schärfsten Konkurrenten um Platz 2, Fortuna Köln, vor 22.348 Zuschauern im Olympiastadion die Weichen zum Sprung ins Oberhaus. Während die Menschen darüber rätselten, welches Gemüse man angesichts der atomaren Wolke noch essen und welche Milch man noch trinken könne, machte Blau-Weiß sieben Tage später den Durchmarsch von der vierten bis in die erste Liga mit dem eingangs erwähnten 1:1 in Kassel perfekt. Nicht nur die Wolken über Europa waren gefährlich getrübt. Auch über Blau-Weiß hing ein schwerer Schatten. Er hieß Konrad Kropatschek, war verantwortlich für den sportlichen Aufschwung und zugleich Schuld daran, daß Blau-Weiß in die Negativschlagzeilen geraten war. Nach und nach waren die Hintergründe seines Wirkens bekannt geworden. Kropatschek, der 1976

selbstverständlich bei der Agentur Hertfelder, die die ganze Angelegenheit durch Fremdanleger – Kleinunternehmer, Landwirte usw. – finanzierte. Über die Transfers sollten sowohl Anleger als auch Agentur Gewinne erzielen. Mitte 1985 brach das wackelige System zusammen. Kropatschek/Hertfelder hatten die Rechte an den Spielern gleich mehrfach veräußert – Torjäger Bunk beispielsweise war phasenweise im Besitz von 20 Anlegern gewesen (ohne das Spieler oder Anleger davon etwas ahnten)! Erst durch diese Mehrfachveräußerungen waren die für den sportlichen Aufschwung notwendigen 4½ Mio. Mark zusammengekommen...
Verzweifelt hatte Blau-Weiß versucht, das zwielichtige Duo wieder loszuwerden; sanft gedrängt im übrigen vom DFB, der längst auf die eigentümlichen Finanzpraktiken in Mariendorf aufmerksam geworden war. Erst nach Hinterlegung einer Bürgschaft von 1,15 Mio. Mark, einem zusätzlichen Bankkredit von einer halben Mio. Mark sowie der Übertragung der Mannschaft an den DFB hatten die Berliner die Lizenz für die Saison 1985/86 erhalten.
Im Dezember 1985 kündigte der Verein schließlich der Agentur Hertfelder und engagierte statt dessen Hans Maringer, einen Sanitärgroßhändler aus Nürnberg und einstmals Anleger in Kropatscheks Schneeballsystem. Für eine geschätzte Einlage von 3 Mio. Mark erwarb der begeisterte Fußballfan und Präsident des Nürnberger Landesligisten TSV Südwest die Rechte an den 19 Spielern und verpflichtete sich, die Verluste aus dem laufenden Spielbetrieb zu übernehmen.

Spielklassen	
1963/64 – 73/74	Regionalliga Berlin
1974/75 – 77/78	Amateurliga Berlin
1978/79	Landesliga Berlin
1979/80 – 80/81	Amateur-Oberliga Berlin
1981/82 – 82/83	Landesliga Berlin
1983/84	Amateur-Oberliga Berlin
1984/85 – 85/86	2. Bundesliga
1986/87	1. Bundesliga
1987/88 – 91/92	2. Bundesliga
1992/93	Kreisliga C (SV Blau Weiss)
1993/94	Kreisliga B – 1. Abteilung
1994/95	Kreisliga A – 3. Abteilung
1995/96	Bezirksliga – 2. Abteilung
seit 1996/97	Landesliga

schon einmal vor dem Landgericht in Würzburg wegen Betrugs und Untreue verurteilt und 1978 per „Aktenzeichen XY" bundesweit gesucht worden war, hatte den Aufschwung mit einem "Schneeballsystem" eingeleitet, das dubioser kaum hätte sein können. Die Spieler waren über die Agentur Hertfelder verpflichtet und auch bezahlt worden, so daß Blau-Weiß im Grunde genommen nur seinen Namen geben mußte und vom Risiko befreit war. Die Ablöserechte der Spieler aber blieben

Woher Maringer das Geld nahm, war nicht bekannt. Immerhin: Während Kropatschek und Hertfelder sich vor Gericht verantworten mußten – Hertfelder bekam drei Jahre aufgebrummt, Kropatschek war nicht verhandlungsfähig und verstarb im Juli 1988 – feierte Maringer mit Blau-Weiß den Aufstieg in die Bundesliga.
Über die Perspektiven der Berliner war sich niemand so recht im klaren. "Nur nicht baden gehen!", zitierte der »kicker« sze-

Nur ein Jahr hielt es Blau-Weiß 90 in der Bundesliga – dabei war der Kader durchaus gut bestückt. Hinten von links: Co-Trainer Berg, Schweger, Duman, Alkan, Selcuk, Hellmann, Stark, Ahlgrimm, Riedle, Mattern: Mitte: Betreuer Käpernick, Flad, Feilzer, Saternus, Schmidt, Clarke, Schlegel, Müller, Gaedke, Trainer Hoss, Mäzen Maringer. Vorne: Masseur Meier, Dinauer, Gerber, Bebensee, Gehrke, Mager, Maiwald, Brefort, Haller.

nekundige Kenner und bewertete die ganze Sache skeptisch: "Es war ein Triumphzug mit Fernlenkung. Fremde Ideen. Fremde Gelder. Fremde Figuren im Spiel. Der Manager in Nürnberg. Der Trainer aus Schwaben. Ein Team aus der Retorte." Trainer Hoss gab sich derweil optimistisch und sprach von Platz 10 – obwohl er mit Torjäger Bunk einen der Aufstiegsgaranten hatte abgeben müssen. Um es kurz zu machen: Am dritten Spieltag sicherte sich das Team um den aus Augsburg geholten Karlheinz Riedle mit einem 3:2 über Mönchengladbach den ersten Saisonsieg, schaffte nur noch zwei weitere und stieg trotz der im Saisonverlauf nachverpflichteten Schüler und Vandereycken ab. Am Ende standen ganze 18 Zähler auf dem Konto der Blau-Weißen. "Schade zwar, aber davon geht die Welt nicht unter", gab sich Präsident Kursawa gelassen, wiewohl auch er sich über die zahlreichen, erst in den Schlußminuten durch individuelle Unkonzentriertheit einzelner Spieler vergebenen Punkte ärgerte. Richtiggehend erleichtert hingegen war Manager Wolter von der in der Zweitligaaufstiegsrunde gescheiterten Hertha. "Wenn Blau-Weiß in der Bundesliga geblieben wäre, hätten wir nach dem katastrophalen Scheitern in der Aufstiegsrunde überhaupt keine Geldgeber mehr gefunden. Hertha hätte zumachen müssen. Aber der Abstieg von Blau-Weiß hat das verhindert". In finanzieller Hinsicht konnte Blau-Weiß

ein positives Fazit aus seinem Bundesligaabenteuer ziehen. Durchschnittlich 22.000 Zuschauer hatten nicht nur deutlich gemacht, daß das Berliner Publikum den Mariendorfern durchaus wohlgesonnen war, sondern zudem die Kassen angenehm gefüllt, und durch den Verkauf von Torjäger Riedle an Werder Bremen gingen weitere 1,3 Mio. Mark auf dem Konto ein. Auf der anderen Seite hinterließ der Riedle-Abgang allerdings ein Riesenloch im Sturmzentrum. Weitaus folgenschwerer jedoch war die fragwürdige Strategie der Vereinsführung: Vereinschef Kursawa wollte um jeden Preis die Aufnahme von Schulden verhindern und raubte den Mariendorfern mit seinem Zaudern die Gelegenheit, dauerhaft an Hertha BSC vorbeizuziehen. Der Niedergang begann 1987/88, als statt des angestrebten Wiederaufstieges nur ein enttäuschender siebter Platz heraussprang. Die Rückkehr von Hertha BSC in die 2. Liga (1988) und ein personeller Aderlaß (u.a. Hellmann, Flad, Schüler) ließen Blau-Weiß 90 schon kurz darauf wieder nahezu in die Bedeutungslosigkeit zurückfallen. Auch wenn 1988/89 mit dem 28fachen tschechoslowakischen Nationalspieler Stanislav Levy ein hochkarätiger Neuzugang verpflichtet werden konnte, war das Team von der Rückkehr ins Oberhaus meilenweit entfernt und wurde lediglich Achter. Anschließend brach das Chaos aus. Am 2. Juni 1989 wurde Manfred Kursawa nach 21 Jahren völlig überraschend als Vorstandschef abgewählt, und Volker Seemann übernahm das Ruder. Er war zum Vorstandsposten gekommen wie die berühmte Jungfrau zum Kind: Eigentlich hatten die Vereinsmitglieder Kursawa nur einen Denkzettel verpassen, ihn aber nicht abwählen wollen. Doch im Verlauf eines emotionsgeladenen Abends war die Entscheidung unvorhergesehen mit 58:52 Stimmen zugunsten von Strohmann Seemann gefallen, der zähneknirschend auf den Vorstandssessel klettern mußte. Ganze 20 Tage später übergab er die Führung an den Arzneimittelfabrikanten Werner Schöning, der zwölf Monate später ebenfalls die Brocken hinschmiß und die Führung an Bankdirektor Tomas F. Hünerberg weitergab. Eine ziemlich eigentümliche Rolle nahm in diesem ganzen Tohuwabohu Manager Hans Maringer ein. Der seit 1985 als Vizepräsident fungierende Fußballexperte sorgte einerseits dafür, daß Spieler wie Riedle, Adler, Holzer, Kutschera und Rahner zu Blau-Weiß kamen, andererseits kassierte er auch selbst ab, denn da ihm ein Großteil der Mannschaft gehörte, erhielt er von jedem mit Gewinn verkauften Talent einen nicht unerheblichen Anteil der Ablösesumme. Gleichzeitig hatte Maringer sich zum entscheidenden Mann im Verein aufgeschwungen, der die Richtung angab. Eine Angelegenheit, die unter Kursawa und seinen beiden Nachfolgern noch funktionierte, unter Tomas Hünerberg jedoch schiefging. Maringer und Hünerberg gerieten rasch aneinander, wodurch letztendlich sogar der DFB auf Blau-Weiß 90 aufmerksam wurde und nachprüfte, wo die Transferrechte an den Spielern eigentlich lagen. Rasch wurde deutlich, daß sie zumindest nicht, wie es hätte sein müssen, in Vereinsbesitz waren. Aber auch der Name Tomas Hünerberg ist nicht ganz ohne schalen Beigeschmack. Entgegen seiner Ankündigung mischte sich der Bankier nämlich massiv in den sportlichen Bereich ein und vergraulte dadurch u.a. Trainer Ehrmantraut, unter dem Blau-Weiß in der Saison 1990/91 erstmals wieder Tuchfühlung zu den Aufstiegsrängen aufgenommen hatte.

Ehrmantrauts Nachfolger hieß Uwe Klimaschefski, ein schon bei einigen anderen Bundesligisten tätiger Herr, dessen Aktivitäten nie ganz unumstritten waren. "Unsere Ziele heißen unverändert: Nr. 1 in Berlin und 1. Bundesliga", verkündete Hünerberg und schlug auf dem Transfermarkt zu. Aus der Schweiz kamen der Ex-Herthaner Jürgen Mohr und der frühere Münchner Löwe Andy Löbmann, aus Homburg Sergio Silvano Maciel. Auf der Vorstandsebene ging es derweil turbulent weiter. Kurzerhand schaltete Vorsitzender Hünerberg Schatzmeister Reuber und Manager Maringer aus, indem er den Kunsthändler und Mäzen Laurisch zum 2. Vorsitzenden erklärte und damit ihm genehme neue Machtverhältnisse schuf. Auch sportlich gerieten die Mariendorfer nun in schwere See. Trainer Klimaschefski fand nie die Akzeptanz der Mannschaft und wurde im August 1991 nach einer Spieler-Abstimmung (4:15-Stimmen gegen "Klima") entlassen.

Im Spätherbst 1991 kehrte Blau-Weiß 90 auf die Zielgerade zum Tod ein. Von Woche zu Woche wurde deutlicher, daß Teile der Mannschaft einfach keine Lust mehr hatten. Nachdem es dadurch bereits zum Sturz in die Abstiegsrunde gekommen war, nahm auch noch Mäzen Laurisch seinen Hut und forderte seine Investitionen zurück. Wiederum ging es um die Rechte an Spielern, und im Grunde genommen war inzwischen jedem klar, daß Blau-Weiß in den vergangenen Jahren nichts anderes gewesen war, als ein Durchlauferhitzer für Geldtransfers. Im Juli 1992 kam das Aus. Der DFB hatte sich noch einmal eingehend mit dem blauweißen Filz beschäftigt und beschlossen, den Klub aus dem Profifußball zu werfen. Dem Lizenzentzug folgte der Konkursantrag, der die Sportliche Vereinigung Blau-Weiß 90 in ihrem 102. Jahr des Bestehens von der Bildfläche verschwinden ließ.

Kurz darauf wurde der "SV Blau Weiss" ins Leben gerufen, der in der untersten Spielklasse beginnen mußte und sich nach und nach in höhere Regionen vorarbeitete. Inzwischen sind die Mariendorfer in der Landesliga angekommen, wo sie jedoch das Dasein eines ganz gewöhnlichen Fußballklubs in vergleichbarer Lage fristen: Sie spielen quasi unter Ausschluß der Öffentlichkeit.

Hardy Grüne

22

Hertha BSC Berlin

Es war einmal eine Dame, die hieß Hertha. Weil sie nicht mehr die jüngste war, sprach man von ihr auch als die "alte Dame", wobei dies stets respektvoll geschah. Hertha war eine beliebte Dame. Das lag an früher, als sie noch attraktiv und umschwärmt gewesen war und ihr die Sympathien förmlich zugeflogen waren. In den zwanziger Jahren, als es in ihrer Heimatstadt Berlin an allen Ecken swingte und jazzte, war Hertha mit Männern wie Hanne Sobeck und Hans Ruch durchs Land gezogen und hatte die Herzen der Fußballfans reihenweise gebrochen.

Eine Dame namens Hertha

Wer Hertha einmal spielen sah, war gefangen von ihr. Mit weltgewandter Eleganz und mystisch erotischer Ausstrahlung verzauberte sie die Männer im ganzen Land. Viele von ihnen heirateten später zwar andere Vereine, doch die Liebe zu Hertha blieb bestehen. Und wenn sie dann in Köln, Hamburg oder München den Geißböcken, Rothosen oder Löwen zuschauten, schweiften ihre Gedanken häufig zur Jugendliebe ab. Sie erinnerten sich, wie Hertha zwischen 1926 und 1931 alljährlich ins Endspiel um die deutsche Meisterschaft eingezogen war. Wie sie in ihrem weißen, frisch gestärkten Hemd, auf dem wuchtig Preußens Adler prangte, allen gezeigt hatte, wie man *wirklich* Fußball spielt. Wie sie auch in der Niederlage - vier der sechs Endspiele gingen verloren - Stolz und Würde bewahrt hatte. Ein Bewunderer Herthas zu sein, war kein Zuckerschlecken, denn die Dame war arrogant, launisch und - ganz der Star - nicht allzu zuverlässig. Hertha zu lieben, hieß - frei nach dem Motto „Sehnsucht entsteht durch Entfernung" - leiden. So lange Hertha noch jung war, war sie nicht greifbar. Unerreichbar für die wirkliche Liebe, viel zu lebenshungrig, um sich auf traute, beschauliche Zweisamkeit einzulassen. Viel lieber sonnte sie sich mit einer ganzen Schar

Bundesligabilanz	
Bundesligajahre:	1963/64 - 64/65, 68/69 - 79/80, 1990/91, seit 97/98
Gesamt:	17 Jahre
Beste Plazierung:	Platz 2 (1974/75)
Ewige Tabelle:	Platz 18, 570 Spiele, 198 Siege, 144 Unentschieden, 228 Niederlagen, 835:950 Tore, 738 Punkte
Ø Plazierung:	Platz 10,47
Top-Spieler:	Michael Sziedat (280), Holger Brück (261), Erich Beer (253), Lorenz Horr (240), Hans Weiner (218)
Top-Torjäger:	Erich Beer (83), Lorenz Horr (75), Erwin Hermandung (34), Karl-Heinz Granitza (34), Wolfgang Gayer (30)

Liebschaften im Blitzlichtgewitter: Hertha war eine öffentliche Frau. Als sie älter wurde, wurde sie zur Diva. Zur eitlen und anstrengenden Dame, die ständig ihrer Vergangenheit nachtrauerte. Die nie einsah, daß älter werden auch etwas schönes, reizvolles sein kann. Die nicht verkraftete, daß die Zahl ihrer Bewunderer geringer wurde. Zwar gab es welche, die nie von ihr lassen konnten, und war sie auch noch so grau, und sang sie auch noch so schräg, doch die meisten kehrten Hertha irgendwann genervt den Rücken. So wurde Hertha zu einer dieser abgestürzten alternden Diven, die zickig auf einem Berg weicher Kissen thronen, an einer langen Filterzigarette nuckeln und verbiestert vom "früher" faseln. Von dieser Hertha handelt die nachfolgende Geschichte.

Am 10. Januar 1963 klingelte draußen im Wedding, wo Hertha zu Hause war und wo sie sich von ihren anstrengenden Tourneen durchs Land erholte, das Telefon. "Hertha Berlin", meldete sich die 71jährige, die es noch immer verstand, alleine mit ihrer Stimme erotisches Knistern entstehen zu lassen. Am anderen Ende war der DFB, eine von Herthas unglücklichen Liebesaffären und das höchste Gremium im Fußball des Landes. "Du bist dabei", teilte er ihr mit, und erkundigte sich beiläufig nach ihrem Befinden. Obwohl Hertha noch immer bekannt und beliebt im ganzen Land war, hatte ihr Ruf gelitten. Zu häufig hatte sie sich auf Liaisons mit zweitklassigen Liebhabern wie Spandauer SV oder Wacker 04 Reinickendorf eingelassen. Erst als der DFB verkündet hatte, die Besten und Schönsten des Landes in einer Klasse zu vereinen, hatte Hertha sich zusammengerissen und wieder auf ihre ursprüngliche Kraft besonnen. Nun kam der Anruf, und Hertha wußte, daß sie es geschafft hatte. Die Bundesliga kam, und sie war dabei. "Endlich kann ich alle meine Liebhaber in Köln, München und Hamburg wiedersehen", dachte sie und freute sich schon auf die Begegnungen mit ihren alten Bewunderern. "Und ich werde noch einmal das Land erobern, es verzaubern und verwirren", schwor sich die 71jährige. "Alle werden mich wieder lieben und bewundern".

Als Hertha am 24. August 1963 zum ersten

Mal die Bühne der Bundesliga betrat, waren über 60.000 Bewunderer zugegen. Die alte Dame mußte ihren Auftritt sogar in das große Olympiastadion verlegen, weil ihre Stammbühne "Plumpe" am Bahnhof Gesundbrunnen viel zu klein für die vielen Liebhaber war. Allerdings wies die "Plumpe" nach Herthas Meinung ohnehin nicht mehr das geeignete Ambiente auf. Ein wenig verlebt, mit unzähligen Falten und dem Charme eines Gebäudes, das in Ehren gealtert ist, war sie einfach nicht mehr gut genug für Hertha, die doch ihre Jugend wiedererwecken wollte. An der Plumpe konnten die Fans ganz nahe bei ihr stehen, sie anfassen und ansprechen - im Olympiastadion saßen sie in angemessener Distanz, waren durch einen Wassergraben von ihr getrennt. Diese Distanz verdeckte zudem Herthas Falten, die die 71jährige seit längerem mit kosmetischen Tricks zu verdecken versuchte. Das Olympiastadion war die ideale Bühne für Hertha.

Überzeugt, schon durch ihr bloßes Erscheinen die Köpfe der Fans verdrehen zu können, betrat sie die Bundesligabühne. Doch Hertha lebte in der Vergangenheit und hatte keine Ahnung von den Gepflogenheiten der Gegenwart. 1963 trug man Petticoat, tanzte Twist und hörte Rock'n'Roll - Hertha hingegen schwor noch immer auf Kostüm, Walzer und Schlagerschnulzen. Schon beim ersten Auftritt gegen den 1. FC Nürnberg, den sie bestens aus ihren Glanztagen kannte, gab es nur ein Unentschieden, dem ein 0:2 beim VfB Stuttgart, einem dieser nach Herthas Meinung "flippigen Newcomer" folgte. Bis sich Hertha zum ersten Mal im Blitzlichtgewitter des Siegers sonnen konnte, vergingen vier Auftritte. Daß der Triumph auf einer Provinzbühne – Meiderich – errungen wurde, verdrängte die alte Dame geflissentlich und nahm sich statt dessen vor, nun ihren ganzen Charme auszuspielen. Schon eine Woche später bot sich die Gelegenheit, als weit über 85.000 Menschen ins Olympiastadion kamen, um sie im Vergleich mit dem 1. FC Köln zu beobachten. Doch Herthas in den zwanziger Jahren noch so herzensbrecherischer Charme war in den Sechzigern erfolglos. Spielend leicht stachen die Kölner Geißböcke Herthas Trümpfe aus und düpierten die langsam gewordene Dame. 0:3 – das tat weh. Hertha litt weiter. Ihre altbackenen Werbemethoden versprachen keinen Erfolg mehr, und auf der großen Bühne Bundesliga spielte sie nur noch eine Nebenrolle. Als fünf Monate später die Spielzeit 63/64 abgeschlossen wurde, belegte Hertha Platz 14 und war damit Drittletzte. Erleichtert, zumindest nicht aus dem Ensemble der Besten und Schönsten ausgeschlossen worden zu sein, gab sie sich trotzig und schwor Rache. "Ich laß mich liften und werde es allen zeigen. Wer sind denn schon diese Flittchen aus Köln, Meiderich oder Frankfurt? Ich, Hertha Berlin, bin die Schönste und Beste im ganzen Land!"

Obwohl Hertha häufig nur mäßige Darbietungen gezeigt und ihre Fans oft sogar gelangweilt hatte, waren ihr die Herzen weiterhin zugeflogen. Wie ein über beide Ohren verliebter und sämtliche Realitäten verkennender Jüngling, der trotzig ignoriert, daß seine idealisierte Liebe nicht wunderschön, weich und warm, sondern faltig, verhärmt und zickig ist, waren die Berliner unverdrossen zu Herthas Auftritten marschiert. Mit glänzenden Augen hatten sie auf den Rängen des Olympiastadions gesessen und verfolgt, wie Hertha sich dort unten abmühte. Es war der Glaube an eine bessere Zukunft, die Überzeugung, daß Hertha nur eine kleine Unpäßlichkeit habe und es ihr bald wieder besser gehen würde, der die Liebhaber bei der Stange hielt.

Doch Hertha hatte keine Unpäßlichkeit; Herha war alt geworden. Und statt das zu akzeptieren und das Beste daraus zu machen – wie es ihre alten Kontrahenten aus Nürnberg, Hamburg und Schalke taten – versuchte Hertha ihre Schwäche mit künstlichen Tricks zu übertünchen. Vor der zweiten Bundesligaspielzeit 1964/65 ließ sie sich mit den Nationalspielern Sundermann und Fahrian liften und verkündete schnippisch "diesmal marschiere ich im Mittelfeld mit. Ein Jahr später bin ich oben mit dran!" Doch eine Liftung bringt nicht automatisch bessere Leistungen: An die Großen und Schönen des Landes kam sie auch 1964/65 nicht heran, und daß die Schönste schließlich auch noch Werder Bremen hieß, tat Hertha am Ende doppelt weh. Wer war denn schon Werder?

3:2 in Hof - endlich ist die alte Dame auf die große Bühne Bundesliga zurückgekehrt. Adelmann und Kröner freuen sich

Wie ein gestürztes Sternchen, das viel zu spät erkennt, daß sein Kokettieren in der Männerwelt nicht mehr ankommt, schlug die in ihrer Ehre tiefgekränkte Hertha zurück. Mit aller Macht wollte sie ins Rampenlicht - und vergriff sich in den Mitteln. Am 28. Februar 1965 bekam sie Besuch vom DFB. Ein Herr Ziegler, Finanzbuchhalter und studierter Betriebswirt, erwies ihr die Ehre. Das hatte Herr Ziegler schon zweimal zuvor getan, und beide Male hatten sich die beiden prima verstanden. Diesmal aber hatte Herr Ziegler nicht vorher angerufen und seinen Besuch angekündigt, sondern war unvermittelt hereingeschneit – und hatte Hertha im Lotterbett erwischt. Dort lag sie und versuchte zu verhüllen, was nicht zu verhüllen war: Sie hatte gelogen. Hatte den DFB angelogen, ihm erzählt, sie würde sich nach seinen Regeln richten und es dann doch nicht getan. Hatte ihren Schauspielern mehr Geld gegeben, als sie durfte. Hatte Schulden gemacht. Fast 200.000 Mark - und das, obwohl ihr auch im zweiten Bundesligajahr die Liebhaber die Bude förmlich eingerannt hatten. Herr

Ziegler war schockiert und kabelte die Neuigkeiten in seine Zentrale nach Frankfurt, wo man den Eskapaden der alternden Dame schon länger skeptisch zugeschaut hatte. Nur weil Herthas Heimatstadt geteilt und inmitten des Feindeslandes lag, hatte man immer wieder die Augen zugedrückt. Nun hatte man die Nase voll und schmiß die alte Dame aus dem Haus der Schönsten und Besten. "Ungerecht", empörte sich Hertha, und erzählte aufgeregt von den Verstößen anderer Klubs, die genauso schlimm oder gar schlimmer seien. Damit hatte sie zwar Recht, fand aber kein Gehör. Wie ein gehörnter Liebhaber zeigte der DFB seinem alten Schwarm die kalte Schulter und blieb hart. "Hertha kommt mir nicht mehr ins Haus". Tief gekränkt packte Hertha ihre Siebensachen und zog aus dem Bundesligahaus aus. Es war ein harter Schlag für die alternde Diva. Statt ihre verblichene Schönheit einem weltgewandten Stadtpublikum auf Erstligabühnen präsentieren zu dürfen, mußte sie sich nun vor johlendem Provinzpublikum auf zweitklassigen Holzverschlägen irgendwelcher Berliner Kiezklubs pro-

nur hingefahren, um bei ihren dortigen Verehrern Geld dafür zu kassieren, daß sie Hertha für neunzig freundschaftliche Minuten auf dem Drehteller der Fußball-Peepshow bestaunen durften. Angucken erlaubt, anfassen nicht. Nun mußte sich Hertha auch anfassen lassen, war ungeschützt dem Gespött der Unterschicht ausgesetzt. Still schweigend ertrug sie die Demütigungen und schwor sich, eines Tages, wenn sie wieder auf den Bühnen der Weltstädte tanzen würde, Rache zu nehmen. Doch vorerst machte Hertha sich weiter zum Gespött. Pirmasens kam, rang der alten Dame vor 75.000 konsternierten Liebhabern ein 1:1 ab und zerstörte den Traum von der Rückkehr ins Theater der Besten und Schönsten. Ein Jahr später – Hertha feierte gerade ihren 75. Geburtstag – ließ sie sich von Borussia Neunkirchen und Schwarz-Weiß Essen düpieren, woraufhin sie beschloß, sich erneut liften zu lassen. Wild, Witt, Kröner, Kronsbein, Jakubke und Groß sollten die Falten verdecken; der Nigerianer Egbuono ihr im Zeitalter der grellfarbenen Miniröcke abhanden gekommene Exotik verschaffen. Auf den Provinzbühnen wurde Hertha nun wieder zur gefeierten und bewunderten Diva. Andächtig verfolgten die Fans die Darbietungen ihrer Angebeteten und klatschten verzückt Beifall, wenn sie ins Tor traf. Und diesmal konnte sich auch die Bundesliga nicht mehr ihres gesetzten Charmes erwehren. Am 19. Juni 1968 war es, als Hertha die Rückkehr auf die Großstadtbühnen gelang, weil Rot-Weiß Essen beim Schönheitswettbewerb mit Göttingen 05 den Kürzeren gezogen und Hertha dadurch zur Siegerin gemacht hatte. Vier Tage später berauschten sich 80.000 Bewunderer im bedeutungslosen Duell gegen die Dorfschönheit Alsenborn am Mythos der alten Dame, die frisch gelifted und im knackigen Alter von 76 Jahren aufs höchste Parkett zurückkehrte.

Auch der einstige Liebhaber DFB war erleichtert. Längst hatte er es bereut, Hertha 1965 so harsch zurückgewiesen zu haben. Die Ersatzliebe Tasmania 1900 hatte sich als Seifenblase entpuppt, und auch sonst war der DFB mit seinem Werben in der geteilten Stadt recht erfolglos gewesen. Nun waren sie wieder zusammen, der große

---

1. Spieltag Saison 1963/64

1. Bundesliga, 24. August 1963, Hertha – 1. FC Nürnberg 1:1, 60.000 Zuschauer – Wolfgang Tillich, Otto Rehhagel, Hans-Günter Schimmöller, Peter Schlesinger, Hans Eder, Hans-Joachim Altendorff, Carl-Heinz Rühl, Uwe Klimaschefski, Harald Beyer, Helmut Faeder, Lutz Steinert - Tor: 1:1 Schimmöller (63. FE)

18. Spieltag Saison 1998/99

1. Bundesliga, 20. Dezember 1998, Werder Bremen – Hertha 2:1, 28.400 Zuschauer – Gabor Király, Eyjölfur Sverrisson, Rob Maas (46. Pal Dardai), Andreas Schmidt, Michael Hartmann, René Tretschok, Sixten Veit, Ante Covic, Dariusz Wosz (60. Bryan Roy), Michael Preetz, Pjotr Reiss (46. Andreas Neuendorf) - Tor: 1:1 Preetz (46.)

- duzieren. Mußte ertragen, daß ihr plötzlich zweitklassige Verehrer, die ihr zuletzt in der Jugend begegnet und inzwischen grau, melancholisch und senil geworden waren, den Hof machten. Gatow, Lichterfelde, Hermsdorf – da war sie doch sonst

Verband und die alte Dame. Jene schmückte sich inzwischen mit allerlei fremden Federn, die aus Österreich, Ungarn und vor allem der in Berlin stets "Westdeutschland" genannten Bundesrepublik kamen. Mit ihrer Hilfe erlebte Hertha ihren zweiten Frühling. Im ersten Jahr auf der Bundesligabühne blühte sie förmlich auf und begeisterte ihre durchschnittlich 43.000 Bewunderer, die wie früher verzückt "Ha-Ho-He, Hertha BSC" riefen. Glücklich und zufrieden fühlte sich Hertha an alte Glanztage erinnert und führte mit stolzgeschwellter Brust ihre wiederentdeckte Attraktivität zu Markte. Bald konnte sie ihr Ensemble dank der Hilfe eines erfolgreichen Zeitungsmannes namens Axel Springer, der schon seit einiger Zeit um die alte Dame herumscharwenzelte, mit umworbenen Männern wie Patzke, Horr, Gergely und Varga vergrößern, was ihre Attraktivität noch steigerte. Die Männer waren begeistert. 1969/70 wurde Hertha zur drittschönsten Dame in Deutschland gekürt, hinter den neumodischen Hippies aus Mönchengladbach und München, die mit ihren langen Haaren und wilden Lockenköpfen die Fans im ganzen Land die Köpfe verdreht hatten. Hertha wußte, daß sie die eigentliche Siegerin war, denn sie hatte mit rund 42.000 Zuschauern beinahe doppelt so viel Bewunderer angelockt wie die beiden vor ihr plazierten Girlies. Zwölf Monate später wurde sie erneut auf Platz 3 gewählt, abermals hinter den flachbrüstigen Mädchen aus Mönchengladbach und München.

Dennoch war Hertha traurig. Sie fühlte sich benutzt, ausgenutzt und betrogen. Einige ihrer fremden Federn hatten sich als Söldner entpuppt und die naive Dame auf ihre alten Tage noch einmal zutiefst gedemütigt. Eines von diesen emporgekommenen Flittchen namens Arminia war gekommen und hatte ihnen Geld dafür geboten, wenn sie Hertha verraten würden. 37.000 Bewunderer waren zugegen gewesen, als am 5. Juni 1971 Herthas Name in den Dreck gezogen wurde. 0:1 – das hatte Folgen. Wild, Patzke, Varga – insgesamt 15 Akteure - wurden gesperrt, doch Herthas Ruf war dahin. Vier Jahre dauerte es, bis die tief gekränkte alte Dame ihre Wunden geleckt hatte und die Narben verheilt waren. Vier Jahre, in

denen sie still vor sich hin litt und von ihren einstigen Verehrern mit Verachtung gestraft wurde. Erst 1975 kamen die Bewunderer zurück. Aus Holland war ein Schönheitschirurg namens Georg Keßler gekommen und hatte die alte Dame psychisch und physisch wieder aufgebaut. Hatte ihr mit Silikon die Brust gefüllt, mit Anti-Falten-Creme das Gesicht bearbeitet, ihr anschließend sanft Komplimente zugesäuselt und versichert, daß sie trotz ihres hohen Alters noch immer höchst verführerisch sei und weiterhin von vielen bewundert werde. Nach und nach hatte Hertha ihr Selbstbewußtsein zurückgewonnen, wobei ihr Akteure wie Erich Beer und Erwin Kostedde, die es sogar in die Auswahl der besten Spieler des Landes schafften, ein großgewachsener Herr namens Uwe "Funkturm" Kliemann, und natürlich der Erfolg halfen. 1975 wurde Hertha zur Zweitschönsten im Land gewählt – so begehrt war sie seit 1931 nicht mehr gewesen! Landauf, landab sprach man wieder voller Ehrfurcht und Bewunderung von der „Alten Dame", die inzwischen in ganz Europa ihre Bewunderer hatte! Balsam für Herthas geschundene Seele.

Ganz alleine im Rampenlicht der Siegerin zu stehen schaffte Hertha allerdings nicht. Dazu war sie zu launisch und selbstgefällig. War sie gut drauf, konnte sie Berge versetzen, war ihr eine Laus über die Leber gelaufen, ließ sie sich selbst von unscheinbaren Mauerblümchen wie Röchling Völklingen düpieren. 1977 und 1979 wurde sie zweite Siegerin im DFB-Pokal, ebenfalls 1979 bot sie den berühmten Belgrader Roten Sternen Paroli und wurde dafür in ganz Europa gefeiert. Doch von ihrer einstigen Ausstrahlung war sie weit entfernt. Die Zeiten hatten sich geändert, und ein anderer Typus stand nun im Zentrum der Aufmerksamkeit. Tradition, Stil und Eleganz waren im beginnenden Zeitalter der Elektronik nicht mehr gefragt. Eine betagte Dame wie Hertha war "out", wie man den Zustand der Belanglosigkeit zu nennen begonnen hatte. Hertha tat das sehr weh. Sie war noch immer überzeugt, mit ihrem Charme die Herzen brechen zu können und merkte nicht, daß sie inzwischen nur noch mitleidig belächelt wurde, daß man begonnen hatte, hinter ihrem Rücken über sie zu lästern. Herthas antiquiertes Outfit, ihr distanziert-vornehmes Gehabe und ihre gestelzte Höflichkeit kamen einfach nicht mehr an. Männer wie Nigbur, Beer und Weiner gaben ihr den Laufpaß und wandten sich jüngeren, attraktiveren zu. Zu allem Übel hatten sich auch noch fehlgeleitete Schergen um sie geschart, die sich "Frösche" nannten und glaubten, Herthas Ruf mit Fäusten verteidigen zu müssen. Durch sie wurden noch mehr der einstigen Bewunderer abgeschreckt, und Hertha geriet in Gefahr, vollends in Vergessenheit zu geraten - und das ausgerechnet inmitten der Ära der Resignation, Punkmusik und Protestzüge. Voller Angst und erfüllt von gekränkter Eitelkeit reagierte die alte Dame pikiert und machte alles noch viel schlimmer. Falsche Lidschatten, dicke Schminke, grelle Lippenstifte - Hertha machte sich nun endgültig zum Gespött der Leute und mußte 1980 erneut aus dem Theater der Schönen und Besten ausscheiden. Tief gekränkt trat sie auf Provinzbühnen wie Erkenschwick und Herford auf, wo ihre Gastspiele immerhin noch wie einst in den Metropolen mit Schlagzeilen, Blitzlichtgewittern und Ju-

Lidschatten hatten viel Geld gekostet. Die paar Mark, die Hertha noch geblieben waren, reichten allenfalls für die Provinzbühnen. 1982 durfte sie zwar noch einmal auf die Bühne der Schönsten und Besten zurückkehren, doch dort wurde ihr nur noch die Rolle des wenig beachteten Mauerblümchens zugeteilt, das nach nur einem Jahr wieder aus dem Ensemble geworfen wurde.

Die 91jährige flüchtete sich in Depressionen. Sie suchte Mitleid und Verständnis bei anderen abgestürzten einstigen Sternchen. Tat nichts, um ihre Situation zu verbessern. Statt dessen vegetierte sie resigniert dahin. Blieb verbrämt daheim und schmollte mit der Welt, weil sie ihr keine Aufmerksamkeit mehr zuteil kommen ließ. Mehr und mehr schmolz der Kreis ihrer Bewunderer weiter, und die einst so schillernde Diva wurde zu einem zänkischen Weib, das mit sich und der Welt unzufrieden war. Sogar in ihrer Heimatstadt Berlin, wo sie doch selbst in ihren schlimmsten Phasen stets innig geliebt worden war, wurde sie von der zwei Jahre älteren, aber dennoch "hippen" Sp.Vg. Blau-Weiß 90 ausgebootet! 1986 erreichte Hertha der nächste Schicksalsschlag. Tief versunken in der Verzweiflung über ihre verlorene Schönheit und den Kopf voller Erinnerungen an alte Tage, war ihr gar nicht aufgefallen, daß ihre Ausstrahlung weiter abgenommen hatte. Am 4. Mai 1986 wurde Hertha auch aus dem Ensemble der Zweitschönsten und Zweitbesten ausgeschlossen. Ausgerechnet der alternde Gigolo Rudi Gutendorf, der ihr zuvor mit seinen altbackenen Werbemethoden den Kopf verdreht und dafür die Rolle des Chefregisseurs bekommen hatte, versetzte ihr den Gnadenstoß. Plötzlich mußte sich die stolze alte Dame mit drittklassigen Verehrern zufrieden geben, und auf ihre alten Tagen noch einmal auf Provinzbühnen auftreten. Ihre eigene Bühne Olympiastadion hingegen durfte sie nicht mehr betreten, da ihren Auftritten oft nur noch 5.000 oder gar weniger Bewunderer beigewohnt hatten, und die Arena dafür viel zu groß war. Statt dessen mußte sie im Poststadion auftreten, ei-

Spielklassen	
1963/64 - 64/65	1. Bundesliga
1965/66 - 67/68	Regionalliga Berlin
1968/69 - 79/80	1. Bundesliga
1980/81 - 81/82	2. Bundesliga (Nord)
1982/83	1. Bundesliga
1983/84 - 85/86	2. Bundesliga
1986/87 - 87/88	Amateur-Oberliga Berlin
1988/89 - 89/90	2. Bundesliga
1990/91	1. Bundesliga
1991/92 - 96/97	2. Bundesliga
seit 1997/98	1. Bundesliga

belstürmen bedacht wurden. Doch Hertha war nichts weiter als ein Relikt aus vergangenen Tagen, an das man sich mit melancholischen Gedanken erinnert, ehe man sich wieder der Gegenwart zuwendet - und in der erzielte Herthas verblichene Schönheit kaum noch Aufmerksamkeit. Zudem war inzwischen auch noch ihre Geldschatulle leer, denn Schminke, Lippenstift und

nem maroden und vergessenen Gelände neben dem Moabiter Frauengefängnis. Hertha war am Boden zerstört. Sie war nur noch eine gebrochene alte Vettel, die einmal eine Schönheit gewesen war. Sie lebte noch, aber sie war tief gefallen. Sehr tief. Fortan mußte sie in Rudow, Lichterfelde und Gatow antreten – was für eine Demütigung für die alte Dame, die einstmals die Schönste der Schönen gewesen war.

Mit staksigem Stolz, behängt mit dicken Klunkern wie Trainer Sundermann und künstlich aufgemotzt auf "modern", ertrug sie die Demütigungen und schwor sich, wie anno 1966, Rache für den Moment, in dem sie auf die großen Bühnen zurückkehren würde. Die Gegenwart sah anders aus, denn auch auf den drittklassigen Brettern brachte man ihr keinen Respekt mehr entgegen. Statt dessen machten Remscheid und Meppen sie öffentlich lächerlich – und Hertha mußte noch einmal in Rudow, Gatow und Lichterfelde antreten. Diesmal klappte es besser. Durch eine Frischzellenkur (Walter Junghans, Wolfgang Patzke und Theo Gries) verjüngt, ließ sie sich auch durch eine 1:6-Demütigung in Duisburg nicht aus dem Konzept bringen und schaffte 1988 die Rückkehr auf die Zweitligabühne. Da war Hertha sehr erleichtert.

Mit dem Schwung einer wiederentdeckten Diva schwang sich Hertha nun zum dritten Frühling auf. Im ersten Jahr verzauberte sie die Menschen förmlich und durfte im Zweitligatheater bleiben, ein Jahr später verwirklichte sie sich gar ihren Traum und kehrte auf die Bühne der Schönsten und Besten zurück. In Herthas gerade erst wieder vereinter Heimatstadt herrschte Zufriedenheit. Doch Hertha war nicht mehr der Liebling aller. Nur noch 13.000 Bewunderer waren durchschnittlich zu ihren Auftritten gekommen, obwohl sie mit jugendlicher Eleganz über die Bühne getanzt war und selbst so schillernde Rivalen wie Schalke 04 und Hannover 96 auf die Plätze verwiesen hatte. Hertha war von ihrer Vergangenheit eingeholt worden, mußte die Rechnung zahlen für ihre Arroganz, die sie an den Tag gelegt hatte. Vor allem die Jugend hatte ihr den Rücken gekehrt. Zu lange war die alte Dame weg vom Fenster gewesen, hatte mit ihrem Gehabe für mehr Skandale als Sympathie gesorgt. Bayern München war in ihrer Heimatstadt inzwischen beliebter als Hertha, von deren einstigem Glamour nur noch in den Büchern zu lesen und in Filmen zu sehen war. Verzweifelt versuchte Hertha, auf „jugendlich"

Die Alte Dame auf dem Weg in ihren vierten Frühling. Nach dem 2:0-Sieg über Spitzenreiter Kaiserslautern war Hertha Berlin mit eineinhalb Beinen zurück in der 1. Bundesliga

zu machen. Sie trug aufreizenden Minirock und hochhackige Schuhe, umgab sich mit einer Wolke aus billigem Parfüm, übertünchte ihre tiefen Furchen mit Make-up. Doch es waren nur äußere Veränderungen - in ihrem Innern blieb Hertha dieselbe. Selbstgefällig und fest davon überzeugt, wie eh und je umschwärmt zu werden, betrat sie die Bundesligabühne, wo sie jedoch nur noch belächelt und verspottet wurde. Dort galten inzwischen Ideale, von denen Hertha keine Ahnung hatte. Wilde Techno-Rhythmen durchzuckten die Luft und erschreckten Hertha, die sich zum ersten Mal in ihrem Leben so richtig hilflos fühlte. Ganze dreimal ging sie aus 34 Vergleichen als Siegerin hervor und wurde selbst von so unscheinbaren Mäuschen wie Uerdingen oder Wattenscheid in den Schatten gestellt.

Flugs wurde sie erneut aus dem Theater der Schönsten und Besten ausgeschlossen und fiel in tiefste Depressionen. "In zwei Jahren werde ich 100, und keiner interessiert sich für mich", jammerte sie, wechselte gleich mehrfach ihre Chefintendanten und -regisseure und brach schließlich auch noch verärgert einen Streit mit dem DFB vom Zaun, der Hertha erneut aus seinem Haus werfen wollte, weil die alte Dame überall offenstehende Rechnungen hatte und trotz mehrfacher Ermahnungen weiter anschreiben ließ. Frischzellenkuren à la Basler, Wollitz oder Rohde brachten sie nicht weiter: Hertha war hoffnungslos „out". Erst als sie 1993 sogar von ihrem eigenen Sprößling ausgestochen wurde - Töchterchen "Amateure" wurde zweite Siegerin im DFB-Pokal - merkte die alte Dame, daß ihre von überall angeheuerten Schauspieler eigentlich gar nicht von Liebe zu ihr erfüllt waren, sondern sich lediglich in ihrem Glamour sonnen und die eigenen Taschen füllen wollten. Schlagartig erkannte Hertha, was sie in den letzten Jahren falsch gemacht hatte und beriet sich mit ihrer Tochter, die um so viel zeitgemäßer war. Jene riet ihr, sich wieder auf sich selbst zu besinnen und endlich die Gedanken an die Vergangenheit abzulegen. Verunsichert ließ Hertha sich überzeugen, und fortan traten Mutter und Tochter gemeinsam auf. Doch Hertha war ungeduldig. Inzwischen über hundert Jahre alt, wollte sie schnellstmöglich auf die Bühne der Schönsten und Besten zurück, und fiel wieder auf Söldner herein. Wieder ließ sie sich das Blaue vom Himmel vorlügen, wieder wurden ihr nur Placebos statt wirksame Wundermittel verkauft. Hertha wollte es nicht wahr haben und verschwieg dem DFB verschämt wichtige Dinge, woraufhin sie 1996 um ein Haar auf die Provinzbühnen nach Rudow und Gatow zurückgemußt hätte. Nun war guter Rat teuer, zumal inzwischen alle Welt genervt war von der alten Dame, die mit mit-

leiderregender Stimme um Aufmerksamkeit buhlte und nicht bereit war, Verantwortung für ihr Leben zu übernehmen.

Hertha setzte alles auf eine Karte. Sie ging ins Ufa-Filmstudio und ließ sich liften, wobei sie, da sie kein Geld mehr hatte, versprechen mußte, in Zukunft nur noch der Ufa zu dienen. Mit den von der Ufa gestifteten Geldern konnte sie sich zudem neue Schauspieler kaufen, die sie 1997 tatsächlich auf die Erstligabühne zurückbrachten. Natürlich war Hertha nun rundherum glücklich, und übersah geflissentlich, daß sie nicht mehr selbst bestimmen durfte, wie sie sich kleiden und wie sie auftreten wollte. Sie hatte ins Rampenlicht zurückgewollt, und genau dort war sie nun wieder. Bereitwillig ließ sie sich von einem älteren Herren aus dem fernen Kitzbühel steuern und genoß in vollen Zügen, wieder gemocht und bewundert zu werden. Ihr schwante auch nichts Böses, als ihr neuer Herr in ein Fettnäppchen nach dem anderen trat und Hertha damit zum Gespött der Leute machte. Unbeirrt stolzierte die elegante Dame über die Erstligabühnen und demonstrierte ihre Weltgewandtheit. Hertha blühte regelrecht auf. In ein schickes quergestreiftes Hemd gesteckt, folgte sie den Anweisungen ihres Regisseurs Röber und sonnte sich im wiedererlangten Blitzlichtgewitter der Aufmerksamkeit. Überall war man von einer Welle der Melancholie erfaßt und schloß die alte Dame ins Herz. Ihr wiedererweckter Glanz lockte zahlreiche Schaulustige an. Insbesondere dort, wo man lange Zeit nur auf "Klassenkampf", "Marschbrigaden" und "moralisch korrekte Unterhaltung" geschworen hatte und man Hertha nur hinter einer Mauer hatte beobachten können, kam sie blendend an.

Seither befindet sich die alte Dame in ihrem vierten Frühling. Locker und leicht schwebt sie über die Erstligabühnen, läßt sich genüßlich feiern und bewundern. Im Rampenlicht zu stehen, hat Hertha ja schon immer gut gefallen. Anfang 1999 durfte mit Michael Preetz sogar einer von ihren Schauspielern in der Elf der Besten des Landes auftreten, was sie noch stolzer und kühner machte. Als nächstes will Hertha nun Europa zurückerobern.

Hardy Grüne

Tasmania 1900 Berlin

Gemeinhin wird der "Sport-Club Tasmania 1900" heutzutage mehr oder weniger ausschließlich mit der Bundesliga-Spielzeit 1965/66 in Verbindung gebracht. Der einzigen, die der Verein in seiner 73jährigen Geschichte absolvierte, und in der er, soviel ist allgemein bekannt, nur zweimal gewann und so ziemlich sämtliche Minusrekorde aufstellte, die man aufstellen kann.

Chronik eines schleichenden Todes

Darüber hinaus ist bekannt, daß Tasmania im Sommer 1973 das Zeitliche segnete. Wegen Zahlungsunfähigkeit. 800.000 Mark drückten den Verein – eigentlich eine lächerliche Summe. Dennoch hatte der Verband Berliner Ballspielvereine (VBB) ihm die Spielerlaubnis für die Saison 1973/74 verweigert. Nachdem es eine Zeitlang so ausgesehen hatte, als würde "Tas" im Amateurlager weitermachen können, war am 5. Juli 1973 das endgültige Aus gekommen, indem die frustrierten Vereinsmitglieder bei einer Versammlung im "Turm" in der Sonnenallee grünes Licht für die Aufnahme des Konkursverfahrens gaben.

Der Konkurs war keineswegs Folge des 65/66er Bundesliga-Debakels, wie immer wieder gerne behauptet wird, denn seinerzeit war Tasmania durch den Verkauf einiger Spieler finanziell halbwegs mit einem blauen Auge davongekommen. Kurz zur Erinnerung: Als 1963 die Bundesliga eingerichtet wurde, fehlte Tasmania, das wenige Monate zuvor immerhin noch am europäischen Messepokal teilgenommen hatte. Als letzter Meister der Oberliga Berlin war ausgerechnet Erzrivale Hertha den Neuköllnern vorgezogen worden. Stinksauer wollte man sich in der Berliner Regionalliga auf sportlichem Wege für das Oberhaus qualifizieren und übte sich in Geduld. Als Hertha 1965 wegen finanzieller Unregelmäßigkeiten die Lizenz entzogen bekam, wurde Tasmania – seinerzeit nach Tennis Borussia und dem Spandauer SV nur Drit-

Bundesligabilanz	
Bundesligajahr:	1965/66
Gesamt:	1 Jahr
Beste Plazierung:	Platz 18 (1965/66)
Ewige Tabelle:	Platz 45, 34 Spiele, 2 Siege, 4 Unentschieden, 28 Niederlagen, 15:108 Tore, 10 Punkte
Ø Plazierung:	Platz 18
Top-Spieler:	Hans-Günter Becker (33), Klaus Konieczka (30), Horst Szymaniak (29), Wolf-Ingo Usbeck (28), Peter Engler (26)
Top-Torjäger:	Wolf-Ingo Usbeck (4), Lothar Zeh (3), Peter Engler (2), Wolfgang Neumann (2), Wolfgang Rosenfeld (2)

ter der gerade abgelaufenen Regionalligasaison – gefragt, ob sie Herthas
Bundesligaplatz einnehmen wolle. Die geteilte Stadt bräuchte einen Erstligisten, hieß
es, und Tasmania sei der geeignetste. In
Neukölln fühlte man sich geschmeichelt,
ergriff die Chance beim Schopf und war,
zwei Wochen vor Beginn der neuen Saison, plötzlich Erstligist. Eilig wurden die
Spieler vorzeitig aus dem Urlaub beordert,
mit Horst Szymaniak ein Nationalspieler
aus Italien zurückgeholt, und am 14. August 1965 das erste Bundesligaspiel vor
80.000 Zuschauern im Olympiastadion mit
2:0 gegen den Karlsruher SC gewonnen.
Neukölln war ein Hort der Glückseligkeit.
Nur eine Woche später begann der Hor-
ror. „Tas" verlor mit 0:5 bei Mitaufsteiger
Mönchengladbach und blieb bis zum vorletzten Spieltag (2:1 gegen Mitabsteiger
Neunkirchen) sieglos. "Der DFB wußte
doch, daß wir sofort wieder absteigen. Berlin hat dann sein Bonbon gehabt, der Abstieg ist dann eine sportliche Entscheidung.
Nee, nee, wir hätten sagen müssen: Schönen Dank, lieber DFB, aber nicht für diese
Saison. Wir bereiten uns lieber für ein Jahr
vor", resümierte Kapitän "Atze" Becker anschließend vieldeutig.
Mit dem 1973er Konkurs hatte das alles jedoch herzlich wenig zu tun, denn dessen
Wurzeln liegen im Jahr 1970. Damals wollte Vereinsvorsitzender Ulrich Bräuel, ein
Rechtsanwalt mit "Verbindungen", Tasmania generalstabsmäßig ins Oberhaus zu-
rückführen. Dazu stellte Bräuel einen Zwei-
jahresplan auf, sammelte von verschiedenen Gönnern insgesamt rund 300.000
Mark "Startkapital" und begab sich auf den
Spielermarkt. Von Hertha BSC holte er die
erstligaerfahrenen Werner Ipta und Lothar
Groß, aus Bremerhaven Torhüter Horst
Grunenberg, von Austria Salzburg Torjäger
Gert Gretzler und von Arminia Hannover
Günter Blume. Trainiert wurde das Team,
dem auch der frühere Herthaner und über
den Umweg TuS Wannsee zu Tasmania gekommene Ivica Sangulin angehörte, von
Hans Hipp, der bereits im April 1970 an
die Spree gelotst worden war.
Tasmanias Einkaufstour blieb natürlich
nicht unbeachtet. "Hertha frischt Tas auf",
schlagzeilte beispielsweise der »kicker« vor

der Saison 1970/71 und erklärte die Neu-
reichen aus dem Arbeiterviertel Neukölln
flugs zum Topfavoriten. Eine Bürde, mit der
sie keinerlei Probleme hatten. Erst im 33.
(und letzten) Saisonspiel kassierte Tasmania mit 0:3 bei Vizemeister Wacker 04 die
erste (und einzige) Saisonniederlage, beendete die Saison mit dem grandiosen Torverhältnis von 110:20 und sicherte sich
souverän die Meisterschaft. Auch bezüglich des Zuschauerzuspruchs herrschte
Zufriedenheit. Insbesondere die Schlager-
spiele gegen Blau-Weiß 90 und Tennis Borussia hatten mit 5.000 bzw. 6.900 Fans
für Berliner Verhältnisse ungewöhnlich große Kulissen angelockt. Und daß das Team
um den hitzköpfigen Torjäger Franz Emans
sowie den Nigerianer Johnny Egbuono
sportlich durchaus bundesligareif war, hatte
es im Pokalwettbewerb unter Beweis gestellt, als es im Februar 1971 nach Eintracht
Braunschweig mit dem MSV Duisburg um
ein Haar noch einen zweiten Erstligisten
rausgeworfen hätte. Doch weil Tasmania
wegen eines plötzlichen Kälteeinbruches
in Berlin wochenlang nicht richtig hatte
trainieren können, waren die Duisburger
kräftemäßig im Vorteil gewesen und hatten sich schließlich glücklich mit 2:0 durchgesetzt.
Vor Beginn der Aufstiegsspiele zur 1. Bundesliga herrschte im Lager der Berliner –
traditionell krasser Außenseiter im Rennen
um einen der beiden Aufstiegsränge - Zuversicht. "Ich glaube, daß wir gut abschneiden und mehr sind als nur Favoriten-
schreck", zeigte sich Trainer Hipp optimistisch und freute sich vor allem über die
Rückkehr von Franz Emans, dessen Platz-
verweissperre pünktlich abgelaufen war.
Hipps Optimismus war begründet, denn
sein Team setzte die Siegesserie zunächst
unbeirrt fort. Am 30. Mai 1971 freuten sich
exakt 22.648 Fans im Olympiastadion über
einen 2:1-Auftaktsieg gegen den VfL Osnabrück, den Lothar Groß Sekunden vor
dem Schlußpfiff sicherstellte. Es folgte eine
1:2-Niederlage in Karlsruhe, die Tasmania
jedoch keineswegs aus der Bahn warf. Am
6. Juni 1971 fegten die Neuköllner 24 Stunden nachdem Hertha BSC an gleicher Stelle
sensationell mit 0:1 gegen Arminia Bielefeld verloren und daraufhin "Schiebung"-

Voller Zuversicht laufen die Tasmania-Spieler Becker, Basikow, Talaszus, Bäsler, Konieczka, Fiebach, Neumann (verdeckt), Szymaniak, Englert und Rosenfeld zu ihrem ersten Bundesligaspiel ins Olympiastadion ein. Nach dem 2:0 über Karlsruhe sollte es über zehn Monate dauern, ehe Tas erneut gewann.

Rufe geerntet hatte, im Olympiastadion Südwestvize FK Pirmasens mit 3:0 vom Platz. "Torwart Horst Grunenberg hätte einen Kriminalroman in seinem Tor lesen können, so selten wurde er beansprucht", witzelte der »kicker« und behauptete "Tasmania ist jetzt Aufstiegskandidat".

Das war nicht ganz falsch, schließlich waren die Berliner nun Gruppenzweiter, hatten allerdings zwei schwere Auswärtsspiele vor sich. Im ersten – bei Gruppenfavorit VfL Bochum - hielten sie vor 30.000 Zuschauern an der Castroper Straße achtzig Minuten lang ein Unentschieden, ehe Bochum per Doppelschlag noch zum 4:2-Sieg kam. Ausgerechnet Torhüter Grunenberg, der Mann mit dem Kriminalroman, hatte die Niederlage mit zwei schweren Patzern auf dem Gewissen. Dennoch machte der »kicker« den Berlinern Mut: "Insgesamt ein großes Kompliment an Tasmania: Diese Mannschaft kann den Bochumern in den restlichen Spielen noch große Schwierigkeiten machen. Die Berliner haben in Bochum wirklich glänzend gespielt, trotz der

Niederlage...". Nur drei Tage später war plötzlich fast alles gelaufen. Durch einen Treffer in der zweiten Minute verlor „Tas" überraschend mit 0:1 in Osnabrück und konnte seine Aufstiegshoffnungen praktisch abhaken. "Tasmania scheiterte an der eigenen Umständlichkeit in Strafraumnähe", schrieb der »kicker«.

Im folgenden Heimspiel gegen den späteren Aufsteiger VfL Bochum kam das endgültige Aus – wobei die Umstände skandalös waren. "Bochum klar bevorteilt", schimpfte der »kicker« und kritisierte Schiedsrichter Schäfer, der sechs gelbe Karten verteilt hatte – fünf davon an Tasmania-Spieler. Vor 11.000 Zuschauern gewann der so begünstigte VfL mit 4:2, wobei allerdings abermals Torhüter Grunenberg das entscheidende Zünglein an der Waage spielte und die Schuld am vorentscheidenden 1:2-Rückstand auf sich nehmen mußte. "Die Abwehr versagte, vor allem Walleitner und Groß. Nur Werner Ipta hatte Format. Was sonst noch die Tasmanen beflügelte, war gelegentlicher Ehrgeiz,

33

aber nicht unbändiger Kampfeswille. Man spürte, daß einige Spieler kein Interesse mehr haben, für die Neuköllner um Aufstiegsrundenpunkte zu kämpfen", machte der »kicker« zudem Motivationsprobleme für das Scheitern der "Legionärstruppe" – die wenigsten Akteure kamen aus Berlin - aus.

In der Sommerpause wurde aufgeräumt. Emans und Hoff gingen zu Erstligist Oberhausen, Gretzler kehrte nach Österreich zurück und Langholz wechselte zum Kiez-Rivalen 1. FC Neukölln. Alsdann ging Vorsitzender Bräuel mal wieder einkaufen. Von Skandalsünder Offenbach holte er Helmut Nerlinger und Heinz Schönberger, aus Essen Georg Jung, vom VfB Stuttgart Torhüter Hans Hauser und vom ebenfalls in der Aufstiegsrunde gescheiterten Lokalrivalen SC Wacker 04 Abwehrtalent Norbert Siegmann. "Unsere Neuzugänge sind alles gute Spieler und nette Leute, unter ihnen haben wir keine Ratte", freute sich der erfolgshungrige Rechtsanwalt und verkündete: "Wir haben noch einmal tief in die Taschen

gab es Ärger, weil einer der dubiosen Mäzene (eine Versicherungsagentur) pleite gegangen war, und Tasmania plötzlich die Ablösesummen für einige Neuzugänge nicht bezahlen konnte, die daraufhin von ihren alten Vereinen keine Freigabe erhielten. Folge war, daß Trainer Hipp zum Pokalspiel gegen den BFC Preußen (6:0) sogar den längst aufs Altenteil abgeschobenen "Atze" Becker reaktivieren mußte, um überhaupt eine schlagkräftige Elf aufbieten zu können. Gleichzeitig gab es interne Unruhe, weil einige Spieler statt wie versprochen in einer eigenen Wohnung noch immer im Hotel untergebracht waren. An allen Ecken und Enden fehlte es plötzlich an Geld. Trainer Hipp zeigte sich genervt und erklärte "es hängt mir zum Halse heraus. Das ist Sache des Vorstands". Wenige Tage später mußte er die nächsten Rückschläge hinnehmen, als zunächst der Jugoslawe Sangulin auf Nimmerwiedersehen verschwand (nachdem er zuvor sein Handgeld für die gesamte Saison kassierte hatte...) und dann auch noch Libero Werner Ipta seinen Rücktritt verkündete, weil der Besitzer dreier Teppichgeschäfte "anderweitig beschäftigt" war. Unter diesen Umständen überrascht es kaum, daß „Tas" schon im Auftaktspiel bei Blau-Weiß 90 mit 2:4 die erste Saisonniederlage kassierte.

Die Folgen waren brutal: Zum drei Tage später angesetzten Neuköllner Derby gegen den 1. FC zahlten ganze 1.003 Zuschauer ihren Obolus und sorgten für zusätzliche Sorgenfalten, die auch der 2:0-Sieg nicht glätten konnte. Zumindest in sportlicher Hinsicht blieb Tasmania aber zunächst auf der Erfolgsspur. Erheblichen Anteil daran hatte der Ex-Offenbacher Helmut Nerlinger (Vater des heutigen Dortmunder Spielers Christian), der die Neuköllner mit zahlreichen Treffern auf Blickkontakt zur Spitze hielt. Und als im Oktober 1971 dann auch noch die 2:4-Auftaktniederlage gegen Blau-Weiß 90 wegen fehlender Spielberechtigung eines Blau-Weiß-Akteurs in einen Sieg für Tasmania umgewandelt wurde, übernahm der haushohe Favorit sogar den Platz an der Sonne.

Doch der nächste Ärger stand schon vor der Tür. Im November 1971 verließ Trainer Hipp das sinkende Tasmania-Schiff und

---

9. Spieltag Saison 1963/64

Regionalliga Berlin, 13. Oktober 1963, Tasmania 1900 – Tennis Borussia Berlin 0:2, 4.500 Zuschauer – Klaus Basikow, Hans-Jürgen Bäsler, Horst Talaszus, Hans-Günter Becker, Eckhard Peschke, Horst Greuel, Wolfgang Neumann, Helmut Fiebach, Heinz Fischer, Wolfgang Rosenfeldt, Erich Reimer

14. Spieltag Saison 1998/99

Oberliga Nordost Nord, 6. Dezember 1998, Reinickendorfer Füchse – Tasmania 73 Neukölln, 2:0, 63 Zuschauer – Patrick Brelle, Marcel König (60. Gökhan Kabak), Sascha Böhm, Heine, Erkan Erdogan, Lee, Robert Stachurski, Daniel Volbert, Björn Schwarz, Can Topuz (46. Ilker Dipli), Rani Al-Kassem (46. Hampel), Rote Karte: Kabak (67.)

---

gegriffen und werden mit einer starken Mannschaft und anderen Voraussetzungen im nächsten Jahr in den Aufstiegsspielen antreten".

Doch das finanzielle Vabanquespiel ging schief. Noch vor dem ersten Saisonspiel

heuerte auf dem Schleudersitz von Hannover 96 an, der ihm lukrativer erschien. Eilig kaufte man den früheren Schalker Slobodan Cendic aus seinem laufenden Vertrag beim FC Augsburg frei, freute sich bei dessen Debüt über einen schwer erkämpften 4:3-Sieg in Zehlendorf und mußte anschließend hilflos mit ansehen, wie die Mannschaft immer tiefer in die Krise rutschte. Es begann am 12. Dezember 1971, als es ausgerechnet im Derby gegen den 1. FC Neukölln die erste "richtige" Saisonniederlage setzte (1:2). Drei Wochen später rutschte „Tas" nach der dritten Pleite in Folge (0:1 beim Tabellenneunten TuS Wannsee) auf Rang 2 ab und mußte sich plötzlich ernsthaft Sorgen um die Qualifikation zur Aufstiegsrunde machen. Erst Ende Januar 1972 gelang es den Cendic-Schützlingen, durch einem 1:0-Sieg bei Tennis Borussia die Talfahrt zu stoppen und den Anschluß zu wahren. Zwischenzeitlich hatten sie sich allerdings mit einer peinlichen Niederlage beim abgeschlagenen Tabellenletzten Meteor 06 noch zum Gespött der Berliner Fußballwelt gemacht. Beim Neuköllner Traditionsklub brannte es an allen Ecken und Enden. Während der sportlichen Talfahrt waren plötzlich Gerüchte von einer bevorstehenden Fusion mit Blau-Weiß 90 aufgetaucht, die vom »kicker« jedoch umgehend ins Reich der Fabel verwiesen wurden: „Blau-Weiß hat 800.000 Mark auf der Bank durch seinen Platzverkauf und ist damit Berlins reichster Fußballverein. Eine Vereinigung wird sich also kaum verwirklichen lassen". In Neukölln hatte sich die finanzielle Situation derweil zugespitzt, weil sich einige „Tas"-Gönner angesichts der offensichtlichen Aussichtslosigkeit zurückgezogen hatten. Zugleich wurde ein durch den Bundesligaskandal beschleunigter Zuschauerrückgang registriert, der freilich alle Berliner Klubs gleichermaßen betraf. Selbst das Schlagerspiel gegen Blau-Weiß 90 lockte nur noch 3.119 Zahlende ins Stadion Neukölln, wo die Sorgenfalten immer größer

wurden. Immerhin gab es am Saisonende zumindest in sportlicher Hinsicht Erleichterung, als ein glückliches 1:1 gegen Rapide Wedding zu Platz 2 und damit der erneuten Aufstiegsrundenteilnahme langte, weil sich Verfolger Blau-Weiß 90 zeitgleich vom designierten Meister Wacker 04 nur Unentschieden trennte.

Tasmanias "schwarze Perle" Johnny Egbuono

Diesmal gingen die Neuköllner jedoch weitaus weniger optimistisch ins Aufstiegsrennen. Die permanenten Geldsorgen hatten das Nervenkostüm ziemlich angekratzt, und für Tasmanias Zukunft sah man ohnehin eher schwarz. "Mit fremdem Geld solchen Plan zu wagen, bleibt immer ein Risiko", kommentierte der »kicker« den praktisch schon vor Aufstiegsrundenbeginn gescheiterten Versuch, den Aufstieg zu erkaufen und wies darauf hin, daß der Kader vor dem Auseinanderfallen stand: "Nerlinger, Schönberger, Grunenberg, Blume, Siegmann, Jung und Groß haben bereits Abgang angekündigt". Zu allem Übel plagten Trainer Cendic vor dem Auftaktspiel gegen Gruppenfavorit Wuppertal auch noch Aufstellungssorgen. "Ich muß auf jeden Fall Amateur Hecker einsetzen", klagte er, denn Blume, Usbeck und Walleitner waren verletzt, Frati nach einem Platzverweis gesperrt und der Nigerianer Egbuono nach Erhalt seiner letzten Prämie spurlos verschwunden.

Um es kurz zu machen: Tasmania war chancenlos. Der 0:3-Auftaktniederlage gegen Wuppertal folgte ein 0:1 in Osnabrück, nach dem der »kicker« schrieb "In dieser Form ist Tasmania ja nur Kanonenfutter". Trainer Cendic war nicht zu beneiden. Mit Werner Ipta mußte er sogar einen Mann reaktivieren, der seit fast einem Jahr ohne Spielpraxis war und darüber hinaus nicht nur leicht übergewichtig war, sondern auch noch im Clinch mit dem Klubvorstand lag. Ipta hatte in der Vorsaison zu der inzwischen geplatzten Gönnergruppe gezählt,

ebenfalls punktlose Neunkirchener Borussia ein 0:10-Debakel gab. Das bedeutete Aufstiegsrundennegativrekord. Tasmania konnte einem nur noch leid tun.

Am 1. Oktober 1972 begann die letzte Pflichtspielzeit des 72 Jahre zuvor von einer Gruppe Schülern, die sich von einem passionierten Seefahrer herrliche Geschichten über eine vor Australien liegende Insel namens "Tasmania" hatten erzählen lassen, gegründeten Vereins. Die Situation war trostlos. Exakt 813.113,29 Mark Schulden plagten den Klub, eine angesichts der zumeist nur noch dreistelligen Zuschauerzahlen kaum zu begleichende Summe. Personell war Tasmania ausgeblutet. Nerlinger, Schönberger, Siegmann, Jung, Motskaul und Ipta hatten den Klub tatsächlich verlassen, und die Neuzugänge waren ausschließlich von unterklassigen Berliner Vereinen gekommen. Schon kurz nach dem in sportlicher Hinsicht durchaus erfreulichen Saisonauftakt (8:0-Punkte) wurde „Tas" endgültig von seinen Finanzproblemen eingeholt. Obwohl die Spielerbezüge drastisch reduziert wurden und nachdem schon die gesamte Einnahme aus dem Pokalspiel gegen Wacker 04 (2.000 Zuschauer, 0:2) an die Mannschaft gegangen war, war der Verein im Spätherbst 1972 zahlungsunfähig. Hauser, Thiel, Hempfler und Moos verließen daraufhin das sinkende Schiff, welches nun auch sportlich in schwere See geriet. Peinlicher Höhepunkt war ein torloses Unentschieden beim abgeschlagenen Tabellenletzten Alemannia 90, bei dem sich der Tas-Sturm im Auslassen von Torchancen überboten hatte.

Kurz darauf kam der nächste Schicksalsschlag, als der Verband Berliner Ballspielvereine nach ausgiebiger Akteneinsicht verkündete, Tasmania für die Spielzeit 73/74 keine Lizenz mehr zu erteilen. Die Generalversammlung übergab daraufhin am 27. Oktober 1972 dem schon während des Bundesligajahrs 1965/66 den Verein anführenden Harry Michel den Vorsitz, der sich kampfbereit zeigte und erklärte: "Auch andere Vereine sind verschuldet.

Spielklassen	
1963/64 – 64/65	Regionalliga Berlin
1965/66	1. Bundesliga
1966/67 – 72/73	Regionalliga Berlin (Konkurs Tasmania 1900)
1973/74	C-Klasse (Gründung Tasmania 73)
1974/75	B-Klasse
1975/76 – 77/78	A-Klasse
1978/79 – 80/81	Amateurliga
1981/82 – 90/91	Amateur-Oberliga Berlin
1991/92	Landesliga
1992/93 – 93/94	Verbandsliga
1994/95 – 95/96	Landesliga
1996/97	Verbandsliga
seit 1997/98	Oberliga Nordost (Nord)

die „Tas" in die Bundesliga hatte bringen wollen. Mehr und mehr wurde deutlich, daß die Aufstiegsrunde für viele Spieler nur noch eine lästige Pflichtübung war und sie sich innerlich längst aus Neukölln verabschiedet hatten. Am 7. Juni 1972 brach die Welt des Sport-Club Tasmania von 1900 endgültig zusammen, als es im Neunkirchener Ellenfeldstadion gegen die bis dato

Denen mußte dann auch die Lizenz entzogen werden". Michel spielte auf den Fall München 1860 an, der jedoch nicht vergleichbar war, da die Münchner als Gegenwert zu ihren Schulden über einen Spielerkader verfügten, der zu Geld gemacht werden konnte. Tasmania hingegen hatte nichts weiter, als Schulden.

Im Februar 1973 stand endgültig fest, das Tasmania tatsächlich keine Lizenz bekommen würde, und es drohte plötzlich sogar der Rückzug aus dem laufenden Spielbetrieb. Daß die Mannschaft zur gleichen Zeit weiterhin aussichtsreich um die Aufstiegsrundenqualifikation mitspielte, erscheint angesichts dieser Umstände nahezu unfaßbar, zumal es drunter und drüber ging. Trainer Peter Velhorn beispielsweise weilte die Woche über in Hennef, wo er seinen A-Schein machte, und wurde von Lothar Groß und Hans Bernrieder vertreten. Eklatante Verletzungssorgen (Usbeck, Frati) sowie Abgänge weiterer Spieler führten zu Besetzungsproblemen und dem Einsatz mehrerer Akteure aus der zweiten Mannschaft, die allerdings selbst vor dem Abstieg in die C-Klasse stand. Es kam zu kuriosen Situationen. Am 3. März 1973 beispielsweise mußte der Reservespieler Kemnitz per Taxi vom Spiel der Zweiten zu

Unter diesem Logo wird Tasmanias Tradition heute fortgeführt

dem der Regionalligamannschaft gekarrt werden, da jene sonst nur zu zehnt aufgelaufen wäre. Unter diesen Voraussetzungen kassierte Tasmania gegen Spitzenreiter Wacker 04 eine unglückliche 0:2-Niederlage, die die Neuköllner entscheidend zurückwarf. „Für uns ist nichts mehr zu holen. Wir können jetzt nur noch versuchen, anständig über die Saison zu kommen", gab Trainer Velhorn frustriert zu Protokoll. Zwei Monate später, am 13. Mai 1973, liefen die Neuköllner zum letzten Spiel ihrer Vereinsgeschichte auf und unterlagen dem BSV 92 in einer laut »kicker« "lustlosen Par-

tie, die den Begriff Sommerfußball verdiente" mit 0:3. Die Nennung der Zuschauerzahl sparte sich das Fachblatt.

Während Tasmania 1900 im Sterben lag, hatten einige in der Jugendarbeit tätige Mitglieder bereits ihre Konsequenzen gezogen und den "Sport-Verein Tasmania-Neukölln 1973 e.V." gegründet, der in die Fußstapfen des SC Tasmania 1900 treten sollte. Angeregt worden war die am 3. Februar 1973 in der Kegelgaststätte Johannisthaler Chaussee erfolgte Gründung u.a. von dem damaligen Jugendleiter und noch heute aktiven Joseph "Jupp" Pappert; den Vorsitz des vom Volksmund sofort "Tas 73" getauften Klubs übernahm Schulleiter Klaus Ueckert. Wenig später traten die Jugend- und Amateurmannschaften des SC Tasmania 1900 mitsamt Betreuern geschlossen zum SV Tasmania 73 über, der sich daraufhin für den Spielbetrieb der untersten Spielklasse anmeldete und am 27. Juli 1973 zu seinem ersten Spiel auflief. Vor 265 Zuschauern ging die Freundschaftsbegegnung gegen Stern Marienfelde mit 0:1 verloren.

Das zarte Pflänzchen entwickelte sich prächtig – allerdings unter veränderten Vorzeichen, denn bis heute legt Tasmania 73 viel Wert auf die Jugendarbeit, was nicht zuletzt ein Resultat der Erfahrungen aus den siebziger Jahren ist, als die alte Tasmania den Nachwuchs völlig vernachlässigt hatte. Die Früchte konnte Tasmania 73 schon wenig später im Seniorenbereich ernten. 1974/75 gelang der Aufstieg in die A-Klasse (Höhepunkt war ein 28:0-Sieg über den SV Berlin), und 1977/78 erreichte „Tas 73" unter Trainer Bernrieder (der anno 1973 interimsweise für Velhorn das Training geleitet hatte) bereits die Amateurliga. 1981 vollzog man mit dem Aufstieg in die damalige Amateur-Oberliga Berlin die Rückkehr in den

Halbprofibereich, in dem Tasmania 73 jedoch lange Zeit nicht so recht warm wurde. Durch den katastrophalen baulichen Zustand des Neuköllner Stadions ins Kreuzberger Katzbachstadion verdrängt, mußte „Tas 73" lange Zeit gegen den Abstieg kämpfen, ehe Mitte der achtziger Jahre allmählich die Akklimatisierung gelang. Trainiert vom Ex-Herthaner Michael Sziedat konnte schließlich ab 1985 die bis heute erfolgreichste Phase der Vereinsgeschichte eingeläutet werden. 1986/87 verpaßte man sogar nur um ein Haar den Einzug in die Aufstiegsrunde zur 2. Bundesliga. Vor jener Saison hatte auch die Rückkehr ins völlig umgebaute Stadion Neukölln stattgefunden. Aus der einst 30.000 Plätze bietenden Arena waren mehrere kleinere Plätze geworden.

Ausgerechnet als Berlin inmitten der Wirren um die Grenzöffnung stand, erwischte es die nunmehr vom früheren U21-Trainer der DDR, Horst Brunzlow, trainierten Tasmanen, die 1991 aus der höchsten Berliner Spielklasse absteigen mußten. Seither verläuft ihre sportliche Leistungskurve ein wenig turbulent. 1994 mußte „Tas" zurück in die Landesliga (seinerzeit sechshöchste Spielklasse), die man 1996 wieder in Richtung Verbandsliga verlassen konnte. Zwei Jahre zuvor hatte der Immobilienkaufmann und Kunsthändler Horst-Dieter Laurisch den Vorsitz übernommen und die Zeichen durch die Verpflichtung von Bruno Paulenz (Manager) und Thomas Remark (Trainer) auf Aufschwung gestellt. Nach einem Doppelaufstieg fand sich Tasmania schließlich 1997 sogar in der inzwischen viertklassigen Oberliga wieder. Dort gelang auf Anhieb ein ausgezeichneter sechster Platz, der Träume vom Aufstieg in die Regionalliga aufkommen ließ. Die jedoch platzten kurz vor Beginn der Saison 1998/99, als die Neuköllner mal wieder von ihrer Vergangenheit eingeholt wurden. "Aufgrund stark reduzierter Sponsorenzuwendungen mußte im Vergleich zum Vorjahr eine Halbierung des Saisonetats vorgenommen werden", hieß es in der »Fußballwoche«, die den Neuköllnern Abstiegskampf prophezeite. Das Fachblatt hatte Recht. Erst am 8. November 1998 gelang der erste Saisonsieg (1:0 über Eintracht Schwerin), der den Abstieg in die Verbandsliga aber wohl nicht verhindern wird. Somit dürfte die Befürchtung von Trainer Ziegert, "Neukölln ist der einwohnerstärkste Stadtteil Berlins – da wäre es schade, wenn auf einer überregionalen Fußball-Landkarte dort ein weißer Fleck prangen würde", Wahrheit werden. Hardy Grüne

Tennis Borussia Berlin

Wer ist schon gerne Nummer 2? Niemand, oder? Nun, es gab Zeiten, da wäre der "Berliner Tennis Club Borussia e.V." glücklich gewesen, als "Nummer 2 von Berlin" bezeichnet zu werden. Wurden die Borussen aber nicht, denn im Schatten des oftmals taumelnden Riesen Hertha war kein Platz. Eine "Nummer 2" hat es – zumindest in den letzten 35 Jahren - in Berlin nicht gegeben. Hinter Hertha war gar nichts. Luftleerer Raum.

Veilchen als Mauerblümchen

Obwohl die "alte Dame" in sportlicher Hinsicht selten eine Übermacht darstellte, akzeptierten Berlins Fußballfans nie etwas anderes auf dem Fußballthron ihrer lange Zeit gespaltenen Stadt als Hertha. Hatte Hertha eine ihrer (zahlreichen) Krisen, so gingen sie eher gar nicht ins Stadion, als irgendeinen anderen Klub zu unterstützen. Ein Wesenszug, dessen Folgen kaum ein Verein so brutal erfuhr, wie Tennis Borussia. TeBe oder "die Veilchen" wurde selbst zu seinen Glanzzeiten geflissentlich übersehen und eher selten mit einem Besuch beehrt. Nicht umsonst ist das größte Problem der seit einigen Jahren mit beeindruckender Vehemenz auf der Erfolgsspur befindlichen Borussen, aus ihrem Mauerblümchendasein herauszukommen.

TeBe hat freilich noch mit einem weiteren Problem zu kämpfen: Seinem Ruf. "Geldbeutel", "Millionärsklub", "Nobelzirkel" – die Liste der abfälligen Bezeichnungen ist lang und vielfältig. "Spieler kann man kaufen, Fans nicht", stichelten Anhänger von Hannover 96 per Transparent, als ihre Mannschaft im Sommer 1998 mit TeBe um den Aufstieg in die 2. Bundesliga rang. Und das nicht zu Unrecht, denn Hauptsponsor "Göttinger Gruppe" hat den sportlichen Aufschwung der Violetten mit geradezu märchenhaften Summen nahezu erzwungen. Bruno Akrapovic beispielsweise verließ freiwillig den um ein Haar in die 1. Liga aufgestiegenen FSV Mainz 05, weil er

Bundesligabilanz	
Bundesligajahre:	1974/75, 1976/77
Gesamt:	2 Jahre
Beste Plazierung:	Platz 17 (1974/75 und 1976/77)
Ewige Tabelle:	Platz 40, 68 Spiele, 11 Siege, 16 Unentschieden, 41 Niederlagen, 85:174 Tore, 49 Punkte
Ø Plazierung:	Platz 17
Top-Spieler:	Jürgen Schulz (67), Ditmar Jakobs (63), Hans Sprenger (52), Hubert Birkenmeier (50), Karlheinz Subklewe (42)
Top-Torjäger:	Benny Wendt (20), Norbert Stolzenburg (13), Peter Geyer (6), Jürgen Rumor (6), Jürgen Schulz (6)

beim Drittligisten TeBe mehr Geld verdienen konnte! Nach und nach entstand so eine Mannschaft, die sämtliche Rekorde brach: In 29 der 34 Saisonspiele gingen die vom früheren Bochumer Abwehr-Rauhbein Hermann Gerland trainierten Borussen als Sieger vom Platz, kassierten ganze sieben Gegentore und mußten sich weder daheim noch auswärts geschlagen geben. Erst im Aufstiegsspiel zur 2. Liga vermochte Hannover 96 den TeBe-Expreß zu stoppen, benötigte dafür allerdings ein Elfmeterschießen. Zwei Wochen später qualifizierte sich auch TeBe für das Bundesliga-Unterhaus und rückte seinem Nahziel 1. Bundesliga (Fernziel: Champions League) ein Stückchen näher. Einziger Wermutstropfen in der strahlenden Bilanz war der Zuschauerzuspruch: Ganze 1.306 Zuschauer hatten die Veilchen im Schnitt bei ihren Galavorstellungen begrüßen können; das machte Rang 12 in der Gesamtwertung. Und wären nicht die Fans der Gastmannschaft gleich mehrfach deutlich in der Überzahl gewesen, dann... Nein, es ist schon etwas dran am Slogan "Spieler kann man kaufen, Fans nicht".

Das Desinteresse der Berliner an Tennis Borussia hat Tradition. Zweimal schon durfte TeBe am Spielbetrieb der 1. Bundesliga teilnehmen – und in beiden Fällen interessierte das an der Spree kaum jemanden. 1974/75, als die von Medienstars wie Jack White (Schlagerproduzent), Hänschen Rosenthal ("Dalli-Dalli"), Wolfgang Gruner (Kabarettist) und Boxpromoter Fritz Gretzschel unterstützten Borussen erstmals im Oberhaus mitkickten, wohnten ihren Spielen durchschnittlich rund 10.500 Menschen bei. Das sieht auf den ersten Blick recht nett aus, zieht man jedoch die 75.000 Zuschauer vom Derby gegen Hertha ab, reduziert sich die Zahl auf ganze 6.500, womit TeBe das Schlußlicht der "ewigen Tabelle der Zuschauerminusrekorde" bilden würde. Selbst der mit vier frischgebackenen Weltmeistern bestückte FC Bayern hatte am elften Spieltag ganze 14.837 Zuschauer ins weitläufige Olympiastadion – seinerzeitige TeBe-Zwangsheimat - gelockt. Berlin zeigte TeBe die kalte Schulter – und die Vereinsführung um Hänschen Rosenthal verzweifelte. Was hatten sie um die Gunst

der Berliner und Berlinerinnen gekämpft! Zigtausendfach waren Werbeaufkleber ("Aus Daffke TeBe") verschenkt worden. Mit Karl-Heinz Schnellinger hatte man eines der ganz großen Fußballidole der sechziger Jahre nach Deutschland zurückgeholt, der mit Erfahrung und Ruhm für Sicherheit in der Abwehr und Neugierde bei den Fans sorgen sollte. Vergeblich. Zum ultimativen Vertrauenstest, dem ersten Saisonspiel gegen Werder Bremen, fanden sich ganze 8.700 Zahlende ein.

Daß Tennis Borussia überhaupt im Oberhaus mitkicken durfte, war durchaus überraschend, denn eigentlich waren die großen Zeiten der Veilchen längst vorbei. Zuletzt hatte der eigentlich aus Berlin-Mitte stammende Klub Ende der zwanziger und Anfang der dreißiger Jahre zur Fußballelite gezählt. Fünfmal in Folge war TeBe in die Endrunde um die deutsche Meisterschaft eingezogen, wo es jedoch nie zu mehr als dem Viertelfinale gereicht hatte. Im Verlauf der dreißiger Jahre war es dann merklich ruhiger geworden um die Veilchen, die sich Ende der vierziger-, Anfang der fünfziger Jahre ein letztes Mal zur Nummer 1 von Berlin aufschwangen - damals mit Männern wie dem unverwüstlichen "Hanne" Berndt, der 1946/47 in 22 Spielen 53 Tore schoß, dem früh verstorbenen Gerhard Graf und dem aus Plauen gekommenen Horst Schmutzler. Mitte der fünfziger Jahre wurde dann aber auch TeBe von der allgemeinen Talfahrt des Westberliner Fußballs mitgerissen. Daß Hertha 1963 den Veilchen bei der Lizenzerteilung für die 1. Bundesliga vorgezogen wurde, erzürnte in Charlottenburg kaum jemanden: Angesichts der sportlichen und wirtschaftlichen Aussichtslosigkeit hatten sich die Veilchen gar nicht erst beworben und wollten statt dessen eine Klasse tiefer sorgfältig die Voraussetzungen schaffen, eines Tages unter besseren Bedingungen den Sprung ins Oberhaus zu wagen. Das war allerdings schwieriger als erwartet, da die Regionalligen im Schatten der 1. Bundesliga ein Mauerblümchendasein fristeten. Berlins Staffel war dabei ungleich stärker betroffen, denn durch die Insellage der Stadt schmorte sie regelrecht im eigenen Saft. Im Jahr 1 nach Einführung der Bundesliga wurden weniger als 50 Prozent der Zuschauer der letzten Oberliga-saison registriert, was die Vereinskassen weiter leerte und dazu führte, daß Talente kaum noch in der Stadt gehalten werden konnten. Tennis Borussia wußte, daß der Teufelskreis nur durch den Aufstieg ins Oberhaus durchbrochen werden konnte. Gegner wie Lichterfelder Sportunion oder SC Gatow waren auf Dauer einfach zu unattraktiv, um das anspruchsvolle Berliner Fußballvolk anzulocken. Zunächst sah es für die Veilchen auch hoffnungsvoll aus, denn schon im zweiten Regionalligajahr (1964/65) bot sich dem von Wilhelm Oelgart trainierten Team die Chance, den Platz der per Lizenzentzug aus der Bundesliga geboxten Hertha einzunehmen und die Fußballhierarchie Berlins auf den Kopf zu stellen. Doch nach einem großartigen Aufstiegsrundenstart mit dem Höhepunkt des 5:2-Sieges über Staffelfavorit 1. FC Saarbrücken (vor 20.000 begeisterten Fans traf Bernd Sobek, Sprößling der Berliner Fußball-Legende "Hanne", gleich zweimal) ging es steil bergab. Beim Rückspiel in Saarbrücken brach sich Verteidiger Wilde Schien- und Wadenbein, TeBe ging mit 0:5 unter, verspielte zwei Wochen später eine 3:0-Führung auf dem Aachener Tivoli (Endstand: 5:4 für Alemannia) und beendete die Gruppenspiele nach einer peinlichen 0:8-Heimschlappe gegen den designierten Aufsteiger Bayern München als Letzter.

Wenig später wurde der Regionalligadritte Tasmania 1900 auf dubiose Art und Weise ins Oberhaus bugsiert, während Berlins Regionalligisten dank Herthas Zwangsabstieg zumindest in finanzieller Hinsicht aufatmen konnten. Wo immer die alte Dame auftrat, waren die Stadien bzw. Sportplätze gerappelt voll. Doch als zwölf Monate später Tasmania mit Pauken und Trompeten aus dem Oberhaus ab-, und Hertha nicht wieder dorthin aufgestiegen war, lag sich Fußball-Westberlin dennoch trauernd in den Armen. Vier Jahre nach dem Bau der Mauer war man aus dem erstklassigen Fußball ausgeschieden und drohte in der Versenkung zu verschwinden. Flugs wurden Rettungspläne geschmiedet, die eine Fusion von Tennis Borussia

und Hertha vorsahen, um mit vereinten Kräften den deutlich verblichenen Berliner Fußballruhm wieder aufzupolieren. TeBe-Vorsitzender Rosenthal war sofort begeistert und erteilte nach Rücksprache mit seinen Vorstandskollegen die Einwilligung zur Verschmelzung. Hertha-Boß Hans Höhne jedoch sagte "nein" und ließ die Fusion platzen. Ihm war Herthas Tradition wichtiger als Berlins Fußballzukunft.

Für TeBe war Herthas fortgesetzter Regionalligaaufenthalt eine Medaille mit zwei Seiten. Einerseits werteten die Blau-Weißen die Regionalliga natürlich auf und sorgten zumindest einmal im Jahr für eine halbwegs erträgliche Zuschauerkulisse, andererseits war sportlich an ihnen kaum vorbeizukommen. 1966, 1967 und 1968 wurde Tennis Borussia Vizemeister – jeweils hinter Hertha. In jenen Tagen verfügten die Veilchen über ein Team, wie man es in Charlottenburg lange nicht mehr gesehen hatte und dem einige noch heute wohlklingende Namen angehörten: Torhüter Michael Kellner beispielsweise, der einst aus Zehlendorf gekommen war und später zur Hertha wechselte, der frühere Charlottenburger Bernd Gersdorff, der es später in Braunschweig bis in die Nationalelf schaffte, das Eigengewächs Georg Damjanoff, das in den siebziger Jahren Stammspieler bei Hannover 96 wurde, und natürlich Horst Lunenburg, der sich 1968 mit 30 Treffern als Berliner Torschützenkönig feiern lassen durfte. Mit dabei waren auch Peter Eggert und Jürgen Schulz, die noch 1974, als TeBe endlich der ersehnte Aufstieg gelang, das vio-

lette Adlertrikot trugen. Trotz des hoffnungsvollen und letztendlich ja auch erfolgreichen Teams waren echte sportliche Highlights rar. Im Frühsommer 1967 gab es solch ein seltenes Phänomen. Souverän hatten sich die Veilchen für die Aufstiegsrunde qualifiziert, wo ihnen im Auftaktspiel Nordvize Göttingen 05 gegenüberstand. Dessen Gastspiel lockte nahezu 42.000 Zuschauer an – und überforderte die Kulissen zwischen 500 und 4.000 gewohnten Borussen völlig. Nichts lief zusammen, am Ende gab es nur ein enttäuschendes 1:1. Damit war die Chance vertan, bei den Berlinern Sympathiepunkte zu sammeln. 1968 kehrte Hertha ins Oberhaus zurück, und für Berlins Regionalligisten brachen harte Zeiten an. Ein letztes Mal hatte TeBe in wirtschaftlicher Hinsicht mit durchschnittlich rund 2.800 Zuschauern halbwegs ordentlich abgeschnitten und durch einen Traumstart in der Aufstiegsrunde sogar einen klitzekleinen Boom ausgelöst. Nach rund 25.000 beim Auftaktspiel gegen Leverkusen (2:4) lockte die anschlie-

Blau-Weiß 90, und Nachfolger Gerhard Nitsch mußte schon zwölf Monate später die Abgänge von Steinert, Krampitz, Kellner und Gersdorff verdauen, denen 1970 Damjanoff folgte. Die wirtschaftlichen Vorzeichen in Berlins Fußballszene hatten sich gewandelt. Während Hertha BSC in der Bundesliga boomte, konnte Blau-Weiß 90 nach dem Verkauf seines Vereinsgeländes kräftig auf dem Transfermarkt zuschlagen und TeBe den Rang ablaufen. Auch Hertha Zehlendorf, das von einer Connection mit Hertha BSC profitierte sowie Tasmania verfügten über deutlich höhere Etats als TeBe, wo inzwischen Schmalhans Küchenmeister war. 1969 mußte man im Poststadion, TeBes seinerzeitiger Heimat, erstmals S.O.S.-Signale aussenden: Wenige Minuten, nachdem Hans Rosenthal sein Amt als Vorsitzender niedergelegt hatte, teilte Schatzmeister Wiese den Vereinsmitgliedern mit: "Wir haben 200.000 Mark Schulden". Während TeBes finanzielle Zukunft im "Armenhaus Regionalliga" trotz des vergleichsweise hohen Zuschauerschnitts von rund 800 trübe aussah, gab es sportlich bald wieder Anlaß zum Jubeln. 1970 fingen die Veilchen um Peter Eggert mit einem fulminanten Schlußspurt die weit enteilten Tasmanen am letzten Spieltag noch ab und qualifizierten sich erstmals seit 1968 wieder für die Aufstiegsrunde. Doch schon im ersten Heimspiel erhielten die ohnehin nur hinter vorgehaltener Hand geäußerten Aufstiegshoffnungen einen kräftigen Dämpfer, als der SV Alsenborn mit 1:0 beide Punkte mitnahm. Am Ende hatte TeBe kein einziges Heimspiel gewonnen und in vier Spielen lediglich 25.000 Zuschauern begrüßen können – davon alleine 15.000 beim Auftaktspiel gegen Alsenborn. Folge waren erneute Spielerverluste, unter denen auch Torjäger Lunenburg war, den es zu Wacker 04 zog. Dennoch verschlechterte sich die Finanzsituation beinahe täglich. Ende 1970 malte der 2. Vorsitzende Fritz Huggenberger bei inzwischen 347.000 Mark Schulden eine düstere Zukunftsprognose und riet zur Lizenzrückgabe. Angesichts der schier aussichtslosen Situation und der anstehenden Einführung der 2. Bundesliga plädierten viele für eine Kräftebündelung, um eine "zweite Kraft hinter

---

9. Spieltag Saison 1963/64
Regionalliga Berlin, 13. Oktober 1963, Tasmania 1900 Berlin - TeBe 0:2, 4.500 Zuschauer – Walter Jacobs, Wolfgang Seeger, Horst Hähnert, Hermann Clausen, Eschen, Manfred Maaß, Dieter Herrmann, Roger Geßler, Hans Tylinski, Bernd Sobek, Eberhard Foit, Tore: 0:1 Geßler (13.), 0:2 Sobek (62.)

19. Spieltag Saison 1998/99
2. Bundesliga, 18. Dezember 1998, Energie Cottbus – TeBe 2:2, 5.578 Zuschauer – Goran Curko, Dejan Raickovic, Marco Walker, Fahed Dermech, Niclas Weiland (79. Marko Tredup), Bruno Akrapovic, Matthias Hamann, Müslüm Çan, Francisco Copado (89. Faruk Namdar), Toni Micevski, Kreso Kovacec (85. Celaleddin Kocak), Tore: 0:1 Kovacec (33.), 0:2 Micevski (57.)

ßende Heimpartie gegen Neuendorf über 35.000 Neugierige an – eine derartige Kulisse sollte TeBe bis 1974 nie wieder erreichen. Auch in sportlicher Hinsicht kam mit der 68er Aufstiegsrundenteilnahme ein Bruch. Trainer "Spinne" Siegert ging zu

Symptomatisches TeBe-Bild: Auch im letzten Aufstiegsrundenspiel in Oberhausen waren sie Sieger ohne Publikum

Hertha zu schaffen". Doch bei TeBe wollte man von Fusion – mit wem auch immer - nichts wissen. Trotzig verkündete Vorsitzender Rosenthal, es "alleine schaffen zu wollen" und setzte auf Investitionen. Zur Saison 1971/72 wurde mit Torhüter Birkenmeier (Freiburg) und dem erst 19jährigen Duisburger Wittke vor allem die Abwehr verstärkt. Finanziert wurde der angesichts der Schulden erstaunliche Kraftakt durch die wohlhabenden Edelfans Hänschen Rosenthal und Jack White (alias Horst Nußbaum), denen ihre Liebe für die Veilchen in der Folgezeit noch einige Mark kosten sollte. Der erwünschte sportliche Erfolg stellte sich jedoch erst ein, als Georg Gawliczek Ende 1972 den mit einigen Spielern zerstrittenen Trainer Schollmeyer ablöste. Zur Spielzeit 1973/74 bekam Gawliczek mit Verteidiger Hoffmann (Spandau), Jürgen Schulz (aus der Konkursmasse Tasmanias), Torjäger Hans Sprenger (Wacker 04) und Stürmertalent Norbert Stolzenburg (Hertha Zehlendorf) vier weitere Verstärkungen, die TeBe insgesamt 250.000 Mark kosteten. Eine Investition, die sich lohnte, denn die Gawliczek-Schützlinge gaben im Saisonverlauf ganze drei Punkte ab, blieben auch in der Aufstiegsrunde bis zum letzten und schon bedeutungslosen Spiel in Oberhausen ungeschlagen und machten TeBes Bundesligaträume endlich wahr.

Die rauhe Erstligaluft bekam den Veilchen, wie eingangs erwähnt, allerdings weder finanziell noch sportlich. Hoffnungsträger Schnellinger entpuppte sich als teurer Flop, und nach dem Fehlstart von 2:14-Punkten konnten auch die Noteinkäufe Jakobs, Bittlmayer und Rumor das Ruder nicht mehr herumreißen. Als am Saisonende Bilanz gezogen wurde, hatte TeBe lediglich fünfmal gewonnen, die bescheidene Zahl von 16 Punkten angehäuft und den Traum vom Oberhaus damit nach nur zwölf Monaten schon wieder ausgeträumt. Gestört hat das freilich nur wenige, denn das letzte Heimspiel gegen Mitabsteiger Wuppertaler SV wurde von lediglich 1.452 Zuschauern besucht! Wo anderenorts angesichts dieser Zahlen vermutlich jegliche Hoffnung und Motivation aufgegeben worden wäre, trat bei TeBe das genaue Gegenteil ein. Die Vereinsführung ließ sich vom Desinteresse der Berliner nicht abschrecken und peilte den direkten Wiederaufstieg an. Gawliczek mußte dem früheren Braunschweiger Meistercoach Helmut Johannsen weichen, der Erstligakader wurde nahezu komplett gehalten und mit Christian Sackewitz (Zehlendorf) sowie Regisseur Winfried Berkemeier (1. FC Köln) kamen weitere hochkarätige Verstärkungen hinzu. Ideale Bedingungen im Umfeld verschafften den Borussen gegenüber der Zweitligakonkurrenz schließlich einen Vorsprung, der zum Erfolg führte: Nach einer schockierenden 0:3-Auftaktschlappe in Göttingen kam der TeBe-Expreß rasch ins Rollen und war nicht mehr aufzuhalten. Mit 54:22-Zählern sicherten sich die Borussen frühzeitig Meisterschaft und sofortige Rückkehr ins Oberhaus. Die Freude fiel allerdings gedämpft aus. Zum einen verließ mit Trainer Johannsen, der sich mit der Vereinsführung überworfen hatte, einer der Väter des Erfolges den Verein, zum anderen mußte man mit Verteidiger Siegmann und Torjäger Stolzenburg gleich zwei Leistungsträger ziehen lassen. Schlechte Voraussetzungen also, was Wandervogel Rudi Gutendorf jedoch nicht davon abhielt, die Herausforderung anzunehmen und mit TeBe ins Bundesligaabenteuer zu ziehen. Und diesmal schien es auch besser als zwei Jahre zuvor auszugehen, denn trotz einiger heftiger Niederlagen (u.a. 1:7 in Frankfurt und 0:9 beim FC Bayern) gelang es dem Team bis zur Winterpause, sich außerhalb der Abstiegsränge aufzuhalten. Größter Garant dafür war der schwedische Neuzugang Benny Wendt, der auch

Pawlak (bzw. sein Nachfolger Pietzsch) und Manager Opitz nach Lösungen, ohne jedoch fündig zu werden. Dennoch konnte die wackelige Abwehr nach der Winterpause mit Ex-Skandalsünder Volkmar Groß im Tor sowie Libero Dieter Hochheimer verstärkt werden, für die allerdings Angreifer Christian Sackewitz abgegeben werden mußte. Sportlich ging es nun bergab. Schon am ersten Rückrundenspieltag fiel TeBe durch ein 0:1 in Essen erstmals auf Rang 18 zurück und konnte die Abstiegsränge bis zum letzten Spieltag nicht mehr verlassen. Am Ende befriedigte lediglich der Zuschauerschnitt von 17.346, der höchste, den TeBe je hatte. Mit dem erneuten Abstieg begann eine bis weit in die neunziger Jahre anhaltende turbulente Phase, in der sich diverse profilierungssüchtige und mitunter auch ein wenig zwielichtige Herren an TeBe versuchten und deren Quintessenz Chaos war. Mit Macht sollte den Veilchen nach der Gleichung "viel Geld investieren = viel Erfolg ernten" der Durchbruch ermöglicht werden, ohne dabei auf zum Erfolg notwendige Komponenten wie Geduld, Berechenbarkeit und Vertrauen zurückzugreifen. Es begann mit Heinz Pietzsch, einem wohlhabenden Vertreter des US-Chemiegiganten Dow Chemical, der sich im Vietnam-Krieg eine goldene Nase verdient hatte. Pietzsch, der im Oktober 1976 die Nachfolge von Manfred Pawlak angetreten hatte, leitete eine abenteuerliche Transferpolitik ein, bei der alljährlich nahezu der gesamte Kader mitsamt Trainer ausgetauscht wurde. Doch egal, wer das violette Trikot auch trug, oder wessen Kopf gerade den Trainerposten zierte – niemand vermochte TeBe aus dem Mittelmaß zu reißen. Von den Berlinern weitestgehend unbemerkt verpaßten die Veilchen 1981 sogar die Qualifikation zur eingleisigen 2. Bundesliga und stiegen trotz Akteure wie Norbert Stolzenburg, Thomas Grunenburg oder Peter Endrulat erstmals in der Vereinsgeschichte in die Drittklassigkeit ab. Dort wurden die Borussen mit längst vergessen geglaubten Problemen konfrontiert: Ein Zuschauerinteresse im Hunderterbereich, ein fast als das Produkt von "Inzucht" zu bezeich-

	Spielklassen
1963/64 – 73/74	Regionalliga Berlin
1974/75	1. Bundesliga
1975/76	2. Bundesliga Nord
1976/77	1. Bundesliga
1977/78 – 80/81	2. Bundesliga Nord
1981/82 – 84/85	Amateur-Oberliga Berlin
1985/86	2. Bundesliga
1986/87 – 92/93	Amateur-Oberliga Berlin (Nordost)
1993/94	2. Bundesliga
1994/95 – 97/98	Regionalliga Nordost
seit 1998/99	2. Bundesliga

an der größten Hinrundensensation beteiligt war: Am 18. September bezwang TeBe vor 20.000 Zuschauern den mit 10:0-Punkten gestarteten 1. FC Köln mit 3:2, wobei Wendt in der zweiten Spielminute den Toreigen der Veilchen eröffnet hatte. Die sportlichen Erfolge wurden allerdings von eklatanten Finanzproblemen überschattet: TeBe drückte eine Schuldenlast von rund 1,8 Mio. Mark. Verzweifelt suchten Präsident

nender Spielermarkt in der von der restlichen Bundesrepublik abgetrennten Stadt, und ein Medieninteresse, das gegen Null tendierte. Vier Jahre dauerte es, ehe schließlich 1984/85 unter dem ortskundigen Trainer Achterberg die sportlichen Voraussetzungen zur Rückkehr in die 2. Bundesliga geschaffen wurden. Achterbergs vornehmlich aus in Berlin geborenen und aufgewachsenen Akteuren zusammengestellte Mannschaft zeichnete sich durch Ausgeglichenheit aus, und verfügte mit Frank Dietrich über einen gefürchteten Torjäger (40 Saisontreffer). Während die sportlichen Vorzeichen unter Achterberg wieder in Richtung Profilager wiesen, war die finanzielle Situation unverändert prekär. Zwar war der Schuldenberg von rund 2 Mio. Mark inzwischen weitestgehend abgetragen worden, doch angesichts eines durchschnittlichen Besuchs von rund 630 Zahlenden selbst im Aufstiegsjahr konnten im Mommsenstadion keine großen Sprünge gemacht werden. So überraschte es nicht, daß TeBe in der Zweitligasaison 1985/86 nur Vorletzter wurde, ganze 1.972 Zuschauer pro Spiel begrüßen konnte und postwendend wieder abstieg
Da der einst übermächtige Lokalrivale Hertha BSC ebenfalls abstieg, waren Berlins Traditionsklubs im Sommer 1986 erstmals gemeinsam aus den beiden höchsten Spielklassen ausgeschieden. Gleichzeitig sicherte sich Newcomer Blau-Weiß 90 den Aufstieg in die 1. Liga, wodurch die städtische Fußballhierarchie völlig aus den Fugen geriet. Doch des einen Leid war des anderen Freud, denn der Offenbarungseid der Renommierklubs wurde zum Rettungsanker kleinerer Vereine wie VfB Neukölln oder TSV Rudow, die in der Saison 1986/87 alleine mit dem Gastspiel von Hertha BSC fast ihren kompletten Saisonetat bestreiten konnten. Mitabsteiger TeBe hingegen war ein weit unattraktiverer Gast und bekam von dem Hertha-Boom selbst auch nur wenig ab. Mit durchschnittlich 483 Zahlenden stellten die Veilchen sogar einen neuen Minusrekord auf. Im weiteren Verlauf der achtziger Jahre drohte TeBe sportlich und wirtschaftlich den Anschluß zu verpassen. 1988/89 erreichte die Talfahrt mit Platz 8 und einem Zuschauerschnitt von

228 Zahlenden (!) ihren Tiefpunkt. Die Veilchen hatten die ohnehin nur sporadisch erwiesene Gunst der Berliner völlig verspielt, ihre Fanszene war komplett zusammengebrochen, und das treugebliebene Publikum bestand fast ausschließlich aus steinalten Rentnern und Akteuren unterer Mannschaften. Verzweifelt wandte man sich an Klaus-Volker Stolle, den Direktor des Nobelhotels "Steglitz International". Stolle hatte zwar keinerlei Ahnung vom Fußball, dafür aber genügend Geld und vor allem eine stichhaltige Motivation, TeBe zu helfen: Seine, wie er es später ausdrückte, "Rivalität zu Alfred Weiß". Weiß war Direktor des Stolle-Konkurrenten "Hotel Interconti" und hatte gerade das sinkende Schiff Tennis Borussia verlassen, welches er eine Zeitlang als Präsident gesteuert hatte. Mit der verlockenden Aussicht "Weiß eins auszuwischen, wenn Du uns vor dem Konkurs rettest", wurde Stolle geködert und butterte fortan jährlich rund 300.000 Mark in einen Verein, dessen Darbietungen trotz steigender Leistungen kaum jemanden interessierten. Als Tennis Borussia 1990/91 Oberligameister wurde, hatten sich durchschnittlich 297 Zuschauer im Mommsenstadion verloren. Nicht ganz unschuldig am Desinteresse der Fans war die Personalpolitik des Vereins, denn mittels einer Legionärself, die keinerlei Verbindung zur Tradition TeBes hatte, dafür aber Gerüchten zufolge Gehälter von rund 1 Mio. Mark einstrich, sollte die Rückkehr ins Profilager nahezu erzwungen werden. Schon in der Aufstiegsrunde zur 2. Liga platzte der Plan, als die hochbezahlten Kikker Leistungen boten, die in keinster Weise ihren Bezügen entsprachen. Nach 0:14-Punkten gab es erst im letzten Spiel die ersten Punkte zu bejubeln. Wieder einmal regierte König Chaos im Mommsenstadion. Schlagerkönig Jack White übernahm die Vereinsführung, setzte den Klub mit der Aussage "Ich bin ein Fußball-Verrückter. Und ich liebe keine halben Sachen. Daher meine Überzeugung, daß wir in weniger als fünf Jahren in der 1. Liga spielen werden", mächtig unter Druck und kaufte, was das Zeug hielt. Mit Ex-Bundesligacoach Willibert Kremer wurde ein Trainer verpflichtet, der die wahllos zusammengekauften

Kicker zu einem Team vereinen sollte, was ihm nur bedingt gelang. 1993 schaffte Tennis Borussia zwar die Rückkehr in die 2. Liga, hatte dies aber den wirtschaftlichen Verfehlungen des Ostberliner Rivalen 1. FC Union zu verdanken, der keine Lizenz erhielt. Nicht nur deshalb war der Erfolg auf Sand gebaut, denn der zusammengekaufte Kader erwies sich im Zweitligaabstiegskampf nicht als "Team" und mußte trotz eines Hals über Kopf vorgenommenen Trainerwechsels (Sidka für Kremer) umgehend wieder absteigen. Einmal mehr stand TeBe vor einem Scherbenhaufen. Reumütig holte Präsident White den geschaßten Trainer Kremer zurück ("Wir haben alle Fehler gemacht"), kaufte eine Handvoll bundesligaerfahrener Spieler (Gehrke, Adler, Gries, Bayerschmidt) und setzte auf sofortigen Wiederaufstieg. Davon waren die Veilchen jedoch meilenweit entfernt, denn am Ende gab es mit Platz 4 eine herbe Enttäuschung. Schlimmer noch, denn nach jahrelangem kostspieligen Personalchaos stand der Traditionsklub wirtschaftlich mal wieder vor dem Aus. 1995 kam die Wende. Erstmals wurde der Kader nicht komplett ausgetauscht, sondern mit Isa, Sejna und Gutberlet gezielt verstärkt (Präsident White: "Ich habe seit meinem Amtsantritt einiges lernen müssen"), und Trainer Jahn eine Zweijahresfrist zum Aufstieg eingeräumt. Entscheidend allerdings war ein anderer Neuzugang: Hauptsponsor »Göttinger Gruppe«. Das Unternehmen kaufte den maroden Klub mehr oder weniger auf, sanierte ihn und gestaltete ihn anschließend nach seinen Vorstellungen um, wodurch aus dem sporttreibenden Gebilde ein Wirtschaftsobjekt mit Abschreibemöglichkeiten wurde. "Gewinnen und Steuern sparen in einem ständig wachsenden Markt", hieß es vielsagend in einer Info-Broschüre der "Fußballmarketing- und Investitions-AG Tennis Borussia Berlin", mit der um "atypische stille Beteiligung" geworben wurde.

1996 ging die Umwandlung weiter, als mit Kuno Konrad der Vertriebschef der Göttinger Gruppe auf den Präsidentensessel kletterte und sämtliche Vermarktungsrechte auf die Investitionsgruppe übertragen wurden. Die neuen Besitzer hatten (und haben) Gro-

ßes vor mit TeBe. "Kurzfristig 2. Liga, mittelfristig 1. Liga und langfristig Teilnahme an der Champions League", lautet die Planung, für deren Realisierung zunächst rund 100 Mio. Mark zur Verfügung stehen. Seither wird bei den in der Vergangenheit viel zu häufig von Einzelpersonen dominierten Borussen professionell gearbeitet – was allerdings nicht verhinderte, daß es zunächst sportliche Enttäuschungen gab, und der Aufstieg durch eine unglückliche Niederlage im Aufstiegsspiel gegen den VfB Oldenburg (1995/96) bzw. einen enttäuschenden sechsten Platz (1996/97) verpaßt wurde.

Hermann Gerland, der im Oktober 1996 Rainer Zobel ablöste, stellte sich schließlich zur Saison 1997/98 einen Kader zusammen, mit dem der Klassensprung gelang. Mit Akrapovic, Curko, Melzig und Aracic konnte der Drittligist sogar einige von Bundesligisten umworbene Asse verpflichten, mit deren Hilfe TeBe souverän die Meisterschaft gewann und in die 2. Liga aufstieg. Diese wird nur als Durchgangsstation angesehen. Mit seinem nicht mehr ganz jungen, dafür aber erfahrenen Kader will man 1998/99 "mitspielen" und "spätestens 2000 aufsteigen", wobei der Klassensprung auch gerne schon 1999 gelingen darf. Dank des Saisonetats von 15 Mio. Mark (wobei die eigene Ertragskraft allerhöchstens 15% dieser Summe beträgt) konnten mit dem mazedonischen Nationalspieler Micevski sowie Hamann und Walker drei weitere erstligaerfahrene Akteure nach Berlin geholt werden, die TeBe auf Anhieb in die Spitzengruppe und zum sensationellen Pokalsieg über Lokalrivale Hertha BSC führten. Bleibt nur noch ein Problem: Das Zuschauerinteresse. Doch auch da regt sich etwas. Kürzlich wurden einige Fachleute engagiert, die den Ruf TeBes verbessern und das Interesse der Berliner erregen sollen. "Mehr als nur Fußball", heißt es seitdem im Mommsenstadion, das ganz im Zeichen von "Multi-Kulti" steht, was angesichts des internationalen Kaders auch durchaus berechtigt ist. Wegen der üppig fließenden Sponsorenmillionen sprechen Spötter allerdings vom "Modell des modernen Multi-Kulti-Kapitalismus".

Hardy Grüne

Arminia Bielefeld

Arminia Bielefeld kann man nicht trauen. Da glaubt man, die Ostwestfalen hätten sich endlich im Oberhaus etabliert – und prompt steigen sie ab. An anderer Stelle deutet alles darauf hin, daß die Reise unaufhaltsam in die Niederungen des Amateurfußballs geht und das finanzielle Aus droht –

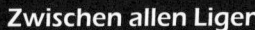

Zwischen allen Ligen

statt dessen steigt die Arminia urplötzlich auf. Kontinuität findet nicht statt in der Geschichte des „Deutschen Sportclubs Arminia Bielefeld", der es glänzend verstand (und versteht), seine Fans in ein anstrengendes Wechselbad zwischen ausgelassener Freude und bitterböser Frustration zu versetzen.

Es mag etwas mit den Eitelkeiten in Bielefeld, laut Eigenwerbung die „freundliche Stadt am Teutoburger Wald", zu tun haben, denn im gemütlichen Ostwestfalen muß man seit jeher mit dem wenig schmeichelhaften Ruf einer Provinz leben. Das ist natürlich ungerecht, wenngleich Bielefeld mit gut 300.000 Einwohnern und dem optisch zwar schönen, nichtsdestotrotz aber eben auch ländlichen Umland nun wirklich nicht als Metropole bezeichnet werden kann. Eine Situation, die Begehrlichkeiten weckt und das sensible Verhältnis zwischen Träumen und Realität in mitunter bedenkliche Bereiche abdriften läßt.

Leichter als anderswo kann man in Bielefeld über das Medium „Fußball" zu lokaler Popularität mit all den damit verbundenen Annehmlichkeiten aufsteigen, denn nichts sehnen die Bielefelder so sehr herbei wie landesweite Akzeptanz – und wo kann man die rascher erreichen, als im Fußball? Folge ist, daß Arminias Chronik voll von Namen ist, deren Ruf in der Fußballwelt alles andere als unumstritten ist – und paßt es da nicht wunderbar, daß der DSC Arminia synonym für „Bundesliga-Skandal" steht?

Die Arminia erblickte am 3. Mai 1905 das Licht der Welt und erlebte Anfang der

Bundesligabilanz

Bundesligajahre:	1970/71-71/72, 1978/79, 1980/81-84/85, 1996/97-97/98
Gesamt:	10 Jahre
Beste Plazierung:	Platz 8 (1982/83 und 1983/84)
Ewige Tabelle:	Platz 22, 306 Spiele, 94 Siege, 69 Unentschieden, 143 Niederlagen, 390:515 Tore, 351 Punkte
Ø Plazierung:	Platz 14
Die Top-Spieler:	Wolfgang Pohl (167), Helmut Schröder (148), Detlef Schnier (147), Wolfgang Kneib (133), Karlheinz Geils (131).
Die Top-Torjäger:	Frank Pagelsdorf (28), Stefan Kuntz (25), Gerd-Volker Schock (23), Norbert Eilenfeldt (22), Siegfried Reich (18).

zwanziger Jahre erste sportliche Höhepunkte, als die Mannschaft um den damaligen Nationalspieler Claus-Oehler zweimal in Folge Westdeutscher Meister wurde. Kurios, daß der Klub zwischendurch Konkurs anmelden mußte – zugleich ein erstes Indiz auf die sich durch die gesamte Vereinsgeschichte ziehende sportliche und wirtschaftliche Schlingerfahrt. Ende der zwanziger Jahre war der sportliche Höhenflug schon wieder beendet und fortan war mit dem in Bielefeld „die Blauen" gerufenen DSC (zur Abgrenzung vom Lokalrivalen VfB, den „Roten") nur noch wenig Staat zu machen. Sechs Jahre Zugehörigkeit zur Gauliga und nur eine einzige Spielzeit in der Oberliga West (1949/50) verdonnerten Bielefeld zu einer „Fußballprovinz". 1954 mußte Arminia sogar erstmals in der Vereinsgeschichte in die 3. Liga absteigen, und die Alm sah noch seltener große Spiele und Kulissen.

Zwölf Monate bevor die 1. Bundesliga ihre Pforten öffnete, feierte Arminia Bielefeld immerhin die Rückkehr in die Zweitklassigkeit, wo allerdings alles auf ein nur kurzes Abenteuer hindeutete. Neun Spieltage vor Saisonschluß befand sich der DSC in einer schier aussichtslosen Tabellensituation, als Trainer „Köbes" Wimmer durch Hellmut Meidt ersetzt wurde. Unter Meidt, der auf die seinerzeit hoch im Kurs stehenden preußischen Tugenden „Kameradschaft" und „Disziplin" baute, wurden acht der noch ausstehenden neun Spiele gewonnen, was schließlich zu Platz 7 und damit zur Regionalliga-Qualifikation reichte. In deren Auftaktsaison 1963/64 mischte Arminia überraschend in der Spitzengruppe mit und löste einen nie zuvor erlebten Zuschauerboom in Ostwestfalen aus. Beim Gastspiel von Rot-Weiß Essen beispielsweise quetschten sich im September 1963 rund 20.000 Fans - bis dato Klubrekord - in die völlig überfüllte Alm! Im Saisonverlauf fiel das Team um die Eigengewächse Bernd Kirchner, Peter Dammann, Wolfgang Schlichthaber und Bernd Naschke allerdings etwas zurück und landete am Ende nur auf dem elften Platz.

Gestärkt von den Anfangserfolgen und motiviert durch die Begeisterungsfähigkeit der Fans sollte das ungeliebte „Provinz-

klub"-Label im zweiten Regionalligajahr endgültig abgelegt werden, was den Arminen in sportlicher Hinsicht mit Platz 5 auch durchaus gelang. Behindert wurde der Aufschwung allerdings von regelmäßigen Trainerwechseln, was zu einem unangenehmen Arminia-Markenzeichen werden sollte. 1965 kam „Zapf" Gebhardt, der den DSC auf Anhieb zum westdeutschen Pokalsieg führte – und anschließend aufgrund besserer sportlicher wie finanzieller Perspektiven zum 1. FC Nürnberg wechselte. Hans Wendtland hieß sein Nachfolger, ein grundehrlicher, solider und liebenswerter Mensch, unter dem Arminia erstmals heftig an die Bundesligatür klopfte. Mit einem 2:1-Sieg in Herne sicherte sich das Team um Torhüter Gerd „Bulli" Siese, dem aus Kassel gekommenen Ernst „Jonny" Kuster (der in 141 Meisterschaftsspielen 111 Tore für die Arminia schoß), den wegen seiner Flug-Grätschen gefürchteten Dieter „Stoppel" Schulz sowie Gerd „Zick-Zack" Roggensack am Silvestertag 1966 die Herbstmeisterschaft, verpaßte jedoch durch eine katastrophale Rückserie den möglichen Sprung ins Oberhaus.

Anschließend stand Arminia Bielefeld am Scheideweg: „Graue Zweitligamaus bleiben oder mittels Investitionen zum Angriff auf die Bundesliga blasen" hießen die Alternativen, vor denen die Vereinsführung stand. Daß man sich für den zweiten Weg entschied, dafür sorgte vor allem der langjährige Vizepräsident Stute, der mit seiner Forderung nach „einem größeren Maß an Risiko" eine Führungskrise auslöste, in deren Verlauf er selbst das Präsidentenamt übernahm und Arminias skandalumwitterten Aufstieg einläutete. „Die schöne Stadt bekam zu dem Zeitpunkt ihre Universität, und ich fand, daß sie auch einen Bundesligisten verdient hätte", begründete Stute später wehmütig seinen zunächst erfolgreichen Versuch, aus dem biederen Bielefelder Verein DSC Arminia einen ambitionierten „Klub der Ostwestfalen" zu machen, dessen vorrangigstes sportliches Ziel Aufstieg in die 1. Bundesliga lautete. Um dies zu verwirklichen, wurde der ein Jahr zuvor nach Kaiserslautern verkaufte Torjäger Roggensack zurückgeholt und im November 1969 der brave und nicht mehr ins

Weil die Führung der Bielefelder Arminia nicht der sportlichen Klasse dieser Herren vertraute, kam es zum Bundesligaskandal.

Konzept passende Trainer Wendtland zugunsten des in Kaiserslautern entlassenen Polen Egon Piechaczek ersetzt. Unter dem schillernden Ex-Nationalspieler – nebenbei auch Amateurboxer und früherer Armeeoffizier – sicherte sich der DSC bereits vier Wochen vor Ende der Saison 1969/70 erstmals die Teilnahme an der Aufstiegsrunde zur 1. Bundesliga und konnte am 27. Juni 1970 mit einem 2:0-Sieg bei Tennis Borussia Berlin (Torschützen: Kuster und Stockhausen) Vollzug melden: Aufstieg in die 1. Bundesliga!
Ziemlich genau ein Jahr später wurde in Bielefeld erneut gefeiert. Entgegen aller Unkenrufe – für 15 der 18 Bundesligatrainer war der DSC „Absteiger Nummer 1" - hatte ein überraschender 1:0-Sieg im Berliner Olympiastadion am letzten Saisonspieltag die noch fehlenden Punkte zum Klassenerhalt eingebracht. Doch die Freude währte nur kurz. Während Mannschaft und Funktionäre im Ostseeferienbad Travemünde ausgiebig den Klassenerhalt feierten, packte Horst-Gregorio Canellas sein

berühmt gewordenes Tonband aus und bescherte der bundesdeutschen Fußballnation den „Bundesligaskandal". Als sich die Bielefelder Festgemeinde am nächsten Morgen aus ihren Hotelbetten quälte, gesellte sich zum Alkoholkater die düstere Erkenntnis, „erwischt" worden zu sein. Wie mehrere andere Mannschaften hatten die Ostwestfalen Spielausgänge „finanziell beeinflußt" und sich damit den Klassenerhalt gesichert. Zwar bestritt die Vereinsführung zunächst jegliche Missetat, doch das Bielefelder Kartenhaus aus Falschaussagen, Verleumdungen und Vermutungen hielt nicht lange: Am 24. Oktober 1971 gestand Präsident Stute Arminias Taten, welche neben diversen „gekauften" Bundesligaspielen auch einen Bestechungsversuch des 1970er Aufstiegsrundenspiels gegen Tennis Borussia Berlin umfaßten. Schlagartig schlug die von Arminias Bundesligaaufstieg erhoffte Werbewirksamkeit für Stadt und Region nun ins Gegenteil um. Obwohl andere Klubs ähnlich viel Dreck am Stecken hatten, wurde Bielefeld zur „Skandalhochburg der Republik" erklärt und der DSC Arminia mit der Höchststrafe belegt: Strafversetzung in die Amateurliga. Es sah trübe aus. Der Ruf des Vereins war dahin, die finanziellen Altlasten der Stute-Ära unüberschaubar hoch, viele Fans verprellt und im Regionalliga-Einerlei gegen Marl-Hüls oder Klafeld-Geisweid – Interimspräsident Alfred Rahe hatte in zähen Verhandlungen mit dem DFB zumindest die Strafversetzung in die Amateurliga verhindern können - drohten neue Schulden. Nur einer Spendenaktion der trotz Skandal treugebliebenen Fans sowie dem Verkauf der Leistungsträger Burdenski, Roggensack und Braun verdankte die Arminia, daß sie jene schweren Tage halbwegs überstand. Erschwert wurde die wirtschaftliche und sportliche Konsolidierung durch die angekündigte Einführung der 2. Profiliga, die den Klub mächtig unter Erfolgsdruck setzte, wollte er nicht in der Anonymität des Amateurfußballs versinken. Ausgerechnet in der so wichtigen letzten Regionalligasaison 1973/74 leisteten sich die Blauen

---

1. Spieltag Saison 1963/64

Regionalliga West, 4. August 1963, Arminia – Sportfreunde Hamborn 07 6:1, 8.600 Zuschauer - Wolfgang Schlichthaber, Erwin Heidinger, Horst Gamon, Rudolf Giersch, Dieter Schulz, Theodor Flieger, Horst Möntmann, Günter Sibilski, Gerd Roggensack, Peter Dammann, Bernd Kirchner. Tore: 1:0 Möntmann (15.), 2:1 Dammann (59.), 3:1 Roggensack (61.), 4:1 Roggensack (64.), 5:1 Roggensack (79.), 6:1 Kirchner (83.)

19. Spieltag Saison 1998/99

2. Bundesliga, 18. Dezember 1998, Hannover 96 - Arminia 2:1, 13.800 Zuschauer - Georg Koch, Thomas Stratos, Silvio Meißner, Adalbert Zafirov, Jacky Peeters, Jörg Bode, André Hofschneider, Jörg Böhme (46. Stefan Studtrucker), Ronald Maul, Bruno Labbadia, Giuseppe Reina - Tor: 0:1 Labbadia (1.).

- dann auch noch einen klassischen Fehlstart, der Ostwestfalens Fußballflaggschiff bedrohlich in den Tabellenkeller rutschen ließ. Erst als Rudi Faßnacht im Januar 1974 das Training übernahm und mit Volker Graul und Jonny Hey zwei ehrgeizige Kik-

ker mitbrachte, ging es wieder bergauf. Am Saisonende stand Arminia Bielefeld auf Platz 14 und hatte gerade eben den Sprung in die 2. Bundesliga geschafft.

Zwölf Monate später ließen sich die Blauen nach ihrem letzten Saisonspiel – 2:0 gegen Alemannia Aachen – von rund 5.000 begeisterten Fans feiern. Statt des prognostizierten Abstiegskampfes hatten sie munter in der Spitzengruppe mitgemischt und einen hervorragenden vierten Platz erreicht. Garant dafür war der im Vorjahr vom niederländischen Erstligisten FC Den Bosch geholte Volker Graul, der mit 29 Treffern fast die Hälfte aller Bielefelder Saisontore erzielte und in die B-Nationalmannschaft berufen wurde. Doch, typisch Bielefeld, kaum war der Stern aufgegangen, versank er auch schon wieder. Der als „lauffaul" kritisierte Goalgetter bekam ein Angebot von Bayern München, bestand das Probetraining – und durfte nicht zum Europacupsieger wechseln, weil Arminia die Ablösesumme exorbitant in die Höhe trieb. Graul war vom Verhalten seines Vereins derart geschockt, daß er nie wieder an die Leistung der Saison 1974/75 anknüpfen konnte.

Die Saison 1976/77 wird wohl kein Arminia-Fan, der damals dabei war, jemals wieder vergessen können. Erhard Ahmann hatte den Trainerstuhl für Karl-Heinz Feldkamp geräumt, dessen Philosophie „Angriff ist die beste Verteidigung" konsequent in die Tat umgesetzt wurde. Jonny Hey avancierte zum gefeierten Stürmer (9 Treffer), im Tor verdrängte der junge Uli Stein die Keeper-Legende Gerd Siese, auf Linksaußen wirbelte „Rebell" Ewald Lienen und mit Christian Sackewitz stieß im Saisonverlauf ein weiterer Ausnahmestürmer hinzu. Nach einem packenden Zweikampf mit St. Pauli beendete der DSC die Saison auf Platz 2 und durfte damit gegen Südvizemeister München 1860 um den Bundesligaaufstieg spielen. Arminias Erfolgschancen wurden freilich gering eingeschätzt. Lienen, Hey und Ehrhart hatten für die kommende Saison bereits bei anderen Vereinen unterschrieben, was als deutliche Schwächung angesehen wurde. Doch die Feldkamp-Schützlinge straften alle Schwarzmaler Lügen und fegten die Münchner Löwen in einem denkwürdigen Spiel mit 4:0 vom Platz. Wenige Tage später wandelte sich Euphorie in Fassungslosigkeit, denn die bereits mit 1½ Beinen in die Bundesliga zurückgekehrte Arminia unterlag im Rückspiel mit exakt demselben Ergebnis und verspielte eine Woche später mit einem 0:2 im neutralen Frankfurter Waldstadion endgültig den schon sicher geglaubten Aufstieg.

Aufgeschoben war jedoch nicht aufgehoben: Ein Jahr später, exakt am 27. Mai 1978, feierte der DSC Arminia durch einen 2:0-Sieg im „Endspiel von Köln" (Torschützen: Schröder und Peitsch) Zweitligameisterschaft und Rückkehr in die Eliteliga. Allerdings fiel die Freude gedämpft aus, denn die Führung des frischgebackenen Erstligisten hatte bei zahlreichen Gelegenheiten ziemlich amateurhaftes Verhalten an den Tag gelegt und dadurch unter anderem Erfolgstrainer „Kalli" Feldkamp vergrault, der nach vollzogenem Aufstieg nach Kaiserslautern wechselte.

Mit Feldkamps Nachfolger Milovan Beljin wurden die „Bielefelder Fahrstuhljahre" eingeleitet. Exemplarisch für das, was die Arminia-Fans dabei durchmachen mußten, waren die Ereignisse des Frühjahrs 1979. Am 10. März – längst hatte Otto Rehhagel den glücklosen Beljin abgelöst - gewann Aufsteiger Bielefeld sensationell mit 4:0 beim ruhmreichen FC Bayern und hatte den Klassenerhalt fast sicher in der Tasche. Akteure wie Uli Stein, Christian Sackewitz, Hans-Werner Moors, Norbert Eilenfeldt, Lorenz-Günter Köstner oder das „weinerliche Genie" Helmut Schröder hatten die „graue Maus aus der ostwestfälischen Provinz" in einen respektierten Bundesligisten verwandelt, der sich bereits Gedanken über die darauffolgende Saison machte, als die Katastrophe hereinbrach: In den drei Monaten nach dem Sieg im Olympiastadion sammelte der DSC ganze sechs weitere Punkte und rutschte auf Abstiegsrang 16 ab. Unberechenbare Arminia.

Nur zwölf Monate später feierten die Ostwestfalen zwar souverän die Rückkehr in die Eliteliga, doch der Glanz der früheren Tage war verblaßt. Trotz rekordverdächtiger 120 Saisontore und 28 niederlagenlosen Spielen in Folge kamen zur Meisterfei-

er lediglich 4.000 Fans – 1970 waren es bei strömendem Regen noch 20.000 gewesen. Für die Ostwestfalen war Arminias Aufstieg eben die „Pflicht" gewesen, und die „Kür" – also die Etablierung im Oberhaus – stand noch aus. Diesbezüglich

Garant für Tore und gute Laune: Gerd Volker Schock

schien sich die von Spöttern verbreitete Aussage „Die Alm ist der höchste Berg Deutschlands: Man braucht ein Jahr für den Aufstieg und ein Jahr für den Abstieg" einmal mehr zu bewahrheiten. Mit 1:11-Startpunkten zierte der DSC in der Saison 1980/81 einsam das Tabellenende, wurde von internen Turbulenzen geplagt (zunächst erhielt Trainer Tippenhauer die Kündigung, wurde wegen wütender Fanproteste wieder eingestellt und mußte schließlich doch Horst Franz Platz machen) und stand vor dem abermaligen Abstieg, als Disziplinfanatiker Franz das „Wunder" gelang. Eingeleitet wurde es am 9. Mai 1981, als München 1860 zu einem sogenannten „4-Punkte-Spiel" auf die Alm kam und die Arminia in den letzten 120 Sekunden aus einem 1:2-Rückstand einen 3:2-Sieg machte. Am Saisonende hatte Arminia zum ersten Mal „legal" den Bundesliga-Klassenerhalt geschafft, wofür Trainer Franz von den Fans als „Wundermann" gefeiert wurde.

Diesmal gelang es den Bielefeldern, sich häuslich im Oberhaus niederzulassen, wiewohl Platz 12 in der Saison 1981/82 über diverse Ungereimtheiten nicht hinwegtäuschen darf. Insbesondere im Sturm – Eilenfeldt und Sackewitz waren gegangen, dafür Lienen aus Mönchengladbach zurückgekehrt – gab es Probleme. Erst recht, als Ewald Lienen beim schlagzeilenträchtigen Siegmann-Foul der Oberschenkel aufge-

denen war auch ein Herr beteiligt, der zu einer der umstrittensten Personen der Vereinsgeschichte avancieren sollte: Dr. Norbert Müller. Mit dem hehren Ziel, Arminia profimäßige Strukturen zu verschaffen, hatte der Kommunikationswissenschaftler im März 1982 die Position des Managers übernommen, und sogleich gefordert: „Wir müssen eine Fohlenelf à la Mönchengladbach werden". Mittels „internationaler Talentsichtung" wollte Müller den DSC in den UEFA-Cup führen, wozu er u.a. den Slogan „Arminia 84" kreierte. Er sollte zum Bumerang werden.

Erstes Müller-Opfer war „Wundermann" Franz, der sich mit dem Neu-Manager anlegte und im Sommer 1982 gehen mußte. Für ihn kam Horst Köppel, der ein schweres Erbe übernahm: Mit Kneib und Schock waren zwei Leistungsträger gegangen, die Neuzugänge besserer Durchschnitt (Grillemeier, Wohlers, Rautiainen, Isoaho) und die Fans ob des Abgangs von Horst Franz stocksauer. Es dauerte nur wenige Wochen, da hatte Köppel sämtliche Kritiker zum Verstummen gebracht, denn sein Team spielte attraktiven Fußball, kombinierte wie lange nicht mehr – und war noch dazu erfolgreich! Am 25. August 1982 erklomm Arminia Bielefeld zum ersten Mal in der Vereinsgeschichte Platz 1 der Bundesliga und die Fans waren sich, auch wenn man erst den zweiten Spieltag schrieb, einig: Mit dieser Mannschaft ist zu rechnen. Daß wäre wohl auch so gewesen - wenn es nicht Müller-Opfer Nummer 2 gegeben hätte: Torhüter Kneib. Weil der Manager ihm die Gehälter drastisch kürzen wollte, hatte der Routinier der Alm den Rücken gekehrt und ein nicht zu stopfendes Loch hinterlassen. Sein Nachfolger Olli Isoaho wurde jedenfalls zum ersten „Pannen-Olli" der Bundesliga. Die wohl schwärzeste Stunde des finnischen Nationalkeepers schlug am 6. November 1982, als er im Dortmunder Westfalenstadion gleich elfmal hinter sich greifen mußte. Am Saisonende hatte Arminia die nach Absteiger Karlsruhe und Düsseldorf meisten Gegentore kassiert (71) und belegte Rang 8.

	Spielklassen
1963/64 – 69/70	Regionalliga West
1970/71 – 71/72	1. Bundesliga
1972/73 – 73/74	Regionalliga West
1974/75 – 77/78	2. Bundesliga Nord
1978/79	1. Bundesliga
1979/80	2. Bundesliga Nord
1980/81 – 84/85	1. Bundesliga
1985/86 – 87/88	2. Bundesliga
1988/89 – 93/94	Oberliga Westfalen
1994/95	Regionalliga West/Südwest
1995/96	2. Bundesliga
1996/97 – 97/98	1. Bundesliga
seit 1998/99	2. Bundesliga

schlitzt wurde und er wochenlang ausfiel, derweil Vorjahresgoalgetter Schock ungewohnte Ladehemmung plagte. Ganze 18 Tore in 17 Spielen sprangen unter diesen Umständen heraus, und nur der stabilen Hintermannschaft um Kneib, Dronia, Bregman und Hupe war es zu verdanken, daß der DSC sich dennoch im Mittelfeld etablierte und frühzeitig mit den Planungen für die neue Saison beginnen konnte. An

Trotz der bis dato besten Bundesliga-Plazierung der Vereinsgeschichte überwogen die Sorgenfalten bei den Verantwortlichen, denn zugleich war der Zuschauerschnitt um rund 500 Fans pro Spiel zurückgegangen. Ein Trend, der sich fortsetzte. Zwölf Monate später mußte der DSC mit nur noch 14.195 Fans pro Spiel sogar einen neuen Minusrekord hinnehmen, obwohl das Team erneut Platz 8 belegte. Der »sportinformationsdienst« bezeichnete Bielefeld daraufhin als „Verlierer der Saison", während sich die Wut der Fans auf einen Mann konzentrierte: Manager Dr. Müller. Er habe sich, so die weitverbreitete Ansicht, „mit Gönnern, Fans und Spielern gleichermaßen angelegt und die Atmosphäre damit verdorben".

1984/85 erreichte die Talfahrt einen neuen Tiefpunkt. Verkäufe von Leistungsträgern wie Lienen, Pagelsdorf und Geils hatten derartige Lücken gerissen, daß die Arminia erstmals wieder in die Abstiegszone rutschte. Gleichzeitig wurde bekannt, daß die skurrile Vereinspolitik (Stichworte: Spielertransfers, Verdienstmöglichkeiten, sinkendes Zuschauerinteresse) einen gigantischen Schuldenberg hinterlassen hatte, der zudem vom Präsidium verschwiegen wurde und durch den sogar die Lizenz in Gefahr war. Zu allem Übel eskalierte nun auch noch das „Müller-Problem", indem das Verhältnis zwischen Spielern und Manager den Nullpunkt erreichte. Unter diesen Umständen überrascht es nicht, daß Arminia Bielefeld am 17. Juni 1985 nach einer 0:2-Niederlage im Relegationsspiel gegen den Zweitligisten Saarbrücken zum dritten Mal aus der Bundesliga abstieg. Der Abstieg traf Verein und Fans allerdings völlig unvorbereitet und sollte einen langanhaltenden bitteren Nachgeschmack haben.

Nun hielt das Chaos nämlich endgültig Einzug auf der Alm. Zu den altbekannten Finanzsorgen und Vorstandsquerelen gesellten sich Sicherheitsprobleme im baufälligen Stadion, durch die Ostwestfalens Traditionsklub Nummer 1 endgültig in die schwerste Sport- und Wirtschaftskrise seiner Vereinsgeschichte rutschte. Nach zwei Zweitligajahren, die entgegen den heimlichen Wiederaufstiegshoffnungen nur die Ränge 4 und 9 einbrachten, erreichte Arminia Bielefeld im Sommer 1988 den Tiefpunkt: Trotz dreier Trainerwechsel (Fuchs, Krug, Middendorp) wies die Endabrechnung ganze sechs Saisonsiege und nur 29 Tore (in 38 Spielen!) auf – schlechter waren Bielefelds Profifußballer noch nie gewesen. Natürlich führte die magere Ausbeute zum Abstieg. Doch nicht nur sport-

Die Ehe mit Stefan Kuntz war keine glückliche und hielt auch nicht lange

lich drohten sämtliche Lichter auszugehen. Im September 1987 betrug Arminias Schuldenberg nach offiziellen Angaben rund 4 Mio. Mark, was den Verein in ernsthafte Konkursgefahr brachte.

Es folgten sieben Jahre, die allesamt nach einem ähnlichen Schema abliefen: Arminia ging mit Riesenhoffnungen in die Saison, lag mitunter aussichtsreich im Rennen – und verspielte am Ende höchstselbst den Aufstieg. Exemplarisches Beispiel sollen die Ereignisse der Saison 1989/90 sein, in der der DSC sich mit großem Vorsprung die Westfalenmeisterschaft sicherte - um in der Aufstiegsrunde zur 2. Liga völlig unerwartet am norddeutschen Nobody TSV Havelse zu scheitern. Es sollte die einzige Aufstiegsrundenteilnahme in sieben Jahren Drittklassigkeit bleiben, denn während Trainer und Spieler sich ein fröhliches Kommen und Gehen lieferten, kam die Arminia nicht mehr über Platz 3 in Westfalen hinaus. Mit Einführung der Regionalliga (1994) drohte dem DSC gar der Sturz in die Viertklassigkeit, als dank eines neugeschaffenen Sponsorenpools um den Küchenmogul Pohl sowie des umtriebigen Managers Lamm ein Deal gelang, der die Wende einleitete und Arminia zugleich in die Schlagzeilen brachte: Mit Thomas von Heesen, Fritz Walter, Armin Eck und Jörg Bode unterschrieben im April 1994 gleich vier renommierte Bundesligaspieler beim Drittligisten Arminia Bielefeld, um diesen „wieder nach oben zu bringen"!

Die mit der Aussicht auf eine berufliche Perspektive nach der Karriere angelockten Bundesligastars lösten in Ostwestfalen eine Fußballeuphorie aus, wie sie die Region seit Jahrzehnten nicht mehr erlebt hatte. Offen wurde vom „Durchmarsch in die 1. Liga" gesprochen. Manager Lamm und sein Team versprachen nicht zuviel, denn 1995 stieg Arminia in die 2. Bundesliga auf, um zwölf Monate später, inzwischen durch Ex-Nationalkeeper Uli Stein weiter verstärkt, tatsächlich den Durchmarsch in die 1. Bundesliga zu schaffen! Binnen 24 Monaten hatte sich Bielefelds Fußballwelt nahezu komplett gewandelt und aus dem immer ein wenig desolat wirkenden tragischen Aschenputtel „Arminia" war eine schillernde und nach hochmodernen Wirtschaftsattributen durchstrukturierte Dame geworden, in deren Glanz man sich prächtig sonnen konnte. Was, schließlich handelte es sich um Bielefeld, mehr oder weniger honorige Herren wie beispielsweise Modezar Gerry Weber dann auch taten.

Parallel dazu war Ostwestfalen aus seiner Fußball-Lethargie erwacht – wodurch ein altes Problem wieder an die Oberfläche gekommen war: Die Größe und vor allem der Zustand des altehrwürdigen Stadions „Alm". Zwölf Monate später war Arminia auch diese Sorge los. Statt ins Niedersachsenstadion Hannover ausweichen zu müssen, wie es gedroht hatte, war die baufällige Alm durch ein aus Stadt, Land und DSC

bestehendes Finanzkonsortium in ein echtes Schmuckkästchen verwandelt worden, das sämtlichen Bundesligaansprüchen gerecht wurde. Ebenfalls erstligareif präsentierte sich ungeachtet aller pessimistischen Unkenrufe der Erstligakader, dem trotz eines klassischen Fehlstarts der Klassenerhalt gelang. Neben Europameister Stefan Kuntz, der zur grenzenlosen Freude der Fans nach Ostwestfalen gelotst worden war, war dies zunächst Rob Maas, Silvio Meißner und Giuseppe Reina zu verdanken, die in der Rückrunde zu blendender Form aufliefen. Doch die strahlende Bilanz hatte auch Schattenseiten, denn der am sportlichen Aufschwung maßgeblich beteiligte Trainer Ernst Middendorp hatte ebenso wie Manager Rüdiger Lamm regelmäßig in den Schlagzeilen gestanden. Insbesondere der mürrische und bei den Medien gefürchtete Middendorp mußte sich heftige Kritik gefallen lassen. Auch von den Fans wurde Middendorp nicht gerade geliebt, da er nach Armin Eck und Peter Hobday auch noch die beliebte Torhüterlegende Stein auf wenig elegante Art und Weise „abgeschoben" hatte.

Arminia wäre wohl nicht Arminia, hätte sie sich in der Saison 1997/98 nicht vieles von dem, was sie in den drei Jahren zuvor aufgebaut hatte, selbst wieder zerstört. Trotz ausgewiesener (aber auch kostspieliger) Verstärkungen (u.a. Welttorjäger Ali Daei, Michael Sternkopf, Georg Koch) kamen die optimistisch in Richtung UEFA-Cup schielenden Ostwestfalen niemals aus dem Tabellenkeller und stiegen am Ende ab. Interne Dauerprobleme um Trainer Middendorp und Manager Lamm, sowie laut des von Middendorp phasenweise aussortierten Stefan Kuntz „fehlende menschliche Wärme" und nicht zuletzt ein inzwischen wieder gewaltiger Schuldenberg brachten das „Bielefelder Fußballwunder" nach nur zwei Jahren mächtig ins Wanken. Statt Europapokalspiele gegen Barcelona oder Amsterdam hieß Bielefelds Alltag nun vorerst wieder Unterhaching und Oberhausen. Arminia Bielefeld ist sich eben auch 1998 treu geblieben: Unberechenbar.

Hardy Grüne

VfL Bochum

Sie sind die Originalausgabe jener "Grauen Mäuse", die diesem Buch den Titel gaben und von denen etliche in der Bundesliga umherwuseln. Kaum einer aber so lange und beharrlich wie dieser VfL Bochum. "Bochum", die Hymne des Rock-Barden Grönemeyer, die bei jedem Spiel vor dem Anpfiff zum Warmmachen der Fans "volle Kanone" im Stadion abgespielt wird, mag als Motto gelten: "Hier, wo das Herz noch zählt, nicht das große Geld."

Tief im Westen

Natürlich ist von jener Elf-Freunde-und-eine-große-Familie-Mentalität nicht alles in diese eiskalten Profizeiten herübergerettet worden. Aber Präsident Werner Altegoer hat in seiner ganz besonderen Art der Vereinsführung - wirtschaftlich professionell und zielgerichtet, aber menschlich warmherzig und verständnisvoll - eine kleine Enklave geschaffen, eine Oase des "etwas anderen" Fußball-Geschäfts, das sich wohltuend von der plumpen Kohlemacherei anderer Klubs abhebt. Kein Wunder, daß Werner Altegoer zu den Wortführern der Mahner in der Liga gehört, die jene Total-Kommerzialisierung angreifen und den sportlichen Anteil der Geschäftsidee Bundesliga retten wollen.

Als alles begann, für den VfL mit dem Aufstieg 1971, dachte niemand an die Kommerz-Exzesse, denen der Fußball mittlerweile unterworfen ist. Sicher ging es auch damals um vergleichsweise viel Geld, aber die Trikotbrust war noch werbefrei, Spiele im Fernsehen eine herbeigesehnte Rarität und die Merchandising-Abteilung bestand aus einem Ministand hinter der Tribüne: "Fahnen, Wimpel hier!" Wir schreiben das Jahr 1971:

Acht Jahre lang hatten der VfL Bochum und seine Fans das Geschehen in der Bundesliga nur neidvoll am Bildschirm verfolgen können. Dann machte Präsident Ottokar Wüst im zweiten Anlauf in der Aufstiegsrunde sein Versprechen wahr: "Ich führe

Bundesligabilanz	
Bundesligajahre:	1971/72-92/93, 94/95, seit 96/97
Gesamt:	25 Jahre
Beste Plazierung:	Platz 5 (1996/97)
Ewige Tabelle:	Platz 11, 854 Spiele, 270 Siege, 226 Unentschieden, 358 Niederlagen, 1204:1369 Tore, 1036 Punkte
Ø Plazierung:	Platz 12,16
Top-Spieler:	Michael Lameck (518), Lothar Woelk (385), Walter Oswald (353), Franz-Josef Tenhagen (306), Ralf Zumdick (282)
Top-Torjäger:	Hans-Joachim Abel (60), Hans Walitza (53), Uwe Wegmann (52), Josef Kaczor (51), Uwe Leifeld (46)

den VfL von der Regional- in die Bundesliga."

Eine waghalsige Prognose, zumal die Kassen beim VfL nie gut gefüllt waren. Ein Umstand, der auch 1971 wenig erfolgversprechend für das Mitspielen im Oberhaus war. Aber der VfL kam in der neuen Klasse glänzend aus den Startlöchern. Durch sportliche Kreativität des Fuchses Hermann Eppenhoff, und auch hinter den Kulissen bewiesen sie Phantasie: Als ein Torjubel von Hans Walitza, dem genialen Goalgetter der ersten Jahre, so plakativ geraten war und ein Fotograf diesen wunderbar eingefangen hatte, druckten sie davon gar ein Poster. Nachweislich das erste dieser Art in der Bundesliga.

Auch andere Feierlichkeiten hatten in Bochum noch ihre Eigenart, das Familiäre wurde gepflegt. Nach jedem Spiel ging es in das Gesellschaftszimmer das Haus Frein, das liebevoll in blau-weiß geschmückt war. Dort wurde gegessen, getrunken und gesungen, vom VfL, den niemand in Europa schlagen kann.

Das war zwar nicht wenig übertrieben, denn die sportlichen Rückschläge blieben beim nur um die Routiniers Wosab (beim BVB ausgemustert) und Dieter Zorc (dem Vater des späteren BVB-Kapitäns Michael Zorc) verstärkten Aufsteiger nicht aus. Doch am Ende stand bei ausgeglichenem Punktekonto ein einstelliger Tabellenplatz. Weit mehr, als man sich erhofft hatte. Der VfL hatte das erste, so schwierige Jahr im Oberhaus geschafft. Weitere 21 Jahre sollten erstklassig folgen. Doch an den Beinamen "Unabsteigbare" dachte 1972 in der Ruhrstadt noch keiner.

War Hermann Eppenhoff für den sportlichen Erfolg verantwortlich, so wußte doch jeder: Das Sagen beim VfL hat Ottokar Wüst. Und der ging oft seine eigenen Wege. Noch während Eppenhoff an der Erfolgsstory des ersten Jahres schrieb, war für Wüst beschlossene Sache, daß Eppenhoffs Ex-Assistent Heinz Höher neuer Trainer werden sollte. Noch vor Weihnachten 1971 waren die Verträge unterschrieben, aber Eppenhoff mußte im Februar '72 das baldige Ende seines Engagements beim VfL aus der Zeitung erfahren. Höher hatte zuvor bei Schwarz-Weiß Essen ganz hervorragende

Arbeit geleistet, und brachte als Morgengabe jenen "Ata" Lameck mit, der es auf 518 Spiele für den VfL in der Bundesliga bringen sollte. Neben ihm hatten auch Hermann Gerland und Werner Scholz den Weg an die Castroper Straße gefunden. Beide wurden auf Anhieb Stammspieler, und beide sollten es viele Jahre bleiben. Denn auch unter Höher wurde Kontinuität groß geschrieben. Dem Coach selber aber genügte eine ordentliche Spielzeit ohne Abstiegssorgen nicht. Er wollte - seinem Namen entsprechend - höher hinaus und reichte deswegen noch vor Beginn der Rückrunde per Einschreiben seine Kündigung ein. Ottokar Wüst benötigte viele Flaschen Wein und all sein sprichwörtliches Redevermögen, um Höher vorerst zum Bleiben zu bewegen.

Im neuen Jahr ging es mit den Glücksgriffen bei den Verpflichtungen prima weiter. Diesmal kam Franz-Josef Tenhagen von RW Oberhausen. Auch er wurde in den folgenden Jahren ein richtiger "Mr. Zuverlässig" und zum VfL-Urgestein. Tränen flossen vor der Saison 81/82, als Tenhagen nach Dortmund verkauft werden mußte, um die Bundesliga-Lizenz bekommen zu können. Und nochmals flossen Tränen, als Tenhagen drei Jahre später freudestrahlend zurückkam. Denn beim Nachbarn war er nie glücklich geworden.

Tenhagen kam, dafür ging "Eia" Krämer, ein ganz Großer, der den VfL als Regisseur in die Bundesliga geführt hatte. Anfänglich lief alles hervorragend, der VfL tummelte sich gar in der Spitzengruppe. Doch eine Heimniederlage gegen RW Essen sorgte für den Knacks. Nunmehr ging es rasant abwärts, am Ende stand nach wechselvollem Verlauf ein 14. Platz, nur fünf Punkte von den Abstiegsrängen entfernt. Doch noch negativere Schlagzeilen lieferte die wirtschaftliche Situation des VfL. Man munkelte von zwei Millionen Mark Schulden - seinerzeit eine abenteuerliche Zahl.

Deswegen blieb dem VfL nichts anderes übrig, als das Aushängeschild jener Jahre, Hans Walitza, nach Nürnberg zu verkaufen. Für die Rekordsumme von 600.000 Mark ging der Transfer über die Bühne, aber viele unkten, daß die Fans dem VfL das Verschachern des großen Lieblings der

Triumphzug durch die Bochumer Innenstadt: Präsident Wüst (im Trenchcoat) und Trainer Eppenhoff lassen sich von der Menge feiern.

Ränge nicht verzeihen würden. Doch es kam anders, weil abermals die Sonne des Glücks über den Transferaktivitäten dieser Spielzeit schien. Jupp Kaczor kam als gänzlich unbekannter Stürmer von Eintracht Hamm - wo ein gewisser Klaus Hilpert das Training leitete und dem VfL dringend eine günstige Verpflichtung empfahl -, Klaus Franke kam als umsichtiger Abwehrmann von SW Essen und bestritt ebenso alle Spiele wie Mittelfeldmann Paul Holz, den der

VfL von Schalke erwerben konnte. Eine glänzende Vorrunde mit 20:14-Punkten sorgte frühzeitig dafür, daß der VfL das Jahr eins nach Walitza vollkommen schadlos überstehen konnte.

Endlich sollte auch der VfL ein neues Stadion bekommen. Ein Schmuckkästchen zwischen den Giganten Park- und Westfalenstadion, die zur WM 1974 entstanden waren. Doch dazu war zunächst eine kurzfristige Verschlechterung erforderlich. Man mußte die letzten Spiele der Saison 75/76 auf der Platzanlage "Schloß Strünkede", der Heimstatt von Westfalia Herne, bestreiten. Es wurden unvergeßliche, grandiose Kämpfe, die am Ende den fast schon nicht mehr erwarteten Klassenerhalt bescherten.

Daß der VfL ein neues Stadion brauchte, um konkurrenzfähig zu werden, war offensichtlich. Der "Starenkasten" mit der baufälligen Tribüne und einer Art Fahrradschuppen auf der Gegengerade, wurde langsam zur Liga-Lachnummer. Da konnten nicht mehr als 5 DM pro Karte im Schnitt erlöst werden, Schalke oder Dortmund kassierten locker das Doppelte. Aber die Freude war gedämpft, denn als die Bauarbeiten einen Umzug unvermeidbar werden ließen, stand der VfL auf der Kippe, das Team um Jupp Tenhagen wankte nach der 1:4-Niederlage in Hannover bedenklich - aber es fiel nicht. Eben dank der unvergeßlichen Schlachten am Schloß Strünkede, wo die Bochumer gegen übermächtige Konkurrenz gewannen, obwohl sie mit "Schubkarren gegen Panzer" kämpften. An einem heißen Juni-Tag des Jahres 1976 konnte dank eines 4:2-Sieges über Karlsruhe am Schloß königlich die Rettung gefeiert werden. Und alle hofften auf bessere Zeiten im neuen Stadion.

---

1. Spieltag Saison 1963/64

Amateurliga Westfalen, Gruppe 2, 25. August 1963, SV Sodingen - VfL 2:0

18. Spieltag Saison 1998/99

1. Bundesliga, 18. Dezember 1998, SC Freiburg - VfL 1:1, 22.000 Zuschauer - Thomas Ernst, Stefan Kuntz, Samir Toplak, Torsten Kracht, Thomas Reis, Olaf Schreiber (62. Delron Buckley), Norbert Hofmann, Sebastian Schindzielorz, Viorel Ion (78. Nesat Gülünoglu), Zdravko Drincic, Yildiray Bastürk (70. Emir Dzafic) - Tor: 1:1 Schindzielorz (90.)

- „Herr Oberbürgermeister, bauen Sie mir ein erstklassiges Stadion. Ich baue dazu eine erstklassige Mannschaft!" Mit diesen Worten hatte Ottokar Wüst unablässig und optimistisch für einen Ausbau des Ruhrstadions geworben. Nun hatte er seinen Willen bekommen. Am Ruhrstadion wurde eifrig gewerkelt. Zwar sollten noch einige Jahre vergehen, bis der Endzustand erreicht war, doch immerhin konnten die Ligaspiele des VfL schon auf der Baustelle durchgeführt werden. So auch in der Saison 76/77. Es wurde abermals ein Zitterjahr, in dem eine immerwährende Legende entstand. Die 5:6-Niederlage gegen den FC Bayern nach einer 4:0-Führung - einzuordnen in die Kategorie "unvergeßliche Spiele". Trainer Heinz Höher kommentierte nach Spielschluß fassungslos: "Und wenn ich 80 Jahre alt werde, das Spiel werde ich nie vergessen!"

Wohl dem, der einen Gönner hat. Als das kommende Jahr abermals den VfL tief in den Abstiegskampf verstrickte, war die Not groß. Zwar konnte zuvor das Essener Juwel Dieter Bast an die Castroper Straße gelockt werden, doch gleich im ersten Spiel geschah die Katastrophe: Jupp Kaczor brach sich das Bein. Ohne seine Tore keine erste Liga, das war allen in Bochum klar. Ersatz war schnell ausgeguckt, weil er in unmittelbarer Nachbarschaft kickte: Jochen Abel von Westfalia Herne. Aber wer nur sollte ihn bezahlen, nachdem die Schatulle leer war, denn Bast hatte 800.000 Mark gekostet. Ein "Unbekannter" löste das Problem auf seine Weise. Er zahlte, wollte aber ungenannt bleiben. Dank Abels Toren gelang der Klassenerhalt, Werner Altegoer - 16 Jahre später der VfL-Präsident - kannten in Bochum nur wenige. Und keiner brachte ihn damals mit Jochen Abel in Verbindung.

Es folgten zwei Jahre, da träumte ganz Bochum vom Glanz des UEFA-Cups. Als man aufwachte, waren immerhin zweimal einstellige Tabellenplätze Realität, doch die Endstation Sehnsucht wurde verfehlt. Besonders schmerzlich das Ende 1979, als zwar die beste Plazierung in der Geschichte der Bundesliga erreicht wurde, lange aber mehr möglich war und ganz am Ende auch noch eine Ära zu Ende ging. Heinz Höher verließ den VfL. Und alle waren traurig.

Das Schmuckkästchen war ein Jahr später wirklich fertig, und in Bochum konnten sie "das Wetter vergessen" - alles überdacht. Neuer Schirmherr des Kaders wurde der 59jährige Helmut Johannsen, der in Zürich große Erfolge gefeiert hatte und dem 1967 das Kunststück gelungen war, Eintracht Braunschweig als Elf der Namenlosen zum Meister zu machen. Sein hartes Training und auch seine sonstigen frostigen Methoden brachten ihm nicht nur Freunde, zumal der Start so in die Binsen ging wie lange keiner. Außerdem mußten die Fans einen bitteren Abgang verkraften: Der Transfer von Heinz-Werner Eggeling, nur die "Rakete" genannt, füllte zwar die Kasse um eine sagenhafte Million Mark, doch der VfL war trotzdem ärmer geworden.

Dennoch begann eine hoffnungsvolle Zeit, die Fans mit einem Spruchband auf den Punkt brachten: "Mit Tenhagen und Kaczors Jupp Bochum im UEFA-Cup!" Eine Serie von acht ungeschlagenen Spielen ließ 1981 süße Träume reifen. Aber der Dauerzwist zwischen Spielern und Trainer verhinderte mehr als Platz neun. Immerhin wurde der Fehde der Boden entzogen. Johannsen ging schon nach zwei Jahren. Für ihn kam mit Rolf Schafstall erneut ein harter Hund. Doch anders als der Norddeutsche hatte der Ex-Hamborner Oberliga-Spieler mehr "standing" und auch Glück. Vor allem mit jungen Spielern, die er reihenweise in die Liga-Elf einbaute. Ob Jakobs (noch vom Vorgänger angeheuert), den Essener Patzke, der es gleich in seinem ersten Jahr beim VfL auf 13 Tore brachte, oder Christian Schreier - Schafstall gelang es, die großen Verluste Tenhagen und Pinkall (für 800.000 Mark nach Gladbach) zu ersetzen. Fußball-Bochum durfte gar einem Traumstart mit 6:0-Punkten beiwohnen. Doch als die Ehe Wüst/Schafstall nach fünf Jahren in die Brüche ging, war es mit dem VfL ein wenig bergauf, aber meistens doch eher bergab gegangen. Woran Schafstall verzweifelte: Kaum hatte er ein brauchbares Team aufgebaut, wurden die besten Leute auch wieder verscherbelt, um die Konten halbwegs auszugleichen. Ob Abel oder Jakobs (zu Schalke), Patzke oder

Bast (zu Leverkusen). Und am Ende auch Stefan Kuntz, den sie in Neunkirchen als 20jährigen entdeckt hatten und

der es in Bochum rasch zum Bundesliga-Torschützenkönig brachte. Allerdings hatten die Bochumer bei exzellenten Stürmern auch immer viel Glück. So gelangen auch in dieser schweren Zeit mit dem Münsteraner Talent Uwe Leifeld und dem Ex-Schalker Routinier Klaus Fischer wahre Glücksgriffe.

Nach dem Schleifer Schafstall kam der "Tiger" Gerland. Die Großkatze übernahm ein Himmelfahrts-Kommando. Denn für die meisten Experten stand der VfL 1986/87 schon vor der Saison als Absteiger Nummer eins fest. Der altbekannte Grund: Wieder hatten fünf Leistungsträger den Klub verlassen. Kleff, Bönighausen und Fischer hatten ihre Laufbahn beendet, Kuntz war nach Uerdingen verkauft worden, Knüwe zu Hannover 96. Was sollte nur werden? Gerland hatte Glück mit der Verpflichtung der Amateure Nehl, Reekers und Wessels - und bei einem Gespräch. Klaus Fischer wurde zum Rücktritt vom Rücktritt bewegt. Er erzielte zwar nur noch drei Tore, doch die halfen entscheidend mit, die Klasse zu sichern. Zwei große Erfolge stehen im zweiten Trainerjahr von Hermann Gerland: Der Sieg in Dortmund, wo der Stern des Michael Rzehaczek aufging, und das Erreichen des Pokalfinales, das man in Berlin gegen Eintracht Frankfurt etwas unglücklich 0:1 verlor. Überraschend für alle, daß die Zeit von Hermann Gerland ausgerechnet nach dem Pokalfinale zu Ende war. Ein intriganter Wirtschaftsratsvorsitzender, der Gerland tief haßte, mag seine Hände im Spiel gehabt haben, daß ein trauriger "Tiger" seine Stadt Richtung Nürnberg verließ - und dort nie richtig glücklich wurde.

Und auch der VfL weinte seinem Trainer manche Träne nach, denn die Lösung mit dem Duo Fischer/Tenhagen erwies sich als Schuß in den Ofen, nur ganz mühsam konnte die Klasse gehalten werden. Auch mit Reinhard Saftig auf der Kommandobrücke konnte in den nächsten zwei Jahren der Untergang nur mit Hängen und Würgen vermieden werden. Zuletzt waren

Beckenbauer bei der WM 1990 Weltmeister geworden, brachte zunächst frischen Wind. Doch als abgerechnet wurde, brachte auch die neue gesamtdeutsche Tabelle bei 20 Teams nur einen 15. Platz. Ein Jahr später, am 15. Juni 1993 um 17.15 Uhr, feierte das Ruhrstadion - mit einem makaberen Anlaß: Trotz des 3:1-Sieges gegen Wattenscheid 09 war der VfL Bochum erstmals aus der Bundesliga abgestiegen. Mit dem neuen Coach Jürgen Gelsdorf wurde in der Rückrunde alles versucht, doch die Bürde einer verheerenden Vorrunde, die nur einen Sieg brachte, erwies sich als zu groß. Immerhin fanden die Fans zum Klub zurück. Mit mehr als 23.000 Fans pro Spiel war das Ruhrstadion in der Rückrunde zumeist proppenvoll. Und die Mannschaft wurde geradezu enthusiastisch aus der Bundesliga verabschiedet. Alle hatten gesehen, daß die Mannschaft gekämpft hatte und eigentlich die beste seit vielen Jahren gewesen war.

Das Risiko, fast die gesamte Mannschaft und alle Stars zu gleichen Konditionen auch in der Zweiten Liga zu beschäftigen, brachte zwar ein Millionenloch in die Kassen, aber am Ende stand der vielumjubelte direkte Wiederaufstieg. Möglich machte ihn vor allem auch der Wechsel in der Führungsetage. Für die Legende Ottokar Wüst kam mit Werner Altegoer ein Mann ans Vereinsruder, der die wirtschaftlichen Verhältnisse der Wüstschen Ära lange kannte und nun zu ordnen begann. Um für die erste Klasse gerüstet zu sein, wurde zur Spielzeit 94/95 richtig groß eingekauft. US-Sonnyboy Eric Wynalda kam und versprach gleich "mehr als 15 Tore". Ex-Nationalspieler Michael Frontzeck sollte all seine Routine ausspielen und Uwe Schneider kam vom VfB Stuttgart mit der Empfehlung, immerhin Spieler im Meisterteam gewesen zu sein. Doch es kam anders. Von Beginn an surften der Kalifornien-Boy Wynalda und seine Kollegen auf einer Abstiegswoge. Als Jürgen Gelsdorf den Hut nahm und noch vor der Winterpause Klaus Toppmöller kam, war der Bus schon wieder gegen die Wand gefahren. Trotz der polnischen Verstärkungen Wal-

Spielklassen	
1963/64 - 1964/65	Amateurliga Westfalen, Gruppe 2
1965/66 - 1970/71	Regionalliga West
1971/72 - 1992/93	1. Bundesliga
1993/94	2. Bundesliga
1994/95	1. Bundesliga
1995/96	2. Bundesliga
seit 1996/97	1. Bundesliga

gar zwei Relegationsspiele (gegen den 1. FC Saarbrücken) erforderlich, um den Klassenerhalt zu sichern, wobei Saftig den Schluß der Spielzeit 89/90 gar nicht mehr beim VfL erlebte. "Notarzt" Rolf Schafstall war ans Bett des fiebernden Patienten geeilt, um "seinen" VfL zu retten. Gerade noch rechtzeitig.

Mit dem Vize-Kaiser sollte alles besser werden. Holger Osieck, als Assistent von Franz

doch und Baluszynski und einer sehr ordentlichen Rückrunde war die Hypothek einer restlos verdorbenen Vorrunde nicht mehr zu kompensieren. Und die Posse um Ex-Torjäger Roland Wohlfarth, der nach zahllosen Verletzungen schließlich noch wegen eines Dopingvergehens vom DFB gesperrt wurde, setzte dem Flop dieser Spielzeit noch die Krone auf. Am Ende mußten die vormals "Unabsteigbaren" abermals den bitteren Gang in die Zweit-klassigkeit antreten. Da half ihnen auch kein Glücks-spiel-Unter-nehmer als Tri-kotsponsor. Der spendable Norman Faber, der mit seinen Lotto-Spielge-meinschaften Millionen ver-dient, ziert mit seinem optimi-stischen Regen-bogen-Bund die Trikots und alle verfügba-ren Freiflächen im Ruhrstadion.

Sergej Juran

Diesmal baute Klaus Toppmöller allerdings nicht auf das Absteigerteam. Im Gegenteil. Am ersten Spieltag erwartete die neugierigen Fans ein völlig neues Team mit Keeper Gospodarek, der ungewohnten Vierer-Ab-wehrkette Stickroth-Waldoch-Kracht-Reis und Stürmer Peter Közle. Blitzsauberer An-griffsfußball, die gewohnten Regiekünste von Dariusz Wosz, Kultfahrten der begei-sterten Fans zu den Auswärtsspielen: Was als tristes Unterhaus-Jahr begann, endete als fröhliche Fete im Stadion und auf dem Rathausplatz - denn der VfL war abermals als souveräner Zweitligameister direkt wie-der aufgestiegen. Und fast wichtiger noch: Er verfügte unter Klaus Toppmöller wieder über eine Mannschaft mit Perspektiven. Deswegen gingen sie alle mit einer gehö-rigen Portion Optimismus in die Spielzeit 1996/97. Doch was am Ende dabei heraus-

kam, darauf hatten nicht einmal die kühnsten Optimisten zu hoffen gewagt, und ausgerechnet VfB Stuttgarts Präsi-dent Mayer-Vorfelder brachte den Verlauf dieser historischen Saison auf den Punkt: "Graue Maus für VfL eine Rufschädigung!" Den fünften Platz - und damit die Qualifi-kation für den UEFA-Cup - erreichte Klaus Toppmöller mit folgender Stammformati-on: Gospodarek - Stickroth, Kracht, Wal-doch, Reis (Jack, Tapalovic) - Peschel, Köz-le, Wosz, Schreiber (Ma-mic) - Donkov, Michalke (Ba-luszynski).

Die Vorfreude auf die zukünf-tigen UEFA-Cup-Auftritte erwies sich als berechtigt. Ge-gen Trabzons-por (1:2 und 5:3) FC Brügge (0:1 und 4:1) und Ajax Am-sterdam (2:4 und 2:2) schrieb der VfL mit begeisternden Auftritten UEFA-Cup-Ge-schichte. Präsident Altegoer konnte strah-len: "Nach diesen prachtvollen Fernseh-abenden wissen nun alle in Deutschland, wie begeisternd der VfL Fußball spielt." Doch die Doppelbelastung, für Fußball-Bochum völlig ungewohnt, hatte auch ihren Preis: Die Hinrunde wurde völlig in den Sand ge-setzt, zu Weihnachten standen sie schon ein wenig abgeschlagen auf dem vorletz-ten Platz. Doch Klaus Toppmöller ließ sich nicht verrückt machen, arbeitete in Ruhe weiter und der Klassenerhalt wurde am Ende weit souveräner eingefahren, als es das bloße Tabellenbild aussagt. Vor der Spielzeit 98/99 erinnerte der VfL an die Siebziger Jahre: Wichtige Spieler mußten aus finanziellen Gründen den Klub verlassen. Die schmerzlichste Trennung hatten die Fans von Spielmacher Dariusz Wosz zu vollziehen, der für mehr als fünf Millionen Mark nach Berlin transferiert wurde. Aber auch die Abgänge des Kroaten Mamic, von Peter Közle oder Georgi Donkov waren Verluste. Uwe Gospodarek dagegen (er wechselte auf den Lauterer Betzenberg) war bereits vom neuen Stammkeeper Thomas Ernst bestens ersetzt worden. Klaus Toppmöller setzte vor allem auf die Jungen. Ob Bastürk, Buckley, Fahrenhorst, Schindzielorz, Bemben oder Joppe - alle entstammten der Schule von Amateurtrainer Bernard Dietz und wurden zu Volltreffern im Profi-Kader. Was man von den älteren Neuzugängen nicht behaupten konnte. Zu ihnen zählte auch einer, der einst vom VfL ausgezogen war, die Fußballwelt zu erobern. Stefan Kuntz, seinerzeit aus Neunkirchen als Nobody verpflichtet, kam als Deutscher Meister und Pokalsieger sowie als Europameister zurück in seine Wahlheimat. In gewisser Weise vollzieht sich in seiner Person der Kreis dieser kleinen Bundesliga-Geschichte des VfL. Den Status der "Unabsteigbaren" haben sie in den vielen Jahren nicht behalten können. Aber unverzichtbar sind sie allemal: Für die Stadt, für die Region und für die Bundesliga. Solche grauen Mäuse braucht das Fußball-Land.

Uli Homann

Eintracht Braunschweig

In den Sechzigern war es Jahr für Jahr dasselbe Ritual. Befragt nach den heißesten Abstiegskandidaten nannten alle Experten (und die, die sich dafür hielten) zunächst wie aus der Pistole geschossen „Eintracht Braunschweig" - um anschließend über den zweiten Kandidaten ins Grübeln zu geraten. Das war seit Einführung der 1. Bundesliga so, und ungeachtet der Tatsache, daß sich der niedersächsische Provinzklub in den ersten drei Bundesligaspielzeiten prächtig geschlagen und alles andere als einen Abstiegskandidaten abgegeben hatte, galt er auch vor der Saison 1966/67 wieder als Abstiegskandidat Nummer 1. Dem lagen tiefere Ursachen zugrunde. So etwas wie ein „Großstadtsyndrom", bei dem das fernab aller Hauptverkehrsadern liegende Braunschweig, zumindest im Zusammenhang mit dem bundesrepublikanischen Fußball-Oberhaus, wie eine „Laune der Vernunft" zu sein schien. In der renommierten »Frankfurter Allgemeinen Zeitung« beispielsweise war im Sommer 1966 zu lesen: „Nicht ohne Stolz fühlt sich Eintracht Braunschweig als ein Verein, in dem sich beachtliche Relikte aus der Epoche erhalten haben, in der der reine Amateurismus noch als Stein der Weisen galt. Die Gefahr, daß die Hanse der Bundesligastädte als nächsten Fremdkörper die biederen Braunschweiger abstößt, läßt sich nicht von der Hand weisen. Das Ausscheiden der Braunschweiger käme einer folgerichtigen Begradigung der geographischen und wirtschaftlichen Bundesligagremien gleich. Der Fußball ist eigenwillig genug, um Braunschweigern und Kaiserslauterern ein weiteres Jahr Aufschub zu gewähren. Auf die Dauer aber scheinen sie im Kampf gegen die günstiger gestellten Rivalen verloren." Harter Tobak, zumal er aus einer dieser arroganten Großstädte kam, mit denen man in Braunschweig schon immer Probleme

Als der Jägermeister in die Provinz kam

Bundesligabilanz

Bundesligajahre:	1963/64-72/73, 1974/75-79/80, 1981/82-84/85
Gesamt:	20 Jahre
Beste Plazierung:	Platz 1 (Saison 1966/67)
Ewige Tabelle:	Platz 16, 672 Spiele, 236 Siege, 170 Unentschieden, 266 Niederlagen, 908:1026 Tore, 878 Punkte
Ø Plazierung:	Platz 10
Die Top-Spieler:	Franz Merkhoffer (419), Bernd Franke (345), Wolfgang Grzyb (306), Peter Kaack (299), Reiner Hollmann (259).
Die Top-Torjäger:	Lothar Ulsaß (84), Wolfgang Frank (52), Bernd Gersdorff (51), Ronald Worm (48), Erich Maas (42).

hatte. Dennoch: So ganz von der Hand zu weisen waren die Aussagen nicht, denn in der Tat unterschied sich der „Braunschweiger Turn- und Sportverein Eintracht von 1895 e.V." deutlich von den meisten anderen Bundesligisten. Im sogenannten „Zonenrandgebiet" gingen die Uhren noch anders: Auf Auswärtsfahrten wurden fröhliche Volkslieder gesungen, alle Akteure hatten sauber geschnittenes Haar und ordentliche Kleidung, und von der „Geißel Profifußball" war weit und breit nichts zu sehen. Bescheiden gingen Lothar Ulsaß, Klaus Gerwien, Hennes Jäcker, Peter Kaack und Co. ihren Alltagsjobs nach. Fußball kam frühestens an zweiter Stelle (eigentlich erst an dritter, denn nach der Arbeit kam erst einmal die Familie), womit die Braunschweiger zweifelsohne zu den Exoten im Oberhaus zählten. Auch die bescheidene Zielsetzung – ein 10. Platz wurde als Erfolg angesehen -, die norddeutsch-unterkühlte Zurückhaltung des Publikums und die wenig namhafte Mannschaft – 1963 war mit Klaus Gerwien erstmals seit 1935 wieder ein Eintrachtler ins Nationalteam berufen worden – schufen nicht gerade ein Bild, vor dem die Braunschweiger Gegner zitterten. Eintracht Braunschweig war so etwas wie der „Prototyp der grauen Maus".

Wie schon angedeutet, galt Eintracht Braunschweig zudem als „Geburtsfehler der Bundesliga", zumal noch nicht einmal klar war, wie und warum die Ostniedersachsen überhaupt ins Oberhaus aufgenommen worden waren. Nach allen vom DFB herausgegebenen Qualifikationsschlüsseln hätten sie 1963 nämlich in die Regionalliga Nord eingereiht werden müssen. Rechnerisch hatten der FC St. Pauli und der VfL Osnabrück der Eintracht, deren einsamer Nachkriegserfolg die Endrundenteilnahme von 1958 war, deutlich den Rang abgelaufen. Dennoch gehörten die Blau-Gelben zu den 16 Gründungsmitgliedern der 1. Bundesliga, und nicht nur beim Rivalen Hannover 96 – der wie St. Pauli und Osnabrück auf der Strecke blieb – witterte man Betrug. Der damalige 96-Trainer Kronsbein behauptete in seinen Memoiren sogar, daß die Eintracht ihre Bundesligaaufnahme „der Geschicklichkeit und den Beziehungen ihres cleveren Vorsitzenden, Rechtsanwalt Dr. Hopert, der an allen DFB-Fäden mit Erfolg zog" zu verdanken gehabt habe! Nun, bewiesen werden konnte natürlich nichts, und im Gegensatz zu den ebenfalls abgelehnten Offenbachern und Aachenern begnügten sich St. Pauli, Osnabrück und 96 auch mit förmlichen Protesten, die natürlich nichts einbrachten. Doch noch einmal zurück zur Eintracht, die noch einen weiteren „Vorteil" hatte: Die Nähe zur Demarkationslinie DDR. Zwölf Monate vor der Bundesligagründung war die Berliner Mauer errichtet worden, und einen Klub aus dem „Zonenrandgebiet" dabei zu haben schien eine politisch korrekte Angelegenheit zu sein. Aber auch das ist – natürlich – nur eine Vermutung... Auf derart mysteriöse Art und Weise ins Oberhaus gelangt, dachten die Provinzler keinesfalls daran, den alljährlich geäußerten Prognosen vom „Abstiegskandidaten Nummer 1" nachzukommen. Platz 11 im Auftaktjahr 1963/64 – nach sieben Spieltagen hatte die Eintracht sogar auf Rang 3 gelegen – konnte getrost als Sensation bezeichnet werden und erfüllte die unter dem Dauerspott der Großstadtkonkurrenz leidenden Braunschweiger mit Stolz. „Das erste Jahr ist für uns das schwierigste gewesen. Wir haben alle Miesmacher belehrt und die Probe bestanden", gab Präsident Dr. Hopert nach dem letzten Spieltag (2:0 gegen Borussia Dortmund) einen Einblick in die Befindlichkeiten der ostniedersächsischen Fußballseele. Für die zweite Saison nahmen sich die Niedersachsen ein noch größeres Ziel vor: Etablierung. Mit Lothar Ulsaß hatte man eines der größten Stürmertalente jener Tage von Arminia Hannover loseisen können, dazu kamen Erich Maas und Dieter Krafczyk von Absteiger Saarbrücken, die den schwachen Sturm verstärken sollten. Dank einer großzügigen Spende der Kommune konnte zudem das Fassungsvermögen des vereinseigenen Stadions (noch so ein Braunschweig-Unikum, denn die meisten Bundesliga-Arenen befanden sich seinerzeit längst in öffentlichen Händen und bereiteten den Kommunen Kopfschmerzen, nicht aber den Vereinen) auf 38.000 Plätze erhöht werden, und die Eintracht ging zuversichtlich ins

Die Meistermannschaft von 1967
Von hinten links: Vereinsvorsitzender Fricke, Dulz, Moll, Bäse, Trainer Johannsen, Wolter, Kaack, Ulsaß;
Vorn links: Gerwien, Schmidt, Saborowski, Meyer

zweite Bundesligajahr. Diesmal erwies sich die Aufgabe zwar als weitaus schwerer, doch nach einigen Startschwierigkeiten, die den Abstiegskandidaten Nummer 1 tatsächlich dem Tabellenkeller bedrohlich nahe brachten, kletterten die Blau-Gelben in der Rückserie allmählich aus den hinteren Regionen. Am Ende standen sie mit Rang 9 besser da als im Vorjahr – und hatten die Etablierung geschafft.

Braunschweigs Dauerproblem war der Sturm – und daran änderte sich auch im dritten Bundesligajahr nichts. Zwar überraschten die Blau-Gelben mit einem 4:0-Auftaktsieg über Borussia Dortmund (Torschützen: Ulsaß, Dulz, Gerwien, Moll), der sie erstmals auf Platz 1 der 1. Bundesliga katapultierte, doch die Ernüchterung folgte auf dem Fuß. Noch in der Vorrunde fielen die Löwen ins Mittelmaß zurück und dümpelten fortan im letzten Tabellendrittel vor sich hin, woraufhin prompt das Zuschauerinteresse um rund 4.200 Fans pro Spiel zurückging. Insofern war die eingangs zitierte wenig optimistische Einschätzung der »Frankfurter Allgemeinen Zeitung« vor Beginn der Saison 1966/67 auch nicht völlig von der Hand zu weisen. An der Hamburger Straße sah man die Lage bei wei-

tem nicht so skeptisch. Zwar war mit dem Kieler Gerhard Saborowski lediglich ein Neuzugang gekommen, doch dafür gab es keine andere Mannschaft in der Bundesliga, die derart eingespielt war wie die Eintracht. Und nach Jahren des Experimentierens hatte Trainer Johannsen inzwischen auch endlich die richtige Komposition gefunden. Ex-Mittelstürmer Jürgen Moll beispielsweise war in die Abwehrreihe gerückt, von wo aus er als „erster Offensivverteidiger Deutschlands" seine gefürchteten Sturmläufe startete. Im Tor stand nunmehr Horst Wolter, ein kaum zu überwindender Konditor, der, um es vorwegzunehmen, in der gesamten Saison sensationelle 16 Spiele ohne Gegentreffer blieb und zum Lohn dafür in die Nationalelf berufen wurde. Kopf der Mannschaft und Verkörperung des Eintracht-Spiels war allerdings Lothar Ulsaß, der nach Ansicht des anerkannten Experten Otto Knefler „besser als Netzer und Overath ist, weil er torgefährlicher ist". In der Tat war Ulsaß ein perfekter Fußballer. Er verfügte über ausgezeichnete technische Fähigkeiten, konnte grandiose Pässe schlagen, scharf und genau schießen und war bei den gegnerischen Abwehrspielern nicht nur wegen seiner Kopfballstärke gefürchtet. 15 Saisontreffer sprechen eine deutliche Sprache.

Vor allem aber war er das Genie in einer Mannschaft, in der ansonsten fast ausschließlich „Fußballarbeiter" standen, deren Stärke weniger das gewagte und schöne Spiel sondern vielmehr die Verhinderung von Gegentreffern war. „Wenn wir selbst ein Tor geschossen hatten, war uns der Sieg meist schon sicher", schwärmt Torhüter Wolter noch heute von dem schier unüberwindlichen Abwehrbollwerk Meyer-Moll-Schmidt-Wolter. Zur Ehrenrettung der Braunschweiger sei aber gesagt, daß die Blau-Gelben keineswegs unattraktiven Mauerfußball spielten. Ihnen fehlte einfach der Vollstrecker. Oft genug wurden Dulz, Saborowski oder Gerwien mit Zauberpässen großartig in Szene gesetzt – doch sie donnerten die Lederkugel dann häufig überall hin, nur nicht ins gegnerische Netz. Es dauerte sechs Spieltage, bis die Eintracht die Tabellenführung übernahm. Ausgerechnet ein torloses Unentschieden – Zufall oder Wink des Schicksals? – gegen den MSV Duisburg brachte das Team auf Rang 1. „Die kommen da schon wieder runter", waren die Experten, die neben Titelvertei-

sechzehnten Spieltag (0:0 gegen Rot-Weiß Essen) mußten die Johannsen-Schützlinge kurzzeitig Platz 1 verlassen, um jeweils nur sieben Tage später auf die Pole-Position zurückzukehren. Ihren ersten ernsthaften Schritt in Richtung Meisterschale machten die Löwen am 15. April 1967, als sie vor ausverkauftem Haus den FC Bayern mit 5:2 nach Hause schickten. Nach 67 Minuten hatten Gerwien, Ulsaß, Saborowski (2) und Moll die Niedersachsen sensationell mit 5:0 in Führung gebracht! Vier Wochen später schienen plötzlich alle Titelträume geplatzt zu sein, als nach 1:5-Punkten in Folge daheim gegen Mönchengladbach die nächste Niederlage drohte, die drei Spieltage vor Schluß mehr als nur unangenehm gewesen wäre. Mit dem Mute der Verzweiflung rannten die Blau-Gelben gegen den 0:1-Rückstand und den fortschreitenden Sekundenzeiger an – und wurden belohnt. Sechs Minuten vor Schluß gelang Lothar Ulsaß der Ausgleichstreffer, und als Maas praktisch mit dem Schlußpfiff per 14-Meter-Schuß auch noch den Siegtreffer markierte, hatte Eintracht Braunschweig den entscheidenden Schritt zur Titelsensation gemacht, zumal die Konkurrenz aus Frankfurt und München (1860) gleichzeitig verlor. An jenem 20. Mai 1967 kannte die Begeisterung der ansonsten eher zurückhaltenden Ostniedersachsen keine Grenzen mehr. Binnen weniger Minuten war das Spielfeld von feiernden Menschen förmlich übersät, und sieben Tage später wälzte sich sogar eine regelrechte Karawane gen Essen, wo die Eintracht praktisch alles klar machte - wie es sich für den abwehrstärksten und angriffsschwächsten Meister der Bundesligageschichte gehörte: Mit einem torlosen Unentschieden.

Eintrachts Meisterschaft – bis heute eine der größten Sensationen der Bundesligageschichte - markiert gleichzeitig das Ende einer Epoche, denn die Niedersachsen waren der letzte Titelträger im „Herbergerschen Stil", der auf Mannschaftsgeist, Kampfkraft, Disziplin und Moral setzte. Nach dem 1968er Übergangsmeister Nürnberg begann die Ära der Gladbacher und Bayern, die so ganz anders waren und bei denen es statt elf Kameraden elf Kollegen gab. „Wir sind Meister geworden, weil wir

---

1. Spieltag Saison 1963/64

1. Bundesliga, 24. August 1963, TSV München 1860 – Eintracht 1:1, 35.000 Zuschauer - Hans Jäkker, Wolfgang Brase, Klaus Meyer, Walter Schmidt, Peter Kaack, Joachim Bäse, Klaus Gerwien, Gerhard Schrader, Jürgen Moll, Helmut Hosung, Hans-Georg Dulz - Tor: 1:1 Gerwien (67.)

18. Spieltag Saison 1998/99

Regionalliga Nord, 16. Dezember 1998, Eintracht - VfB Oldenburg 0:1, 7.124 Zuschauer - Matthias Hain - Sergej Fokin, Rustem Podvorica, Thomas Pfannkuch, Frank Meißner, Marco Dehne (63. Serge Branco), Sven Simonsen (52. Ingo Vandreike), Niels Mackel, René Deffke, Thoralf Bennert (66. Thorsten Kohn), Andreas Winkler

---

diger München 1860 nur noch Eintracht Frankfurt ernsthaft auf der Meisterrechnung hatten, überzeugt. Doch die Braunschweiger dachten gar nicht daran. Nur dreimal – am elften (0:2 bei Bayern München), am dreizehnten (2:4 bei Hannover 96) und am

ein echtes Team hatten", sah auch Torhüter Wolter den Grund für den größten Erfolg der Braunschweiger Vereinsgeschichte vor allem im internen Zusammenhalt. Nach der Meisterschaft war in Braunschweig nichts mehr, wie es einmal war. Aus der bescheidenen Zurückhaltung einer durchschnittlichen und nur gelegentlich im Rampenlicht stehenden „Grauen Maus" gerissen, veränderte sich das Bild der Braunschweiger Eintracht, die nun von niemandem mehr als Provinzklub veräppelt wurde. Der Erfolg forderte aber auch seinen Preis. Im Jahr eins nach der Meisterschaft konnten die Löwen um den etwas fülliger gewordenen Spielmacher Ulsaß nur noch im Europapokal überzeugen, wo sie erst im Viertelfinale an Juventus Turin scheiterten. In der Bundesliga hingegen fielen sie umgehend in ihre angestammte Rolle als graue Maus zurück. Schlimmer noch: Statt von der Titelverteidigung zu träumen, wurden die Eintracht-Fans schon 1967/68 wieder von Abstiegssorgen geplagt. Platz 9 und die bittere Erkenntnis, daß die neue Entwicklung im bundesdeutschen Profifußball (Stichwort: Angestelltenfußball) an den Braunschweigern vorbeizugehen drohte, sorgten im Sommer 1968 schlagartig für Ernüchterung an der Hamburger Straße.

Ernüchterung wurde dort nun zu einem ungeliebten Dauergast. 1968/69 erlebte der BTSV mit Platz 4 einen kurzen Höhenflug, doch schon zwölf Monate später wich die Hoffnung trotz des 400.000 Mark teuren Neuzugangs Max Lorenz (als Ersatz für den tödlich verunglückten Jürgen Moll) lähmendem Entsetzen. Zehn sieglose Spiele in Folge hatten die Nerven aller Beteiligten bereits merklich ausgedünnt, als es am vorletzten Spieltag gegen Hertha BSC eine erneute Heimschlappe gab (1:2), in deren Anschluß einige Fans über den Zaun kletterten, um Trainer Johannsen an den Kragen zu gehen. Wie überall, war auch in Braunschweig im Falle des Mißerfolges der Trainer schuld. Am Saisonende trennten die Eintracht ganze drei Punkte von Abstiegsrang 17 und in der Kasse klaffte ein Loch von 355.000 Mark.

Es wurde ein radikaler Schnitt vorgenommen. Johannsen-Nachfolger Otto Knefler

mußte den Abgang von gleich drei Stürmern hinnehmen (Maas, Weiß, Dörfel), für die er mit Erler und Skrotzki nur mäßigen Ersatz bekam. Angesichts der traditionellen Braunschweiger Angriffsschwäche eigentlich eine Katastrophe. Doch dank erheblich stabilisierter Abwehr, wieder hergestellter Heimstärke und eines überragenden Lothar Ulsaß („der beste Ulsaß, den es je gab", schwärmte der »kicker«) erreichte Abstiegskandidat Eintracht im „Wunder von Braunschweig" Rang 4 und qualifizierte sich damit sensationell für den erstmals ausgeschriebenen UEFA-Cup. Doch der Höhenflug war rasch wieder beendet.

Paul Breitner mit Trainer Branko Zebec

Während Fußball-Deutschland sich mit den Folgen des Bundesligaskandals beschäftigte – an dem auch die Eintracht beteiligt war – nahmen die Niedersachsen ab 1971 ohne die skandalbedingt gesperrten Ulsaß und Lorenz endgültig Kurs auf das Mittelmaß. Die Fans hatten davon rasch die Nase voll. Am 11. Dezember 1971 kamen gegen Haupt-Skandalsünder Bielefeld ganze 4.765 Zuschauer ins Eintracht-Stadion

– so wenige wie nie zuvor in 8½ Jahren Bundesliga. Selbst Kassenmagnet Bayern München lockte im Februar 1972 nur noch knapp 13.000 Fans an! Das Loch in der Eintracht-Kasse wurde immer größer, und auch sportlich drohten den Niedersachsen zusehends die Felle davon zu schwimmen. Händeringend suchte das Präsidium um Ernst Fricke nach Lösungen – und stieß auf einen Herrn namens Günter Mast. Der pfiffige Geschäftsführer des Wolfenbütteler Likörherstellers „Jägermeister" witterte ein Riesengeschäft für sein Unternehmen und war bereit, der Eintracht für die nächsten fünf Jahre mit jeweils 100.000 Mark unter die Arme zu greifen – wenn sie dafür sein Firmenemblem auf dem Trikot tragen würde. Das war laut DFB-Statuten allerdings verboten, denn die Spielerbrüste durfte seinerzeit allerhöchstens ein Vereinsemblem zieren. Genau damit trickste man den DFB aus: Kurzerhand wurde das seit Jahrzehnten übliche Vereinsemblem mit dem roten Löwen gegen ein neues ausgetauscht, das dem Jägermeister-Signet zum Verwechseln ähnlich sah. Nach wochenlangem Hin und Her um die Größe des Emblems – die Eintracht wollte 18 cm,

net Eintracht Braunschweig, der biedere und brave Provinzklub, war also Trendsetter in Sachen Trikotwerbung! Über das „ausgerechnet" kann man sich freilich streiten, denn die Provinzklubs hatten in den frühen siebziger Jahren am meisten unter der skandalbedingten Fußballkrise zu leiden und mußten sich – mehr als die von Sponsoren und Mäzenen verwöhnte Großstadtkonkurrenz – um Alternativen bemühen.

Bei aller Freude über den Jägermeister-Coup: Die sportliche Talfahrt stoppen konnte er auch nicht. Im Gegenteil. Am 9. Juni 1973 sorgte eine 1:2-Heimschlappe gegen Düsseldorf tatsächlich für den seit Jahren prognostizierten Abstieg. Die eklatanten Finanzsorgen und der Verlust von Spielmacher Ulsaß hatten ihren Tribut gefordert. Doch die Rettung war nahe und kam, wenig überraschend, aus Wolfenbüttel. Allerdings ist mit dem Namen Günter Mast nicht nur das finanzielle Überleben der Eintracht verbunden, sondern auch das Ende aller liebgewonnenen Braunschweiger Bescheidenheit. Der fußballunkundige Likörfachmann wollte aus dem BTSV einen Spitzenklub machen und investierte entsprechend.

Souverän kehrten die dank der Mast-Gelder weiterhin unter Profibedingungen arbeitenden Blau-Gelben nur zwölf Monate nach dem Abstieg ins Oberhaus zurück, wo sie, um ja nicht wieder in Abstiegsgefahr zu geraten, sofort durch ausgewiesene Spitzenkräfte wie Aleksandar Ristic, Karl-Heinz Handschuh und Wolfgang Frank verstärkt wurden. Auch am Trainer, die Quelle Jägermeister machte es möglich, mußte nicht gespart werden. Mit Branko Zebec kam sogar einer der besten seines Faches, der freilich auch gefürchtet war. „Der größte Schleifer, den ich je hatte", stöhnte beispielsweise Wolfgang Grzyb noch Jahre später über den Jugoslawen, der die Eintracht auf Erfolgskurs brachte. Noch im Aufstiegsjahr nahmen die Niedersachsen Tuchfühlung zu Platz 1 auf und feierten am Ende mit Platz 9 ein glänzendes Comeback. 1975/76 sollte der Durchbruch gelingen. Damit nichts schief ging, öffnete Mast aber-

Spielklassen	
1963/64 – 72/73	1. Bundesliga
1973/74	Regionalliga Nord
1974/75 – 79/80	1. Bundesliga
1980/81	2. Bundesliga Nord
1981/82 – 84/85	1. Bundesliga
1985/86 – 86/87	2. Bundesliga
1987/88	Amateur-Oberliga Nord
1988/89 – 92/93	2. Bundesliga
1993/94	Amateur-Oberliga Nord
seit 1994/95	Regionalliga Nord

der DFB nur 14 – liefen die Braunschweiger schließlich am 24. März 1973 (1:1 gegen Schalke) erstmals im neuen Gewand auf. Mit diebischer Freude beobachtet von Günter Mast, der sich über die ebenso kostenlose wie ausgezeichnete Werbekampagne während der öffentlich ausgetragenen Pro-und-Contra-Diskussion derart freute, daß er der Eintracht gleich nochmal zusätzliche 500.000 Mark spendierte. Ausgerech-

mals seine Schatulle und verhalf der Eintracht zu dem 15fachen jugoslawischen Nationalspieler Danilo Popivoda, mit dessen Ankunft die besten Jahre der Vereinsgeschichte eingeläutet wurden. Am 13. September 1975 erklomm das Team um Torhüter Bernd Franke, das Abwehrbollwerk Grzyb-Merkhoffer-Hollmann, die Mittelfeldstars Karl-Heinz Handschuh und Wolfgang Dremmler sowie das Sturmtrio Popivoda-Frank-Gersdorff durch einen 3:1-Sieg über Fortuna Düsseldorf erstmals seit Oktober 1970 wieder die Tabellenspitze! Am Ende reichte es freilich „nur" zum UEFA-Cup-Platz - mit 48 Gegentreffern war ausgerechnet die sonst so starke Abwehr die Achillesferse. 1976/77 wurde ein neuer Anlauf in Richtung Meisterschale genommen. Der ohnehin exquisit besetzte Sturm wurde mit dem Berliner Torjäger Norbert Stolzenburg verstärkt, ansonsten vertraute Trainer Zebec auf seine bewährten und eingespielten Kräfte. Mit Recht. Nie zuvor (und auch danach nie wieder) konnte eine Eintracht-Mannschaft ihre Fans derart begeistern, wie in der Saison 1976/77. Ein außerordentlich hohes spielerisches Niveau, für Braunschweiger Verhältnisse ungewöhnlich viele Tore (56, davon alleine 24 durch den kopfballstarken Wolfgang Frank) sowie eine enorme mannschaftliche Geschlossenheit ließen die Eintracht rasch zum ernstzunehmenden Titelaspiranten avancieren. Erst am drittletzten Spieltag wurden die Fans durch eine unglückliche 0:1-Heimniederlage gegen Werder Bremen aus allen Titelträumen gerissen. Am Ende reichte es nur zu Platz 3. Nie wieder sollte Eintracht Braunschweig so nahe an die deutsche Meisterschaft kommen. Die Talfahrt begann paradoxerweise mit dem „Einkauf des Jahrhunderts". 1977 kam für die Rekordsumme von 1,6 Mio. Mark der Ex-Bayern-Star Paul Breitner, der Bürgerschreck, ein Revolutionär und Fußball-

In Wolfsburg aufzusteigen, war doppelt schön für die Eintracht und ihre Anhänger. Peer Posipal freut sich mit Fans

Weltmeister in einer Person. Sein Wechsel von der Weltstadt Madrid in die ostniedersächsische Provinz löste in Braunschweig eine nie erlebte Begeisterung aus und sollte helfen, Masts Titelträume endlich wahr zu machen. Doch obwohl mit dem Schweden Hasse Borg ein weiterer Nationalspieler kam, gab es nur selten Grund zur Freude im frischrenovierten Eintracht-Stadion. Lediglich im Europapokal zeigten die Zebec-Schützlinge, was in ihnen steckte, und warfen unter anderem die sowjetische Supermannschaft von Dynamo Kiew aus dem Wettbewerb. Im „Alltag Bundesliga" aber war die Eintracht allerhöchstens Mittelmaß, was für interne Unruhe sorgte. Torjäger Frank beispielsweise äußerte Wechselabsichten - und wurde prompt nach Dortmund abgeschoben. Bald darauf machte Superstar Breitner deutlich, daß er sich in der Provinz nicht wohl fühle und nach München zurückkehren wolle, und zu allem Übel kündigte auch noch Erfolgscoach Zebec seinen Abgang zum Saisonende an.

· · · · · · · · · · · · ·

Tiefpunkt einer in allen Belangen mißratenen Saison 1977/78 war das 0:6-Heimdebakel gegen Borussia Mönchengladbach, bei dem der selbsternannte Titelkandidat nach allen Regeln der Kunst vorgeführt wurde.

In der Folgezeit brach die nach außen hin heile Eintracht-Welt nach und nach mehr zusammen und der einzige niedersächsische Bundesligist wurde zu dem, was Spötter schon immer über ihn behauptet hatten: zum Provinzklub. Die Ereignisse im Zeitraffer: Am 27. März 1979 wurde erstmals in der Vereinsgeschichte ein Trainer vorzeitig entlassen (Heinz Lucas kam für Werner Olk), am 31. Mai 1980 stieg die Eintracht nach einer 1:2-Niederlage im Münchner Olympiastadion zum zweiten Mal nach 1973 ab, und im Frühjahr 1981 drohte dem finanziell auf dem letzten Loch pfeifenden Klub der Konkurs, welcher nur durch den Verkauf des Stadions an die Stadt Braunschweig verhindert werden konnte.

1981 gelang den Braunschweigern in zwei dramatischen Aufstiegsspielen gegen Offenbach zwar die Rückkehr ins Oberhaus und dort mit Platz 11 auch die sofortige Etablierung, doch die Zeichen blieben auf Sturm. Ungeachtet des Stadionverkaufs fehlte es weiterhin an Geld, darüber hinaus wurde aus dem braven, biederen und stets solide geführten BTSV Eintracht allmählich eine Skandalnudel. Ein Mann, dessen Name damit eng verbunden ist, war der von Günter Mast. Im November 1983 übernahm der langjährige Sponsor höchstpersönlich die Führung des angeschlagenen Vereins und leitete einen personellen wie finanziellen Zick-Zack-Kurs ein, der Eintracht Braunschweig binnen weniger Jahre in die 3. Liga brachte.

Es begann mit dem dritten und vorerst letzten Abstieg aus der Bundesliga im Sommer 1985. Masts rigoroser Sparkurs hatte das Team derart geschwächt, das es zu keiner Phase ernsthafte Klassenerhaltshoffnungen hegen konnte. Die Quittung der Fans fiel deutlich aus: Mit 12.883 Zuschauern pro Spiel registrierten die Braunschweiger ihren zweitschlechtesten Bundesligaschnitt nach der Skandalsaison 1971/72. Mit der angekündigten Konsolidierung war es auch eine Klasse tiefer nicht weit her. Nach einem enttäuschenden zwölften Platz in der Saison 1985/86 - der Zuschauerschnitt betrug nur noch 5.884, und Präsident Mast war zumeist damit beschäftigt, beim DFB die anvisierte Vereinsumbenennung in „SV Jägermeister" durchzuboxen - geschah am 14. Juni 1987 das Unfaßbare: Nach einer 0:1-Niederlage beim FC St. Pauli mußte die ruhmreiche Braunschweiger Eintracht erstmals in die Drittklassigkeit absteigen.

Statt Bayern München und Hamburger SV nun Gegner wie FC Mahndorf und Atlas Delmenhorst, dazu ein gewaltiges Finanzloch - an der Hamburger Straße sah es düster aus. Mittels eines vom neuen Präsidenten Tenzer eingerichteten Sponsorenpools („Eintracht 100") konnte zumindest die finanzielle Situation wieder in den Griff bekommen werden, derweil sportlich unter

Uwe Reinders der sofortige Wiederaufstieg gelang. Doch kaum hatte sich die Eintracht wieder in der 2. Liga etabliert (Platz 9 in der Saison 1988/89, Platz 7 zwölf Monate später), fiel sie in alte Verhaltensweisen zurück. Eine konfuse Transferpolitik und fehlende Geduld in Form von regelmäßigen Trainerwechseln führten 1992/93 zum erneuten Abstieg. Am 6. Juni 1993 liefen die inzwischen von Uli Maslo trainierten Blau-Gelben zu ihrem bis heute letzten Spiel im Profifußball auf. Gegen Bundesligaaufsteiger MSV Duisburg setzte es vor 14.799 Zuschauern eine 1:2-Heimschlappe.

Seither hat Eintracht Braunschweig mehrere vergebliche Anläufe in Richtung 2. Liga unternommen. 1994 scheiterten die Ostniedersachsen in der Aufstiegsrunde an den seinerzeit übermächtigen Düsseldorfer Fortunen, ehe der Klub ausgerechnet zum 100. Bestehen (1995) in die bislang größte Krise seiner Vereinsgeschichte geriet und lediglich Sechster der Nordstaffel wurde. 1996, 1997 und 1998 langte es unter Benno Möhlmann bzw. Michael Lorkowski trotz großartiger Leistungen jeweils nur zur Vizemeisterschaft hinter VfB Oldenburg bzw. zweimal Hannover 96. Dabei hat Eintracht Braunschweig inzwischen allerbeste Voraussetzungen für einen Zweitligisten, wenn nicht gar Erstligisten: Ein topmodernes Stadion, eine große, treue und begeisterungsfähige Fanschar und ein gut funktionierendes Sponsorenmodell, mit dem man mühelos auch in höheren Klassen bestehen könnte. Das Problem ist, aus der Regionalliga herauszukommen. 1997 und 1998 beispielsweise stand den Braunschweigern mit Hannover 96 ein hochkarätiger Kontrahent gegenüber, der das Glück am Ende auf seiner Seite hatte. Und selbst wenn die Eintracht 1999 Meister werden sollte, steht da immer noch die Qualifikation gegen den Nordostmeister an, die alles andere als ein Kinderspiel ist. So muß befürchtet werden, daß der einst als Provinzklub belächelte BTSV noch ein Weilchen durch die Provinz tingeln und neidisch gen Wolfsburg schauen muß, wo Ostniedersachsens Fußballelite inzwischen beheimatet ist.

Hardy Grüne

Werder Bremen

Um den 4. Februar 1999 ging es rund in Bremen. 100 Jahre SV Werder waren Grund genug, in der Hansestadt ein Faß aufzumachen. Das Jubiläum war aber nicht nur Grund zum Feiern, sondern bot auch Gelegenheit, durch Erinnern an alte Erfolge die Liebe Bremens zum Verein zu festigen. In Sachen Public Relations war man schon immer gut bei Werder. Verschiedene Events tauchten Bremen in grün-weiße Farben. Wie es sich für einen 100. Geburtstag gehört: Es wurde alles getan, um den Mythos Werder Bremen im gesellschaftlichen Mittelpunkt stehen zu lassen.

Zwischen Ligakeller und Fußballolymp

Was ist aber der Punkt, der Werder von anderen Fußballvereinen unterscheidet, den Klub zu etwas Besonderem macht? Als erstes fällt einem da natürlich die Rehhagel-Ära ein, in der tatsächlich Fußballgeschichte an der Weser geschrieben wurde. Doch bereits die erste deutsche Meisterschaft, die Willy Multhaup mit Grün-Weiß errang, ist legendär. Zumal sie niemand den Bremern zutraute. Vor allem nicht nach der Saison 1963/64, die allerdings mehr als erfolgversprechend begann. Das erste Tor der Bundesliga fiel in Bremen. Ein Umstand, der allerdings noch nicht erfolgversprechend war, da der Ball ins Werder-Tor fiel. Geschossen von Timo Konietzka für den amtierenden deutschen Meister Borussia Dortmund. Dieser historische erste Bundesligatreffer wurde übrigens nicht von der Fernsehkamera festgehalten, da der Film noch nicht eingelegt war. Die drei Werder-Tore, erzielt von Willi Soya, Arnold Schütz und Theo Klöckner, wurden danach sehr wohl aufgezeichnet. Ein toller Bundesligaauftakt also für den SV Werder. Ein neuer Vorsitzender, Alfred Ries, ein neuer Trainer, Willy „Fischken" Multhaup und eine verstärkte Mannschaft sollten den Verein erfolgreich werden lassen. Doch die weitere Saison lief eher schlecht für die Mult-

Bundesligabilanz	
Bundesligajahre:	1963/64-79/80, seit 1981/82
Gesamt:	34 Jahre
Beste Plazierung:	Platz 1 (1965, 1988, 1993)
Ewige Tabelle:	Platz 5, 1152 Spiele, 487 Siege, 299 Unentschieden, 366 Niederlagen, 1912:1648 Tore, 1760 Punkte
Ø Plazierung:	Platz 7,6
Top-Spieler:	Dieter Burdenski (444), Horst-Dieter Höttges (420), Werner Görts (363), Karl-Heinz Kamp (361), Miroslav Votava (357)
Top-Torjäger:	Frank Neubarth (97), Rudi Völler (97), Werner Görts (73), Arnold Schütz (69), Marco Bodo (68)

haup-Elf. Am Ende sprang ein zehnter Tabellenplatz heraus, hatte man auf dem Platz einige echte Desaster erlebt. Gegen Eintracht Frankfurt wurde als bitterer Tiefpunkt 0:7 verloren.

Richtig erfolgreich war bei Werder nur einer: Kapitän Arnold Schütz, genannt „Pico", traf 11mal und wurde Werders Torschützenkönig. Pico war der Werder-Star der 60er Jahre. Der echte Bremer Jung´ aus dem Arbeiterviertel Walle hatte sich beim dortigen TuS erste Sporen verdient, bevor er zu Werder wechselte und half, die Saat für den Erfolg, der in der kommenden Saison geerntet wurde, zu legen. Zum Saisonabschluß 1965 hieß es erstmals „Deutscher Meister SVW". Mit Klaus Matischak und Horst-Dieter Höttges war es gelungen, die Mannschaft hervorragend zu verstärken. Beide Spieler sind längst Legende, wie auch die anderen Stützpfeiler der Mannschaft. Zunächst sei da Torhüter Günter Bernard erwähnt. Er sollte noch bis 1973 im Werder-Tor stehen. Die Torfabrik waren Zebrowski mit 11 Treffern und natürlich Schütz mit deren 10. Die Meisterschaft kam völlig unerwartet. Kaum jemand nahm bis zur Herbstmeisterschaft das Wort Titel in den Mund, und vor dem entscheidenden Spiel gegen Borussia Dortmund verkündete Multhaup, daß man noch ein ganzes Stück von der Bestform entfernt sei. Dieses Tiefstapeln entsprach der Fußballphilosophie der Bremer, deren Spielsystem in erster Linie auf Sicherheit ausgelegt war. Nachdem Werder den BVB im letzten Heimspiel 3:0 vom Platz fegte, mußten auch die letzten Zweifler zugeben, daß die Bremer es im Gegensatz zur Vorsaison geschafft hatten, ihr 4-2-4 System mit Spielintelligenz zu füllen und deswegen zu Recht Meister werden würden. Am 15. Mai 1965 war es dann soweit. 3:2 für Werder hieß es nach Abpfiff, und die Gäste verließen Nürnberg als Meister.

Nachdem die Siegesgesänge verklungen waren und der Alltag an die Weser zurückkehrte, verließ Willy Multhaup den Klub in Richtung Dortmund. Nachfolger wurde Günter Brocker, zuvor in Kaiserslautern tätig. Brocker arbeitete zwei Jahre für Werder, erfolgreich war er nicht. Sprang nach der verkorksten Hinrunde im Sommer 1966

noch Platz 4 heraus, wäre Werder in der nächsten Saison fast abgestiegen. Lediglich Platz 16 gab es zu verzeichnen. Auch in den Pokalwettbewerben machte Grün-Weiß keinen guten Eindruck. Im Europapokal der Landesmeister war nach der zweiten Runde Schluß. Partizan Belgrad schrubbte Werder in Hin- und Rückspiel mit insgesamt 3:1-Toren. Im DFB-Pokal war in der dritten Runde Schluß, ein Jahr später sogar schon in der zweiten. Im September 1967 ging Brocker und Fritz Langner kam. Unter ihm gab es eine grandiose Aufholjagd, die 1968 zur Vizemeisterschaft führte. Umso erstaunlicher, daß nahezu dieselbe Mannschaft im nächsten Jahr kaum mehr etwas hinbekam. Wie auch damals schon in der Branche üblich, durfte der Trainer seinen Hut nehmen. Langner hatte seinen Spielern Freiheiten gelassen. Zu viele, wie Präsident Fritz Düring befand, dem es logisch erschien, daß nun ein harter Hund ran mußte. Ein weiterer Fritz, nämlich der Göttinger Erfolgstrainer Rebell, war ein solcher. Doch die späten Sechziger waren harte Zeiten für harte Hunde, wie für Autoritäten im allgemeinen. Rebell durfte Werder ins neue Jahrzehnt führen und verließ im März 1970, inmitten einer weiteren „bloß-nicht-absteigen"-Saison, sichtlich frustriert die Weser.

Die 70er Jahre waren vielleicht das Fußballjahrzehnt in Deutschland. Die Topteams hießen Bayern und Gladbach. Kaum eine Mannschaft konnte ihnen das Wasser reichen. Auch an der Weser wurden kleinere Brötchen gebacken. Brötchen, die gerade mal groß genug waren, um sich im Abstiegskampf zu stärken. Folgerichtig spricht man in Bremen heute von den „mageren siebziger Jahren." Werder blieb im Tabellenkeller. Daran konnten weder Rebell-Nachfolger Gebhardt noch Rückkehrer Multhaup etwas ändern. Zur Saison 71/72 nahm Werder ein 750.000-DM-Darlehen bei der Stadt auf und investierte in eine Truppe, die Grün-Weiß endlich auf Erfolgskurs bringen sollte. Präsident Franz Böhmert und sein Vize Klaus-Dieter Fischer, beide seit 1970 im Amt, setzten jedoch leider auf die falschen Pferde im Speckflagentrikot. Die Herren Laumen, Dietrich, Weist, Neuberger, Baumann und Weber

Jubel bei Werder: Über Stadionlautsprecher erfahren die Spieler vom Unentschieden des Kölner Konkurrenten. Am 29. Spieltag ist dadurch die Meisterschaft (fast) zu Bremens Vorteil entschieden

kosteten viel und brachten wenig. Das Trainerkarussell drehte sich weiter, und Perspektiven waren weder sportlich noch finanziell auszumachen. Immerhin gab es ein paar Publikumslieblinge. Torhüter Dieter Burdenski zum Beispiel. „Budde" hütete von 1973 bis 1988 das Tor der Grün-Weißen. 546 Einsätze für Werder - das schaffte weder vor noch nach ihm einer. Und dann waren da noch die heute allesamt als Trainer tätigen Uwe Reinders, Jürgen Röber und Benno Möhlmann sowie Rudi Assauer, später auch mal Werder-Manager. Nicht zu vergessen natürlich Horst-Dieter "Eisenfuß" Höttges. Er spielte von 1964 bis 1978 bei Werder, gehörte 1966 zum WM-Aufgebot, wurde 1972 Europameister. Ohne ihn, das muß ohne Umschweife zugegeben werden, wäre Werder wohl schon vor der Schicksalssaison 1979/80 abgestiegen.

Inmitten dieser Spielzeit wurde Trainer Wolfgang Weber rausgeschmissen und Fritz Langner kehrte zurück - zum dritten Mal übrigens, denn 1972 war er kurz Interimstrainer gewesen. Den Abstieg konnte er aber auch nicht mehr verhindern. Das Werder-Tor war die Schießbude der Liga.

0.7 gegen Bayern, 0:5 gegen den HSV und so weiter und so fort...

Zumindest waren die schrecklichen 70er Jahre damit vorbei! In jenem Jahrzehnt hatte es nur einen Bereich gegeben, in dem die Bremer auf ihren Verein hatten setzen können: Das Präsidium. Trotz der miesen sportlichen Situation waren Böhmert und Fischer im Amt geblieben und hatten so für Seriosität gebürgt. Kontinuität ist in diesem Zusammenhang ein weiterer wichtiger Begriff - zumal er immer wieder als einer der Hauptgründe für die Erfolge späterer Jahre genannt wird. Beide Herren sind auch 1999 noch im Amt und der maßgebliche Grund dafür, daß Werder als einer der skandalfreien Klubs der Liga gilt. Die anderen beiden Namen, die zur Werder-Legende gehören, sind Willi Lemke, ehemals Bremer SPD-Geschäftsführer und seit November 1981 Manager, und natürlich Otto Rehhagel, die Hauptperson. Die Erfolgsgeschichte, die mit ihm ihren Anfang nahm, begann in der zweiten Liga - und mit einem Unglück: In der Hinrunde war Trainer Kuno Klötzer, mit dem der sofortige Wiederaufstieg anvisiert worden war, bei einem Autounfall schwer verletzt worden.

Nachdem Rudi Assauer eine Zeitlang interimsweise trainiert hatte, übernahm am 1. April 1981 Rehhagel, der bereits 1976 für wenige Wochen an der Weser gewirkt hatte, die Verantwortung. Daß ausgerechnet Rehhagel der richtige Mann sein sollte, glaubten damals allerdings nur wenige. Rehhagel hatte einen zweifelhaften Ruf. Als Dortmunder Trainer hatte er sich 1978 gegen Mönchengladbach eine 0:12-Klatsche eingefangen und wurde seitdem boshaft „Otto Torhagel" genannt...

Doch unter Rehhagel schaffte der SV Werder souverän den Wiederaufstieg - und wurde anschließend zum Überraschungsteam der Liga. Die Elf um Junioren-Nationalspieler Rigobert Gruber, Uwe Reinders und Erwin Kostedde verkaufte sich hervorragend und belegte am Ende Platz 5, der zur Teilname am UEFA-Cup berechtigte. Allerdings gibt es aus jener Spielzeit auch eine äußerst unangenehme Geschichte zu berichten. Die Hauptdarsteller: Ewald Lienen, damals Torjäger bei Arminia Bielefeld. Norbert Siegmann, damals grün-weißer

---

1. Spieltag Saison 1963/64

1. Bundesliga, 24. August 1963, Werder – Borussia Dortmund 3:2, 32.000 Zuschauer – Klaus Lambertz, Josef Piontek, Wolfgang Bordel, Max Lorenz, Helmut Jagielski, Arnold Schütz, Diethelm Ferner, Klaus Hänel, Dieter Meyer, Willi Soya, Theo Klöckner – Tore: 1:1 Soya (34.), 2:1 Schütz (46.), 3:1 Klöckner (50.)

18. Spieltag Saison 1998/99

1. Bundesliga, 20. Dezember 1998, Werder - Hertha BSC Berlin 2:1, 28.400 Zuschauer - Stefan Brasas, Pawel Wojtala, Sven Benken (56. Christoph Dabrowski), Lody Roembiak (46. Juri Maximow, 90. Havard Flo), Jens Todt, Andree Wiedener, Andreas Herzog, Dieter Eilts, Bernhard Trares, Rade Bogdanovic, Marco Bode - Tore: 1:0 Bogdanovic (45.), 2:1 Bogdanovic (47.)

Abwehrspieler der rustikaleren Art und heute bei den Reinickendorfer Füchsen, Alte Herren. Schließlich Otto Rehhagel, erfolgshungrig, impulsiv und wie Rumpelstilzchen an der Außenlinie herumspringend. Die Tatzeit: 14. August 1981; erstes

Heimspiel gegen Bielefeld. Die Tat: Lienen stürmt aufs Werder-Tor und glaubt noch „pack ihn dir!" von Rehhagel zu hören, als er auch schon lang liegt. Norbert Siegmanns Stollen haben ihm eine 20 cm große Fleischwunde in den rechten Oberschenkel gerissen. Die Fernsehkameras fangen Bilder ein, die eher an die damals populären Horrorvideos erinnern, als an eine Sportschau-Übertragung. Nach Abpfiff, Werder gewinnt 1:0 durch Norbert Meier, beginnt für Rehhagel ein unangenehmes Nachspiel. DFB-Sportgericht, Morddrohungen und schlechte Presse begleiten den Coach über Monate.

„Pack ihn dir!" ist typisch Rehhagel. Wegen seiner Emotionalität am Spielfeldrand, wegen der Disziplin, die er von seinen Spielern erwartet. Und auch wegen seiner eigenen Disziplinlosigkeit dem Gegner, Schiedsrichter oder der Presse gegenüber. Deshalb liebten ihn die Fans an der Weser und heute die am Betzenberg. Otto Rehhagel war damals wie heute eine Figur, mit der sich die unterschiedlichsten Menschen identifizieren können. Das gilt für Spieler und Fans gleichermaßen wie für Personen, die nicht allzu viel mit Fußball zu tun haben. Zunächst einmal ist er einer, der sich durchkämpfen kann. Der kleine Bergarbeitersohn aus Essen schaffte es als eisenharter Verteidiger bei Hertha und Lautern bis in die Bundesliga. Dann ist er derjenige, der vom „Otto Torhagel" zum Erfolgstrainer wurde, der Werder in die Bundesliga zurückbrachte und später auf den europäischen Fußballolymp führte. Schließlich ist Rehhagel der weltbürgerlich auftretende Konservative. Einer, der schon mal Wahlwerbung für die CDU macht, für die Menschen aber immer der Mann aus dem Volk bleibt. Das ist das Phänomen Rehhagel: Kaum einer redet wirklich schlecht über den Mann. Heute nicht einmal mehr Ewald Lienen. Rehhagel, der proletarische Konservative, und Lemke, der sozialdemokratische Kaufmann, waren das Erfolgsteam der Liga.

Die Bremer hatten Spitzenfußball als Ablenkung wahrlich verdient. 1983, das Jahr von Werders Vizemeisterschaft, gilt als eines der düstersten der jüngeren Stadtgeschichte. Während der Werftenkrise entließ die AG Weser 2.000 Arbeiter in die Beschäftigungslosigkeit. Bremen verzweifelte - und jubelte über seine Fußballer. Ein Jahr zuvor hatten die Werder-Fans allerdings eine eigene Tragödie zu bewältigen gehabt. Am 15. Oktober 1982, Werder mußte im Pokal beim HSV antreten, waren einige Werder-Fans auf dem Weg zum Volkspark auf eine Gruppe HSVer, unter ihnen Neonazis aus dem Spektrum Michael Kühnens, getroffen. Die Bremer hatten in ein Wäldchen fliehen müssen, wobei der 16jährige Adrian Maleika durch einen Pflastersteinwurf getötet wurde. Aus diesem traurigen Anlaß wurde das Fanprojekt Bremen gegründet, ein Pilotprojekt für weitere in anderen Städten.

Auf dem Rasen gab es Anlaß zur Freude. Erfolgreichster Spieler war Rudi Völler. Rehhagel hatte den 23jährigen Stürmer von München 1860 geholt und einen echten Glücksgriff getan: Torschützenkönig der Liga (23 Treffer), „Fußballer des Jahres" und Berufung in die Nationalelf. Bis 1987 sollte „Tante Käte" für Werder stürmen. Der Österreicher Pezzey, Schaaf, Okudera, Hermann, Möhlmann, Sidka, Votava, Meier, Neubarth oder Ordenewitz sind weitere Namen, die diese Ära bestimmten. Der „alte Herr" Burgsmüller sowie Jonny Otten, der 1979 18jährig zum SVW kam, zwei weitere. Tragische Figur jener Tage war aber ein anderer: Michael Kutzop. Als Abwehrspieler war der Mann eine Bank, dazu ein sicherer Elfmeterschütze. Bis zum 22. April 1986. 33 Spieltage lang hatte Werder die Tabelle souverän angeführt. Nun kam der FC Bayern ins Weserstadion. Die hatten zwar die bessere Tordifferenz, doch mit einem Sieg hätte Werder an diesem vorletzten Spieltag bereits die Meisterschaft klarmachen können. Dann kam der Strafstoß. Der wichtigste Elfer, den Kutzop je schoß, prallte an den Pfosten und machte seinen Schützen zum einsamsten Menschen der Welt. Vier Tage später wurde Bayern Meister und Kutzop aufgrund seines einzigen verschossenen Elfers für Werder zum berühmtesten Elfmeterschützen der Bundesliga. Gerechtigkeit sieht anders aus! Der Titelkampf Werder gegen Bayern hatte im übrigen nicht nur innerhalb der beiden beteiligten Vereine die Emotionen hochko-

chen lassen. Es war beinahe unmöglich, neutral zu den Klubs zu stehen. Nord gegen Süd, Arm gegen Reich, die Underdogs gegen die Starkicker aus München. Der Meisterkampf wurde zur Glaubensfrage, selbst von Klassenkampf war die Rede. Soviel Wahrheit auch in diesen Klischees stecken mochte: Der SV Werder wuchs selbst zu einem expandierenden Unternehmen heran. Natürlich bei weitem nicht vergleichbar mit dem FC Bayern.

Am 21. Mai 1988 hatte Werder es geschafft. Autokorsos durch die Innenstadt, feiernde Menschen am Domshof, und ein FC Bayern, der in die Schranken verwiesen worden war. Werder Bremen war Deutscher Meister. Viele hatten nicht daran geglaubt, daß Rehhagel es schaffen könnte. Zuvor hatte es weitreichende Veränderungen gegeben. Burdenski hatte seinen Zenit überschritten und mußte einem Jüngeren Platz machen. Rehhagels Wahl fiel auf Oliver Reck, seit 1985 in Diensten des SVW und 22 Jahre alt. Trotz einiger Aussetzer, die ihm schnell den Spitznamen „Pannen-Olli" einbrachten, hielt sein Trainer an dem gebürtigem Frankfurter fest und wurde nicht enttäuscht. Reck schaffte es als würdiger Nachfolger von Burdenski und Bernard ins Nationalteam. Auch Pezzey und Völler mußten ersetzt werden. Ersteren hatte es zurück nach Österreich gezogen, Superstar Völler zum AS Rom. Pezzey wurde durch Gladbachs Abwehrhaudegen Uli Borowka ersetzt, für Völler stürmte fortan das 21jährige Talent Karl-Heinz Riedle, neben dem der immer stärker werdende Frank Ordenewitz wirbelte. Riedle, von Blau-Weiß Berlin gekommen, überzeugte sofort. Auch Rune Bratseth, norwegischer Abwehrspieler und seit 1988 im Dienst der Grün-Weißen, setzte sich blendend in Szene. Bevor die neu formierte Mannschaft die Meisterschale in die Hansestadt tragen konnte, galt es aber noch im Europapokal Geschichte zu schreiben. Gegen Mjøndalen hatte Werder souverän die zweite Runde erreicht, doch im Hinspiel bei Spartak Moskau eine 1:4-Klatsche kassiert. Beim Rückspiel am 4. November 1987 setzte Rehhagel alles auf eine Karte und ließ die Herren Neubarth, Riedle und Ordenewitz stürmen, was das Zeug hielt. Was geschah, war das „Wunder von der Weser": 3:0 nach 25 Minuten, 6:2 nach Verlängerung! Ein wichtiges Teilstück zum „Mythos Werder". Die nächsten Aufgaben Tiflis und Hellas Verona wurden eher trocken gelöst, ehe man im Halbfinale gegen Leverkusen rausflog (0:1, 0:0). Bayer 04 zog dann nicht nur ins Finale ein, sondern holte auch den Cup.

Die Spielzeit 1988/89 bescherte Werder als Meister die Teilname am Europapokal der Landesmeister. In der Bundesliga konnte von Titelverteidigung derweil keine Rede sein. Werder brachte es auf einen dritten Platz hinter Bayern und Köln. Im internationalen Wettbewerb ging es zunächst nach Ost-Berlin. Dynamo fertigte den Westmeister 3:0 ab. Knapp einen Monat später schaffte man auf eigenem Platz die nächste Sensation: 5:0 - weiter! In der nächsten Runde besiegte man Celtic Glasgow im Glasgower Parkhead mit 1:0, und begnügte sich im Rückspiel mit einem 0:0. Im Viertelfinale war dann gegen den mi Stars gespickten AC Milan Schluß. Gelang daheim noch ein 0:0, hieß es in Mailand nach 90 Minuten 0:1. Ärgerlich, da das Ergebnis Folge eines äußerst fragwürdigen Elfers war. Auch in den nächsten Monaten glänzte Werder international, im Gegensatz zum bescheidenen Ligaalltag, wo es häufig nur mittelmäßige Stücke zu sehen gab. Die Drehbücher waren langweilig, und die Darsteller wirkten allzu oft von ihren Part-

da machte es nichts, daß Werder das Rückspiel mit 0:2 vergeigte. Anschließend stand – wieder einmal - eine Sensation auf dem Programm: Werder Bremen schlug den italienischen Tabellenführer SSC Neapel in dessen Arena mit 3:2, und beim Rückspiel wurde die Elf um Diego Maradona sogar vorgeführt: 5:1 - Bremen sehen und sterben! Nun war der FC Lüttich dran. 4:1 schlug man die Belgier in deren Stadion. Zu Hause gab es einen 0:2-Ausrutscher, doch egal, das Halbfinale gegen Florenz war erreicht. Dort war Schluß: 1:1 in Bremen, 0:0 in Florenz. Das Aus im Halbfinale – dennoch eine beachtliche Leistung. Mit Dieter Eilts und Marco Bode waren in jener Saison übrigens zwei Spieler im Kader, die später erfolgreich in der Nationalelf agierten und auch 1999 noch zu den Stützen des SV Werder zählen.

Für Kalle Riedle waren es die letzten Erfolge mit Werder, er ging zu Lazio Rom. Rehhagel, dem eine Vorliebe für ältere Spieler nachgesagt wurde, holte den 33jährigen Klaus Allofs aus Bordeaux. Zum wichtigsten Torjäger entwickelte sich 1990/91 allerdings Wynton Rufer. Ein Jahr zuvor war der Neuseeländer an die Weser gekommen, wo er zu einem der beliebtesten Spieler der 90er Jahre avancierte. Zudem konnte Werder nun auf göttlichen Beistand hoffen, denn mit Rufer und Bratseth standen gleich zwei zutiefst religiöse Spieler auf dem Platz, die sich durch ihre Motivation wohltuend von vielen anderen Profis unterschieden. Sportlich ging es bergauf - in der Liga wie im DFB-Pokal, den Werder am 22. Mai 1991 holte: 4:3 hieß es nach Elfmeterschießen gegen Köln. An der Weser konnte man eigentlich optimistisch in die Zukunft schauen.

	Spielklassen
1963/64 – 79/80	1. Bundesliga
1980/81	2. Bundesliga Nord
seit 1981/82	1. Bundesliga

nern überfordert. Am Ende sprang der siebte Platz heraus. Auf der Bühne, die die Welt, oder besser gesagt Europa bedeutet, konnte der Betrachter hingegen erneut Zeuge aufregend inszenierter UEFA-Cup-Dramen werden. Die erste Station hieß Lilleström SK. Auswärts wurden die Norweger 3:1 besiegt und mit einem 2:0 im Weserstadion endgültig aus dem Wettbewerb geworfen. An derselben Stätte gab es in der nächsten Runde für Austria Wien ein 0:5-Debakel -

Mochte man zumindest meinen. Tatsächlich war das, was kam, eine Achterbahnfahrt zwischen tiefsten Tiefen und höchsten Höhen. In den ersten zwölf Saisonspielen schafften die Bremer nur vier Siege, am 15. Spieltag setzte es in Köln sogar ein 0:5. Die Fans forderten Uwe Reinders als Trainer, währenddessen man sich im Präsidium in Geduld übte. Man konnte doch nicht... Nein, lieber wartete man noch ab. Eine Haltung, die belohnt werden sollte. Im

Europapokal der Pokalsieger hatte Werder derweil Rumäniens Vertreter Bacau und Ungarns Ferencváros aus dem Wettbewerb gekickt und das Viertelfinale erreicht. Dort kam Galatasaray Istanbul, dessen Fans das Weserstadion in einen Hexenkessel verwandelten, ihrem Team aber nicht helfen konnten. Werder schaffte ein 2:1, und mit einem 0:0 in der Türkei zog man ins Halbfinale ein. Dort setzte es eine 0:1-Niederlage in Brügge, die im Rückspiel mit einem 2:0 egalisiert werden konnte. Damit stand Werder im Finale und errang am 6. Mai 1992 im Lissabonner Stadion des Lichts durch Tore von Allofs und Rufer gegen den AS Monaco den größten Erfolg seiner Vereinsgeschichte. Europapokalsieger der Pokalsieger - wen kümmerte da schon der achte Tabellenplatz, den man nach dem letzten Bundesligaspieltag belegt hatte?

In der nächsten Spielzeit kam es erneut zum Duell Werder gegen Bayern, wie in den Jahren zuvor ausgetragen mit sämtlichen Animositäten und emotionalen Entgleisungen. Anders als in der Saison 1987/88 mußten sich die Bremer diesmal aber an die Bayern herankämpfen. Elementar waren diesbezüglich Rehhagels Neueinkäufe Dietmar Beiersdorfer und der geniale Regisseur Andreas Herzog. In der Winterpause stieß noch Bernd Hobsch hinzu, der ebenfalls prächtig einschlug. Am vorletzten Spieltag, also keinen Augenblick zu früh, erklomm Werder die Tabellenspitze. In der Finalrunde siegte man in Stuttgart 3:0 gegen den VfB, während die Bayern auf Schalke nur ein 3:3 erreichten. Die Sensation war perfekt und Werder Meister.

Als Ziel für die nächste Saison wurde neben der Titelverteidigung ein möglichst gutes Abschneiden in der Champions League ausgeschrieben. Für diese Vorhaben holte Rehhagel mit Mario Basler einen Mann, der zu einem der umstrittensten Bundesligaakteure werden sollte. Mit seinen genialen Spielzügen sollte Basler manches Spiel quasi im Alleingang entscheiden. Kein Freistoßexperte verzückte seine Bewunderer wie er (zumindest in Bremen war das so, später bei den Bayern klappte es nicht mehr ganz so gut. Dazu Basler: „Die pumpen die Bälle hier anders

auf".). Doch „Super-Mario" war (und ist) bei weitem nicht das, was man sich gemeinhin unter einem „Sportler mit Vorbildfunktion" vorstellt. Außerhalb des Spielfeldes ist er ein anderer: Er raucht, trinkt, zockt, pöbelt Kameraleute an und beschimpft Fans. Um Basler wird es nie still. Trotz seines, von ihm selbst nie öffentlich zur Schau gestellten Engagement für Behinderte, ist für viele klar, was von Basler zu halten ist: Nichts.

Andererseits muß konstatiert werden, daß die Bundesligashow ohne Enfant terribles wie Basler, Effenberg oder einst Uli Stein um einige Spuren langweiliger wäre. Dennoch: So einer beim SV Werder, mit seiner heimeligen, fast familiären Atmosphäre?

König Otto und Bremens Ex-OB Klaus Wedemeyer

Nicht wenige ahnten, daß es mit dem Mann noch Ärger geben würde. In sportlicher Hinsicht schlug Basler voll ein und schaffte den Sprung in die Nationalmannschaft. Ansonsten klappte nicht allzuviel. Lediglich ein achter Tabellenplatz stand 1993/94 nach einer verkorksten Saison zu Buche. In der Champions League überraschte Werder hingegen positiv, wenn auch das Weiterkommen nicht gelang. Zu stark waren die Gegner aus Porto, Anderlecht und vor allem der AC Milan. Gegen letzteren schaffte Werder daheim ein 1:1-Unentschieden, in Italien hieß es 1:2. Gegen Porto gab es zwei Klatschen, wobei das 0:5 im Weserstadion besonders heftig war. Das zweite Gruppenspiel gegen den RSC Anderlecht wurde zu einem weiteren Mosaikstein in der Werder-Legende. Zur Halbzeit hieß es 0:3, doch Werder gelang das Kunststück, das Spiel noch in einen 5:3-Sieg umzudrehen. Ein weiteres „Wunder von der Weser". Schließlich verabschiedete sich Werder mit einem 2:1-Sieg in Anderlecht mit erhobenem Haupt aus dem Wettbewerb. Und einen Erfolg gab es dann ja auch noch zu ernten: Am 14. Mai 1994 traf Werder im Pokalfinale auf Zweitliga-absteiger Rot-Weiß Essen und sicherte sich mit einem 3:1-Sieg die erneute Qualifikation für einen internationalen Wettbewerb. Schade nur, daß das Finale zugleich das letzte Spiel von Rune Bratseth war. Ihn zog es zurück nach Norwegen.

Für die neue Saison wollte Rehhagel Verstärkungen: Sein Wunschspieler hieß Stefan Effenberg, der mit Eilts, Basler und Herzog das Mittelfeld bilden sollte. Doch der Transfer des in Florenz spielenden Exzentrikers kam aus ablösetechnischen Gründen nicht zustande. Werder blieben nur der Russe Bestschastnich, der Dortmunder Schulz und mit Hany Ramzy der erste Ägypter der Bundesligageschichte. Erneut gab es einen Zweikampf, diesmal allerdings nicht mit den Bayern, sondern mit Borussia Dortmund, jener Mannschaft, die auf dem Weg zur europäischen Spitzenelf war. Bevor der Titelkampf allerdings in die entscheidende Phase kam, platzte eine ganz andere Meldung herein: Am 22. Februar 1995 erhielt Otto Rehhagel seine Freigabe zum Saisonende. Otto der Erste von Bremen hatte sich ausgerechnet den FC Bayern als neue Herausforderung ausgesucht. Schon dreimal hatten die Bayern zuvor versucht, ihn an die Isar zu holen. Nun war der richtige Augenblick gekommen. "Nur Narren dienen dem Kaiser", pinselten frustrierte Werder-Fans auf ein Transparent. Für Rehhagel hatte es nur zwei Möglichkeiten gegeben: Bei Werder zu bleiben und den nächsten, notwendigen Generationswechsel einzuleiten, oder eine

neue Herausforderung zu suchen. Zum Schrecken der Bremer hatte er sich für die zweite Alternative entschieden. „Diesem Trainer wollen wir zum Abschied die Meisterschaft schenken" war für Uli Borowka klar. Und sie legten sich ins Zeug. Nachdem sie im Europapokal unglücklich an Feyenoord Rotterdam gescheitert waren, konzentrierten sie sich voll auf die Meisterschaft, in der aber trotz Spitzenleistungen Borussia Dortmund das Rennen machte. Nun gärte es plötzlich bei Werder. Das Verhältnis zwischen Vize Fischer und Rehhagel war nicht mehr ungetrübt, und Wynton Rufer verließ die Weser (unter anderem) wegen Mario Basler, mit dem er einen unterschwelligen Streit hegte. Zum Abschied wurde Otto aber noch einmal richtig gefeiert. Für ihn nahm der Niederländer Aad de Mos das Zepter in die Hand. Werder ohne Otto – das ging nicht gut. „Jetzt ist er weg, der Arsch de Mos!" hieß es nur sechs Monate später in einer Bremer Radiosendung. De Mos, europäischer Spitzentrainer, mußte gehen, weil er sich im Suff Journalisten gegenüber derart negativ über Werder geäußert hatte, daß dem Verein eine weitere Zusammenarbeit unmöglich erschien. Sportlich hatte man unter de Mos ohnehin nichts erreicht. Der Niederländer ließ Viererkette spielen, was aber einige Profis offensichtlich überforderte. Werder war nur noch Mittelmaß.

Zu Beginn der Saison 1996/97 lag ein Hauch von Weltfußball in der Bremer Luft, denn mit Junior Baiano trug erstmals ein Brasilianer das Werder-Trikot. Im Januar 1996 hatte Dixie Dörner de Mos abgelöst, ein DFB-Trainer, farblos und leise. Nicht wenige ahnten, daß auch dieser Mann nicht allzu lange Trainer des SVW sein würde. Als Wolfgang Sidka den erfolglosen Dörner am 21. August 1997 ablöste, war Werder endgültig wieder das, was der Klub in den 70ern schon einmal gewesen war: Durchschnitt. Und bis zum Amtsantritt von Felix Magath im Spätherbst 1998 sollte das auch so bleiben. Ob „Schleifer" Magath Werder nun wieder auf Erfolgskurs führen kann, wird man sehen. Dem Bremer Publikum wäre es nach den letzten Jahren jedenfalls zu gönnen…

Sven Taucke

SV Darmstadt 98

Die Fans des SV Darmstadt 98 haben gelernt, mit Rückschlägen zu leben. Einge-
keilt zwischen namhaften Vereinen wie Eintracht Frankfurt, Kickers Offenbach oder
Waldhof Mannheim, war es für die „Lilien"
immer schwierig,
sich zu behaupten
und hochklassigen
Fußball anzubieten.
Dazu kommt ein
schwieriges Verhält-
nis zur Stadt Darm-

**Mit Feierabendfußball
ins Oberhaus**

stadt sowie die in der wirtschaftsstarken
Rhein-Main-Region oft unverständliche
Zurückhaltung potentieller Sponsoren, die
erfolgsorientiertes Arbeiten ungleich
schwieriger machen, als beispielsweise im
fußballverrückten Ruhrgebiet.
Doch gerade diese Situation hat dafür gesorgt, daß sich rund ums „Stadion am Böllenfalltor" eine besondere Mentalität her-
ausgebildet hat. „Jetzt erst recht" heißt es
immer dann, wenn die Lage fast aussichtslos erscheint. Und diese Einstellung hat
meist geholfen. Trotz aller Widrigkeiten hat
es der Verein geschafft, sich im deutschen
Fußball einen Namen zu machen und beachtliche Erfolge zu erringen.
Die Einführung der Bundesliga zur Saison
1963/64 warf den Verein mit der Lilie im
blau-weißen Wappen zunächst weit zurück. Durch die vom DFB beschlossene
Umstrukturierung der Spielklassen wurde
der SV Darmstadt 98 in die Amateurliga
Hessen, damals die dritthöchste Spielklasse, zurückversetzt. In der Qualifikationssai-
son 1962/63 hatte lediglich ein Punkt gefehlt, um den begehrten neunten Tabellenplatz der 2. Liga Süd zu belegen, der für
die Qualifikation zur neuen Regionalliga
gereicht hätte. So blieb den „Lilien" nur der
undankbare zehnte Platz und die Zurück-
versetzung. Während sich die deutsche
Fußball-Elite also erstmals in einer Klasse
um die Meisterschaft stritt, traten die Darmstädter in der dritten Liga an den Ball.
Dennoch gab es keine neidischen Blicke
in Richtung des großen Nachbarn Eintracht

Bundesligabilanz	
Bundesligajahre:	1978/79, 1981/82
Gesamt:	2 Jahre
Beste Plazierung:	Platz 17 (1981/82)
Ewige Tabelle:	Platz 38, 68 Spiele, 12 Sie-ge, 18 Unentschieden, 38 Niederlagen, 86:157 Tore, 54 Punkte
Ø Plazierung:	Platz 17,5
Top-Spieler:	Edwin Westenberger (64), Dieter Rudolf (58), Uwe Hahn (57), Peter Cestonaro (56), Willi Weiß (46)
Top-Torjäger:	Peter Cestonaro (21), Bodo Mattern (13), Uwe Hahn (10), Guido Stetter (7), Wal-ter Bechtold (5), Kurt Eigl (5), Joachim Weber (5)

Frankfurt, der zu den Gründungsvereinen der Bundesliga gehörte. Statt dessen machte sich Aufbruchstimmung breit, die auf dem Platz in Erfolge umgesetzt wurde. Souverän wurde der Meistertitel errungen und mit nur drei Niederlagen der sofortige Wiederaufstieg in die zweithöchste Spielklasse realisiert.

Die folgenden Jahre verbrachten die „Lilien" in der Regionalliga. Dort war allerdings meist Abstiegskampf angesagt. So kassierte man zum Auftakt der Saison 1964/65 im ersten Regionalligaspiel gleich eine 0:10-Schlappe gegen den damals noch zweitklassigen FC Bayern München. Später fingen sich die Lilien und schafften den Klassenerhalt. Die beste Plazierung in den sechziger Jahren gelang in der Spielzeit 1968/69 mit Rang acht.

Ein Jahr später war es mal wieder soweit: Der Verein stieg in die dritte Liga ab. Besonders ärgerlich für die Darmstädter war, daß ausgerechnet der ungeliebte Rivale Kickers Offenbach mit einem 4:1 am letzten Spieltag die Lilien in die Drittklassigkeit beförderte. Zweifacher Torschütze war Rudi Koch, der in der folgenden Saison zum SV 98 wechselte und einer der herausragenden Spieler der Darmstädter wurde.

Immerhin gelang ein Jahr später der sofortige Wiederaufstieg, nachdem der SV 98 zum vierten Mal in seiner Vereinsgeschichte Hessenmeister geworden war.

Mit dieser Meisterschaft 1970/71 begann die erfolgreichste Zeit des Vereins. Nach dem Wiederaufstieg in die Regionalliga Süd übernahm Trainer Udo Klug die Verantwortung am Böllenfalltor. Er entwarf ein Konzept, daß auf eine Mischung aus jungen und erfahrenen Spielern setzte und Wert darauf legte, daß Neuzugänge durchweg aus dem Raum Südhessen kamen. So folgten ihm eine ganze Reihe von Fußballern von den Amateuren der Frankfurter Eintracht zum SV Darmstadt 98. Unter ihnen Hansi Lindemann, Jockel Weber und Edwin Westenberger, die allesamt dem Verein lange treu blieben und immer noch einen guten Ruf beim SV 98 haben. Westenberger ist mit 490 Pflichtspielen bis heute der Spieler, der am häufigsten für die „Lilien" im Einsatz war.

Nach Platz sieben in der Saison 1971/72

wäre ein Jahr später schon fast der große Wurf gelungen. Langsam und fast unbemerkt hatte sich die Mannschaft in der Tabelle nach oben gearbeitet. Am 13. Mai 1973 wurde schließlich der 1. FC Nürnberg in einem wahren Spielrausch 7:0 abgefertigt - die „Lilien" waren Meister und hatten sich für die Aufstiegsrunde zur Bundesliga qualifiziert. 20.000 Zuschauer hatten das Spiel gegen den „Club" verfolgt, im Stadion waren zusätzlich Stahlrohrtribünen aufgebaut worden, um die vielen Zuschauer unterzubringen. Darmstadt im Fußballrausch - ein bisher fast unbekanntes Phänomen, sieht man einmal von der Saison 1950/51 ab, in der die Lilien in der Oberliga Süd, damals höchste Spielklasse, von sich reden machten.

Als Südmeister hatte es der SV 98 in der Aufstiegsrunde mit Rot-Weiß Essen, Röchling Völklingen, Wacker 04 Berlin und dem VfL Osnabrück zu tun. Die Darmstädter starteten mit einem 1:3 bei Rot-Weiß Essen, schlugen dann den VfL Osnabrück vor 17.000 Zuschauern mit 5:3. Bis zum Rückspiel in Osnabrück lag das Team gut im Rennen, doch nach dem 1:2 beim VfL waren die Aufstiegsträume ausgeträumt. Letztlich blieb nur Platz zwei.

Die Mannschaft war zwar knapp gescheitert, doch die damaligen Spieler bildeten bereits das Gerüst für kommende erfolgreiche Zeiten. Allen voran Walter Bechtold, der von Kickers Offenbach zum SV 98 gewechselt war und in acht Jahren 289 Spiele bestritt. Seine besondere Qualität lag darin, daß er als Libero gleichzeitig Spielmacher der Mannschaft war. So brachte er es auch als Abwehrspieler auf immerhin 55 Tore. Gefürchtet waren unter anderem seine Freistöße. Bechtold ist heute noch Symbol für die erfolgreichste Zeit des SV Darmstadt 98 und jeder fußballbegeisterte „Heiner" - so nennen sich die Darmstädter selbst - denkt gerne an ihn zurück. Besonders dann, wenn es am „Böllenfalltor" wieder mal schlecht läuft.

Fürs erste waren die Aufstiegsträume der Lilien aber ausgeträumt. Immerhin aber gehörte man 1974/75 zu den Mitgliedern der neugegründeten zweiten Bundesliga Süd. Drei Jahre spielten die Darmstädter hier, belegten die Plätze 10, 7 und 6. In diesem

Mit einem 6:1 in Pirmasens sicherte sich der SV 98 am 20. Mai 1976 erstmals den Aufstieg in die Bundesliga.

Zeitraum begann Trainer Udo Klug, eine schlagkräftige Mannschaft zu formen, die mittelfristig den Aufstieg in Deutschlands höchste Spielklasse in Angriff nehmen sollte. Es gelang in der Saison 1977/78. Zwischenzeitlich hatte Trainer Lothar Buchmann die Mannschaft übernommen. Nach einer eher bescheidenen Vorrunde gewannen die „Lilien" die ersten zehn Spiele der Rückrunde und sicherte sich mit 58:18-Punkten den Titel. In einem der entscheidenden Spiele traf der SV 98 wieder einmal auf den 1. FC Nürnberg, diesmal blieben die Darmstädter mit 2:0 siegreich und stiegen auf. Der SV Darmstadt 98 hatte es

geschafft: Er zählte zu den 18 besten Fußball-Vereinen Deutschlands.

Doch auch dieser Erfolg brachte zuerst einmal einige Probleme mit sich. Der DFB forderte eine Erhöhung der Zuschauerkapazität des Stadions. So wurde das „Böllenfalltor" auf ein Fassungsvermögen von 30.000 Zuschauern ausgebaut. Dafür, daß der SV 98 plötzlich in aller Munde war, sorgte aber ein anderes Phänomen. Aus wirtschaftlichen Überlegungen heraus blieben die Darmstädter Spieler fast durchweg in ihren Berufen tätig. Sie arbeiteten halbtags und trainierten lediglich viermal pro Woche. Schnell war vom „Darmstädter

Modell" die Rede. Die Spieler hatten relativ niedrige Grundgehälter, wurden dafür aber an den Zuschauereinnahmen beteiligt.

Spektakuläre Neuzugänge blieben aus. Und dennoch überraschte der Außenseiter positiv. Im ersten Spiel trennten sich die 98er 0:0 von Hertha BSC, danach gab es jedoch meist deftige Niederlagen, unter anderem ein 1:6 auf eigenem Platz gegen Fortuna Düsseldorf. Am achten Spieltag gelang mit einem 3:2 über Borussia Dortmund der erste Erfolg. Auffällig war, daß die Mannschaft spielerisch durchaus mithalten konnte, ihr jedoch deutlich die Kaltschnäuzigkeit und Routine fehlte. Oft führte der Aufsteiger, stand am Ende aber mit leeren Händen da. Der Sportjournalist Ernst Huberty sprach „vom besten Schlußlicht, das die Bundesliga je hatte". Auch sonst erhielt das Team viel Lob. Doch alle diese Komplimente nutzten wenig. Die Mannschaft stieg mit 21:47-Punkten als Tabellenletzter wieder ab. Dennoch bleiben aus dieser Saison einige Höhepunkte in Erinnerung. So beispielsweise das 1:1 im „Nebelspiel" am 11. November 1978 beim FC

---

1. Spieltag Saison 1963/64

Amateurliga Hessen, 4. August 1963, SV Hermannia Kassel - SV 98 2:3, 600 Zuschauer - Helmut Rau, Manfred Müller, Walter Stein, Lutz Schäfer, Günter Staffel, Horst Parysol, Hans-Helmut Gamperl, Jakob Scherer, Peter Korbus, Josef Kopp, Hans Weber - Tore: 2:1 Parysol (46.), 2:2 Korbus (50.), 2:3 Korbus (84.)

18. Spieltag Saison 1998/99

Oberliga Hessen, 28. November 1998, SV 98 - SV Asbach 1:1, 2.600 Zuschauer - Ignjac Kresic, Oliver Wölki, Martin Kowalewski, Thomas Schmidt, Thomas Born, Thorsten Becht, Rosario Ruggeri (80. Audenzio Musci), Rolf Lang, Boris Kolb (57. Jens Krinke), Goran Skeledzic (65. Amaechi Ottiji), Steffen Bury - Tor: 1:1 Bury (26.)

Bayern München, bei dem Uwe Hahn Nationaltorhüter Sepp Maier aus 25 Metern überwand und das „Tor des Monats" erzielte. Ebenso der 2:0-Erfolg über den Nachbarn Eintracht Frankfurt.

Aber auch in anderer Hinsicht sorgten die „Lilien" für Schlagzeilen. Mit dem Koreaner Bum-Kun Cha verpflichteten die Südhessen einen in Europa völlig unbekannten Spieler, der später eine weltweit beachtete Karriere startete. Allerdings machte er nur ein Spiel für den SV 98, bevor der Militärdienst ihn zurück nach Korea zwang. In den folgenden Jahren machte Cha in Frankfurt und Leverkusen auf sich aufmerksam.

Die Mannschaft des SV Darmstadt 98 hatte sich jedenfalls in ihrer ersten Bundesliga-Saison viele Sympathien erworben und den Verein im ganzen Land bekannt gemacht. Darüber hinaus wurde die Saison finanziell mit einem kleinen Plus abgeschlossen. Das Abenteuer Bundesliga hatte sich also gelohnt.

Verständlich, daß sich die Verantwortlichen in den folgenden zwei Jahren bemühten, in die Bundesliga zurückzukehren. Und im zweiten Anlauf gelang tatsächlich der erneute Aufstieg. Doch auch in der Saison 1981/82 hatten die Lilien keine Chance und stiegen sofort wieder ab. Zudem markiert die Saison den Beginn einer Phase, in der es für den Verein ständig bergab gehen sollte, vor allem aufgrund katastrophaler Finanzverhältnisse.

Diese hatten mehrere Ursachen. So wurde vor Saisonbeginn eine Flutlichtanlage installiert. Diese Auflage des DFB erforderte Investitionen von 1,8 Millionen Mark, die fast komplett vom Verein getragen wurden. Die Stadt Darmstadt war nicht bereit, dem Verein unter die Arme zu greifen, obwohl er den Namen der Stadt in der ganzen Bundesrepublik bekannt gemacht hatte. Nicht nur an diesem Beispiel zeigt sich das gespaltene Verhältnis zwischen Stadt und Verein. Der SV 98 ist einer der wesentlichen Werbeträger für die Stadt, die diese Tatsache allerdings weitgehend ignoriert, so zumindest die Sicht der „Lilien"-Fans. Die eher ruhige und beschauliche Stadt fördert die Künste und die Wissenschaft, legt aber auf ihr sportliches Aushängeschild scheinbar wenig Wert.

Die Mannschaft der Spielzeit 1981/82 hatte deutlich weniger Substanz als die der ersten Bundesliga-Saison. Walter Bechtold hatte mittlerweile seine Karriere beendet, und der Rest der Spieler bestand eher aus Handwerkern als aus Ballkünstlern. Doch mit Kampfgeist und Lauffreude sollte diesmal die Bundesliga gehalten werden. Bis zum 12. Spieltag schien dieses Konzept sogar aufzugehen. Der SV 98 lag bis dahin nie auf einem Abstiegsplatz. Doch Grüppchenbildung im Team sorgte für erste Zwistigkeiten. Nach dem 2:3 gegen Eintracht Braunschweig wurde Trainer Werner Olk entlassen, Präsident Georg Schäfer trat zurück und in der Führungsspitze kriselte es. Gerade auf eigenem Platz wurden während der gesamten Saison zu wenig Punkte geholt, und so stieg die Mannschaft wieder in die zweite Liga ab. Schlimmer allerdings als diese sportliche Situation entwickelten sich die Finanzen. Etwa 5 Millionen Mark Schulden hatte das ehrgeizige Ziel eingebracht, bei den „Großen" mitzuhalten.

Mit diesen Schulden ging es in die nun eingleisige zweite Liga. Ziel war es, den sofortigen Wiederaufstieg zu schaffen. Doch dieses Vorhaben mißlang. Trotz einiger Neuzugänge und einer guten Mannschaft blieb der Erfolg vorerst aus. Und dies, obwohl weiterhin auf Bundesliganiveau investiert wurde. Der Gipfel der Unvernunft war schließlich die Verpflichtung des ehemaligen tschechoslowakischen Nationalspielers Zdenek Nehoda, die sich sportlich nur bedingt auszahlte.
Am Ende blieb Platz sieben, aber ein Schuldenberg von über 8 Millionen Mark.

Nicht nur am Verlauf dieser Saison wird deutlich: Der Höhepunkt einer jeden Vereinsgeschichte, der Einzug in die Bundesliga, war für den SV Darmstadt 98 zugleich der Beginn des späteren Niedergangs. Die Schulden aus der zweiten Bundesligasaison sowie unverantwortliches Wirtschaften im Bestreben, erneut aufzu-

Wenn die Nacht am tiefsten, ist der Trotz am größten. "Jetzt erst recht" ist ein Attribut, das die Darmstädter Fans vor allem in Krisenzeiten auszeichnete.

steigen, brachten den Verein in existentielle Bedrängnis. Eine Folge davon war später der Verkauf des eigenen Stadions an die Stadt.
Nach dem Abstieg 1981/82 folgten vier Jahre, in denen der SV 98 notgedrungen auf junge und billige Spieler setzte und sich mehr oder weniger durchwurstelte. Erst in der Saison 1987/88 unter Trainer Klaus Schlappner schien erneut der Aufstieg möglich zu sein. Platz drei am Ende der Runde

brachte die Teilnahme an der Relegation zur 1. Bundesliga. Gegner war der Drittletzte der 1. Liga, Waldhof Mannheim. Doppelt brisant, denn erstens trennen beide Vereine nur wenige Kilometer, zweitens war Schlappner lange Trainer der sogenannten Waldhof-Buben. Diese Relegationsspiele waren an Dramatik kaum zu überbieten. In der ersten Partie am Böllenfalltor führte Mannheim bereits 2:0, ehe die Darmstädter vor 25.000 Zuschauern das Spiel noch drehten. Gutzler, Posniak und der Chinese Guangming Gu trafen zum 3:2. Beim Rückspiel in Mannheim führte Waldhof erneut 1:0, erzielte in der 86. Minute das 2:0. Der SV 98 schien gescheitert zu sein. Doch Uwe Kuhl gelang im Gegenzug das 1:2, so daß ein drittes Spiel entscheiden mußte. In Saarbrücken trennte man sich nach Verlängerung 0:0, das Elfmeterschießen mußte regeln, welcher Verein der Bundesliga angehören sollte. 3:2 führten die Darmstädter, als Trieb für Mannheim verschoß. Nun kam Karl-Heinz Emig, der in der gesamten Saison noch keinen Elfmeter verschossen hatte. Doch ausge-

scheitert, die zu den großen Rivalen gehört. Neben dem SV Waldhof besteht vor allem zu Kickers Offenbach und Eintracht Frankfurt ein gespaltenes Verhältnis. Erklärlich aus der geographischen Lage, und - wie so oft bei vermeintlichen Gegnern - aus der meist verleugneten Ähnlichkeit in Geschichte und Vereinsstruktur .

Die „Lilien" lagen gegen Ende der achtziger Jahre finanziell am Boden und mußten sich notgedrungen von erfahrenen Spielern trennen. Zwei Spielzeiten lang gelang in der zweiten Liga nicht viel, und in der dritten schien es sogar ganz mit dem Profifußball in Darmstadt vorbei zu sein. Platz 17 bedeutete den Abstieg, der aber durch den Lizenzentzug von Rot-Weiß Essen gerade noch einmal vermieden wurde.

1992/93 waren alle Hoffnungen umsonst. Das neue Präsidium hatte sich an der „Quadratur des Kreises" versucht und sich bemüht, den Verein zu entschulden sowie die Klasse zu halten. Der drohende Konkurs wurde zwar abgewendet, doch der sportliche Abstieg konnte nicht verhindert werden.

1993 fand sich der SV 98 nach über 20 Jahren in den beiden höchsten Spielklassen in der Oberliga Hessen wieder. Dies war das vorläufige Ende einer Entwicklung, während der sich der Verein um die erste Bundesliga bemühte, schließlich aber sogar aus der zweiten abstieg. Und dies, obwohl zahlreiche bekannte Spieler wie Peter Cestonaro, Bruno Labbadia, Bernhard Trares, Dirk Bakalorz oder Stefan Täuber in diesen Jahren ihre erfolgreichen Karrieren in Darmstadt begonnen oder zumindest am Böllenfalltor Station gemacht hatten.

Auch an erfolgreichen Trainern herrschte in diesen Jahren kein Mangel. So waren unter anderem Eckhard Krautzun, Klaus Schlappner, Jörg Berger oder Jürgen Sparwasser, der das 1:0 für die DDR gegen die Bundesrepublik während der WM 1974 erzielt hatte, bei den Darmstädtern tätig.

In der Oberliga begann dann während der Saison 1993/94 ein kompletter Neuaufbau. Sparen war oberstes Gebot. Auch für

	Spielklassen
1963/64	Amateurliga Hessen
1964/65-69/70	Regionalliga Süd
1970/71	Amateurliga Hessen
1971/72-73/74	Regionalliga Süd
1974/75-77/78	2. Bundesliga Süd
1978/79	1. Bundesliga
1979/80-80/81	2. Bundesliga Süd
1981/82	1. Bundesliga
1982/83-92/93	2. Bundesliga
1993/94	Amateur-Oberliga Hessen
1994/95-97/98	Regionalliga Süd
seit 1998/99	Oberliga Hessen

rechnet er patzte, und anschließend brachte auch Willi Bernecker den Ball nicht im Tor unter. Waldhof gewann schließlich 5:4 und blieb erstklassig.

Sein Scheitern kostete den SV Darmstadt 98 einige Millionen Mark und leitete einen Niedergang ein, der bis heute zu spüren ist. Und als wollte man den Frust der Anhänger perfekt machen, war der SV 98 wieder einmal an einer Mannschaft ge-

Einer von vielen, der einst das Lilien-Jersey trug: Bernhard Trares.

die Fans gab es viel Neues. Vorbei waren die geliebten Auswärtsfahrten nach Braunschweig, Osnabrück oder Köln, jetzt hieß es auf nach Haiger, Wehen oder Lohfelden. Lediglich drei Spieler aus Profizeiten blieben beim Verein, allen voran Gerhard Kleppinger, der später auch das Amt des Spielertrainers übernahm. Mit seinen fast 400 Spielen als Profi führte er eine junge Mannschaft an, die sich schnell die Sympathien der Zuschauer eroberte.

Viele der Spieler kamen aus der eigenen zweiten Mannschaft, die in der Bezirksoberliga um Punkte kämpfte. Was kaum einer für möglich gehalten hatte, trat ein. Die Zuschauer strömten reichlich ans Böllenfalltor, im Umfeld kam Euphorie auf. Letztlich wurde es eine spannende und nervenzerreißende Saison, die aber glücklich endete. Zwar belegte die Mannschaft „nur" Platz 9, doch dies reichte, um sich für die neugeschaffene Regionalliga zu qualifizieren. Und in der ersten Regionalligasaison schien es weiter aufwärts zu gehen. Der Klassenerhalt war schnell gesichert, die Planungen für das kommende Jahr begannen frühzeitig. Höhepunkt war sicherlich das 2:1 am 25. September 1994 bei Kickers Offenbach, der erste Erfolg überhaupt am Bieberer Berg.

In den folgenden Jahren gelang es den „Lilien", den riesigen Schuldenberg Stück für Stück abzubauen und dennoch sportlich einigermaßen konkurrenzfähig zu bleiben. Allerdings verließen nach jeder Saison die besten Spieler den Verein, weil finanzkräftigere Klubs mit lukrativen Angeboten lockten. Zweimal wurde daraufhin die Klasse erst am letzten Spieltag gesichert, kurioserweise beide Male mit einem Spiel beim FC Augsburg.

Ausgerechnet im Jubiläumsjahr 1998 geschah dann das Unfaßbare. Der SV 98 stieg aus der Regionalliga ab und war zum ersten Mal in seiner einhundertjährigen Vereinsgeschichte viertklassig.

In der Oberliga spielte der SV Darmstadt 98 vom ersten Spieltag an in der Spitzengruppe mit und hegt berechtigte Hoffnungen, bald wieder in die Regionalliga aufzusteigen. Weiterhin kommen für diese Spielklasse überraschend viele Zuschauer, weiterhin wird professionell gearbeitet, weiterhin hat der Verein zweitligareife Fans, die gerade bei Auswärtsspielen ihresgleichen suchen, weiterhin heißt es „jetzt erst recht". Und wie immer in der langen und wechselhaften Geschichte des Vereins wird sich diese Haltung irgendwann auszahlen. Hoffentlich.

Wolfgang Knöß

Borussia Dortmund

Den Wandel von einem Fußballklub zu einem Wirtschaftsunternehmen haben inzwischen fast alle Erst- und Zweitligisten vollzogen – alleine schon, weil es sonst unmöglich wäre, in den ausklingenden neunziger Jahren im Spitzenfußball überhaupt noch mithalten zu können. Doch gibt es einen Klub, der den Wandel mit vergleichbarer Zielstrebigkeit und Konsequenz vorgenommen hat, wie Borussia Dortmund? Wohl kaum, denn binnen kurzem wurde aus dem beliebten und volksnahen, aber stets auch ein wenig chaotischen Klub mit Wurzeln in Dortmunds proletarischem Norden ein straff organisierter Sportkonzern, der mit einem Umsatz von 143 Mio. Mark (Geschäftsjahr 1998) zu den Großverdienern seiner Branche zählt.

Malocherklub in der Fußball-High-Society

Jedoch ist die wohl beeindruckendste Erfolgsstory der neunziger Jahre nicht nur Anschauungsunterricht in Sachen Modernisierung, sondern verfügt auch über eine gehörige Portion schalen Beigeschmacks. Für viele Fußballfans ist der BVB des Jahres 1999 nämlich der Klub "der Kids und Erfolgssüchtigen", weit entfernt von seinen Wurzeln und zu einem kühlen gewinnorientierten Unternehmen mutiert.

Die Wurzeln der "neuen Borussia" reichen zurück in den Mai 1989, als die Schwarz-Gelben im Pokalfinale gegen Werder Bremen trotz eines 0:1-Rückstandes als 4:1-Sieger vom Platz gingen. Der Triumph markiert das Ende einer langen Erfolglosigkeit, das in der Stahl- und Bierstadt mit Begeisterung aufgenommen wurde. Gleichzeitig war es das erste sichtbare Resultat einer neuen Vereinspolitik, die mit dem Amtsantritt von Präsident Gerd Niebaum im Sommer 1986 eingeleitet worden war. Unter dem seriös auftretenden Rechtsanwalt waren die Ziele - bis dato zumeist "Nichtabstieg" oder bestenfalls "UEFA-Cup-Qualifikation" - neu definiert worden. Nie-

Bundesligabilanz	
Bundesligajahre:	1963/64-71/72, seit 1976/77
Gesamt:	31 Jahre
Beste Plazierung:	Platz 1 (1995, 1996)
Ewige Tabelle:	Platz 9, 1050 Spiele, 430 Siege, 265 Unentschieden, 355 Niederlagen, 1858:1660 Tore, 1555 Punkte
Ø Plazierung:	Platz 7,74
Top-Spieler:	Michael Zorc (463), Günter Kutowski (288), Lothar Huber (254), Eike Immel (247), Dieter Kurrat (247)
Top-Torjäger:	Manfred Burgsmüller (135), Michael Zorc (131), Lothar Emmerich (115), Stéphane Chapuisat (94), Reinhold Wosab (61), Andreas Möller (61)

baum wollte den kurz zuvor noch hochverschuldet vor dem Aus stehenden BVB zunächst wirtschaftlich konsolidieren, um ihn anschließend zu einer Top-Adresse im europäischen Fußball zu machen.

Ein Unterfangen, das den Wandel von einem chaotisch geführten und regelmäßig von Intrigen und Machtkämpfen geschüttelten Fußballverein, wie es der BVB zweifelsohne seinerzeit war, zu einem zeitgemäßen Fußballunternehmen voraussetzte – im traditionsschwangeren Ruhrgebiet alles andere als eine leichte Aufgabe. Mehr noch, denn an Rhein und Ruhr, wo die Menschen vielleicht mehr als anderswo an liebgewonnenen Dingen festhalten (auch wenn sie eher hinderlich sind), ist der Wandel zur Modernen in der Regel sogar gefährlich! Das so ziemlich einzige Startkapital, das Niebaum zur Verfügung stand, waren die Fans. Unabhängig von der Tabellenposition belegte der Klub seit Jahren Spitzenplätze in der Zuschauertabelle und konnte sich gerade in schweren Zeiten auf seine Anhänger verlassen – bestes Beispiel waren die dramatischen Relegationsspiele gegen Fortuna Köln anno 1986, als den Borussen dank der unermüdlichen Fan-Unterstützung Sekunden vor Schluß doch noch der rettende 3:1-Siegtreffer gelang. Die neue Führungscrew stand vor der heiklen Aufgabe, diesen Anhängern möglichst schonend die Abkehr von den geliebten aber wenig zeitgemäßen BVB-Traditionstugenden "unerschütterliche Disziplin, bedingungslose Bereitschaft und nie erlahmender Aufopferungswille" beizubringen.

Niebaum setzte auf die schrittweise Einführung von Spielkultur. Erstes deutlich sichtbares Indiz war die Verpflichtung des Frankfurters Andreas Möller, der im Dezember 1987 kam, und dessen Ablösesumme von 2,4 Mio. Mark Bundesarbeitsminister Blüm angesichts der hohen Arbeitslosigkeit im Ruhrgebiet regelrecht auf die Palme brachte. Dort blieb er nicht lange alleine, denn wenig später folgten ihm die BVB-Fans, weil mit Michael Rummenigge ausgerechnet ein Akteur des verhaßten FC Bayern kam, der noch dazu als arrogant galt. Da gleichzeitig Publikumsliebling Marcel Raducanu gehen mußte, geriet die Wandlung des "Teams der Handwerker" zu einem "Kollektiv der Künstler" schon vor dem eigentlichen Start ernsthaft in Gefahr. Daß sie nicht scheiterte, war zwei Dingen zu verdanken: Zum einen Michael Rummenigge, der rasch verstand, was man in Dortmund von ihm erwartete und sich durch kämpferischen Einsatz die Sympathien erwarb, zum anderen dem bereits erwähnten Pokalsieg. Bei dem bot der BVB auf den Tag genau 33 Jahre nach dem Gewinn der ersten deutschen Meisterschaft übrigens auch optisch ein symbolträchtiges Bild der angestrebten Tradition-/Moderne-Kombination, denn das Team trug Nachprägungen jener Ringelsocken, mit denen man anno 1956 die erste Meisterschaft errungen hatte.

Neben der Überzeugungsarbeit innerhalb der Anhängerschaft sowie dem allmählichen Wandel im Spielerkader war es aber vor allem der Umkehr in der Trainerfrage zu verdanken, daß der BVB letztendlich auf die Erfolgsspur kam. Seit 1963 hatte man am Borsigplatz bereits 34 Trainer verschlissen, ehe mit dem früheren Bundestrainer-Assistenten Horst Köppel ab 1988 erstmals auf Kontinuität gesetzt wurde. Köppel leitete prompt den sportlichen Aufschwung ein und blieb bis 1991 im Amt. Vierter, jedoch nicht minder wichtiger Faktor der BVB-Erfolgsstory war die Verpflichtung von Michael Meier, der im Dezember 1989 von Bayer Leverkusen kam. Mit ihm verfügte der BVB erstmals in seiner Vereinsgeschichte über einen qualifizierten und sachkundigen Manager, der die längst überfällige Professionalisierung des Vereins einleitete und bis heute gemeinsam mit Präsident Niebaum für Kontinuität und Seriosität steht. Dank seiner Arbeit konnte der Wandel erfolgreich fortgesetzt werden. 1990 verbuchte Meier mit der Verpflichtung von Flemming Povlsen (PSV Eindhoven) einen ersten Transfererfolg, dem viele weitere folgen sollten. Sportlich ging der mit 4,1 Mio. DM bis dato teuerste BVB-Neuzugang allerdings mit einer Krise einher, denn Platz 10 in der Bundesliga, Pokalaus beim Amateurligisten Fürth und frühzeitiges Europapokalaus gegen den RSC Anderlecht ließen die Borussen am Ende der Saison 1990/91 überraschend mit leeren Händen dastehen. Die magere Saisonbilanz führte zur Ablösung von Horst Köppel und Punkt 5 der BVB-Erfolgsgeschichte: Der Verpflichtung von Ottmar Hitzfeld.

Hitzfeld war ein "No-name-Trainer", dessen Verpflichtung Verwunderung bis Verstimmung auslöste, die aber konsequent in die Personalpolitik paßte. Der gebürtige Lörracher, der zuvor erfolgreich in der stets mit Hohn und Spott bedachten Schweiz gearbeitet hatte, galt als "Gentleman-Trainer" und führte die vom Führungsduo vorgelebten Eigenschaften Ruhe, Seriosität und Professionalität auch an der BVB-Seitenlinie ein. Zugleich handelte es sich bei ihm um einen gewieften und auf dem aktuellen Stand der Entwicklung befindlichen Taktiker, unter dem der BVB den kräftezehrenden Kampffußball endgültig abwarf. Hitzfelds Ruhe und Charakterstärke übertrug sich rasch auf die vom Schweizer Stéphane Chapuisat verstärkte Mannschaft, die nun zum Spitzenteam avancierte. Sein umstrittener Torhütertausch – für den beliebten Teddy de Beer rückte Nachwuchsmann Stefan Klos in die Stammelf – stabilisierte die Abwehr, und selbst Dauerrebell Frank Mill gab unter Hitzfeld Ruhe.

Im Verlauf der Mammutsaison 1991/92 kam der BVB-Expreß ins Rollen, und die vom 11. bis zum 30. Spieltag ungeschlagenen Dortmunder mauserten sich zu einem ernsthaften Titelaspiranten. Letztendlich langte es aber nur zu Platz 2, weil sich der VfB Stuttgart in einem dramatischen Finale vier Minuten vor Saisonende per 2:1-Sieg in Leverkusen glücklich die Meisterschale sicherte. In Dortmund wurde dennoch gefeiert. 30.000 Fans – mehr als bei Meister Stuttgart - jubelten auf dem Friedensplatz ihren "geschlagenen" Helden zu, denen die Sympathien der Fußballfans aus dem ganzen Land zuflogen. Der BVB galt als einer der beliebtesten Klubs Deutschlands.

Nächster Glücksgriff war die Saison 1992/93. Als Vizemeister hatten sich die Borussen für den UEFA-Cup qualifiziert, wo sie nicht nur sportlich auftrumpften (erst im Finale kam gegen Juventus Turin das Aus), sondern vor allem wirtschaftlich. Es war die erste Saison, in der sich die Fernsehsender nahezu um die Übertragungsrechte prügelten und die Vereine insofern ordentlich Kasse machen konnten. Komplett wurde das BVB-Glück durch das Pech der ande-

Erster Europapokalsieger der Bundesrepublik. Lothar Emmerich präsentiert den Fans den Pokal

ren, denn ab dem Viertelfinale waren die Dortmunder letzter deutscher Vertreter in Europa - und konzentrierten folglich sämtliche TV-Gelder auf sich. Die eingenommenen Millionen wurden gemäß der Niebaumschen Philosophie umgehend zur weiteren Verstärkung des Kaders verwendet. Schon zur Saison 1992/93 war mit Stefan Reuter (3 Mio.) ein früherer Italien-Profi gekommen, dem zur Winterpause 92/93 Matthias Sammer (8,5 Mio.) und zur Saison 1993/94 Karl-Heinz Riedle (9,5 Mio.) folgten. "Die Millionäre kommen zurück, weil auch zu Hause die Millionen bereitliegen", kommentierte »Der Spiegel« die neue Dortmunder Wirtschaftsmacht.

Plötzlich verfügte der "Malocherklub" BVB über drei Weltklassefußballer, galt als Titelfavorit und hatte große Teile seiner Tradition binnen zwölf Monaten quasi über den Haufen geworfen. Immerhin gelang es dem BVB trotz der kostspieligen und gut verdienenden Neuzugänge, den Kontakt zu der von Arbeitslosigkeit bedrohten Fanbasis zu halten, da Niebaum und Meier beim Spielereinkauf darauf achteten, nur Akteure mit ausgeprägtem Kampfwillen zu verpflichten. Dadurch gelang den millionenschweren Kickern der Einzug in die Herzen des Dortmunder Publikums.

Bevor es soweit war, mußte der BVB allerdings noch die größte Krise der Niebaum-Ära durchmachen. Nach dem Beinahe-Triumph im UEFA-Cup wurde den Schwarz-Gelben in der Saison 1993/94 brutal aufgezeigt, daß es zu einem europäischen Spitzenverein noch ein weiter Weg war. Selbstüberschätzung einiger Spieler und ungewohnter Erwartungsdruck forderten ihren Preis. Bis zum 25. Spieltag war die Mannschaft nicht in der Lage, zwei Spiele in Folge zu gewinnen, flog im Pokal daheim gegen Zweitligist Jena raus, und verspielte sich schließlich auch noch die Sympathien der Fans. Als es im Europapokal gegen Inter Mailand eine ernüchternde 1:3-Heimschlappe gab, machte die Südkurve unmißverständlich deutlich, was sie von dem begrenzten Einsatzwillen der hochbezahlten Akteure hielt und forderte sarkastisch: "Wir

Rolle des Leitwolfs übernommen hatte. Vor allem aber zeigten die als "Millionäre" beschimpften Akteure nun endlich Charakter und fanden über den Kampf zum Teamgeist. Am Ende reichte es dank eines starken Schlußspurts noch zu Platz 4 und damit der erneuten Qualifikation für den UEFA-Cup. Zugleich war das anachronistische Verhalten der Vereinsführung, trotz Krise am Trainer festgehalten zu haben, belohnt worden.

Ab 1995 konnte man in Dortmund ernten. Mit Rückkehrer Andreas Möller und Julio Cesar wurde das Starensemble an zwei Schwachstellen (Mittelfeld, Libero) verstärkt, was sich spätestens am 17. Juni 1995 als richtig erwies. Mit 2:0 bezwang der BVB an jenem Samstagnachmittag den Hamburger SV und sicherte sich erstmals seit 1963 wieder die deutsche Meisterschaft! Entscheidendes Plus des BVB war sein Teamgeist. Ob Sammer, Möller, Riedle oder Chapuisat – sie alle verstanden es, sich dem Team unterzuordnen und auftretende Probleme im stillen Kämmerlein zu lösen. Trotz seiner an Bayern-Praktiken erinnernden Einkaufspolitik war der BVB ein "sympathischer Meister", dem Viele die Meisterschaft gönnten. Und für die Fans im rezessionsgeschüttelten Ruhrgebiet war der Erfolg so etwas wie ein Geschenk des Himmels und Hoffnungsschimmer in trüben Zeiten - nicht umsonst hieß der neue BVB-Schlager "Leuchte auf mein Stern Borussia".

Ein Jahr später konnten die durch Heiko Herrlich, Ruben Sosa und Jürgen Kohler verstärkten Hitzfeld-Schützlinge ihren Triumph zwar wiederholen, doch diesmal war es eine weitaus weniger harmonische Angelegenheit. Der über den gesamten Saisonverlauf andauernde dramatische Zweikampf mit dem FC Bayern (der nicht einmal vor Abwerbungsversuchen Dortmunder Spieler zurückschreckte, um den BVB zu schwächen) ging nicht spurlos am BVB-Nervenkostüm vorbei. Zudem machten sich das gestiegene Anspruchsdenken der Fans und Medien sowie zum ersten Mal auch interne Reibereien bemerkbar. Die lukrativen Folgeverträge, mit denen die Vereinsführung in Zeiten des Bosman-Urteils Stars wie Reuter, Freund und Riedle langfristig an sich binden wollte, hatten das oh-

---

1. Spieltag Saison 1963/64

1. Bundesliga, 24. August 1963, Werder Bremen – BVB 3:2, 32.000 Zuschauer - Hans Tilkowski, Wilhelm Burgsmüller, Gerhard Cyliax, Dieter Kurrat, Lothar Geisler, Helmut Bracht, Franz Brungs, Wilhelm Sturm, Reinhold Wosab, Timo Konietzka, Lothar Emmerich - Tore: 0:1 Konietzka (1.), 3:2 Konietzka (90.)

18. Spieltag Saison 1998/99

1. Bundesliga, 18. Dezember 1998, BVB - VfB Stuttgart 3:0, 61.000 Zuschauer - Stefan Klos, Stefan Reuter, Alfred Nijhuis, Karsten Baumann, Lars Ricken (76. Julio Cesar), Steffen Freund, Dédé, Wladimir But (88. Thomas Hengen), Andreas Möller, Heiko Herrlich (85. Stéphane Chapuisat), Bachirou Salou - Tore: 1:0 Herrlich (38.), 2:0 But (48.), 3:0 Salou (69.).

---

wollen noch mehr Millionen". Letztendlich erwies sich aber ausgerechnet die Mailand-Niederlage als Wendepunkt. Schon im Rückspiel trat eine andere BVB-Elf auf. Mit Ricken war ein hoffnungsvoller Nachwuchsstürmer nachgerückt, derweil Sammer die

nehin schiefe Gehaltsgefüge weiter auseinandergetrieben und Neid aufkommen lassen. Die Fans haderten derweil mit Trainer Hitzfeld, weil er das Fußballdenkmal "Susi" Zorc aufs Altenteil abschob, und zu allem Übel erwischte den BVB dann auch noch das Verletzungspech: Chapuisat, Sammer, Cesar, Möller, Reuter, Riedle, Herrlich – sie alle fehlten irgendwann im Saisonverlauf, der schließlich zu einem mühsamen Stolperpfad mit Happy-End wurde.

Daß der 1986 eingeschlagene Niebaum-Weg an einer Weggabelung angekommen war, zeigte sich spätestens in der Spielzeit 1996/97, an deren Ende der BVB mit dem Gewinn der Champions League zwar den größten Erfolg seiner Vereinsgeschichte feierte, intern jedoch zahlreiche Belastungsproben zu bestehen hatte. Abermals haderten die Hitzfeld-Schützlinge mit Verletzungspech, was sich angesichts der Doppelbelastung Bundesliga/Champions League als fatal erwies und mitunter den "Baby-Sturm" Ricken-Tanko aufs Spielfeld brachte. Schwerwiegender waren allerdings die internen Probleme, denn die Animositäten zwischen Stars und Wasserträgern waren inzwischen derart gewachsen, daß Neid, Intrigen und Machtkämpfe nun auch im einst so harmonischen BVB-Lager an der Tagesordnung waren.

Noch während Borussia Dortmund sich nach dem Champions-League-Sieg (3:1 gegen Juventus Turin) auf dem Zenit seiner Vereinsgeschichte sonnte, begannen dunkle Wolken aufzuziehen. Wenige Tage nach dem Europapokaltriumph verkündete Präsident Niebaum, zur nächsten Amtsperiode nicht mehr zur Verfügung zu stehen, und kurz darauf gab auch Trainer Hitzfeld seine Kündigung ab. Niebaum machte seinen Schritt dann zwar wieder rückgängig, verband dies jedoch mit der Forderung nach einer umfassenden Strukturänderung in Richtung fußballspielendes Wirtschaftsunternehmen mit entsprechender Profi-Führung. Im sportlichen Bereich ging derweil der von Hitzfeld-Nachfolger Nevio Scala eingeleitete und von Verletzungspech überschattete Umbau ziemlich in die Hose. 1997/98 geriet der BVB kurzzeitig sogar in Abstiegsgefahr und verpaßte am Ende erstmals seit sechs Jahren wieder die Europapokalteil-

nahme. Auf dem Weg zum zweitreichsten Fußballverein Deutschlands war der Klub in eine Krise geraten. Dafür war neben Verletzungspech, internen Dissonanzen und mangelnder Einsatzbereitschaft einiger Profis auch die eigentümliche Transferpolitik verantwortlich. Kurz vor Saisonbeginn beispielsweise war Sturmführer Karl-Heinz Riedle nach Liverpool verkauft worden, was eine eklatante Lücke im Angriffszentrum hinterlassen hatte, die nicht gestopft werden konnte.

Riedle war vornehmlich verkauft worden, um die letzte Chance, für ihn noch eine Ablösesumme zu kassieren, zu nutzen. Das Geld wurde gebraucht, um den Ausbau des Westfalenstadions zu finanzieren, das sich seit Mai 1995 in den Händen einer aus BVB, Continentale und Harpen AG bestehenden Investorengruppe befand. Sukzessive erhielt die Arena eine zweite Etage und wurde auf ein eindrucksvolles Fassungsvermögen von 70.000 Plätzen gebracht. Während die Borussia damit in wirtschaftlicher Hinsicht alle Trümpfe in der Hand hatte, sah es im sportlichen Bereich zunächst weniger rosig aus, denn die mangelnde Einstellung einiger hochbezahlter Profis hielt auch zu Saisonbeginn 98/99 an. Erst als Borussias hoffnungsvoller Jungtrainer Michael Skibbe rigoros durchgriff und einige Stars auf die Tribüne setzte (Freund, Chapuisat, Herrlich), konnte die Wende eingeleitet werden. Inzwischen scheint auch Borussias sportlicher Weg wieder nach oben zu weisen und die Gefahr, daß Gerd Niebaums Vision von 1986 nur wenige Jahre nach ihrer Verwirklichung schon wieder zerplatzt, ist etwas geringer geworden.

Schon einmal war der BVB vom höchsten Fußballgipfel direkt in die Krise gestürzt: 1966, als die Schwarz-Gelben als erster deutscher Klub einen Europapokal (den der Pokalsieger) gewannen und sich nur sechs Jahre später – zudem nahezu pleite - in der Regionalliga wiederfanden. Es war die logische Konsequenz einer in so ziemlich allen Belangen mißratenen Vereinspolitik. Finanziell waren der Borussia enge Grenzen gesteckt, weshalb seit den späten fünfziger Jahren regelmäßig Spitzenkräfte wie Schütz und Konietzka hatten abgegeben werden müssen. Unmittelbar nach dem Europapokaltriumph war dann auch noch Trainer Multhaup, der sich mit dem Vorstand überworfen hatte, zum 1. FC Köln gewechselt. Sein Nachfolger wurde der reichlich unbekannte Verbandstrainer Heinz Murach, da Wunschkandidat Branko Zebec statt der angebotenen 5.000 Mark Monatsgehalt 7.000 haben wollte, die der BVB nicht zu zahlen bereit war.

Nun hatte der BVB in den sechziger Jahren zwar objektiv betrachtet tatsächlich Nachteile gegenüber der Bundesligakonkurrenz aus München, Köln und Mönchengladbach (vor allem wegen des zu kleinen, zu komfortarmen und an vielen Stellen maroden Stadions Rote Erde), doch das war nur ein Grund für die eingeschränkte Finanzkraft der Schwarz-Gelben. Der zweite war die fehlende Bereitschaft des Vorstands um Hoesch-Prokurist Steegmann, Risiken einzugehen. "Nach dem Europapokalsieg 1966 hätte ich mit Seeler, Beckenbauer und Overath verhandelt", erklärte der heutige Präsident Niebaum einmal rückblickend. Sein damaliger Amtskollege tat nichts dergleichen. Im Gegenteil: Aus Angst vor einem finanziellen Fiasko ließ er das 1966er Erfolgsteam allmählich ausbluten. Als Begründung mußte u.a. die damalige Strukturkrise im Ruhrgebiet herhalten. Angesichts der mit den zahlreichen Zechenschließungen verbundenen menschlichen Tragödien war man beim BVB der

ten und neuen Spielern letzter Deutscher Meister vor Einführung der Bundesliga geworden, hatte sich das Team um Hans Tilkowski, Wolfgang Paul, Gerd Cyliax, "Hoppy" Kurrat, Wilhelm Sturm, Lothar Emmerich, Timo Konietzka und Co. (übrigens allesamt aus Dortmund oder der näheren Umgebung gekommen) in der neuen Eliteliga von Beginn an überaus wohl gefühlt. In der Tabelle war es stetig bergauf gegangen: Platz 4 in der Saison 1963/64, Platz 3 ein Jahr später und Platz 2 in der Spielzeit 65/66. 1965 hatte Trainer Eppenhoff den BVB zudem zum Pokalsieg (2:0 über Zweitligist Aachen) geführt, ehe er sein Amt an den Bremer Meistercoach Willi Multhaup weitergereicht hatte, der schließlich Europapokal und Vizemeisterschaft nach Dortmund holte.

"Unsere Mannschaft stand. Multhaup war nicht der große taktische Stratege, aber er war, glaube ich, für viele Spieler eine Art Vaterfigur", maß Stopperlegende Wolfgang Paul dem Trainer Multhaup eine nicht unwichtige Rolle im Erfolgskonzept bei. Insofern war Multhaups Wechsel nach Köln also ein erster Schritt in Richtung Absturz. Darüber hinaus verdrehte der Europapokaltriumph den Dortmundern völlig den Kopf. "Künftig wird man die Schwarz-Gelben aus dem Kohlenpott in einem Atemzug nennen mit Spitzenmannschaften wie Real Madrid, Inter Mailand oder Benfica Lissabon", behauptete beispielsweise die »Westdeutsche Rundschau« allen Ernstes. Zwar hatte die Mannschaft in der Tat das Zeug dazu, eines Tages zu einem europäischen Spitzenteam heranzuwachsen, doch dazu hätte es einiger Anstrengungen bedurft.

Daß aus dem europäischen Traum nichts wurde, haben sich die Dortmunder folglich selbst zuzuschreiben, denn statt die Europapokalelf von 1966 gezielt zu verstärken und damit die Weichen für eine erfolgreiche Zukunft zu stellen, verfiel der BVB in einen allumfassenden Stillstand. Zur Saison 1966/67 kamen mit Horst Trimhold und Willi Neuberger lediglich zwei bundesligaerfahrene Akteure, die dem Team um das einst gefürchtete, inzwischen aber "entschärfte" Tandem

Spielklassen	
1963/64 – 1971/72	1. Bundesliga
1972/73 – 1973/74	Regionalliga West
1974/75 – 1975/76	2. Bundesliga Nord
seit 1976/77	1. Bundesliga

Ansicht, Bescheidenheit bei Spielerverpflichtungen und -gehältern walten lassen zu müssen.

Eine Praxis, die rasch ihren Tribut forderte. Mit dem Europapokalsieg und der in derselben Saison errungenen Vizemeisterschaft hatte das BVB-Erfolgsteam ihren Zenit erreicht. Entstanden als Nachfolger der berühmten 1956/57er Meistermannschaft und 1963 in einer Mischung aus al-

Held/Emmerich nicht allzu viel Impulse geben konnten. Zwar langte es noch einmal zu Platz 3, doch die Warnzeichen waren unübersehbar: Im Europapokal kam bereits in Runde 1 das Aus, erstmals seit Gründung der Bundesliga verpaßte der BVB die Qualifikation für die folgende Europapokalsaison und mit Hans Tilkowski, „Stan" Libuda und „Aki" Schmidt verließen am Saisonende gleich drei Leistungsträger das schwankende BVB-Schiff.

Anschließend begannen die "Chaosjahre". Selbst als der BVB aufgrund seiner Ausverkaufspolitik in die Abstiegszone abrutschte, weigerte sich der Vorstand standhaft, das Team personell zu verstärken. Einher mit der sportlichen Talfahrt ging ein eklatanter Rückgang des Zuschauerinteresses, woraufhin der BVB tatsächlich jene Finanzsorgen bekam, die man mit den Spielerverkäufen doch eigentlich hatte vermeiden wollen. Die Führungsetage reagierte beleidigt und mahnte im November 1967 ein Verhalten an, das alles andere als zeitgemäß war: "Der BVB und seine maßgeblichen Männer erwarten von Spielern und Trainern keine Wunderdinge; Staralüren müssen sich der Forderung nach korrekter Pflichterfüllung unterordnen. Die Beachtung dieser Grundsätze hat Borussia Dortmund groß gemacht und bleibt deswegen weiterhin Richtlinie erfolgreicher Vereinsarbeit". Vier Wochen später gab Willy Steegmann, dem die Hauptschuld an der Misere gegeben wurde, sein Amt an den früheren Dortmunder Oberstadtdirektor Kliemt weiter.

Dessen bis 1974 während Amtszeit muß wohlwollend mit "unglücklich" umschrieben werden. Zwar ging Kliemt mit durchaus hehren Zielen an die schwierige Aufgabe, stand aber letztendlich ziemlich alleine da und agierte zudem ausgesprochen glücklos. Fehler Nummer 1 war die Rückverpflichtung des 1956/57er BVB-Meistertrainers Helmut Schneider. Unter dem eitlen Schneider, der gedanklich und methodisch in den fünfziger Jahren steckengeblieben war, rutschte die Mannschaft tief in den Abstiegsstrudel, aus dem erst Hermann Lindemann sie wieder herausholen konnte. Wenig später wurde plötzlich Lothar Emmerich gegen seinen Willen nach

„Die Millionäre kommen zurück, weil auch zu Hause die Millionen bereitliegen", schrieb der Spiegel über die neue Borussia. Von links Sammer, Riedle, Chapuisat, Cesar

Belgien abgeschoben: Borussia brauchte Geld. Zwangsläufig verringerte sich das spielerische Niveau, woraufhin auch die Zuschauerzahl sank. In der Saison 1969/70 unterschritt die durchschnittliche Besucherzahl trotz eines sportlichen Zwischenhochs (Platz 5) erstmals die magische 20.000er Marke (18.703).

Nun erreichte die Fehlerquote der BVB-Führung fast historische Dimensionen. Im Sommer 1970 wurde der eigentlich mit dem Neuaufbau beauftragte Trainer Lindemann mit der Begründung, seine "Gutmütigkeit wurde von der Mannschaft ausgenutzt" entlassen und mit Assauer gleich noch ein Leistungsträger abgegeben, zwölf Monate später verlor der BVB mit Held, Neuberger und Wosab drei weitere Stammkräfte und nebenbei stieg der Schuldenberg angesichts mitunter haarsträubender Fehler der Vereinsführung kontinuierlich an. Am 28. Juni 1972 erreichten die Männer in Schwarz und Gelb ihren Tiefpunkt: Trotz eines 3:2-Sieges bei Hannover 96 mußte Borussia Dortmund nach 36 Jahren ununterbrochener Zugehörigkeit zur höchsten Spielklasse aus dem Oberhaus absteigen. Letztes Überbleibsel aus goldenen Tagen war "Hoppy" Kurrat, der dem BVB auch in der Regionalliga die Treue halten wollte. Vier Jahre dümpelte der BVB in der Zweitklassigkeit – und es waren vier schwere Jahre. In den ersten beiden Spielzeiten kämpfte der Klub in der Regionalliga West nicht nur gegen sportliche Tristesse (vom Ziel Aufstiegsrunde war er beide Male meilenweit entfernt), sondern vor allem um das finanzielle Überleben. Kliemt hatte trotz der leeren Kassen unter Profibedingungen weiterarbeiten lassen und den Schuldenberg damit deutlich erhöht. Erst als Heinz Günther, als "autoritär" bekannter Direktor des Bergwerks Gneisenau, den Verein übernahm, ein knallhartes Sanierungskonzept einleitete, kam die Wende. Dabei kam ihm allerdings ein glücklicher Zufall zu Hilfe: Die WM 1974. Durch sie bekam Dortmund ein neues Stadion, das sich rasch als Goldgrube für den BVB entpuppte. Parallel dazu gelang unter Trainer Knefler die sportliche Konsolidierung, und mit Einführung der 2. Bundesliga Nord (1974) war der BVB plötzlich wieder "in". Selbst zu Spielen gegen Barmbek-Uhlenhorst oder Gütersloh war die "Fußball-Oper Westfalenstadion" prall gefüllt, wodurch die leeren Kassen allmählich wieder gefüllt werden konnten, was schließlich 1976 im Wiederaufstieg in die 1. Bundesliga mündete. Dank des begeisterungsfähigen Publikums (Schnitt 1976/77: 43.187) stand der BVB nun wieder vor einer glorreichen Zukunft – die allerdings eher trübe wurde. Sportlich gab es spätestens am 29. April 1978 die Ernüchterung, als der BVB durch eine leidenschaftslos hingenommene 0:12-Niederlage gegen Mönchengladbach für einen handfesten Skandal sorgte. Zu jenem Zeitpunkt herrschte in den Kassen der Dortmunder längst wieder Ebbe, denn Spieler und Trainer hatten sich eine "goldene Nase" verdienen können, ohne dafür entsprechende Gegenleistungen bringen zu müssen. Eine Praxis, die erst im März 1979 mit der Wahl des 32jährigen Rechtsanwalts Rauball zum 1. Vorsitzenden beendet wurde.

Rauballs Amtsantritt bedeutete nicht nur das Ende der jahrzehntealten Schwer- und Bierindustriekonnektion auf der BVB-Führungsetage, sondern markierte gleichzeitig den Beginn einer Ära des seriösen Arbeitens, wie es sie in Dortmund seit Jahrzehnten nicht mehr gegeben hatte. Rauball setzte erfolgreich auf bedingungsloses Sparen, hatte allerdings auch das Glück auf seiner Seite, denn unter Trainer Lattek schaffte eine begeisterungsfähige Mannschaft den Sprung ins obere Tabellendrittel. Nachdem die Borussen 1979 und 1980 noch knapp die Qualifikation für den UEFA-Cup verpaßt hatten, gelang 1982 unter Lattek-Nachfolger Branko Zebec sogar der Sprung nach Europa. Doch Zebec, ein grandioser Taktiker mit menschlichen Schwächen, mußte wenig später wegen seiner Alkoholprobleme gehen, und als kurz darauf auch noch Dr. Rauball aus beruflichen Gründen von seinem Amt zurücktrat, fiel der BVB in alte Gewohnheiten zurück.

Der negative Höhepunkt wurde am 20. Oktober 1984 erreicht, als zornige Fans nach einer 0:2-Heimniederlage gegen Karlsruhe einen Sitzstreik veranstalteten und lautstark die Abgänge von Trainer Konietzka, Manager Tippenhauer und Präsident Cramer verlangten. Binnen weniger Monate hatte der BVB jeglichen Kredit verspielt und einen Schuldenberg von rund 8,3 Mio. Mark angehäuft. Abermals übernahm Dr. Rauball den Vorsitz – und hatte mit Dr. Niebaum jenen Mann im Schlepptau, der den BVB schließlich dauerhaft auf gesunde und seriöse Füße stellen sollte. Kurz nach den dramatischen und für den BVB letztlich glücklich verlaufenen Relegationsspielen gegen den Zweitligadritten Fortuna Köln übergab Dr. Rauball die Vereinsführung an seinen Anwaltsfreund Dr. Niebaum und der Wandel des BVB konnte beginnen.

Hardy Grüne

Dynamo Dresden

5. Dezember 1998, Friedrich-Ludwig-Jahn-Sportpark, Berlin, Prenzlauer Berg. Der SD Croatia Berlin, Neuling der Regionalliga Nordost, landet seinen vierten Saisonsieg. 406 Zuschauer sind dabei – und schier aus dem Häuschen. Gegner an diesem verschneiten Samstagnachmittag ist Dynamo Dresden, achtfacher Fußballmeister der DDR, einst in ganz Europa gefürchtetes Fußballkollektiv und Wiege solcher Ausnahmefußballer wie Sammer, "Dixie" Dörner und Kirsten. An jenem Tag trugen Jünglinge wie Stefan Bernhardt, Matthias Großmann und Dirk Oberritter das traditionsreiche gelbe Trikot der Dynamos, die mal eine ganze Republik verzauberten und deren Gegenwart nur noch mit Wehmut ertragen werden kann. Nach der Niederlage rutscht Dynamo auf Rang 13 ab, fünf Punkte getrennt von Abstiegsplatz 17.

Dynamo Dresden ist, wenn der etwas hinkende Vergleich erlaubt ist, so etwas wie "das Schalke der Ex-DDR". Ein Klub, der dank seiner attraktiven und eleganten Spielweise – passenderweise wie einst bei Schalke "Kreisel" genannt - überall Freunde hat. Ein Klub, der in den achtziger Jahren bei den Fans beliebter Gegenspieler des verhaßten Stasi-Klubs BFC Dynamo war und dessen Bundesliga-Qualifikation überall in der zerfallenden DDR mit Begeisterung begrüßt wurde. Ein Klub, der den DDR-Fußball in einer Dichte und Komplexität repräsentierte, wie es sonst allenfalls noch Europapokalsieger 1. FC Magdeburg, keinesfalls aber Serienmeister BFC Dynamo, tat. Und trotz allem ein populärer Klub, der, selbst wenn er mitunter schier uneinholbar die Liga dominierte - was in autoritären Ländern immer mit schalem Beigeschmack verbunden ist - stets innig geliebt wurde. Aber Dynamo Dresden ist auch ein Klub, der abgestürzt ist. Gescheitert nicht

Chronik einer fortgesetzten Leidenschaft

95

auf dem Spielfeld, sondern auf der Geschäftsetage. So lange die DDR noch existierte, war an der Elbe alles in Butter. Nach dem Fall der Mauer lockten die Verlockungen des Bundesligageschäfts jedoch Genossen an, die mehr von Selbstdarstellung verstanden, als von profihaftem Management. Und dabei ist wahrlich nicht nur Rolf-Jürgen Otto gemeint, jener Mann, der schon mit der Empfehlung, den hessischen Landesligisten SpVgg. Neu-Isenburg binnen weniger Jahre an den Rand des wirtschaftlichen Ruins und in die sportliche Bedeutungslosigkeit verbannt zu haben, nach Dresden kam. Otto war nämlich nicht der erste, der sich mit prall gefülltem Portemonnaie um Dynamos Präsidentenamt bewarb und den guten Namen und die Ausstrahlung der Elbflorenzer nutzte, um seinen Glamour zu erhöhen. Allerdings war der Bauunternehmer jener Mann, dem es vorbehalten war, Dynamo endgültig in den Abgrund zu treiben. Legen wir die Gegenwart beiseite und beschäftigen uns statt dessen besser mit der ereignisträchtigen und glorreichen Vergangenheit des Vereins, der im April 1950 als "Sportgemeinschaft Deutsche Volkspolizei Dresden" das Licht der Welt erblickte und den Oberligaplatz der wenige Tage zuvor zwangsaufgelösten SG Friedrichstadt – wenn man so will Nachfolger des ruhmreichen Dresdner SC – einnahm. Drei Monate später wurde der Klub in "SG Volkspolizei" umbenannt, ehe er am 12. April 1953 auf einer feierlichen Versammlung im Neustädter Filmtheater "Schauburg" jenen Namen erhielt, unter dem er in ganz Europa berühmt wurde: "Sportgemeinschaft Dynamo Dresden". Nachstehend eine zu kleine, aber hoffentlich dennoch repräsentative Auswahl aus dem schier unendlichen Reigen an Erfolgen, gewürzt mit einigen schwarzen Tagen.

5. Juli 1953

Nur drei Monate nach Gründung der "SG Dynamo" und rund drei Wochen nach dem "konterrevolutionären Putsch" des 17. Juni sichert sich die Mannschaft in der Aufstellung Klemm, Michael, Schoen, Haufe, Fischer, Usemann, Holze, Schröter, Hänsikke (75. Hänel), Möbius und Matzen durch einen 3:2-Verlängerungssieg über Wismut Aue vor rund 40.000 Zuschauern im Berli-

ner Walter-Ulbricht-Stadion zum ersten Mal die DDR-Meisterschaft. Gefeierter Held der von Paul Döring trainierten Elf ist Günter "Moppel" Schröter, der zwei Minuten vor dem Schlußpfiff den verlängerungsbringenden Ausgleich markiert hatte. Schröter war zuvor, wie auch Schoen, Michael, Matzen und Hindenberg von der SG VP Potsdam nach Dresden delegiert worden, um der "Hochburg des Fußballs in der DDR" – was Dresden im Parteijargon war - Oberligafußball zu bieten. Hintergrund war die Zwangsauflösung der "seit langem von reaktionären Hintermännern mißbrauchten SG Friedrichstadt" (O-Ton Landessportausschuß Sachsen), durch die Dresden plötzlich ohne Erstligist gewesen war. Um Dresden dennoch in der Riege der Oberligastädte zu belassen und zugleich die Volkspolizei in den Erstligafußball einzubinden, war die SG VP Dresden – also Dynamo – aus dem Boden gestampft worden. Dresdens Fußballfans taten sich schwer mit dem Neuling. "Anfangs war das Publikum zurückhaltend, da wir eine Mannschaft der Schutz- und Sicherheitsorgane waren und auch sonst in Uniform herumliefen", erinnerte sich "Moppel" Schröter an die ersten Spiele in der seinerzeitigen Dynamo-Heimstatt Heinz-Steyer-Stadion, dem früheren "Ostragehege" des verblichenen DSC. Doch je mehr die Dresdner von dem neuen Team zu sehen bekamen, desto mehr wich ihre Zurückhaltung. Akteure wie Schröter legten mit Trickreichtum und Spielintelligenz die Grundlage für den berühmten Dynamo-Kreisel, der allerdings erst rund zwanzig Jahre später zu voller Reife erblühte.

21. November 1954

Das anberaumte Oberligaspiel zwischen Dynamo und Rotation Babelsberg findet nicht wie vorgesehen im Dresdner Heinz-Steyer-Stadion sondern im Berliner Friedrich-Ludwig-Jahn-Sportpark statt. Dort, wo Dynamo 44 Jahre später die eingangs erwähnte Schlappe gegen Croatia Berlin kassieren sollte, schlägt fortan Dresdens Fußballherz - pardon, natürlich Berlins. Jetzt wird es kompliziert: Dresdens Fußballstolz ist nach Berlin delegiert worden, um den verwerflichen Gewohnheiten der Ostberliner Fußballfans, ihre Leidenschaft lieber im kapitalistischen Westteil der Stadt bei Teams wie Hertha BSC, Tennis Borussia und Union 06 auszuleben, statt die Gemeinschaften der "demokratischen Sportbewegung" zu unterstützen, entgegenzuwirken. Kurzerhand ist daher das Oberligakollektiv der SG Dynamo Dresden dem wenige Wochen zuvor gegründeten SC Dynamo Berlin (aus dem 1966 wiederum der verhaßte BFC Dynamo hervorging...) angeschlossen worden! Hilflos müssen die geschockten Dresdner Fans, die gerade erst die spielfreudigen Polizisten in ihre Herzen geschlossen haben, mit ansehen, wie Dynamo Dresden mit völlig neuformierter Mannschaft den Zweitligaplatz des aufgelösten SC DHfK Leipzig übernimmt und statt gegen Erfurt oder Karl-Marx-Stadt plötzlich gegen Stalinstadt und Weißwasser anzutreten hat. Komplizierte Fußballgeschichte im Dienste der Politik. Es kommt noch schlimmer, denn am Saisonende verpassen die Dresdner die Qualifikation für die neugeschaffene "Liga" und sind zwei Jahre nach Gewinn der Meisterschaft sogar nur doch drittklassig.

2. Mai 1964

Zum zweiten Mal nach dem 13. Mai 1962, als ein 5:2-Sieg über den SC Potsdam den Wiederaufstieg in die Oberliga perfekt machte (dem der sofortige Abstieg gefolgt war), schafft Dynamo Dresden die Rückkehr ins Oberhaus. Bereits fünf Spieltage vor Serienschluß macht das seit 1957 im Rudolf-Harbig-Stadion beheimatete Team (der SC Einheit als vermeintliche Nummer 1 Dresdens hatte das größere Heinz-Steyer-Stadion bekommen) um Torjäger Steffen Engelmohr mit einem 1:0-Sieg gegen Vorwärts Leipzig alles klar. Nur eine einzige Niederlage (0:1 bei Vorwärts Leipzig) hat Zuschauermagnet Dynamo (Rekordkulisse: 18.000 gegen Wismut Gera) im Saisonverlauf hinnehmen müssen.

20. September 1967

40.000 Zuschauer füllen das Harbig-Stadion bis auf den letzten Platz, als Dynamo Dresden zu seinem ersten Europapokalspiel antritt. Platz 4 in der Saison 1966/67 hat es möglich gemacht. Unter dem nicht unumstrittenen Trainer Manfred Fuchs ist Dresden nicht nur auf die Fußball-Landkarte der DDR, sondern sogar auf die von Europa zurückgekehrt. Doch Dynamo hat Pech. Gegen die Glasgow Rangers folgt einem 1:1 daheim eine unglückliche, erst Sekunden vor dem Schlußpfiff besiegelte 1:2-Niederlage im Ibrox-Park. Dennoch scheint das Team, dem inzwischen Akteure wie Klaus Sammer, Hans-Jürgen Kreische, Wolfgang Haustein und Siegmar Wätzlich angehören, den Durchbruch geschafft zu haben.

1. Juni 1968

Entsetzen steht auf den Gesichtern der gut 30.000 Zuschauer im Harbig-Stadion geschrieben. Auch ein Trainerwechsel (Kurt Kresse übernahm) hat die mit 8:18-Punkten schlechteste Rückrundenelf nicht vor dem erneuten Abstieg aus der Oberliga bewahren können. Nach einem 1:1 gegen die punktgleichen Chemiker aus Leipzig muß Dynamo völlig überraschend den Weg zurück in die Liga antreten. Schwachstelle war der Sturm, wo Bernd Hofmann, Sohn des legendären Richard Hofmann, mit sieben Treffern noch am gefährlichsten war. Doch die Ursachen für den erneuten Abstieg sind nicht nur sportlicher Natur, denn im Vergleich zu den meisten anderen Oberligisten wird der SG Dynamo keine Sonderstellung eingeräumt. Durchschnittlich 700 Mark nehmen die Dynamo-Kikker am Monatsende mit nach Hause, so viel, wie jeder normale Volkspolizist verdient und höchstens ein Drittel dessen, was bei den Fußballklubs in Berlin, Leipzig, Jena usw. gezahlt wird. Die Gründung eines solchen eliteförderenden Fußballklubs war Dresden zuvor verweigert worden. Dynamos Abstieg ist ein Verlust, der den gesamten DDR-Fußball trifft, denn mit durchschnittlich 19.615 Zuschauern war man selbst in der Abstiegssaison 1967/68 Zuschauermagnet Nummer 1. Meister Carl Zeiss Jena kam gerade mal auf 9.300 Fans.

30. Juni 1969

Ein neuer Mann betritt die Kommandobrücke. Er kommt von Stahl Riesa, hat zuvor erfolgreich in Rostock trainiert und heißt Walter Fritzsch. Mit ihm beginnt die Erfolgsstory der Dynamos, deren Faszination Rundfunkreporter Hubert Knobloch so zusammenfaßte: "Sie spielen den schönsten, den attraktivsten und manchmal auch den erfolgreichsten Fußball". Neben der akribischen Arbeit von Walter Fritzsch (seine Notizbücher und seine unerschütterliche Disziplin sind in Dresden noch heute legendär) und des kontinuierlich fließenden Nachwuchses gibt es einen dritten Erfolgsgaranten: Am 5. August 1968 haben sich die zerstrittenen Dresdner Fußballfunktionäre endlich durchgerungen, die nach nur zwölf Monaten in die Oberliga zurückgekehrte SG Dynamo zum "Fußball-Leistungszentrum des Bezirks" zu erklären. Damit ist der jahrzehntelang Wettlauf zwischen Dynamo und dem FSV Lok (Ex-Rotation bzw. Einheit) beendet und Dynamo die erklärte Nummer 1 der Elbestadt, bei der sich sämtliche Talente des Bezirks Dresdens zu sammeln haben und auf die alle Kräfte konzentriert werden! Und: Fortan werden auch bei Dynamo attraktive Gehälter gezahlt. Das erste Spiel unter Fritzschs Regie gewinnen die nunmehr in den Stadtfarben Schwarz und Gelb kickenden Dynamos am 23. August 1969 mit 2:0 gegen Hansa Rostock, Fritzschs ehemalige Mannschaft. Kreische und Dörner erzielen die Treffer und legen den Grundstein

---

1. Spieltag Saison 1963/64

DDR-Liga, Staffel Süd, 18. August 1963, Dynamo - Chemie Wolfen 3:0, 5.000 Zuschauer - Peter Noske, Gottfried Matthes, Wolfgang Pfeifer, Gerhard Prautzsch, Wolfgang Oeser, Wolfgang Haustein, Arnulf Pahlitzsch, Steffen Engelmohr, Dieter Legler, Erich Siede, Meinhard Hemp - Tore: Engelmohr (2), Legler

16. Spieltag Saison 1998/99

Regionalliga Nordost, 5. Dezember 1998, SD Croatia Berlin - Dynamo 2:1, 406 Zuschauer - Enrico Keller, Jens Wahl, Jens Reckmann, Laszlo Kardos, Dirk Oberritter, Antoni Jelen, Matthias Großmann (58. Torsten Gütschow), Stefan Bernhardt, Sascha Schönfeld (80. Gabor Nagy), Nico Patschinski, Rico Hanke - Tor: 1:1 Patschinski (66.)

-
-
-
-
-
-
-

zu Platz 3, der Neuling Dynamo zum zweiten Mal nach 1967 einen Platz im UEFA-Cup einbringt.

2. Juni 1971

Fünf Spieltage vor Serienende sorgen Zieg-

---

ler und Sachse im Hallenser Kurt-Wabbel-Stadion mit ihren Toren für den 2:2-Endstand, der Dynamo vorzeitig die Meisterschaft beschert. Walter Fritzsch hat ganze Arbeit geleistet. Seine Mannschaft begeistert mit herrlichem Kombinationsfußball, kann dank Akteuren wie Rau, Hemp und Geyer aber auch kämpferisch gefallen. Ein Team wie maßgeschneidert: Manndecker Christian läßt selbst den gefährlichsten Torjägern der Oberliga keinen Stich, das Mittelfeld um Kreische, Dörner, Sammer gilt als brillant, der Sturm um Riedel, Gumz und Heidler ist kaum auszurechnen. Torschützenkönig wird Hans-Jürgen Kreische, der 17 Treffer erzielt, gleichzeitig jedoch Fritzschs Sorgenkind ist. Der lebenshungrige Torjäger, der kein Blatt vor den Mund nimmt und für jeden Scherz zu haben ist, und der stets grimmig wirkende, akribisch arbeitende Coach passen nicht zueinander. Daß sie ihren "Disput" auf dem Spielfeld austragen, ist zunächst einer der Dynamo-Erfolgsgaranten, wird später aber zum Bumerang. Drei Wochen nach Saisonende gelingt Dynamo mit einem 2:1-Verlängerungssieg über den BFC Dynamo das erste "Double" der DDR-Fußballgeschichte.

7. November 1973

Ein Tag, von dem Dresdens Fußballfans noch heute schwärmen. Vier Monate zuvor ist ihre Mannschaft zum dritten Mal in Folge Meister geworden und steht nun nach Überwindung der Hürde Juventus Turin im Europapokal der Landesmeister ausgerechnet BRD-Titelträger Bayern München gegenüber. 36.000 Fans – zumeist ausgesuchte Kader, denn die "echten" Fans ins Stadion zu lassen, ist der Führung zu brisant – wohnen dem Vergleich zwischen Meister-Ost und Meister-West und den mit Spannungen erwarteten Duellen Beckenbauer/Dörner, Müller/Wätzlich und Hoeneß/Geyer bei. Im Hinspiel hat Dynamo mit herzerfrischendem Angriffsfußball zwar eine sensationelle 3:2-Halbzeitführung herausschießen können, war aber am Ende als unglücklicher 3:4-Verlierer vom Platz gegangen. Das Rückspiel gehört zunächst ganz den Bayern, die nach einem Hoeneß-Doppelschlag schon nach zwölf Minuten mit 2:0 in Führung liegen. Doch zwischen der 42. und der 56. Minute drehen Wätzlich,

Trotz 3:2-Halbzeitführung setzte es im deutsch-deutschen Duell eine 3:1 Niederlage beim FC Bayern

Schade und Häfner den Spieß um und bringen Dynamo mit 3:2 in Führung. Pech für die Sachsen, daß Gerd Müller nur 120 Sekunden nach ihrem Führungstreffer in seiner unnachahmlichen Art den erneuten Ausgleich erzielt, der Dynamo endgültig das Genick bricht. Dennoch wird der DDR-Meister anschließend europaweit gelobt und gefeiert. Der Kreisel hat seinen Höhepunkt erreicht.

19. August 1978

Nach neun Jahren tritt Walter Fritzsch zurück und macht Platz für den früheren Dynamo-Verteidiger Gerhard Prautzsch. Fünfmal hat Fritzsch Dynamo zur Meisterschaft geführt (zuletzt 1977/78), zweimal zum Pokalsieg. Er hat den Namen Dynamo Dresden europaweit bekannt gemacht und seine Mannschaft entgegen der Restriktionen der DDR-Sportführung, modernen Fußball spielen lassen. Aber Fritzsch hat auch Probleme verursacht, die sein Nachfolger nun ausbaden muß. Bernd Hofmann, "Hansi" Kreische und Klaus Sammer hatten sich zuvor nach Streitigkeiten mit dem Trainer verbittert zurückgezogen, obwohl sie mit 28, 30 bzw. 32 Jahren im "besten Alter" waren; "Wätzer" Wätzlich hat nach einer Operation seine Karriere vorzeitig beenden müssen. Gerhard Prautzsch setzt beim Neuaufbau auf Akteure wie Udo Schmuck, Gerd Weber, Claus Boden oder Matthias Müller, die er schon bei den Junioren unter seinen Fittichen hatte, sowie übriggebliebene Leistungsträger wie Reinhard Häfner und Peter Kotte. Das Prautzsch-Debüt endet mit einem souveränen 3:1-Sieg über Aufsteiger Chemie Böhlen, doch am Saisonende ist die Enttäuschung groß. Platz 2 in der Meisterschaft, Pokal-Aus im Halbfinale und im Europapokal vorzeitig an Austria Wien gescheitert – erstmals seit 1975 gehen die Dresdner ohne Trophäe nach Hause. Prautzschs Problem ist weniger das Fritzsch-Erbe, sondern vielmehr Stasi-Chef und BFC-Dynamo-Fan Mielke. Der hatte schon auf der 1978er Meisterfeier der Dresdner geflucht, daß die falsche Mannschaft Meister geworden sei und sorgt fortan mit wenig sportlichen Mitteln dafür, daß seinem Lieblingsklub nichts mehr passieren kann. Bis 1988 gibt es am BFC Dynamo kein Vorbeikommen. Weder für Dynamo Dresden, noch irgendein anderes Team.

22. Januar 1981

Ein schwarzer Tag für Dynamo Dresden. Vor der Abreise der DDR-Nationalelf nach Argentinien werden Kotte, Müller und Weber wegen angeblich drohender "Republikflucht" verhaftet und sofort gesperrt. Auf einen Schlag verliert Dynamo seinen besten Verteidiger, seinen besten Mittelfeldspieler und seinen besten Angreifer. Ohne sie und die Dauerverletzten Dörner und Häfner werden die Sachsen nur Vierter, und sind damit so schlecht wie seit 1967 nicht mehr. Lichtblicke sind die Nachwuchskräfte Minge, Lippmann, Pilz und Schülbe, die ins Oberligakollektiv aufrücken und Hoffnung auf bessere Zeiten machen.

19. März 1986

Schon wieder so ein Dynamo-Wechselbad. Im Europapokal der Pokalsieger reisen die Sachsen mit einer beruhigenden 2:0-Hinspielpolster nach Krefeld-Uerdingen, wo sie in den ersten 45 Minuten eine 3:1-Führung herausschießen, die sie praktisch in die nächste Runde bringt. Doch Bayer Uerdingen liefert das Spiel seiner Vereinsge-

Rolff zur Halbzeit mit Armbruch ausscheiden, und sein Vertreter Jens Ramme spielte "unglücklich". Dazu kam - zumindest unterschwellig - die Erinnerung ans Vorjahr, als Dynamo im Viertelfinale gegen Rapid Wien eine 3:0-Hinspielführung vergeigt und mit 0:5 in Wien verloren hatte. Die traumatische Dynamo-Nacht ist aber mit dem Schlußpfiff noch nicht beendet, denn weit nach Mitternacht setzt sich Stürmer Frank Lippmann ab, der daheim wegen eines Verkehrsunfalls unter Alkoholeinfluß Ärger mit der Stasi-Führung hat. Zurück in Dresden bricht Dynamos Fußballwelt endgültig zusammen: Das Trainerduo Klaus Sammer/Dieter Riedel, das am 1. Juli 1983 den nach Eisleben abgeschobenen Gerhard Prautzsch abgelöst (er hatte sich mit der Führung der SV Dynamo angelegt) und mit Akteuren wie Stübner, Döschner, Kirsten, Matthias Sammer und Gütschow zweimal den Pokal gewonnen hatte ('84, '85), muß gehen, die Libero-Legende "Dixie" Dörner wird auf den Posten des Juniorentrainers abgeschoben, und Klubvorsitzender Horst Arlt wird von Alfons Saupe abgelöst.

5. April 1989

Die "harte Welle" wirkt. Das neue Führungsduo um Trainer Eduard "Ede" Geyer und den Vorsitzenden Alfons Saupe setzt auf Autorität und eisernen Besen - und erntet Erfolg. Zum ersten Mal in der Vereinsgeschichte befindet sich Dynamo Dresden unter den letzten vier im UEFA-Cup. Gegner im Halbfinale ist der VfB Stuttgart, gegen den die Sachsen um Dörner-Nachfolger Frank Lieberam und Torhüter Ronny Teuber nur knapp mit 0:1 im Neckarstadion verlieren. Das Rückspiel wird überschattet von einem Karten-Vorverkaufschaos, das drei Schwer- und hundert Leichtverletzte fordert und endet mit einem für Stuttgart schmeichelhaften 1:1, das Dynamo um die Finalteilnahme bringt. Vier Wochen später herrscht wieder Sonnenschein im Dynamo-Stadion: Dreimal Gütschow und je einmal Kirsten und Stübner haben einen 5:0-Sieg über Union Berlin herausgeschossen, der die schier unendliche Titelserie des BFC Dynamo endlich bricht und Dynamo Dres-

Spielklassen	
1963/64	DDR-Liga, Staffel 1
1964/65 – 1967/68	DDR-Oberliga
1968/69	DDR-Liga, Staffel 1
1969/70 – 1990/91	DDR-Oberliga (Oberliga Nordost)
1991/92 – 1994/95	1. Bundesliga
seit 1994/95	Regionalliga Nordost
seit 1995/96	Regionalliga Nordost

schichte und wandelt den Rückstand binnen dreißig Minuten in einen 7:3-Sieg um, der die Krefelder ins Halbfinale bringt und Dynamo Dresden zum Gespött Fußball-Europas macht. Die Gründe sind zahlreich: Ralf Minge, der wegen Zehenbruchs fünf Wochen nicht gespielt hatte, war auf dem ungewohnten Vorstopperposten völlig überfordert, Torhüter Jakubowski mußte nach einem Ellbogencheck von Wolfgang

den Meisterschaft Nummer 7 einbringt. Vom ersten Spieltag an haben die Sachsen die Tabelle angeführt und verfügen am Ende über einen Vorsprung von acht Zählern. Dynamo Dresden ist ein in der ganzen Republik geliebter Meister - nicht nur wegen der Konkurrenz zum verhaßten BFC.

29. Mai 1990

Rund sieben Monate nach der "Wende" bricht auch bei Dynamo ein neues Zeitalter an. Tags zuvor ist der "1. Fußball-Club Dynamo Dresden e.V." als Rechtsnachfolger der SG Dynamo gegründet worden, dessen Vorsitz der Radeberger HiFi-Händler Wolf-Rüdiger Ziegenbalg übernimmt. Der bereits unter seinem Vorgänger Saupe eingeleitete Niedergang des Traditionsklubs wird nun beschleunigt. Zwar gewinnt Dynamo am Saisonende zum achten Mal die Meisterschaft, doch anschließend blutet der Klub völlig aus. Sammer, Kirsten, Pilz, Trautmann und Döschner gehen in den "Westen", wobei die Dresdner sich mit lächerlichen Summen abspeisen lassen. Für Shootingstar Matthias Sammer beispielsweise kassieren sie lediglich 2,2 Mio. DM sowie einen Mannschaftsbus, dessen monatliche Leasingrate von 7.700 DM die Stuttgarter freundlichst übernehmen. Das Vertragswerk enthält noch nicht einmal die branchenübliche Klausel für eine Beteiligung der Dresdner im Falle des Wechsels von Sammer ins Ausland. Für das Trio Pilz, Trautmann und Döschner kassiert man 513.000 Mark – ein halbes Jahr später kosten allein die bei Fortuna Köln gescheiterten Rückkehrer Pilz und Trautmann Dynamo rund 630.000 Mark. Derweil soll Trainer Häfner mit mäßigem

Ulf Kirsten begann seine Karriere bei Dynamo Dresden

(aber teurem) Ersatz - Lux aus Braunschweig, Allievi aus Kaiserslautern und Scholz von Lok Leipzig – den Sprung in die gesamtdeutsche Bundesliga schaffen.

17. Mai 1991

Sieben Minuten vor Schluß der Begegnung bei Lok Leipzig springen Gütschow und Minge Schulter an Schulter in den Leipziger Abendhimmel, erwischen den von Steffen Büttner geflankten Ball und bugsieren ihn mehr oder weniger gemeinsam zum Siegtor ins Leipziger Gehäuse. Dynamo gewinnt mit 2:1 und steht als einer von zwei Qualifikanten in die vereinte 1. Bundesliga fest. Held der Fans ist Torsten Gütschow, der mit 20 Saisontoren fast die Hälfte aller Treffer (48) erzielte und damit den Grundstein zur Bundesliga-Qualifikation legte.

9. Mai 1992

Trotz einer 0:1-Niederlage in Bochum wird bei Dynamo gefeiert: Der Klassenerhalt ist geschafft. Doch es war ein Jahr, in dem die Fans leiden mußten. Kurz vor Saisonbeginn war Trainer Häfner, der Dynamo in die Bundesliga geführt hatte, überraschend gegen Helmut Schulte ausgetauscht worden, unter dem man am dritten Spieltag mit einem 2:1 über Eintracht Frankfurt den ersten Saisonsieg feierte. Zwei Monate später verabschiedete sich Geschäftsführer Ralf Minge wegen "der monatelangen Querelen im Umfeld", derweil Nachfolger Manfred Kluge einen Vertrag mit der Saarbrücker Marketingfirma Sorad unterzeichnete, der zum Bumerang werden sollte. Finanziell ging es Dynamo dreckig. Zum 31. Dezember 1991, so stellte ein unabhängiger Wirtschaftsprüfer fest, wies der Klub eine Deckungslücke von rund 7,5 Mio. Mark auf.

Die Reihe der Hiobsbotschaften riß auch im neuen Jahr nicht ab, denn im Januar wurde Publikumsliebling und Torjäger Gütschow - wie neun weitere Dynamo-Akteure - als Stasi-Mitarbeiter enttarnt.

29. Oktober 1992

Präsident Ziegenbalg legt beim DFB per Selbstanzeige Unregelmäßigkeiten in der Dynamo-Führung sowie der Zusammenarbeit mit Sorad offen. Der Klub hat inzwischen rund 14 Mio. Mark Schulden und ist praktisch zahlungsunfähig. Ex-Partner Sorad schuldet ihm rund 2 Mio. Mark, gegen den im September 1992 zurückgetretenen Geschäftsführer Kluge läuft eine anonyme Anzeige wegen Steuerhinterziehung, Betrug, Unterschlagung und Untreue. Trotz der Umstände sichert sich das nunmehr von Klaus Sammer trainierte Team Platz 14 und verbleibt in der Bundesliga.

21. Januar 1993

Das Aus scheint abgewendet. Der hessische Bauunternehmer Rolf-Jürgen Otto wird neuer Präsident und kündigt rosige Zeiten an. Einziges Problem: Gegen den Pralinen-Liebhaber, der Dynamo im November 1992 nach einer von Sorad veranlaßten Kontensperrung mit einem zinslosen Darlehen von 1,1 Mio. Mark die Zahlungsfähigkeit erhalten und wenig später mit Wolfgang Loos auf eigene Kosten einen Geschäftsführer eingestellt hatte, laufen Ermittlungsverfahren wegen ungeklärter "Aktivitäten" in der Vergangenheit.

12. Mai 1993

Der DFB bestraft Dynamo wegen "Erschleichung der Lizenz für die Saison 92/93" mit einem Abzug von vier Punkten und einer Geldbuße von 400.000 Mark. Dynamo hat Glück im Unglück, denn eigentlich wollte der DFB die Schwarz-Gelben aus dem Oberhaus werfen. In letzter Sekunde konnte Präsident Otto dies mit einem theaterreifen Auftritt in der DFB-Zentrale verhindern und wird nun von den Fans als "Retter" gefeiert. Otto verkündet außerdem, er habe "die beste Mannschaft zusammengekauft, seit der Klub in der Bundesliga spielt", und daß er Dynamo retten werde. Die finanzielle Situation bei den Sachsen ist völlig undurchsichtig. Zur neuen Saison kommen acht neue Spieler (darunter Torjäger Marschall), und mit Sigi Held der vierte

Trainer im vierten Bundesligajahr. Zickler und Melzig gehen.

7. Mai 1994

Trotz des Punktabzuges belegt Dynamo mit Platz 13 die beste Plazierung seiner Bundesligageschichte. Zehn Siege und 14 Unentschieden sorgen ungeachtet des schwachen Sturms (nur 33 Tore) für den nicht unbedingt erwarteten Klassenerhalt. Finanziell ist der Klub dagegen mausetot. Otto liefert gemeinsam mit seinem Freund und Marketingexperten Willy Konrad – 1971 mit Offenbach in den Bundesligaskandal verwickelt – ein Schmierenstück par excellence. Die beiden schließen dubiose und teure Beraterverträge ab – zum Teil sogar mit sich selbst – und schieben und täuschen gleich auf mehreren Ebenen. Finanziert werden ihre Aktivitäten durch Spielerverkäufe. Nach Stevic und Nowak geht auch Torjäger Marschall. Die Stimmung der Fans schlägt um. Nun ist Otto der Buhmann.

12. Mai 1995

Schluß, aus, vorbei. Nach der 1:3-Niederlage in Uerdingen ist das personell geschwächte Dynamo-Team sportlich abgestiegen. Angesichts von 18 Mio. Mark Schulden verweigert der DFB dem Klub zehn Tage später die Zweitliga-Lizenz und verbannt ihn in die Regionalliga; Präsident Otto tritt zurück und wandert wenig später in den Knast. Nachfolger Ex-Flügelstürmer Riedel gelingt es, zumindest den Konkurs abzuwenden. Der sportliche Zerfall jedoch ist nicht zu verhindern. Der Kader strebt in alle Himmelsrichtungen, und mit dem eilig zusammengesuchten Ersatz kann in der Regionalliga trotz zweitligareifer Entlohnung nur Platz 4 erreicht werden.

30. Januar 1999

Acht Meisterschaften, sieben Pokalsiege, 35 Auswahlspieler mit insgesamt 727 Einsätzen, über 22 Mio. Zuschauer zwischen 1950 und 1995 – rein statistisch betrachtet zählt Dynamo Dresden noch immer zu den großen im Lande. Doch die Gegenwart ist düster. Die Finanzsituation erlaubt den Sachsen keine großen Sprünge mehr, sportlich sind sie vom Ziel 2. Bundesliga weit entfernt und der Ruf ist ruiniert. Nach der 1:3-Niederlage beim VFC Plauen droht sogar der Sturz in die Viertklassigkeit.

Hardy Grüne

Fortuna Düsseldorf

In den Straßen Düsseldorfs werden den Verkäufern die Sonntagszeitungen mit Berichten vom ersten Spieltag der neuen Bundesliga regelrecht aus den Händen gerissen. Doch nicht weit entfernt stehen elf Männer in roten Hemden und Hosen zusammen mit 16.000 Schlachtenbummlern fassungslos auf dem Rasen und den Rängen des Rheinstadions im Stadtteil Stockum.

Von Barcelona bis Teveren – ein Altmeister zwischen Kult und Kummer

An diesem 25. August 1963 schwenken sie verbissen ihre rot-weißen Fahnen, doch in ihren Gesichtern ist Verbitterung, Zorn und ein bißchen Traurigkeit zu lesen.

Der Düsseldorfer Turn- und Sportverein Fortuna e.V. von 1895, Deutscher Meister von 1933, viermaliger Pokalfinalist, sollte nicht die Rote Erde betreten, kein Gras an der Grünwalder Straße fressen, keinen Geißbock in Köln-Müngersdorf füttern dürfen.

Fortuna Düsseldorf, der Verein, der 1963 immer noch mit Paul Janes den Rekord-Nationalspieler stellte, mußte statt dessen zu Fußball-Tempeln wie der "Katzenbusch-Kampfbahn" nach Herten, dem "Jahnstadion" nach Bottrop oder der "Kampfbahn Schwansbell" nach Lünen reisen. Und wer weiß? Vielleicht war auch Fortunas linker Läufer, Hermann Straschitz, an diesem Sonntag beim Spiel gegen Schwarz-Weiß Essen mit seinen Gedanken in der ersten Liga, als er in der 5. Minute einen Foulelfmeter neben das Tor schoß.

Fortuna? Ein sicherer Bundesliga-Kandidat! Vor der Saison noch verbreiteten die ächzenden Tribünen am traditionsreichen Flinger Broich unverhohlenen Optimismus: "Was sollte schon schiefgehen mit der Bundesliga-Qualifikation?" Immerhin stand das Team 1962 noch im Pokalfinale: "Fortuna – ein sicherer Kandidat!" Über die Rechenschieberei des DFB ist viel philosophiert worden. Und auch der DFB gestand ein:

Bundesligabilanz	
Bundesligajahre:	1966/67, 71/72-86/87, 89/90-91/92, 95/96-96/97
Gesamt:	22 Jahre
Beste Plazierung:	Platz 3 (1972/73, 1973/74)
Ewige Tabelle:	Platz 14, 752 Spiele, 238 Siege, 206 Unentschieden, 308 Niederlagen, 1121:1329 Tore, 920 Punkte
Ø Plazierung:	Platz 11,64
Top-Spieler:	Gerd Zewe (440), Josef Weikl (303), Heiner Baltes (279), Wolfgang Seel (274), Egon Köhnen (272)
Top-Torjäger:	Klaus Allofs (71), Reiner Geye (66), Wolfgang Seel (59), Thomas Allofs (57), Günter Thiele (44)

"Es gibt Härtefälle." Doch Fortuna hatte sich selbst ein Bein gestellt. Denn in der wichtigen Abschlußsaison gab es nur den 13. Platz in der traditionell starken Oberliga West. Vier Heimniederlagen, Führungsschwäche im Vorstand und spielerische Disziplinlosigkeit kosteten die Mannschaft um den damaligen Trainer Jupp Derwall die sicher geglaubte Qualifikation.

Obwohl es in der ganzen Republik Stimmen pro Fortuna gab, so hörte der aufmerksame Beobachter aus einigen Düsseldorfer Gassen und Kneipen in der berühmten Altstadt auch andere Töne: "Das gibt sowieso nichts mit denen." "Wenn es drauf ankommt, versagen die doch immer." So ist er, der Düsseldorfer: Noch ein Jahr vorher hatten Tausende in den Straßen der Altstadt der Mannschaft trotz der Pokalniederlage zugejubelt. Besonders Mittelstürmer Peter Meyer begeisterte mit seinem Ritt auf einem weißen Schimmel. Die Stadt würdigte jeden Spieler mit dem literarischen Klassiker "Das neue Düsseldorf". Und jetzt hatten es dieselben Menschen damals schon gewußt: "Das gibt sowieso nichts mit denen."

In ihrem tiefen Inneren lieben die Düsseldorfer "ihre" Fortuna. Nach außen hin zeigen sie das aber nur, wenn der wirklich große Erfolg da ist. Sonst genieren sie sich regelrecht. Da ist der Düsseldorfer ganz der Snob, den man ihm immer wieder nachsagt. Das ist das "Fortuna-/Mc-Donald's-Syndrom": Viele mögen das Objekt mit dem Großbuchstaben im Logo, aber nur wenige geben es offen zu. In den erfolgreichen Oberliga-Jahren der Fünfziger pilgerten durchschnittlich fast 20.000 Zuschauer ins Rheinstadion. Zum ersten Spiel der Regionalliga 63/64 nach der verpaßten Bundesliga-Qualifikation verlor sich dagegen nur die Hälfte im weiten Rund. Diejenigen, die wieder einmal nicht kamen, verpaßten ein sagenhaftes 8:5 gegen Rot-Weiß Oberhausen. Bei Fortuna gibt es eben immer wieder etwas zu sehen ...

Endlich der Aufstieg

... und zu schreiben. Es dauerte drei Jahre, bis auch das Grün des Rheinstadions Erstliga-Stollen spüren durfte. Zum entscheidenden Aufstiegsspiel bei den Offenbacher Kickers bestiegen 13.000 Fortuna-Fans den Bieberer Berg. Die Mannschaft von Trainer Kuno Klötzer enttäuschte den Anhang nicht. Nachdem sie schon vor der Partie rot-weiße

Kämpft auch 1999 noch für die Düsseldorfer Fortuna: Harald Katemann

Trotz Traumstart – hier jubeln Torhüter Schwarzbach und Mittelläufer Biskup über ein 2:1 über Dortmund – mußte die Fortuna 1967 nach nur zwölf Monaten wieder absteigen

Nelken von den Hessen überreicht bekam, bedankte sie sich auf ihre Weise: Bereits zur Pause führte sie durch zwei Tore des überragenden Mittelstürmers "Pitter" Meyer und eines von Waldemar Gerhardt mit 3:0. Am Ende hieß es 5:1, und die »Düsseldorfer Nachrichten« schrieben über Tore, die man "tatsächlich nicht alle Tage erlebt". Darunter war auch ein Handelfmeter, da der Offenbacher Weilbächer in Torwartmanier einen Ball von der Linie gekratzt hatte. Nach dem Spiel, so behaupten Augenzeugen heute noch, hätten zwei schwarze gefüllte Koffer in der Offenbacher Kabine gestanden. Ihre Herkunft blieb ungeklärt ...

Fortuna war also in der ersten Liga. "Endlich" – das hörte man nun einmal wieder aus ganz Düsseldorf. Am ersten Spieltag stand gleich die unlösbare Aufgabe beim amtierenden Europacupsieger Borussia Dortmund auf dem Spielplan:

Die Partie steht 1:1 - noch eine Minute zu spielen. Als Meyer in der 89. Minute den Ball bekommt, da denkt er nicht viel nach: "Ich wußte nich', wohin mit der Pille. Da hab ich einfach draufgehalten." – TOR!!! Fortuna gewann 2:1, über Düsseldorf lachte die Sonne und über Dortmund ganz Fußball-Deutschland. Zum folgenden Heimspiel gegen Bayern München war das Rheinstadion randvoll: 45.000 Zuschauer. Beim letzten Saisonauftritt in Düsseldorf nur neun Monate später verweigerten sich davon 37.000 ihrer Fortuna. Dazwischen lagen Demütigungen wie das 0:5 im Rückspiel gegen den BVB und eine Serie von elf sieglosen Spielen.

Abstieg - Fortuna war wieder zweitklassig. Mangelnde Professionalität und spielerische Defizite vor allem der Torhüter, Dirk Krüssenberg und Helmar Schwarzbach – das bedeutete am Ende Rang 17. Wieder Neuaufbau, wieder verlorenen Kredit zurückgewinnen, wieder Geduld haben.

Von heimlichen und unheimlichen Fans

Vielleicht ist es auch das, was einen Teil des hohen Anspruchsdenkens des Fortuna-Anhangs begründet: die vielen Geduldsproben in der langen Vereinsgeschichte seit 1895. Seit weit mehr als 60 Jahren warten die treuen und die "heimlichen" Fans auf die zweite Deutsche Meisterschaft. Und jetzt, da die Spitze des deutschen Fußballs schier davongaloppiert ist, nur davon zu träumen, ist völlig größenwahnsinnig und absurd. Das wissen sie. Dennoch gibt es einige ganz treue Hardliner, die das in völliger Abgeschiedenheit, Hingabe und Apathie tun. Diese Gedanken schnellen in ihnen hoch, wenn sie an einem Freitagabend von einem verlorenen Zweitligaspiel beim FC St. Pauli völlig durchnässt und halb erfroren ihren Wagen auf die A1 lenken und

---

1. Spieltag Saison 1963/64
Regionalliga West, 4. August 1963, 6.000 Zuschauer, TSV Marl-Hüls – Fortuna 0:0 - Albert Görtz, Hans Klessa, Horst Zimmermann, Karl Hoffmann, Franz-Josef Wolfframm, Manfred Krafft, Bernhard Steffen, Horst Haefner, Peter Meyer, Hilmar Hoffer, Reinhold Straus

19. Spieltag Saison 1998/99
2. Bundesliga, 20. Dezember 1998, 7.000 Zuschauer, FC Gütersloh - Fortuna 2:2 - Frank Juric, Daniel Addo, Pawel Bocian (15. Christian Beeck), Jörg Bach (70. Harald Katemann), Ganiyu Shittu (82. Nelson Pizarro), Rudi Istenic, Ionel Pirvu, Thorsten Nehrbauer, Igor Dobrowolski, Marek Lesniak, Igli Tare - Tore: 0:1 Dobrowolski (42.), 1:2 Istenic (79.)

- *sich fragen: "Warum? Warum tue ich das? Warum liebe ich ausgerechnet diesen Verein?" Eine rationale Antwort könnte hier kein Psychologe, sondern nur ein wirklicher Fußball-Fan geben.*
- Doch zurück zu den Geduldsproben: 41

Jahre dauerte es, bis auf fünf Niederlagen im Tschammer-/DFB-Pokalfinale endlich der erste Sieg folgte. Daß daraus gleich ein Doppelpack mit den Siegen 1979 und 1980 wurde, ist völlig fortuna-untypisch. Seit 1981 warten die treuen Fortuna-Fans auf den nächsten internationalen Auftritt ihres Vereins. Selbst mit einem trostlosen UI-Cup-Kick in einem abgelegenen finnischen Bergdorf knapp unterhalb der Schneegrenze inmitten von Elchen, Kühen und Nadelhölzern würden sich viele von ihnen heute begnügen. Die Ansprüche sind aber nur bei den rund 6.000 Anhängern gesunken, die heute den festen Kern bilden und bei wirklich jedem Spiel ins Rheinstadion kommen.

Diejenigen, die lieber in ihrer warmen Düsseldorfer Drei-Zimmer-Wohnung bleiben, sind vielleicht auch nur erfolgsverwöhnt. Denn als die Fortuna 1971 sich wieder in die Erste Bundesliga gekämpft hatte, da feierte sie auf einmal Triumphe. Der Trainer hieß Heinz Lucas, und die neuen Stars waren Reiner Geye, Dieter Herzog, Egon Köhnen, Heiner Baltes und Werner Lungwitz, zwei Verteidiger, von denen der Kabarettist Dieter Nuhr (auch ein erklärter Fortuna-Fan) einmal behauptete, ihre "sprichwörtliche Fairneß" beschränke sich darauf, "die Gliedmaßen des Gegners nicht schon auf dem Feld zu amputieren." Im ersten Jahr nach dem Wiederaufstieg gelang als Tabellendreizehnter der Klassenerhalt, doch dann staunte die Fachwelt plötzlich.

Die "neue" Fortuna, Teil 1

Erstmals seit mehr als zehn Jahren (genauer seit dem Pokalfinale 1962) sprach ganz Deutschland von der "neuen" Fortuna. Denn auf einmal zauberte die Mannschaft. Vielleicht lag das an den rot-weiß längsgestreiften Trikots, die an alte Zeiten erinnerten. Ein ähnliches Sieger-Outfit schmückte schließlich auch die legendäre "Ur"-Mannschaft Fortunas, die in ihrer ersten Spielzeit 1913/14 im Westdeutschen Fußballverband mit 79 Toren den gegnerischen Abwehrreihen das Fürchten lehrte. Damals hieß der Verein noch "Düsseldorfer Fußballklub Fortuna 1911", und die legendären Torhüter Karl Borgardt und Franke mußten gerade dreizehn Mal den Ball aus dem Netz holen.

Aber zurück zu den Siebzigern, zurück zu "Fortuna 95": Unvergessen sind allen Anhängern drei Tage im Oktober 1972. Am vierten muß die Elf von Trainer Lucas zunächst zum Erzrivalen an den Bökelberg. Und tatsächlich gelingt die Überraschung, die später nicht mehr als solche gelten sollte. Fortuna wiederholt den Vorjahrestriumph und gewinnt erneut, diesmal 3:2 durch Tore von Geye, Hesse und Köhnen. Und es spricht nicht für die Gladbacher Stürmer, wenn zwei der drei Tore durch Defensivspieler erzielt werden. Drei Tage später, am Samstag dem 7. Oktober, liegen in Flingern vor dem Spiel gegen den VfB Stuttgart die Entschuldigungen für eine mäßige Leistung schon in der Schublade: zwei Spiele in drei Tagen usw. Aber wieder bleibt Fortuna unberechenbar: 6:1 - Tabellenplatz zwei hinter den Bayern. Die Fans träumen von der Deutschen Meisterschaft und dichten:

Bayern München ohne Zweifel

Das ist die Elf der Stunde

Denn Maier, Beckenbauer und Müller

Die sind in aller Munde.

Gladbach hat 'nen Günter Netzer

Der 1. FC Köln den Overath

Was sollen wir mit solchen Sternen?

Fortuna ist auch so auf Draht.

Einer der Düsseldorfer Erfolgsgaranten war Reiner Geye, hier im Zweikampf mit Erwin Kremers

In der Tat beeindruckte der Altmeister durch seine mannschaftliche Geschlossenheit. "Natürlich" – so möchte man sagen - gelang es Fortuna nicht, die Bayern zu übertrumpfen. Zu viele Unentschieden gerade gegen Vereine aus der unteren Tabellenregion sowie unnötige Niederlagen gegen Fast-Absteiger wie Schalke, den HSV und Hannover 96 machten den Traum zunichte. Aber ein dritter Platz war doch auch nicht schlecht. Immerhin hatten Geye & Co. eine Serie von zehn Spielen ohne Niederlagen hingelegt. "Ja, ja" entgegneten die chronischen Nörgler, "es gab aber auch jeweils fünf und sieben Spiele in Folge ohne doppelten Punktgewinn!" Fortuna – der Alptraum aller Tototipper.

Zum ersten Mal jedenfalls durfte Fortuna Europacupluft schnuppern. Die Dreifachbelastung des kommenden Jahres mit internationalen und nationalen Auftritten in Meisterschaft und DFB-Pokal steckte die Mannschaft relativ locker weg: Platz drei in der Liga, im UEFA-Cup bis ins Achtelfinale, im DFB-Pokal das Aus in Runde eins, allerdings erst im Elfmeterschießen gegen

	Spielklassen
1963/64 – 65/66	Regionalliga West
1966/67	1. Bundesliga
1967/68 – 70/71	Regionalliga West
1971/72 – 86/87	1. Bundesliga
1987/88 – 88/89	2. Bundesliga
1989/90 – 91/92	1. Bundesliga
1992/93	2. Bundesliga
1994/94	Amateur-Oberliga Nordrhein
1994/95	2. Bundesliga
1995/96 – 96/97	1. Bundesliga
seit 1997/98	2. Bundesliga

Hertha BSC.
Nun glaubte ganz Düsseldorf natürlich (!) an die Meisterschaft. Doch die Siebziger waren die Ära der Bayern und Gladbacher. Das hatte der rot-weiße Flinger Broich in offener Selbstüberschätzung nicht erkennen wollen. Trainer Lucas wurden Probleme mit einigen Spielern nachgesagt, er wechselte zu 1860 München. Die Folge: Mittelmaß!

Mittelmaß und leere Ränge

Das wollen die Düsseldorfer nicht sehen, also kamen selten mehr als 15.000 Zuschauer zu den Heimspielen. Der siechende Niedergang begann bereits hier. In der Bundesliga sorgte Fortuna Düsseldorf seitdem nur noch selten für wirkliche, wenn überhaupt meist kurzzeitige Furore. Unter Trainer Dietrich Weise erreichte ein neu formiertes Team um den neuen Stern Klaus Allofs und den damals besten Libero Deutschlands, Gerd Zewe, 1978 Rang fünf. Auf den UEFA-Cup konnten die dennoch einsamen Fans im leeren Rheinstadion verzichten. Denn als "Lucky Looser" profitierten sie ausgerechnet vom Double des ungeliebten Kölner FC. Das machte eine Niederlage im Pokalfinale, die insgesamt fünfte, erträglich.

Das Zauberwort "Basel"

Trotz eines inzwischen legendären 7:1-Sieges gegen die Bayern am 9.12.1978 herrschte zu oft Tristesse in der Meisterschaft. Euphorie dagegen im Europacup der Pokalsieger: Jedes Spiel ein einzigartiger Kampf, jedes Tor eine Befreiung. Am 16. Mai 1979 um 19.15 Uhr im Basler St. Jakob-Stadion war ein Wunder Realität geworden. Fortuna stand im Finale, Gegner war der große FC Barcelona. In diesem Moment standen beide Teams tatsächlich auf einer Stufe. Und doch war eine Spur von Respekt zu spüren, besonders auf den Rängen: "Jungens, wir sind bei Euch!" war da zu lesen. Das galt für 10.000 mitgereiste Fans. Und dieser Spruch ist, wenn man ganz genau hinhört, noch heute manchmal zu hören, wenn gerade einmal 30 Fortuna-Anhänger die Rot-Weißen bei einem Freitags-Auswärtsspiel in dichtem Schneetreiben in Cottbus oder Leipzig unterstützen.

Das Finale ging 3:4 verloren, und seitdem macht das geflügelte Wort "Basel" in Düsseldorfs Kreisen die Runde: "Warst Du dabei?" – "Wie war das damals?" Getragen von der Basel-Euphorie folgte nur fünf Wochen später gegen Hertha BSC Berlin endlich der erste DFB-Pokalsieg im sechsten Anlauf. Wolfgang Seel hieß der Held, der das goldene Tor in der Verlängerung erzielte. Im nächsten Jahr wiederholte das nahezu identische Team mit neuem Trainer (Tippenhauer machte für Rehhagel Platz) gegen vertraute Gegner aus Köln den Erfolg. Das war es!

Seit 1980 wartet ganz Düsseldorf darauf, daß die Fortuna den Anschluß an die Spitze des deutschen Fußballs schafft. Natürlich gab es – wie bei jedem Verein - gelegentliche Lichtblicke: etwa zwei Wochen in der Spielzeit 1983/84, in der jeweils 60.000 Fans ein 4:1 gegen Mönchengladbach und die übermächtigen Bayern feierten. Die Konsequenz der Euphorie: Überheblichkeit und Arroganz. Der Abstieg wurde knapp verhindert! Ein Lichtblick war auch der erste Spieltag der Saison 1985/86: 4:1 gegen Waldhof Mannheim – Tabellenführung. Es sollte die vorläufig letzte in der 1. Bundesliga werden.

König Aleks, Teil 1 + 2

Finanznöte, verursacht durch Mißwirtschaft und geringe Zuschauerresonanz, ließen viele Stars gehen: so die Allofs-Brüder, Rudi

Bommer und Publikumsliebling Günter Thiele. Das war der Anfang vom Abstieg. 1987 gab es "endlich" die langerwartete Erlösung: Abstieg - die Chance zur Regeneration und zum Neuaufbau. "Heilsbringer" Aleksandar Ristic, Lehrling von Branko Zebec und Ernst Happel, schaffte die Wende.

Als er drei Jahre später auf eigenen Wunsch den Verein verließ, visierte die Fortuna tatsächlich wieder den UEFA-Cup an. Was dann folgte, verblüfft Fußball-Fachleute in aller Welt heute noch. In zweieinhalb Jahren rissen selbsternannte Experten der sportlichen Leitung, im Management, im

Tiefpunkt der jüngeren Fortuna-Geschichte

109

Präsidium sowie nicht bundesligataugliche Spieler von den Ersatzbänken der Großen alles das nieder, was "König Aleks" mühselig aufgebaut hatte: Im Fallschirm ohne Reißleine von der ersten in die dritte Liga!

Nur ein Jahr dauerte die kultige "Über-die-Dörfer-Tour" durch die Niederungen der Amateur-Oberliga Nordrhein. Ristic war längst wieder bei Fortuna und ließ sich auch durch die legendären Ereignisse des 30.10.1993 nicht verunsichern. Damals verloren die "Bayern der Oberliga" in einem 2000-Seelen-Nest namens Teveren, das weder Bahnhof noch Respekt vor einem Altmeister hatte, mit 0:3. Die Anhänger der dortigen Germania machen sich seitdem einen Spaß daraus, grinsend in ihren blau-gelben Trikots über die Kö zu laufen.

Unter Aleks Ristic gelang der Fortuna der Durchmarsch bis in die 1. Bundesliga. Die Mannschaft spielte zwar nicht schön, aber erfolgreich. Seit Rudi "Riegel" Gutendorf hatte die Bundesliga nicht mehr soviel Beton auf dem Rasen gesehen. Man muß nur die Anhänger des VfB Stuttgart fragen, die Ristic' Truppe damals in einem halben Jahr mit zwei Heimniederlagen um den Verstand brachte. Damals kam das Eckenverhältnis zu Ungunsten der Düsseldorfer der Wahrscheinlichkeit eines Lotto-Sechsers verdächtig nahe. Doch auch der Ristic-Bonus war schnell aufgebraucht. Übertriebene Provokationen, verbale Entgleisungen und mangelnder Erfolg machten ihn als Trainer nicht länger tragbar. Nach über vier Jahren endete seine zweite Ära.

Die "neue" Fortuna, Teil 2?

Fortuna stieg dennoch ab und steht heute – rund zwanzig Jahre nach Basel – nicht mehr auf einer Stufe mit dem FC Barcelona. Über 60 Jahre nach der Deutschen Meisterschaft spricht keiner in Fußball-Deutschland mehr in einem Atemzuge von Schalke, den Bayern und dem "Düsseldorfer Turn- und Sportverein Fortuna e.V. von 1895". Heute ist der Klub graues Mittelmaß, und wieder hört der Lauscher in der Altstadt Töne einer "neuen" Fortuna und einem neuen Drei-Jahres-Konzept, das bis in den UEFA-Cup führen soll. Ja, so ist er, der Düsseldorfer: stets bescheiden und unaufdringlich...

Gernot Speck

MSV Duisburg

Die Fähigkeit zu leiden ist eine der wichtigsten Prämissen, um ein MSV-Fan zu sein. Nur wer die Trauer um verpaßte Titelchancen miterlebt hat, der kann auch die kleinen Siege angemessen feiern.

Die Erfolgsgeschichte des MSV Duisburg ist gleichzeitig eine Geschichte der Mißerfolge. Immer, wenn sich nach langer Durststrecke mal wieder eine Möglichkeit bietet, einen Titel zu erringen, ist das Glück auf Seiten des Gegners. Die Geschichte des MSV ist auch die Geschichte des ewig Kleinen gegen die Großen, von David gegen Goliath. Eine Geschichte, ohne die Fußball nur halb so schön wäre. Im Mai 1998 sollte diese Konstellation Duisburg seltene Aufmerksamkeit bringen. Die Zebras standen im Pokalfinale dem großen, ungeliebten FC Bayern gegenüber. Graue Maus gegen Rekordmeister, "kleiner Krauter" gegen Marktführer. In der Zuschauerstatistik rangiert der MSV unter den Letzten. Auch auswärts ziehen die Zebras die Zuschauermassen nicht gerade an. Gegen die Bayern, die traditionell die Fußballanhänger in zwei Lager spalten, waren dem MSV die Sympathien sicher. Kein nationales Spiel eignet sich so zur Polarisierung wie das Pokalfinale.

Duisburg war im Fußballfieber. Vergessen all die "grottenschlechten" Spiele, bei denen man Punkte nahezu verschenkt hatte. Am Saisonende stand der neunte Platz, und mit Erreichen des Pokalfinales hatte man sich durch Bayerns Vizemeisterschaft bereits für den Europapokal qualifiziert - auch im Falle einer Niederlage. Enthusiasmus, verbunden mit der üblichen Duisburger Trotzigkeit, verbreitete sich in der ganzen Stadt. So wie das Leiden zum Fan-Dasein gehört, ist der Trotz eine Möglichkeit, dem Rest der Welt ein Wir-Gefühl zu zeigen, das im Ruhrgebiet weit verbreitet ist. Da geht es nicht um Sport, es geht darum, eine Stadt zu verteidigen, die nach außen ein schlechtes

Im Schatten der Großen

Bundesligabilanz	
Bundesligajahre:	1963/64-81/82, 1991/92, 1993/94-94/95, seit 96/97
Gesamt:	24 Jahre
Beste Plazierung:	Platz 2 (1963/64)
Ewige Tabelle:	Platz 12, 812 Spiele, 266 Siege, 222 Unentschieden, 324 Niederlagen, 1136:1286 Tore, 1020 Punkte
Ø Plazierung:	Platz 11,1
Top-Spieler:	Michael Bella (405), Bernard Dietz (394), Detlef Pirsig (336), Rudolf Seliger (288), Hartmut Heidemann (262)
Top-Torjäger:	Ronald Worm (71), Bernard Dietz (70), Rudolf Seliger (65), Herbert Büssers (52), Rainer Budde (49)

Image hat. Hohe Arbeitslosigkeit, Industrie und Luftverschmutzung, heruntergekommene Stadtgebiete, keine großstädtische Atmosphäre - die Liste der abstoßenden Klischees ist lang. Wer würde schon freiwillig nach Duisburg ziehen? Die Stadt gilt als eine der unattraktivsten in ganz Deutschland. Glanz und Glamour finden woanders statt. Und auch der Verein aus dem Stadtteil Meiderich hat davon nicht viel zu bieten. Beim MSV wird Fußball gearbeitet, der Kampf bestimmt das Spiel.

Die Zuschauer sind traditionell eher kritisch eingestellt. Die Suche nach Sündenböcken, die für die gesamte Mannschaftsleistung verantwortlich gemacht werden, hat es im Wedaustadion immer gegeben. Nicht selten gibt es schon Mitte der 1. Halbzeit bei einem torlosen Spiel Pfiffe. In Verkennung des spielerischen Potentials herrscht in Duisburg die Meinung, wenn man schon zu einem Bundesligaspiel geht, dann will man wenigstens etwas sehen für sein Geld. So ist das heimische Stadion nur bei Besuchen von Spitzenmannschaften oder Revierrivalen gut besucht. Vor allem Schalke, Dortmund, der linksrheinische Nachbar aus Gladbach, früher noch der 1. FC Köln und eben die überall präsenten Bayern ziehen das Publikum an.

Fußballinteressierte haben es in Duisburg schwer, sich einen Verein zu suchen. Nur wenige Kilometer westlich gibt es mit Schalke 04 den Prototypen des Ruhrgebietsklubs, dessen Mythos durch den UEFA-Cup-Sieg 1997 noch verstärkt wurde. Linksrheinisch befindet sich die Borussia aus Mönchengladbach. Die legendären Fohlen-Erfolge der 70er ziehen trotz des sportlichen Niedergangs immer noch viele Zuschauer. Nur eine Autostunde südlich hat sich Leverkusen etabliert und am anderen Ende des Ruhrgebiets spielt Borussia Dortmund, die erfolgreichste Mannschaft der 90er.

Die Medienpräsenz durch das Pokalfinale wurde für den MSV zur seltenen Möglichkeit, langfristig mehr Zuschauer für sich zu interessieren. Ganz Duisburg war sich einig. Zuhause vor den Bildschirmen und in der Innenstadt vor der Großbildleinwand wurde ein Fußballfest gefeiert. Als die Duisburger Damen des FC Rumeln im Vorspiel den Pokal holten, stand nicht nur das Olympiastadion Kopf. Jetzt konnte nichts mehr schief gehen. Diesmal mußten die Bayern dran glauben. Hatte man ihnen nicht schon die Meisterschaft beim hart umkämpften 0:0 zu Hause im vorletzten Saisonspiel zunichte gemacht? Mit dieser Leistung sollte der übermächtig scheinende Gegner geschlagen werden.

Die Zebras lieferten ein großes Spiel, gingen durch Salou mit 1:0 in Führung. Mit fortschreitender Spieldauer glaubte auch der letzte Skeptiker an den möglichen Sieg, doch das bittere Ende ließ nicht lange auf sich warten. Baslers Schicksalsschuß kurz vor Schluß beendete alle Träume - typisch Bayern, typisch MSV. Anschließend galt es, zumindest die Euphorie in die neue Saison zu retten. Es wartete der Europapokal. Diese Chance mußte genutzt werden. Aber wie so oft in der MSV-Geschichte folgte auf Hochstimmung Depression. Der Weggang der immens wichtigen Spieler und Publikumslieblinge Salou und Zeyer konnte nicht kompensiert werden. In der Bundesliga ging es nach einem ordentlichen Start langsam bergab, der gute Zuschauerzuspruch pendelte sich nach den ersten Spielen wieder auf für Duisburg normales Niveau ein.

Im Europacup bekam man mit dem belgischen KRC Genk einen schweren Auftaktgegner zugelost. Für das Hinspiel in Duisburg gingen die ersten Karten trotz des vermeintlich unattraktiven Gegners schnell über den Tisch. Ausverkauft war es dann doch nicht, obwohl mehrere tausend belgische Fans anreisten. Das 1:1 wurde vom Publikum sehr kritisch aufgenommen, die guten Belgier unterschätzt. Die Euphorie wich vorsichtiger Hoffnung. Im Brüsseler König Baudouin Stadion konnte man es ja noch richten. Doch was die Mannschaft in Brüssel den vielen mitgereisten Fans bot, war schlichtweg peinlich und zeugte von internationaler Bedeutungslosigkeit. Die Fans nutzten das 0:5, um mit den belgischen Fans zu feiern, so mancher entlud seine Wut allerdings auch in Gewalt. Die Talfahrt setzte sich in der Bundesliga fort, und bald war der MSV wieder dort, wo er für viele hingehört - im Mittelmaß.

Dabei hatte das Abenteuer Bundesliga 1963 für den damals noch „Meidericher Spielverein" genannten Klub gar nicht so schlecht begonnen. An die überraschende Aufnahme in die Eliteliga hatte man sich schnell gewöhnt, auch die Versuche von Alemannia Aachen, auf juristischem Weg den Platz zum eigenen Vorteil streitig zu machen, konnten abgewehrt werden. Schwieriger war es für den Vorortverein allerdings, die Rolle des Groß-Duisburger Fußball-Aushängeschilds zu übernehmen. In der Oberliga war man noch eines von drei Duisburger Teams gewesen - neben Altmeister DSV und Hamborn 07. Außerdem spielte man nun auch nicht mehr an der Westender Straße in Meiderich, sondern im Wedaustadion, dem Duisburger Stadion. Und das erfolgreich. Mit dem neuen Trainer Rudi Gutendorf, dem jüngsten der Liga, und seinem Riegelsystem kamen die Gegner nicht zurecht. Die Rolle der unbekannten Elf wurde genossen. Mit besonders großer Freude wurde der 4:0-Sieg über den HSV aufgenommen, dessen Legende Uwe Seeler den MSV mit "Meiderich, wo liegt das eigentlich?" geärgert hatte. Auch die Zuschauer kamen, der Schnitt von 25.119 ist noch heute Duisburger Rekord. Viele wollten das WM-Idol Helmut Rahn sehen, der trotz seines fortgeschrittenen Alters verpflichtet worden war. Am Ende der ersten Saison stand die Vizemeisterschaft, heute die Berechtigung zur Teilnahme an der Champions League, damals nur ein Achtungserfolg.

So hätte es weiter gehen können. Aber daraus wurde nichts. Schon 1964/65 hatten sich die Gegner auf das Riegelsystem eingestellt, und die Neuzugänge konnten die Erwartungen nicht erfüllen. Zwischenzeitlich fanden sich die Zebras auf dem vorletzten Platz wieder. Am 22. Februar 1965 war Gutendorfs Zeit zu Ende. Willi "Ömmes" Schmidt nahm auf dem Trainerstuhl Platz, am Ende ging mit Platz 7 noch mal alles gut aus. Auch in den nächsten Jahren war mehr als Mittelmaß nicht drin.

1965/66 konnte mit dem Erreichen des Pokalfinales die ansonsten ebenfalls nur durchschnittliche Saison einigermaßen erfolgreich beendet werden, doch blieb dem MSV auch hier wieder nur der Titel des Vize. Die Bayern gewannen mit 4:2. 1966/67 war Meiderich nach der Hinrunde mit Schluß-licht Karlsruhe punktgleich - und stieg am Ende doch nicht ab. 1967/68 gab es einen glänzenden Start (7:1-Punkte), ehe es runter bis auf Platz 13 ging, um am Schluß doch als Siebter die Saison zu beenden.

Zu jenem Zeitpunkt war längst deutlich geworden, daß Bundesligafußball in Duisburg nicht problemlos zu realisieren war. Geld war nur begrenzt verfügbar, und nach der Auftaktsaison waren die Zuschauer auch nicht mehr in Scharen ins Stadion gekommen. Statt erfahrene Bundesligaakteure zu verpflichten, blieb dem MSV Duisburg, wie er sich ab Januar 1967 nannte, nur die Möglichkeit, talentierte Spieler aus unteren Ligen nach Duisburg zu locken und zu hoffen, daß sich einige von ihnen in der Bundesliga etablieren können. Hilfreich war dabei die eigene Jugendarbeit. Schon in der ersten Bundesligasaison waren Spieler wie Eia Krämer und Hartmut Heidemann im Kader, die von Jugend an in Meiderich gespielt hatten. Danach rückten Spieler wie Michael Bella oder Detlef Pirsig nach und wurden Stammspieler. Doch das Loch in der Kasse zwang den MSV immer wieder, Spieler zu verkaufen. Eia Krämer ging 1967 zum HSV, Heinz van Haaren ein Jahr später nach Schalke.

Die Saison 1968/69 begannen die Zebras als Abstiegskandidat, um dann zunächst alle zu überraschen, denn nach 12 Spieltagen standen sie auf Platz 4. Die Herrlichkeit hielt aber nicht lange an. Mit dem zweitschlechtesten Sturm und der zweitbesten Abwehr war am Ende nicht mehr als ein zwölfter Platz drin. Längst hatte man das Image einer grauen Maus. Geld war knapp. Aus dieser Not versuchte man nun eine Tugend zu machen. Die traditionell gute Jugendarbeit sollte endlich auch in der Bundesliga richtig Früchte tragen. Trainer Faßnacht formte aus jungen Nachwuchsleuten und erfahrenen Spielern eine Mannschaft, die sich bestens in der Bundesliga behaupten konnte. Mittelfristig wurde sogar der Meistertitel angestrebt, und Experten trauten dem MSV auch durchaus zu, in den Siebzigern zu den Spitzenmannschaften aufzuschließen. Die Mischung aus jungen, hungrigen Spieler und gestandenen Altprofis galt als zukunftsträchtiges Modell.

Kurzfristig war es auch erfolgreich, denn in den nächsten drei Spielzeiten hatten die Zebras mit dem Abstieg nichts zu tun.

In der Saison 1973/74 gab es aber schon wieder Abstiegskampf. Nach elf Spieltagen am Tabellenende nahm Faßnacht seinen Hut. Assistent Willibert Kremer, bis 1970 selbst für den MSV aktiv, übernahm, konnte zunächst aber nichts verbessern. Gegen spielerisch starke Mannschaften wie Bayern und Mönchengladbach hielten die Zebras großartig dagegen - und verloren. Gegen die Konkurrenten im Abstiegskampf spielten sie schlecht und verloren auch. Erst zum Saisonende verhalfen 9:1-Punkte in Serie zum Klassenerhalt. Nach dieser Saison hatte Klaus Wunder, in den drei vorangegangenen Spielzeiten stärkster MSV-Stürmer, genug. Er wollte nicht mehr dreimal pro Monat verlieren und nahm ein Angebot der Bayern an. Für die seinerzeit hohe Transfersumme von 800.000 DM verließ er Duisburg. Was er nicht mehr miterlebte, war die erste Tabellenführung Duisburgs. Nach Siegen gegen Wuppertal und Schalke er-

bekam man von der mit 1:0 siegreichen Frankfurter Eintracht deren UEFA-Cup-Platz.

Für die Saison 1975/76 hatte der MSV-Vorstand große Pläne. Man nahm Kontakt zum in Barcelona gekündigten Hennes Weisweiler auf und bot „Don Hennes" einen Vertrag an. Weisweiler zeigte sich interessiert. Ihm imponierte die gute Jugendarbeit der Zebras, die in den 70er Jahren drei deutsche Jugendmeisterschaften erbracht hatte. Ex-Schüler Günter Netzer riet ihm, beim MSV zu unterschreiben, zumal seine Arbeitsbedingungen ähnlich wie einst in Gladbach gewesen wären. Doch Weisweiler unterschrieb in Köln und Otto Knefler übernahm den MSV.

Nachdem im ersten Knefler-Jahr noch eine Niederlagenserie zum Saisonende die mögliche Qualifikation für den UEFA-Cup verhindert hatte, qualifizierten sich die Zebras 1978 zum ersten Male aus eigener Kraft für einen europäischen Wettbewerb. Otto Knefler saß da jedoch schon nicht mehr auf der Bank. Nach einem Magendurchbruch war er von Carl-Heinz Rühl abgelöst worden. Am 5. November 1977 gab es eine Begegnung, die als „Jahrhundertspiel" in die Geschichte einging. Gegner waren natürlich die Bayern aus München. Schon in den Jahren zuvor waren sie regelmäßig ohne Punkte aus der Wedau nach Hause gefahren. In München sprach man vom MSV als „Angstgegner". Diesmal führten die Bayern zur Halbzeit mit 2:1, und die 22.000 Zuschauer verabschiedeten ihre Zebras zur Pause mit einem Pfeifkonzert. Schon vier Minuten nach Wiederanpfiff glich Dietz aus. Er hatte sich in der Pause so sehr über die Zuschauer geärgert, daß er in der 2. Halbzeit nicht mehr zu halten war. Nach der erneuten Führung der Bayern erzielte er in der 75. Minute mit einem Alleingang das 3:3 und brachte den MSV zehn Minuten später mit einem Kopfball sogar in Führung. Nach weiteren Treffern von Worm und Stolzenburg siegten die Zebras schließlich mit 6:3. Nicht nur in diesem Spiel hatte Bernard Dietz gezeigt, warum er so wichtig für den MSV war. Mit seinem kämpferischen Einsatz konnte er die ganze Mannschaft mitreißen und war zudem in der Lage, Spiele alleine zu entscheiden. Der "Enatz", das

---

1. Spieltag Saison 1963/64

1. Bundesliga, 24. August 1963, Karlsruher SC - MSV 1:4, 40.000 Zuschauer - Manfred Manglitz, Werner Lotz, Johann Sabath, Johann Cichy, Günter Preuß, Ludwig Nolden, Helmut Rahn, Werner Krämer, Heinz Versteeg, Heinz Höher, Heidemann - Tore: 0:1 Krämer (29.), 0:2 Cichy (33.), 0:3 Rahn (37.), 1:4 Krämer (88.)

18. Spieltag Saison 1998/99

1. Bundesliga, 19. Dezember 1963, Eintracht Frankfurt - MSV 0:0, 17.000 Zuschauer - Gintaras Stauce, Slobodan Komljenovic, Stefan Emmerling, Tomasz Hajto, Carsten Wolters, Stig Töfting, Torsten Wohlert (65. Thomas Hoersen), Jörg Neun, Markus Osthoff (72. Marcus Wedau), Uwe Spies (84. Erik Bo Andersen), Markus Beierle

---

klomm der MSV am 31. August 1974 Platz 1. Doch die Erfolgsserie hielt nicht an, und die Zebras fielen zurück ins Mittelfeld. Im Pokal erreichte der MSV das Finale, wo ihm erneut der Sieg verwehrt blieb. Immerhin

war der ehrliche Arbeiter, den der Duisburger Fan sehen wollte, der sich für "seinen" Verein und für die ganze Stadt die Hacken wund lief. Auf so einen konnte man sich verlassen, mit ihm konnte man sich identifizieren. Dietz war kein Fußballstar mit Allüren, sondern teilte mit den Fans die Liebe zum Verein und war stets publikumsnah. Eine Identifikationsfigur wie Bernard Dietz, der den Verein mit seiner Art repräsentierte, hat es in diesem Maße beim MSV nie wieder gegeben. Zu Recht wurde der Klub seinerzeit oft MSV „Dietzburg" genannt. Der sportlich erfolgreich verlaufenen Saison 1977/78 (Platz 6) stand ein wirtschaftliches Minus von rund 1,4 Mio. Mark gegenüber, woraufhin der DFB dem MSV die Auflage erteilte, aus Spielerverkäufen mindestens 650.000 DM zu erwirtschaften. Für Verstärkungen war da natürlich kein Geld übrig, zumindest konnten aber alle Leistungsträger gehalten werden. Max Merkel bezeichnete den MSV in seiner Analyse in der »Bild« sogar als Titelanwärter. Die Realität sah aber anders aus, denn nach vier Spieltagen zierten die Zebras mit 1:7-Punkten das Tabellenende. Erst drei Spieltage vor Schluß wurde der Klassenerhalt gesichert. Im krassen Gegensatz zu den Leistungen in der Bundesliga präsentierte sich der MSV im UEFA-Cup. In der 1. Runde wurde Lech Posen ausgeschaltet, und in Runde 2 klappte es gegen Carl Zeiss Jena nach zwei torlosen Spielen in der Verlängerung mit dem Weiterkommen. Wieder war es Enatz Dietz, der in der 98. Minute mit seinem Tor zur 1:0-Führung die Weichen für die nächste Runde stellte. Am Ende gewann der MSV mit 3:0. Im Achtelfinale setzten sich die Zebras gegen Racing Straßburg durch und erreichten über Honvéd Budapest schließlich

Dank nach getaner Arbeit – Enatz und die Fans

das Halbfinale, wo man auf den Niederrhein-Rivalen Mönchengladbach traf. Nach einem 2:2 im Wedaustadion hatte die Zebras auf dem Bökelberg nichts zu bestellen. Mit dem 1:4 war der Traum vom Endspiel ausgeträumt.

Trotz der Mehreinnahmen waren die MSV-Kassen unverändert leer. Mit Ronald Worm, Kees Bregman und Ditmar Jakobs mußten erneut drei Leistungsträger verkauft werden, für die man lediglich Zweitligaspieler als Ersatz holen konnte. Damit war die Marschrichtung für die Saison 1979/80 von vornherein klar. Trainer Heinz Höher, der mit dem VfL Bochum sieben Jahre lang eine andere "Graue Maus" trainiert hatte, sollte mit den Zebras die Klasse erhalten. Es fing nicht schlecht an. Nach zehn Spielen belegte der MSV mit ausgeglichenem Punktekonto Platz 11, doch anschließend ging es steil bergab. Am 21. Spieltag war Höhers Uhr abgelaufen. Assistent Wenzlaff übernahm und schaffte den Klassenerhalt. Doch der Ausverkauf ging weiter. Kurt Jara ging zu Schalke, für den MSV ging es wieder um den Abstieg, und wieder klappte es. 1982 aber war Schluß. Trotz der zahlreichen Verkäufe war die Vereinskasse chronisch leer. Für Neuverpflichtungen war kaum Geld vorhanden, die Spielergehälter wurden oft nur mit Verspätung gezahlt. Nach dem 1:2 in Leverkusen stand am 8. Mai 1982 nach 18 Jahren Bundesliga der Abstieg und Gang in die zweite Liga fest. Selbst Enatz Dietz hielt es nun nicht mehr in Duisburg. Die vergiftete Atmosphäre im Wedaustadion veranlaßte ihn zum Wechsel zum Rivalen Schalke. An den direkten Wiederaufstieg war nicht zu denken. Der Schuldenberg hatte sich auf 3 Mio. Mark aufgetürmt. Und das auch die zweite Liga kein Zuckerschlecken war, merkten die Zebras schnell. In den ersten vier Spielen setzte es vier Niederlagen, obwohl es sich bei den Gegnern „nur" um die Aufsteiger FSV Frankfurt, FC Augsburg und BV Lüttringhausen handelte. Nach diesem Fehlstart war es natürlich schwierig, die Zuschauer in die Wedau zu locken.

Im Bundesliga-Unterhaus veränderte sich das Image der Zebras insofern, als man als Absteiger und Traditionsverein stets die Favoritenrolle inne hatte. Graue Maus ist der MSV nur in der Bundesliga. Am Ende stand Platz 11 zu Buche. 1983/84 startete der MSV unter dem peruanischen Trainer Luis Zacarias einen neuen Anlauf in Richtung Bundesliga. Der direkte Aufstieg wurde zwar knapp verpaßt, doch mit Platz 3 bekam man die Möglichkeit, über zwei Relegationsspiele gegen den Drittletzten der Bundesliga in die Erstklassigkeit zurückzukehren. Schon im Heimspiel gegen die Frankfurter Eintracht platzte der Traum von der Rückkehr. Die herbe 0:5-Niederlage war im Rückspiel natürlich nicht mehr aufzuholen. Wieder gab es einen Ausverkauf. Roland Wohlfarth, die große Stürmerhoff-

schweig nach 23 Jahren aus dem Profifußball

In der Oberliga war zunächst die finanzielle Sanierung angesagt. Mittlerweile hatte sich der Schuldenberg auf 5 Mio. Mark angehäuft. Beim MSV rückte man enger zusammen. Mit den Mitteln, die noch geblieben waren, leistete der Vorstand um Präsident Fischdick solide Arbeit, die das Fortbestehen des Vereins sicherte. Zugleich mußten die Zebras um ihre Vormachtstellung in der eigenen Stadt kämpfen. Gegen Nachbar Hamborn 07 galt es zu beweisen, das man immer noch die Nr. 1 in Duisburg war. Die wenigen Zuschauer, die beim Verein blieben, sorgten für eine familiäre Atmosphäre bei den Spielen. Detlef Pirsig, der seine gesamte aktive Laufbahn in Meiderich verbracht hatte, übernahm den Trainerposten. Er hatte als Trainer in Remscheid die Oberliga kennengelernt. Die „neuen" Zebras kamen recht gut zurecht. Schnell spielten sie sich in die Spitzengruppe, doch Platz 1 und damit die Teilnahme an der Aufstiegsrunde wurde am drittletzten Spieltag durch eine 0:2-Niederlage gegen Remscheid verspielt. Als Trostpflaster blieb der bis heute einzige Titelgewinn in der Geschichte des MSV. Im Endspiel um die deutsche Amateurmeisterschaft konnten die Amateure von Bayern München mit 4:1 besiegt werden. 1987/88 war für die Zebras ein weiteres Jahr Oberliga angesagt, und diesmal wurden sie ihrer Favoritenrolle gerecht. Am Schluß betrug der Vorsprung auf Verfolger Schwarz-Weiß Essen acht Punkte. In der Aufstiegsrunde sah es bis zum vorletzten Spiel ebenfalls gut aus. Ein Punkt hätte gereicht, und der MSV wäre wieder im bezahlten Fußball gewesen. Doch die 1:4-Niederlage gegen Preußen Münster machte alles zunichte. Ein Jahr später schafften die Zebras den Sprung. Unangefochten wurden sie erneut Oberligameister und setzten sich in der Aufstiegsrunde souverän durch. Der MSV war wieder in der 2. Liga.

Dort ging es mit eingeschränktem Etat zunächst nur um den Klassenerhalt. Zwar hatte der Schuldenberg abgebaut werden können, doch große Sprünge auf dem Trans-

Spielklassen	
1963/64 - 81/82	1. Bundesliga
1982/83 - 85/86	2. Bundesliga
1986/87 - 88/89	Amateur-Oberliga Nordrhein
1989/90 - 90/91	2. Bundesliga
1991/92	1. Bundesliga
1992/93	2. Bundesliga
1993/94 - 94/95	1. Bundesliga
1995/96	2. Bundesliga
seit 1996/97	1. Bundesliga

nung aus der eigenen Jugend, ging zum FC Bayern. Seine Ablösesumme stopfte nur ein paar Löcher in der Vereinskasse. Nach einem erneuten Fehlstart - erst im sechsten Spiel gelang der erste Sieg nach zuvor 1:9-Punkten - reichte es 1984/85 nur zu Platz 13. Im nächsten Jahr gingen dann alle Lichter aus. Ab Spieltag 7 trugen die Zebras konsequent die rote Laterne, und verabschiedeten sich am 8. Mai 1986 mit einer 1:3-Heimniederlage gegen Eintracht Braun-

Titelhelden - die Meistermannschaft von 1987. Hinten von links: Die Trainer Vos und Pirsig, Ronden, Strunz, Telljohann, Notthoff, Puszamszies, Rohr, Vereinsarzt Dr. Wendt, Kober, Voßnacke. Vorn von links: Semlits, Tönnies, Zils, Kellermann, Macherey, Masseur Hinkelmann, Canini, Struckmann.

fermarkt waren nicht möglich. Platz 10 war für den Aufsteiger ein großer Erfolg. Zudem trumpften die Zebras im DFB-Pokal auf. Bis In das Viertelfinale drangen sie vor, und der dortige Gegner - Oberligist Offenbacher Kickers - schien bezwingbar. Doch nach einem 1:1 in Offenbach verlor man das fällige Wiederholungsspiel an der Wedau mit 0:1, und der Traum vom Halbfinale war ausgeträumt.

Ein Jahr später konnte die Rückkehr in die Bundesliga gefeiert werden. Die Mischung im Team hatte gestimmt. Neben bundesligaerfahrenen Spielern wie Lienen und Woelk waren mit Notthoff, Macherey, Struckmann und Puszamszies Spieler im Kader, die noch den Abstieg aus der 2. Liga miterlebt hatten. Zudem hatte der MSV endlich wieder einen bundesligatauglichen Stürmer: Michael Tönnies, der mit seinen Toren schon in der Oberliga das Publikum erfreut hatte, trug mit 29 Treffern zur Bundesliga-Rückkehr bei. Im Oberhaus legte MSV einen furiosen Start hin. Beim 6:2-Kantersieg über den Karlsruher SC begeisterte man Publikum und Experten - allen voran der fünffache Torschütze Tönnies. Gegen Meisterschaftskandidat Frankfurt gab es daheim ein furioses Angriffsspiel, das mit 3:6 verloren wurde. Bis auf Platz 2 kletterten die Zebras. Nach der Hinrunde war man mit 20:18-Punkten immerhin noch Siebter. Doch die Rückrunde ging voll in die Hose. Mit nur zwei Siegen und sechs Unentschieden landete der MSV am Ende auf dem vorletzten Platz und mußte wieder in die 2. Liga. Duisburg entwickelte sich nun zur Fahrstuhlmannschaft. Der direkte Wiederaufstieg wurde angepeilt und nach dem Trainerwechsel - Lienen für Reinders - auch geschafft. Mit dem ein Jahr zuvor verpflichteten Alfred Nijhuis sowie dem neuen Libero Oliver Westerbeek hatten die Zebras die stärkste Hintermannschaft aller Zweitligisten, und der aus Saarbrücken gekommene Michael Preetz hatte den nach Wuppertal gewechselten Tönnies als Goalgetter abgelöst. Die Begeisterung war aber im Vergleich zum Aufstieg zwei Jahre zuvor nicht mehr so groß gewesen. Der Aufstieg galt als Pflicht, am Ende wurde man "nur" Zweiter.

Der Saisonstart im Oberhaus verlief erneut zufriedenstellend. Lienens Konzept des Konterfußballs, für das die Neueinkäufe Közle und Weidemann zuständig waren, und das von der durch Wohlert verstärkten Abwehr getragen wurde, bescherte einen guten Start. Erst nach zehn Spielen gab es die erste Niederlage. Am 22. Spieltag eroberte der MSV sogar die Tabellenspitze - als erster Tabellenführer der Bundesliga-Geschichte allerdings mit einem negativen Torverhältnis. Am Ende fehlten ganze drei Punkte zu einem UEFA-Cup-Platz. In der Rückrunde hatten sich allerdings spielerische Defizite angedeutet, die in der folgenden Saison deutlicher wurden. Die geplante Verstärkung mit WM-Teilnehmern schlug fehl: Der Nigerianer Emmanuel Amunike wechselte trotz eines bereits unterschriebenen Vertrages mit dem MSV nach Portugal, und der Schwede Roger Ljung, der den nach Karlsruhe gewechselten Michael Tarnat ersetzten sollte, überlegte, ob er nicht ganz mit dem Fußballspielen aufhören sollte. Nach neun Niederlagen in Serie löste Hannes Bongartz Ewald Lienen ab. Dennoch gelang erst im 15. Spiel der erste Sieg. Peter Közle wurde vom Publikumsliebling zum Sündenbock und packte, von Fans bedroht, seine Koffer. Am Ende stand der erneute Abstieg. Für einen waren die beiden Spielzeiten dennoch ein Erfolg: Joachim Hopp Durch seine kämpferische Spielweise und offene Art avancierte der waschechte Duisburger zum Publikumsliebling und Prototyp eines Ruhrpottfußballers für die Medien. Wieder in der 2. Liga waren die Zebras zum Aufstieg verdammt. Vor allem die Heimspiele bereiteten ihnen dabei jedoch Schwierigkeiten. Nur selten wurden sie ihrer Rolle als Favorit gerecht, dümpelten statt dessen dahin. Der Vorstand reagierte und holte Friedhelm Funkel aus Uerdingen, der Bongartz ablöste. Die Aufstiegsfeier wurde durch eine 0:3-Heimniederlage gegen Mainz 05 getrübt und war kein rauschendes Fest.

Mit der Saison 1996/97 begann die erfolgreichste Zeit des MSV seit den 70er Jahren. Als Abstiegsaspirant in die Saison gestartet, erfüllten die Zebras zunächst alle Prognosen und hielten die rote Laterne mit einem einzigen Punkt fest. Zum Rückrundenstart war man nach einer Serie von vier Siegen in Folge schon Zehnter, und am Ende sollten die Meidericher allen Unkenrufen zum Trotz dort stehen, wo sie keiner erwartet hatte: Auf Platz 9. Damit qualifizierte sich der Aufsteiger für den UI-Cup und durfte auf einen UEFA-Cup-Platz hoffen. Doch im Finale mußten sich die Zebras dem AJ Auxerre geschlagen geben.

Das zweite Bundesligajahr konnte der MSV

ähnlich erfolgreich gestalten. Immer mit einem beruhigenden Abstand zu den Abstiegsrängen, hielt sich die Mannschaft im Mittelfeld und landete schließlich auf Platz 8. Das I-Tüpfelchen war das Erreichen des Pokalfinales. Die konstanten Leistungen nach dem dritten Wiederaufstieg geben allerdings keine Sicherheit für die sportliche Zukunft. Die Gefahr, Fahrstuhlmannschaft zu bleiben, besteht noch immer. Schlimmer noch: Der Boom des Fußballs ist am MSV weitestgehend vorbeigegangen, Spielerverkäufe und fehlende Attraktivität machen es den Duisburgern schwer, langfristig in der Bundesliga zu bestehen. Für die Zukunft hat sich der MSV dennoch viel vorgenommen. Beispiel Stadion: Das altehrwürdige Wedaustadion, 1926 erbaut, erfüllt schon lange nicht mehr die Anforderungen eines Bundesligastadions. Fehlende Überdachung in den Kurven und der Gegengerade und zu wenige Sitzplätze für mögliche Europacupspiele erschweren die Verhandlungen mit Sponsoren. Ein neues Stadion, im Rahmen des Multi Casa Projektes bereits geplant, ist längst Notwendigkeit für die wirtschaftliche und sportliche Weiterentwicklung des Vereins. Obwohl die harmonischen Zeiten unter einem Präsidenten Dieter Fischdick vorbei sind, versucht der MSV als volksnaher Verein ins nächste Jahrtausend zu gehen. Eine Vereinspolitik wie die der Bayern oder Leverkusens ist in Duisburg nicht möglich. Die mageren Jahre in der Amateurliga und das Auf und Ab zwischen erster und zweiter Liga haben den MSV viel Kredit bei Fans, Medien und Wirtschaft gekostet. Die Zebras gelten als schwer vermarktbar. Die Zuschauerzahlen sind konstant niedrig, andererseits ist vielen gerade das Außenseiterimage sympathisch. Der sportliche Aufstieg ist auch abhängig davon, ob es dem Verein in Zukunft gelingt, vermehrt spielerisches Potential nach Duisburg zu holen und auch über mehrere Spielzeiten halten zu können. Skepsis, nicht nur bei den Anhängern, ist an der Tagesordnung. Ein möglicher Abstieg schwebt wie das Damoklesschwert über den Zebras. Vielleicht wird der Wunsch nach einem Titel auf ewig ein Traum bleiben.

Dirk Pieczek/Jörg Chonrat Riederer

Rot-Weiß Essen

Um Rot-Weiß Essen ist es still geworden. Der Vorzeigeklub aus dem Norden der Ruhrmetropole ist bis in die vierte Liga abgerutscht. In den Niederungen der Oberliga versuchen sie einen neuen Anfang. Optimismus und Humor sind dem immer noch zahlreichen Anhang aber nicht verloren gegangen. Trotzig weht bei jedem

Schöner kann's nicht mehr werden

Spiel eine Fahne im Wind: „RWE - Weltpokalsieger 2010". Warum eigentlich nicht? Wunder gibt es schließlich immer wieder. Ein Wunder ist auch, daß RWE überhaupt noch lebt, denn die immense Schuldenlast, die in den letzten Jahren aufgelaufen war, ließ sich durch die kargen Einnahmen im Amateurbereich nicht mehr bedienen. RWE stand mit mehr als einem Bein im Konkursverfahren. Zumal auch der letzte Gönner, Gemüsehändler Wilfried Schenk, nach anhaltender Kritik über seinen fragwürdigen Führungsstil die Brocken hinwarf. Spätestens zu diesem Zeitpunkt gaben nur noch wenige einen Pfifferling für die Zukunft der Rot-Weißen.

Doch ein Sprichwort bewahrheitete sich: „Immer, wenn du meinst, es geht nicht mehr, kommt von irgendwo ein Lichtlein her!" In diesem Fall in Gestalt des Kaufmanns Heinz Koch, der dem klinisch toten Klub neues Leben einhauchte und nach vielen Verhandlungsrunden auch einen „dicken Fisch" als Sponsor herbeischaffen konnte. Dr. Michael Kölmel, Millionär aus der Filmbranche, übernahm die Altlasten, etwa so, wie er es vorher bereits bei Waldhof Mannheim oder Alemannia Aachen getan hatte. Sicherlich nicht ohne Eigeninteresse, denn nicht nur Kölmel weiß: RWE ist ein schlafender Riese im deutschen Fußball, viele gibt es davon nicht. Und wenn man in schlechten Zeiten dort einen Fuß in die Tür bekommt, kann sich das in sportlich besseren Tagen als außerordentlich sinnvolle Investition erweisen.

Bundesligabilanz	
Bundesligajahre:	1966/67, 1969/70-70/71, 1973/74-76/77
Gesamt:	7 Jahre
Beste Plazierung:	Platz 8 (1975/76)
Ewige Tabelle:	Platz 25, 238 Spiele, 61 Siege, 79 Unentschieden, 98 Niederlagen, 346:483 Tore, 262 Punkte
Ø Plazierung:	Platz 14,1
Top-Spieler:	Günter Fürhoff (153), Dieter Bast (149), Gerd Wörmer (123), Werner Lorant (116), Gerd Wieczorkowski (101)
Top-Torjäger:	Willi Lippens (79), Horst Hrubesch (38), Manfred Burgsmüller (32), Dieter Bast (28), Günter Fürhoff (21)

Auch wenn sportlich noch der Durchbruch kommen muß - der Aufstieg in die Regionalliga scheint im Frühjahr '99 noch keineswegs sicher -, so ist die innere Lage des Klubs so stabil wie praktisch nie zuvor in den letzten turbulenten Jahren. Mit dem Vorsitzenden Rolf Hempelmann (einem SPD-Bundestagsabgeordneten), dem Sportlichen Leiter Heinz Koch, Coach Dieter Tartemann und einem kompetenten Präsidium hat RWE endlich wieder vertrauenerweckende Leute an der Spitze.

Das war nicht immer so. Schon gar nicht zu Zeiten eines gewissen „Dr." Himmelreich. Der smarte Jurist aus Bonn war ursprünglich als reiner „Frühstücksdirektor" von den eigentlichen Machern Arnold und Tullius in das Amt befördert worden. Schnell entwickelte der Jüngling aber eigene Ambitionen - Himmelreich bereitete RWE die Hölle! Kaum war 1994 das Pokalendspiel erreicht, da explodierte wie aus heiterem Himmel die Bombe. Rot-Weiß hatte den DFB beim Lizensierungsverfahren gleichermaßen arglistig wie tölpelhaft getäuscht. Nur eine Selbstanzeige ließ kleine Chancen auf Gnade keimen. Die Schlammschlacht zwischen Himmelreich, der, wie sich später herausstellte, überhaupt kein „Doktor" war, und seinem Nachfolger Wolfgang Arnold beherrschte über Wochen die Schlagzeilen nicht nur der Lokalpresse und machte den Klub endgültig nicht gesellschaftsfähigen Außenseiter. Der Lizenzentzug führte zwar noch einmal zu einer beispiellosen Solidarisierung - 30.000 Essener fuhren zum Pokalfinale gegen Werder Bremen nach Berlin und skandierten dort fortwährend „Wir sch... auf den DFB" -, doch der triste Alltag in der Amateurliga frustrierte ungemein. Zwar verfügten die Bergeborbecker über einen sehr ehrgeizigen Coach, doch Wolfgang Frank sah seine Arbeit immer wieder durch Machtgerangel hinter den Kulissen und die großen finanziellen Nöte gefährdet. Auch Frank warf schließlich das Handtuch. Nachfolger Rudi Gores erreichte 1996 den zweiten Platz der Regionalliga und damit den Aufstieg zurück in den Profifußball. Nun sollte wieder alles Gut werden. Doch die Sünden der Vergangenheit holten den Traditionsklub immer wieder ein. Sechs

Millionen Schulden drückten, und sportlich gab es einen schlimmen Fehlstart. Erst nach sechs Spielen stand ein Pluspunkt auf dem Konto. Die Zweite Liga erwies sich als eine Nummer zu groß. Statt den Schuldenstand zu senken, stieg er noch an; zumal selbst die Fans RWE zum Schluß im Stich ließen: 2.000 sahen das Abschiedsspiel gegen Unterhaching, und Präsident Schenk orakelte: „Das Abenteuer Profifußball ist erst einmal beendet. An einen Wiederaufstieg ist nicht zu denken!" In der Tat. Mit einem „preiswerten" Kader sollte im Jahr darauf versucht werden, die Klasse zu erhalten. Coach Brei und seine Mannen gaben Ihr Bestes, auch der neue Sportliche Leiter, Willi „Ente" Lippens, setzte seinen guten Ruf aufs Spiel, weil das Spielermaterial erkennbar selbst in der Regionalliga Probleme bekommen würde. Und es ging schief: 1998 rutschte RWE in die Oberliga ab. Willi Lippens wurde mit Schimpf und Schande davongejagt. Ausgerechnet die „Ente", mit der die älteren Fans die Bundesligageschichte des SC Rot-Weiß Essen fast alleine verbinden.

Der Rückblick.

Als die Bundesliga 1963 ihre Pforten öffnet, steht der SC Rot-Weiß Essen vor verschlossenen Türen. Der Meister von 1955 gehört nicht zum erlesenen Kreis der Gründerklubs. Allerdings aus verständlichem Grund. Denn zwei Jahre zuvor war RWE aus der Oberliga West abgestiegen. Nach Verweigerung des Bundesligalizenz gehörte man zwar weiterhin in der „zweiten Klasse" an, allerdings einer ungleich attraktiveren. Mit Mönchengladbach, Düsseldorf oder Aachen kamen nun namhafte Klubs an die Hafenstraße, wo das Stadion nach dem Tod des großen Ersten Vorsitzenden 1964 in Georg-Melches-Stadion umbenannt wird. Schon 1966 gelingt der ersehnte Aufstieg in die Bundesliga. Nun ist auch die fünftgrößte Stadt der Republik mit einem Klub dabei.

Und die RWE-Bundesligageschichte beginnt gleich mit einem Heimspiel-Knaller. Schalke 04 gastiert an der Hafenstraße - und fährt nach einer 1:4-Klatsche frustriert nach Gelsenkirchen zurück. Weil sich das Team von Trainer Fritz Pliska um die Kön-

„Herr Lippens, ich verwarne Ihnen", sagte der Schiedsrichter. „Ich danke Sie", sagte „Ente" Lippens und mußte gehen

ner Hasebrink (ein Freistoß-Spezialist der Extraklasse), Kik, Weinberg, Littek, Lippens, Simmet und Co. als enorm heimstark erweist, müssen auch Klubs wie Bayern München, Mönchengladbach oder Hannover 96 Federn lassen. Auswärts dagegen schwächelt Rot- Weiß dermaßen, daß nach nur einem Jahr der direkte Wiederabstieg steht - übrigens gemeinsam mit Fortuna Düsseldorf, dem anderen Aufsteiger aus der Regionalliga West. Als am vorletzten Spieltag der Abstieg besiegelt ist, fließen an der Hafenstraße gleichzeitig Tränen der Freude und der Trauer. Denn Gegner Eintracht Braunschweig wurde mit dem 0:0 Deutscher Meister, und der mitgereiste Anhang der Niedersachsen feierte dies überschwenglich, während die Gastgeber enttäuscht nach Hause schlichen.

Mit Erich Ribbeck, dem heutigen Teamchef der Nationalmannschaft, sitzt ein blutjunger neuer Trainer in der Regionalliga auf der RWE-Bank. Der zweite Platz in der Meisterschaft bedeutet das Erreichen der Aufstiegsrunde. Dort liefert man sich einen packenden Zweikampf mit Hertha BSC, der durch einen unglücklichen 0:1-Ausrutscher bei Göttingen 05 erst am letzten Spieltag

---

1. Spieltag Saison 1963/64

Regionalliga West, 4. August 1963, Duisburger SV - RWE 1:1, 6.000 Zuschauer - Werner Morawski, Klaus Fetting, Richard Will, Manfred Frankowski, Karl-Heinz Knappheide, Werner Kik, Hans-Günter Schaaf, Hans-Dieter Hasebrink, Eckehard Feigenspan, Manfred Fallisch, Herbert Weinberg - **Tor:** 0:1 Feigenspan (35.)

18. Spieltag Saison 1998/99

Oberliga Nordrhein, 20. Dezember 1998, Borussia Mönchengladbach Amateure - RWE 3:2 - Frank Kurth, Yasar Kurt, Jens Renkhoff, Igor Denysysuk, Ebenezer Aysi (80. Dirk Helmig), Michael Lusch, Thomas Pröpper (44. Dennis Brinkmann), Knut Hartwig, Hasan Ugur, Oliver Ebersbach (61. Miroslav Giruc), Tuncay Aksoy - **Tore:** 1:1 Aksoy (32.) 3:2 Ebersbach (55.)

---

entschieden wird. RWE muß ein weiteres Jahr in der Regionalliga nachsitzen. Nach einer imposanten und spannenden Spielzeit, die an der Spitze ein Kopf-an-Kopf-

Rennen mit dem VfL Bochum um den zweiten Platz bietet, steht RWE zum dritten Mal seit Einführung der Aufstiegsrunde zur Bundesliga in selbiger. Diesmal gelingt der Anlauf ins Oberhaus. Eine wahre Torfabrik mit Lippens, Littek und Nobby Fürhoff schießt RWE in souveräner Manier zurück in die Bundesliga.

Zwar beginnt das zweite Oberhausjahr für RWE mit einer herben 0:4-Klatsche in München (dreimal Gerd Müller), aber diesmal gelingt am Ende das Unternehmen Klassenerhalt. Vor allem, weil sich Rot-Weiß zu Hause als Macht erweist: In Essen geht kein Spiel verloren. Dabei müssen sie mit einer denkwürdigen Schlechtwetterperiode leben. Immer wieder muß „Land unter" vermeldet werden. Die Spielausfälle führen dazu, daß RWE im April in 19 Tagen siebenmal spielen muß. Zweimal nicht an der Hafenstraße, sondern im Süden der Stadt, am Uhlenkrug, weil der Rasen im Georg-Melches-Stadion einer Kraterlandschaft ähnelt. Ausgerechnet am „verhaßten" Uhlenkrug, der Heimat des Lokalrivalen ETB Schwarz-Weiß, schafft das Siegtor von Helmut Littek gegen Werder Bremen endgültig den Klassenerhalt.

Doch der geht schon ein Jahr später wieder verloren. Ein Höhenflug (am dritten Spieltag ist RWE Tabellenführer!) endet mit einer Bauchlandung: Abgeschlagen mit vier Punkten Rückstand auf dem letzten Platz! Doch diese Saison 1970/71 hat ein längeres Nachspiel. Die Abstiegskonkurrenz aus Bielefeld, Offenbach und Oberhausen hat nachweislich Spiele manipuliert und gekauft. Der sogenannte „Bestechungsskandal" raubt der Bundesliga auf schmerzhafte Weise die Unschuld. Es hagelt Lizenzentzüge und sonstige Strafen. RWE kann sich dafür nichts kaufen. Sie haben sich sportlich untadelig und fair verhalten - aber der Abstieg bleibt ein Fakt.

Wieder muß neu aufgebaut werden. Zwei Anläufe sind nötig, um das Oberhaus 1973 abermals zu erreichen. Doch die Regionalligajahre machen RWE zum Kultklub im Revier. 113 Tore bedeuten in der Spielzeit 1971/72 absoluten Rekord. Der Stern von Willi Lippens geht endgültig auf. Neben ihm bombt ein blonder Schwede mit Namen Peter Dahl.

Die Fans verwandeln die Hafenstraße regelmäßig in ein Tollhaus. Dafür sorgt die legendäre Westkurve mit dem „Sirenen-Willi" und die leichte Verfremdung eines Schlagers: „Adiole" wird vor dem Anpfiff „volle Pulle" abgespielt: „Schöner kann's nicht mehr werden" - und das ganze Stadion brüllt schaurig-schön den Refrain mit: Oh, RWE!
Im ersten Jahr scheitert die Torfabrik in der Aufstiegsrunde noch an den Offenbacher Kickers. Doch die Spielzeit 72/73 erlebt einen rot-weißen Durchmarsch der Sonderklasse. Wieder mehr als 100 Tore in der Regionalliga, und diesmal ist die Aufstiegsrunde nur eine Formsache: RWE wird wieder Erstligist.

Gab gegen den Bremer Regisseur Andreas Herzog eine gute Figur im Pokalendspiel 1994 ab: Harald Kügler

Und man nimmt den Schwung mit in die Bundesliga. Vier Jahre soll RWE im Oberhaus bleiben und dabei teilweise für Furore sorgen. Vor allem erweist sich der Essener Norden als wahre Stürmerschmiede: Willi Lippens, Harry de Vluegt, Dieter Bast, Manfred Burgsmüller, Horst Hrubesch, Fleming Lund oder Frank Mill - sie wirbeln die Erstliga-Abwehrreihen durcheinander, schießen RWE in der Spielzeit 1975/76 auf Rang acht. Doch als dann „Ente" Lippens (nach Dortmund) und Manni Burgsmüller (nach Uerdingen) aus finanziellen Gründen abgegeben werden müssen, da ist es mit der Essener Fußballherrlichkeit geschehen. Der Abstieg 1975/76 ist schmerzlich. Aber niemand in der großen Essener Fußballgemeinde kann ahnen, daß dies ein Abschied für lange Jahre, vielleicht gar für immer sein soll.
Zweimal noch klopft RWE von der 2. Bundesliga Nord aus am Bundesligator an. Unvergessen die Dramatik im Jahr 1978. RWE hatte den zweiten Platz des nördlichen Unterhauses erreicht, wobei Horst

Hrubesch es auf eine unglaubliche Torquote von 42 Treffern in 38 Spielen gebracht hatte. Sein Abgang zum Hamburger SV war beschlossene Sache. Doch vorher wollte er seine Rot-Weißen noch in die Bundesliga zurückschießen. In der Relegation geht es gegen den Zweiten der 2. Bundesliga Süd, 1. FC Nürnberg. Die 0:1-Hinspielniederlage in Nürnberg scheint aufholbar. Und beim Stand von 2:2 gibt es im Rückspiel in der 86. Minute Elfmeter für Essen. Hrubesch schnappt sich das Leder - und scheitert an Manni Müller. Nürnberg gelangt statt RWE in die Bundesliga.
Noch einmal spielt ein Südklub kurz vor dem Erreichen der Endstation Sehnsucht Schicksal. Als Rolf Schafstall als Trainer für viel frischen Wind in Bergeborbeck gesorgt hat, erreichen Spieler wie Matthias Herget, Siegfried Böninghausen, Jürgen Kaminski, Dietmar Klinger, der zurückgekehrte Willi Lippens und sein legitimer Nachfolger Frank Mill den zweiten Platz in der 2. Bundesliga Nord. Im Hinspiel der Relegation fegt der Karlsruher SC wie ein Orkan

im Wildpark über die Essener hinweg. 5:1 heißt es am Ende. Doch da ist ja noch ein Rückspiel, und Willi Lippens prophezeit im ZDF: „Wir packen es trotzdem!" Und tatsächlich erlebt die Hafenstraße vielleicht das größte Spiel ihrer Geschichte. Kurz nach dem Wechsel heißt es 3:0 für RWE, das Wunder ist zum Greifen nahe. Aber ein abgefälschter Schuß trudelt an Carsten Hallmann vorbei. Der Traum ist aus. Das nächste Jahr bringt ein Marathon-Programm mit 22 Teams, die sich für die künftige eingleisige Zweite Liga qualifizieren wollen. Frank Mill bringt es auf 41 Tore, doch RWE verfehlt den Aufstieg als Achter meilenweit. Der Abstand zu den großen Teams in der Republik vergrößert sich beständig. Zumal wieder der Beste verkauft werden muß: Frank Mill wechselt auf den Gladbacher Bökelberg und startet dort eine große Bundesligakarriere.

Was folgt, ist Abstiegskampf pur, und 1984 erwischt es die Rot-Weißen. Ausgerechnet die 2:3-Niederlage in Schalke in einem Wie-

meinsam mit dem Lokalrivalen ETB Schwarz Weiß. Karawanen machen sich zu den Auswärtsspielen auf, und zu Hause wird der ultimative Oberligarekord aufgestellt: 30.000 strömen zum Spitzenspiel gegen Schwarz-Weiß Essen. Erst in der Aufstiegsrunde gibt es ein böses Erwachen. Statt Favorit RWE melden sich TeBe Berlin und der VfL Osnabrück im Profifußball zurück. Doch der zweite Anlauf gelingt, Rüdiger Abramczik ist kaum zu bremsen, schießt im entscheidenden Aufstiegsrundenspiel gegen Schöppingen gleich vier Tore. Das Unterhaus hat RWE wieder.

Zwei Rückkehrer sind zu vermelden. Dieter Bast sorgt für Stabilität in der Abwehr, und die Legende Horst Hrubesch nimmt auf der Trainerbank Platz. Zunächst nicht gerade mit viel Erfolg. Aber spätestens ab Mitte der ersten Serie haben die Roten sich gefangen und starten zu Hause eine imponierende Siegesserie. Am Ende ist ein sicherer Mittelplatz der Lohn für gute Arbeit. Jetzt wollen die Verantwortlichen mehr. Fast eine Million wird investiert. Prominentester Neuzugang ist Uwe Wegmann vom VfL Bochum. Doch das Projekt Erstliga-Aufstieg scheitert, graue Zweitliga-Tristesse kehrt ein, keine Spur mehr von Euphorie auch im folgenden Jahr, wo es nur ein großes Fest zu feiern gibt: nach 17 Jahren kann endlich wieder Schalke 04 in einem Pflichtspiel bezwungen werden. Nun ist die wirtschaftliche Misere nicht mehr zu kaschieren und auch durch Spielerverkäufe nicht mehr in den Griff zu bekommen. Das „Ommer-Modell" mit fragwürdigen Spieler-Übertragungen an einen privaten Fonds sorgt für bundesweites Aufsehen, ohne bei RWE groß etwas verbessern zu können. Das Trainerkarussell dreht sich nirgendwo so schnell wie am Georg-Melches-Stadion: Nach Hrubesch folgen Neururer, Fanz, Buchmann und Ex-Spieler Hans-Günther Neues. Viel bewegen können sie alle nicht. Mehr als der Klassenerhalt kommt nie zustande. Und als 1990 Spieler wie Pusch, Landgraf, Kurth, Basler (!) oder Jürgen Röber den Anschluß an die Spitzengruppe wieder her-

Spielklassen	
1963/64-65/66	Regionalliga West
1966/67	1. Bundesliga
1967/68-68/69	Regionalliga West
1969/70-70/71	1. Bundesliga
1971/72-72/73	Regionalliga West
1973/74-76/77	1. Bundesliga
1977/78-83/84	2. Bundesliga (Nord)
1984/85-85/86	Amateur Oberliga Nordrhein
1986/87-90/91	2. Bundesliga
1991/92-92/93	Amateur Oberliga Nordrhein
1993/94	2. Bundesliga
1994/95-95/96	Regionalliga West
1996/97	2. Bundesliga
1997/98	Regionalliga West
seit 1998/99	Oberliga Nordrhein

derholungsspiel besiegelt vorläufig das Profischicksal. RWE muß in die Oberliga Nordrhein, wo sich die Kassierer schon in Vorfreude auf die große Essener Fangemeinde sich die Hände reiben. Sie sollen nicht enttäuscht werden. Das Team von Dieter Tartemann - völlig neu formiert, u.a. mit dem Ex-Schalker Norbert Nigbur - mischt von Beginn an die Tabellenspitze auf, ge-

gestellt hatten, macht der DFB dem Treiben in Essen ein Ende. Beim Lizensierungsverfahren für die Spielzeit 1990/91 muß schon schwer gezittert werden. Am Ende der Spielzeit - die einmal mehr mit Platz 15. eine schwere Enttäuschung für die Fans bringt - steht allerdings schon fest: Wegen der schweren Schuldenlast und ohne Deckung beim Liquiditätsnachweis wird der Traditionsklub wieder in die Oberliga Nordrhein versetzt.

Jürgen Röber wagt den kompletten Neuaufbau und er zeigt dabei ein enorm glückliches Händchen. Mit der zusammengewürfelten Truppe gelingt auf Anhieb ein zweiter Platz. Und was noch wichtiger ist: Die Fans nehmen RWE wieder an, feiern zum Ende der Spielzeit enthusiastisch das Erringen der deutschen Amateurmeisterschaft gegen Bad Homburg. Und im zweiten Röber-Jahr gelingt nicht nur die Meisterschaft am Nordrhein, sondern sogar der Aufstieg: RWE is back!

Das sollen die Fans möglichst bald erneut jubeln dürfen. Das Programm ist klar: 1999 soll die „Flucht" aus der Oberliga gelingen, für 2000 steht das Erreichen der zukünftigen „dritten Liga" auf dem Programm. Und eines nicht mehr fernen Tages soll dann auch das „Unternehmen Profifußball" wieder gestartet werden. Dann wäre auch das weiterhin tapfer abgespielte Liedchen mit dem abgewandelten „Oh, RWE"- Refrain mit Leben gefüllt: Denn für die treuen Fans könnte es dann wirklich „schöner nicht mehr werden".

Uli Homann

Eintracht Frankfurt

Frankfurter Waldstadion, Montagabend, 25. Mai 1998. Als Schiedsrichter Michael Weiner die Zweitliga-Partie zwischen Eintracht Frankfurt und FSV Mainz 05 abpfeift, stürmen Tausende Fans den Rasen. Trainer Horst Ehrmantraut und Mannschaft flüchten in die Kabinen, kehren aber kurze Zeit später auf die Tribüne des Waldstadions zurück, um sich von der jubelnden Menge feiern zu lassen. Der Geräuschpegel steigt noch einmal kräftig an, 33.000 Kehlen werden zu einer Stimme: „Que sera, sera - die Eintracht ist wieder da - Deutscher Meister im nächsten Jahr - que sera, sera", schallt es dem Team entgegen. Mit dem 2:2 beseitigen die Adlerträger die letzten, theoretischen Zweifel am Wiederaufstieg in Deutschlands Eliteliga Eintracht Frankfurt ist wieder erstklassig.

Trotz der berechtigten Euphorie richten sich die Blicke aber schon wenige Tage später in die Zukunft. In einem „kicker"-Interview warnt Abwehrspieler Uwe Bindewald vor einer schweren Saison 1998/99: „Wir werden gegen den Abstieg spielen."

Abstieg? Abstieg aus der Bundesliga? Einer Tatsache, der Verein, Mannschaft und Fans des Bundesliga-Gründungsmitglieds lange Jahre nicht ins Auge sehen mußten. Als im Sommer 1962 die Entscheidung für eine eingleisige Eliteliga fiel, war die Eintracht neben dem 1. FC Nürnberg sicherer Kandidat für einen der begehrten fünf Plätze, die Vereinen aus dem Süden in der insgesamt 16 Mannschaften umfassenden Bundesliga zur Verfügung stehen. Die Frankfurter hatten seit Gründung der Oberliga Süd nach dem Krieg immer der höchsten deutschen Spielklasse angehört und waren dort in den 50er Jahren eine feste Größe. Unter Trainer Kurt Windmann hatte die Elf 1953 - als Süddeutscher Meister - und 1954 die Endrunde um die Deutsche Meisterschaft erreicht, wobei Pfaff, Bechtold und Co. 1953 nur wegen des schlechteren Tor-

Stolze Adler, launische Diva

Bundesligabilanz	
Bundesligajahre:	1963/64-95/96, seit 1998/99
Gesamt:	33 Jahre
Beste Plazierung:	Platz 3 (1963/64, 1974/75, 1989/90, 1991/92, 1992/93)
Ewige Tabelle:	Platz 8, 1118 Spiele, 439 Siege, 285 Unentschieden, 394 Niederlagen, 1916:1726 Tore, 1602 Punkte
Ø Plazierung:	Platz 7,97
Top-Spieler:	Karl-Heinz Körbel (602), Jürgen Grabowski (441), Bernd Nickel (426), Bernd Hölzenbein (420), Ralf Falkenmayer (337)
Top-Torjäger:	Bernd Hölzenbein (160), Bernd Nickel (141), Jürgen Grabowski (109), Anthony Yeboah (68), Wilhelm Huberts (67)

verhältnisses das Endspiel verpaßten.

Sechs Jahre später holte die inzwischen von Paul Osswald trainierte Mannschaft dies aber nach: Zuerst gewann die Eintracht mit zwei Punkten Vorsprung auf die Erzrivalen aus Offenbach ihre vierte Süddeutsche Meisterschaft. Danach marschierte das Team ohne Verlustpunkt durch seine Endrundengruppe, wobei gegen Bremen (7:2) und in Pirmasens (6:2) spektakuläre Erfolge gelangen. Das Endspiel in Berlin war erreicht! Kurios war, daß die Eintracht bei ihrer ersten Endspielteilnahme vor 27 Jahren - 0:2 gegen Bayern München - ebenfalls unter den Fittichen von Paul Osswald gestanden hatte. Der 28. Juni 1959 wurde zum „Hessentag" im Berliner Olympiastadion, denn als zweiter Finalist hatten sich die Offenbacher Kickers qualifiziert. Der 5:3-Erfolg nach Verlängerung - gerade rechtzeitig zum 60. Geburtstag der Eintracht - bedeutete besonders für Osswald eine Genugtuung. Er holte sich bei seiner dritten Endspielteilnahme nach 1932 und 1950 erstmals die begehrte Schale - und das ausgerechnet gegen den Verein, den Osswald von 1946 bis 1958 trainiert hatte. Mit der Titelverteidigung 1960 wurde es allerdings nichts, die Eintracht scheiterte bereits in der Oberliga als Dritter hinter dem Karlsruher SC und den Offenbacher Kickers. Im Europapokal der Landesmeister hingegen wurde der Siegeszug des Deutschen Meisters erst im Endspiel gestoppt. Nach Freilos bzw. Siegen über Kuopio PS, die Young Boys aus Bern, den Wiener SK und die Glasgow Rangers hieß der Endspielgegner Real Madrid - die europäische Top-Mannschaft, die den seit 1955/ 56 ausgespielten Wettbewerb viermal hintereinander gewonnen hatte. Vor 130.000 Zuschauer im Glasgower Hampden Park riß diese Serie auch am 18. Mai 1960 leider nicht, die Eintracht verlor mit 3:7. Viermal Puskas und dreimal Di Stefano zerstörten bei Gegentoren von Erwin Stein (2) und Richard Kreß den Traum vom ersten europäischen Titel einer deutschen Vereinsmannschaft.

Rund drei Jahre später fiel für die Eintracht der Startschuß für das Abenteuer Bundesliga. Der Kassierer begrüßte 30.000 Zuschauer, die bei der 1:1-Punkteteilung gegen den 1. FC Kaiserslautern zumindest das erste Eintracht-Tor (Lothar Schämer) in der Eliteklasse sehen konnten. Auf der Trainerbank saß zum Bundesliga-Auftakt nach wie vor Paul Osswald. Der gebürtige Thüringer hatte erstmals 1928 (!) als 23jähriger das Kommando am Riederwald übernommen und war 1935 und 1958 zweimal nach Frankfurt zurückgekehrt. Nach zwei Herzinfarkten räumte er im April 1964 seinen Stuhl und wurde von Ivica Horvat ersetzt. Die Mannschaft erreichte in der ersten Saison einen guten dritten Tabellenplatz und untermauerte dies mit dem Erreichen des DFB-Pokalfinales. Im Stuttgarter Neckarstadion zollte das Team um Kapitän Hermann Höfer jedoch den hohen Temperaturen Tribut. Gegner 1860 München zeigte sich hitzebeständiger und gewann das Endspiel mit 2:0.

Die Saison 1964/65, in der das Horvat-Team abschließend den achten Rang belegte, zeichnete sich vor allem durch eine „schwarze" Septemberwoche aus. Am 19. September mußte Eintracht-Torsteher Egon Loy gegen den Karlsruher SC siebenmal hinter sich greifen - das 0:7 ist bislang die höchste Heimniederlage der Frankfurter geblieben. Drei Tage später erging es Loy nicht viel besser, als die Eintracht mit 1:5 im Messe-Cup beim FC Kilmarnock verlor. „Trotz der hohen Niederlage steigerte sich die Eintracht gegenüber dem Samstag-Debakel beträchtlich", tröstete das „Sportmagazin". Leider vergebens, denn das Unternehmen Europapokal endete trotz des 3:0-Heimerfolgs in der ersten Runde.

Am 14. August 1965 stellte der neue Trainer Elek Schwartz zum Auftakt der dritten Spielzeit einen 21jährigen Rechtsaußen auf, der „mit seinem unermüdlichen Anrennen sowie seinen technischen Tricks" (Sportmagazin) seinen Gegenspieler in arge Bedrängnis brachte. Gemeint war Jürgen Grabowski, dessen lange Karriere beim 2:0-Sieg über den Hamburger SV begann und erst 1980 nach 441 Bundesligaspielen (109 Tore) zu Ende gehen sollte. Bereits in seinem ersten Jahr in Frankfurt avancierte „Grabi" zum Stammspieler, und Helmut Schön berief ihn im Mai 1966 prompt in die Nationalelf und in den WM-Kader für England. Dort kam Grabowski aber im Ge-

Eleganz am Ball: Jürgen Grabowski. Im Hintergrund „Terrier" Vogts

gensatz zu Mannschaftskamerad Friedel Lutz noch nicht zum Einsatz. In der Bundesliga sprang am Ende Platz sieben für die Schwartz-Elf heraus, für die der junge Rechtsaußen hinter dem Österreicher Willi Huberts die zweitmeisten Tore schoß.

Der zweite Spieltag der Saison 1966/67 wird Eintracht-Fans immer in guter Erinnerung bleiben - die Elf stand nach dem 4:0 über den 1. FC Köln erstmals an der Tabellenspitze der inzwischen auf 18 Mannschaften aufgestockten Bundesliga. Da die Frühform einigermaßen gehalten wurde, sprach die Eintracht bei der Titelvergabe zum ersten Mal ein gewichtiges Wort mit. Nachdem die Mannschaft die Hinrunde als Tabellenvierter abgeschlossen hatte, entwickelte sich in der Rückrunde ein Zweikampf mit der Eintracht aus Braunschweig. Ab dem 21. Spieltag hielten die Braun-

schweiger die Mannen von Elek Schwartz allerdings stets zwei bis drei Punkte auf Distanz - ein Rückstand, den Lindner, Solz und Co. nicht aufholen konnten. Am letzten Spieltag fiel die Mannschaft durch eine 1:2-Niederlage bei 1860 München sogar auf den vierten Rang zurück. Und da im Halbfinale des Messe-Cups nach einem 3:0-Heimerfolg gegen Dinamo Zagreb das Rückspiel noch mit 0:4 verloren ging, gab es keinen versöhnlichen Saisonabschluß. Die Launen der Eintracht hatten zwei mögliche Titel gekostet.

Nach einem Auf und Ab in der Saison 1967/68 - die Mannschaft hatte sich in der Rückrunde vom 14. auf den sechsten Platz vorgekämpft - kassierte sie am 30. Spieltag bei den Kölner „Geißböcken" eine deftige 1:5-Schlappe. Den Treffer zum zwischenzeitlichen 1:4 erzielte ein gewisser Bernd Hölzenbein, 1966 vom TuS Dehrn zu den Eintracht-Amateuren gewechselt und seit Saisonbeginn im Kreis der ersten Mannschaft. Sein Ehrentor in der 77. Minute war der erste von 160 Treffern, die „Holz" in 420 Spielen (bis 1981) zum erfolgreichsten Bundesligatorschützen der Eintracht machen sollten.

In den ersten beiden Jahren unter dem neuen Trainer Erich Ribbeck - die Ära Schwartz war nach drei Jahren beendet - gehörte Hölzenbein neben Grabowski, Nickel und Huberts zu den Stützen der Frankfurter, die zweimal den achten Tabellenplatz erreichten. Für weitere Neuverpflichtungen hatte der Verein kein Geld, das Präsidium um Rudi Gramlich „wollte" für die Zukunft verstärkt auf den eigenen Nachwuchs bauen. Schuld daran waren zurückgehende Zuschauerzahlen, die der Verein immer wieder mit Spielertransfers ausgleichen mußte. Doch diese Gelder reichten nicht aus. Eintracht Frankfurt hatte 1963 das „Unternehmen" Bundesliga schuldenfrei begonnen und stand Ende Dezember 1969 mit rund 1,8 Millionen Mark in der Kreide. Die hohe Verschuldung leitete das Ende der

teilung nach hinten durchgereicht und war Mitte November am Tiefpunkt angelangt: Das 0:2 bei Rot-Weiß Essen bedeutete für die Lizenzspielermannschaft Platz 18 der Bundesliga-Tabelle, auf dem sie mit 11:23-Punkten auch überwintern mußte. Wichtige Siege gegen den Abstieg gelangen der Eintracht am 32. und 33. Spieltag mit dem 3:2 gegen Essen und dem 2:0 in Offenbach. Doch erst am letzten Spieltag folgte die Rettung, da Offenbach in Köln verlor und Oberhausen in Braunschweig nur einen Punkt holte. Zwar feierte Borussia Mönchengladbach mit einem 4:1-Erfolg am Riederwald die Meisterschaft. Aber Hauptsache die Eintracht blieb erstklassig.

Unerwartet kam für viele Anhänger der fünfte Rang in der Saison 1971/72. Statt gerade 39mal im Vorjahr hatten die Eintracht-Spieler mit 71 Toren diesmal fast doppelt so häufig ins Schwarze getroffen: Nickel erzielte 13 Treffer und Hölzenbein sowie Parits, Neuzugang vom 1. FC Köln, je zwölf. In der Sommerpause wurde die Deutsche Nationalmannschaft durch ein 3:0 über die Sowjetunion Europameister. Grabowski, im Halbfinale gegen die Belgier eingewechselt, rechnete sich Chancen auf einen Platz im rechten Mittelfeld aus - und wurde bitter enttäuscht. Schön bevorzugte den jungen Uli Hoeneß, der zu Franz Beckenbauers „Bayern-Hausmacht" gehörte.

Auch im Dreß der Eintracht erlebte Grabowski im folgenden Jahr Enttäuschungen. Gegen den FC Liverpool kam das Aus in der ersten Runde des UEFA-Pokals, und in den Derbys gegen den OFC setzte es zwei Niederlagen. Besonders bitter war, daß der große Rivale am Saisonende einen Platz vor dem Ribbeck-Team stand. Für einen jungen Spieler kam in dieser eher durchwachsenen Spielzeit aber der Durchbruch. Beim 2:1-Sieg über Titelverteidiger Bayern München bestand „Jungtalent Körbel (17) ... sein Bundesligadebüt ausgerechnet als Widerpart eines Gerd Müller mit Auszeichnung", urteilte der „kicker". Diesem Auftritt sollten 601 weitere Bundesligaspiele im Eintracht-Trikot folgen - ein Rekord, der sehr wahrscheinlich für immer in den Statistiken zu finden sein wird. Erst 1991 trat er als Spieler ab, blieb dem Verein aber als

---

1. Spieltag Saison 1963/64

1. Bundesliga, 24. August 1963, Eintracht - 1. FC Kaiserslautern 1:1, 30.000 Zuschauer - Egon Loy, Hans-Walter Eigenbrodt, Hermann Höfer, Alfred Horn, Ludwig Landerer, Dieter Lindner, Richard Kreß, Horst Trimhold, Helmut Kraus, Wilhelm Huberts, Lothar Schämer - Tor: 1:1 Schämer (40., HE)

18. Spieltag Saison 1998/99

1. Bundesliga, 19. Dezember 1998, Eintracht - MSV Duisburg 0:0, 17.000 Zuschauer - Oka Nikolov, Uwe Bindewald, Petr Hubtchev, Tore Pedersen, Uwe Schneider (46. Ansgar Brinkmann), Alexander Schur (65. Alexander Kutschera), Olaf Janßen, Marco Gebhardt (68. Christoph Westerthaler), Thomas Sobotzik, Jan-Aage Fjörtoft, Damir Stojak - Rot: Hubtchev (73.)

Präsidentschaft Gramlichs ein, den 1970 der bisherige Vizepräsident Albert Zellekens ablöste. Und im ersten Herbst seiner Amtszeit erlebte Zellekens sofort, was Abstiegskampf ist. Im Laufe der Vorrunde wurde das Aushängeschild der Fußballab-

Co- und Cheftrainer erhalten.

Mit dem neuen Trainer Dietrich Weise kehrte ab dem 1. Juli 1973 der Erfolg nach Frankfurt zurück. Lange Zeit boten die Adlerträger den Bayern an der Tabellenspitze Paroli und verfehlten die Halbzeitmeisterschaft nur aufgrund des schlechteren Torverhältnisses. Zuhause erspielte sich die Eintracht insgesamt 30:4-Punkte, verlor die Meisterschaft aber, weil sie in der Fremde nur elf Zähler einfuhr. Im DFB-Pokal zeigte sich das Team hingegen konstanter. Nach Siegen über TB Berlin, Hessen Kassel, den 1. FC Köln und Bayern München - Siegtor durch Jürgen Kalbs Foulelfmeter in der 90. Minute - hatte der Verein nach 1964 wieder das Finale erreicht. Wegen der Weltmeisterschaft im eigenen Land fand das Endspiel in der neuen Saison statt, so daß die Eintracht mit den frischgebackenen Weltmeistern Grabowski und Hölzenbein antrat. Zehn Jahre nach dem Erreichen des ersten Finales klappte es im zweiten Anlauf: Durch Tore von Trinklein, Hölzenbein und Kraus wurde der Hamburger SV mit 3:1 nach Verlängerung besiegt - das Düsseldorfer Rheinstadion war fest in Frankfurter Hand.

Torrekord in der Serie 1974/75! Besonders Körbel und Lorenz (je 10), Nickel (11), Grabowski (13) und Hölzenbein (16) trafen so gut, daß die Weise-Elf als Tabellendritter am Saisonende mit 89 Toren häufiger als der Meister aus Mönchengladbach „eingelocht" hatte. Besonders schlimm erwischte es Rot-Weiß Essen, die beim höchsten Bundesliga-Heimsieg der Eintracht gleich neun Stück eingeschenkt bekamen. Im DFB-Pokal mühte sich die Mannschaft zwar von Runde zu Runde, erreichte aber erneut das Finale. MSV Duisburg hieß im Juni 1975 der Gegner in Hannover, den „Charly" Körbels goldener Schuß in der 57. Minute bezwang. Innerhalb von zehn Monaten hatte sich die Frankfurter Eintracht zwei DFB-Pokalsiege gesichert: eine schnelle Leistung.

In den folgenden Jahren machte der Verein dann mehr durch rasche Trainerwechsel als durch Erfolge auf sich aufmerksam. Auf Dietrich Weise folgten Hans-Dieter Roos, Gyula Lorant, Dettmar Cramer und Otto Knefler - kaum einer blieb länger als

ein Jahr. Sportlich überzeugen konnte die Mannschaft in der Saison 1976/77, als sie 21 Spiele hintereinander ungeschlagen blieb und die Spielserie noch als Tabellenvierter beendete. Ihren höchsten Bundesliga-Auswärtssieg landete die Eintracht ebenfalls in dieser Spielzeit. Am 7. Mai 1977 mußten, wie schon beim höchsten Heimsieg, die Essener Rot-Weißen dafür herhalten. Beim 8:1 trafen Wenzel (3), Grabowski (2), Kraus, Hölzenbein und Neuberger. Ende der 70er Jahre zeigte die Leistungskurve der Riederwälder endlich wieder nach oben. Dies hing auch mit Friedel Rausch zusammen, der Anfang 1979 als neuer Trainer anheuerte. Die Geschichte einer Neuverpflichtung der Saison 1979/80 hatte aber schon kurz vor Rauschs Amtsantritt begonnen…

Am Heiligen Abend 1978 war auf dem Frankfurter Flughafen eine Maschine gelandet, die einen 141fachen koreanischen Fußball-Nationalspieler an Bord hatte. Die Fahrt ging weiter nach Darmstadt, wo der Spieler „Tscha Bum-Fallera", „Bum-Bum", „Bumsfallera" oder „Bum-bum Cha-cha-cha" nach nur einem Spiel bei den Lilien so schnell wieder verschwand, wie er gekommen war. Bei dem anfangs oft falsch benannten Koreaner - genannte Beispiele sind aus dem „kicker" - wurde ab der Serie 1979/80 der Vorname zum Programm. Denn häufig machte es „Bum(m)", wenn der neue Eintracht-Stürmer Cha an den Ball kam.

Zwar lief es in der Bundesliga nicht besonders, am Ende stand ein neunter Platz zu Buche, doch dafür im UEFA-Pokal um so besser. Über den FC Aberdeen, Dinamo Bukarest, Feyenoord Rotterdam und Zbrojovka Brünn war die Mannschaft um Kapitän Grabowski in das Halbfinale gegen Bayern München eingezogen. 0:2 hatte die Eintracht das Hinspiel verloren, doch Kampfgeist und ein schwacher Bayern-Schlußmann Junghans halfen, mit einem 5:1 nach Verlängerung ins Finale einzuziehen. Im ersten Endspiel verlor die Rausch-Elf knapp mit 2:3 (Tore: Karger und Hölzenbein) beim Ligakonkurrenten und Titelverteidiger Mönchengladbach, obwohl sie bis zur 77. Minute mit 2:1 geführt hatte. Das Waldstadion war im Rückspiel mit

59.000 Zuschauern natürlich ausverkauft. In der 77. Minute, es stand 0:0, wechselte Friedel Rausch den 19jährigen Fred Schaub ein. Dieser setzte sich kaum vier Minuten später im Strafraum gegen drei Gegenspieler durch, schoß und ... Der Rest ist Geschichte: Mit dem UEFA-Pokalsieg machte der Verein seinen größten sportlichen Triumph perfekt.

In der Saison 1980/81 präsentierte sich die inzwischen von Lothar Buchmann trainierte Mannschaft bei nationalen Wettbewerben besser. Mit dem neuen „Leitwolf" Willi Neuberger erreichte die Eintracht den fünften Platz. Im UEFA-Pokal war der Titelverteidiger hingegen in der 3. Runde an Sochaux gescheitert, obwohl er im Hinspiel schon mit 4:0 geführt hatte. Besser lief es dagegen im DFB-Pokal, in dem die Mannschaft bis ins Finale vorstieß. Der 2. Mai 1981 wurde gleichzeitig zur Abschiedsgala für Bernd Hölzenbein, der den Verein nach Saisonende in Richtung Amerika verließ. Mit dem 3:1-Sieg über den 1. FC Kaiserslautern wurde „Holz" für sein 15jähriges Engagement am Riederwald belohnt. Als Dankeschön trugen ihn seine Mitspieler auf den Schultern durch das Stuttgarter Neckarstadion.

Das Jahr 1981 brachte eine merkliche Zäsur für den Frankfurter Traditionsverein. Das Präsidium vermeldete einen Schuldenstand zwischen vier und fünf Millionen Mark, um die Vereinsführung gab es heftiges Gerangel und nach Grabowskis Abgang im Vorjahr hatte mit Hölzenbein auch das zweite Aushängeschild den Verein verlassen. Die nächsten Jahre waren geprägt von Mittelmaß und Abstiegskampf. Passend zur Saison 1983/84, in der der Klassenerhalt erst in der Relegation gegen den Zweitliga-Dritten MSV Duisburg gesichert wurde, setzte es beim 0:7 in Köln die höchste Auswärtsniederlage der Bundesliga-Geschichte. Auch Dietrich Weise, der vom Oktober 1983 bis zum Dezember 1986 zum zweiten Mal als Trainer Station bei der Eintracht machte und sich in der Nachwuchsförderung viele Meriten erwarb, verhinderte nicht, daß in der Saison 1985/86 der Mannschaft als Abschluß-15. erneut das Wasser bis zuletzt bis zum Hals stand.

„Er wird Frankfurts nächster Nationalspieler!", sagte Bernd Hölzenbein im „kicker" über den 18jährigen Andreas Möller, der in seinem zweiten Bundesligaspiel am 9. August 1986 eine glanzvolle Partie gespielt hatte. Die Eintracht war nach dem 5:0-Auftaktsieg über Fortuna Düsseldorf erstmals seit September 1979 wieder Tabellenführer, und Präsident Dr. Klaus Gramlich versprach bessere Zeiten. Die sollten aber erst ein Jahr später kommen, als der Verein mit Lajos Detari einen Spielmacher der Extraklasse engagierte. Leider zauberte der Ungar nur ein Jahr in den Bundesligastadien, hinterließ aber bei seinen 33 Einsätzen (11 Tore) einen sehr guten Eindruck. Außerdem war er maßgeblich am vierten DFB-Pokalsieg beteiligt. Per Freistoß erzielte er gegen den VfL Bochum am 28. Mai 1988 den entscheidenden Treffer - nach sieben Jahren spielten die Adlerträger wieder auf der auf internationaler Ebene.

Im Herbst machte die Eintracht jedoch mit vereinsinternen Querelen, es sei nur an den Faustkampf auf der Jahreshauptversammlung im November erinnert, wieder mehr Schlagzeilen als mit Erfolgen auf dem Rasen. Dort war im Europapokal in der 3. Runde gegen den KV Mechelen Endstation, und trotz des Trainerwechsels von Karl-Heinz Feldkamp über Pal Csernai zu Jörg Berger konnte der Relegationsplatz 16 nicht verhindert werden. Zum Glück blieb man nach dem 2:0-Heimsieg gegen Saarbrücken - das Rückspiel wurde 1:2 verloren - weiter Bundesligist. Niemand dachte im Juni 1989 daran, daß gerade jetzt wieder bessere Zeiten für die 90jährige Jubilarin anbrechen sollten.

Mit Uwe Bein kam vom HSV endlich der lange gesuchte Spielgestalter, und Jörn Andersen traf so oft, daß er mit 18 Treffern Torschützenkönig wurde - als erster

Spielklassen	
1963/64 – 95/96	1. Bundesliga
1996/97 – 97/98	2. Bundesliga
seit 1998/99	1. Bundesliga

Eintrachtler überhaupt. Und hätte die Berger-Elf im März gegen Bayern München und Bayer Leverkusen nicht vier Punkte abgegeben, hätte mehr als der 3. Rang herausspringen können. In der Saison 1990/91 sollte Rückkehrer Andy Möller für noch mehr Dampf sorgen - und tat dies, aber auch leider außerhalb des Spielfeldes. Aus Dortmund brachte er seinen Berater Klaus Gerster mit, der als Manager für reichlich Gesprächsstoff sorgte. Als es sportlich nicht so wie geplant lief, und Trainer Berger im Streit zwischen Mannschaft, Präsidium und Manager zwischen alle Fronten geriet, kam es im April 1991 zu Bergers Entlassung. Der ehemalige Eintracht-Spieler Stepanovic zog den Karren aus dem Dreck, und die Mannschaft kam noch in den UEFA-Pokal. Auf Schiedsrichter Alfons Berg aus Konz sind Franfurter Fußballfans seit dem 16. Mai 1992 nicht mehr gut zu sprechen. Beim Showdown der Saison 19991/92 hatte das punktgleiche Spitzentrio aus Frankfurt, Stuttgart und Dortmund jeweils ein Auswärtsspiel, wobei die Eintracht in Rostock vor der vermeintlich leichtesten Aufgabe stand. In der 77. Minute zog der Rostocker Stefan Böger Frankfurts Ralf Weber von hinten die Beine weg - doch Bergs Pfeife blieb stumm. Zu diesem Zeitpunkt hatte es 1:1 gestanden, ein Elf-

metertor und das Stepanovic-Team wäre aufgrund des besseren Torverhältnisses zum zweiten Mal Deutscher Meister gewesen.

Daß Böger sogar noch den Siegtreffer für die Gastgeber markierte, war nebensächlich - der Traum vom Meistertitel war endgültig geplatzt. Der VfB sicherte sich die

Torschützenkönig 1992/93 und 1993/94: Anthony Yeboah

Schale, für die Eintracht blieb als Dritter nur die Teilnahme am UEFA-Pokal. „Feuerwehrmann" Horst Heese verbrannte sich am 32. Spieltag der Saison 1992/93 noch einmal kräftig die Finger. Im März 1993 für den entlassenen Stepanovic geholt, wechselte der Trainer in Uerdingen verbotenerweise einen vierten Ausländer ein - die Eintracht bekam die Punkte des 5:2-Sieges nachträglich abgesprochen. Trotzdem erreichte die Mannschaft wieder das internationale Geschäft und startete im UEFA-Pokal, während Anthony Yeboah sich zusammen mit dem Leverkusener Ulf Kirsten mit 20 Treffern die Torjägerkrone aufsetzte. Auch in der Saison 1993/94 traf der Ghanaer am besten. Er überwand die gegnerischen Torsteher 18mal, genauso oft wie der Kaiserslauterer Stefan Kuntz. Yeboahs Mannschaft verspielte aber erneut eine gute Ausgangsposition und belegte, nachdem sie in der Hinrunde souverän ihre Kreise gezogen hatte, am Ende nur einen enttäuschenden fünften Rang. Darüber hinaus mußte Torwart Uli Stein während der Saison aus disziplinarischen Gründen gehen - genauso wie Trainer Toppmöller, der bei Arbeitsantritt vor Saison vollmundig vom Titel geredet hatte.

Die Verpflichtung von Trainer Jupp Heynckes für die Spielzeit 1994/95 erwies sich leider als Fehlgriff. Weder er noch die Spieler Gaudino oder Yeboah, mit denen sich Heynckes überworfen hatte, standen am Saisonende noch auf der Gehaltsliste des Vereins. Wie in der Saison zuvor, als er für den geschaßten Toppmöller eingesprungen war, holte wieder „Charly" Körbel die Kastanien aus dem Feuer und kam sogar noch in den UI-Cup. Zum Dank wurde das Frankfurter Urgestein ab dem 1. Juli 1995 zum Cheftrainer befördert. Aber Körbel war gewarnt: In den letzten beiden Jahren herrschte am Riederwald mehr Zwie- als Eintracht...

Trotz vieler Neuzugänge und Nachbesserungen im Kader während der Saison, stand die Mannschaft bald wieder im hinteren Teil der Tabelle. Nachdem das Team im März 1996 sogar auf einen Abstiegsplatz abgerutscht war, zog das Präsidium die Notbremse. Stepanovic ersetzte Körbel - was aber nichts mehr half. Am 32. Spieltag erhielt der Traditionsverein im Waldstadion beim 0:3 gegen Schalke den Fahrschein für die zweite Liga. „Und im nächsten Jahr sind wir wieder da", riefen die Fans von den Rängen. Doch nach 33 Jahren Bundesliga hieß es erst einmal Abschied nehmen.

Den Tiefpunkt erreichte die Mannschaft aber im Dezember 1996, als sie erneut auf einem Abstiegsplatz stand: Doch diesmal drohte Regionalliga-Fußball. Da als probatestes Mittel gegen Erfolglosigkeit nach wie vor der Trainerwechsel gilt, holten die Verantwortlichen Horst Ehrmantraut und schickten „Stepi" zum zweiten Mal in die Wüste. „Ehrmantraut: Arbeit, Akribie, Aufstieg", faßte der „kicker" einmal das Wirken des ehemaligen Eintracht-Profis zusammen. Der 41jährige arbeitete sich in der Saison 1996/97 mit dem Team auf den 7. Platz vor, und saß auch an jenem Montagabend im Mai 1998 als strahlender Gewinner auf der Trainerbank: In knapp eineinhalb Jahren hatte er aus einem potentiellen Zweitliga-Absteiger einen Bundesliga-Aufsteiger geformt.

Frankfurt im Jahr 1999. Die Eintracht schmückt sich für ihr 100jähriges Vereinsjubiläum. Da Erfolge vergänglich sind, feiert die Jubilarin das Fest ohne Horst Ehrmantraut. Mit Beginn der Rückrunde versucht Reinhold Fanz - Ex-Hannover 96-Coach und ehemaliger hessischer Verbandstrainer -, die Eintracht vor dem erneuten Sturz in die Zweitklassigkeit zu bewahren. „Gernot Rohr hilft Ehrmantraut", hatte der „kicker" Anfang Oktober 1998 geschrieben - „beim Gehen" müßte hinzugefügt werden. Der neue Sportliche Leiter und der Trainer, der wieder etwas Kontinuität an den Main gebracht zu haben schien, konnten nicht miteinander: Ehrmantraut mußte gehen. Erfolge sind vergänglich.

Volker Preilowski

Sport-Club Freiburg

Für gewöhnlich ist die Fußballhierarchie in einer Stadt eine recht stabile Angelegenheit. Größere Orte wie München oder Hamburg lassen zwei Klubs Raum, kleinere hingegen nur einem. Und egal ob Metropole oder Kleinstadt: Bewegung innerhalb der lokalen Fußballszene findet kaum statt. Im Gegenteil, denn wer einmal

Vom Kleingartenverein zu Everybody's Darling

seinen Lokalrivalen wegziehen läßt, hat in der Regel ziemlich schlechte Karten. Das galt jahrzehntelang auch für Freiburg. In der Universitätsstadt an der Dreisam war der 1897 gegründete FFC unangefochtene Nummer 1, obwohl der ebenso einsame wie herausragende Vereinserfolg - der Gewinn der deutschen Meisterschaft – zu einer Zeit errungen wurde, als die Fußbälle noch wie Medizinbälle aussahen und die Akteure Kaiser-Wilhelm-Schnauzbärte hatten: 1907.

Vom Sport-Club Freiburg sprachen nur die Eingefleischten. Die, die mit dem "Stehkragenklub FFC" nichts anfangen konnten (oder wollten). Rein zufällig fand die Freiburger Fußballhierarchie sogar einen geographisch passenden Ausdruck, denn vom hoch über Freiburg gelegenen Möslestadion des FFC hat man einen wunderschönen Blick ins Tal der Dreisam, in dem das bis vor kurzem bescheiden versteckte Stadion des Sport-Club liegt. Jahrzehntelang schauten die FFCer gemütlich von dort zu, wie man sich im Dreisamstadion abmühte, und den "Mythos FFC" doch nicht ins Wanken zu bringen vermochte. Seit einem guten Jahrzehnt ist es damit vorbei. Heute stehen die FFC-Freunde voller Verbitterung und Resignation in ihrem trotzig den Charme der sechziger Jahre versprühenden Möslestadion und wollen vom hypermodernen Areal des Rivalen, das sogar über eine Sonnenenergieanlage verfügt, nichts hören. Der Aufschwung des Sport-Club Freiburg ist nicht nur in sportlicher Hinsicht bemerkenswert, sondern zugleich in sportge-

Bundesligabilanz	
Bundesligajahre:	1993/94-96/97, seit 1998/99
Gesamt:	4 Jahre
Beste Plazierung:	Platz 3 (1994/95)
Ewige Tabelle:	Platz 28, 136 Spiele, 49 Siege, 28 Unentschieden, 59 Niederlagen, 193:209 Tore, 175 Punkte
Ø Plazierung:	Platz 11,5
Top-Spieler:	Jörg Schmadtke (131), Andreas Zeyer (119), Maximilian Heidenreich (114), Jens Todt (95), Oliver Freund (94), Ralf Kohl (94)
Top-Torjäger:	Rodolfo Esteban Cardoso (28), Uwe Wassmer (21), Uwe Spies (20), Harry Decheiver (17), Andreas Zeyer (15)

schichtlicher einzigartig: Nie zuvor hat ein "Machtwechsel" innerhalb einer lokalen Fußballszene mit vergleichbarer Vehemenz und Konsequenz stattgefunden, wie in Freiburg.

Das darf allerdings nicht darüber hinwegtäuschen, daß es sich bei Freiburgs Fußballgeschichte lange Zeit um eine ziemlich bittere und triste Angelegenheit handelte. Während nämlich Lokalmatador und Publikumsliebling FFC zumindest zu seinen (wenigen) Glanzzeiten gelegentlich erwähnenswerte Zuschauermassen mobilisieren konnte (Höhepunkt: Bundesliga-Aufstiegsrunde 1969), war man beim Sport-Club schon glücklich, wenn die Zuschauerzahl mal vierstellig war. Was wiederum eine Menge mit den damaligen Gegnern zu tun hat, denn die waren vom Schlage Alemannia Zähringen, Spielvereinigung Bühlertal oder DJK Konstanz.

Was Freiburgs Fußball jahrzehntelang fehlte, waren Visionen. Mit Ausnahme der Saison 1968/69, als dem FFC lediglich ein Tor zum Sprung in die 1. Bundesliga fehlte, war die Stadt tiefste Fußballprovinz - wobei der FFC sich immerhin noch theoretisch mit dem Gedanken an Bundesligafußball beschäftigen konnte, während der kleine Bruder Sport-Club zumeist damit beschäftigt war, die Zugehörigkeit zur dritthöchsten Spielklasse zu sichern. 1963/64 beispielsweise, als die Bundesliga ihre Pforten öffnete und der FFC Platz 10 in der Regionalliga Süd belegte, blieb der Sport-Club Freiburg nur in der 1. Amateurliga Südbaden, weil Lokalrivale FC Emmendingen durch seinen Aufstieg in die Regionalliga einen zusätzlichen Platz freimachte. Traurig über den Abstieg wäre in Freiburg wohl kaum einer gewesen. "Die Amateurligaspiele haben wir oft vor nicht einmal 200 Zuschauern über die Runden gebracht. Manchmal haben wir danach im Vorstand zusammengelegt, um den Spielern 20 Mark und ein Nachtessen zukommen lassen zu können", schilderte der seinerzeitige Spielausschußvorsitzende Heinrich Kaufmann später einmal eindrucksvoll die Sport-Club-Welt der sechziger Jahre.

Bis weit in die siebziger Jahre änderte sich daran nicht viel. Das bescheidene Sportareal an der Dreisam genügte bestenfalls

Amateurligaansprüchen (der heutige Ehrenvorsitzende Schempp: "Wenn es regnete, konnten manchmal alle Zuschauer unter der Terrasse vom ,Dreisamblick' Unterschlupf finden"), Geld war immer knapp und wenn der Sport-Club mal talentierte Spieler hatte, wurden sie rasch an höherklassige Vereine verscherbelt. Wie Peter Zacher, der 1968 zum Karlsruher SC ging, für den er 21 Einsätze in der Regionalliga Süd absolvierte. Als der Sport-Club im Jahr 1978 nach 28 Jahren ununterbrochener Zugehörigkeit zur südbadischen Amateurliga ein wenig überraschend den Sprung in die 2. Bundesliga schaffte, wies er keine allzu glorreiche Bilanz auf: In 866 Spielen war er 365mal als Sieger und 306mal als Verlierer vom Platz gegangen. Das machte 925-807 Punkte, die mitsamt des Torverhältnisses von 1617:1413 zu Platz 3 in der "ewigen Tabelle" reichten. Besser waren nur der Offenburger FV und Rastatt 04 – zwei Klubs, die heute in der Versenkung verschwunden sind.

Man konnte dem Sport-Club nicht vorwerfen, es nicht versucht zu haben. 1965 hatte er erstmals einen ernsthaften Anlauf in Richtung Regionalliga (und damit auch in Richtung FFC) genommen. Unter Trainer Hans Diehl erstritt sich die Stammformation Kreß, Eibl, Heninger, Fischer, Knischka, Rettenberger, Brief, Link, Stöhr, Schlatterer, Hofmann und Keilbach Platz 1 in Südbaden, scheiterte aber in der Aufstiegsrunde zur Regionalliga am VfR Pforzheim. Drei Jahre später unternahm die Elf, in der inzwischen Akteure wie Ott, Haas, Eckenfels, Zacher, Hasenohr, Blank und Biehler standen, einen weiteren Versuch, der ebenfalls scheiterte. Statt des SC Freiburg schaffte der VfL Neckarau den Sprung in die Regionalliga.

Frei nach dem Motto "kommst Du nicht zu mir, komm ich zu Dir" geriet Freiburgs Fußballhierarchie in den frühen siebziger Jahren dennoch ins Wanken. 1974 verpaßte der ruhmreiche FFC den Sprung in die neugeschaffene 2. Bundesliga Süd und rutschte in die Drittklassigkeit ab. Erstmals seit 1949/50 gehörten FFC und Sport-Club damit wieder einer gemeinsamen Spielklasse an, in der sich zudem Freiburgs dritte Kraft FC Sportfreunde tummelte. Das Jahr 1974

Kalla Bente – das war der Sport-Club der siebziger Jahre. Hinten Guido Buchwald, seinerzeit Stuttgarter Kickers.

markiert den Beginn des schleichenden Führungswechsels im Freiburger Fußball. Am Saisonende hatte der Sport-Club dem FFC nicht nur drei von vier Zählern abgeknöpft (1:1 im Mösle, 1:0 im Dreisam) und den südbadischen Pokal gewonnen, sondern lief zudem vier Ränge vor dem hochtrabenden Lokalrivalen auf Platz 2 ein. Es war das erste Mal in Freiburgs Fußballhistorie, daß der FFC nicht Nummer 1 war! Auf den ersten Blick schien die Entwicklung für Freiburgs Fußballhoffnungen allerdings ein Rückschlag zu sein. Trotz der sportlich ausgezeichneten Plazierung befand sich der Sport-Club Freiburg in jenen Tagen nämlich noch immer im sanften Tiefschlaf und war von einem professionellen Outfit meilenweit entfernt. Die Heimspiele im bestenfalls 6.000 Plätze bietenden Dreisamstadion hatten den Charakter eines "Grillnachmittags mit Rahmenprogramm", das Vereinsleben wies deutlich familiäre Züge auf, und in Freiburg interessierte sich für das, was der Sport-Club so trieb, kaum jemand. Daß die Rot-Schwarzen angesichts dieser Umstände nicht resignierten, war vor allem einem Mann zu verdanken: Achim Stocker. Der Finanzexperte, der zwischen 1955 und 1962 das Sport-Club-Jersey getragen hatte, war 1971 als 3. Vorsitzender

ins Präsidium aufgerückt und hatte wenig später zunächst das Amt des 2., und dann sogar das des 1. Vorsitzenden übernommen. "Es war die Zeit, als wir vom Dreisamstadion immer nur rübergeschaut haben zum Mösle. Das Schlimmste war, daß wir keine Perspektiven gesehen haben", denkt Stocker heute nur noch ungern an die Tage, in denen der Wandel des Sport-Clubs vom bescheidenen und wenig ambitionierten Drittligisten zum Bundesligisten begann. Stockers Versuch, das Mauerblümchen Sport-Club in Freiburgs führende Fußballkraft zu verwandeln, war lang, beschwerlich und zunächst gar nicht von Erfolg gekrönt: "Obwohl wir mit dem Herzen dabei waren, haben wir immer wieder auf der Stelle getreten. Denn wir haben nie das Gefühl gehabt, daß wir in Freiburg irgendwie Anerkennung erfahren könnten". Stockers größtes Plus war seine Hartnäckigkeit. In der festen Überzeugung, daß "da was zu bewegen sein muß", machte er sich erfolgreich auf Promotiontour: "Es war eine bittere Zeit, denn um vierhundert oder mal fünfhundert Mark im Monat reinzuholen, mußte man viel Betteln". Die erzielten "Einnahmen" wurden in die Mannschaft investiert, wodurch der Sport-Club allmählich in Schwung kam. Stockers wichtigster Mitstreiter war Manfred Brief, wie der SCF-

Vorsitzende einst selbst im Sport-Club-Dreß aktiv. 1972 war der gebürtige Ostpreuße als Trainer ins Dreisamstadion zurückgekehrt und hatte einen Kader zusammengestellt, der von Jahr zu Jahr stärker wurde. Nach der Vizemeisterschaft 1975 gab es zwar 1976 mit Platz 6 einen kleinen Rückschlag, doch schon 1976/77 konnte der Sport-Club erneut um die Meisterschaft mitspielen. Am Ende einer dramatischen Saison liefen die Rot-Schwarzen schließlich auf Rang 2 ein, geschlagen nur vom FFC, der sich wenig später den Zweitligaaufstieg sicherte. Ein letztes Mal war das Rennen um die Rolle der Nummer 1 zugunsten des FFC ausgegangen.

Dem Sport-Club drohte im Schatten der Möslekicker der erneute Rückfall in die Bedeutungslosigkeit. Der Mann, der ihm dieses Schicksal ersparte, hieß Wolfgang Schüler. Aus dem Fohlenstall der Sportfreunde/DJK Freiburg gekommen, avancierte Schüler zum nicht zu stoppenden Torjäger und schoß den Sport-Club fast im Alleingang in die 2. Bundesliga. Der Aufstieg kam völlig unerwartet, denn zu Saisonbeginn hatte man noch bescheiden die "neue Amateuroberliga Baden-Württemberg" anvisiert und lediglich den dafür nötigen sechsten Platz als Ziel ausgeschrieben. Daß die Brief-Schützlinge nach gewonnener Meisterschaft dann auch noch ungeschlagen durch

---

1. Spieltag Saison 1963/64

Amateurliga Südbaden, 18. August 1963, VfB Gaggenau – Sport-Club 2:0

18. Spieltag Saison 1998/99

1. Bundesliga, 18. Dezember 1998, Sport-Club – VfL Bochum 1:1, 22.000 Zuschauer – Richard Golz, Daniel Schumann, Boubacar Diarra (78. Lars Hermel), Steffen Korell, Lewan Kobiaschwili (84. Marco Weißhaupt), Ralf Kohl, Ali Günes, Michael Frontzeck, Zoubaier Baya, Mehdi Ben Slimane (59. Adel Sellimi), Alexander Iaschwili - Tor: 1:0 Baya (50.)

---

die Aufstiegsrunde kamen, stellte Fußball-Freiburg vor echte Probleme, denn ob die Stadt zwei Zweitligisten würde verkraften können, wurde heftig angezweifelt. Auch bundesweit sorgte der Sport-Club-Aufstieg

für Verwirrung. Bis dato war der Freiburger Fußball mehr oder weniger synonym mit "FFC" gewesen, und schon der Name des Aufsteigers sorgte für Probleme, denn analog der FFC-Schreibweise sprachen die meisten Medien vom "Freiburger SC". Es dauerte viele Jahre, ehe sich die korrekte Schreibweise "SC Freiburg" durchgesetzt hatte.

Achim Stocker gab sich vor der ersten Zweitligasaison zurückhaltend: "Wir müssen sehr sparsam wirtschaften. Finanzielle Abenteuer, die an den Bestand des Vereins gehen, kommen für uns nicht in Frage". Die Sorgen des Aufsteigers waren zahlreich. In Freiburg gab es mit dem FFC und dem Eishockeybundesligisten ERC Konkurrenten, die in der Publikumsgunst weitaus höher angesiedelt waren, Torjäger Schüler war nach vollzogenem Aufstieg zum Karlsruher SC gewechselt, und schließlich war auch noch das Stadion an der Dreisam durch die DFB-Prüfung gefallen. Da die Stadt nicht bereit war, dem Sport-Club unter die Arme zu greifen, blieb den Rot-Schwarzen keine andere Wahl, als ins Mösle-Stadion auszuweichen. Ein herber Schock, der nur durch die Aussicht abgemildert wurde, in der Zwischenzeit das Dreisamstadion in kostensparender Eigenarbeit auf Zweitligaformat zu trimmen. Immerhin konnte ein anderes drohendes Problem – der Verlust von Trainer Brief an den Bahlinger SC - gelöst werden, denn die mit Ausnahme von Schüler zusammengebliebene Aufstiegsmannschaft redete dem Erfolgscoach seine Abwanderungsgelüste erfolgreich aus.

Angesichts der ungünstigen Vorzeichen gab man sich keinerlei Illusionen hin. "Es muß unser Bestreben sein, beim Start zunächst einmal keine zu hohen Niederlagen einzustecken", stapelte Trainer Brief zu Saisonbeginn ziemlich tief. Er muß geahnt haben, was auf ihn zukam, denn nach vier Spielen zierte der Sport-Club mit 0:14-Toren und 0:8-Punkten bereits einsam und allein das Tabellenende. Dem Aufstiegskader fehlte schlicht die Zweitligareife, und er brauchte dringend Verstärkungen. Aus Nürnberg wurden Susser und Steinkirchner ausgeliehen, und dank der gut gefüllten Privatschatulle des Spielausschußvorsitzenden Horst "Pit" Zick konnten Wienhold, Fass und Zele sogar fest verpflichtet werden. "Plötzlich gewannen wir mehr Spiele, als wir verloren", erinnert sich Stocker an die Folgen. Am Ende belegte der Sport-Club Platz 15 und hatte "das Wunder" geschafft. Doch der sportliche Erfolg war nur eine Seite der Medaille. Die andere – die wirtschaftliche – sah trübe aus. "Das Ganze war deprimierend. Kaum ein Zuschauer verirrte sich zu uns, ich war ziemlich verzweifelt, denn ich kämpfte und mußte doch einsehen, daß Land eigentlich nicht in Sicht war", berichtet Stocker über das, was den Sport-Club in den Folgejahren treu begleitete: Sein Mauerblümchendasein. Hoffnung gab es kaum: "Der Freiburger FC war der Verein der Stadt und wir waren und blieben im Bewußtsein der Öffentlichkeit so etwas ähnliches wie der Kleingartenverein", meinte Stocker, der trotz der widrigen Begleitumstände am Ball blieb: "Solange ich eine Chance gesehen habe, habe ich alle Kräfte investiert, die ich aufbringen konnte. Es war eine wahnsinnig verrückte Zeit, finanziell standen wir pausenlos vor dem Abgrund, manchmal waren wir auch schon mit eineinhalb Beinen unten".

Immerhin wandelte sich der Sport-Club in den folgenden Jahren von einem sicheren Abstiegskandidaten zu einer "grauen Zweitligamaus", von der allmählich sogar das Freiburger Fußballpublikum Notiz nahm. Als die Breisgauer in der Hinrunde 1979/80 mit herzerfrischendem Offensivfußball (für den vor allem der zurückgekehrte Torjäger Schüler verantwortlich war) an die Tabellenspitze stürmten, strömten mitunter sogar bis zu 12.000 Zuschauer ins Möslestadion! Doch ausgerechnet als im Dezember 1979 endlich die Rückkehr ins in der Zwischenzeit mit einem Zaun versehenen und auf 10.000 Plätze erweiterten Dreisamstadion anstand, kehrte die sportliche und wirtschaftliche Ernüchterung ein. Trotz Platz 6 im Endklassement ging das Zuschauerinteresse in der Rückrunde auf weniger als 2.600 pro Spiel zurück. Dennoch brachte die Saison 1979/80 erste Belege, daß der Sport-Club durchaus das Zeug hatte, dem FFC den Rang abzulaufen: Sportlich mit Platz 6 (Sport-Club) bzw. Platz 9 (FFC), und wirtschaftlich mit 81.600 (Sport-Club) bzw. 63.800 (FFC) Zuschauern. Da-

bei profitierte der Sport-Club allerdings davon, daß Fußball inzwischen auch in der Alternativbewegung "akzeptierte" Freizeitbeschäftigung war, denn die in Freiburg große Szene linker Studenten, Öko-Freaks und überzeugter Radfahrer fand weitaus häufiger den Weg zum frischen Wind verbreitenden Sport-Club als zum verknöcherten und biederen FFC.

Viel Staat zu machen war mit Freiburgs

Kreativ, begeisterungsfähig und manchmal ganz schön laut – Freiburgs Fans spielen eine wichtige Rolle im Bundesligakapitel des Sport-Clubs.

Fußball dennoch nicht. Weder FFC noch Sport-Club hatten Ambitionen auf den Bundesligaaufstieg und zitterten stattdessen regelmäßig um den Klassenerhalt. Allen war klar, daß Freiburg mit rund 170.000 Einwohnern ohnehin viel zu klein ist, um auf Dauer zwei Zweitligisten zu beherbergen. Früher oder später mußte einer weichen (sprich absteigen), und niemand zweifelte daran, daß es der Sport-Club sein würde. Der jedoch dachte gar nicht daran, dem FFC das Feld zu überlassen, und 1982 war die sensationelle Wachablösung zugunsten des Sport-Clubs plötzlich perfekt. Platz 15 in der Auftaktsaison der eingleisigen 2. Bundesliga genügte den Schwarz-Roten zum Klassenerhalt, derweil der FFC als Neunzehnter absteigen mußte. Der "Kleingartenverein" war klassenhöchster Verein Freiburgs!

Die Rolle als Nummer 1 bekam dem Sport-Club zunächst gar nicht. Obwohl zur Spielzeit 1982/83 erstmals in der Vereinsgeschichte regelrecht "investiert" wurde (Besl, Löw, Schulz und Wormuth kamen), war das Resultat niederschmetternd: Sportlich sprang mit Rang 8 nur ein unbefriedigender Mittelplatz heraus, und wirtschaftlich wurde der angestrebte Zuschauerschnitt von 6.500 um beinahe 3.000 verfehlt. Mitunter hatte der FFC zu seinen Drittligaspielen sogar mehr Zuschauer ins Möslestadion gelockt, als der Sport-Club zu seinen Zweitligakicks ins Dreisamstadion! Freiburg war es offensichtlich nicht gewohnt, den Sport-Club als Nummer 1 zu sehen. Daran änderte sich zunächst kaum etwas. Obwohl

Angesichts der angespannten Finanzlage und des offensichtlichen Desinteresses der Freiburger war eine zukunftsorientierte Arbeit beim Sport-Club kaum möglich. Nur durch regelmäßige Spielerverkäufe konnte sich der Klub über Wasser halten. Joachim Löw, Herbert Reiss, Karl-Heinz Wöhrlin, Alfons Higl, Sammy Sane, Oliver Schäfer, der inzwischen verstorbene Paul Dörflinger und viele mehr trugen in jenen Jahren das Sport-Club-Jersey, ehe sie zu Klubs wechselten, bei denen mehr zu verdienen war. Daß der Sport-Club dennoch wacker seinen Zweitligaplatz verteidigte, war Männern wie "Charly" Schulz, Günter Wienhold, Gabor Zele und Reinhard Binder zu verdanken, die dem Klub über Jahre hinweg treu blieben. Darüber hinaus zehrte der Klub von der besonnenen Arbeit Achim Stockers sowie dem impulsiven Ligaobmann Pit Zick, der auch schon mal als Trainer einsprang und dem Sport-Club als solcher im Verbund mit Amateurcoach Rettenberger in der Saison 1985/86 den nicht mehr für möglich geglaubten Klassenerhalt sicherte. Zwölf Monate später erklommen die Breisgauer unter Neu-Trainer Jörg Berger erstmals Platz 1 der 2. Bundesliga, mußten ihre heimlichen Aufstiegshoffnungen jedoch im Dezember 1988 begraben, als Berger von Eintracht Frankfurt abgeworben wurde, woraufhin das Team ins Mittelfeld zurückfiel.

Die Suche nach Bergers Nachfolger gestaltete sich schwierig. Nacheinander wirkten Fuchs, Köstner, Ehret, Hoss und Krautzun im Dreisamstadion, ohne jedoch den Sport-Club aus seiner Rolle als graue Zweitligamaus befreien zu können. Im Gegenteil, denn 1989/90 mußte lange Zeit sogar um den Klassenerhalt gezittert werden. Anschließend wurde ein Schnitt vorgenommen und mit Volker Finke ein Mann verpflichtet, der ein Jahr zuvor den TSV Havelse sensationell in die 2. Bundesliga geführt hatte und dem SCF-Boß als "außergewöhnlich starke, manchmal aber sicher auch unbequeme Persönlichkeit" aufgefallen war.

Unter Finke vollzog der Sport-Club Freiburg den inzwischen vielzitierten Wandel

Spielklassen	
1963/64 – 77/78	Amateurliga Südbaden
1978/79 – 92/93	2. Bundesliga (-Süd)
1993/94 – 96/97	1. Bundesliga
1997/98	2. Bundesliga
seit 1998/99	1. Bundesliga

sich der Sport-Club allmählich im oberen Zweitligamittelfeld festsetzte, ging das Zuschauerinteresse kontinuierlich zurück. Der Tiefpunkt wurde 1984/85 erreicht, als nicht einmal 2.400 Fans pro Spiel ins Dreisamstadion kamen. Drittligist FFC hatte zur selben Zeit einen Schnitt von 930 Fans erreicht und damit die Unkenrufe ("Freiburg wird nie eine Fußballstadt") ebenfalls bestätigt.

von einem weitestgehend unbekannten biederen Zweitligisten zu "everybodies darling", dessen größter Erfolg die UEFA-Cup-Teilnahme der Saison 1995/96 war. Um diesen Wandel zu verstehen, noch einmal ein Blick zurück in den Sommer 1990, in dem Finkes Ankunft nicht die einzige Veränderung in Freiburgs Fußballszene war. Gleichzeitig war nämlich der FFC aus der 3. Liga abgestiegen und hatte damit das Rennen um die Nummer 1 endgültig verloren. Auch wenn dem Traditionsverein 1991 die kurzzeitige Rückkehr in die 3. Liga gelang, war sein Zug abgefahren. 1994 folgte der erneute Abstieg in die Verbandsliga, der er auch heute noch angehört. Fortan hatte der Sport-Club in punkto Fan-Akquisition und Medieninteresse "freie Bahn".

Volker Finke

Eine weitere entscheidende Veränderung war die allmähliche Konsolidierung der Finanzlage im Dreisamstadion. Jahrelang hatte der Sport-Club irgendwo im Umfeld Talente ausgegraben, sie mühsam aufgepäppelt und anschließend gewinnbringend verkauft. Dieses Vorgehen hatte zwar den Nachteil des fehlenden Großsponsors ausgeglichen, gleichzeitig aber regelmäßig für eine sportliche Schwächung gesorgt. In Finkes erstem Amtsjahr verließen mit Niels Schlotterbeck (MSV Duisburg) und Oliver Schäfer (Kaiserslautern) erneut zwei Leistungsträger die Mannschaft, woraufhin mal wieder die Devise "nur nicht absteigen" ausgegeben wurde. Am Ende sprang überraschend Rang 3 heraus, doch viel einschneidender waren die Veränderungen im Umfeld. 1992 konnte der Sport-Club Freiburg erstmals in seiner Vereinsgeschichte einen lukrativen Trikotwerbevertrag abschließen (Zehnder), seinen Zuschauerschnitt auf 9.000 steigern und erstmals die eingenommenen Transfererlöse (Michael Zeyer ging nach Kaiserslautern) reinvestieren. Maximilian Heiden-

reich, Oliver Freund, Thomas Seeliger und Damir Buric kamen und verstärkten den Kader, in dem bereits vornehmlich von Volker Finke angelockte Akteure wie Kohl, Vogel, Braun, Todt, Andreas Zeyer, Spies und Schweizer standen.

Zwölf Monate später gehörte der Sport-Club Freiburg zur Überraschung der staunenden Fußballnation plötzlich zu den 18 besten Fußballklubs Deutschlands. Mit wunderschönem Offensivfußball hatten sich die "Breisgau-Brasilianer" Platz 1 und damit den Direktaufstieg gesichert. Gleichzeitig hatte die Finke-Elf die angebliche Fußballdiaspora Freiburg in ein regelrechtes Tollhaus verwandelt. Rund 9.000 Fans hatte der Sport-Club pro Heimspiel begrüßen können – und wäre das Stadion größer gewesen, wären es wohl noch wesentlich mehr gewesen. Aus dem bescheidenen und wenig ambitionierten SC Freiburg war aber nicht nur sportlich ein Erstligist geworden. "In den letzten zwei Jahren hat sich hier einiges im ICE-Tempo verändert", meinte beispielsweise Volker Finke nach dem vollzogenen Aufstieg, und spielte auf die Veränderungen im Umfeld an: Renovierter Kabinentrakt, Aufwärmhalle, Besetzung der bislang von einem Rentner ehrenamtlich geführten Geschäftsstelle mit professionellen Kräften, Ankurbelung des Marketings und schließlich Ausbau des Stadions mitsamt Errichtung einer elektronischen Anzeigentafel.

Doch Freiburgs Bundesligaabenteuer drohte nach nur zwölf Monaten schon wieder zu Ende zu gehen. Die durch Schmadtke und Cardoso verstärkte Finke-Elf, die zunächst auch im Oberhaus mit herzerfrischendem Offensivfußball Sympathiepunkte in der ganzen Republik sammelte, lag kurz vor Saisonende schier aussichtslos auf einem Abstiegsrang, als mit einem 4:0-Sieg beim VfB Stuttgart die Wende eingeleitet wurde. Am Ende sorgte ein 2:0 im Duisburger Wedaustadion für die sensationelle Rettung der Breisgauer, die sich damit ein weiteres Jahr 1. Liga sicherten. Trotz aller Freudenfeiern war die erste Erstligasaison problematisch gewesen. Das Dreisamstadion war mit ganzen 15.000 Plätzen viel zu klein und finanziell rangierte der Sport-Club wie in alten Zweitligazeiten abgeschlagen am Tabellenende. Stocker und Co. ließen sich davon jedoch nicht abschrecken. Zur Saison 1994/95 wurde das Stadion auf ein Fassungsvermögen von 22.500 ausgebaut und der sportliche Aufwärtstrend fortgesetzt. Am Ende feierte der Sport-Club Freiburg mit Platz 3 den größten Erfolg seiner Vereinsgeschichte und qualifizierte sich erstmals für einen internationalen Wettbewerb. Größter Tag war der umjubelte 5:1-Sieg über Bayern München gewesen, bei dem die Finke-Schützlinge ein "Jahrhundertspiel" abgeliefert hatten. Auch sonst herrschte eitel Sonnenschein an der Dreisam. Am 12. Oktober 1994 hatte mit Jens Todt erstmals ein Sport-Club-Akteur das Jersey der deutschen Nationalmannschaft getragen, mit dem aus Emden gekommenen Jörg Heinrich stand Nationalspieler Nummer 2 bereit und schließlich wurde Volker Finke auch noch zum "Trainer des Jahres" gekürt.

Doch nun erhielt das "Freiburger Wunder" erste Risse. Mittelfeldregisseur Cardoso wechselte zu Werder Bremen, und der Sport-Club verbrachte fast die gesamte Vorrunde 1995/96 auf dem letzten Tabellenplatz. In der Rückserie gelang – u.a. dank der Neuverpflichtungen Sutter, Decheiver und Jurcevic – der Sprung auf Rang 11, was dem Sport-Club sein drittes Bundesligajahr bescherte. Doch die Probleme, die 95/96 noch glimpflich verlaufen waren, sorgten

96/97 endgültig für den Absturz. Mit Jens Todt war nach Cardoso und Heinrich der dritte Leistungsträger gegangen, derweil Torjäger Harry "Knipser" Decheiver nicht nur Ladehemmungen hatte, sondern auch noch Unruhe in die Mannschaft trug. Da halfen auch die Neuzugänge Michael Sternkopf und Michael Frontzeck nichts – am Saisonende zählte der Sport-Club zu den Absteigern. Nun bewahrheitete sich aber einmal mehr, daß der SC Freiburg der "etwas andere Verein" ist. Während anderenorts vermutlich längst der Trainer gefeuert worden wäre, hielt der Sport-Club-Vorstand um Achim Stocker treu zu Volker Finke und ging mit ihm in die 2. Liga – um zwölf Monate später die Belohnung in Form des direkten Wiederaufstieges in Empfang nehmen zu können. Nach recht souveräner Hinserie war der SC-Motor in der Rückrunde allerdings mächtig ins Stottern geraten, und am Ende konnten sich die Breisgauer bei der Konkurrenz aus Gütersloh und St. Pauli bedanken, die noch unbeständiger als sie selbst gewesen war.

Der 1998er Aufstieg unterscheidet sich in vielerlei Hinsicht von dem des Jahres 1993. Viel ist nicht mehr zu sehen von der erfrischenden 93er Unbekümmertheit. Das 98er Team zählt zu den etablierten Fußballkräften im Lande, dem die Experten unumwunden den Klassenerhalt zutrauen, und der Verein hat seine Hausaufgaben im Bereich "Etablierung im hochklassigen Profifußball" gemacht; auch wenn der Sport-Club finanziell unverändert zu den Kellerkindern zählt. Ach, und eine Frage, die hat in Freiburg schon lange keiner mehr gestellt: Die nach der Nummer 1. Selbst eingefleischte FFC-Anhänger halten sich diesbezüglich zurück. Sie wissen, daß sie verloren haben.

Hardy Grüne

Hamburger SV

Der letzte Spieltag der Saison 1997/98 hatte für Anhänger des Hamburger SV eine ganz besondere Bedeutung. Nicht, daß es die abermalige Rettung des HSV vor dem Abstieg gewesen wäre - die war glücklicherweise schon einige Spieltage vor Saisonschluß vor allem dank Hasan Salihamidzic unter Dach

Einer blieb übrig

und Fach gebracht worden. Nein, es war vielmehr das Schicksal einer anderen Traditionsmannschaft, nämlich der Abstieg des 1. FC Köln, der mittelbar Auswirkungen auch auf den HSV hatte. Denn durch das Unglück der Kölner blieb der HSV als letzte Mannschaft von jenen 16 Teams übrig, die 1963 beim Start dabei waren und danach nie die Bundesliga verlassen mußte. Der HSV war jetzt der letzte „Dino" der Bundesliga. Natürlich muß man zugeben, daß der HSV in 35 Jahren Bundesliga einige Male nahe am Abgrund stand. So in der Saison 1972/73 (im Jahr 1 nach Uwe Seeler), als der im Dezember 1972 verpflichtete Horst Heese nach Erreichen des Klassenerhalts als „Retter" in die Annalen der Vereinsgeschichte einging (als wäre er es allein gewesen). Und nach dem zwischenzeitlichen Hoch in den späten 70er und frühen 80er Jahren tauchten in den 90er Jahren das Abstiegsgespenst immer wieder mal im Volksparkstadion auf. Doch am Ende hat es stets doch noch gereicht und so blieb der HSV nach 35 Jahren Bundesliga der einzige Dauergast der Bundesliga.

Als die höchste deutsche Spielklasse nach jahrzehntelangen Diskussionen endlich beschlossen worden war und ab 1963 den Spielbetrieb aufnahm, hatte der Abonnementsmeister der Oberliga Nord seine nationale Spitzenstellung, die durch den Gewinn der deutschen Meisterschaft 1960 gekrönt wurde, längst eingebüßt. Bei der letzten Endrunde um die Deutsche Meisterschaft überhaupt hatte der HSV sogar geradezu ein Debakel erlebt und in seiner Gruppe sogar den letzten Platz belegt. Das

Bundesligabilanz	
Bundesligajahre:	seit 1963/64
Gesamt:	35 Jahre
Beste Plazierung:	Platz 1 (1979, 1982, 1983)
Ewige Tabelle:	Platz 3, 1186 Spiele, 496 Siege, 318 Unentschieden, 372 Niederlagen, 2021:1688 Tore, 1806 Punkte
Ø Plazierung:	Platz 7,2
Top-Spieler:	Manfred Kaltz (581), Thomas von Heesen (368), Ditmar Jakobs (323), Peter Nogly (320), Felix Magath (306)
Top-Torjäger:	Uwe Seeler (137), Thomas von Heesen (99), Horst Hrubesch (96), Manfred Kaltz (76), Franz-Josef Hönig (62), Georg Volkert (62)

lag zum einen daran, daß andere Vereine, vor allem die des Westens und des Südens, gewaltig aufgeholt hatten. Zum anderen hatte der HSV nach dem Titelgewinn 1960 aufgrund wenig glücklicher Einkaufspolitik die Mannschaft kaum noch entscheidend verstärken können. Dies war um so gravierender, da das über Jahre gewachsene HSV-Ensemble sogar zwei Nationalspieler und wichtige Leistungsträger verlor: Klaus Stürmer, der kongeniale Sturmpartner Uwe Seelers, verließ den HSV bereits während der Saison 1961/62 in Richtung Schweiz. Und Außenläufer Jürgen Werner wollte den Schritt in den Profifußball (der damals freilich weit davon entfernt war, richtiger Profifußball zu sein) nicht mitmachen und konzentrierte sich ganz auf seine berufliche Laufbahn als Pädagoge. Der als Ersatz für den spielintelligenten Blondschopf Werner verpflichtete Nationalspieler Willi Giesemann fügte sich zwar glänzend ein, konnte diesen aber nie vergessen machen.

Nach einem aufsehenerregenden Start (nach vier Spieltagen drei Siege und ein Unentschieden) rutschte der HSV in der ersten Bundesligasaison schnell ins Mittelmaß - und blieb hier mehr als ein Jahrzehnt stecken. So war der sechste Platz der ersten Saison die beste Plazierung der ersten fünf Bundesligajahre. Denn in den folgenden drei Jahren belegten die Hamburger am Ende die Positionen 11, 9 und 14. Selbst als zu Beginn der Spielzeit 1967/68 mit Nationalspieler Werner („Eia") Krämer, Franz-Josef („Bubi") Hönig und dem türkischen Torhüter Arkoc Özcan drei ausgesprochene Klassespieler an den Rothenbaum geholt wurden, trat keine Besserung ein: Der HSV beendete die Saison als 13. gerade einen Rang besser als im Vorjahr und blieb Mittelmaß. In den beiden folgenden Spieljahren konnte dann immerhin der sechste Platz des Startjahres zweimal wiederholt werden, 1970/71 erreichte der blutjunge Trainer Klaus Ochs (31) mit Platz fünf die bis dato beste Bundesligaplazierung überhaupt.

In akute Abstiegsgefahr geriet der HSV aber erst in der Saison 1972/73, als die Mannschaft einen katastrophalen Start erwischte und sich gleich zu Beginn vier Niederlagen in Folge leistete. Erst gewaltige Anstrengungen brachten doch noch den nötigen Umschwung und der HSV erreichte am Ende den sicheren 14. Platz. Völlig überraschend gewann die Mannschaft in dieser Saison den erstmals überhaupt ausgespielten Liga-Pokal - für Willi Schulz, der 1965 nach Hamburg gekommen war, übrigens der einzige Titelgewinn seiner Karriere.

In den 70er Jahren wurde dann aber dennoch vieles besser beim HSV - und das ausgerechnet, als Uwe Seeler mit dem Fußball aufgehört hatte und die Mannschaft fortan ohne ihn auskommen mußte. Den Grundstein für diese Wende und die HSV-Erfolge in den Jahren zwischen 1975 und 1983 legte als Jugendmanager der früh verstorbene (und trotz seiner Verdienste nicht ganz unumstrittene) Gerhard Heid, der ab 1970 eine große Zahl talentierter Nachwuchsspieler vor allem aus dem Südwesten Deutschlands nach Hamburg holte. Von diesen avancierte Manfred Kaltz zum absoluten Weltstar, schafften Rudi Kargus und Caspar Memering den Sprung in die Nationalelf, während Peter Hidien, Kurt Eigl und Peter Krobbach Stammspieler in der Bundesliga wurden. Aber es waren nicht nur die nachrückenden Jungen, die das Ende der mageren Jahre herbeiführten. Auch die Einkaufspolitik war zu jener Zeit sehr erfolgreich. So waren die 1971 geholten Georg Volkert und Ole Björnmose jahrelang Säulen der HSV-Elf. Der Däne Björnmose wurde hinsichtlich der Zahl der Bundesligaspiele sogar zum „Rekordausländer" des HSV und „Schorsch" Volkert (er verdrängte den so beliebten Charly Dörfel und feierte später sogar ein Nationalelf-Comeback) stieg zum Mannschaftskapitän auf. So wuchs unter Trainer Klaus Ochs und später unter Kuno Klötzer allmählich eine Mannschaft heran, die das jahrelange Mittelmaß vergessen machte und höhere Ziele realisierbar erscheinen ließ. Nach dem vierten Platz in der Saison 1974/75 wurde das Spieljahr 1975/76 das bis dato beste des HSV seit Einführung der Bundesliga: Unter Kuno Klötzer wurde die Elf um den zuverlässigen Kapitän Peter Nogly Vizemeister und dazu DFB-Pokalsieger. Im Jahr darauf fiel das um die drei Offensivkräfte

Der HSV geht neue Wege – Manager Dr. Peter Krohn im Kreise seiner Lieben. Als da wären (von links: "Bubi" Hönig, Dr. Peter Krohn, Edgar Jarchow (Firma Campari), Georg Volkert, vorn: Klaus Zaczyk)

Felix Magath, Arno Steffenhagen und Ferdinand Keller (die beiden letzteren sogar Nationalspieler) verstärkte Team in der Bundesliga zwar auf Platz sechs zurück, holte aber - zum ersten Mal in der Vereinsgeschichte überhaupt - einen Europapokal (den der Pokalsieger) nach Hamburg.

Peter Krohn, seit November 1973 zunächst als Präsident und ab 30. Juni 1975 als Generalmanager am Ruder, wollte nun ganz hoch hinaus. Er ersetzte den biederen, aber bei der Mannschaft beliebten und auch erfolgreichen Kuno Klötzer durch Rudi Gutendorf („Ich bin ein bunter Hund") und tätigte 1977 mit dem Einkauf des englischen Weltstars Kevin Keegan die wohl spektakulärste Neuverpflichtung des HSV überhaupt. Doch der von Krohn aufgepeppte HSV sorgte zunächst allenfalls durch die bonbonrosafarbenen Trikots für Furore. Sportlich kam 1977/78 im Europapokal bereits im Achtelfinale das Aus, in der Bundesliga blieb ein mehr als enttäuschender zehnter Platz - Gutendorf war bereits Ende Oktober von Arkoc Özcan abgelöst worden und „General" Krohn, der so gut in die „Sat 1 Fußballshow" gepaßt hätte, hatte ebenfalls seinen Hut genommen.

Die Ablösung von Trainer und Manager war folgenreich, denn sie läutete eine neue Ära ein. Als Krohn-Nachfolger kam am 1. Januar 1978 mit Günter Netzer ein Mann, der zwar nicht so spektakulär und öffentlichkeitswirksam wie sein Vorgänger agierte, aber im Gegensatz zu Krohn exzellentes Fachwissen einbrachte. Der einstige Nationalspieler und geniale Spielgestalter stellte überaus erfolgreich die Weichen für die großen Erfolge der kommenden Jahre. Bei seinem Abschied 1986 hinterließ er allerdings seinem Nachfolger Felix Magath ein unbestelltes Feld.

Die erste wichtige Entscheidung Netzers war die Verpflichtung von Trainer Branko Zebec zur Saison 1978/79. Der als exzelenter Fachmann geschätzte Jugoslawe schaffte, was bis dahin keinem HSV-Trainer in der Bundesliga gelungen war: Er führte den zu Saisonbeginn durch Horst Hrubesch und Jimmy Hartwig verstärkten HSV gleich in seinem ersten Jahr zum Gewinn der Meisterschaft. Die fetten Jahre des HSV hatten begonnen und in den folgenden fünf Jahren bis 1984 wurde der HSV im Wettstreit mit dem Dauerrivalen jener Zeit, dem FC Bayern München, in der Bundesliga stets mindestens Zweiter. Maßgeblich an den Erfolgen beteiligt war aber auch Wolfgang Klein als HSV-Präsident. Der einstige Deutsche Meister im Weitsprung hielt sich aus den sportlichen Belangen heraus, sorgte in seinem Bereich aber ganz entscheidend dafür, daß der HSV auch hier ein professionell geführtes Unternehmen wurde.

Nach der Ablösung des alkoholkranken Branko Zebec im Dezember 1980 und der Interimsphase mit Aleksandar Ristic kam 1981 mit Ernst Happel der Mann, der, die Arbeit Zebec' weiterführend, den HSV zu absolutem Weltklasseformat formte und sogar an die Spitze des europäischen Fußballs führte. Der wortkarge „Grantler" Happel (Devise: „Jeder Tag ohne Fußball ist ein verlorener Tag") baute mit Hilfe Netzers eine geradezu perfekte Mannschaft zusammen, die sich 1982 mit drei Punkten Vorsprung vor dem 1. FC Köln die zweite Bundesligameisterschaft sicherte. 1983 gelang die erfolgreiche Titelverteidigung, als der HSV während der ganzen Saison nur zwei Spiele verlor und Trainer Happel mit nur 17 Spielern auskam. Krönung dieses Jahres und der Vereinsgeschichte überhaupt war der Gewinn des Europapokals der Landesmeister (später Champions League) im Mai 1983. Ein Tor von Felix Magath sicherte den 1:0-Sieg gegen den italienischen Spitzenklub Juventus Turin. In jener Zeit stellte der HSV einen Bundesligarekord auf, der Bestand haben sollte: Vom 23. Januar 1982 bis 28. Januar 1983

---

1. Spieltag Saison 1963/64

1. Bundesliga, 24. August 1963, Preußen Münster – HSV 1:1, 30.000 Zuschauer - Horst Schnoor, Gerhard Krug, Jürgen Kurbjuhn, Willi Giesemann, Hubert Stapelfeldt, Dieter Seeler, Fritz Boyens, Peter Wulf, Uwe Seeler, Ernst Kreuz, Gert Dörfel - Tor: 1:1 G. Dörfel (86.)

18. Spieltag Saison 1998/99

1. Bundesliga, 19. Dezember 1998, HSV – 1. FC Nürnberg 2:0, 19.200 Zuschauer – Hans-Jörg Butt, Andrej Panadic, Nico-Jan Hoogma, Ingo Hertzsch, Andreas Fischer, Martin Groth, Christoph Babatz, Bernd Hollerbach, Thomas Gravesen (64. Fabian Ernst), Anthony Yeboah (89. Oliver Straube), Sergej Kirjakow (80. Vanja Grubac) - Tore: 1:0 Gravesen (54. Foulelfmeter), 2:0 Grubac (90.)

- blieb der HSV in 36 Spielen ungeschlagen.
- Die späten 80er Jahre: Der beginnende Niedergang
- Der Trainer Happel und der Manager Netzer versäumten es jedoch, rechtzeitig den Umbruch in der Mannschaft einzuleiten,

die in die Jahre gekommenen Leistungsträger sukzessive zu ersetzen und damit die Basis für das Team der 90er Jahre zu legen - und bürdeten damit den mittlerweile erfolgsverwöhnten HSV-Anhängern eine harte Belastungsprobe auf. Zwar wurde der HSV nach der nochmaligen Vizemeisterschaft 1984 (als die Mannschaft bis zum letzten Spieltag um den Titel mitspielte), einem fünften Rang 1985 und dem siebten Platz 1986 im Jahr 1987 noch einmal Vizemeister und im selben Jahr, dem letzten unter Happel, DFB-Pokalsieger. Danach ging es stetig bergab. Die teilweise überalterte Mannschaft zerfiel, Spieler wir Horst Hrubesch, Lars Bastrup (beide gingen 1983), Jimmy Hartwig (1984 nach Köln), Holger Hieronymus (wurde 1985 mit 24 Jahren Sportinvalide) oder Wolfgang Rolff (1986 nach Leverkusen), um nur einige zu nennen, konnten nicht gleichwertig ersetzt werden.

In dieser Zeit setzte eine rege Fluktuation ein, neue Leistungsträger wie Miroslav Okonski oder Uwe Bein kamen und gingen wieder. Für viele Beobachter war die Entlassung Uli Steins der Beginn des endgültigen und unaufhaltsamen Niedergangs des HSV, gewissermaßen der „Anfang vom Ende". Der Weltklassekeeper wurde nach einigen vorangegangenen Eskapaden im Juli 1987 nach einem Faustschlag gegen Jürgen Wegmann im Supercup-Finale gegen Bayern München suspendiert und löste eine viele Jahre während Torwartkrise beim HSV aus. Gleichwohl zehrte der HSV noch eine ganze Weile vom Glanz früherer Jahre. So wurde die Mannschaft 1988/89 trotz der Abgänge einiger wichtiger Spieler unter dem einstigen HSV-Torjäger Willi Reimann nochmals glänzender Vierter. Ein Jahr später folgte dann aber der Rutsch auf Rang elf.

Das letzte Jahrzehnt vor der Jahrtausendwende begann für den HSV durchaus vielversprechend. Denn nach dem Fall der Mauer hatte sich auch der HSV in der DDR-Oberliga bedient und 1990 mit Thomas Doll ein wahres Juwel nach Hamburg geholt (dazu kam als „Zugabe" Frank Rohde, später einige Jahre der eigentliche Chef der Mannschaft). Doll avancierte - wenn auch nur für ein Jahr - zum großen Star des HSV.

Er schaffte den Sprung in die Nationalelf, führte sein Team (Trainer war mittlerweile Gerd-Volker Schock) auf Platz 5 der Bundesligatabelle und wurde im Sommer 1991 unter Präsident Jürgen Hunke sogar zum Retter des Vereins. Dies allerdings nicht etwa durch entscheidende Tore. Vielmehr war es sein Verkauf für 17 Millionen DM zu Lazio Rom, der den hoffnungslos verschuldeten Klub auf einen Schlag sanierte und ihn vor dem drohenden Konkurs rettete. Sportlich wog der Verlust Dolls indes schwer.

Schock mußte im März 1992 gehen, danach versuchten der grimmige Egon Coordes, Benno Möhlmann, Felix Magath und schließlich Frank Pagelsdorf ihr Glück. Gemeinsam war allen der beinahe jedes Jahr proklamierte Neuanfang, der zur Folge hatte, daß sich die Spieler beim HSV die Türklinke in die Hand gaben und die Fans größte Mühe hatten, sich auch nur annähernd mit der Mannschaft zu identifizieren, weil deren Gesichter ständig wechselten (offensichtlich ein Phänomen des modernen Bundesligafußballs). Auch die wenigen HSV-Nationalspieler der 90er Jahre, die allesamt Identifikationsfiguren hätten werden können, verließen frühzeitig den Klub: Der zuverlässige Dietmar Beiersdorfer ging 1992 zu Werder Bremen, der 1993 aus Düsseldorf gekommene Jörg Albertz („Hammer-Ali") 1996 zu den Glasgow Rangers und der stille Sachse Sven Kmetsch, 1997 als HSV-Kapitän Nationalspieler geworden, unterschrieb 1998 einen Vertrag beim FC Schalke 04. Noch mehr bedauerten die HSV-Verantwortlichen und Fans jedoch einen anderen Abgang: Hasan Salihamidzic, als 16jähriger bosnischer Bürgerkriegsflüchtling nach Hamburg gekommen und zu einem Top-Stürmer gereift, dazu absoluter Publikumsliebling im Volksparkstadion, wechselte 1998 ablösefrei zu Bayern München.

Der alljährlich neu beschworene Neuanfang wurde am konsequentesten von Frank Pagelsdorf eingeleitet, der die Mannschaft 1997 übernahm und völlig umkrempelte. Pagelsdorf tauschte innerhalb zweier Jahre nahezu den gesamten Kader aus (selbst eine HSV-Institution wie Richard Golz fiel seinem Neuaufbau zum Opfer) und holte

Spieler wie Ingo Hertzsch, Andrej Panadic, Hans-Jörg Butt, Thomas Gravesen, Fabian Ernst, Anthony Yeboah oder Jacek Dembinski. Nachdem der Klassenerhalt 1997/98 nur mit viel Glück geschafft worden war, deutete die Mannschaft zumindest zu Beginn der Saison 1998/99 an, daß im neuen Stadion vielleicht wieder bessere Zeiten anbrechen werden.

In seiner 35jährigen Zugehörigkeit zur Bundesliga häufte der HSV eine ganze Menge statistischer Highlights an. In der ewigen Tabelle zu Saisonbeginn 1998/99 hinter dem FC Bayern und dem nunmehrigen Zweitligisten 1. FC Köln noch Dritter (mit guten Chancen, die Kölner bald zu überflügeln), belegt der HSV auch hinsichtlich der Zahl der Tabellenführungen hinter Bayern (361) und Borussia Mönchengladbach (127) Rang drei (104). In der Rangliste, die sich am durchschnittlichen Tabellenplatz der Vereine zum Saisonende orientiert, liegt der HSV mit dem Wert 7,20 auf Position fünf. Einen absoluten Rekord der Bundesliga-Historie stellte der HSV in der Saison 1996/97 auf: Mit 32 Spielern benötigte er so viele Akteure wie kein anderer Bundesligist in den Jahren zuvor und danach. Und eine Negativbestleistung erreichte der HSV in der Spielzeit 1966/67: Nach der Hinrunde Zweiter, stürzte die Mannschaft um zwölf Plätze auf Rang 14 ab (genauso tief fiel nur der MSV Duisburg 1991/92 von 7 auf den Abstiegsplatz 19). Einen Bundesligarekord für den HSV stellte auch Manni Kaltz, mit 581 Bundesligaspielen Zweiter der ewigen Spielerrangliste, auf: Er feierte 291 Siege - so viele wie kein anderer. Allerdings führt er mit sechs Treffern auch die Rangliste der Eigentorschützen an (Ditmar Jakobs und Franz Beckenbauer brachten es hier „nur" auf vier Tore). Kaltz verwandelte zudem die meisten Elfmeter für den HSV (53) und verschoß dabei nur sieben. Rekordtorschütze des HSV (und dies vielleicht für ewig) ist Uwe Seeler mit 137 Treffern. Tommy von Heesen brachte es als Zweiter auf 99 BL-Tore, und hinter Horst Hrubesch (96) folgt bereits Verteidiger Kaltz mit 76 Treffern. Seinen höchsten Sieg feierte der HSV am 12. Februar 1966 mit 8:0 gegen den Karlsruher SC, die höchste Niederlage gab es zwei Jahre zuvor mit 2:9 bei 1860 München (gleichzeitig torreichstes BL-Spiel mit HSV-Beteiligung). Wohl noch schmachvoller war jedoch das 1:8 in Oberhausen in der Saison 1970/71. Am häufigsten trafen die HSV-Stürmer im Meisterjahr 1981/82 (95mal), am wenigsten in der Saison 1991/92, als die Mannschaft durchschnittlich nicht einmal einen Treffer pro Spiel zustande brachte (32 Tore). Einen statistisch besonders bedeutsamen Sieg feierte der HSV am 17.10.1998: Das 4:1 über den MSV Duisburg in der Baustelle Volkspark war der 500. Bundesligasieg.

Der HSV konnte zu Bundesligazeiten 1963 (dieser Pokalsieg war gleichzeitig der letzte Titelgewinn der Seeler-Ära und markierte den Übergang von der Oberligazeit in die neue Phase der Bundesliga), 1976 und 1987 den DFB-Pokal gewinnen, erreichte außerdem noch zwei weitere Male das Endspiel (1967, 1975) und war damit in der Bundesliga-Ära so erfolgreich wie nur wenige Klubs. Doch trotz dieser Erfolge wurde der Verein zum Inbegriff für Pokalpleiten. Dafür stehen zwei Orte im Badischen und Schwäbischen, die bundesweit geradezu zum Synonym für Triumphe unterklassiger Mannschaften gegen vermeintlich übermächtige Gegner wurden: Eppingen und Geislingen. Im Oktober 1974 trat der HSV in der zweiten Hauptrunde beim VfB Eppingen an und wurde nach zwei Treffern von Gerd Störzer mit 1:2 nach Hause geschickt. Noch schlimmer erwischte es die Hamburger zehn Jahre später, am 1. September 1984, beim SC Geislingen (dem Heimatverein Jürgen Klinsmanns). Immerhin als amtierender Vizemeister angereist,

desliga"). Danach kam - abgesehen von zwei Halbfinalteilnahmen (1987/88 und 1996/97) - im DFB-Pokal jedoch meistens ziemlich früh das Aus.

Nach den glänzenden Vorstellungen im europäischen Meistercup 1960/61 mit dem geradezu tragischen Ausscheiden gegen den FC Barcelona durch Kocsis' Kopfballtor in der 89. Minute wurde es international einige Jahre ruhig um den HSV. 1964/65 nahm der Verein am europäischen Cupsieger-Wettbewerb teil und bot eine durchaus respektable Vorstellung. Seeler, Dörfel & Co. nahmen sogar Revanche am FC Barcelona, bevor dann gegen Olympique Lyon im Viertelfinale das „Aus" kam. Vier Jahre später erreichte der HSV im Pokalsieger-Wettbewerb dann erstmals in der Vereinsgeschichte ein Europacup-Finale, das die Hamburger gegen den AC Mailand in Rotterdam durch zwei frühe Hamrin-Tore mit 0:2 verloren.

Nach dem Erreichen des UEFA-Pokal-Viertelfinales in der Saison 1974/75 und sogar des Halbfinales ein Jahr später, stieß der HSV 1976/77 (im Cupsieger-Wettbewerb) zum zweiten Mal in ein Finale vor. Und das Team um die Leistungsträger Kaltz, Nogly, Magath und Volkert holte die Trophäe erstmals nach Hamburg: Beim erneut in Holland, jetzt aber in Amsterdam ausgetragenen Finale wurde der RSC Anderlecht mit 2:0 durch die Treffer Magaths und Volkerts besiegt. Drei Jahre später stand der HSV erneut in einem Europacupendspiel. Nach dem denkwürdigen 5:1-Halbfinalsieg über Real Madrid im Volksparkstadion (einem der besten Spiele, die der HSV je bestritt) berannten Keegan und Co. in Madrid das von Peter Shilton glänzend gehütete Tor von Nottingham Forest 90 Minuten lang vergeblich. Die Engländer gewannen durch ein frühes Tor glücklich mit 1:0 gegen einen HSV, der wenige Tage zuvor bereits die Meisterschaft durch ein 1:2 in Leverkusen verspielt hatte. Eine ziemlich Blamage erlebte der HSV zwei Jahre später in den beiden UEFA-Cup-Finals gegen IFK Göteborg. Eine vor Selbstbewußtsein (und Überheblichkeit) strotzende HSV-Mannschaft erlebte nach dem 0:1 in Göteborg im Hamburger Rückspiel mit 0:3 ge-

	Spielklasse
Seit 1963/64	1. Bundesliga

wurde die mit Nationalspielern gespickte Elf von Trainer Happel in der ersten Runde mit 2:0 klassisch demontiert. Drei Jahre nach dieser Pleite holte Ernst Happel in seinem letzten Jahr zwar den Pott nochmals nach Hamburg (es war gleichzeitig der letzte Titel des HSV in der Ära „35 Jahre Bun-

radezu ihr Waterloo.

Doch der HSV kam wieder: Im Meistercup 1982/83 wurden nacheinander der DDR-Titelträger Dynamo Berlin, Olympiakos Piräus, Dynamo Kiew (damals noch als UdSSR-Meister) und der spanische Champion Real San Sebastian ausgeschaltet. Im Athener Finale war Juventus Turin mit sechs Weltmeistern und den beiden Superstars Zbigniew Boniek und Michel Platini haushoher Favorit. Doch Ernst Happels exzellente Einstellung ließ die perfekt aufspielende HSV-Elf triumphieren, Felix Magaths Tor zum 1:0 bereits nach acht Minuten blieb der einzige Treffer. Der HSV hatte sich damit als zweite deutsche Mannschaft nach Bayern München in die Liste der ganz großen europäischen Teams eingereiht.

Wer über den HSV und seine Stars spricht, braucht über Uwe Seeler natürlich kein Wort zu verlieren. „Uns Uwe" ist auch nach seinem Debakel als Vereinspräsident noch immer der HSV. Ebenso unbestritten ist, daß „World-Cup-Willi" Schulz zu den ganz großen Stars der Bundesliga-Ära zählt. Der einstige Schalker wurde in Hamburg heimisch, prägte wie kaum ein anderer Neuzugang vor und nach ihm den HSV über viele Jahre und wurde zum Inbegriff des Vereins. Neben diesen beiden Klassespielern trugen in den ersten 35 Jahren der Bundesliga aber auch noch eine ganze Reihe anderer großartiger Spieler den HSV-Dress. Absolute Weltklasse verkörperten über einen längeren Zeitraum auch Manfred Kaltz und natürlich Kevin Keegan. Der als unterkühlt geltende Kaltz wurde auch im internationalen Maßstab zum Protagonisten des modernen Verteidigers, seine „Bananenflanken" waren legendär. Zudem avancierte er in vielerlei Hinsicht zum Bundesligarekordler seines Klubs. Nimmt man die Ehrungen zum Maßstab, die Kevin Keegan zuteil wurden, dann war der quirlige Engländer sogar der größte HSVer dieser Zeit. Denn Keegan wurde während seiner HSV-Jahre gleich zweimal (1979 und 1980) „Europas Fußballer des Jahres" (der Weltfußballer wurde damals noch nicht gewählt), was vor und nach ihm kein anderer HSV-Spieler schaffte. Überhaupt bestand der HSV in den 70er und 80er Jahren teilweise aus einer Ansammlung inter-

nationaler Klassespieler. Neben den bereits Genannten müssen hier auch Horst Hrubesch, Felix Magath, der zuverlässige Vorstopper Ditmar Jakobs und nicht zuletzt Keeper Uli Stein, aber auch sein Vorgänger Rudi Kargus genannt werden. Holger Hieronymus hatte alle Anlagen, ein solcher Spieler zu werden, doch mußte er lange bevor er das beste Fußballalter erreichte, die Karriere beenden. Nicht zu vergessen das Schlitzohr Georg Volkert und der fleißige Mittelfeldmotor Klaus Zaczyk. Charly Dörfel indes hatte bei Einführung der Bundesliga trotz seiner gerade 23 Jahre seine besten Zeiten offensichtlich schon hinter sich, er zählt dennoch zu den großen Bundesligakickern des HSV.

Paßt nicht zum HSV: Yordan Letchkow

Zu den weiteren ausländischen Stars im HSV-Trikot neben Keegan gehören Ole Björnmose, der unermüdliche Mittelfeldrenner, weiterhin die beiden Polen Miroslav Okonski und Jan Furtok, und vor allem der geniale, aber offensichtlich auch schwierige Yordan Letchkow, der beim HSV nicht glücklich wurde. Ausnahmefußballer waren auch „Buffy" Ettmayer, Ivan Buljan und der 1997 geholte zweifache Bundesliga-Torschützenkönig Anthony Yeboah, dessen

Verpflichtung zunächst hart kritisiert wurde, der sich aber in der Vorrunde 98/99 als Verstärkung erwies. Einige HS-Ver wiederum kamen erst ganz groß heraus, als sie den Verein bereits verlassen hatten: So Uwe Bein, Wolfram Wuttke, Markus Babbel und Oliver Bierhoff. Und wieder andere kamen erst gar nicht zum HSV, obwohl sie in Hamburg groß wurden: Weltmeister Andreas Brehme und Stefan Effenberg brachten es als internationale Top-Stars von diesen am weitesten, aber auch die „Hamburger Jungs" Norbert Meier, Frank Neubarth und Thomas Wolter wurden anderswo (nämlich sämtlich als Spieler Werder Bremens) Nationalspieler. Nicht vergessen werden darf ein Mann, der seit Ende der 70er Jahre zum Dauerbrenner avancierte, alle Stars überlebte, und bei den Fans zur Kultfigur avancierte: Der Bayer Hermann Rieger wurde als Masseur zur guten Seele im Umfeld der Mannschaft und in einer Zeit ständigen Kommen und Gehens zur einzigen Konstante auf den Mannschaftsfotos des Bundesligateams. An manche Ereignisse in den 35 Jahren Bundesliga erinnern sich die HSV-Fans äußerst ungern, vieles würden sie gerne aus der Chronik und möglicherweise auch aus ihrem Gedächtnis streichen. Hierzu zählt (zumindest chronologisch gesehen) zuerst jener kalte Februartag 1965, als in Frankfurt Uwe Seelers Achillessehne krachend riß, und die begründete Befürchtung bestand, daß der Torjäger nicht wieder aufs Fußballfeld zurückkehren würde (es kam dann aber ganz anders). Ein ähnliches Ereignis war die schwere Verletzung von Ditmar Jakobs, als er sich 1990 bei einem Rettungsversuch im Karabinerhaken des Tornetzes verfing und sich dabei so schwer verletzte, daß er seine Karriere beenden mußte. Folgenreich war auch die Verletzung von Holger Hieronymus im März 1984, wenngleich damals noch nicht absehbar war, daß die Karriere des damals wohl größten Talentes als Mittzwanziger zu Ende sein würde. Zu den Tiefpunkten der Vereinsgeschichte zählt sicherlich auch der unrühmliche Abschied des Publikumslieblings Rudi Kargus 1980. Nur einmal leistete sich der Verein hinsichtlich des Umgangs mit seinen Spielern einen noch schlimmeren Fauxpas und erneut traf es einen Torwart: Als Willi Reimann nach seinem Antritt als neuer Cheftrainer die Nachfolge von Josip Skoplar antrat, entließ er als erste Maßnahme den unglücklichen Torhüter Mladen Pralija. Das Hamburger Abendblatt schrieb damals: „Der HSV muß wohl erst 100 Jahre alt werden, ehe es zu dieser Stillosigkeit in seinem Namen kommen konnte." Folgenschwere Versäumnisse seitens der Vereinsführung in einem anderen Fall führten schließlich dazu, daß der HSV seine traditionsreiche Heimat am Rothenbaum verlor und der Platz, auf dem in den 50er und 60er Jahren die großen Spiele stattfanden, von Bulldozzern plattgewalzt wurde. Zu Recht, aber viel zu spät wurde moniert, daß der HSV schon 1983 auf dem Höhepunkt seiner sportlichen Erfolge die Weichen in die Zukunft stellen und auf eine Pachtverlängerung hätte drängen müssen. Für fragwürdige Höhepunkte der 35jährigen HSV-Bundesligahistorie sorgten schließlich mehrfach die Fans. Traurige Berühmtheit erlangten sie erstmals, als sie im Juni 1979 die Meisterfeier in einem Chaos versinken ließen. Insgesamt 71 Verletzte mußten in die Hamburger Krankenhäuser eingeliefert werden. Gut drei Jahre später, im Oktober 1982, gerieten sie erneut in die Schlagzeilen, als der 16jährige Bremer Adrian Maleika nach einem Zusammenstoß zwischen Werder-Fans und dem HSV-Mob starb. Es war der erste gewaltsame Tod eines Bundesligazuschauers überhaupt. Auch der HSV hatte viele rechtsradikale Fans und Fan-Gruppen. Besonders gefürchtet war der Fan-Klub „Die Löwen", dessen Mitglieder ihre rechtsradikale Gesinnung offen zur Schau trugen. Man hätte sich auch von HSV-Offiziellen und -spielern gewünscht, daß sie sich in den 80er Jahren, als das Hooligan-Problem seine Hochphase erlebte, eindeutig von den rechten HSV-Anhängern distanziert hätten - so wie es die Verantwortlichen und Spieler des FC St. Pauli taten. Ausdrücklich als rühmliche Ausnahmen seien Dietmar Beiersdorfer und Richard Golz erwähnt, die in einem Buch eindeutig Stellung gegen rechts bezogen (und hierfür vom Verein auch noch gescholten wurden).

Berthold Erb

Hannover 96

Es ist der Schleudersessel der Liga: Der Trainerstuhl im Niedersachsenstadion zu Hannover. Zählt man alle zusammen (also auch die Interimslösungen), so tauschte Hannover 96 in seinen 14 Erstligajahren satte 18mal den Übungsleiter aus –mithin 1,3 Mal pro

Saison, oder alle neun Monate ein neuer Trainer! Dabei verfälscht Coach Nummer 1, Helmut "Fiffi" Kronsbein mit seiner Rekordamtszeit von 33 Monaten sogar noch nachhaltig die Bilanz – wie allerdings auch Interimslösung Rolf Paetz, der mit ganzen 17 Tagen Amtszeit das Schlußlicht bildet. Kronsbein-Nachfolger Horst Buhtz kann mit 19 Monaten übrigens auf die zweitlängste Amtszeit in der 96er Bundesligageschichte verweisen – will heißen: das hannoversche Trainerkarussell kam erst allmählich auf Touren.

Hannovers Trainerkarussell ist – wie sollte es anders sein – kein Zufall, sondern vielmehr aussagekräftiges Spiegelbild des verzweifelten Versuchs, einen Klub zu einem Spitzenteam zu formen, ohne dabei die notwendige Geduld aufzubringen. So bitter und ungerecht es klingt: Die Geschichte des "Hannoverschen Sport-Verein von 1896 e.V." ist eine endlose Ansammlung von Intrigen, Skandalen und Katastrophen, unterbrochen von einigen wenigen Highlights wie dem Gewinn des DFB-Pokals 1992, der Bundesligaspielzeit 1964/65 oder der Aufstiegssaison 1984/85.

Die Vergangenheit anhand der Trainerentlassungen nachzuzeichnen ergibt ein Bild, bei dem es 96-Fans womöglich ein wenig mulmig wird oder ihnen gar die Zornesröte ins Gesicht steigen läßt, welches aber zugleich von ihrer schier endlosen Qual kündet. Vielleicht mehr als bei anderen Klubs ist das Fan-Sein bei Hannover 96 mit Leiden verbunden.

Nun aber hinein ins hannoversche Trainerkarussell. Coach Nummer 1 war Fiffi Krons-

Bundesligabilanz	
Bundesligajahre:	1964/65-73/74, 75/76, 85/86, 87/88-88/89
Gesamt:	14 Jahre
Beste Plazierung:	Platz 5 (1964/65)
Ewige Tabelle:	Platz 21, 472 Spiele, 136 Siege, 120 Unentschieden, 216 Niederlagen, 683:835 Tore, 528 Punkte
Ø Plazierung:	Platz 13
Top-Spieler:	Jürgen Bandura (298), Hans Siemensmeyer (278), Rainer Stiller (254), Peter Anders (236), Hans-Josef Hellingrath (199)
Top-Torjäger:	Hans Siemensmeyer (72), Willi Reimann (44), Ferdinand Keller (39), Walter Rodekamp (38), Jürgen Bandura (34)

96 bein. Der Mann, der 96 1954 sensationell zur deutschen Meisterschaft geführt hatte, der wie kein zweiter ebenso emsig wie besessen in seiner Aufgabe aufging, dabei auch schon mal die Ehefrauen seiner Spieler nach den familiären Verhältnissen befragte und mit dessen Namen die Geschichte von Hannover 96 bis heute unverbrüchlich verbunden ist, mußte am 28. April 1966 seinen Hut nehmen. Geschehen war folgendes: In der zweiten Bundesligasaison war aus dem Überraschungsaufsteiger Hannover 96, der 1964/65 mit Platz 5 die bis heute beste Position seiner Vereinsgeschichte eingenommen hatte, ein biederes Mittelfeldteam geworden. Siege und Niederlagen hatten sich abgewechselt, und in der Tabelle war 96 immer irgendwo zwischen Platz 4 und 14 zu finden gewesen. Kurzum: Das Team hatte die Fans gelangweilt, die folglich zu Hause geblieben waren. Als es im April 1966 im Heimspiel gegen den 1. FC Nürnberg trotz einer 2:0-Führung (Torschützen: Siemensmeyer und Mülhausen) vor 17.000 Zuschauern nur zu einem 2:2 reichte, sah sich Präsident Alfred Strothe gezwungen, die Notbremse zu ziehen und setzte Kronsbein vor die Tür.

Zur Belustigung der Öffentlichkeit wurde der Rauswurf allerdings mit der Annahme einer Krokotasche als Geschenk von einem Spielervermittler begründet – eine mehr als suspekte Aussage, die in vergleichbarer Form später mehrfach Wiederholung fand. In Wahrheit war Kronsbein, der mit rund 6.000 Mark im Monat nach 1860-Trainer Max Merkel (11.000 DM) bestbezahlter Bundesligacoach war, nämlich schon lange nicht mehr uneingeschränkter Liebling der 96-Führung gewesen. Er hatte sich mehrfach kritisch über das Einkaufsgebaren des Vereins geäußert (Präsident Strothe: "Uns geht es finanziell nicht schlecht, aber wir haben nicht vor, unsere Ersparnisse für Stars, die nicht in die Mannschaft passen, herauszuwerfen") und darüber hinaus verlangt, seine Spieler, die überwiegend berufstätig waren, zu Vollprofis zu machen, um eine schädliche Doppelbelastung zu vermeiden. Ansonsten, so hatte Kronsbein düster orakelt, würde der Kader um die gebürtigen Hannoveraner Klaus Bohnsack, Fredi Heiser, Udo Nix, Georg

Kellermann und Publikumsliebling Rodekamp "nicht ausreichen, um in die Spitzengruppe der 1. Bundesliga vorzudringen."

Nachfolger Horst Buhtz bestätigte schon nach wenigen Wochen die Richtigkeit dieser Einschätzung und stellte fest: "Wir haben eine solide Mannschaft, die den Klassenerhalt schaffen kann, aber zu einer Spitzenmannschaft fehlen uns noch ein oder zwei Klassespieler". Eine Aussage, die sich auch in der Tabelle widerspiegelte, denn am Ende der ersten Buhtz-Spielzeit (1966/67) belegte 96 Platz 9, hatte einen eklatanten Zuschauerschwund zu beklagen (binnen zweier Jahre von 41.000 auf 24.500) und war auf dem besten Weg, zu einer "grauen Maus" zu werden.

Präsident Strothe, ein Verleger und Hobby-Funktionär, der die Öffentlichkeit gerne mal mit Aussagen wie "Wir arbeiten seit zwei Jahren in einem Geschäft, von dem wir keine Ahnung haben" erheiterte, änderte daraufhin seine Ansicht über Stareinkäufe und sorgte mit der Verpflichtung der Spitzenkräfte Jupp Heynckes (Mönchengladbach) und Josip Skoblar (Olympique Marseille) für Schlagzeilen. Mit den beiden Großverdienern (jeweils rund 7.000 Mark im Monat) wollte Hannover 96 an die Spitze. Ein Vorhaben, das kräftig in die Hose ging. Die eigenartige Mischung aus zwei schillernden Supertechnikern und neun bescheidensoliden Kampffußballern konnte sich im Stahlbad Bundesliga nicht bewähren, und taumelte dem sportlichen wie wirtschaftlichen Abgrund entgegen. Schuld war der Trainer. Buhtz wurde vorgeworfen, Heynckes und Skoblar nicht vernünftig in die "Mannschaft der Handwerker" (»Hannoversche Allgemeine«) integriert zu haben, und nach einer peinlichen 1:3-Niederlage beim designierten Absteiger Borussia Neunkirchen mußte er am 12. Februar 1968 gehen: 96-Trainer Nummer 4 – im vierten Bundesligajahr - wurde Ex-Profi Karl-Heinz Mülhausen, dessen Bilanz ebenso kurz wie ernüchternd ausfiel: In zwölf Spielen erzielte die Mannschaft unter seiner Regie elf Punkte, fiel auf Rang 10 zurück und bekam von den ohnehin als "kritisch" gefürchteten Fans eine eindeutige Quittung: Zum letzten Saisonheimspiel (2:2 gegen Duisburg) zahlten ganze 4.000 Hartgesottene ihren Obolus. Das einzige, was im Saisonverlauf gestiegen war, war der Schuldenberg, der inzwischen rund 1,8 Mio. DM betrug. Die Zeichen standen auf Alarm.

Die Wende sollte ein bekannter und erprobter Mann herbeiführen: Zlatko "Tschik" Cajkovski. Der kleine Kroate hatte kurz zuvor mit Bayern München den Europapokal gewonnen und schien wie geschaffen, 96 nach oben zu bringen und das Niedersachsenstadion zu füllen. "Wo Tschik sein, ist Erfolg", radebrechte der hochdotierte Coach (20.000 Mark im Monat), dessen Verpflichtung der einst so sparsame Präsident Strothe mit der Drohung "ansonsten zurückzutreten" durchgesetzt hatte. Cajkovski kam nicht aus purer Neugierde nach Hannover – ihm war der Wechsel vom gemütlichen Münchner Meisterbett zum hannoverschen Himmelfahrtskommando mit Sonderprämien schmackhaft gemacht worden. Für den Gewinn der deutschen Meisterschaft wurden ihm 100.000 Mark in Aussicht gestellt, für die Vizemeisterschaft immerhin noch 80.000 Mark. Sogar an den Gewinn des Europapokals dachte man: 100.000 Mark wollte sich der Verein einen entsprechenden Triumph kosten lassen. 96 geriet nie ernsthaft in Gefahr, derartige Prämien auszuzahlen, denn auch Cajkovski gelang es nicht, aus der zusammengewürfelten Truppe eine Spitzenmannschaft zu machen. Am sechsten Spieltag rutschten die Roten nach einer 2:3-Heimniederlage gegen Mönchengladbach (Skoblar und Heynckes hatten für die zwischenzeitliche 2:1-Führung gesorgt) auf den vorletzten Platz zurück und wurden plötzlich von Abstiegssorgen geplagt. Vergeblich forderte Cajkovski neue Spieler ("Was soll ich machen? Habe keine Flügelstürmer"), und freute sich über die regelmäßigen Treffer von Heynckes und Skoblar, die 96 in der Rückserie immerhin noch auf Rang 11 schossen. Saisonhöhepunkt war der hartumkämpfte 1:0-Heimsieg über Bayern München, bei dem Bayern-Goalgetter Gerd Müller wegen einer angeblichen Ohrfeige gegen seinen Nationalmannschaftsrivalen Jupp Heynckes des Feldes verwiesen wurde. Da hatten die Fans immerhin mal was zu lachen gehabt.

Angesichts der ungesunden Kombination

3:0 über den 1. FC Köln. Die Stareinkäufe Heynckes (links) und Skoblar freuen sich

ausbleibender Erfolg/steigender Schuldenberg mußten in Hannover bald kleinere Brötchen gebacken werden, und es war mal wieder Zeit für einen Trainerwechsel. Zum Saisonauftakt 1969/70 nahm allerdings noch wie gewohnt "Tschik" Cajkovski seinen Platz am Spielfeldrand ein, um der Mannschaft um Rainer Zobel, Horst Podlasly, Klaus Bohnsack, Rainer Stiller, Hans Siemensmeyer sowie dem einzigen Neuzugang Zvezdan Cebinac seine humorigen Anweisungen zu geben. Entgegen al-

96ler pessimistischen Erwartungen begann es sogar ausgesprochen gut, denn 96 legte einen Traumstart hin und führte nach zwei Spieltagen überraschend die Tabelle an. Die Wende kam am achten Spieltag, als es in Stuttgart eine 1:2-Niederlage gab. Zwei Monate später war man auf Rang 15 abgerutscht und ließ sich von Tabellenführer Gladbach mit 0:5 das Fell über die Ohren ziehen. Das Aus für Trainer Nummer 5.

Wiederum wurde nicht die sportliche Talfahrt als Grund ausgegeben, sondern Cajkovski wegen angeblicher "Verhandlungen mit anderen Vereinen" eine "Verletzung des Treueverhältnisses" vorgeworfen. Gleichzeitig brach das Chaos in der 96-Zentrale an der Clausewitzstraße aus. Auf einer außerordentlichen Mitgliederversammlung legte der ob der Finanzsituation zunehmend unter Druck geratene Präsident Strothe sein Amt zunächst nieder, um wenig später triumphierend wieder auf dem Präsidentensessel Platz zu nehmen;

---

11. Spieltag Saison 1963/64

Regionalliga Nord, 11. August 1963, Victoria Hamburg - 96 0:4, 5.000 Zuschauer - Horst Podlasly, Peter Flegel, Heinz Steinwedel, Bernd Kettler, Winfried Mittrowski, Udo Nix, Fredy Heiser, Otto Laszig, Walter Rodekamp, Werner Gräber, Georg Kellermann - Tore: 0:1 Gräber (6.), 0:2 Rodekamp (17.), 0:3 Rodekamp (23.), 0:4 Rodekamp (65.).

19. Spieltag Saison 1998/99

2. Bundesliga, 18. Dezember 1998, 96 - Arminia Bielefeld 2:1, 13.800 Zuschauer - Jörg Sievers, Jens Rasiejewski, Carsten Linke, Matthias Dworschak, Bastian Reinhardt, Altin Lala, Volkan Arslan (65. Fabian Gerber), Markus Kreuz, Otto Addo (73. Babacar N'Diaye), Andrzej Kobylanski (61. Gerald Asamoah), Igoris Morinas - Tore: 1:1 Morinas (24.), 2:1 Addo (40.)

- Cajkovski-Nachfolger Rolf Paetz wurde nach nur 17 Tagen von Hans Pilz abgelöst, und schließlich machte den Roten auch noch ein ungewohnt heftiger Winter mit zahlreichen Spielausfällen einen Strich durch die Rechnung. Immerhin: Als der Schnee geschmolzen war, waren zumindest die größten Wunden ein wenig verheilt und das Team konnte allmählich aus dem Tabellenkeller klettern. Doch die turbulenten Ereignisse hatten Spuren hinterlassen: "Spielerkauf Glücksache? Die Warnung für alle heißt Hannover 96. Alle Bundesligavereine sollten vor dem Motto, man nehme drei Stars und fertig ist die große Mannschaft, gewarnt werden", stellte der »kicker« 96 ein schlechtes Zeugnis aus.

Angesichts der leeren Kassen waren zur Saison 1970/71 erstmals keinerlei namhafte Verstärkungen möglich, zudem verließen mit Skoblar, Zobel und Heynckes gleich drei Leistungsträger das Niedersachsenstadion. Eine schwere Aufgabe für Trainer Nummer 7, Helmut Johannsen. Der Mann, der Nachbar Eintracht Braunschweig drei Jahre zuvor sensationell zur deutschen Meisterschaft geführt hatte, galt als Vertreter der ruhigen Art und schien geeignet, angesichts der schwierigen finanziellen Verhältnisse zumindest die verlustig gegangene 96-Tugend "Kampfkraft" reaktivieren zu können. In Hannover herrschte ungewohnte Bescheidenheit. Statt Titelansprüche zu äußern, wurde das Ziel "Klassenerhalt" ausgegeben, was angesichts der unerfahrenen Neuzugänge Weller, Bertl und Reimann allerdings auch vernünftig schien. Doch Hannovers Fans wollten von Abstiegskampf nichts wissen. Zum Auftaktspiel gegen Eintracht Frankfurt kamen ganze 9.500 Zuschauer, die sich auch noch über eine 1:2-Niederlage ärgern mußten. Die Talfahrt hielt zunächst an; erst am 28. November 1970 konnte 96 durch ein 0:0 bei Hertha BSC erstmals die Abstiegszone verlassen. In der Rückserie erfreuten die Roten ihre Fans dann mit einigen Positivüberraschungen (5:1 in Offenbach, 2:2 gegen Bayern München), und liefen am Ende auf Rang 9 ein, womit man angesichts der Umstände durchaus zufrieden sein konnte.

Während sportlich also die Wende zum Besseren in Sicht war, sah es in finanzieller Hinsicht unverändert trübe aus. Die fehlgeschlagenen Bemühungen, 96 mittels des Scheckbuchs in die Spitze des deutschen Fußballs zu bringen, hatten ein lizenzbedrohendes Loch in die Kasse gerissen, das nur durch ein zinsloses Darlehen der Stadt Hannover gestopft werden konnte. Bedingung dafür war allerdings der Rücktritt von Präsident Strothe, der inzwischen zur Reizfigur Nummer 1 geworden war. Sein Nachfolger, der Hotelier Ferdinand Bock, gab als erste und einzige Parole "sparen" aus.

Nicht gespart wurde allerdings bei den Trainergehältern, denn in der Saison 1971/72 leistete sich 96 mal wieder den Luxus, gleichzeitig zwei Herren zu bezahlen: Nach der 1:3-Niederlage beim 1. FC Köln wurde Johannsen in den gutbezahlten Zwangsurlaub geschickt und Hans Hipp übernahm die Übungsleitung. Unter dem früheren Erfolgscoach des Lokalrivalen SV Arminia entging 96 in der vom Bundesligaskandal überschatteten Saison nur knapp dem Abstieg, und registrierte mit 17.600 Fans pro Spiel den schlechtesten Zuschauerschnitt seiner Bundesligageschichte. Kaum verwunderlich daher der nächste Schock, als der DFB, der die hannoverschen Finanzeskapaden längst mit Argusaugen beobachtete, 96 im Frühsommer 1972 die Lizenz verweigerte und der Zwangsabstieg drohte. Nur mit vielen guten Worten und einer Sammelaktion gelang es, den DFB in letzter Minute doch noch umzustimmen und die von harten Auflagen getrübte Lizenz in Empfang zu nehmen.

Für die Saisonvorbereitung des weiterhin von Hans Hipp trainierten Bundesligakaders war das Zitterspiel um die Lizenz natürlich alles andere als förderlich gewesen. Angesichts der wenig verheißungsvollen Neuzugänge (Mrosko, Denz, Götz, Rudzki) schien ein weiteres Jahr Abstiegskampf vorprogrammiert zu sein. Davon konnte zunächst jedoch keine Rede sein, denn dank ihrer Heimstärke beendeten die Hipp-Schützlinge die Hinrunde auf einem beruhigenden zwölften Platz. Ungeachtet der angespannten Finanzlage wurde daraufhin Roland Stegmayer verpflichtet, mit dessen Hilfe man möglichst bald endgültig den Klassenerhalt sichern und womöglich in der Tabelle sogar noch ein wenig hinaufklettern wollte. Doch in der Rückserie war die Heimstärke urplötzlich weg, und 96 rutschte unaufhaltsam in den Tabellenkeller. Die Notbremse hieß Trainerwechsel. Nach der 0:2-Schlappe gegen Mit-Abstiegskandidat Hamburger SV mußte Hipp Anfang März 1973 gehen, und der frühere Ligaspieler Hannes Baldauf übernahm. Die Talfahrt konnte auch er nicht stoppen. Vier Spieltage vor Serienende kassierte 96 eine 2:3-Niederlage beim ebenfalls abstiegsgefährdeten Nachbarn Eintracht Braunschweig und konnte angesichts der schier hoffnungslosen Lage mehr oder weniger bereits für die Regionalliga planen. Nur unverbesserliche Zweckoptimisten glaubten vor dem letzten Spieltag - 96 lag mit einem Punkt Rückstand auf Braunschweig auf Abstiegsrang 17 und mußte beim von Ex-Coach Buhtz trainierten UEFA-Cup-Aspiranten Wuppertaler SV antreten - noch an die Rettung. Jenen unverbesserlichen Optimisten war es vorbehalten, das "Wunder von Wuppertal" mit eigenen Augen mitzuverfolgen, denn vor einer Handvoll mitgereister Fans bezwangen die 96er am 9. Juni 1973 durch Tore von Stiller, Siemensmeyer und zweimal Reimann die Heimelf sensationell mit 4:0 und sicherten sich – da Braunschweig daheim gegen Düsseldorf verlor – ein weiteres Jahr im Oberhaus.

"Nie wieder Zittern", hieß das Motto vor der Spielzeit 1973/74, die Hannover zur WM- und, um es vorweg zu nehmen, Zweitligastadt machte. Peitsch, Höfer, Damjanoff, Kasperski und Wehmeyer hießen die Neuzugänge – nahezu ausschließlich bundesligaerfahrene Cracks, mit denen der Klassenerhalt - so hoffte man - kein Problem sein sollte. Zunächst sah es auch gut aus. Höhepunkt war der 3:1-Sieg über den amtierenden deutschen Meister FC Bayern, bei dem sich die Roten im mit 60.000 Fans ausverkauften Niedersachsenstadion in einen regelrechten Rausch spielten. Alle waren sich einig, daß 96 diesmal nicht zittern müsse - und alle irrten sich. Schon zur Winterpause war das Team mit nur zwölf Zählern auf den siebzehnten Platz zurückgefallen und stand einmal mehr mit einem Bein in der 2. Liga. Und diesmal zogen die Roten auch das andere Bein nach. Weder die Rückkehr von Ex-Meistertrainer Fiffi Kronsbein - er löste am 13. März 1974 Hannes Baldauf ab - noch der dänische Neuzugang Peter Dahl vermochten die Rettung herbeizuführen. Am 11. Mai 1974 waren knapp 10.000 Hartgesottene Augen-

96 zeugen eines tor- und trostlosen Unentschiedens gegen Eintracht Frankfurt, das den Abstieg endgültig besiegelte.

Um möglichst schnell ins Oberhaus zurückzukehren, wurde trotz des Schuldenbergs von rund 3 Mio. Mark weiter unter Profibedingungen gearbeitet. Ein Risiko, das sich zumindest in sportlicher Hinsicht auszahlte, denn obwohl Trainer Kronsbein nicht alle Spielerwünsche erfüllt wurden (er hätte beispielsweise gerne die frischgebackenen Weltmeister Uli Hoeneß und Bernd Cullmann verpflichtet), gelang der direkte Wiederaufstieg - finanziell hingegen hatten die unattraktiven Zweitligaspiele gegen Wacker 04 Berlin und Barmbek-Uhlenhorst kaum Löcher gestopft. Um gar nicht erst wieder gegen solche Gegner antreten zu müssen, wurde der Kader durch renommierte Herren wie Hayduk, Lüttges, Weber und Holz auf Bundesligaformat gebracht. Vergeblich: 96 stand vom ersten Spieltag an mit dem Rücken zur Wand, und auch der eilig von Bayern München losgeeiste Ex-Nationalstürmer Klaus Wunder

Henze in buchstäblich allerletzter Sekunde doch noch die nötigen Finanzmittel besorgte, die 96 überleben ließen. Sportlich war unter diesen Umständen allerdings kaum etwas drin. 1979 rutschte 96 erstmals in die Abstiegszone der 2. Liga und geriet in Gefahr, vom inzwischen aufgestiegenen Lokalrivalen SV Arminia verdrängt zu werden. Daß 96 dieses Schicksal erspart blieb, hatten die Roten vor allem einem Mann zu verdanken: Dieter Schatzschneider. Der 1978 vom Lokalrivalen OSV gekommene Goalgetter sorgte mit seinen Toren für unzählige Punkte und bescheidene Freude bei den treugebliebenen Fans. Apropos Fans: Der Niedergang des Traditionsklubs fand bei ihnen nur ein begrenztes Interesse. In der Spielzeit 1978/79 erreichte der Zuschauerschnitt mit 5.942 Zahlenden einen neuen Nachkriegstiefstand. Die Zurückhaltung der Hannoveraner drohte das einzige Ziel jener Tage - die Entschuldung – zu gefährden. Durch regelmäßige Spielerverkäufe hatte der Schuldenberg zwar auf rund 2,25 Mio. Mark gedrückt werden können, doch das schien die breite Masse der Hannoveraner nicht zu interessieren. Sie wollten Spitzenfußball, egal wie. Doch unbeirrt blieb die 96-Führung stur auf Entschuldungskurs – und hatte das Glück auf ihrer Seite. 1981 erreichte die fast ausschließlich aus Akteuren aus der näheren Umgebung bestehende Mannschaft souverän die Qualifikation für die eingleisige 2. Liga und hatte die Talsohle fürs erste durchschritten. Vater des sportlichen Erfolges war Trainer Diethelm Ferner, der mit 41 Monaten Amtszeit bis heute unumstrittener Spitzenreiter der 96-Trainerliste ist. Ferner war allerdings nie zu Erstligazeiten 96-Coach. Die nächste Krise kam im Herbst 1982. Nach drei Jahren in der Zweitliga-Spitzengruppe und allmählich aufkommenden heimlichen Hoffnungen auf eine Rückkehr ins Oberhaus war 96 ins Mittelfeld zurückgefallen, was das Trainerkarussell erneut in Bewegung setzte. Diethelm Ferner wurde durch Gerd Bohnsack ersetzt, der nicht einmal zwölf Monate im Amt blieb. Darüber hinaus verließ Torjäger Schatz-

	Spielklassen
1963/64	Regionalliga Nord
1964/65 – 73/74	1. Bundesliga
1974/75	2. Bundesliga Nord
1975/76	1. Bundesliga
1976/77 – 84/85	2. Bundesliga (-Nord)
1985/86	1. Bundesliga
1986/87	2. Bundesliga
1987/88 – 88/89	1. Bundesliga
1989/90 – 95/96	2. Bundesliga
1996/97 – 97/98	Regionalliga Nord
seit 1998/99	2. Bundesliga

sowie der Griff zum Allheilmittel Trainerwechsel (Baldauf für Kronsbein) konnten den erneuten Abstieg nicht verhindern. Im Niedersachsenstadion brachen nun harte Zeiten an, in denen die sportliche Entwicklung zunehmend in den Hintergrund trat und finanzielle Sorgen die Schlagzeilen bestimmten. Ende 1976 schien der schon mehrfach drohende Gang zum Konkursrichter endgültig unvermeidlich, als ein "Kreidekreis" genannter Zirkel um Horst-Fredo

schneider nach Kontroversen den Verein, der plötzlich wieder in turbulentes Fahrwasser geriet. 1982/83 war 96 wieder dort, wo man eigentlich nie wieder hingewollt hatte: Mitten im Abstiegskampf, Wackelkandidat für die Lizenz und mit dem Rekordtief von 3.096 Zahlenden pro Spiel alles andere als ein Zuschauermagnet.

Einmal mehr bestätigten die Roten jedoch die Binsenweisheit, daß auf "jedes Tief ein Hoch folgt", denn nur zwei Jahre später ertrank das mit 60.000 Zuschauern ausverkaufte Niedersachsenstadion förmlich im Jubel. Mit 2:0 hatte 96 Hertha BSC Berlin geschlagen und sensationell die Rückkehr in die 1. Liga perfekt gemacht. Sensationell vor allem deshalb, weil dem Team eigentlich Abstiegskampf prophezeit worden war. Kaum verwunderlich, da es bis auf vier Akteure aus Billigkräften bestand, die aus Hannover oder der näheren Umgebung stammten und wohlwollend ausgedrückt "namenlos" waren. Nach dem Aufstieg herrschte in der Clausewitzstraße "heile Welt": Die Identifikation der Fans mit dem Verein war so groß wie seit Jahrzehnten nicht mehr, der Klub war annähernd schuldenfrei und die Zukunft sah vielversprechend aus. Gefeierter Held war Trainer Werner Biskup, der im Oktober 1983 Gerd Bohnsack abgelöst und die Wende eingeleitet hatte. Sein anfangs verspottetes Konzept der konsequenten Verjüngung – die Boulevardpresse hatte von "Biskups Kindergarten" gesprochen – war voll aufgegangen. Dem Team um den routinierten Franz Gerber, Spielmacher Giesel, Kapitän Thiele und Torhüter Ralf Raps wurde im Oberhaus einiges zugetraut, zumal mit Siggi Reich ein hochkarätiger Ersatz für den zum FC Bayern wechselnden Torjäger Frank Hartmann kam. Doch die Euphorie hielt nur wenige Wochen an, dann holte die Wirklichkeit 96 ein. Sportlich vom ersten Spieltag an mit dem Rücken zur Wand, wurde im Niedersachsenstadion zum Allheilmittel Trainerwechsel gegriffen: Erfolgscoach Werner Biskup, dessen Alkoholprobleme immer deutlicher geworden waren, mußte im November 1985 gehen; Nach-

folger Jürgen Rynio blieb ganze sieben Wochen im Amt und Trainer Nummer 3 (Jörg Berger) bat nach nur zwei Monaten (und 0:10-Punkten) völlig entnervt um Vertragsauflösung. Manager Kalthoff war es schließlich vorbehalten, das in der gesamten Rückrunde sieglose Team zum Abstieg zu begleiten. Nebenbei hatte Präsident Henze für Negativschlagzeilen gesorgt, indem er zahlreichen Spielern Abmahnungen verpaßt hatte. Einziger Hoffnungsschimmer waren die Fans, denn mit 26.000 Zahlenden pro Spiel war der Schnitt trotz des Abstieges prächtig ausgefallen. Nichtsdestotrotz waren die Ereignisse der Saison 1985/86 ein Rückfall in längst überwunden geglaubte Chaos-Tage. Und so ging es vorerst weiter. Sportlich gelang unter Trainer Wähling zwar souverän der direkte Wiederaufstieg, intern jedoch überschlugen sich die Ereignisse. Statt beispielsweise

Vom Pokalschreck zum Pokalsieger 1992 - Hannover 96

den am sofortigen Wiederaufstieg maßgeblich beteiligten Leistungsträgern Hellberg, Giesel und Heidenreich neue Verträge anzubieten, holte der inzwischen allmächtige Präsident Henze unverständlicherweise kostspielige Neuzugänge (Kohn, Drews, Palasz u.a.) und brachte das Erfolgskollektiv damit völlig durcheinander. Verärgert verließen Heidenreich und Giesel daraufhin das Niedersachsenstadion, wo sie mit Billigverträgen abgespeist werden sollten. Ihr Abgang war der Beginn des erneuten Absturzes, von dem zunächst allerdings nicht allzuviel zu sehen war: 1986/87 belegte Aufsteiger 96 Rang 10 und hatte phasenweise sogar Kontakt zu den UEFA-Cup-Plätzen gehabt.

Die darauffolgende Saison war ein einziger Alptraum für die 96-Fans. Ständige Scharmützel auf der Vorstandsetage, unzählige schier unzumutbare Darbietungen, zwei Trainerwechsel (Wähling, Siemensmeyer, Saftig) und eine völlig planlose Personalpolitik (u.a. kam der merklich gealterte Ex-Torjäger Schatzschneider zurück) führten zum vierten Abstieg der Vereinsgeschichte. Schlimmer noch: Sie zerstörten das hoffnungsvolle Pflänzchen, das Hannover 96 vierundzwanzig Monate zuvor noch dargestellt hatte, bis auf die Wurzeln. Der bis heute letzte Erstligatrainer der Hannoveraner - und damit die laufende Nummer 18 - war Reinhard Saftig.

Parallel zur Talfahrt war der Schuldenberg wieder auf 1,2 Mio. Mark angewachsen, was erneut zu Schwierigkeiten bei der Lizenzerteilung führte. Und in den folgenden Jahren sollte der immer stärker schlingernde Kahn "96" den Fans auch nur noch einmal so richtig Anlaß zur Freude geben: Beim Pokalgewinn von 1992. Während auf Vorstandsebene wie üblich Chaos herrschte, hatte der von Michael Lorkowski trainierte und fest in der zweiten Tabellenhälfte etablierte Zweitligist 96 sensationell das Finale erreicht, wo es gegen Mönchengladbach nach ebenso torlosen wie langweiligen 120 Minuten einen glücklichen Elfmeterschießen-Sieg gab. Der Überraschungscoup konnte jedoch nicht darüber hinwegtäuschen, daß bei 96 so ziemlich alles im Argen lag. Michael Lorkowski beispielsweise, Trainer Nummer 27 seit 1963 (zählt man unabhängig von der Spielklasse alle Trainer zusammen), hatte vor dem Finale bereits bei St. Pauli unterschrieben, weil das 96-Präsidium keinerlei Anstrengungen unternommen hatte, seinen Vertrag zu verlängern. Kapitän Surmann ging ebenfalls – und auch er alles andere als freiwillig. Auf der anderen Seite schürte der Pokalsieg eine Erwartungshaltung, die das nur durchschnittlich besetzte Zweitligateam niemals erfüllen konnte. Im Nach-Pokaljahr gab es statt des erträumten Aufstiegs knallharten Abstiegskampf, der von einem erneuten Trainerwechsel (Schafstall für Vogel) und andauernden Grabenkämpfen auf der Vor-

standsetage begleitet wurde. Der Absturz konnte nun nur noch verzögert, nicht aber verhindert werden. 1995 schaffte die vom kurz vor Saisonschluß geschaßten Peter Neururer trainierte Elf dank eines imposanten Endspurts noch glücklich den Klassenerhalt, doch 1996 halfen weder Hoffen, Bangen, noch Trainer- und auch kein Vorstandswechsel: Erstmals in der Vereinsgeschichte stieg Hannover 96 in die 3. Liga ab. Die Zukunft sah düster aus. Kaum Spieler, ein enormer Schuldenberg, seit Jahren verprellte Fans und anstehende Ligaspiele gegen Klubs wie VfL Herzlake oder die Sportfreunde Ricklingen ließen kaum Hoffnung an der Clausewitzstraße aufkommen. Erst wenige Tage vor Saisonbeginn zauberten der neue Trainer Reinhold Fanz und Manager Franz Gerber eine Notmannschaft aus dem Hut, der allenthalben Abstiegskampf prophezeit wurde. Entgegen aller Erwartungen schlug sich die Elf um die beiden Afrikaner Addo und Asamoah, die Torjäger Milovanovic und Kovacec sowie Routinier Jörg Sievers jedoch mehr als prächtig. Mit begeisterndem Angriffsfußball stürmte sie sowohl an die Tabellenspitze als auch in die Herzen der Fans, die in der Regionalliga ihre Liebe zu 96 wiederentdeckten. Selbst erneute Vorstandsquerelen um den später unter Morddrohungen zurückgetretenen Dr. Utz Claaßen konnten das Team nicht stoppen. Im Mai 1998 schließlich fand Hannovers Drittliga-Episode im Aufstiegsspiel gegen TeBe Berlin ihr Happy-End. Einer, der daran erheblichen Anteil hatte, war Trainer Fanz. Er war der erste 96-Trainer seit langem, dem genügend Zeit gegeben wurde, seine Vorstellungen umzusetzen und der selbst in Krisenzeiten nicht gleich in die Kritik geriet. Mit Reinhold Fanz hatte Hannover 96 zum ersten Mal Geduld gezeigt - und dafür Erfolg geerntet.

Bleibt nur zu hoffen, daß die 96-Führung nach Fanz' Wechsel zu Eintracht Frankfurt nicht in alte, fatale Verhaltensweisen zurückfällt, denn eigentlich hat 96 ein immenses Potential: Großes Stadion, riesiges Einzugsgebiet, traditionsreicher Name. Jahrzehntelang war es Ungeduld, die ein Aufblühen der Roten verhinderte. Hoffen wir das Beste.

Hardy Grüne

FC Homburg

•
•
•
•
•
•
•
•
•
•
•

Hätte jemand sein Leben auf Siebzig-Millimeter-Film gebannt, er hätte bei den Festspielen in Cannes die ein oder andere goldene Palme eingeheimst, der Udo Geitlinger. Zuzutrauen wäre es ihm, als gewieftem Geschäftsmann. Doch weder er, noch jemand anderes, kam je auf die Idee.

Unser Udo ist der Beste

Und so sonnt sich „Unser Udo", wie sie ihn in der saarländischen Heimat Homburg ehrfürchtig, liebevoll und stolz nennen, in Cannes lieber unter echten, groben Palmwedeln, die Schatten spenden. Kostenlos. Ihm, dem Udo, seiner Gattin Heidrun, der er seit 1963, dem Geburtsjahr der Bundesliga, treu ist. Außerdem Maxi, einem Labrador, Mick, einem Mischling aus Schäferhund und Labrador, Muck, einem Hirtenhund, Bianca, einer weißen Schäferhündin, Gitte, einer genormten Schäferhündin und Molly und Terry, zwei Terriern. Echte Hunde, keine Abwehrrecken, wohlgemerkt. Muck, Mick, Bianca und Gitte hat „Big Udo", über den auch unser aller Lästermaul Max Merkel nichts schlimmeres als: „Der Geitlinger ist ein Typ wie Bud Spencer mit einem Herz wie Mutter Teresa" zu sagen vermochte, vor dreizehn Jahren aus dem Tierheim gerettet. Und führt sie täglich aus, durch die heiteren Gassen Südfrankreichs. Unter anderem, weil es sein Arzt so will. Denn geschont hat sich Udo Geitlinger zeitlebens nie.

Bei Null fing er an. Wurde vom Tellerwäscher zum Millionär. Auch wenn er Schreiner war. Nicht im teuren Cannes, wo er heute zwar lebt, aber nicht immer wohnt und wo man Geschichten von Tellerwäschern mit später überfüllten Konten nur aus Filmen oder gar nicht kennt . Oder kennen mag, dort wo es leichter ist, im Geld als im Wasser zu schwimmen. Nur der Udo ist einer der wenigen, die auf dem Trockenen begannen, bevor sie schwammen.

Daß ihm das wohldosierte Gekicke in der

Bundesligabilanz	
Bundesligajahre:	1986/87-87/88, 89/90
Gesamt:	3 Jahre
Beste Plazierung:	Platz 16 (1986/87)
Ewige Tabelle:	Platz 36, 102 Spiele, 21 Siege, 27 Unentschieden, 54 Niederlagen, 103:200 Tore, 90 Punkte
Ø Plazierung:	Platz 17
Top-Spieler:	Uwe Freiler (66), Roman Wojcicki (59), Wolfgang Schäfer (55), Thomas Stickroth (49), Thomas Dooley (48)
Top-Torjäger:	Uwe Freiler (15), Wolfgang Schäfer (12), Roman Wojcicki (8), Lothar Dittmer (8), Sergio Silvano Maciel (7)

Homburger Jugend nichts bringen würde, erkannte „Unser Udo" recht früh. Schnell war ihm der Geruch von Leim, Holz und Farbe geläufiger als der von Rasenteppich, Fußballstiefeln und zerfleddertem Ball. Das Donnern des Kanonenofens in der Schreinerei des Onkels beeindruckte und erschrak ihn mehr als die Schlachtgesänge im Homburger Waldstadion.

Der Vater Wilhelm war einst gefürchteter Torwächter beim FV 08 Homburg, dem Vorgänger des FC, gewesen und nicht Schreiner, sondern Maschinenbauingenieur, Werkleiter im kleinen St. Andreasberg im Oberharz. Dort wo Udo geboren wurde. Erst als nach dem Krieg das Oberharzer Werk von den Briten demontiert wurde, kehrten die Geitlingers in die Homburger Heimat zurück.

Und Udo lernte nach der Penne beim Oheim. Mit neunzehn holte ihn der Onkel zur Seite und meinte: „Also, du weißt, was Länge mal Breite ergibt, also kannst du kalkulieren. Und jetzt schmeißt du den Laden." Das war Ende der Fünfziger, Homburg spielte in der zweiten Liga mit Blick auf die Oberliga und sah Weltmeister Kohlmeyer als Spielertrainer.

Nur: Mit dem Titel wurde es nie was für den FCH - Udo wurde dafür Meister und heiratete seine Heidrun. Das war 1963. Größere Aufträge bekam er von einer Pfälzer Baufirma. Die Kinos zeigten seinerzeit „Der Unsichtbare", eine amerikanische Produktion mit Ellen Schwiers in der Hauptrolle. Zum Star machte sie damals auch die Fernsehserie „Gestatten, mein Name ist Cox!", in der Günter Pfitzmann Paul Cox spielte, der seine verschollene Verlobte (Ellen Schwiers) suchte. Das war spannend! Noch heute steht die Schwiers übrigens in zahlreichen Gästebüchern ganz oben, zum Beispiel beim bekannten „Bayerischen Hof" in Bayreuth zwischen Helmut Schön und Marc Spitz, und Porsche rühmt sich damit, daß die Schauspielerin lange ein Auto aus Zuffenhausen fuhr.

Für Udo Geitlinger alles Traumschlösser, er saß noch auf dem Trockenen. Wobei: Er führte ein behagliches Leben. Bis es eines Tages hieß, die Baufirma in der Pfalz sei Bankrott. Der Geitlinger wagte es, das komplette Personal zu übernehmen und wurde neben Schreinermeister zum Bauträger. Im nahen Waldmohr baute er siebzehn Einheiten, im westpfälzischen Kusel vier.

Aus Bedarf gründete „Unser Udo" eine Eigenheim-Betreuungs-Gesellschaft, paukte im Heimstudium Volks- und Betriebswirtschaft, um auch ja alles richtig zu machen. Der FC Homburg spielte derweil mittelprächtig in der ersten Amateurliga, zwei Klassen unter der Bundesliga, zusammen mit Wiebelskirchen, einem heutigen Stadtteil des nahen Neunkirchen, damals Bundesligist, Blieskastel, der „Hauptstadt" des märchenhaften Bliesgau, oder Diefflen, einem Stadtteil des beschaulichen Hüttenstädtchens Dillingen, das mit seinem Binnenhafen das Saarland mit der Nordsee verknüpft.

Erst 1966 hatte der FCH das Zeug zum Aufstieg in die Regionalliga und verlor dennoch seinen damaligen „Knaller", den Karlheinz Vogt, der seit seiner Jugend für Homburg rastlos auf sehenswerter Torejagd war und später in Kaiserslautern nur „Hexer" gerufen wurde, Richtung Saarbrücken.

Dort, im Ludwigspark, beim 1. FC Saarbrücken, war es dann am 3. Januar des turbulenten 1968. Vor gerade mal 1.500 Zuschauern siegte der FCH beim FCS, mit 4:3 nach Verlängerung, und qualifizierte sich damit erstmals für den DFB-Pokal. Homburger Trainer war ausgerechnet Herbert Binkert, Rekordschütze der früheren Saar-Nationalelf, mit Saarbrücken zweimal im Endspiel um die Deutsche und selbst heute noch eine Plaudertasche. Die Recken früherer Tage waren seinerzeit groß in Mode in der Regionalliga. Als der FCH gegen Röchling Völklingen 2:2 spielte, kickte er gegen Horst Eckels Röchling, denn dort war der Weltmeister seit 1960 aktiv.

Nun ja, der Sieg in Saarbrücken bescherte dem FCH aber ein Pokalduell mit dem späteren Sieger 1. FC Köln. Und der FC kam mit Calle Rühl, dem früheren Neunkircher Heinz Simmet, dem Ex-Burbacher Hannes Löhr, dem „echten" Toni Schumacher und dem 20jährigen Heinz Flohe, siegte vor 9.000 mit 4:1. Und Flohe verzückte den anwesenden Bundestrainer Helmut Schön gar so sehr, daß er meinte: „Flohe ist ein großes Talent. Wenn er sich so weiterentwickelt, ist er auch bald im Kreis der Na-

Udo Geitlinger und Udo Klug

tionalmannschaft." 1970 lief er erstmals auf.

Und Udo Geitlinger expandierte gerade, suchte nach frischem Personal und stellte ausgerechnet einen Spieler des FC Homburg ein. Der machte gerade ein schweres Jahr mit und schnell stellte der Geitlinger fest, daß sich sein neuer Mitarbeiter mehr um den Verein als um seine Arbeit sorgte. Also stellte er ihn vor die Alternative: Der FCH oder die Arbeit. Und zwei Wochen später war Geitlinger erster Vorsitzender des FC Homburg, liebevoller Chef seines kickenden Schützlings. Zwei Jahre lang, und keine Minute länger, mochte der junge Geitlinger Vorsitzender sein. Bei der Amtsübernahme schüttelte ihm FCH-Präsident Richard Schmalenberger kräftig die Hand und meinte: „Sie haben kaum Arbeit." Denkste! Der Schmalenberger hatte den Geitlinger aufs Kreuz gelegt. Und mit den zwei Jahren, das wurde auch nix.

Eine von Geitlingers ersten Amtshandlungen war die Suche nach einem jungen, ehrgeizigen Trainer. Davon besaß „Don Hennes", der Weisweiler, als Ausbilder an der Sporthochschule in Köln, im Überfluß. Im aktuellen Lehrgang zum Beispiel Sigi Held, Hans Tilkowski und Otto Rehhagel. Doch Weisweiler vermittelte einen anderen Schützling ins Saarland: Rehhagels früherer Mannschaftskollege und Abwehrarbeiter Uwe Klimaschefski. Nur Held hatte beim Diplom mit einer eins besser abgeschnitten als „Klima" mit einer zwei.

In Homburg ergänzte sich ein Pärchen namens Uwe/Udo wie Wim und Wum, schnell hatte es den Spitznamen „Zwillinge" weg, und beim Vorsitzenden Geitlinger kam mit dem Essen der Appetit. Das sah man dem kräftigen Mann auch an. Unzählige Male saß er an Klimas Seite auf der Trainerbank, doch der verabschiedete sich zunächst schon nach einem Jahr wieder. Kassel lockte mit tollen Möglichkeiten, ehe „Don Hennes" wieder bei Klimaschefskis anklopfte. Der erzählte etwas von einem Engagement bei Hapoel Haifa in Israel. „Klima" hörte aufmerksam zu und war Feuer und Flamme. Nur: Wie sollte er wieder aus dem Vertrag in Kassel herauskommen? Klimaschefski hielt es für ehrenhaft wie nützlich, den designierten Arbeitgeber endlich über die bösen Nachwirkungen einer Bänderoperation im Knie zu informieren, beichtete, daß er die Vorbereitung kaum mitmachen könne.

Und schon wollte ihn Kassel wieder loswerden, „Klima" trainierte in Haifa, wo es nur einmal zu einem Zwischenfall kam. In Israel war es seinerzeit üblich, in Nokkenschuhen zu spielen. Auch als das übermächtige Tel Aviv nach Haifa kam, klakkerten die Kunststoffstacheln der Tel Aviver Fußballvirtuosen durch die Katakomben. Nur Haifa trug Stollen, nachdem Klima dem heimischen Platzwart befohlen hatte, den Rasenplatz fast Land unter zu setzen. Und hier rutschte Tel Aviv buchstäblich aus, Haifa siegte 3:0 und der Gästetrainer hatte Klimas feuchten Plan durchschaut. Als „Klima" die Hand anbot, blieb sein Gegenüber starr und giftete: „Altes Nazischwein!" Klimaschefski reagierte mit einer Backpfeife und die Polizei ging dazwischen. Letztlich erhielt der Schläger nur einen Verweis, der Geschlagene (auf dem Feld wie außerhalb) eine saftige Geldstrafe. So war das damals.

Doch der „Klima" kam zurück nach Homburg. In der Saison 1973/74 ging es schließlich um die Qualifikation zur neuen 2. Bundesliga. Homburg ging als Außenseiter in die Runde, auch wenn es sich mit dem Alsenborner Torschützenkönig Otmar Ludwig, Gerd Pankotsch von Heilbronn und Heinz Meiners gut verstärkt hatte und mit einem 1:1 beim Favoriten Völklingen gleich stark auftrumpfte.

---

1. Spieltag Saison 1963/64

Amateurliga Saarland, 11. August 1963, FC Homburg - FV Püttlingen 4:1

20. Spieltag Saison 1998/99

Regionalliga West/Südwest, 18. Dezember 1998, FC Homburg - Eintracht Trier 1:1, 500 Zuschauer - Helmut Wahlen, Mirsad Keric, Bernd Eichmann, Carsten Mathes, Sanel Nuhic (84. Anatoli Muschinka), Peter Seufert, Stefan Pratljacic, Alexander Leibrock, Roman Hanus (66. Miroslaw Klose), Tomasz Jaworek, Kachaber Kacharaber - Tor: 1:0 Jaworek (82.)

•
•
•
•

Otmar Ludwig traf gleich zum ersten Mal und wurde letztlich mit 26 Treffern seinem Ruf als Torjäger gerecht. Nach fünf Spielen

• • • 162

waren es sieben Tore gewesen, nur gab es keinen Grund zum Feiern. Homburg war in der Qualifikationstabelle ins Mittelfeld und somit raus aus der zweiten Liga gepurzelt. Der FCH probierte alles, Geitlinger holte zum Beispiel Manfred „Manni" Lenz noch aus Berlin, Klimaschefski bot in Theley (0:3) ein mißglücktes Spielercomeback und paktierte letztlich recht früh mit Mainz 05 für die kommende Saison.

Immerhin sah es für Homburg auch nach dem Winter schlecht aus: 0:1 im Duell mit Völklingen und 1:1 beim abstiegsbedrohten FC Ensdorf. Mainz indes lockte mit vollmundigen Versprechungen, jonglierte mit großen Spielernamen und einem sicheren Arbeitsplatz in der zweiten Liga. Doch dann das Wunder: Homburg, der Verein mit dem zierlichen Bäumchen als Wappenzeichen, das man dem Stadtwappen nachempfunden hat, zeigte sich stark wie eine Eiche und erspielte sich das Prädikat der „derzeit besten Mannschaft im Südwesten". An Rosenmontag versprach FCH-Geschäftsführer Dieter Guillaume in der Grün-Weißen Nacht, als ehemaliger Radfahrer zusammen mit dem Boutique-Inhaber Horst Keller per Tandem die 35 Kilometer von Pirmasens nach Homburg zu radeln, sollte es der FCH im letzten Spiel dort doch noch packen, sich für die 2. Bundesliga zu qualifizieren.

Dann der letzte Spieltag, der 27. April 1974. Der FC Homburg fightete beim FK Pirmasens, entzückte die Fans - 1:0! Gleichzeitig spielte Worms in Speyer nur Remis und angespornt von jubelnden Fans radelten Guillaume und Keller im Partnerlook von Pirmasens nach Homburg, legten im Waldstadion noch eine Ehrenrunde ein - der FC Homburg war Zweitligist! Und als solcher gefürchtet. Als Favoritenkiller im DFB-Pokal. Im Herbst 1975 hatte der FCH in der ersten Pokalrunde zunächst Solingen souverän ausgeschaltet, träumte vom großen Los. Das schien die Auslosung denn auch zu bringen, doch es war ein Alptraum! Der FC Homburg sollte doch tatsächlich beim Bundesliga-Aufsteiger Hannover 96, bei Fiffi Kronsbeins Startruppe im Niedersachsen antreten. Das war das Pokalaus. Für 96! Ein denkwürdiger Tag. Selbst heute rechnet Geitlinger noch vor:

„Ich glaub' die sind dreißig mal in unsere Abseitsfalle gerannt." Ein Homburger Trumpf. Weitere: Der FCH kämpfte an jenem 18. Oktober, spielte, konterte. Schnell hatte er das Publikum auf seiner Seite und Bernd Detterer besiegelte mit seinem 2:0 (74.) den Erfolg (Endergebnis: 2:1). Hannovers Stars verabschiedeten sich mit Pfiffen im Ohr, stiegen später ab.

Und für Homburg kam es noch dicker: Nachdem man an Chio Waldhof etwas zu knabbern hatte, 1:0 siegte und die Lilien aus Darmstadt überrannte, spielte kein Geringerer als der spätere Pokalsieger und Bundesliga-Vize Hamburger SV in Homburg vor. FCH-Kapitän Albert Müller strotzte vor Selbstbewußtsein: „Zuhause schlagen wir jeden Gegner", und in einer ruhigen Minute fragte „Klima", der 1974 schon nach 86 Tagen wieder von Mainz nach Homburg heimgekehrt war, seinen Zwilling Geitlinger: „Du Udo, wo stellen wir eigentlich den Pokal hin?" Derweil Hamburgs Generalmanager Dr. Peter Krohn tönte: „Wir werden den Homburgern zeigen, was der Unterschied zwischen dem A und O in den Namen beider Städte ist." 20.000 interessierte das auch, das Waldstadion platzte aus allen Nähten. Generalmanager Krohn traute seinen Augen kaum. Achtzehn (!) Mal rannte seine Elf in die „Klimatisch" bedingte Abseitsfalle, traf dafür aber zweimal. Harald Diener, zehn Jahre zuvor als Talent und Hoffnungsträger beim FCS gefeiert, erzielte das 1:2. Ham- und Hom- plus Burg boten sich eine Schlacht, die der HSV nur mit viel Glück gewann. Dr. Krohn blieb davon unberührt, nordisch kühl: „Unser Sieg war typisch für den neuen HSV, der heute Eiseskälte zeigte und von

Der Aufstieg ist geschafft! Freude bei den Homburger Spielern

seiner profihaften Einstellung lebte." Andere waren begeistert vom FCH. Tage später erreichte die Homburger Geschäftsstelle eine wahre Zuschriftenflut. Fußball-Deutschland hatte seine Liebe zu Homburg entdeckt. Die Zweitligarunde beendete der FCH als Dritter.

Plötzlich der Schock: Am 9. Juli 1976 trat der komplette FCH-Vorstand aus Protest zurück. Die Stadt hatte den Pokalhelden doch tatsächlich eine Bürgschaft in Höhe von 250.000 Mark verwehrt. Die entsprechende Summe klaffte als Lücke in den Unterlagen der Saarländer und die Lizenz des DFB schien in weite Ferne gerückt. Es waren turbulente Tage an der Saar. Nach drei Tagen rotteten sich 2.000 Fans auf dem schmucken Marktplatz zusammen und nach der Intervention aus dem Volk bewilligte der Stadtrat in letzter Sekunde doch noch 150.000 Mark plus nochmals 150.000 als Vorschuß des jährlichen Werbezuschusses. „Big Udo" hatte es wieder gepackt. Es war jedoch nur eine von vielen Geitlingerschen Finten, der Geschäftsmann spielte seine Karten stets gekonnt aus.

noch ein historischer Sieg: Homburg gegen Bayern. Eigentlich ein alter Hut! Die Geschichte wollte es so, daß das kleine Saarpfalz-Städtchen einstmals Bayerns Königen zufiel. Doch die Homburger waren keine stummen Wahl-Bayern, die alles ertrugen. Unter französischer Flagge hatten die Saarpfälzer viele Freiheiten genossen, die man ihnen auch von München aus zugestand. So wurde Homburg Zentrum des Liberalismus, von hier aus mobilisierten Johann August Wirth und Jakob Siebenpfeiffer unter anderem zum Hambacher Fest, verbreiteten von hier aus ihre spitzen Gazetten. Bayern hatte es freilich nicht leicht mit Homburg. Wirth wurde hier frenetisch gefeiert.

So wie die Spieler des FC Homburg, die es den Bayern erneut zeigten. Und die waren weiterhin eine Autorität, hatten mittlerweile Fußballspielen gelernt und kamen als Weltpokalsieger höchstpersönlich in die Saarpfalz. Im Pokal, mit Maier, Müller und dem Kaiser. Kaiser Franz Beckenbauer. Und das ganze Land durfte sich wieder auf Homburg verlassen, nur statt Wirth hießen die Helden diesmal Lenz und Libero Gerd Schwickert und triumphierten 3:1 über Dettmar Cramers Münchner. Klima vollmundig: „Bevor ich nach Homburg gekommen bin, haben sie hier mit Strohballen gespielt." Hört, hört! Der Cramer blieb seinerzeit ruhig, doch Wochen später - Homburg drängte Hertha von Wiederholungs- zu Wiederholungsspiel - riefen die Bayern im Berliner FCH-Hotel an um „Klima" in den Süden zu locken. Der hörte sich alles gerne an, lehnte aber letztlich ab.

Spielklassen	
1963/64 – 65/66	Amateurliga Saarland
1966/67 – 73/74	Regionalliga Südwest
1974/75 – 80/81	2. Bundesliga Süd
1981/82 – 83/84	Amateur-Oberliga Südwest
1984/85 – 85/86	2. Bundesliga
1986/87 – 87/88	1. Bundesliga
1988/89	2. Bundesliga
1989/90	1. Bundesliga
1990/91 – 94/95	2. Bundesliga (91/92 Süd)
seit 1995/96	Regionalliga West/Südwest

1975 - es ging auch um Werbegelder der Stadt - flirtete er laut mit Borussia Neunkirchen, als die eingleisige zweite Liga kam und der FCH nicht qualifiziert war, näherte sich Geitlinger dem FCS an. In der Hoffnung, ein Kandidat der neuen 2. Liga würde noch kalte Füße bekommen und ein „FC Saar" sei konkurrenzfähig.

Doch dies passierte nicht und alle Pläne verschwanden wie 1975 nach getaner Arbeit wieder in der Schublade. Zwischendurch glückte dem FC Homburg allerdings

Nach dem traurigen Zweitliga-Aus 1981 war dies jedoch Schnee von gestern. Es war damals, daß sie den Saarfußball totsagten, gar „Klima" sah als Hertha-Trainer keine andere Lösung als eine Fusion FCH-FCS. Da diese aber nicht zustande kam, sahen viele schwarz. Und nicht grünweiß. Doch alles kam anders: Der FCH fing sich, der Udo führte souverän, wie immer. Noch heute sagt Klima: „Ohne den Udo wäre nichts gelaufen." 1984 packte Homburg den Wiederaufstieg in die 2.

Liga, spielte sich Mai 1986 auch dort an die Spitze. Allerdings schon saft- und kraftlos. Der Aufstieg war in greifbarer Nähe und doch fern am vorletzten Spieltag gegen Wattenscheid. Denn die Bochumer gingen 1:0 in Führung, lagen lange vorn. Dann kam Bernd Beck mit einem Gewaltschuß - 1:1! Der Aufstieg! Denn dabei blieb's.

Gästetrainer Hans-Werner Moors wünschte dem FCH alles Gute: „Viel Glück, ihr werdet es gebrauchen können." Und Homburgs OB Rainer Ulmcke, ein CDU-Mann an der roten Saar und als kleiner Steppke durch löchrige Zäune ins Waldstadion geschlüpft, meinte auf bequemem Sitz souverän: „Ich wußte, das wir es packen." 10.000 feierten abends in Homburg die Fete ihres Lebens. Aufstiegsgaranten auf dem Platz waren in seinem letzten Frühling Manni Lenz, heute Besitzer eines Sportgeschäfts in der Homburger Innenstadt, und Gerd Schwickert, heute Trainer in Augsburg.

Der Bundesliga-Aufstieg war jedoch auch die Premiere eines neuen Modells, des Ommer-Modells. FCH-Präsident und Ex-Leichtathlet Manfred Ommer, von Freund Geitlinger „Dagobert Duck" gerufen, setzte als Chef einer Investmentfirma (DETAG) erstmals einen Spielerfonds ein, von dem Profiklubs Gelder für teure Spieler „leihen" konnten. Die „Fonds-Spieler" unterschrieben Verträge bei den Vereinen, die eine Nutzungsgebühr an den Topf bezahlen mußten. Die späteren Transfererlöse flossen primär an den Fonds. Fonds-Spieler durften sich in Homburg zunächst Kicker wie die polnischen Nationalspieler Roman Wojcicki und Andrzej Buncol, Stürmer Wolfgang Schäfer und Tommy Stickroth nennen, der prominenteste Neuzugang blieb lange im Lazarett: Jimmy Hartwig, der es in der Bundesliga noch einmal wissen wollte. Mit mäßigem Erfolg. Homburg spielte jedoch im Duell der Großen endlich mit, auch wenn es als graue Maus Zuschauerzahlen drückte. Zuhause kamen im Schnitt knapp über 8.000. Und kämpften mit gegen den Abstieg.

Fritz Fuchs und Udo Klug taten das gleiche, wurden jedoch beide entlassen. Der FCH wollte es wieder mit Klima probieren, der in St.Gallen kein Glück hatte, sich allerdings gerade die krummen Haxen richten ließ. So sprang der mittlerweile zum FCH-Geschäftsführer aufgestiegene Gerd Schwickert kurzfristig ein; letztlich bis Saisonende. Damals, im heißen Frühling 1987.

Udo Klug hatte übrigens gehen müssen, nachdem er gegen Gladbach 0:2 verloren hatte und mit 0:6 in Bremen unter die Räder kam. Klima sah da schon an Krücken von der Tribüne aus zu und Zwilling Udo hatte vorher gemeint: „Ich habe heute ein gutes Gefühl, ich glaube, wir gewinnen hier." Kein Kandidat für die Elferwette. Zweimal traf Rudi Völler, dessen Transfer nach Rom gerade geplatzt war. Klug flog. Und Präsident Ommer kommentierte: „Wir wollen den FCH nur in der Bundesliga halten." Hierfür bestellte man mit Reinhard Sepac gar einen Experten für Hypnose und Mentaltraining nach Homburg - mit Erfolg! Ein 3:1 über Bochum folgte, brachte Hoffnung.

Am 31. Spieltag drängten sich dann 16.000 im Waldstadion. Bayern kam. Mal wieder zum FC Homburg. Der lag zur Halbzeit 0:2 hinten, ehe die filigrane Klaus Müller und Stürmer Uwe Freiler ausglichen - grandios! Der FCH wollte partout nicht absteigen und Bayern-Trainer Udo Lattek atmete auf: „Ich bin froh, daß wir in den Schlußminuten nicht verloren haben." Bayern war durch das 2:2 jedoch trotzdem Meister und Werner Faßbender, Präsident der Fortuna aus Düsseldorf, die mit Homburg um die Klasse stritt, meinte nur: „Auf Homburg ist auch kein Verlaß mehr." Letztlich stieg Fortuna ab, Homburg gewann als Sechzehnter im Hinspiel der Relegation vor 8.000 gegen St. Pauli mit 3:1. Aushilfstrainer Schwickert: „Das müßte reichen."

Nur Düsseldorf meinte das nicht. Beim Homburger 3:1 gegen Bochum sollte die Pille vor der Ecke zum 2:1 von Schiedsrichter Joachim Kautschor nicht freigegeben worden sein. Nun sollte die Partie nachgeholt werden und Fortuna trainierte wieder - für die „eigene" Relegation. Als Fußball-Deutschland gar schon erstmals mit einem 19. Bundesligisten rechnete, unterlag der FCH 1:2 bei St. Pauli, blieb sportlich erstklassig. Am Millerntor kochte die Stimmung über, Schwickert wurde getreten, geschlagen und mit Bier geduscht. Eigentlich geschlagen blieb jedoch Düsseldorf. Das Bochum-Spiel blieb wie es war, die Liga auch. Das Land atmete auf. Und „Big Udo", nach all den Jahren seiner Haarpracht samt modischen Locken langsam überdrüssig, freute sich: „Ich bin froh, daß wir den Klassenerhalt jetzt endlich geschafft haben."

Doch der FCH, er kam nicht aus den Schlagzeilen. Auslöser war der neue Homburger Trikotsponsor. London - die Stadt an der Themse. Sie fungierte im Homburger Fall allerdings lediglich als Namensgeber für einen Mönchengladbacher Kondom-Hersteller, der die Brust des FCH mit seinem Schriftzug beglücken wollte. Der DFB hatte allerdings etwas dagegen. Der Ethik und Moral wegen. Der FC verhütete einen großen Krach mit einem schwarzen Balken auf den Spielertrikots, der die Werbeschrift verdeckte. Was allerdings darunter stand, wußte jeder. Keine erfolgreiche Prävention, wie es auch die neuen Spieler und Trainer „Klima" nicht waren. Auf Klimaschefski folgte erneut Schwickert, auf diesen Slobodan Cendic, ein Mann mit Mütze und bekannt als „Karajan der Tartanbahn". Alles nützte nichts. Homburg stieg ab. Udo Geitlinger: „Wir nehmen uns eine Aufbauzeit von zwei Jahren." Es wurde nichts damit. Homburg packte den direkten Wiederaufstieg. Und stieg erneut ab.

Gerd Schwickert tröstete sich im letzten Homburger Bundesligajahr als Trainer von Borussia Neunkirchen und leitete als erfolgreicher Coach wenigstens den späteren Oberligatitel der Homburger Nachbarn ein. 1990 hatte das Homburger Waldstadion, in der Bundesliga zum Schmuckstück geworden, übrigens noch Flutlicht erhalten. Als die Homburger Bundesligalichter erloschen. Für immer, wie es scheint. Einzig das Ommer-Modell schwebte noch lange über dem FCH als Damoklesschwert. Vor allem als Ommer weg war in Homburg. 1995 stieg der Klub aus der 2. Liga ab, mit elf Ommer-Kickern, und ging durch die Presse, als die Steuerfahndung anklopfte. Im Jahr zuvor war gar „Unser Udo" kurzzeitig zurückgetreten. Dreimal hat es der FCH seither noch probiert, wieder aufzusteigen. Dann ging Geitlingers Klub eine Ehe mit dem FCS ein, krebst vor 500 Zuschauern in den Niederungen der Regionalliga umher. „Hühnerliga" schimpft „Klima" heute, „Pleiteliga" nennt sie Udo. Er selbst läßt sich nur noch selten in Homburg blicken, geht lieber in Cannes Gassi. „Früher hat es mächtig viel Spaß gemacht, heute geht es nur noch ums Geld." Die Fans mögen ihn nicht mehr, seit es heißt, die Kooperation sei diesmal keine Finte gewesen. Der Spaß ist wahrlich vorbei. Und eines scheint bestimmt: Homburg wird von der Fußball-Landkarte verschwinden. Deutschlands ehemals kleinste Bundesliga-Stadt, eine Stadt mit 42.000 Einwohnern, mit 20.000 Arbeitsplätzen und eine Stadt, in der der Fußball nie die Rolle spielte, wie anderswo. Stoff für einen neuen Film, ein Drama. Nur auf die Idee kam noch keiner.

Tobias Fuchs

1. FC Kaiserslautern

Kaiserslautern hat viel zu bieten. Sagen die Bewohner der Stadt im Südwesten Deutschlands. Da ist die Universität, ein großes Opelwerk - „innovativer Wirtschaftsstandort im Grünen" nennt sich die Stadt fröhlich in einem Tourismusprospekt - da sind Museen, Theater, Restaurants und Kneipen, der Naturpark Pfälzerwald liegt direkt vor der Tür. Kaiserslautern sei nebenbei auch die Heimat fröhlicher, gastfreundlicher Menschen. Doch was die Stadt Kaiserslautern zu bieten hat oder wie es sich dort leben läßt, das wissen außerhalb Kaiserslauterns wenige. Und noch weniger sind es, die es überhaupt interessiert. Denn was beim Stichwort Kaiserslautern zählt, das sind Fußball und die Liebe zum 1. FCK.

Teuflische Zeiten

Kaiserslauterns Fußballgeschichte begann 1896 mit der Gründung des FC Germania, der sich 1900 mit der Fußballgesellschaft von 1899 zum FC 1900 vereinte. Mit dem FC Palatia 1901 und dem FC Bavaria 1902 folgten schon bald zwei Konkurrenten auf dem Fuß. Ruhmesblätter waren die ersten Spiele des FC Kaiserslautern allerdings nicht. Der Karlsruher Fußballverein beispielsweise ließ die Lauterer bei einem 0:29-Desaster schmerzhaft die eigene Unzulänglichkeit fühlen. Da es so nicht weitergehen konnte, wurde der Entschluß gefaßt, mit dem FC Palatia und dem FC Bavaria zum FV 1900 zu fusionieren, um aus dem Mittelmaß herauszukommen. Nach einer weiteren Fusion mit dem SV Phönix zum FV/Phönix (1929) war es dann 1931 endlich soweit: durch Umbenennung wurde der 1. FCK aus der Taufe gehoben.
Mit dem Betzenberg war 1920 der Spielort der Lauterer in Betrieb genommen worden. Der Verein könne den Platz haben, da für Wohnbebauung die notwendige Wasserversorgung nicht gewährleistet sei, hatte Stadtbaurat Husson bescheinigt, woraufhin die Mitglieder des damaligen FVK jede freie Minute und jeden übrigen Groschen op-

	Bundesligabilanz
Bundesligajahre:	1963/64 - 1995/96, seit 1997/98
Gesamt:	34 Jahre
Beste Plazierung:	Platz 1 (1990/91, 97/98)
Ewige Tabelle:	Platz 7, 1152 Spiele, 453 Siege, 302 Unentschieden, 397 Niederlagen, 1891:1799 Tore, 1661 Punkte
Ø Plazierung:	8,5 Platz
Top-Spieler:	Werner Melzer (374), Dietmar Schwager (320), Ernst Diehl (314), Josef Pirrung (305), Gerald Ehrmann (292)
Top-Torjäger:	Klaus Toppmöller (108), Stefan Kuntz (75), Thomas Allofs (61), Josef Pirrung (61), Roland Sandberg (60)

ferten und mit dem Bau des Stadions begannen. Jenes wurde anschließend nach und nach auf- und ausgebaut. Vor Beginn des 2. Weltkrieges hatte es ein Fassungsvermögen von 18.000 Zuschauern. Die Erfolgsgeschichte des 1. FCK begann in den späten 30ern. Konstanz war zunächst allerdings ein Fremdwort. Nachdem 1935 die Gauliga erreicht war, stiegen die Männer vom Betzenberg in den folgenden Jahren mehrfach ab und wieder auf.

Das alles wurde beinahe zur Nebensache, denn ein Mann erschien auf der Lauterer Fußballbühne, dessen Präsenz dort bis zum heutigen Tag spürbar ist: Fritz Walter. Er begann seine Karriere in der Saison 1938/39, avancierte 1940 19jährig zum Nationalspieler und stand beim letzten großen Spiel der Lauterer in der Mannschaft, die Pfingsten 1942 in der Endrunde um die deutsche Meisterschaft mit 3:9 dem späteren Meister Schalke 04 unterlag.

Danach war der Fußball auf dem Betzenberg erst einmal passé: Fritz Walter spielte nun bei den „roten Jägern" des Major Hermann Graf.

Als der Krieg zuende war, machten sich die Männer unter dem Vereinsvorsitzenden Paul Karch daran, eine neue Mannschaft zu bilden. Ganz in Rot liefen die Lauterer jetzt auf - in Anlehnung an die Mannschaft der „roten Jäger". Die „roten Teufel vom Betzenberg" waren geboren. Mit ihrem einfallsreichen Spiel gewann die „Walter-Elf" nicht nur die Herzen der Fans, sondern 1951 und 1953 auch die Deutsche Meisterschaft.

Nach dem 2. Weltkrieg war nicht nur die Stadt, sondern auch das Stadion zerstört. Die französischen Besatzer, die es nach einem General „Stade Monsabert" nannten (was die Pfälzer gewitzt in „Mont" = „Berg" und „Sabert" = „Betzen" übersetzten), benutzten das Stadion als Abstellplatz. Und so mußte der 1. FCK, bis er das Stadion im Winter 1945/46 zurückerhielt, am Erbsenberg, dem nur wenige Schritte tiefer gelegenen Stadion des Lokalrivalen VfR, spielen. Bei den Endrundenspielen um die deutsche Meisterschaft mußte man gar des öfteren nach Ludwigshafen ausweichen - der Betzenberg war mit seinen 18.000 Plätzen einfach zu klein.

Als es 1963 um die Zulassung zur Bundesliga ging, verlangte der DFB vom FCK, das Stadion auf ein Fassungsvermögen von mindestens 35.000 Plätzen auszubauen und zudem eine Flutlichtanlage zu errichten. Die Stadt Kaiserslautern, die heute so stolz ist auf ihre roten Teufel, tat sich damals - wie auch in späteren Jahren bei ähnlichen Gelegenheiten noch mehrfach - schwer mit einem Zuschuß. Doch nach langem Gerangel konnte der Betzenberg schließlich ausgebaut und mit Flutlicht ausgestattet werden.

Lauterns Meisterschaften lagen schon eine Weile zurück, als in der Saison 1963/64 das Abenteuer Bundesliga begann. Von der erfolgreichen Elf der frühen 50er war niemand mehr dabei, als am 24. August 1963 die Bundesligapremiere gegen Eintracht Frankfurt stattfand. Fünfmal in der Woche trainierten die Lizenzspieler des 1. FCK seinerzeit. Zweimal davon „besonders hart", wie es in einer Reportage aus diesen Tagen heißt. Lauterns erster Bundesligatrainer war der damals 38jährige Günter Brokker, der fünf Jahre zuvor als Spieler mit Schalke Deutscher Meister geworden war. Neue Spieler waren für die Bundesliga verpflichtet worden. Neben Wrenger und Braner war es der Holländer Jacobus „Co" Prins, der erste in einer langen Reihe ausländischer Fußballer, die auf dem Betzenberg spielten. Doch im Gegensatz zu Spielern wie Roland Sandberg, Ronnie Hellström und Benny Wendt in den 70ern oder 80ern und Pavel Kuka, Miroslav Kadlec, Ciriaco Sforza und Michael Schjönberg in den letzten Jahren fühlte sich Prins am Betzenberg nie heimisch. Zwei Jahre kämpfte er mit Lautern erfolgreich um den Klassenerhalt, dann ging er zurück nach Amsterdam. Nicht ohne der Pfälzer Provinz mit seinen Capricen auf dem und außerhalb des Spielfelds Gesprächsstoff geboten zu haben.

Was dem 1. FCK in den ersten Bundesligajahren bitter fehlte, war ein Spieler wie Fritz Walter. Einer, der die Mannschaft hätte mitreißen können. So machten die Lauterer zunächst nur in Sachen Trainer Schlagzeilen, denn nach zwei Jahren mußte Brokker seinen Hut nehmen. Für ihn sprang Weltmeister Werner Liebrich ein, der die

Parole „Rennen, Kämpfen, Siegen" ausgab. Mit Erfolg: Am letzten Spieltag sicherte sich Kaiserslautern mit einem 2:1 in Frankfurt den 13. Platz und damit den Klassenerhalt. Wer nun geglaubt hatte, es könne nur noch besser werden, sah sich jedoch getäuscht. Auch in der nächsten Saison schafften die auswärtsschwachen Lauterer gerade so eben den Klassenerhalt. Selbst Tasmania Berlin, Negativrekordhalter mit 8:60-Punkten, erreichte gegen Lautern zwei Unentschieden.

Immerhin schaffte es die Mannschaft um Dietmar Schwager, sich auf Jahre hinaus den Ruf der „Klopper der Liga" zu sichern. Auslöser war ein Spiel gegen die Bayern. Am 23. April 1966 war es, als es eine „Schlacht" gab, die wegen ihrer vier Platzverweise auch heute noch vielen in Erinnerung ist. Platzverweis Nummer 1 kassierte Jürgen Neumann, der Dieter Brenninger

Roland Sandberg (vorn) und Klaus Toppmöller jagen dem Ball hinterher.

einen Kopfstoß verpaßt hatte, wozu er sich nach dem Spiel wie folgt äußerte: „Als ich zu dem verletzten Spieler gehen wollte, kam der Spieler Brenninger auf mich zu und spuckte mir von etwa 20 cm Entfernung ins Gesicht, und daraufhin machte ich einen Kopfstoß." Anschließend kamen der von Hertha gekommene Klimaschefski und Bayerns Koulmann dran; Sekunden vor Schluß wurde auch noch Hitzkopf Willi Wrenger vorzeitig zum Duschen geschickt. Er hatte Schiedsrichter Herden etwas zu handgreiflich darauf hingewiesen, daß er einen Elfmeter gegen die Bayern für durchaus gerechtfertigt gehalten hätte. Uwe Klimaschefski wurde nach dem Spiel übrigens

gefragt, ob er nicht daran gedacht habe, daß „wenn Sie sich unsportlich verhalten, Sie dadurch sich selbst, Ihrem Verein und nicht zuletzt ihren Mannschaftskameraden Schaden zufügen durch Ihre folgende Abwesenheit?" (Ja, ja, so moralisch gaben sich damals die Journalisten!). „Klimas" Antwort: „Im Moment habe ich nicht daran gedacht wie ich das Foul gemacht hab', sonst hätte ich's ja nicht gemacht. Aber zwei Sekunden später hab' ich natürlich 'dran gedacht." Späte, wenngleich schnelle Einsicht.

Die darauffolgende Spielzeit 66/67 sah nicht nur eine weitaus besser spielende Lauterer Mannschaft, die am Ende sogar auf dem fünften Tabellenplatz stand, sondern auch einen jungen Spieler namens Otto Rehhagel, der von der Berliner Hertha gekommen war. In sechs Jahren spielte er 148mal für Kaiserslautern, schoß 16 Tore und erwarb sich den Ruf eines „Rauhbeins". Niemand ahnte damals, daß er 24 Jahre nach seinem „aktiven" Ende zurückkehren würde, um mit Lautern Fußballgeschichte zu schreiben.

In den nächsten Jahren wurde auf dem Betzenberg solider, wenn auch ein wenig langweiliger Fußball gespielt. Der FCK dümpelte in den unteren Regionen herum und stand mehrfach kurz vor dem Abstieg. Wen wundert es da, daß die Fans auf sich warten ließen? 1967/68 wollten durchschnittlich nur 12.500 Zuschauer die roten Teufel sehen - der nach Absteiger Neunkirchen schlechteste Schnitt aller Bundesligisten. 1968/69 wurde der Klassenerhalt erneut

FCK erst am letzten Spieltag gesichert. Zu Saisonbeginn war mit Jürgen „Atze" Friedrich ein junger Mann von der Frankfurter Eintracht gekommen, von dem noch zu berichten sein wird - ebenso übrigens wie von Josef „Seppl" Pirrung, der in der darauffolgenden Saison, in der die Lauterer nicht minder vom Abstieg bedroht waren, vom FC Münchweiler zum FCK kam. Ein Höhepunkt im grauen Lauterer Bundesliga-Alltag waren die Spiele gegen Bayern München. Am 6. September 1969 war es ein Heimspiel. Der mit 35.000 Zuschauern nicht nur ausverkaufte, sondern völlig überfüllte Betzenberg sah ein Spiel, das seinesgleichen suchte. Gyula Lorant hatte seine Mannschaft motiviert, die Lauterer fighteten wie selten zuvor, die Zuschauer feuerten ihre Mannschaft frenetisch an. Doch umsonst. Dreimal war der Torschrei zu hören, und dreimal verwandelte er sich erst in enttäuschtes Gemurmel und dann in stürmischen Protest. Schiedsrichter Regely annullierte alle drei Treffer - wie später die TV-Aufnahmen bewiesen, zu Recht.

In der Saison 1973/74 war es erneut das Heimspiel gegen Bayern München, das den

berg trainierte, „Atze" Friedrich seine Karriere hatte beenden müssen und der „blonde Blitz aus Atvidaberg", Roland Sandberg, als „Entdeckung des Jahres" gefeiert wurde. Der „Betze" war natürlich ausverkauft. Die ersten 30 Minuten dieses Spiels waren wie ein Gewitter, das auf den 1. FCK niederging: In der 3. Minute spielte Schwarzenbeck auf Gersdorff und Bayern ging in Führung. Hoeneß paßte auf Gersdorff, und nach zwölf Minuten stand es bereits 0:2. Es kam noch schlimmer. Schwarzenbeck gab auf Hoeneß, der zu Müller: 0:3. Dann unterlief „Bulle" Roth ein Fehler, und Pirrung markierte zumindest den Anschlußtreffer. Nach der Pause erhöhte Müller auf 1:4. Doch in der wohl teuflischsten halben Stunde der Betzenberg-Geschichte verkürzte zunächst Toppmöller auf 2:4, dann Pirrung auf 3:4, ehe nochmals Pirrung in der 73. Minute sogar den Ausgleich erzielte. Elf Minute später verwandelte Diehl den Betzenberg mit dem Führungstreffer zum 5:4 endgültig zum Tollhaus. Der Ex-Gladbacher Laumen ließ mit zwei Toren in den letzten drei Minuten die Freude dann so richtig überschäumen. 7:4 hieß es nach 90 sensationellen Minuten, und die Zuschauer stürmten begeistert den Rasen.

Roland Sandberg war der erste Schwede in Lauterns Diensten. In der Saison 1974/75 folgte ihm Ronnie Hellström. Er war und ist der wohl beliebteste ausländische Spieler in Kaiserslauterns Bundesligageschichte. Seitdem Hans-Peter Briegel nicht mehr im Vorstand beschäftigt ist, hat sein Kontakt zum Verein allerdings nachgelassen. Bestens unterrichtet ist er aber noch immer: „Ich bin in Schweden immer mit den allerneuesten Daten über die Fußball-Bundesliga informiert. Ich sehe mir regelmäßig die Homepage des 1. FCK via Internet an und bekomme auch den „kicker" hier in Schweden."

Trotz Sandberg, Hellström und Co - der FCK dümpelte auch in den nächsten Jahren im Mittelfeld herum. Immerhin biß sich der FC Bayern an den Pfälzern weiterhin die Zähne aus, was Paul Breitner 1980 zur Aussage veranlaßte, daß die Bayern die Punkte wohl in Zukunft besser per Post nach Kaiserslauten schicken sollten, da alles andere verschwendete Liebesmüh sei. Gegen

---

1. Spieltag Saison 1963/64

1. Bundesliga, 24. August 1963, Eintracht Frankfurt - 1. FC Kaiserslautern 1:1, 30.000 Zuschauer - Wolfgang Schnarr - Roland Kiefaber, Werner Mangold, Willi Wrenger, Dieter Pulter, Jürgen Neumann, Walter Gawletta, Willy Reitgaßl, Winfried Richter, Jacobus Prins, Harald Braner, **Tor:** 0:1 Neumann (38. FE)

18. Spieltag Saison 1998/99

1. Bundesliga, 19. Dezember 1998, 1. FC Kaiserslautern - 1860 München 1:1, 41.500 Zuschauer - Andreas Reinke - Ciriaco Sforza, Harry Koch (53. Thomas Riedl), Janos Hrutka, Andreas Buck (46. Axel Roos), Hany Ramzy, Michael Ballack, Marian Hristov, Marco Reich, Jürgen Rische (46. Rösler), Olaf Marschall, **Tor:** 1:1 Reich (61.)

Saisonhöhepunkt bot. Diesmal war es ein Spiel, das aufgrund seiner Tore in die Bundesligageschichte einging. Am 20. Oktober 1973 fand es statt, das Spiel der Spiele. Es war die Saison, in der Erich Ribbeck nach 1969 zum zweiten Mal am Betzen-

Bayern München debütierte am 10. April 1976 übrigens auch schon erwähnter Hans-Peter Briegel. Die „Walz von der Pfalz" wurde in der 66. Spielminute eingewechselt.

Ende der 70er Jahre wandelte sich der FCK von einem konservativ geführten Verein in einen modernen Klub. 1977 wurde der langjährige Vorsitzende, der Schuhfabrikant Willi Müller, nicht wiedergewählt, und an seine Stelle trat ein 32jähriger Geschäftsmann, der von 1968 bis 1973 erfolgreich für die Lauterer gespielt hatte und nicht zusehen mochte, wie sein Verein auf dem Abstellgleis stand, während der Bundesligazug modernen Zeiten entgegenfuhr: Jürgen „Atze" Friedrich. Zwölf Monate nach seinem Amtsantritt begann eine weitere „neue" Ära auf dem Betzenberg, als Karl-Heinz Feldkamp das Trainingsruder in die Hand nahm und Erich Ribbeck, der die Lauterer fünf Jahre lang trainiert hatte, ablöste. Unter Feldkamp legte der FCK 1978/79 einen Traumstart hin: Bis zum 26. Spieltag führten die roten Teufel (mit zwei Ausnahmen) die Tabelle an. Am Ende sprang dann aber doch „nur" Platz 3 heraus - immerhin die bis dahin beste Bundesligaplazierung des FCK. In der darauffolgenden Spielzeit gab es erneut Platz 3, doch die Saison war nicht annähernd so glanzvoll verlaufen wie die vorangegangene. Zudem hatte Klaus Toppmöller, mit 108 Toren bis heute erfolgreichster Torschütze in der Lauterer Bundesligageschichte, nach dem fünften Spieltag wegen einer Knieverletzung seine Karriere beenden müssen.

In den 80er Jahren setzte sich die positive Entwicklung des Vereins fort. Nach zwei dritten Tabellenplätzen landete der FCK 1980/81 auf Rang 4 und zog ins Pokalfinale ein, das die Frankfurter Eintracht allerdings verdient mit 3:1 gewann.

Langsam wandelte sich der Ruf der Elf um Werner Melzer von einer „Kloppermannschaft" in einen eines erfolgreich spielenden Bundesligateams, das bodenständigen Fußball bot. Lautern begeisterte weniger durch filigranen Fußball als durch unbedingten Einsatzwillen und kaum zu brechenden Kampfgeist. So auch im Europapokal, in dem der FCK bis dahin selten über Mittelmaß hinausgekommen war. 1982 fand das „Jahrhundertspiel" gegen Real Madrid statt - ein Spiel, von dem die Fans der Betze-Buben glauben, daß sie es nie wieder erleben werden. Am 17. März 1982 kamen die „Königlichen" zum fälligen Rückspiel im UEFA-Cup-Wettbewerb nach Kaiserslautern. Das Hinspiel hatte der 1. FCK - nicht unerwartet - mit 1:3 verloren. Die Mannen um Torwart Ronnie Hellström wuchsen förmlich über sich hinaus. Schon in der siebten Minute ging Lautern nach einem Schuß von Friedhelm Funkel in Führung. In der 14. Minute war es abermals Funkel, der nach einer Vorlage von Brehme das 2:0 erzielte. Real wehrte sich mit Fouls und kassierte schon in der ersten Halbzeit Platzverweise für San José und Cunningham. Nachdem Hannes Bongartz und Norbert Eilenfeldt die Führung auf 4:0 ausgebaut hatten, sah auch Pineda Rot, und gegen die nunmehr nur noch acht Madrilenen vollendete Geye schließlich zum unfaßbaren 5:0. Ausgerechnet Kaiserslautern hatte den „Königlichen" ihre bis dahin höchste Europapokalniederlage zugefügt! Nach Ende der „1. Ära Friedrich" (1981) fiel der FCK in Unsitten früherer Zeiten zurück. Präsident Udo Sopp wirkte im Stil der 70er, und als Kalli Feldkamp 1982 den Verein verließ, stellten sich die Fans die bange Frage, ob es mit den fetten Jahren, die so lang noch gar nicht gedauert hatten, womöglich schon wieder vorbei sei. Sie waren es, denn es folgten recht ereignislose Zeiten. Nur gegen die Münchner Bayern gab es - natürlich!? - (fast) immer Siege. Sehr zum Frust der Bajuwaren, die auf dem Betzenberg einfach nicht gewinnen konnten. Nach dem 2:1-Sieg der Lauterer erklärte Paul Breitner am 6. März 1982 frustriert: „Also, ich werde hier nie mehr spielen." Ein gutes Jahr später ärgerten die Pfälzer die Bayern sogar im heimischen Olympiastadion - nach dem 1:0-Sieg des FCK in München mußte Bayern-Coach Pal Csernai seinen Hut nehmen.

Doch auch in Lautern gab es ein „Trainerkarussell". Nachdem der von Hessen Kassel gekommene Rudi Kröner nicht den erwarteten Erfolg brachte, wurde er am 19. März 1983 durch Ernst Diehl abgelöst, unter dessen Regie es mit einem 7:0 über Karlsruhe sogleich den höchsten Lautern-

Sieg der Bundesligageschichte gab. Mit Thomas Allofs und Torbjörn Nilsson waren zuvor zwei teure Neuzugänge verpflichtet worden, die sich nach vier bzw. zwei Jahren wieder verabschiedeten, ohne jemals richtig heimisch geworden zu sein. Es folgte das nach 1969 und 1970-73 dritte Gastspiel von Dietrich Weise am Betzenberg. Schon nach elf Spieltagen mußte er jedoch erkennen, daß sich die Zeiten geändert hatten. Erneut übernahm Ernst Diehl, diesmal allerdings nur für einen Spieltag, dann kam Manni Krafft. Unter ihm wie auch mit seinen Nachfolgern Bongartz, Stabel und Roggensack blieb das Bundesligamittelfeld bis Ende der 80er Jahre Lauterns beliebtester Tummelplatz.

Inzwischen war Ronnie Hellström gegangen und mit „Atze" Friedrich der „Hoffnungsträger" zurückgekehrt. Er hatte mit einem Schuldenberg von 5,3 Mio. Mark jedoch einen harten Weg vor sich. Daß der Weg ins Licht oft durchs Dunkel führt, mußte auch der 1. FC Kaiserslautern lernen. Als es gegen den „Erzrivalen" Waldhof Mannheim am 24. Februar 1990 ein 0:4 gab, war die Uhr von Trainer Roggensack abgelaufen. Kaiserslautern stand auf dem 17. Tabellenplatz und mußte nach langer Zeit wieder einmal um die Bundesligazugehörigkeit bangen.

Eine helfende Hand war gefragt. Und die reichte Karl-Heinz Feldkamp, der von Ägypten aufbrach, um den Wagen des FCK

Ende stand ein zwölfter Platz auf dem Papier und der FCK im DFB-Pokalendspiel - zum fünften Mal nach den gescheiterten Versuchen von 1961 (gegen Werder Bremen, 0:2), 1972 (Schalke 04, 0:5), 1976 (HSV, 0:2) und 1981 (Eintr. Frankfurt, 1:3). Bei strahlendem Sonnenschein überraschte der FCK Endspielgegner Werder Bremen mit drei Toren (1:0 und 2:0 Labbadia, 3:0 Kuntz), und war bereits auf dem besten Wege zu seinem ersten Pokalsieg, als Frank Neubarth nach der Pause auf 1:3 und Manni Burgsmüller in der 72. Minute auf 2:3 verkürzten. Aber Fortuna meinte es gut mit dem FCK. Das 3:2 hatte auch nach 90 Minuten noch Bestand, und zum ersten Mal in ihrer 90jährigen Geschichte waren die roten Teufel Pokalsieger. „Wir haben heut' auf'm Zimmer Quatsch gemacht und gesagt: 'Wir zwei, wir schießen uns alleine heute zum Pokal und tanzen heute Abend einen Lambada", schwärmten die freudentrunkenen Kuntz und Labbadia anschließend. Daß anschließend der Super-Cup mit 1:4 an Bayern ging, störte niemanden.

In der Saison 1990/91 bewiesen die Lauterer Einkäufer einmal mehr ein glückliches Händchen. Vom TJ Vítkovice, einem Ostrauer Vorortklub, der in der höchsten tschechoslowakischen Liga spielte, wurde Miroslav Kadlec geholt. „Miroslav Wer?" fragten die Fans. Dabei spielte der Tscheche immerhin in der Nationalmannschaft. Kadlec erwies sich als Volltreffer für Kaiserslautern. Gemeinsam mit dem Offensivduo Labbadia und Kuntz machte er sich auf den Weg, Deutscher Meister zu werden. Das „Fritz-Walter-Prinzip" - das besagt, daß die roten Teufel immer dann gut spielen, wenn mindestens ein „Leitwolf" sie mitreißt - funktionierte prächtig. Die ersten Spiele liefen hervorragend, und selbst als es am 8. September 1990 ein 0:4-Debakel beim FC Bayern gab, ließ sich die Mannschaft nicht entmutigen. Eine Woche später trafen Demir Hotic und Roger Lutz gegen den 1. FC Nürnberg und brachten Lautern zurück auf die Siegerstraße.

Es folgte ein spektakuläres 7:3 gegen Uerdingen, ehe es eine längere Phase mit abwechselnden Siegen, Unentschieden und

	Spielklassen	
1963/64 – 1995/96	1. Bundesliga
1996/97	2. Bundesliga
seit 1997/98	1. Bundesliga

anzuschieben. Das schier Unglaubliche gelang. „Kalli" mobilisierte die Lauterer, die mit den brillanten Stefan Kuntz und Bruno Labbadia endlich wieder Spieler auf dem Platz hatten, die die Mannschaft mitreißen konnten. Den Abstieg vor Augen, legten sie sich alle mächtig ins Zeug. Urpfälzer Tugenden wie Stärke, Kampfgeist und Einsatz wurden aus der Mottenkiste geholt, und plötzlich klappte es wieder. Am

Niederlagen gab. Zu einem ärgerlichen Vorfall kam es beim Heimspiels gegen Wattenscheid 09, als Schiedsrichter Dr. Umbach von einem Wurfgeschoß getroffen wurde und ohnmächtig zu Boden ging. Da ihm ähnliches schon einmal bei einem Spiel zwischen Bayern gegen Schalke passiert war, gab sich der Mann in Schwarz gutgelaunt: „Ich kann also offensichtlich Schläge weder von vorn noch von hinten vertragen." Vier Wochen später übernahm Lautern die Tabellenspitze. Alles hätte gut sein

Otto Rehhagel und Ciriaco Sforza feiern den Gewinn der Deutschen Meisterschaft 1998

können, als sich plötzlich die Zitterpartien häuften. Immer wieder mußte der FCK einen Rückstand aufholen, doch die Mannschaft kämpfte - und siegte.

Am vorletzten Spieltag - Gladbach war auf dem Betze zu Gast - fehlte nur noch ein Punkt zur Meisterschaft. Doch das für un möglich gehaltene passierte: Gladbach gewinnt 3:2, wobei Torwart Gerry Ehrmann einen Ball durch die Beine trudeln läßt. „Jetzt schaffen es wohl doch die Bayern", mag manch einer gedacht haben. Weit gefehlt! Mit 6:2 gewann Lautern in Köln, und gönnte sich eine triumphale Heimfahrt auf einem Rheindampfer. Überall grüßten am Ufer Plakate den deutschen Meister 1991, und auch der „große Fritz" schwärmte vom Erfolg seiner Mannschaft: „Vor allen Dingen das Herz hat die entscheidende Rolle gespielt, über den bezahlten Fußball hinaus."

In einem strukturschwachen Gebiet wie der Westpfalz ist der FCK nicht irgendein Fußballklub. Er ist das Abbild einer Region, und das macht die Verbundenheit zu den Fans aus. Der 1. FC Kaiserslautern ist nicht Bayern München und will auf keinen Fall so werden, wie die Erfolgsfirma aus der bayerischen Hauptstadt - zumindest hoffen das die Fans. Beispielhaft für den Charakter des FCK sind Spieler wie Axel Roos und Roger Lutz, die aus der Pfalz stammen und sich nicht nur wegen ihres Gehaltes dem FCK zugehörig fühlen. Den Fans gefällt so et-

was. Selbst als es in den 70ern kaum Erfolge zu verzeichnen gab, verziehen die Fans ihrer Mannschaft immer wieder, wenn sie sahen, daß sie sich abmühte und mit 100prozentigem Einsatz spielte.

Doch es kamen düstere Zeiten auf die Pfälzer zu. Als das Fanzine „In Teufels Namen" am 23. März 1996 vor dem Heimspiel gegen Bremen schrieb: „Es geht nicht um Einzelpersonen - es geht um unseren 1. FCK", da war es schon zu spät. Leistungsträger wie Kuntz, Labbadia oder Sforza waren gegangen. Harry Koch und Martin Wagner, Andreas Brehme und Miroslav Kadlec, Olaf Marschall und Pavel Kuka mühten sich, doch konnten sie den FCK nicht aus dem Abstiegsstrudel reißen. Fehleinkäufe, Mißmanagement und eine fast unfaßbare Serie von Pfosten- bzw. Lattenschüssen machten das Unaussprechliche wahr - im letzten Spiel der Saison 1995/96 in Leverkusen gab es nur ein 1:1-Unentschieden, das Bayer 04 zum Bundesligaerhalt reichte und den FCK zum Abstieg verdammte.

Das der FCK wenige Tage nach dem Abstieg Pokalsieger wurde, heilte keine Wunden. Der Alltag hieß nun 2. Bundesliga, und auf dem Betzenberg war plötzlich alles anders. Norbert Thines, der den Verein seit 1988 geleitet hatte, mußte gehen. Rainer Geye, einstmals verdienter Spieler und inzwischen zum Manager aufgerückt, wurde mit Schimpf und Schande „gegangen". Er hatte auf einer Brasilienreise, während der er 90.000 DM „verpulverte", u.a. Arilson Gilberto da Costa eingekauft, dessen Ablöse von 4 Mio. Mark sich als gewaltige Fehlinvestition entpuppt hatte. Vor Beginn der ersten Zweitligasaison wurde ein neues Präsidium gewählt - und wieder stand „Atze" Friedrich Gewehr bei Fuß. Neuer Präsident wurde zwar Hubert Keßler, doch Friedrich übernahm gemeinsam mit Feldkamp, Dr. Robert Wieschemann und Peter-Werner Landry sowie Hans-Peter Briegel als sportlichem Leiter den Großteil der Verantwortung.

Weitaus euphorischer klang diesmal „In Teufels Namen": „...nach dem Gesetz der Serie ist eh klar, daß wir dieses Jahr den Titel erringen, folgte doch bisher auf jeden Pokalsieg unmittelbar die Meisterschaft." Dabei verschwendete wohl niemand einen Gedanken daran, daß „das Gesetz der Serie" sich auf die 1. Bundesliga hätte beziehen können. Zu mutig wäre das wohl gewesen. Aber es gab ja auch noch einen neuen Trainer am Betzenberg. Einen früheren Lauterer, der mit dem Ruf eines „Meistermachers" ausgestattet war: Otto Rehhagel, dessen Wechsel auf den zweitklassigen Betzenberg gehörig für Schlagzeilen sorgte. In der 2. Liga machte der FCK mit seinem fast komplett erhaltenen Erstligakader rasch deutlich, daß der Wiederaufstieg in die 1. Bundesliga realistisches Ziel war. Mit einer Verstärkung aus dem Norden, dem dänischen Nationalspieler und gelernten Netzknüpfer Michael Schjönberg, ging es postwendend zurück in die Bundesliga.

Und dann kam die Saison 1997/98. Kurz vor dem ersten Spieltag holte der FCK mit Ciriaco Sforza für die Rekordsumme von 6,5 Mio. Mark einen verlorenen Sohn an den Betzenberg zurück, wodurch den Fans klar wurde, daß sie sich aller Voraussicht nach nicht auf Abstiegskampf einzustellen hatten. Im Gegenteil: Im ersten Spiel der Saison 97/98 ging es zum „Dreamteam" nach München, wo die roten Teufel, statt sich ehrfürchtig zu verstecken, keck aufspielten und mit 1:0 gewannen. Erfolgreich ging es weiter. In den ersten vier Spielen holte Lautern zehn Punkte ohne Gegentor und fand sich plötzlich an der Tabellenspitze wieder. Erst am fünften Spieltag gegen

Bochum mußte Andreas Reinke, der in seiner Freizeit eine Amateurmannschaft aus Winnweiler trainiert, seinen ersten Gegentreffer hinnehmen. Die in der Zweitligasaison zusammengeschweißte Mannschaft wuchs über sich hinaus. Die, die schon vor zwei Jahren dabei gewesen waren, wollten zeigen, daß sie mehr können als nur absteigen. Und die neu dazugekommenen, allen voran Everson Rodrigues, genannt „Ratinho" (oder auf deutsch „das Mäuschen"), führten sich großartig im Oberhaus ein. Dennoch gab es Ärger. Hans-Peter Briegel schoß gegen Rehhagel. Der gab sich vor der Vorstandssitzung gelassen: „Nun müssen die Anhänger sich entscheiden, ob sie wieder absteigen wollen oder ob sie Erfolg haben wollen. So einfach ist das." Briegel mußte gehen, und „König Otto" konnte in Ruhe weiterarbeiten. Und das tat er. Die Mannschaft um Regisseur Sforza stürmte von Spiel zu Spiel, was häufig gleichbedeutend war mit „von Sieg zu Sieg". 63 Tore schossen die „Betzebuben", 21 davon gingen allein auf das Konto von Olaf Marschall. Irgendwann würde sicher der Einbruch kommen, argwöhnten die einen und hofften die anderen. Er kam nicht. Statt dessen wurde mit dem 1. FC Kaiserslautern erstmals in der Bundesligageschichte ein Aufsteiger Deutscher Meister. Schon vor dem letzten Spiel in Hamburg stand der Triumph fest, und DFB-Präsident Egidius Braun konnte den Pfälzern die Meisterschale mit den Worten: „Wenn sie einer verdient hat, dann ihr", überreichen. Die Pfalz stand kopf, als David Kaiserslautern vor Goliath Bayern München stand und damit allen gezeigt hatte, wie stark die Pfälzer Tugenden wie Zusammenhalt, Einsatz und Kampfstärke sein können.

In der Saison 1998/99 spielt der FCK trotz der Abgänge Kadlec und Brehme erneut um die vorderen Plätze mit - und plant bereits für die Zukunft. Für die Saison 1999/2000 ist bereits der albanische Nationalspieler Igli Tare verpflichtet, und seit Anfang 1999 verfügt der FCK über einen professionellen Aufsichtsrat. Dessen Vorsitzender ist, natürlich, Jürgen „Atze" Friedrich. Der Übergang ins 21. Jahrhundert hat bereits begonnen.

Martina Ewald

Karlsruher SC

Gemeinhin wird behauptet, der fulminante Aufschwung des Karlsruher Sport-Clubs in den frühen neunziger Jahren sei weitgehend Winfried Schäfer zu verdanken gewesen. Allenfalls Präsident Schmider wird noch ein gewisser Anteil zugestanden, während sich alle anderen Beteiligten am "Karlsruher Wunder" mit Statistenrollen begnügen müssen.

Winnies Schäfchen

Eine Einschätzung, die oberflächlich erscheint, tatsächlich aber Hand und Fuß hat. In der Tat war das Gespann Schäfer/Schmider mehr als andere maßgeblich daran beteiligt, daß aus einem an besseren Tagen im unteren Bundesligadrittel, an schlechteren Tagen im Mittelmaß der zweiten Liga herumdümpelnden Team eine Mannschaft wurde, die in Europa für Furore sorgte. Unvergessen das legendäre 7:0 über den FC Valencia, ein Spiel, das in die Annalen des deutschen Fußballs einging und mit dem sich die Karlsruher in die Herzen der Fans in ganz Deutschland spielten. Seinerzeit verpaßte der KSC nur knapp das Finale im UEFA-Cup und war drauf und dran, sich in der Bundesligaspitze zu etablieren. Niemand wird wohl ernsthaft der Behauptung widersprechen, daß dies weitgehend Schäfers erstklassigem Auge für Talente und seinen Motivationsfähigkeiten sowie einer gehörigen Portion Experimentierfreude seitens Präsident Schmider zu verdanken war - nicht zu vergessen natürlich die Kontinuität, die den KSC bis vor kurzem auszeichnete: Roland Schmider ist seit 1974 im Amt, Winnie Schäfer wirkte zwölf Jahre lang im Wildpark.

Klar ist aber auch, daß das Gespann Schäfer/Schmider an einem trüben Märztag 1998 auseinanderbrach und der Sturz des KSC in die 2. Liga folgte - und das ausgerechnet mit einer Mannschaft, in der mit "Icke" Häßler und Guido Buchwald erstmals sogenannte "fertige" Stars standen. Nahezu zehn Jahre lang hatte die KSC-

Bundesligabilanz	
Bundesligajahre:	1963/64-67/68, 75/76-76/77, 80/81-82/83, 84/85, 87/88-97/98
Gesamt:	22 Jahre
Beste Plazierung:	Platz 6 (1992/93, 1993/94, 1996/97)
Ewige Tabelle:	Platz 15, 744 Spiele, 222 Siege, 215 Unentschieden, 307 Niederlagen, 1025:1301 Tore, 881 Punkte
Ø Plazierung:	Platz 12,27
Top-Spieler:	Gunther Metz (278), Burkhard Reich (200), Lars Schmidt (197), Michael Harforth (181), Eberhard Carl (177)
Top-Torjäger:	Emanuel Günther (37), Sean Dundee (36), Rainer Schütterle (35), Horst Wild (34), Stefan Groß (30)

Schmiede nämlich ununterbrochen Spitzenkräfte "produziert", sie aber nie lange halten können. Akteure wie Michael Sternkopf (verließ den KSC 1990), Oliver Kreuzer (1991), Mehmet Scholl (1992), Oliver Kahn (1994), Michael Tarnat und Thorsten Fink (beide 1997), um nur einige zu nennen, durchliefen die KSC-Schule - und machten später anderswo Karriere. Doch was heißt "anderswo"? Ausgerechnet zum Rekordmeister FC Bayern gingen sie, was böse Gerüchte aufkommen ließ. Nun ist die Geschichte Bayern/KSC eigentlich viel zu bekannt, um sie an dieser Stelle schon wieder aufrollen zu müssen. Nur soviel: Das mit dem "FC Baden München" ist nicht etwa eine von verbitterten Zeitgenossen verbreitete Mär, sondern kommt der Wahrheit bedrohlich nahe. Es war eben die Tragik des KSC, regelmäßig Riesentalente zu entdecken, sie vorsichtig aufzubauen, um sie kurz nach ihrem Durchbruch an einen besser zahlenden Kontrahenten abgeben zu müssen. Daß dieser häufiger als andere "FC Bayern" hieß, war einerseits Bestätigung für die ausgezeichnete Arbeit der Karlsruher (der Rekordmeister verpflichtet schließlich nur das Beste vom Besten), und andererseits Beleg dafür, daß der KSC inzwischen mit den meisten anderen Bundesligisten sowohl in sportlicher als auch in wirtschaftlicher Hinsicht konkurrieren konnte.

Klubs wie Eintracht Frankfurt, der HSV, Köln oder Schalke – jahrzehntelang weitaus attraktiver als die Badener - konnten den KSC-Akteuren in den neunziger Jahren schlicht und einfach nichts bieten, für das es sich gelohnt hätte, den Wildpark zu verlassen. Insofern müßte das "Karlsruher Wunder" eigentlich vorbehaltlos bewundert werden, denn es enthält u.a. die immense Leistung, binnen weniger Jahre aus einem unattraktiven und perspektivlosen Fahrstuhlteam ohne jegliche Ausstrahlung einen Klub zu formen, um dessen Trikot sich selbst so namhafte Akteure wie „Icke" Häßler oder Guido Buchwald rissen. Nur am FC Bayern kamen die Karlsruher eben nicht vorbei: Die dortigen Verdienstmöglichkeiten, Bayerns Dauerpräsenz im Europapokal und nicht zuletzt der kürzere Weg zur Nationalelf waren Vorteile, mit denen der FC Bayern den KSC – wie auch alle anderen Bundesligisten - in Schach halten konnte. Da konnte Winnie Schäfer noch so fluchen und auf die "Geschäftspraktiken" der Bayern schimpfen: Beinahe jährlich mußte er wieder einen von ihm geformten Star nach München ziehen lassen.

Es war nicht so, daß die Karlsruher die Lücken nicht zu stopfen vermochten. Immer wieder zauberte Schäfer ein neues Gesicht aus seinem schier unerschöpflichen Hut. Süß, Krieg, Spies, Carl, Wittwer, Sternkopf, Scholl, Kahn, Nowotny – die Liste ist lang und klangvoll. Fand er nirgendwo deutsche Talente, suchte er sein Glück im Ausland. So holte er beispielsweise den zuvor bei den Stuttgarter Kickers gescheiterten Südafrikaner Sean Dundee oder lotste die Moskauer Valerij Schmarow und Sergej "Kiki" Kirjakow in den Wildpark. Drei Volltreffer! Insbesondere Kirjakow bereitete seinen Gegenspielern regelrechte Alpträume und sorgte im Verbund mit dem aus Bernbach gekommenen Rainer Krieg für Tore und Sensationen. Am 24. Oktober 1992 beispielsweise stürmten "K und K" fast im Alleingang den Kaiserslauterer Betzenberg und beendeten die eindrucksvolle FCK-Serie, in 25 Spielen daheim ungeschlagen zu sein. Zweifacher Torschütze und damit Matchwinner beim sensationellen 3:2-Sieg war allerdings ein anderer, nichtsdestotrotz ebenso wichtiger Akteur: Wolfgang Rolff. Der gebürtige Bremerhavener war 1991 aus Uerdingen in den Wildpark kommen und dort zunächst mitleidig belächelt worden. Er sei ein "Auslaufmodell, zu alt, ausgelaugt und abgehalftert", hieß es. Doch Winnie Schäfer hatte nicht nur ein Auge für Talente, sondern auch eines für schon etwas ältere und vermeintlich angestaubte Juwele. Rolff avancierte auf Anhieb zur Leitfigur im Mittelfeld und damit zu einem der entscheidenden Eckpfeiler im wachsenden Schäferschen Erfolgsteam.

"Der Wolfgang spielt so ähnlich wie ich zu meiner aktiven Zeit", schwärmte Schäfer über seinen Mittelfeldregisseur – und verriet damit ein elementares Bestandteil seines Erfolgsrezepts: Den unbedingten Willen, alles dem Erfolg unterzuordnen. In

Als beim KSC noch vornehmlich gekämpft wurde. Kafka und Torhuter Paul fighten mit Kölns Thielen um die Lederkugel. Die Frage, die sich stellt: wo ist sie?

seinen 403 Bundesligabegegnungen hatte Schäfer natürlich auch mal Spiele verloren, nie jedoch die Hoffnung und den Kampf aufgegeben. Genau das verlangte er nun als Trainer auch von seinen Spielern. Nur so war das 7:0 gegen Valencia möglich. Nur so war der kontinuierliche Aufschwung trotz der regelmäßigen Abgänge möglich. Nur so gelang es dem KSC, die Gunst des als "kritisch und zurückhaltend" geltenden Karlsruher Publikums zu erobern. Unter Schäfer wurden die Blau-Weißen zum Inbegriff für Leidenschaft, der wohl auch mal verlieren kann, nicht jedoch, ohne sich zuvor nach Leibeskräften dagegen gewehrt zu haben. Häufig klappte es dadurch sogar, scheinbar unvermeidliche Niederlagen doch noch abzuwenden – insbesondere im "Hexenkessel" Wildpark. Am 1. Oktober 1994 beispielsweise lag der KSC zur Halbzeit bereits mit 0:3 gegen Kaiserslautern im Rückstand – am Ende gingen die Badenser nach Treffern von Bonan und Knup (2) mit einem umjubel-

ten 3:3-Unentschieden vom Feld. Oder am 26. August 1992, als der frischgebackene Europapokalsieger Werder Bremen nach 15 Minuten schon mit 2:0 in Führung lag, und Schäfer mit der Einwechslung des damaligen Jungstars Rainer Krieg die Wende einleitete. Nach 90 Minuten ging der KSC als 5:2-Sieger vom Feld!

Doch bei aller Lobhudelei: Das Konzept "KSC 2000" ist gescheitert. Am 14. Mai 1998 stiegen die Badener aus der Bundesliga ab und müssen sich nun wieder mit Unterhaching und Ulm beschäftigen, statt nach Valencia, Mailand oder Moskau zu fahren. Gescheitert ist der KSC vor allem an sich selbst. Natürlich waren die Marktgesetze im Fall KSC besonders unerbittlich, doch die Tragik der Karlsruher ist und bleibt hausgemacht. Da war zum Beispiel der 7. Mai 1994, als dem KSC vor dem Spiel bei Absteiger Wattenscheid 09 ein simpler Punkt zur erneuten Qualifikation für den UEFA-Cup fehlte. Und was machten die Blau-Weißen – sie ließen sich mit einer 1:5-

Packung nach Hause schicken! Zwei Jahre später arbeiteten sich die Schäfer-Schützlinge im UI-Cup bis ins Endspiel vor – und scheiterten an Girondins Bordeaux. Wenige Monate darauf dann das verlorene Pokalfinale gegen Absteiger Kaiserslautern, dem 1998 der Abstieg folgte. Im Abstiegsjahr brach vieles von dem, was man sich mühsam aufgebaut hatte, zusammen: Ausgerechnet die fehlende Kampfkraft, die mangelnde Bereitschaft einiger Akteure, im harten Abstiegskampf alles zu geben, brach den Karlsruhern das Genick. Hilflos fuchtelte Winnie Schäfer an der Seitenlinie herum und versuchte, seine Spieler zu motivieren. Vergeblich. Schon im März brachte die "Woche der Wahrheit" mehr oder weniger das Aus im Abstiegskampf. Am 14. März, man schrieb den 26. Spieltag, verbesserten die Schäfer-Schützlinge ihre schlechte Ausgangsposition (Platz 16) durch einen 2:1-Sieg in Wolfsburg noch um nahezu 100 Prozent – um sich nur sieben Tage später fast wehrlos vom HSV besiegen zu lassen und damit alles wieder zu zerstören. Es war zugleich Schäfers letz-

Berger konnte die Badener jedoch auch nicht mehr retten: Am 14. Mai kassierte der KSC in Rostock seine 14. Saisonniederlage, und die Karlsruher Bundesliga-Akte mußte bis auf weiteres geschlossen werden.

Es war nicht zum ersten Mal, denn in der "Vor-Winnie-Zeit" galt der KSC wohlwollend als "graue Maus" und bewies bei seinen Erstligaabenteuern selten entsprechendes Format. Viermal schafften die Badener – anno 1963 Gründungsmitglied der Eliteliga – den Sprung ins Oberhaus, doch etablieren konnten sie sich erst ab 1987, eben unter Winnie Schäfer. Die 24 Jahre zuvor waren ein einziges Martyrium mit Heimniederlagen gegen Klubs wie Villingen 08 und Dauertristesse für die immer weniger werdenden Fans. Daß war um so tragischer, als Karlsruhe eine zentrale Rolle in der deutschen Fußballhistorie einnimmt: Die Stadt war nämlich die erste Hochburg des Ballspiels in Deutschland! Doch von den Erfolgen der Jahrhundertwende – KSC-Vorläufer FC Phönix beispielsweise wurde anno 1909 Deutscher Meister – konnte man in den sechziger Jahren nicht mehr zehren. Auch Hoffnungsträger KSC, 1952 entstanden durch den Zusammenschluß der lokalen Größen VfB Mühlburg und Phönix-Alemannia, war längst auf den Boden der Tatsachen zurückgekehrt. Den vollmundigen Beteuerungen, mit dem KSC eine Spitzenelf geschaffen zu haben, die die seit den zwanziger Jahren herrschende kollektive Karlsruher Fußballkrise überwinden würde, war längst Resignation gewichen. Dabei hatte alles so hoffnungsvoll begonnen, denn während die Stadt Karlsruhe mit dem Ausbau des Wildparkstadions die räumlichen Voraussetzungen schuf, sorgten die Blau-Weißen in sportlicher Hinsicht tatsächlich für Positivschlagzeilen: 1955 Pokalsieg, 1956 Deutscher Vizemeister und erneut Pokalsieg, 1960 Verpflichtung des als exzentrisch geltenden Nationalspielers Horst Szymaniak.

Doch als sich 1963 der Bundesligavorhang hob, war in Karlsruhe längst Ernüchterung eingetreten. "Kurt Sommerlatt hat den Ehrgeiz, eine Mannschaft ohne Stars zu bilden, eine bodenständige Elf, die aus eigenem Nachwuchs gespeist wird", hieß es

---

1. Spieltag Saison 1963/64

1. Bundesliga, 24. August 1963, KSC - Meidericher SV 1:4, 40.000 Zuschauer - Manfred Paul, Dieter Klaußner, Gustav Witlatschil, Horst Saida, Willi Rihm, Rolf Kahn, Horst Wild, Josef Marx, Otto Geisert, Siegfried Stark, Erwin Metzger - Tor: 1:3 Metzger (83.)

19. Spieltag Saison 1998/99

2. Bundesliga, 21. Dezember 1998, SSV Ulm 46 - KSC 1:5, 16.200 Zuschauer - Simon Jentzsch, Guido Buchwald, Srdjan Mladinic, Gunther Metz, Christian Fährmann, Michael Molata, Rolf Guié-Mien, Danny Schwarz, Jens Bäumer (65. Marc Kienle), Rainer Krieg (57. Stefan Meissner), David Zitelli (74. Darko Jozinovic) - Tore: 0:1 Buchwald (45.), 0:2 Fährmann (53.), 0:3 Buchwald (70.), 1:4 Fährmann (85.), 1:5 Kienle (90.)

---

tes Spiel als KSC-Coach, denn nach zwölf überaus erfolgreichen Jahren wurde "Winnie" wenige Tage nach der HSV-Niederlage von seinem ehemaligen Busenfreund Roland Schmider per Autotelefon über seine Entlassung unterrichtet. Feuerwehrmann

wenig verheißungsvoll vor der Auftaktsaison 1963/64, für die sich die Karlsruher als Fünfter der letzten Oberligasaison ohnehin nur dank der Meriten der späten fünfziger Jahre qualifiziert hatten. "Es gereicht dem KSC zur Ehre, daß er wohl der einzige Verein ist, der in den letzten drei Jahren stets mit mindestens einem Spieler in der DFB-Jugendauswahl vertreten war", heißt es weiter, und irgendwie wird man beim Lesen dieser Zeilen unweigerlich an die Schäfer-Ära erinnert, die ja, wie geschildert, ebenfalls zu einem Großteil auf Nachwuchsförderung ruhte. Anno 1963 handelte es sich bei den Karlsruher Fußballhoffnungen um Akteure wie Rolf Kahn (Vater von Olli bzw. Axel, die später unter Winnie Schäfer ebenfalls für den KSC spielten), Horst Wild oder Klaus Zaczyk, mit damals 18 Jahren jüngster Lizenzspieler aller 16 Erstligaklubs. Trotz der sprudelnden Talentquelle war es allerdings keine allzu angenehme Angelegenheit, KSC-Anhänger zu sein. Im ersten Bundesligajahr gelang den Karlsruhern dank eines starken Schlußspurts zwar der Klassenerhalt, doch die Fans hatten mächtig leiden müssen. Nicht umsonst gestand Geschäftsführer Fehlberg nach Saisonende ein: "Unsere Zuschauer wurden zu Märtyrern erzogen. Was sie bei einigen Heimspielen erdulden mußten, war fast unzumutbar".

Zwölf Monate später gesellte sich zu dem Gefühl des Unzumutbaren auch noch Trauer. Trotz eines 3:0-Sieges über Eintracht Braunschweig stand der KSC als Absteiger fest, denn die Konkurrenz aus Kaiserslautern hatte überraschend mit 2:1 in Frankfurt gewonnen. Ungeachtet so namhafter Neuzugänge wie Cieslarczyk, Berking und Jendrosch hatte es für die Blau-Weißen nur zu 24 Zählern gereicht, und der einst so stolze und ehrgeizige KSC stand vor dem Sturz in die Regionalliga Süd. Jener wurde jedoch auf wundersame Art und Weise verhindert. In Berlin hatte man allzu offen mit Schwarzgeldern hantiert und wurde dafür mit dem Ausschluß aus dem Oberhaus bestraft. Während des allgemeinen Tohuwabohu um Herthas Zwangsabstieg und Tasmanias Gnadenaufstieg entschloß sich der DFB zur "großen Lösung" und stockte die Bundesliga kurzerhand auf 18

Teilnehmer auf, was den KSC doch noch vor dem Abstieg bewahrte. Ob das nun wirklich eine so schöne Sache war, ist zu bezweifeln. Bis zum endgültigen Abstieg im Mai 1968 blieb der KSC nämlich graue Maus und mutete seinen Fans zahlreiche Spiele zu, bei denen sie ihre Märtyrerqualitäten gehörig unter Beweis stellen konnten. 1965 beispielsweise war der KSC eine von zwei Mannschaften, die gegen Katastrophenabsteiger Tasmania Berlin verloren. Und wären in jener Saison 1965/66 nicht zwei so erschreckend schwache Mannschaften wie Tasmania und Borussia Neunkirchen im Oberhaus gewesen – die Badener hätte es wohl unweiger-

Mit ihm kam Spielkultur, Glamour, Stars und schließlich auch der Erfolg: Winnie Schäfer. Links neben ihm Sean Dundee, rechts Gunther Metz.

lich schon damals erwischt. So aber blieb das Team um die Leistungsträger Jupp Marx und Gustav Witlatschil der Bundesliga ein weiteres Jahr erhalten.

Perspektiven hatte man praktisch keine. Finanziell und sportlich befand sich der KSC unter den "Nobodys" (die einst künstlich hochgepuschte Mitgliederzahl – in den fünfziger Jahren hatte jedes Vereinsmitglied freien Eintritt bei den KSC-Spielen - war deutlich zurückgegangen, wohingegen der Zuschauerschnitt mit rund 23.000 noch immer vergleichsweise ansehnlich war), was ihn dazu animierte, zur Spielzeit 1966/67 sogenannte "Nägel mit Köpfen" zu machen, sprich auf dem Transfermarkt zuzuschlagen. Aus Köln kam Torjäger Christian Müller, aus dem schwedischen Malmö Lars Granström, vom FC St. Pauli Jürgen Weidlandt und aus Belgrad der als "Weltklassemann" angekündigte Dragoslav Sekularac. Ein Quartett, aus dem, um es vorwegzunehmen, nur einer richtig einschlug: Christian Müller. Weidlandt brachte es immerhin zum Stammspieler und blieb bis 1972 beim KSC, derweil "Scheki" Sekularac sich zwar als glänzender Skatspieler, aber wenig geeigneter Bundesligakicker erwies und der Schwede Granström sogar so schlecht war, daß die Gerüchte, er habe seinen untalentierten

dann das Aus im Dauerabstiegskampf. Trotz vier Trainern (Frantz, Gawliczek, Widmayer und Termath) stand der KSC nach einer 0:3-Schlappe bei München 1860 bereits am 30. Spieltag als Absteiger fest und mußte erstmals in der Vereinsgeschichte in die Zweitklassigkeit.

Sieben Jahre dauerte es, ehe der badische Traditionsklub die Niederungen des Profifußballs wieder verlassen konnte. Sieben Jahre, in denen die Fans in einem ständigen Wechselbad zwischen "himmelhochjauchzend" und "zu Tode betrübt" schwankten. Viermal nahm der KSC an der Aufstiegsrunde zur 1. Bundesliga teil – und scheiterte viermal. Regelmäßig schwebte der drohende Bankrott über dem Klub, und ständig gab es Gerangel auf der Vorstandsetage. Auch am 24. Januar 1972, als Roland Schmider die KSC-Vorstandsebene (als 2. Vorsitzender) betrat, herrschte gerade mal wieder Unruhe. Geschäftsführer Fehlberg hatte sich in der Stadionzeitung über die Transferpolitik der Vereinsführung mokiert ("Auch in diesem Jahr wurde es, so meine ich, versäumt, sich im rechten Augenblick mit anderen und interessanten Spielern in Verbindung zu setzen"), Trainer Baas war bei seinen Akteuren als "Schleifer" gefürchtet und das Interesse der Karlsruher am KSC hatte erstmals die 3.000er-Marke unterschritten (2.882). Dazu kam ein nahezu unfaßbares Verletzungspech, wodurch die Badener erstmals seit ihrem Abstieg sogar die Aufstiegsrunde verpaßten und nur Fünfter wurden. Die Talfahrt hielt an, und 1973 stellte das Heimatblatt »Badische Neueste Nachrichten« dem Klub ein bitteres Zeugnis aus: "Der KSC vergrault seine treuesten Fans!". Tags zuvor hatten die Baas-Schützlinge ein Aufstiegsspiel gegen St. Pauli mit 4:5 daheim verloren und - mal wieder – die Rückkehr ins Oberhaus verpaßt. Immerhin wurden anschließend die ersten Weichen zum späteren Erfolg gestellt. Carl-Heinz Rühl übernahm das Training und leitete die dringend überfällige Professionalität ein, derweil Roland Schmider auf den Präsidentensessel kletterte und dafür sorgte,

Spielklassen	
1963/64 – 67/68	1. Bundesliga
1968/69 – 73/74	Regionalliga Süd
1974/75	2. Bundesliga Süd
1975/76 – 76/77	1. Bundesliga
1977/78 – 79/80	2. Bundesliga Süd
1980/81 – 82/83	1. Bundesliga
1983/84	2. Bundesliga
1984/85	1. Bundesliga
1985/86 – 86/87	2. Bundesliga
1987/88 – 97/98	1. Bundesliga
seit 1998/99	2. Bundesliga

Bruder nach Karlsruhe geschickt, bis heute nicht verstummt sind. Sportlich befand sich der KSC trotz seiner kostspieligen Einkäufe jedenfalls rasch wieder da, wo er eigentlich nie wieder hatte hinkommen wollen: Am Tabellenende. Nur dank doppelter Punktgewinne gegen die Spitzenteams Dortmund, 1860 und Braunschweig gelang dennoch der Sprung auf einen nett anzuschauenden 13 Platz. 1967/68 aber kam

daß auf der Führungsebene endlich Ruhe einkehrte. Schmiders Amtsantritt und Rühls Trainertätigkeit waren die ersten Schritte auf dem Weg nach oben.

Bis es soweit war, mußte allerdings noch eine Menge Wasser den Rhein herunterfließen. 1973/74 erlebte der KSC mit Rang 8 die düsterste Stunde seiner Vereinsgeschichte, was sich im nachhinein allerdings als gar nicht so schlimm herausstellte. Ursache war nämlich der von Rühl eingeleitete Neuaufbau. Unter dem früheren Kölner Bundesligaspieler rückten Talente wie Trenkel und Niedermayer auf, die sich nach einer logischen Eingewöhnungsphase – eben die Saison 1973/74 - als exzellente Leistungsträger erweisen sollten. 1974 fand der KSC dann mit dem Heilbronner Bernd Hoffmann auch endlich einen Nachfolger für den bereits 1970 zu Viktoria Köln gewechselten Torjäger Christian Müller. 25 Tore erzielte der Mann mit der hohen Stirn und schoß den KSC damit quasi im Alleingang zur etwas überraschenden Meisterschaft und der damit verbundenen Rückkehr ins Oberhaus. Hoffmanns kongenialer Partner war Martin "Batze" Kübler, kam ebenfalls aus Heilbronn und schwang sich zum unumstrittenen Regisseur im KSC-Mittelfeld auf. Perfekt wurde das KSC-Glück durch den gleichzeitigen Abstieg des Erzrivalen VfB Stuttgart, wodurch die Karlsruher 1975/76 sogar einziger Erstligist Baden-Württembergs waren. Unter den Akteuren, mit denen der KSC sich auf Dauer im Oberhaus etablieren wollte (Präsident Schmider: "Der Aufstieg ist der Anfang einer kontinuierlichen mittelfristigen Umorganisation eines ehrwürdigen und traditionsreichen Vereins") war auch ein Mann, der mit Borussia Mönchengladbach schon mal Deutscher Meister

geworden war und die Routine von 151 Bundesligaspielen mitbrachte: Winfried Schäfer. Der aus Offenbach gekommene spätere Erfolgstrainer lieferte durch seine schier unerschütterliche Kampfkraft einen großen Anteil zum schlußendlichen Klassenerhalt, den der KSC vor allem seiner Heimstärke verdankte (neun Siege). Etabliert waren die Badener damit aber noch lange nicht, denn 1977 ging es zurück in Liga 2 – der Auftakt zu den "Fahrstuhljahren". Gleichzeitig kam es erstmals zu einem Wechsel von KSC-Spielern zum FC Bayern: Norbert Janzon und Kurt Niedermayer machten den Anfang, derweil es der ebenfalls von den Münchnern umworbene Winnie Schäfer vorzog, nach Mönchengladbach zurückzukehren.

Als er neun Jahre später nach Karlsruhe zurückkam, hatte der KSC zwei weitere (erfolglose) Bundesligaabenteuer hinter sich, zehn Trainer verbraucht (darunter eine so schillernde Gestalt wie Max Merkel), zahlreiche Spieler kommen und gehen gesehen und wiederholt vor dem finanziellen Aus gestanden.

Der KSC zwischen 1977 und 1986 war ein Verein auf der Suche nach sich selbst – wobei diverse haarsträubende Geschichten den Selbstfindungsprozeß störten. 1977 beispielsweise wurde Trainer Hoss wegen "unattraktiver Spielweise" entlassen, obwohl seine Elf auf einem Aufstiegsplatz lag! Nachfolger Schafstall ließ dann womöglich attraktiver spielen, fiel aber nichtsdestotrotz mit dem selbsternannten Aufstiegskandidaten auf Rang 7 zurück. Für Schafstall (Torhüter Wimmer: "Der hat jeden Sonntag die Elf auf zwölf Positionen geändert") kam Manni Krafft, der den KSC vorübergehend auf die Erfolgsspur zurückführte. Unter

Erster Stareinkauf des KSC: Icke Häßler

Krafft boten die Blau-Weißen sowohl attraktiven als auch erfolgreichen Fußball, was neben der Rückkehr in die Bundesliga (1980) auch zur finanziellen Gesundung des Vereins führte. Was dem KSC in jenen Tagen allerdings fehlte, war Geduld: Am 26. November 1981 nämlich wurde Erfolgscoach Krafft plötzlich entlassen. Sorgen um Emanuel Günther, der Braunschweigs Hasse Borg das Schienbein gebrochen hatte und dafür mit einer bundesweiten Pressekampagne bestraft worden war, hatten die Nerven im Wildpark freigelegt und zum Sturz ans Tabellenende geführt. Als Krafft-Nachfolger guckte man sich ausgerechnet "Zampano" Merkel aus, der in Karlsruhe vor allem eins erreichte: Ein gewaltiges Medieninteresse. Zugleich reichte es unter dem Wiener aber auch zum Klassenerhalt, wobei die Meinungen, ob das wegen oder trotz Merkel geschah, weit auseinandergingen - und zur Spielzeit 1982/83 war der "Zampano" ja auch schon nicht mehr im Amt.

Unter seinem Nachfolger Horst Franz hieß es im Wildpark mal wieder "Klotzen statt Kleckern". Für 2 Mio. Mark durfte sich der einstige Bielefelder "Wunderretter" auf dem Transfermarkt austoben, doch mit dem Österreicher Max Hagmayr und dem Ex-Lauterer Beppo Hofeditz zog er nur "Nieten". Resultat war Platz 17 und der erneute Abstieg aus dem Oberhaus, was den Klub wie ein Keulenschlag traf. Beim KSC war man dabei, in uralte Fehler zu verfallen. Dauerturbulenzen auf der Vorstandsebene (Geschäftsführer Amerell war heftig in die

Kritik geraten), Zwist innerhalb der Mannschaft (man sprach von einem Kampf zwischen „den Alten" und „den Neuen") und der aus der mißglückten Transferpolitik resultierende Schuldenberg bedrohten bereits die Existenz des Vereins, als Präsident Schmider auf die Bremse trat. Mit einem Mini-Etat ging es in die Saison 1983/84, in der dennoch der sofortige Wiederaufstieg gelang, dem allerdings auch prompt der erneute Abstieg folgte. Der KSC war längst zu einem "Fahrstuhlteam" mutiert, als sich der inzwischen auf den Managerposten gerückte Carl-Heinz Rühl an den einstigen Publikumsliebling Winnie Schäfer erinnerte und ihn als Trainer zurückholte. Die Bedingungen, unter denen Schäfer am 1. Juli 1986 seine Arbeit im Wildparkstadion aufnahm, waren jedoch katastrophal. Angesichts harscher DFB-Auflagen waren dem finanziell angeschlagenen Klub kaum Spielerverpflichtungen möglich gewesen, und dem Team wurden folglich keinerlei Chancen auf den Aufstieg eingeräumt. Nach schwachem Start mit dem Negativhöhepunkt einer 0:8-Niederlage in Hannover drohte sogar der Sturz in die Drittklassigkeit! Doch davon war sieben Monate später keine Rede mehr. Mit einem 1:1 gegen den FC St. Pauli sicherte sich der wiedererstarkte KSC am 10. Juni 1987 im ausverkauften Wildpark sensationell die Rückkehr ins Oberhaus. Der KSC war wieder da – und er stand vor dem erfolgreichsten Jahrzehnt seiner Vereinsgeschichte.

Hardy Grüne

1. FC Köln

Zehn Jahre lang bin ich fremdgegangen. Hab' die Trennung von meiner großen Liebe auf längere Zeit nicht ausgehalten. Aber im Herzen war ich stets treu.

Die Rede ist hier nicht von normal sterblichen Geschöpfen, sondern von zwei großen Diven aus der High Society des Fußballs. Die Liebe zu einem Fußballverein wird

Von der Liebe zu einer launischen Diva

nicht umsonst häufig mit der zu einer Dame verglichen und hat mit Sicherheit auch ebenso oft zu Mißhelligkeiten in Beziehungen geführt, weil sie mit derselben Hingabe gepflegt wird, wie es eine Herzensangelegenheit erfordert. Von Gefühlen soll hier die Rede sein, und Gefühle sind da, um herausgelassen und ausgedrückt zu werden, sonst gibt's ein Magengeschwür. Und wo, bitteschön, läßt es sich hemmungsloser weinen, lachen, trauern und feiern, als in einem Fußballstadion? Ob im Regen stehend oder frierend auf einer eiskalten Plastikschale hockend, die Nägel kauend oder den Rauch eines Glimmstengels tief inhalierend. Den Blick gebannt auf den Ball und die ihn mehr oder weniger filigran vorantreibenden Protagonisten eines Fußballmatchs geheftet, genießt oder leidet der Fan mit seinem Verein und seiner Mannschaft. Wie in einer zwischenmenschlichen Beziehung üblich, gibt es Zuneigung, Ablehnung, Haß und Liebe. Man fühlt sich hintergangen, betrogen, beschenkt und belohnt. Und man ist Launen ausgesetzt. Wie eben üblich bei einer Dame, die eine Diva ist, oder zumindest eine sein möchte.

Womit wir wieder am Anfang meiner Geschichte über die Liebe wären. Bei den zwei konkurrierenden launischen Diven handelt es sich um die vom Rhein und die vom Main. Erstere liebe ich wirklich. Ich bin Fan des 1. FC Köln, seit ich mich erinnern kann, und nicht erst seit der grandiosen, vom Gewinn des „Doubles" gekrön-

Bundesligabilanz	
Bundesligajahre:	1963/64 - 1997/98
Gesamt:	35 Jahre
Beste Plazierung:	Platz 1 (1964, 1978)
Ewige Tabelle:	Platz 2, 1186 Spiele, 520 Siege, 301 Unentschieden, 365 Niederlagen, 2139:1700 Tore, 1861 Punkte
Ø Plazierung:	Platz 6,31
Top-Spieler:	Harald Schumacher (422), Wolfgang Overath (409), Pierre Littbarski (406), Johannes Löhr (381), Heinz Simmet (357)
Top-Torjäger:	Johannes Löhr (166), Dieter Müller (159), Pierre Littbarski (116), Klaus Allofs (88), Wolfgang Overath (83)

ten Bundesliga-Spielzeit 1977/78, wie viele vielleicht meinen könnten. Mein erstes Rendezvous mit dem Geißbock war im Sommer 1975, und ich war elf Jahre alt. Es ging gegen den MSV Duisburg, und zwar in der Radrennbahn in Köln-Müngersdorf. Die alte Hauptkampfbahn war abgerissen worden, um an selber Stelle das neue Müngersdorfer Stadion zu errichten. Seit der Saison 1970/71 spielte der FC in der provisorisch hergerichteten Radrennbahn, und schwindelig gespielt wurde der Gegner dort so manches Mal.

An einem schwülen Nachmittag, man schrieb den 14. Juni, verlor ich unter 12.000 Zuschauern mein Herz an den Geißbock-Club. Der FC gewann am letzten Spieltag dieser Saison gegen die Zebras mit 4:2 und schaffte gerade noch den Sprung in den UEFA-Cup. Knapp vor Düsseldorf, was die ganze Sache sehr wohltuend abrundete. Im Mittelfeld wirbelte Neumann, zauberte Overath, und Hannes Löhr erzielte ein wunderschönes Tor. Und zwar kniend! Eine Flanke von Flohe war in den Strafraum gesegelt, Löhr köpfte und der Ball sprang von der Latte ins Feld zurück. Der am Boden liegende Löhr richtete sich blitzschnell auf und nickte den Ball ein. Das „Schlitzohr mit dem Herzen auf dem rechten Fleck", wie ihn Hennes Weisweiler einmal genannt hatte, wollte nach dieser Partie eigentlich seine Laufbahn beenden, ließ sich aber in der folgenden Saison vom damaligen Trainer „Tschik" Cajkovski zum Weitermachen überreden.

Nun stellt sich die Frage: Was hat das eigentlich mit Eintracht Frankfurt zu tun? Nun, viele Jahre nach diesem Spiel, nämlich Ende 1983, verschlug es mich aus beruflichen Gründen nach Gießen, in die Nähe der Hessenmetropole. Und weil die Eintracht vom Charakter her dem FC so ähnelt und ich in dieser Zeit nur selten nach Köln kam, ging ich eben fremd. Aber wenn mein FC ins Waldstadion kam, bekannte ich mich zwar mit Fracksausen, aber offen zu den Geißböcken, Eintracht-Block hin, Äbbelwoi im Nacken her!

Zieht man heute einen Vergleich der beiden Vereine, lassen sich viele Gemeinsamkeiten entdecken. Die großen Zeiten sind erst einmal vorbei, mangelnde Kontinuität

in der Vereinsführung, häufige Trainerwechsel, Starverkäufe und Fehleinkäufe lassen einen wirklichen Neuaufbau nicht zu, und die Fans sind unverständlicher-, aber liebenswerterweise treu. Womit wir beim Kernpunkt, dem eigentlichen Grund des sportlichen Niederganges des FC sind. Sie merken, jetzt wird es allmählich etwas ernster. Auf der Suche nach der Wahrheit und den „Häßler-Millionen" sprach ich mit dem eloquenten Anwalt und Politiker Dietmar Artzinger-Bolten, der von April 1987 bis November 1991 Präsident des FC war, und in dessen Amtszeit sehr viel aufgebaut, aber auch wieder zerschlagen wurde. Als er im Frühjahr 1987 als Nachfolger des amtsmüde und streitsüchtig gewordenen Peter Weiand gehandelt wurde, war er zunächst ein Glücksfall für den FC, denn kurz zuvor hatten der CDU-Politiker Dr. Worms (auf Parteidruck) und Herr Schmidt, Mitbesitzer des Vergnügungsparks „Phantasialand", aus beruflichen Gründen abgelehnt. Letzterer hatte ohnehin nur im Sinn, den FC seinem Imperium einzuverleiben. 1. FC Phantasialand? Nein danke, wir haben so schon Spaß genug. Übrig blieb als weiterer Kandidat für den Präsidentenstuhl noch ein gewisser Herr Kegelberg, der in zweimaliger Kölscher Karnevalsregentschaft als Narrenfürst bereits erprobt war. Aber da winkte selbst mein ulkiger FC dankend ab. So bekam dann Artzinger-Bolten den Zuschlag, der gleich loslegte wie die Feuerwehr. Er brachte mit Vize Neukirch und dem 3. Vorsitzenden Söller frische, vom Vereinsfilz unbelastete Leute, mit denen er sogleich das heikle Unterfangen anging, den heillos zerstrittenen Verein zu einen. Nachdem im Herbst 1986 der Altinternationale Karl-Heinz Thielen als Manager (Vize und Schatzmeister) zurückgetreten war, weil er hauptamtlicher Präsident werden wollte, und dies in der Vereinssatzung nicht vorgesehen ist, gab es ein Vakuum zwischen Vorstand und Mannschaft, welches der im März 1987 spektakulär als Sportdirektor verpflichtete Udo Lattek ausfüllen sollte. Artzinger-Bolten hatte kurz vor seiner Amtszeit diese Verpflichtung vorangetrieben, und er hoffte, Lattek würde dem FC Türen öffnen und Anziehungspunkt für Spieler sein. Was ja auch funktionierte. Bei

Führte die Geißböcke 1962 und 1964 zur Meisterschaft: Präsident Kremers (mit Meisterschale). Neben ihm Trainer Cajkowski (stehend) und Hans Schäfer

allem Haß, den die FC-Fans Lattek Jahr für Jahr seines Bayern-Engagements entgegen geschrien hatten, sollten sie ihn nun lieben lernen.

Ich selbst verehrte seinen berühmten blauen Pullover aus der Distanz meines hessischen Exils. Dieser Glücksbringer funktionierte Spiel um Spiel. Die Geißböcke hatten in der Saison 87/88 mit Illgner, Kohler, Häßler, Steiner, Olsen, Povlsen und dem Heimkehrer Litti eine Supertruppe beisammen, die erst am 15. Spieltag in Bremen die erste Niederlage hinnehmen mußte - was den blauen Pullover seines Zaubers beraubte. Präsident Artzinger-Bolten war es, der im August 1987 die Rückkehr des Publikumslieblings Pierre Littbarski an den Rhein möglich gemacht hatte. Nach der WM 1986 hatte Litti den FC nach ergebnislosem Vertragspoker Richtung Racing Paris verlassen. Dort durfte der kleine Pierre feststellen, daß jedoch statt seiner Wenigkeit ein „Uru" namens Francescoli die 10 auf dem Rücken über den Platz trug. Und daß er diese Beobachtung von der Tribüne

aus machen mußte, tat sein Übriges, um ihn ganz schnell Heimweh verspüren zu lassen. Durch Artzinger-Boltens juristische Versiertheit gelang dem FC ein finanzieller Drahtseilakt, an dessen Ende Litti nach einjähriger Abstinenz am 22.8.87 gegen Uerdingen sein Comeback feiern und mit einem genialen Freistoßtor zum 2:0-Sieg krönen durfte. Der andere Torschütze war der Däne Flemming Povlsen, den man aus Madrid an den Rhein geholt hatte. In der Abwehr hatte sich der FC mit dem Waldhof-Buben Kohler verstärkt, der in Köln zum Stammspieler in der Nationalelf avancierte. Mit Bodo Illgner hatte man einen erstklassigen Nachfolger für den im Frühjahr 1987 gefeuerten Toni Schumacher gefunden, für den sein Buch „Anpfiff" leider zum Abpfiff geworden war. Ich persönlich fand sein Buch amüsant und lesenswert, aber sämtliche graue Eminenzen beim DFB und FC hatten sich auf den Schlips getreten gefühlt, als sich ihnen Tonis Sichtweise der Fußballszene offenbart hatte.

Aber zurück zur Saison 87/88. Trainer Christoph Daum hatte also eine gute Truppe beisammen, die er in dieser Saison zu einer Heimmacht stärkte. In Müngersdorf holten nur vier Clubs einen Punkt, und Gastgeschenke, wie sie später auf so schmerzhafte Art immer häufiger gemacht wurden, gab es in dieser Spielzeit nicht. Die Zuschauer strömten ins Stadion, der Haushalt wurde rapide erhöht und die für damalige Verhältnisse neuen Marketingstrategien fruchteten. Mit Samsung war ein koreanischer Gigant als Hauptsponsor gefunden worden, und endlich leuchteten wieder die blütenweißen Trikots mit den Augen der kölsch-beseelten Fans um die Wette. Alles schien prima, der Titel möglich, ja zum Greifen nahe. Dann ging im Frühjahr 1988 Lattek von Bord.

Was war passiert? Die vielbemühten Erklärungsversuche bezüglich einer innigen Männerfeindschaft zwischen dem ehrgeizigen Daum und dem streitbaren Udo Lattek verwies der Präsident ins Reich der Märchen. Er habe nur ein einziges Mal ernsthaft vermitteln müssen, sagte er. Laut Artzinger-Bolten waren die Kompetenzen klar verteilt: Daum hatte dem Präsidium

ses Angebot des damals neuen Springer-Organs "Sport-Bild", wohin Lattek als Kolumnist wechselte. Außerdem läßt doch auch seine spätere Rückkehr zu einem Zeitpunkt, als Daum gerade mal ein paar Monate weg war und mit Erich Rutemöller ein herzensguter, pflegeleichter Mensch Trainer war, andere Schlüsse zu. Soll sich jeder seinen eigenen Reim darauf machen. Ich habe über diese Saison deshalb so viel erzählt, weil es für den FC ein Aufschwung allererster Sahne war, was da rund um Geißbockheim und Stadion abging. Ich fühlte mich an die späten Siebziger erinnert, als mit Hennes Weisweiler ein Trainer am Werk war, der seine Arbeit fachmännisch verrichtete, und Spieler ihr "Fußwerk" ausübten, die etwas davon verstanden. Diese Saison 1977/78 war mit dem Gewinn der Deutschen Meisterschaft und des DFB-Pokals innerhalb einer Spielzeit etwas Kostbares und sehr Seltenes. Seit es die Bundesliga gibt, hat dies außer dem FC nur der FC Bayern München geschafft (1969 und 1986). Vielleicht ist es so auch besser zu verstehen, daß die heldenhaften Recken von damals sich noch heute als die einzig wahren Meister des runden Leders betrachten und das Treiben ihrer Nachfolger im Geißbocktrikot nie so richtig ernst nahmen.

So hatte jede Dekade eine große Zeit des FC zu verzeichnen. In den sechziger Jahren, gleich zu Beginn der neuen Fußballzeitrechnung mit Einführung der Bundesliga, trumpfte der 1. FC Köln auf. Der Meisterschaft von 1962 ließen die Geißböcke unter dem Regime des alleinverantwortlichen Präsidenten Franz Kremer und dem Trainer Georg Knöpfle gleich in der Premierensaison der neuen Spielklasse den nächsten Triumph folgen. Der kontinuierliche Aufbau durch Kremer wurde gekrönt. Manch einer mag sich an der diktatorischen Alleinherrschaft dieses gestrengen Mannes stoßen, aber im Fußball entscheiden doch alleine Erfolg oder Mißerfolg über die Heiligung der Mittel. "So wie einst Real Madrid" lautete die Parole zu Beginn der sechziger Jahre. Man sagt, Franz Kremer habe die blütenweißen Trikots damals bei Dior in Paris aus reinster Seide fertigen lassen. Ob das stimmt, können sicherlich nur die

---

1. Spieltag Saison 1963/64

1. Bundesliga, 24. August 1963, 1. FC Saarbrükken - 1. FC 0:2, 35.000 Zuschauer - Fritz Ewert, Fritz Pott, Anton Regh, Helmut Benthaus, Leo Wilden, Hans Sturm, Karl-Heinz Thielen, Hans Schäfer, Christian Müller, Wolfgang Overath, Heinz Hornig - Tore: 0:1 Overath (22.), 0:2 Müller (43.)

19. Spieltag Saison 1998/99

2. Bundesliga, 20. Dezember 1998, SpVgg Unterhaching - 1. FC 2:0, 4.600 Zuschauer - Markus Pröll, Dirk Lottner, Dirk Schuster, Spasoje Bulajic, Alexander Voigt (68. Khodadad Azizi), Christian Springer, Ralf Hauptmann (46. Claudio Marasa), Markus Bähr (58. Dennis Grassow), Claus-Dieter Wollitz, Dorinel Munteanu, Georgi Donkov

---

eine klare sportliche Planung vorzulegen, und Lattek hatte diese zu beurteilen. So seien keine Machtkämpfe entstanden, sondern normale sportliche Diskussionen. Klingt vernünftig, aber wer Daum und Lattek kennt, ahnt, daß da mehr war, als die-

damaligen gegnerischen Abwehrrecken wie Rausch, Schulz oder Eisele beurteilen, die die Trikots sicherlich das ein oder andere Mal auf ihre Reißfestigkeit überprüft haben, wenn ein Thielen, Hornig oder Schäfer an ihnen vorbeizog. Jedenfalls war der FC in dieser Zeit reich, erfolgsverwöhnt und in der Liga so unbeliebt, wie heute Bayern München, eben ein Verein, der polarisiert, den man entweder haßt, oder liebt. Das ist bis heute so geblieben, und erklärt den Vorwurf der Überheblichkeit des Clubs, der leider so oft seine Berechtigung findet.

Als der FC in der Saison 1964/65 seinen Titel nicht verteidigen konnte und mit Werder Bremen ein neuer Meister gefunden wurde, war das Hohngelächter in der Liga groß. Danach fiel der Verein sportlich für seine Verhältnisse etwas ab, konnte aber 1968 immerhin zum erstenmal den begehrten DFB-Pokal gewinnen (4:1 gegen den VfL Bochum). Unvergessen wird den Älteren aus der eigenen Erinnerung und den Jüngeren durch die Lektüre alter Berichte sicherlich die Europapokalschlacht gegen den englischen Meister FC Liverpool sein. Als amtierender Deutscher Meister unterlag der FC im Viertelfinale erst im dritten, entscheidenden Spiel nach Losentscheid, wobei sich die Glücksgöttin Fortuna erst gar nicht so recht entscheiden wollte, wem sie denn hold sein sollte: beim ersten Münzenwurf (damals gab es noch kein Elfmeterschießen) blieb die Plastikscheibe senkrecht im Morast stecken. Erst der zweite Wurf entschied gegen die Kölner, bei denen Wolfgang Weber mit gebrochenem Wadenbein bis zum bitteren Ende durchgehalten hatte! Tausendmal gehört, aber irgendwie bekomme ich da eine Gänsehaut. Das waren halt noch richtige Kerle damals, oder?

In den siebziger Jahren dann bekam der FC neuen Auftrieb - und mit mir einen neuen Anhänger.

Freunde wurden sie nie: Kölns Urgestein Wolfgang Overath und Hoffnungsträger Hennes Weisweiler

Die Trainer Tschik Cajkovski und Hennes Weisweiler kamen stets unter die ersten fünf Teams in der Liga, bis auf 1978/79, wo man ausgerechnet als amtierender Meister nur den 6. Platz belegte und keinen internationalen Wettbewerb erreichte. Apropos Europapokal, mittlerweile habe ich die Entzugserscheinungen der europacupabstinenten Jahre, wie neidisches Wegzappen bei internationalen Erfolgen anderer deutscher Teams, überwunden. Ich habe mich diesbezüglich entwöhnt, und wenn jetzt einer dieser unsäglich nervigen TV-Werbesender das Spiel Duisburg gegen Genk zeigt, mache ich die Glotze aus und genieße in einem guten Fußballbuch Barcelona-Köln 0:4, wobei dieses Ergebnis übrigens auch eine kleine Rache an Krankl für Cordoba war. Mann, tut das gut!

Nachdem der FC in den achtziger Jahren einen drastischen Rückgang der Zuschauerzahlen in Müngersdorf erleben mußte, ging es ja erst unter Daum wieder bergauf. Nach dem Double von 1978 wurde die Arbeit von Trainer und Mannschaft stets an dem Erfolg von Hennes Weisweiler gemessen, und dieses Level zu halten, war kaum möglich. Das Geschäft Profifußball war schnellebiger geworden, Spieler wechselten häufiger den Verein, und so wurde es immer schwieriger, den Fans Identifikationspunkte zu bieten und sie ins Stadion zu locken. Der junge Littbarski, als Teenager von Hertha Zehlendorf gekommen, spielte seit 1978/79 im Profikader und wuchs zu einem festen Bestandteil und Leistungsträger heran. In der Abwehr war der FC stets stark besetzt, hatte aber Probleme, Spielerabgänge in Mittelfeld und Sturm zu egalisieren. Den jungen Bernd Schuster, unbestritten einer der begnadetsten Spieler, die je in Müngersdorf gegen den Ball traten, konnte der FC nicht abhal-

konnte, wuchs der Ex-Düsseldorfer zu einem verläßlichen Torgaranten im Geißbockteam. Er wurde 1985 mit 26 Toren Torschützenkönig, wechselte aber 1987 nach Marseille. Tony Woodcock stürmte in zwei Phasen für die Geißböcke: 1979-82 und 1986-88, wobei er leider nie so stark wurde, wie bei seinem angestammten Verein Nottingham Forest. Mit Thomas Häßler kam 1984 endlich wieder einer, den wir Fans so richtig lieb hatten. Wie Litti war auch er ein Berliner, woher auch sein Spitzname "Icke" rührt. Der Reinickendorfer Fuchs begann jeden zweiten Satz mit "Icke", was soviel wie "Ich" bedeuten soll, und er spielte sich rasch in die Herzen der Fans. An sportlichen Highlights bot der Anfang der achtziger Jahre eine Vizemeisterschaft 1982 hinter dem unsympathischunterkühlten HSV, der mit seinem Torjäger Hrubesch einfach alle Gegner "köpfte". Dann wurde aber in diesen recht tristen Jahren doch noch ein ganz besonderes Kapitel Kölner und bundesdeutscher Fußballgeschichte geschrieben: das Pokalfinale 1983 wurde zum ersten und bisher einzigen Mal von zwei Vereinen aus einer Stadt bestritten. Die Kölner Fortuna hatte das Finale sensationell als Zweitligist erreicht, was heutzutage fast schon normal ist, aber für damalige Verhältnisse sehr ungewöhnlich war. Dabei war richtig erbaulich, daß die beiden Kölner Clubs auf ihrem Weg ins Müngersdorfer Finale lauter Erzrivalen ausstachen. Die Fortuna schaltete die Borussen aus Mönchengladbach und Dortmund aus, wobei letztere im Halbfinale mit 5:0 demontiert wurden, und der FC kickte die unbeliebte Pillentruppe vom Bayerkreuz und die Schalker Knappen aus dem Wettbewerb. Am 11. Juni 1983 stieg dann die Party im ausverkauften Rund der Müngersdorfer Arena. Anders als in der Spielzeit 73/74, als die beiden kölschen Rivalen in Fortunas bisher einziger Bundesligasaison zweimal in Pflichtspielen aufeinander trafen und jeweils der FC klar die Oberhand behielt (2:0 und 5:0), erwies sich der ungeliebte kleine Bruder aus der Südstadt diesmal als ebenbürtiger Gegner. Ich mußte auf einem Stehplatz in der Gegengeraden inmitten

	Spielklassen
1963/64 – 97/98	1. Bundesliga
seit 1998/99	2. Bundesliga

ten, nach nur drei Spielzeiten (er war 1978 aus Augsburg gekommen) während der Saison 80/81 nach Barcelona zu wechseln. Dieter Müller, einer der letzten klassischen Mittelstürmer, ging 1981 nach Stuttgart und sollte durch Klaus Allofs und Klaus Fischer ersetzt werden. Die beiden Stürmer begannen zunächst mit Ladehemmung, konnten sich aber steigern. Während Fischer nie an seine Schalker Glanzzeiten anknüpfen

eines Fortunenpulks mitansehen, wie sich die favorisierten Geißböcke ein ums andere Mal vergaloppierten und nur ein Tor vom großen kleinen Littbarski den FC und mich vor einer unliebsamen Überraschung bewahrte. Der FC hatte es wieder einmal geschafft, das eigene Publikum gegen sich aufzubringen, und die Pokalüberreichung fand unter Pfiffen statt. Über diese negative Stimmung habe ich mich seinerzeit noch lange und intensiv geärgert, denn wir hatten doch gewonnen und uns nach einem enttäuschenden sechsten Rang in der Bundesliga doch noch für einen europäischen Wettbewerb qualifiziert!

Die Pfiffe taten weh und schmälerten ungerechterweise den Erfolg. Das spielerische Manko lag wieder einmal im Mittelfeld, wo der Rückkehrer Herbert Neumann die Erwartungen erneut nicht erfüllen konnte. Wie in den Spielzeiten zuvor, als Bonhof und der Schweizer Botteron vergeblich versucht hatten, Akzente zu setzen, fehlte ein Spielmacher und Ideengeber à la Overath. Der wurde aber kurze Zeit später mit Häßler wieder gefunden. Womit wir beim Abgesang wären. Die schon angesprochene starke Rückkehr des FC in die Eliteclique der Liga Ende der achtziger Jahre unter Daum und mit dem starken Häßler wurde im Juni 1990 jäh gestoppt, als der komplette Kölner Vorstand unter Führung von Herrn Artzinger-Bolten nach Erba ins WM-Quartier der deutschen Nationalmannschaft reiste und den dort weilenden Kölner Spielern die Demission des Kölner Cheftrainers mitteilte. Was war geschehen? Für den Außenstehenden stellte sich die ganze Angelegenheit folgendermaßen dar: Der Verein entließ ausgerechnet den Mann, der den sportlichen Erfolg zurückgeholt hatte! Der FC hatte zwar in dieser Zeit keinen Titel geholt, war aber nach Jahren der Farblosigkeit wieder eine schil-

lernde Größe auf der Farbpalette der Bundesliga geworden. Einem dritten Rang 1987/88 folgten zwei Vizemeisterschaften und das Erreichen des Halbfinales im UEFA-Cup, wo man denkbar knapp am späteren Sieger Juventus Turin geschei-

Geißbock Hennes hat in den letzten Jahren einiges zu meckern gehabt

tert war. Um diesen Knackpunkt in der jüngeren Vereinsgeschichte zu hinterfragen, ersuchte ich den damaligen Präsidenten um ein Gespräch. Ich wollte endlich kapieren, was damals eigentlich vorgefallen war. Die Presse hatte nämlich bei dem Versuch der Aufarbeitung seinerzeit ebenso im Trüben gefischt, wie der stinknormale FC-Anhänger auch, der verzweifelt um Fassung und Verständnis rang. Laut Artzinger-Bolten war zum Zeitpunkt der Entlassung das "Vertrauensverhältnis zwischen Vorstand und Trainer erheblich gestört" und "eine Zusammenarbeit nicht mehr möglich". Daum habe arbeitsrechtliche Anweisungen nicht eingehalten und somit den gesamten Vorstand (Verwaltungsrat und Präsidium) gegen sich aufgebracht. Laut Artzinger-Bolten hatte sich Daum trotz eines ehrenwörtlichen Versprechens aktiv um den Häßler-Transfer nach Turin gekümmert und sich in dieser Angelegenheit mit Häßler, dessen

Frau und einigen ominösen Herren zu einem Geheimtreffen in einem Kölner Hotel zusammengefunden. Wie es geheime Treffen in Köln nun einmal so an sich haben, gerade wenn es um Belange des FC geht, war auch in diesem Fall die Boulevardpresse vor Ort, um dieses nebulöse Meeting zu dokumentieren. Der Vorstand bekam logischerweise Wind von der Sache und beschloß die Ablösung des Trainers. Sicherlich ist die Zuwiderhandlung bei klaren Vorgaben eines weisungsbefugten Vorgesetzten arbeitsrechtlich ein Grund zur Abmahnung oder gar Kündigung, doch fehlt mir und sicherlich den meisten anderen Interessierten jegliches Verständnis, weil eben nicht alle Hintergründe vollständig erläutert wurden. Artzinger-Bolten wollte nicht so recht auspacken, und so müssen wir uns zunächst mit dieser vordergründigen Erklärung begnügen. Was bleibt, sind Vermutungen und Gerüchte. Und was weiter bleibt, ist die schmerzhafte Aufgabe, die darauffolgenden Jahre zu protokollieren. Auf Daum folgte Rutemöller, mit Langeweile im Gepäck - ein Pokalsieg 1991 wäre die reinste Augenwischerei gewesen. Artzinger-Bolten beugte sich im September 1991 dem Druck und Terror der Öffentlichkeit. Er sagte, er sei "Freiwild einer zügellosen Presse" gewesen, die nicht nach journalistischen Kriterien arbeite, sondern durch Emotionalisierung jegliche sachliche Diskussion erstickt habe. Die Vorwürfe der persönlichen Bereicherung am Häßler-Transfer wies er brüsk als Kampagne zurück. Schlußendlich sehe er sich nicht in der Lage, die genauen Gründe für Christoph Daums Entlassung zu offenbaren. Was nicht verwundert, hatte man doch seinerzeit auch Daum per angedrohter sechsstelliger Vertragsstrafe bei Äußerungen zu diesem Thema einen Maulkorb verpaßt. Wenn wir annehmen, daß der Transfererlös in neue Spieler reinvestiert wurde, dann stellt dies sowohl der auf Daum folgenden sportlichen Leitung, als auch dem Präsidium ein Armutszeugnis betreffs des sportlichen Sachverstands aus. Auf Artzinger-Bolten folgte Klaus Hartmann, dessen Hauptziel die finanzielle Reanimation des komatösen Patienten FC war. Die vom Präsidium verordnete Diät zeigte sportliche Nebenwirkungen, die allesamt verdrängt wurden. Auf dem Transfersektor galt die Devise "Kleckern statt Klotzen", was sich in der Verpflichtung von zahlreichen Schnäppchen vom Bundesligawühltisch niederschlug, aber an horrenden Abfindungen an offensichtlich in geistiger Verwirrung verpflichtete und dann schon bald wieder gefeuerte Trainer wurde nicht gespart.

So kamen und gingen die Jahre 1991 bis 1998, die Trainer (Berger, Olsen, Engels, Neururer, Köstner) und die Spieler (Rudy, Steinmann, Ordenewitz, Fuchs I und II, Labbadia, Polster, Oliseh usw., usw.). Einige Lichtblicke waren aber auch in dieser düsteren Zeit zu sehen. Das Spieljahr 1994/95 mit Toni Polster und Bruno Labbadia hat so richtig Spaß gemacht. Ich war mittlerweile wieder nach Köln zurückgekehrt und hatte mich fünf Minuten vom Stadion entfernt eingenistet. Bei allem sportlichen Kummer schaffte ich es aber nie, zu Hause zu bleiben, wenn der FC spielte. Spätestens eine halbe Stunde vor Anpfiff zog es mich wieder hin, zur nächsten Hinrichtung des Delinquenten oder auch mal zu einer seltenen schmackhaften Henkersmahlzeit in Form eines guten Spiels mit einem FC-Sieg. Als Hartmann endlich gegangen war, hieß unser aller Hoffnungsträger Albert Caspers. "Mensch, der war doch Chef bei Ford, der muß doch wissen, wo der Hase lang läuft!" Wußte er aber nicht, und wenn er nicht erst Lehrgeld im Fußballgeschäft hätte zahlen müssen, so hätten die Altlasten doch zu schwer gewogen, um das Desaster (oder die Erlösung von der Pein?) in Form des Abstiegs abzuwenden. Nun ist mit Bernd Schuster ein behutsamer Neuanfang möglich. Man muß nur endlich den nötigen langen Atem haben, und ihn in Ruhe arbeiten lassen. Und auch die Presse sollte dem FC nun etwas Zeit geben, das wäre wichtig. Denn die Presse kann im wahrsten Sinne des Wortes Druck machen. Das soll sie auch, aber zum richtigen Zeitpunkt. Jetzt, im Dezember 1998, sieht es zwar nicht nach einem direkten Wiederaufstieg aus, aber die Frankfurter haben nach ihrem Abstieg 1996 ja auch zwei Jahre nachsitzen müssen, bevor sie wieder aufstiegen. Womit wir wieder bei Frankfurt wären...

Bruno Morbitzer

Fortuna Köln

Die Kölner sind ein lustiges Völkchen. Man sagt, vor ihrem zuweilen zynischen Humor sei nichts und niemand sicher - nicht einmal die ortsansässigen Fußballklubs. Über den SC Fortuna erzählen Spötter das folgende Anekdötchen: Ein Fortuna-Fan kommt verspätet zum Südstadion, als er plötzlich großen Jubel vernimmt. In großer Vorfreude

Nur eine Stippvisite in der Bundesliga

ersteht er flugs seine Eintrittskarte, hastet die zehn Stufen zu Stehplatz Mitte hinauf und fragt einen Zuschauer: "Und? Eins-Null für uns!?" "Nein..." lautet die Antwort, untermalt von einer abfälligen Handbewegung, "die Bude hat die Würstchen fertig." Eine andere Anekdote besagt, der SC Fortuna wolle sich in Fortuna 01 umbenennen, wobei 01 nicht für das Gründungsjahr, sondern für das vermeintlich häufigste Heimspielresultat des Clubs steht. Wie dem auch sei, diese Witzchen belegen eindeutig: Besonders hoch rangiert die Fortuna bei den Kölnern nicht im Kurs. Dabei begann alles so vielversprechend...
Vor gut 50 Jahren, am 21.2.1948, taten sich drei namhafte Traditionsvereine aus dem Kölner Süden zusammen, höhere Fußballweihen zu erlangen. Einer davon, der Kölner Spielverein Victoria von 1911, war bis dahin äußerst erfolgreich gewesen. Als eines der wenigen Teams gelang es ihm, den Spielbetrieb auch während des Zweiten Weltkriegs aufrecht zu erhalten. Im katastrophal zerstörten Köln - linksrheinisch lebten gegen Kriegsende gerade einmal 10.000 Menschen - stieg Victoria 1942 in die Gauliga auf und beendete die Saison ein Jahr später als Tabellenführer. Erst in der Endrunde zur deutschen Meisterschaft scheiterte man am FV Saarbrücken. Aus der ruhmreichen Mannschaft gingen sogar zwei Nationalspieler hervor: Matthias Heidemann wurde mit Deutschland bei der WM 1934 Dritter, Schorsch Euler durfte nur ein einziges Mal 1936 gegen Polen ran.

Bundesligabilanz	
Bundesligajahr:	1973/74
Gesamt:	1 Jahr
Beste Plazierung:	Platz 17 (1973/74)
Ewige Tabelle:	Platz 41, 34 Spiele, 8 Siege, 9 Unentschieden, 17 Niederlagen, 46:79 Tore, 33 Punkte
Ø Plazierung:	Platz 17
Top-Spieler:	Wolfgang Fahrian (34), Karl-Heinz Struth, Wolfgang Glock (je 33), Hans-Günther Neues, Helmut Bergfelder (je 32)
Top-Torjäger:	Karl-Heinz Struth (9), Wolfgang Glock (7), Gerd Zimmermann (4), Lothar Wesseler (4), Helmut Bergfelder (3)

Derartige "Stars" hatte der Bayenthaler SV nicht vorzuweisen. Als die Victoria dem Mitgliederzustrom nicht mehr Herr wurde, spaltete sich Bayenthal von ihr ab und machte sich 1919 selbständig. Auch dem SV waren mehr als nur Achtungserfolge beschieden. Höhepunkt: Der Aufstieg in die damals höchste deutsche Spielklasse, die Gauliga. Die Qualifikation für die spätere Oberliga wurde nur denkbar knapp verpaßt. Eine eher untergeordnete Rolle innerhalb des Kölner Fußballgeschehens spielte der dritte Fortuna-Vorläufer, der Sportverein Köln, eine Art Firmenmannschaft der Sparkasse, deren größten sportlichen Erfolg die deutsche Meisterschaft des Weitspringers Rudi Dobermann darstellte. Fußballerisch hatte "Sparkasse" nicht viel in die bevorstehende Fortuna-Ehe einzubringen, aber sie besaß, was zu jener Zeit von immenser Bedeutung war – einen bespielbaren Fußballplatz.

Per Abstimmung entschlossen sich die drei Vereine, den Spielbetrieb des Bayenthaler SV in der Rheinbezirk Gruppe 2 als "SC Fortuna Köln" fortzusetzen. Lange war auch der Name "FC Süd" in der Diskussion gewesen - wie es letztlich zu "Fortuna" kam, weiß so recht niemand mehr. Jedenfalls müssen sich die Beteiligten ihrer Sache sehr sicher gewesen sein, denn für das am nächsten Tag anstehende Kräftemessen mit Schwarz-Weiß Köln waren auf verschlungenen Pfaden gelb-schwarze Trikots beschafft worden, auf deren Vorderseite die Spielerfrauen in Windeseile ein schmuckloses "F" aufgenäht hatten. Die neuen Jerseys beflügelten die taufrische Fortuna indes nicht, die Premiere ging gründlich in die Hose: 0:1 hieß es am Ende vor 3.000 Zuschauern in Köln-Bickendorf. Wäre es ein Heimspiel gewesen, Fortuna hätte wohl kaum typischer beginnen können. Trotz dieser und weiterer Niederlagen stand hinter dem Neuling eine gesunde Mischung aus ehrgeizigen Sportlern und betuchten Gönnern. Wichtigster Mann der "Gründerjahre" war der erste Vorsitzende Klaus Bintz, seines Zeichens Eigner der internationalen Schiffahrtslinie "Black Diamond". Bintz versorgte seine Kicker vor allem mit Bällen, im Nachkriegs-Köln eine echte Rarität.

Obwohl sich Fortuna (kaum zu glauben, aber wahr) als wahrer Publikumsmagnet entpuppte, lief es sportlich nicht wie gewünscht. Dabei waren alle logistischen Voraussetzungen geschaffen: Man besaß den Sparkassenplatz an der Schönhauser Straße, die Kicker wurden auf einem LKW zum Match gekarrt und auch eine kleine, wenngleich spartanische Umkleidekabine existierte. Von derartigem "Luxus" konnten andere Nachkriegsvereine nur träumen. Doch das anfängliche Glück währte nur drei Jahre. 1951 mußte die Fortuna aus der Zweiten Liga West in die Amateurliga zurück, in der sie fünf lange Jahre schmachtete. Statt Gladbach und Duisburg hießen die Gegner nun Derschlag und Eitorf. Aber es kam noch dicker: Fortuna stieg 1957 in die Landesliga ab, 1959 gar in die Bezirksliga - der Tiefpunkt war erreicht.

Im wesentlichen prägten damals zwei Männer das Bild der bis über beide Ohren verschuldeten Fortuna. Vom Vorsitzenden Klaus Salm wird einerseits behauptet, er hätte die Wende zum Guten eingeleitet, andererseits habe sich der Vorstand unter seiner Führung vollends zerstritten. Vielleicht war gerade dies die Chance für einen gewissen Hans "Jean" Löring, die Geschicke des Vereins maßgeblich zu beeinflussen. Der erfolgreiche Jungunternehmer hatte vormals bei Preußen Dellbrück sowie der (seinerzeit) glorreichen Alemannia aus Aachen gekickt und als Trainer den Dorfklub Eitorf 09 zum Aufstieg geführt. Dettmar Cramer urteilte später über den Stopper, der in Sepp Herbergers sagenumwobenem Notizbüchlein gleich hinter dem Lauterer Liebrich stand und Ende der 50er ein hervorragendes Angebot von Feyenoord Rotterdam ablehnte (aus Heimatverbundenheit, wie man erzählt): "Er arbeitete im Steinbruch der Abwehr mit der Akribie eines Chirurgen."

Mit welchen Mitteln Löring das Zepter bei der Fortuna übernahm, ist freilich nicht ganz geklärt. Die offizielle Version, nachzulesen in der Vereinschronik "Lück wie ich un du", beschreibt die "sanfte Revolution" wie folgt: "Dann aber kam Hans Löring wie später Günter Netzer aus der Tiefe des Raumes in der Südstadt. Aus ehemaligen Schulkameraden bildete er einen Vor-

Jean Löring (links) und Hannes Linßen

stand und ließ sich zum Präsidenten wählen ... Der Handlungsbevollmächtigte (Löring) verpflichtete mit Geld, Geduld und guten Worten einen verläßlichen Spielerstamm und programmierte ihn auf Sieg." Fortan ging es steil bergauf. Als aber 1963 die Bundesliga aus der Taufe gehoben wurde, war der SC Fortuna Köln nur einer von vielen mittelmäßigen Kölner Klubs. Löring, unterdessen zum Mäzen und Präsidenten (offiziell erst seit 1966) avanciert, und, wenn es sein mußte auch Spieler und Trainer in Personalunion, war angetreten, dies zu ändern. Und schnell sollte der Südstadt-Klub von seinem bis heute ungebrochenen Engagement profitieren.

Der Mannschaft, die 1965 in die Verbandsliga Mittelrhein aufstieg, gehörte der Sportinvalide noch selbst an. Als Lohn für den Erfolg spendierte der "sanfte Tyrann" seinem Team eine zweiwöchige Spanienreise, die angeblich wenig mit Fußball zu tun gehabt haben soll. Und auch zwei Jahre später, als Lörings Traum vom Profifußball in der Südstadt in Erfüllung ging, war er als Spieler mit von der Partie. Zwar landete man in der Saison 66/67 nur auf Platz zwei, acht Punkte hinter den Amateuren

des 1. FC Köln, doch bedeutete dies den heißersehnten Aufstieg in die Regionalliga West. Wirtschaftliche Bedenken vor dem Schritt in den bezahlten Fußball gab es kaum, denn Lörings Firmenimperium umfaßte Ende der 60er Jahre bereits 15 Betriebe verschiedenster Branchen, zu denen auch ein (allerdings wenig erfolgreicher) Boxstall zählte. Wieviel Millionen der "Schäng" bis heute insgesamt in die Fortuna gepumpt hat, wird wohl auf ewig sein Geheimnis bleiben. Jedenfalls zahlte sich seine kontinuierliche Arbeit in den nun folgenden Regionalliga-Jahren voll aus. Erstmals seit den Zeiten der Victoria von 1911 schmückten wieder klangvolle Namen die Mannschaftsaufstellungen des SC Fortuna. Wolfgang Fahrian, deutscher Nationaltorwart bei der WM in Chile, und Gerd Zimmermann (später Fortuna Düsseldorf), der Mann mit dem härtesten Schuß der Bundesliga, galten seinerzeit als die Aushängeschilder. Zimmanns Einkauf erwies sich als wahrer Glücksfall. In der Abschlußtabelle der Saison 70/71 belegte die Fortuna bereits einen hervorragenden vierten Rang, nachdem es in den vorangegangenen Jahren doch eher um den Klassenerhalt gegangen war. Auch im DFB-Pokal sorgte das Team für Aufsehen: Anfang Dezember 1971 schlugen Wolfgang Fahrian & Co. den großen FC Bayern München mit 2:1. Der bis dahin größte Erfolg der Vereinsgeschichte nützte Fortuna leider wenig: Im Rückspiel setzte es eine 0:6-Klatsche.

Dennoch war Fortunas Vormarsch unter Trainer Martin Luppen nicht mehr aufzuhalten. Von der Öffentlichkeit weitgehend unbemerkt, etablierte sich im Kölner Westen - Fortuna teilte sich damals mit dem FC das ungeliebte Fußballprovisorium der ehemaligen Kölner Radrennbahn - ein echtes Spitzenteam der Regionalliga West. Gerade einmal durchschnittlich 4.500 Zuschauer sahen in der Aufstiegssaison 72/73 die Spiele des Bundesligisten in spe. Das sollte sich erst mit dem Erreichen der Aufstiegsrunde im Frühsommer des Jahres 1973 ändern...

In der dortigen Gruppe B legte die Fortuna gleich los wie die Feuerwehr, gewann vor 40.000 größtenteils konsternierten Zuschauern mit 2:1 beim Karlsruher SC und fegte vier Tage später Blau Weiß 90 Berlin mit einem ordentlichen 7:0 vom Platz. Dem hartekämpften 2:1-Erfolg beim FC St. Pauli folgten jeweils 3:0-Siege gegen Mainz 05 und in Berlin. Die Vorentscheidung fiel schließlich im anschließenden Heimspiel gegen den KSC, wobei der SC Fortuna den bereits abgeschlagenen Badensern eine Fußball-Lektion erteilte, wie man sie nicht

chen ergatterten die Fortunen dann schließlich am 20. Juni 1973 mit einem torlosen Unentschieden am Mainzer Bruchweg – die anschließende Heimschlappe gegen St. Pauli war nur noch für Statistiker von Bedeutung. Fortuna Köln hatte den Sprung in die Eliteklasse geschafft, was in den Heimspielen auch von immerhin 15.500 Menschen im Schnitt gebührend gefeiert wurde.

Voller Euphorie versprach Löring seinen Helden: "Ihr alle habt den Aufstieg geschafft. Ihr sollt auch alle in der Bundesliga spielen." Nach dem Spaziergang durch die Aufstiegsrunde nahm der Präsident an, seine Jungs würden die zum Klassenerhalt nötigen Punkte auch ohne neue Stars (im Gespräch war u.a. Bochums Walitza) holen. Bis auf den Transfer des pummeligen Julio Baylon, des ersten Peruaners im bezahlten und wahrscheinlich auch im unbezahlten deutschen Fußball, verzichtete der "Boss" darauf, seine Aufstiegstruppe zu verstärken - im Nachhinein betrachtet Löring dies als einen "großen Fehler, den ich auch heute noch bereue".

Auch bei der Auswahl seiner Trainer griff der Mann in dieser Zeit so manches Mal daneben: Auf den seligen Ernst-Günter "De Bums" Habig folgten der ehemalige Schulrektor Martin Luppen, der als Trainer der Aufstiegself noch vor Beginn des Bundesligasaison gehen mußte, weil er sich mit Löring nicht über eine Aufstockung des bisherigen Gehaltes einigen konnte (später kehrte er – wie so viele – noch für einige Zeit zur Fortuna zurück), und Volker Kottmann, der sich jedoch "als Fußballtrainer so sinnvoll wie ein Sack Muscheln" erwies, wie eine Stadtzeitung befand. Als Kottmann, zuvor Konditionstrainer beim FC und als Bundesliga-Chefcoach offensichtlich überfordert, den Präsidenten im Trainingslager vor einem schweren Auswärtsspiel mitten in der Nacht aus den Träumen riß, um ihm mitzuteilen, daß er diesmal auf die Stammspieler Glock und Struth zu verzichten gedenke, weil deren Sterne ungünstig ständen, platzte Löring der Kragen und entließ den Hobby-Astrologen. Nachfolger wurde Zehnkampf-Olympiasieger Willi Holdorf, dem dann auch wieder Martin Luppen zur Seite gestellt wurde. All die-

19. Spieltag Saison 1998/99

2. Bundesliga, Fortuna – KFC Uerdingen 05 1:1, 4.200 Zuschauer – Tomasz Bobel, Oliver Westerbeek, Marc Spanier (69. Mikhail Zaritski), Hans-Jörg Schneider, Olaf Renn, Ivica Grlic, Rainer Schütterle, Markus Kranz, Hajrudin Catic, Thomas Brdaric, Macchambes Younga-Mouhani (88. Harutyun Vardanyan) - Tor: 1:1 von Ahlen (74. Eigentor)

-
-
-
-
-
-
-

alle Tage verabreicht bekommt: Der überragende Libero Kalli Struth (3), der Ire Noel Campbell (2) und Rolf Bauerkämper waren beim satten 6:0 für Köln erfolgreich. Das letzte noch fehlende Aufstiegspünkt-

se Maßnahmen fruchteten indes wenig, doch zunächst der Reihe nach:

Das Auftaktprogramm der Kölner hatte es in sich. Bei ihrem ersten Auftritt im Oberhaus mußte die Fortuna am 11. August 1973 gleich auf dem Gladbacher Bökelberg antreten, verlor mit 1:3, was jedoch die Vorfreude der Kölner auf das erste Heimspiel nicht mindern konnte: 28.000 Zuschauer strömten eine Woche später in die Radrennbahn, um die Fortuna gegen Meister Bayern München zu sehen. Zur Freude der Fans spielte Kottmanns Elf auch von Beginn an engagiert auf und bestürmte leidenschaftlich das von Sepp Maier gehütete Bayern-Tor, doch die Breitner, Beckenbauer, Müller und Co. erwiesen sich als zu abgebrüht für den Aufsteiger. Bayern konterte die Fortuna aus und gewann relativ locker mit 3:0. Zwei Spiele, null Punkte, ein Torverhältnis von 1:6 - es soll Aufsteiger gegeben haben, die schwungvoller in die Saison gestartet sind. Dennoch: Gegen zwei Top-Mannschaften der Liga hatte sich Fortuna Köln achtbar aus der Affäre gezogen, was durchaus Anlaß zur Hoffnung gab. Auch der dritte Gegner war nicht von Pappe, denn mit Düsseldorf kreuzte immerhin der Vorjahresdritte im Kölner Westen auf. Gegen die andere Fortuna sprang dann beim 1:1 endlich der erste Bundesligapunkt heraus, wobei sich die Gäste auch über eine Niederlage nicht hätten beklagen dürfen. Aber immerhin reichte dieser eine Punkt, um in der Tabelle am scheinbar übermächtigen Konkurrenten, dem 1. FC Köln, vorbeizuziehen, der sich am Tag zuvor eine 1:5-Abfuhr in Duisburg eingehandelt hatte. Bis zum achten Spieltag hielt sich die kleine Fortuna vor dem großen FC, dann aber rückten die Geißböcke die stadtinternen Kräfteverhältnisse wieder zurecht. Vor allem am 17. Oktober 1973, dem Tag, an dem das erste Derby in der mit 28.000 Fans selbstverständlich ausverkauften Radrennbahn über die Bühne ging: Durch Tore der überragenden Overath und Löhr behielt der "Gast" mit 2:0 die Oberhand.

Im weiteren Verlauf der Hinrunde erwies sich das Aufholen von in den Anfangsminuten eigentlich bereits verlorenen Heimspielen als Spezialität der Fortunen: 3:3 (nach 0:3) gegen Hertha, 2:2 gegen Hannover (nach 0:2), 3:3 gegen K'lautern (nach dreimaligem Rückstand), 2:2 gegen Bochum (nach 0:2). Doch erst am 17. Spieltag gelang mit einem 2:1 gegen Offenbach der erste Heimsieg – Fortuna war zu diesem Zeitpunkt bereits auf den 16. Platz abgerutscht. Da auch das neue Jahr wenig verheißungsvoll begann (3:5 gegen Gladbach, 1:5 bei den Bayern, 1:5 in Düsseldorf) und es selbst der Interimstrainer Löring nicht richten konnte, wurde es im Tabellenkeller immer ungemütlicher. Auch wenn die Fortuna gegen Ende der Saison zu Hause fleißig Punkte sammelte und sich die Konkurrenz aus Duisburg, Bochum und Wuppertal ebenfalls derbe Patzer leistete - Pleiten wie das 1:6 in Schalke oder (schlimmer noch) das 0:5 im zweiten Kölner Stadtderby kosteten moralische Substanz. Und das Torverhältnis wurde davon auch nicht besser.

Dennoch schien Fortuna nach dem vorletzten Spieltag fast schon gerettet. 3:0 hatten die Kölner den HSV abgenudelt, Hauptkonkurrent Wuppertal daheim gegen Kaiserslautern verloren, wodurch die Schwebebahnstädter (24 Punkte) einen Platz (17.) hinter die Domstädter (25 Punkte) gerutscht waren. Beide Vereine standen nun vor schweren Auswärtsaufgaben: Fortuna mußte nach Offenbach, Wuppertal hatte in Stuttgart anzutreten. Doch während die Kölner auf dem Bieberer Berg mit 0:4 eingingen, gelang dem WSV, der auswärts bislang noch nicht allzuviele Bäume hatte ausreißen können, nach einem 0:2-Rückstand noch ein überraschendes 2:2 beim – bis dato – heimstarken VfB. Beide Teams kamen in der Endabrechnung somit auf genau 25 Zähler. Das schlechtere Torverhältnis gab den Ausschlag – zugunsten der Wuppertaler (-23) und zuungunsten der Fortuna (-33).

So blieb das Abenteuer Bundesliga schließlich nur ein einjähriges Intermezzo. Was folgte, ist bis zum heutigen Tag ein Vierteljahrhundert Mittelmaß. Fortuna gilt als Urgestein der Zweiten Liga, als Synonym für Tristesse und Erfolgslosigkeit. 25 Jahre kein Aufstieg, aber auch kein Abstieg - das schaffte kein anderer Klub. Die Zeit nach 1974 trug erheblich zum heutigen Image des Vereins bei, der zeitweilig als letzte

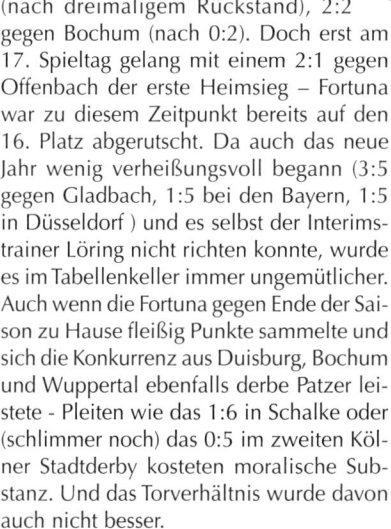

Adresse für gestrandete Fußballprofis galt. Bernd Schuster, Fortuna-Trainer 97/98, stellte fest: "Freiwillig kommt hier niemand hin." Was war geschehen nach dem so unglücklichen Abstieg, der damals doch eigentlich anerkannten Fußballgröße Fortuna Köln?

Die Mannschaft wurde vom DFB in die Nordgruppe der neugeschaffenen doppelgleisigen Zweiten Bundesliga eingeteilt, die an die Stelle der bisherigen Regionalliga trat. Obwohl die Mannschaft größtenteils gehalten werden konnte – nur Zimmermann und Torjäger Kucharski verließen den Klub – wurde der direkte Wiederaufstieg verpaßt. 6:12-Punkte aus den letzten Spielen bedeuteten einen katastrophalen Einbruch auf der Zielgeraden und einen enttäuschenden fünften Platz in der Endabrechnung. Und so, oder so ähnlich, ging es auch die nächsten Jahre weiter. Fortuna spielte zwar meist oben mit, doch der große Wurf, sprich Aufstieg, gelang ihr nie. Eine Zeit, arm an Höhepunkten, mit stetigem Zuschauerrückgang und ohne herausragende Spielerpersönlichkeiten. Rühmliche Ausnahme: Kalli Mödrath. In den zehn Jahren, die er für Fortuna kickte, erzielte der nur 1,67 Meter große Stürmer 150 Tore - nicht nur in puncto Körpergröße der Gerd Müller der Zweiten Liga.

Stücks Beton, dessen Ränge gerademal zehn Stufen zählen und deren unnütze Laufbahn das Publikum vom Spielgeschehen fernhält. Jean Löring erkannte: "Was die Stadt Köln hier gebaut hat, ist eine einzige Katastrophe." Höchstwahrscheinlich wird der "Fußballfriedhof Südstadion" aber bald in ein reines Fußballstadion – nach dem Vorbild der Arena von Vitesse Arnheim - umgewandelt. Bauzeichnung und Finanzierung für die geplante "Fortunarena" liegen schon griffbereit in Lörings Schreibtischschublade. Aber das nur am Rande.

Nur wenige Male noch spielte sich die Fortuna fortan ins Blickfeld der breiteren Öffentlichkeit: Da ist zunächst einmal die Saison 82/83 zu nennen, die allerdings nicht aufgrund übermäßig beeindruckender Liga-Leistungen (Fortuna wurde Sechster) von Interesse ist. Einmal, ein einziges Mal sorgte die Fortuna auch im Pokal für Furore: Die Elf von Trainer Luppen – von der Anhängerschaft mittlerweile auch liebevoll "Schluffen" tituliert – hatte mit Eintracht Braunschweig und Borussia Mönchengladbach bereits zwei Erstligisten eliminiert, bevor es im Halbfinale gegen Kalli Feldkamps Dortmunder ging. Der BVB besaß an diesem Ostermontag des Jahres 1983 nicht die Spur einer Chance, Schatzschneider (2), Lemke, Baier und Werres schossen ein 5:0 heraus und machten damit das "Kölsche Finale" gegen den FC, das (natürlich) im Müngersdorfer Stadion über die Bühne ging, perfekt. Die ganze Stadt fieberte dem Spiel entgegen – schließlich hatten sich beide Mannschaften zuletzt bei der Eröffnung der Arena im November 1975 gegenübergestanden. Löring: "Wenn wir auch noch das Spiel gewinnen, dann könnt ihr mich im Anstoßkreis begraben." Nun, der Mann blieb seinem Verein erhalten. Fortuna verlor unglücklich mit 0:1, gewann aber die Sympathien der Zuschauer im Stadion und der Millionen vor dem Fernseher. Kapitän Finkler und seine Mannen liefen die Ehrenrunde, der FC ward bei der Siegerehrung ausgepfiffen - aber kaufen konnte sich davon kein Fortune was. Ähnliches geschah 1986: Neun Spieltage

---

Spielklassen

1963/64 – 64/65	Landesliga Mittelrhein, Staffel 1
1965/66 – 66/67	Verbandsliga Mittelrhein
1967/68 – 72/73	Regionalliga West
1973/74	1. Bundesliga
seit 1974/75	2. Bundesliga (-Nord)

Wenn der Fortuna in dieser Phase schon sportlich nicht viel gelang, so durfte sie sich wenigstens über ihr eigenes Stadion freuen, denn ab 1978 spielte die Löring-Truppe im neuerbauten städtischen Süd-Stadion. So richtig glücklich machte das nüchterne Rund bedauerlicherweise niemanden. Spieler, Zuschauer und Offizielle beklagten alsbald die schlechte Akustik und mangelnde Atmosphäre des seelenlosen

vor Saisonende verlor der souveräne Tabellenführer aus Köln plötzlich den Faden, leistete sich eine Serie von 1:11-Punkten und rettete sich mit einem 2:2 in Karlsruhe schließlich noch so gerade eben auf den dritten Platz. In den fälligen Relegationsspielen gegen Borussia Dortmund sah es lange Zeit nach der ersehnten Rückkehr in die Bundesliga aus: Nach einem vorzüglich herausgespielten 2:0 in Köln

Günter Schwaba und Peter Boers versuchen erfolglos, Franz Beckenbauer aufzuhalten

führte die von Hannes Linßen betreute Fortuna im Westfalenstadion bereits mit 1:0, besaß tolle Konterchancen und verlor am Ende doch noch mit 1:3: Jürgen Wegmann markierte wenige Sekunden vor dem Abpfiff den berühmten Treffer, der ein drittes Spiel erzwang - mehr erzielte Auswärtstore hatten damals dummerweise keinerlei Bedeutung (warum eigentlich?). In diesem dritten Aufeinandertreffen im Düsseldorfer Rheinstadion kam der an Kopf und Fuß malade Zweitligist (einige Spieler wurden eigens für dieses Match gesundgeschrieben) mit 0:8 unter die Räder. Der hadernde Löring ("Das war der Höhepunkt der Demontage meines Vereins") trat nach dem traurigen Debakel sofort zurück, Coach Linßen folgte seinem Chef auf dem Fuße – Fortuna schien am Ende. Doch als es wenige Wochen später gegen Bielefeld um Zweitligapunkte ging, saßen sie beide wieder auf der Fortunenbank.

Drei Jahre später, man schrieb die zweite Ära Linßen, schlitterte Fortuna abermals knapp am Aufstieg vorbei. Lange Zeit hielt man sich an der Tabellenspitze, brach jedoch zum Schluß hin wieder ein, so daß am Ende ein Pünktlein fehlte. Als Knackpunkt und "typisch Fortuna" erwies sich dabei des Tabellenführers Heimspiel gegen Wattenscheid 09 am 19. März 1989, das vielleicht beste Zweitligaspiel aller Zeiten:

Es gibt nur wenige Mannschaften, die es fertigbringen, aus einem 1:3-Rückstand (nach 27 Minuten) ein 5:3 (nach 73 Minuten) zu machen und dann das gleiche Spiel noch mit 5:6 zu verlieren. Das, genau das, ist Fortuna Köln.

Bis auf wenige Highlights – im Guten wie im Schlechten (die Tatsache, daß Fortuna 1992 faktisch schon abgestiegen war und sich erst durch den Lizenzentzug von BW 90 Berlin und über eine anschließende Relegationsrunde mit 1860 München und dem TSV Havelse vor dem Absturz in die Oberliga rettete, soll an dieser Stelle nicht unter den Teppich gekehrt werden) – blieb ansonsten alles beim alten. Manchmal wurde Hannes Linßen als neuer Trainer angestellt, manchmal warf er von sich aus das Handtuch, mal setzte man auf junge Talente, mal holte man sich erfahrene Rekken ins chronisch leere Südstadion. Alles sinnlos: Stets landete die Fortuna irgendwo zwischen dem 4. und 15. Rang, dümpelte weitgehend illusionslos im Niemandsland der Zweiten Liga umher – meist weit davon entfernt, den Traum ihres Präsidenten zu erfüllen, der da (natürlich) immer noch lautet: Rückkehr in die Bundesliga.

Michael Müller-Möhring
Andreas Schulte

VfB Leipzig

Rein statistisch betrachtet ist die Bundesligabilanz des VfB Leipzig eine einzige Katastrophe. Ganze drei Siege (in 34 Spielen), lediglich 32 Tore und Platz 44 in der Ewigen Tabelle der Fußball-Bundesliga – das heißt im Klartext: nur Tasmania Berlin war noch schlechter!

Sie tanzten nur einen Sommer

Schaut man hinter die Kulissen, ist von Ähnlichkeiten mit der bedauernswerten Tasmania freilich nichts zu sehen. Einige Beispiele gefällig? Am 7. September 1993 gewann der VfB im Dortmunder Westfalenstadion, was außer ihm nur seinem Namensvetter aus Stuttgart gelang. Acht der zwanzig VfB-Niederlagen endeten mit einem Tor Unterschied, und einige der elf Unentschieden hätten durchaus auch VfB Siege sein können. Bis zum dreizehnten Spieltag hielten sich die Sachsen auf einem Nicht-Abstiegsplatz, und auch danach wuchs ihr Rückstand auf den rettenden 15. Platz nur gemächlich an. Nein, ein "Katastrophenabsteiger" war der VfB Leipzig nicht. Allenfalls ein unglücklicher, der zudem das Pech hatte, in einer Saison mit starken Mitaufsteigern (Duisburg und Freiburg) sein Bundesligadebüt geben zu müssen.

Als dem VfB Leipzig am 6. Juni 1993 etwas überraschend der Aufstieg ins Oberhaus gelang, betrachteten viele Experten das mit gemischten Gefühlen. Da war zum Beispiel der Zuschauerzuspruch. "Es war manchmal frustrierend, wenn wir vor 3.000 Zuschauern spielten", erinnerte sich Ex-Präsident Dr. Axtmann und meinte damit vor allem die erste Saisonhälfte. Den Minusrekord hatte es am 17. Oktober 1992 gegeben, als der VfL Wolfsburg keine 1.000 Menschen ins Riesenrund Zentralstadion gelockt hatte. Wohlgemerkt: In der Aufstiegssaison! Zum letzten und entscheidenden Spiel gegen Mainz 05 machten sich dann aber immerhin rund 38.000 Fans auf den Weg, was Hoffnung für die Erstligasai-

Bundesligabillanz

Bundesligajahr:	1993/94
Gesamt:	1 Jahr
Beste Plazierung:	Platz 18 (1993/94)
Ewige Tabelle:	Platz 44, 34 Spiele, 3 Siege, 11 Unentschieden, 20 Niederlagen, 32:69 Tore, 20 Punkte
Ø Plazierung:	Platz 18
Top-Spieler:	Frank Edmond (33), Dirk Anders (32), Maik Kischko (32), Jürgen Rische (32), Matthias Lindner (31)
Top-Torjäger:	Dirk Anders (8), Jürgen Rische (6), Frank Edmond (4), Steffen Heidrich (4), Florian Weichert (3)

son machte. Hoffnung, die, um es vorwegzunehmen, enttäuscht wurde. Zu den 17 Bundesligaspielen des VfB Leipzig kamen durchschnittlich nicht einmal 10.000 Fans.

Mit dem VfB verbinden viele Leipziger eben ein eigenartiges Gefühl. Da ist beispielsweise der Name. "Erster Deutscher Meister", "beste Fußballmannschaft der Frühphase", "auf einer Stufe mit Schalke und Nürnberg" – Dinge, die zu Recht über den VfB Leipzig behauptet werden. Allein: Der VfB ist gar nicht der VfB! Der heutige VfB erblickte nämlich erst im Juli 1963 das Licht der Welt – und zwar nach künstlicher Befruchtung und durch Zangengeburt! Ein komplizierter Vorgang, der einer Erläuterung bedarf. "Nach der Gründung des SC Leipzig wird im Spieljahr 1963/64 die Messestadt durch den SC Leipzig und die BSG Chemie Leipzig vertreten sein. In den neugegründeten Sportclub wurden alle Spieler delegiert, die in den letzten beiden Jahren mit Erfolg in der Stadtauswahl zum Einsatz kamen", beschrieb die » Fußballwoche« in ihrer Ausgabe vom 11. Juni 1963 ein wenig kantig einen Vorgang, der Geschichte machte. In groben Zügen hatte sich folgendes zugetragen: In Leipzig war man es seit langem leid, daß die Messestadt im DDR-Fußball zusehends ins Hintertreffen geraten war. 1951 hatte die BSG Chemie – wenn man so will Nachfolger des 1945 verblichenen Publikumslieblings TuRa –zum ersten und bis 1963 auch letzten Mal die Meistertrophäe nach Leipzig geholt. Seitdem herrschte völlige Funkstille, denn weder Rotation, die über zig Umwege in die Fußstapfen des 1945 aufgelösten Altmeisters VfB getreten war, noch der 1954 für die zwangsaufgelöste BSG Chemie in die Oberliga bugsierte SC Lok (sorry, aber es ist leider so kompliziert) kamen über Mittelplätze hinaus.

Einziges Team, das die fußballbegeisterten Leipziger in jenen Tagen zumindest phasenweise zu erfreuen vermochte, war die Stadtauswahl, die bei ihren sporadischen Auftritten im Messepokal regelmäßig auftrumpfte. Eines Tages entstand daher die Idee, aus dieser Stadtauswahl eine Vereinsmannschaft zu formen, um einerseits einen starken Oberligisten zu haben und andererseits die traditionelle und mitunter ins Gewalttätige abdriftende Rivalität zwischen Rotation und Lokomotive zu begraben. Unter dem Motto "aus zwei mach eins (plus eins)" entstand ein Klub, der Leipzigs Fußballruhm mehren und Magnet für alle sein sollte: Der SC Leipzig, aus dem später der 1. FC Lok hervorging. Mithin der heutige VfB.

Nahezu logisch, daß dieser am Schreibtisch ausgeklügelte Plan in der Praxis völlig in die Hose ging. In der Spielzeit 1963/64 schaffte es die "Leipziger Stadtauswahl" nur auf Rang 3 und wurde vom wiedergegründeten BSG Chemie, der die "restlichen" Spieler bekommen hatte, völlig in den Schatten gestellt. Chemie wurde nämlich sensationell Meister. Der SCL hatte nicht nur sportlich kein Bein auf die Erde bekommen, sondern mit rund 10.500 Zuschauern pro Spiel auch deutlich schlechter als die BSG Chemie abgeschnitten (21.000). Offensichtlich waren Leipzigs Fans sauer wegen der Aufspalterei und hielten es lieber mit dem "Underdog" Chemie, womit das Jahr 1963 zugleich den Beginn einer noch immer heftig lodernden Feindschaft markiert.

Im Bruno-Plache-Stadion zu Probstheida, dem Domizil des SCL, hatte man so ziemlich alles falsch gemacht, was man hatte falsch machen können: Fehler Nummer 1: Statt Trainer Krause die Zusammenstellung des Kaders zu überlassen, formierten realitätsfremde Funktionäre das SCL-Kollektiv nach Aktenlage – also nach Sympathie, Parteitreue und Liebe zum Sozialismus. Fehler Nummer 2: Mit dem als Dozent bei der Deutschen Hochschule für Körperkultur und Sport arbeitenden und als "Mann mit eigenem Kopf" gefürchteten Rudolf Krause wurde ein Mann eingesetzt, der über keinerlei Erfahrung im Herrenbereich – geschweige denn Oberligabereich – verfügte. Fehler Nummer 3: Statt der zusammengewürfelten Elf Zeit zu geben, sich erst einmal zu finden, wurde sie sofort unter Erfolgsdruck gesetzt.

Dieser Erfolgsdruck, den der SCL vom ersten Tag an mit sich herumschleppen mußte, erwies sich als schwere und vor allem hartnäckige Last. Von Titelambitionen waren die Blau-Gelben jedenfalls lange Zeit

Im Europapokal blühte Leipzig des öfteren auf. Gegen Velez Mostar gab es im Oktober 1982 jedoch nur ein 1:1. Links Lutz Moldt

meilenweit entfernt. Daran änderte auch der am 20. Januar 1966 als "Fußball-Leistungszentrum" aus dem SCL herausgelöste "1. Fußball-Club Lokomotive" – kurz "Lok" oder sächsisch "Loksche" – nichts. Dieser mit einer gewissen Professionalisierung verbundene und auch in anderen Orten der DDR durchgeführte Vorgang mußte übrigens wie ein weiterer Affront auf den "Rest von Leipzig" wirken. Chemie blieb nämlich gleichzeitig "Betriebssportgemeinschaft" (BSG), und war als solche erheblichen finanziellen und administrativen Einschränkungen unterworfen. Dennoch wurden die Grün-Weißen 1966 Pokalsieger, während Lok mal wieder leer ausging. Halt, fast leer: Am 29. Mai 1965 hatten die Blau-Gelben nach einem 4:0-Sieg über Norrköping einen europäischen Vereinspokal in die Luft stemmen können - den völlig unbedeutenden "Internationalen Fußballcup", kurz "IFC-Cup" genannt. In der zweiten Hälfte der sechziger Jahre kam die ab 1966 von Hans Studener betreute „Loksche" allmählich besser in Schwung und sorgte vor allem im damali-

gen Messepokal, dem heutigen UEFA-Cup, für einige faustdicke Überraschungen. Am 21. Dezember 1966 beispielsweise bezwangen Weigang, Franke, Gießner, Geisler, Faber, Drößler, Engelhardt, Zerbe, Frenzel, Naumann und Löwe vor über 75.000 Zuschauern im Zentralstadion den portugiesischen Rekordmeister Benfica Lissabon mit 3:1, was einer Riesensensation gleichkam. Schon damals wiesen die auch "Löwen" genannten Leipziger allerdings deutliche Merkmale einer launischen Diva auf, denn in der nächsten Runde scheiterten sie ebenso sensationell am schottischen Underdog Kilmarnock FC. Das mit der "launischen Diva" (oder, wie es in dem 1993 erschienenen Buch "Ein Jahrhundert VfB Leipzig" heißt: "Die Sphinx der DDR-Oberliga") sollte in der Folgezeit zunehmend an Bedeutung gewinnen und die Leipziger regelmäßig in die Schlagzeilen bringen. Die trotz der internationalen Erfolge verhältnismäßig kleine Schar der Lok-Fans (Schnitt 1966/67: 9.000) machte jedenfalls turbulente Zeiten durch: Zwei Jahre nach Platz 2 in der Saison 1966/67 stieg ihre

Mannschaft völlig überraschend aus der Oberliga ab.

Angesichts des ausgezeichnet bestückten Kollektivs - Frenzel und Löwe waren Nationalspieler, Faber, Gießner, Zerbe, Fritsche, Lisiewicz verfügten über langjährige Oberligaerfahrung - kam der Abstieg einer Riesensensation gleich, zumal das Team zu Saisonbeginn eigentlich zum Kreis der Titelaspiranten gezählt worden war. Doch nach einem katastrophalen Saisonauftakt (der erste Sieg gelang erst am neunten Spieltag) waren Loks Chancen frühzeitig auf ein Minimum geschrumpft, und nach einem schmeichelhaften 1:1 in der Berliner Wuhlheide hatte der Abstieg am 11. Mai 1969 endgültig festgestanden. Immerhin gelang unter Trainer Kurt Holke der direkte Wiederaufstieg, wobei die Leipziger beim Schlagerspiel gegen den hartnäckigsten Verfolger Wismut Gera mit 30.000 Zuschauern im Bruno-Plache-Stadion sogar eine Zweitligarekordkulisse aufstellten. Zurück im Oberhaus kam Lok zunächst nicht über Mittelmaß hinaus und war vom alljährlich ausgeschriebenen Ziel "Medaillenränge" (also die Plätze 1 bis 3) meilenweit entfernt. Einzig im Pokal wußte die

---

1. Spieltag Saison 1963/64

DDR-Oberliga, Motor Zwickau – SC Leipzig 3:0, Nauert, Faber, Gießner, Pfeuer, Drößler, Geisler, Engelhardt, Trölitzsch, Fischer, Frenzel, Gase

17. Spieltag Saison 1998/99

Regionalliga Nordost, 13. Dezember 1998, Sachsen Leipzig - VfB Leipzig 3:3, 10.125 Zuschauer - Gunnar Grundmann, Frank Edmond, Diango Malacarne, Ivica Bancic, Ronald Werner (64. Matthias Dehoust, 85. Michal Bordas), Torsten Jülich, Niclas Nylen, Willi Kronhardt (46. Farai Mbidzo), Frank Seifert, Marco Dittgen, Fernando dos Santos - Tore: 2:1 Dittgen (38.), 2:2 Dos Santos (48.), 2:3 Jülich (63.)

"Loksche" aufzutrumpfen und zog 1970 – als Zweitligist – ins Finale ein, wo sie allerdings eine 2:4-Niederlage gegen Vizemeister Vorwärts Berlin kassierte. Es war eine Krux mit dem 1. FC Lok, der trotz aus-

gezeichneter Bedingungen weit unter seinen Möglichkeiten blieb. Ungeachtet der 1970 weiter ausgedehnten Vergünstigungen und Vorteile der Fußballklubs gegenüber den Betriebssportgemeinschaften (für die FC-Akteure gab es nun u.a. Löhne direkt vom Verband und die Entbindung von der allgemeinen Wehrpflicht, während den Clubs talentierte Spieler aus der ganzen Republik zugeschoben wurden, um sie auf internationaler Bühne leistungsfähiger zu machen), dümpelte Lokomotive Leipzig unverändert im Mittelfeld der Oberliga herum. Weder regelmäßige Trainerwechsel noch die Verpflichtung hochklassiger Akteure (wie beispielsweise Torjäger Matoul vom Lokalrivalen Chemie) konnten daran etwas ändern. Mal war Lok abwehrschwach (1970/71 mit 46 Gegentoren die schlechteste Hintermannschaft aller Oberligisten), mal auswärts völlig harmlos (1971/72 gingen neun der 13 Auswärtsspiele verloren) und mal startschwach (1972/73 gab es erst am sechsten Spieltag den ersten Saisonsieg – dann aber gleich ein 7:1 gegen Erfurt). Freude bereitete Lok seinen Fans eigentlich nur in den Pokalwettbewerben. 1973 beispielsweise zogen die Probstheidaer zum dritten Mal nach 1964 und 1970 ins FDGB-Finale ein, wo es jedoch ohne die im wenige Tage zuvor ausgetragenen Lokalderby gegen Chemie verletzten Gießner und Löwe erneut eine Niederlage gab (2:3 gegen Magdeburg).

Durchaus eindrucksvoll waren Loks Europapokalvorstellungen in der darauffolgenden Saison. Über den AC Turin, die Wolverhampton Wanderers, Fortuna Düsseldorf und Ipswich Town stürmten die Scherbaum-Schützlinge ins Halbfinale des UEFA-Cups, wo die Tottenham Hotspurs für das Aus sorgte (1:2 in Leipzig, 0:2 in London). Fan-Liebling jener war übrigens Hans-Bert Matoul, der seinem Ruf als Goalgetter regelmäßig gerecht wurde. So am 1. September 1973, als er zum 5:1-Sieg in Rostock vier Treffer beisteuerte, oder sechs Wochen später, als er beim 3:0-Sieg über die Wolverhampton Wanderers mit zwei Treffern frühzeitig für die Vorentscheidung sorgte. Matouls weitere Laufbahn ist allerdings mit einem dicken Fragezeichen versehen. Wenige Monate nachdem der ge-

lernte Bäcker kurz vor der WM 1974 sein Nationalelf-Debüt gegeben hatte, beendete er nämlich im Alter von 29 Jahren und als amtierender Oberliga-Schützenkönig völlig überraschend seine Karriere - angeblich, um sich um den väterlichen Bäckerbetrieb in Langeln zu kümmern. Für den 1. FC Lok bedeutete Matouls Weggang ein nicht zu stopfendes im Sturmzentrum. Zwar kam mit Jürgen Schubert umgehend Ersatz von Absteiger BSG Chemie, doch fortan sollten Sturmsorgen im Plache-Stadion an der Tagesordnung sein.

Weder in der zweiten Hälfte der siebziger-, noch in der ersten Hälfte der achtziger Jahre kam Lok aus dem Oberligamittelmaß heraus. Zwar gelang den Sachsen regelmäßig die Qualifikation für den Europacup – und 1976 sowie 1981 der Gewinn des FDGB-Pokals – doch in der Oberliga war mit den Blau-Gelben einfach kein Staat zu machen. Hilflos mußten die Fans mit ansehen, wie Magdeburg, Dresden und der BFC Dynamo immer weiter davonzogen. Auch in der Zuschauergunst konnte Lok nie mit den Klubs aus Magdeburg, Dresden oder Rostock mithalten. 1981/82 unterschritt die durchschnittliche Besucherzahl erstmals seit 1967 sogar wieder die 10.000er-Marke (9.677) – und das, obwohl Lok amtierender Pokalsieger war und am Ende mit Platz 3 die beste Position seit vierzehn Jahren belegte! Einziger Hoffnungsträger war, zumindest in sportlicher Hinsicht, der Europacup. Im Pokalsiegerwettbewerb der Saison 1981/82 beispielsweise kam erst im Viertelfinale gegen den FC Barcelona das Aus, nachdem Lok zuvor Politehnica Timisoara, Swansea City und Velez Mostar ausgeschaltet hatte.

Es war ein Dilemma. Vom ihrem technischen und spielerischen Potential zählte die als "kaltblütige Kontermannschaft" gefürchtete Lok-Elf stets zu den stärksten Team der DDR. Doch immer, wenn die Leipziger kurz vor dem Durchbruch standen, versagten ihnen die Nerven. Ein Wochenende boten sie ihren Fans mitreißenden Fußball und düpierten ihren Gegner nach allen Regeln der Kunst – um sich das darauffolgende Wochenende vom abgeschlagenen Tabellenletzten eine peinliche Niederlage beibringen zu lassen. "In der Meisterschaft fehlte in entscheidenden Situationen die volle Konzentration, wurden taktische Fehler begangen, mangelte es an Nervenstärke und manchmal auch am Glück", erinnert sich der 43fache Nationalspieler Wolfram Löwe an jene Tage.

Als „Lok" feierten Leipzigs Fußballer den größten Erfolg mit dem Erreichen des Europapokalfinales 1987, das mit 0:1 gegen Ajax Amsterdam verloren ging

Die Leipziger schafften es einfach nicht, ihr Potential an Ausnahmefußballern (wie Löwe, Friese und Fritsche, die 1974 an der WM teilnahmen) auszuschöpfen. Erst als zu Beginn der achtziger Jahre ein personeller Umbruch vorgenommen wurde, konnte Lok sein Sphinx-Dasein zumindest ein bißchen abwerfen. Nacheinander traten die Leistungsträger Gießner, Geisler, Frenzel und Löwe ins zweite Glied zurück und wurden durch Talente wie Uwe Bredow, Matthias Lindner, Olaf Marschall, Hans Richter, Torsten Kracht und Frank Edmond ersetzt. Während an der Tabellenspitze längst der BFC Dynamo sein zehn Jahre währendes Imperium aufgebaut hatte, konnte der 1. FC Lok nun zumindest wieder Tuchfühlung zu den Medaillenrängen aufnehmen. 1982, 1984, 1985 und 1987 wurde man jeweils Dritter, 1986 und 1988 sogar Vizemeister.

Ihren größten Erfolg feierten die Leipziger jedoch am 13. Mai 1987, einen Europacup-Mittwoch. Mit einem souveränen 5:1-Sieg im Finale um den FDGB-Pokal über den 1. FC Union Berlin hatten sich die Sachsen zum vierten Mal für den Europapokal der Pokalsieger qualifizierte, in dem sie über Glentoran Belfast, Rapid Wien, FC Sion und Girondins Bordeaux als nach Magdeburg (1974) und Jena (1981) erst drittes DDR-Team ins Finale einzogen. Dort trafen sie in der Aufstellung Müller, Baum, Kreer, Lindner, Zötzsche, Scholz, Bredow, Edmond (54. Leitzke), Liebers (76. Kühn), Marschall und Richter auf Ajax Amsterdam, eines der stärksten Teams jener Tage und turmhoher Favorit. Daß die Niederländer um Frank Rijkaard und Marco van Basten an jenem 13. Mai vor rund 40.000 Zuschauern im Athener Olympiastadion jedoch schlagbar waren, merkten die Sachsen viel zu spät. Nach einer völlig verschlafenen ersten Halbzeit gingen sie schließlich als zwar unglücklicher, jedoch nicht unverdienter Verlierer vom Feld. Marco van Basten hatte in der 21. Minute das Tor des Tages erzielt. Exakt einen Monat später hielt sich Lok zumindest im FDGB-Pokalfinale schadlos und sicherte sich durch einen 4:1-Sieg über Hansa Rostock zum vierten (und letzten) Mal die Gewerkschaftstrophäe.

1990/91 sogar nur Platz 7. Begleitet wurde die sportliche Talfahrt von einem dramatischen Zuschauerrückgang, der seinerzeit allerdings bei allen DDR-Klubs zu beobachten war und den unlauteren Methoden von Serienmeister BFC Dynamo sowie der politischen Entwicklung zuzuschreiben war. Von 1988 bis 1991 stürzte Loks Schnitt von durchschnittlich 9.131 auf ganze 2.808 Zuschauer!

Platz 7 in der letzten Oberligasaison bedeutete, daß der 1. FC Lok die direkte Qualifikation für die gesamtdeutsche 2. Bundesliga verpaßt hatte und in die Relegation mußte. Dort trafen die Blau-Gelben auf Stahl Eisenhüttenstadt, den FSV Zwickau und die nunmehr FC Sachsen genannten Chemiker aus Leutzsch.

Eigens für die Relegationsrunde holte Vereinschef Dr. Drößler, der im Herbst 1990 die Führung übernommen hatte, "Wundermann" Jürgen Sundermann nach Leipzig, unter dem das Team um Torjäger Bernd Hobsch ohne Niederlage (und Gegentor!) Gruppensieger wurde und in letzter Sekunde den Sprung in den bezahlten Fußball schaffte! Kurz darauf beschlossen die Vereinsmitglieder, ihren Verein mit Wirkung vom 1. Juli 1991 in "VfB Leipzig" umzutaufen. Damit sollte an die Tradition des ersten deutschen Meisters angeknüpft werden, dessen einstige Heimstätte "Probstheida" Loks heutige Heimat "Bruno-Plache-Stadion" war. Gleichzeitig wurde mit der Nürnberger Axtmann Baubetreuungs AG ein neuer Hauptsponsor gefunden, der dem VfB jedoch noch einigen Ärger bereiten sollte.

"In der Truppe steckt das Potential, um nicht nur in der 2. Bundesliga mitzuspielen", zeigte sich VfB-Coach Sundermann vor dem Profifußballdebüt durchaus optimistisch. Doch schon nach wenige Spielen kehrte Ernüchterung im Plache-Stadion ein. Die Sachsen plagte ein regelrechter "West-Komplex", der erst am 14. Dezember 1991 mit einem 1:0 über Waldhof Mannheim abgelegt werden konnte. Es war der erste doppelte Punktgewinn gegen ein Team aus dem Westen der Republik! Über den Umweg

	Spielklassen
1963/64 – 68/69	DDR-Oberliga
1969/70	Liga, Staffel Süd
1970/71 – 90/91	DDR-Oberliga
1991/92 – 92/93	2. Bundesliga
1993/94	1. Bundesliga
1994/95 – 97/98	2. Bundesliga
seit 1998/99	Regionalliga Nordost

Damit hatte der "neue" 1. FC Lok seinen Zenit schon wieder überschritten. 1988 wurden die Blau-Gelben ein letztes Mal Vizemeister – eine Niederlage in Brandenburg, bei der der Stahl-Siegtreffer erst in der 90. Minute fiel, und ein torloses Unentschieden gegen Jena verhinderten mehr – danach ging es in so ziemlich jeder Hinsicht bergab: 1988/89 Platz 5, 1989/90 Platz 8 und in der letzten Oberligasaison

Abstiegsrunde sicherten sich die Blau-Weißen schließlich zwar ein weiteres Zweitligajahr, in das man allerdings voller Sorgen ging. Die Finanzlage im Plache-Stadion war nämlich inzwischen derart kritisch, daß der DFB erst in allerletzter Sekunde die Lizenz erteilt hatte.

Daß den Leipzigern unter diesen Umständen mehr als nur der Klassenerhalt gelingen würde, glaubte kaum jemand. Um so größer war die Freude in der Messestadt, als ausgerechnet in der 24-Teilnehmer-Mammutsaison 1992/93 der sensationelle Aufstieg in die Bundesliga gelang. Durch einen Traumstart (12:2-Punkte) war das Team um Abwehrchef Matthias Lindner rasch ins Spitzenfeld vorgedrungen, aus dem es auch durch vier aufeinanderfolgende Niederlagen nicht hatte verdrängt werden können. Ein 1:0-Sieg in Düsseldorf leitete schließlich eine Serie von 14 Spielen ohne Niederlage ein, die dem VfB zur Winterpause Platz 3 einbrachte und Trainer Sundermann zur Aussage "Die Chance ist einmalig, in die Bundesliga zu gelangen" animierte.

Selbst der Verlust von Torjäger Hobsch, der in der Winterpause für die Rekordsumme von 2,5 Mio. Mark zu Werder Bremen wechselte, konnte den VfB nicht stoppen, und am 6. Juni 1993 sorgte ein 2:0-Sieg über Mainz 05 für das Tüpfelchen auf dem I, den Aufstieg. "Leipzig erlebt eine rasante Entwicklung. Sogar einen Bundesligaverein haben wir jetzt", freute sich selbst Oberbürgermeister Lehmann-Grube, eigentlich Fan des Lokalrivalen FC Sachsen, doch beim entscheidenden Spiel gegen Mainz einer von 38.000, die im Zentralstadion dem VfB die Daumen drückten.

Doch der VfB Leipzig war zu schwach fürs Oberhaus. Wenn auch, wie eingangs erwähnt, unter unglücklichen Umständen, so standen die Sachsen am 34. Spieltag dennoch unwiderruflich als Absteiger fest. Und es kam noch schlimmer, denn intern waren heftige Turbulenzen ausgebro-

Matthias Lindner, Kapitän der Bundesligamannschaft des VfB Leipzig

chen. Zwei Trainerwechsel (zunächst wurde Bernd Stange von seinem Vorgänger Jürgen Sundermann abgelöst, der wiederum vier Spieltage vor Schluß Damian Halata das Zepter übergab), eine wenig durchdachte Personalpolitik (zur Winterpause wurde der vor Saisonbeginn nach Stuttgart gewechselte Verteidiger Kracht zurückgeholt, zudem kam mit Darko Pancev ein ehemaliger europäischer Torschützenkönig, dessen Zeit aber längst abgelaufen war), und diverse Querelen um den zusehends mächtiger werdenden Mäzen-Präsidenten Dr. Siegfried Axtmann verdarben den Messestädtern die Aussichten auf ein weiteres Bundesligajahr. Dazu kam die Stadiontragödie: Weil das Bruno-Plache-Stadion vom DFB als nicht erstligareif befunden worden war, hatte der VfB ins mindestens ebenso marode Zentralstadion umziehen müssen, dessen 90.000 Plätze bei den VfB-Auftritten durchschnittlich zu lediglich zehn Prozent ausgelastet wurden. Es kam noch schlimmer. Die Saison 1994/95 wurde ein einziges Desaster und endete nach einem erneuten Trainerwechsel (Starek für Hoffnungsträger Woodcock) mit einem ziemlich enttäuschenden zehnten Rang. Neben den sportlichen Sorgen plagten den VfB inzwischen auch wieder finanzielle. 1994/95 betrug der Zuschauerschnitt lediglich 3.200 und lag damit um rund 1.000 niedriger als der des eine Klasse tiefer spielenden Lokalrivalen FC Sachsen. Trotz der schwierigen Ausgangssituation klafften im Plache-Stadion Anspruch und Realität aber weit auseinander. Während Präsident Axtmann von Wiederaufstieg sprach, steuerte der VfB in der Realität schweren Zeiten entgegen. Im Sommer 1995 verließ mit Torsten Kracht abermals ein Leistungsträger die Messestadt (und destabilisierte die ohnehin schwache VfB-Abwehr damit weiter), während der heftig umworbene Torjäger Rische zunächst noch gehalten werden konnte. Doch im Dezember 1995 kehrte auch der Goalgetter Leipzig den Rücken. Seine Lücke im Sturmzentrum war nicht zu stopfen: Platz 9.

Zumindest trat im Dauertheater auf der Vorstandsebene eine positive Wende ein. Anfang 1996 verließ das Axtmann-Präsidium das inzwischen am finanziellen Abgrund stehende VfB-Schiff und übergab dem Duo Dr. Hans Koppe/Michael Czupalla die Führung, das die sportliche und wirtschaftliche Genesung einleiten wollte. Für den sportlichen Aspekt dieses Vorhabens verpflichtete man mit Sigi Held einen Mann, der zuvor beim Nachbarn Dynamo Dresden beachtliche Arbeit geleistet

hatte und mit dem die Rückkehr in die 1. Liga gelingen sollte. Dort, so glaubte man, könne die wirtschaftliche Gesundung leichter vollzogen werden. Zur Saison 1997/98 kamen mit dem bulgarischen Nationaltorhüter Ananiev, dem Ex-Dresdner Matthias Maucksch und Ulf Mehlhorn drei Spitzenkräfte, mit denen der VfB die Rückkehr ins Oberhaus anpeilte.

Doch statt den Aufstieg zu feiern, mußten rund 10.000 Fans am 7. Juni 1998 den vorläufigen Tiefpunkt der VfB-Geschichte betrauern. Nach einem torlosen Unentschieden gegen Wattenscheid 09 stieg der Ex-Bundesliga nämlich in die Regionalliga ab. Unerklärliche Heimschlappen gegen Mainz und Fortuna Köln hatten den Sachsen in der entscheidenden Saisonphase das Genick gebrochen. Im Plache-Stadion gingen aber nicht nur sportlich die Lichter aus. Die Mannschaft hatte zu häufig mit angezogener Handbremse gespielt und sich damit um jegliches Verständnis der Fans gebracht. Mehrfach war es daher nach Heimspielen zu tumultartigen Szenen gekommen, bei denen die seit Jahren aufgestaute Enttäuschung der Fans ein Ventil fand.

Es half nichts. Der VfB war erstmals in seiner Vereinsgeschichte nur drittklassig und muß nun – mit Trainer Hans-Ulrich Thomale, unter dem die gute alte „Loksche" anno 1987 das Europacupfinale erreicht hatte, und völlig neuformiertem Kader - in Spandau, Stendal und Plauen antreten. Für die VfB-Führung offensichtlich kein Problem. Im November 1998 jedenfalls hörte man das neue Präsidium um Ralph Burkei schon wieder vom "Durchmarsch in die 1. Liga" reden. Dabei hatte der VfB gerade mit 0:1 beim Abstiegskandidaten Spandauer SV verloren, stand mit schätzungsweise 6,4 Mio. Mark in der Kreide und belegte trotz seines 5,8 Mio.-Etats nur Platz 2.
Hardy Grüne

Bayer 04 Leverkusen

Leicht hatte es Bayer 04 Leverkusen wirklich nicht, sich in den Köpfen der Fußballfans als Bundesligist zu etablieren. Was wurde dem Verein nicht alles vorgeworfen? "Das ist ja nicht einmal ein Traditionsverein", "Die Aspirinbomber!" oder "Der Vorstadt-Plastik-Club!", zählten zu den gängigen Anfeindungen der Konkurrenz. Doch

Der Abschied vom Plastik-Image

damit ist spätestens seit Anbeginn der Ära Daum vor drei Jahren Schluß. "Fußball mit Herz", das selbstauferlegte Motto der 80er Jahre, gilt heute mehr denn je. Erstmals seit langem strömen die Fans wieder in Massen ins Leverkusener Stadion: Bayer ist derzeit die einzig ernsthafte Bayern-Konkurrenz. Der jüngste Höhenflug kommt nicht von ungefähr, denn seit Jahren gehört der Club zu den modernsten Europas. In der Führungsspitze gibt man sich erst gar nicht den Anschein eines Traditionsvereins, sondern betont immer wieder, ein progressiv geführtes Wirtschaftsunternehmen innerhalb der Fußballbranche zu sein. Dabei hat Bayer durchaus einiges an Tradition vorzuweisen. Die größten Erfolge feierte man zwar ausschließlich in der jüngeren Vergangenheit, aber Fußball gespielt wird in Leverkusen schon seit 1904, oder genauer, seit 1907.
Am Anfang stand die Turnerriege des "Turn- und Spielvereins der Farbenfabriken vorm. Friedrich Bayer & Co.", die mit ihren Leibesübungen im Jahre 1904 begann. Unter den Mitgliedern fanden sich freilich einige Herren, denen das Turnen nicht genügte. Sie frönten einer Leidenschaft, die sich dieser Tage überall im Kaiserreich größter Beliebtheit erfreute, dem Fußballspiel. Aber erst 1907 nahm der Turnverein die für seine Begriffe grobschlächtigen Fußballer eher widerwillig in seinen Club auf. Die ablehnende Haltung brachte die robusten Kikker nicht von ihrem Weg ab: Bereits 1923 stiegen sie als "Fußballverein 04 Leverku-

Bundesligabilanz

Bundesligajahre:	seit 1979/80
Gesamt:	19 Jahre
Beste Plazierung:	Platz 2 (1996/97)
Ewige Tabelle:	Platz 14, 650 Spiele, 236 Siege, 205 Unentschieden, 209 Niederlagen, 1002:927 Tore, 913 Punkte
Ø Plazierung:	Platz 7,95
Top-Spieler:	Rüdiger Vollborn (400), Thomas Hörster (332), Ulf Kirsten (228), Christian Wörns (211), Herbert Waas (209)
Top-Torjäger:	Ulf Kirsten (122), Herbert Waas (72), Christian Schreier (63), Bum-Kun Cha (52), Paulo Sergio (47)

sen" in die A-Klasse auf. In den 30er Jahren, einer Zeit der Betriebssportmannschaften, zierte dann auch erstmals das Bayerkreuz die Trikots der Spieler, es löste den Bergischen Löwen als Vereinsemblem ab. Im Aufstiegsspiel 1936 gegen Solingen 95 brachte das neue Wappen Glück: Leverkusen gewann und stieg in die zweite deutsche Klasse auf. Während der Nazi-Diktatur wechselte der Club gleich viermal seinen Namen - zwischenzeitlich hatte er gar "Kriegssportgemeinschaft" geheißen.

Nach Ende des Zweiten Weltkriegs standen der neuerliche Name "Bayer 04" sowie zwei verpaßte Chancen, in die Oberliga aufzusteigen. Zuerst ging's gegen den 1. FC Köln. Das Fassungsvermögen des Stadions am Stadtpark war auf 20.000 erhöht worden, alle Vorbereitungen für eine riesige Party getroffen, aber die Aufstiegsspiele gegen Weisweiler & Co. sowie später gegen Schalke 04 gingen in die Hose. Aufgeschoben ist nicht aufgehoben: 1951 erreichte Bayer die anvisierte Spielklasse doch noch. Ungeschlagen gelangte man zur Meisterschaft. Das reichte – ohne lästige Aufstiegsspiele.

Dem Höhenflug zu Beginn der 50er folgte der freie Fall. Die Mannschaft, in der übrigens auch der junge Udo Lattek stand, hatte ihren Zenit überschritten. Verdiente Kräfte verließen den Verein, übermäßig viele Verletzungen taten ein Übriges. Trainer Sepp Kretschmann stand vor einem Scherbenhaufen, 1956 stieg Bayer sang- und klanglos ab. Dennoch schien der rheinische Optimismus in Leverkusen keine Grenzen zu kennen, denn ungeachtet der Mißerfolge begann man in der Abstiegssaison mit dem Bau einer neuen Spielstätte, dem Ulrich-Haberland-Stadion, benannt nach dem damaligen Bayer-Firmenchef.

Doch zunächst dümpelte Bayer nur mehr schlecht als recht in der Zweiten Liga West umher und verlor ob der sportlichen Misere und trotz der 1958 eingeweihten Arena einen Großteil seiner Fans. Die kamen erst wieder ins "Haberland", als Bayer sich 1962 anschickte, in den erlauchten Kreis der Oberligisten vorzustoßen. Ein Pyrrhussieg indes, den die Leverkusener landeten, denn mit der Einführung der Bundesliga im Jahr darauf rückte die höchste deutsche

Spielklasse wieder in weite Ferne. Nichtsdestotrotz schlug sich der Neuling im letzten Oberligajahr prächtig, wenn auch der einstellige Tabellenrang nicht berechtigte, einen der begehrten 16 Bundesligaplätze einzunehmen. Bayer hätte damals schon Westmeister werden müssen, um sich sicher im Fußball-Oberhaus wähnen zu dürfen ...

Die neugeschaffene Regionalliga West bekam den 04ern überhaupt nicht. In einer Zeit geprägt von chronischem Geldmangel – das Bayer-Werk war noch lange nicht der Sponsor, wie wir ihn heute kennen – und häufigen Spielerwechseln, spielten die Betriebskicker in vier aufeinanderfolgenden Jahren gegen den Abstieg. Mit der Rolle des Punktelieferanten mochten sich die Verantwortlichen allerdings auf Dauer nicht zufrieden geben und so wurden 1966 alle Hebel in Bewegung gesetzt, die Talfahrt zu stoppen. Ausgerechnet vom großen Nachbarn 1. FC Köln verpflichtete Bayer mit Leo Wilden seinen ersten wirklich prominenten Spieler. Mit dem 15fachen Nationalspieler als Abwehrchef wurde Bayer immerhin Zehnter. Damit erfüllten sich zwar nicht alle Träume, aber darauf ließ sich aufbauen. Also wurde weiter fleißig eingekauft, was die Moneten hergaben. Mit sieben Neuzugängen gewann man ein Jahr später die Meisterschaft und erreichte die ungeliebten Aufstiegsspiele, aber an Kickers Offenbach biß sich der Bergische Löwe die Zähne aus.

Bei Bayer hielt wieder der fade Regionalliga-Trott Einzug. Das gewohnte Bild stellte sich schneller ein, als allen Beteiligten lieb war: schlechte Plazierungen, leere Ränge. Alles sah nach einer Wiederholung der Vorgänge von 1956 aus. Und so kam es, wie es kommen mußte. Bayer bediente alle Klischees, die den Niedergang einer Fußballmannschaft begleiten: Ein zurückgetretener Vorstand, ein entlassener Trainer sowie jede Menge Intrigen, schließlich der Abstieg. 1973 trug Bayer sein vorerst letztes Regionalligaspiel vor lausigen 400 Fans aus. Glücklicherweise blieb die Drittklassigkeit ein lediglich zweijähriges Intermezzo. Nachdem der erfolglose Trainer Gero Bisanz in die Wüste geschickt worden war, ging es mit Bayer bald wieder steil aufwärts

Viele kamen nicht, wenn Bayer 04 in den frühen 60er Jahren antrat

- bis in die noch frische Zweite Bundesliga.

"Bayer in der Bundesliga - ha-ha-ha," schallte es den Leverkusener Jungprofis aus gegnerischen Fankurven fortan ins Ohr. Im Westen galt 04 zwar als Traditionsclub, in der überregionalen Zweiten Liga Nord hingegen war die Werksmannschaft ein unbeschriebenes Blatt, von dem man lediglich zu wissen glaubte, daß sein Zuschauerzuspruch zu wünschen übrig ließe und seine einzige Existenzberechtigung das benachbarte Bayer-Werk darstelle. Aber Vorstand und Mannschaft beeindruckte das nicht. Langsam begann man, dem Team ein neues Gesicht zu verpassen. Ab sofort gab es eine Stadionzeitung und auch die Banden wurden erstmals mit neumodischer Werbung bedruckt. Es herrschte Aufbruchsstimmung. Eigentlich stimmte fast alles in diesen Tagen, wäre da nur nicht die mangelnde Akzeptanz des Vereins in der Öffentlichkeit gewesen. Als Bayer plötzlich durch spektakuläre Neueinkäufe wie den des Weltmeisters von 1974, Dieter Herzog,

auffiel, machte erstmals das viel zitierte Schimpfwort vom "Plastikclub" die Runde. Vielleicht braucht die deutsche Fußballseele einfach ein wenig Zeit, sich an neue Vereine und deren Erfolge zu gewöhnen. Das rheinische Sprichwort "Man muß auch gönnen können" hat in diesen Zweitliga-Tagen auf Bayer jedenfalls keine Anwendung gefunden. Und es waren gewiß auch nur wenige Nicht-Leverkusener, die in grenzenlosen Jubel ausbrachen, als Bayer 1979 in die Bundesliga aufstieg. Vielleicht wäre der Club in Deutschland heute beliebter, hätte man damals mehr als nur vier Jahre in der Zweiten Liga verbracht und sich zunächst dort seine Sporen verdient. Aber derartige Entwicklungen tragen zum Charakter eines Vereins bei. Der Überraschungszweitligist SV Meppen ist niemals ernst genommen worden, der ewige Zweitligist Fortuna Köln wird gar nicht erst zur Kenntnis genommen und den Durchstarter Bayer Leverkusen betrachtet man auch heute noch voller Mißtrauen argwöhnisch aus den Augenwinkeln.

Doch zurück zur Zwischenstation Zweite Liga. Die Plazierungen 15, 10, 8 und 1 in den Jahren 1976–79 sind in erster Linie das Resultat der Arbeit von Willibert Kremer, der 36jährig als dritter Trainer innerhalb einer Saison zu den abstiegsgefährdeten Leverkusenern stieß. Der praktisch veranlagte Willi ließ keine Möglichkeit ungenutzt, seiner Mannschaft einen Vorteil zu verschaffen: An einem kalten Winterabend setzte er kurzerhand das gesamte Spielfeld unter Wasser, um es über Nacht in eine unbespielbare Eisfläche zu verwandeln und damit die Ansetzung eines Spiels zu verhindern. Seinem Engagement ist es auch zu verdanken, einen Mann für die Jugendarbeit geholt zu haben, dessen Verpflichtung sich als echter Glücksfall entpuppte. Von Frechen 20 kam Reiner Calmund. Sein damals neuartiges Konzept, das jugendlichen Fußballern einen Ausbildungsplatz sichert, selbst wenn sie den Sprung zum Fußballprofi nicht schaffen, hat sich heute in der Bundesliga längst durchgesetzt.

Sportlich gab es also keinen Grund zur Kla-

daran, die Lizenz für die Zweite Liga zurückzugeben: "Die Bayer AG wird den Profi-Fußball nur bestimmte Zeit unterstützen können. Ohne Unterstützung unserer Zuschauer ist auf Dauer eine Profitruppe nicht zu unterhalten." Doch trotz der gähnenden Leere im Haberland-Stadion hielten Sponsor und Präsident durch. Als die Zuschauer in der Aufstiegssaison 78/79 dann auch wieder in Scharen kamen, um Bayer zu sehen, herrschte allenthalben eitel Sonnenschein. Und was war das für eine Saison! 26 Pflichtspiele unbesiegt, nur drei Niederlagen und bereits vier Spieltage vor Schluß Meister. Da taute endlich auch einmal das Leverkusener Publikum auf und vertilgte zur Aufstiegsfeier satte 3.000 Liter Freibier.

Trotz der "Herausforderung Bundesliga" verstärkte Willibert Kremer sein Team eher bescheiden und schon am ersten Spieltag kam es für die unerfahrenen Rheinländer knüppeldick. Spielort: das Münchener Olympiastadion. Gegner: der glorreiche FC Bayern. Der ließ erst gar keinen Zweifel aufkommen, wer Chef im Ring ist. Ganze drei Bundesligaminuten überstand Bayer unbeschadet, dann mußte Keeper Fred Bockholt das Leder bereits aus dem Netz holen. Das Spiel war gelaufen, bevor es überhaupt begonnen hatte. Am Ende hieß es "nur" 1:3, Dietmar Demuth erzielte per Foulelfmeter das erste Bayer-Tor in der Bundesliga - aber dies nur für Statistiker.

Der weitere Verlauf der Spielzeit 79/80 gestaltete sich streng genommen etwas langweilig. Im soeben erweiterten Haberland war Bayer einfach zu heimstark, um in Abstiegsgefahr zu geraten, aber bedauerlicherweise zu auswärtsschwach, um an die obere Tabellenhälfte anschließen zu können. Ein zwölfter Rang in der Abschlußtabelle und als Bonbon ein 1:0-Sieg im Heimspiel über Bayern München – mehr darf man von einem Aufsteiger allerdings auch nicht unbedingt erwarten. Das sah auch die Vereinsspitze so und spendierte der gesamten Mannschaft eine feine Reise nach Südostasien.

Das zweite Jahr verlief wie das erste: elfter Platz, wieder ein Sieg gegen Bayern, nur das mit der Reise wurde nicht wiederholt. Aber nachdem Bayer bereits als Fußball-

---

1. Spieltag Saison 1963/64

Regionalliga West, 4. August 1963, Bayer - Lüner SV 4:1, 4.000 Zuschauer - Friedhelm Renno, Klaus Niemuth, Horst Wehrle, Werner Torner, Werner Biskup, Manfred Henrichwark, Klaus Heydenreich, Günter Pospiech, Hans-Otto Peters, Jörg Goldmann, Peter Schädler - Tore: 1:0 Heydenreich (14.), 2:0, 3:1, 4:1 Peters (32., 69., 85.)

18. Spieltag Saison 1998/99

1. Bundesliga, 19. Dezember 1998, Hansa Rostock - Bayer 1:1, 12.500 Zuschauer - Adam Matysek, Jens Nowotny, Boris Zivkovic, Markus Happe, Carsten Ramelow, Jörg Reeb, Emerson, Nico Kovac, Zé Roberto, Erik Meijer, Ulf Kirsten - Tor: 0:1 Zivkovic (29.)

---

ge. Die Mannschaft verbesserte sich von Jahr zu Jahr, aber niemand bemerkte es. Und so breitete sich trotz vielversprechender Erfolge Langeweile aus. Präsident Dr. Schwericke dachte vorübergehend sogar

Kontinuum zu stagnieren drohte, geriet die Elf und mit ihr Trainer Kremer in heftige Turbulenzen. Die 04er erwischten im Jahr darauf einen schlechten Start und kamen auch später nicht so recht aus den Sträuchern: Am 14. Spieltag zählte man gerade einmal zwei magere Pünktchen Vorsprung auf den Tabellenletzten. Da machte das Präsidium kurzen Prozeß, indem es den treuen Willi einfach vor die Tür setzte. Der Arme konnte sein Unglück gar nicht fassen und erschien nächstentags wie gewohnt zum Training. Man mußte den hartnäckigen Kremer ein zweites Mal nach Hause schikken. Abschließend gab es noch ein mächtiges Gezeter um die Höhe der fälligen Abfindung.

Mit Interimstrainer Gerd Kentschke landete Bayer zum Saisonschluß auf dem 16. Platz. Dies bedeutete die Teilnahme an jenen ungerechten Relegationsspielen, welche die Leistungen einer gesamten Saison auf ein Hin- und ein Rückspiel reduzieren. Bayer steckte die Nervenbelastung jedoch locker weg und gewann durch ein Tor von Dieter "Opa" Herzog beim Zweitliga-Dritten Offenbach mit 1:0. Und weil auch die Punkte aus dem Rückspiel dank eines 2:1 gesichert wurden, ging man in Leverkusen bald wieder dem Tagesgeschehen, sprich Saisonvorbereitung nach.

Fred Bockholt

Schon während der Relegation hatte neben Kentschke der neue Coach auf der Trainerbank gesessen: Im Gegensatz zu Willibert Kremer band man mit Dettmar Cramer nun einen renommierten Mann von Weltruf an den Club. Mit ihm kam 1982 eine ganze Reihe klangvoller Namen wie Herbert Waas, Jürgen Röber oder Rudi Wojtowicz. "Nicht kleckern, klotzen!"

schien fortan die Devise der "grauen Maus" Bayer, aber alle Investitionen halfen zunächst nicht - überwintern mußte Cramer auf dem letzten Platz. Aber an ihm hielt das Präsidium fest, womöglich auch, weil seine Entlassung ein bißchen teurer gewesen wäre als die des guten Willibert Kremer. Bayer tat gut daran! Nach einer furiosen Rückserie wurde die Mannschaft noch Elfter und fand in Herbert Waas nebenbei ihren ersten Nationalspieler. Cramer hatte Bayer 04 den Weg zum modernen Großverein gewiesen, indem er neben seinen Aufgaben als Trainer Konzepte für eine professionelle Öffentlichkeitsarbeit entwarf. Auf seine Anregung wurden verschiedene Fan-Projekte gestartet, mit Show-Einlagen während der Spiele sollte mehr Publikum ins Haberland gelockt werden. Daneben wurde auch weiter kräftig in neues Spielermaterial investiert. Der Aufwand lohnte sich: Nicht zuletzt dank Neueinkauf Bum-Kun Cha gelang den "Profis mit Herz" ein bemerkenswerter siebenter Platz - da war im Sommer 1984 endlich mal wieder eine Reise nach Asien fällig.

• • • • • • • • • • • • •

Während sich die Spieler in Südkorea die Sonne auf den Pelz scheinen ließen, hielt man es in Leverkusen für unerläßlich, mit dem TuS 04 Leverkusen gemeinsame Sache zu machen, fusionierte und spielte von nun an in rotweißen (statt bislang rot-schwarzen) Jerseys. Wahrscheinlich lag es aber eher an den jüngsten sportlichen Erfolgen denn an der Einigkeit der beiden großen Leverkusener Sportclubs, daß der Saisoneröffnung 1984 stolze 3.000 Zuschauer beiwohnten. Diese Vorfreude war aber leider auch schon das Schönste an der gesamten Spielzeit, die Schritt für Schritt den Abschied von der Ära Cramer bedeutete. Bayer entging dem Abstieg nur knapp, schnell waren des Trainers Tage gezählt. Zu Saisonende trennten sich Cramer und der Verein in beiderseitigem Einvernehmen.

Für Cramer kam der heutige Bundestrainer Erich Ribbeck. In seinem vorerst letzten Jahr für Bayer errang er 1988 mit dem Gewinn des UEFA-Cups den größten Erfolg der Vereinsgeschichte. Der Fatalist, in Personalunion Trainer und Manager, heuerte in Leverkusen an, weil "keine Zuschauer kommen, da kein schönes Stadion ist und die Mannschaft nicht eben sonderlich beliebt ist." Große Sprünge konnte er tatsächlich zunächst nicht machen, die bedeutendste Neuerwerbung dieser Tage war er schließlich selbst. Dennoch gelang es ihm, eine vornehmlich aus jungen Spielern bestehende Elf zu formen, die 1986 einen UEFA-Cup-Platz einnahm. Aber das Abenteuer Europapokal endete ebenso unvermittelt wie unglücklich in der zweiten Runde. Obwohl man während des gesamten Wettbewerbs nicht einmal verlor, scheiterte Bayer eher an der unsinnigen Auswärtstor-Regel denn an Dukla Prag. Tschüß Europa (fürs Erste). Auf nationaler Ebene war die Elf um den Neu-Leverkusener Wolfgang Rolff hingegen spitze, d.h. ... fast. Lange lag die Mannschaft hoffnungsvoll an zwei-

louse. Nur Christian Schreier wollte nicht, daß die Franzosen in die dritte Runde einzogen und schoß beide Tore. Sofort wurde ihm der in solchen Fällen obligatorische "Mr. Europacup"-Titel verliehen. Runde 3: Gegen Feyenoord Rotterdam wurden die Weichen fürs Weiterkommen bereits beim Hinspiel in Holland gestellt, dem 2:2 ließ Bayer ein 1:0 in Leverkusen folgen. Viertelfinale: Der Umzug ins Stadion des Erzrivalen 1. FC Köln für das Duell gegen den CF Barcelona rächte sich natürlich. Nach dem enttäuschenden 0:0 setzten nur noch unverbesserliche Optimisten auf ein Erreichen des Halbfinales. Aber die Rückspielminimalisten von Bayer schafften auch in Katalonien ein sensationelles 1:0. Tragische Figur seinerzeit war Bernd Schuster, der spätere Bayer-Profi in Diensten der Spanier verschoß einen Elfer. Halbfinale: 1:0 zu Hause gegen Werder Bremen, 0:0 im Rückspiel. Spielerische Glanzlichter: Fehlanzeige. Finale: Wer den CF Barcelona rausgekegelt hat, wird mit dessen kleinem Bruder Espanol auch Schlitten fahren können, mutmaßten die Bayer-Profis etwas überheblich und reisten wohlgemut ein zweites Mal in die spanische Metropole. Der Übermut tat gar nicht gut – 0:3. Aber trotz der schier aussichtslosen Situation zeigte sich Bayer kämpferisch, denn auch als es im Rückspiel nach 45 Minuten noch 0:0 stand, verzagte das Team nicht. Die 24.000 Fans setzten keine müde Mark mehr auf ihre Truppe, als eine überaus ereignisreiche zweite Halbzeit dem rasenden Publikum noch drei Tore von Tita, Götz und Cha bescherte. Nach torloser Verlängerung folgte das "russische Roulette des Fußballs", das Elfmeterschießen. Unvergessen bleiben dabei die rudernden Arme von Torhüter Rüdiger Vollborn, mit denen er

---

Spielklassen

1963/64 – 72/73	Regionalliga West
1973/74 – 74/75	Verbandsliga Mittelrhein
1975/76 – 78/79	2. Bundesliga Nord
seit 1979/80	1. Bundesliga

---

ter Position, um letztendlich wieder nur Sechster zu werden. Doch das langte zu einem UEFA-Cup-Platz und diesmal sollte Bayer zeigen, daß man auch internationale Härte wegstecken kann. Der Schnelldurchgang in diesmal nicht umgekehrter Reihenfolge:

Runde 1: Mit Austria Wien fuhr Bayer Riesenrad: 0:0 und 5:1. Runde 2: Nach beinhartem Fight 1:1 und 1:0 über den FC Tou-

erfolgreich versuchte, die gegnerischen Schützen aus dem Konzept zu bringen: Barcelona verwandelte nur zweimal, Bayer dreimal. Im Haberland spielten sich nun unbeschreibliche Szenen ab - die rheinischen Frohnaturen inszenierten einen zweiten Rosenmontag und feierten ihre Helden spontan und mit echter Hingabe. Das Image vom unterkühlten Werksclub war gewesen und vergessen. Auch beim späteren Autokorso wurde deutlich, welch hohes Ansehen der Verein eigentlich genießt.

So schön und aufregend der Gewinn des Europapokals war, so eintönig ging es in der Bundesliga weiter. Bis 94/95 belegte man stets Plätze zwischen Rang drei und acht. Mal spielte man im UEFA-Cup, mal nicht. Entscheidendes brachte Bayer international aber nicht mehr zu Wege. Das interessanteste dieser Jahre stellen noch die Aktivitäten Reiner Calmunds dar, bei denen der schwergewichtige Manager auch vor ungewöhnlichen Maßnahmen nicht zurückschreckte. So wurde der Pole Marek Lesniak nicht allein in harter D-Mark, sondern auch mit Medikamenten im Wert von 500.000 DM bezahlt. Wohl dem, der ein Bayer-Kreuz im Rücken hat. Bei seinen Trainer-Verpflichtungen bewies Calli freilich nicht immer ein goldenes Händchen: Gelsdorf, Saftig, Stepanovic und auch der "General" Rinus Michels mußten vorzeitig gehen. Aber auch auf anderer Ebene war der Manager aktiv. Der gelungene Umbau des Haberlands in die jetzige "BayArena" ist größtenteils Calmunds Werk. Das Bayer-eigene Fußballstadion zählt zu den modernsten Europas. Derzeit wird vor der Kampfbahn ein Stadion-Hotel errichtet. Im Rohbau erinnert es ein wenig an das Kolosseum. Zufall, Leverkusener Größenwahn oder Teil des fortschrittlichen Vereinskonzepts? Letzeres würde am ehesten zu den ehrgeizigen Plänen Calmunds passen.

Nach dem Nervenkitzel kam der Jubel. Wolfgang Rolff mit dem UEFA-Cup

1993 gab es in Leverkusen wieder Anlaß zur Freude. Der Gewinn des DFB-Pokals löste aber nicht die Euphorie aus, die der UEFA-Cup-Sieg nach sich gezogen hatte. Vielleicht lag es daran, daß die Mannschaft auf ihrem Weg ins Finale sehr vom Losglück profitierte. Außer einem 3:0 im Halbfinale bei Eintracht Frankfurt galt es für Bayer eigentlich nur Pflichtaufgaben zu lösen. Zu allem Überfluß spielte man im Berliner Endspiel ausgerechnet gegen die Amateure von Hertha BSC. Eine Konstellation, bei der wohl jeder vermeintlich neutrale Zuschauer dem Underdog einen Triumph vor heimischer Kulisse gönnte. Dem abgezockten Ulf Kirsten war's egal: Im Stile einer Schlange, die nach Beute schnappt, verwertete er eine der wenigen Möglichkeiten kurz vor Schluß per Kopf zum 1:0. Anders als der internationale Titel fünf Jahre zuvor verschwand der Pokal-Sieg schnell wieder aus den Köpfen der Fans. Als zu alltäglich empfanden vor allem auch die berichterstattenden Medien das 1:0 gegen die tapferen Amateure. Trotz des Titelgewinns währte die Amtszeit des damaligen Trainers Dragoslav Stepanovic nur knappe zwei Jahre.

Mit Bernd Schuster und Rudi Völler standen dem Übungsleiter echte Weltstars zur Verfügung, dennoch blieb der Erfolg aus. Calmund handelte und Stepi mußte gehen. Die erneute Verpflichtung Erich Ribbecks 1995 hätte um ein Haar übelste Auswirkungen gehabt: Der vormals so erfolgreiche Coach bekam kein Bein auf die Erde. Nationalspieler Christian Wörns sollte später über Ribbeck sagen: "Er ist der schlechteste Trainer, unter dem ich je gespielt habe." In der Tat traf "Sir Erich" einige unpopuläre Entscheidungen, die in der Ausmusterung Bernd Schusters gipfelten. In akuter Abstiegsnot wurde Ribbeck einige Runden vor Saisonschluß gefeuert. Bayers Verbleib in der Bundesliga ist vornehmlich Mittelfeldspieler Markus Münch zu verdanken: Am letzten Spieltag erzielte er im dramatischen Abstiegsduell gegen den 1. FC Kaiserslautern den Treffer zum 1:1, der die Pfälzer in

„Der Schwatte" Ulf Kirsten wird gerne mal unsanft gestoppt

die Zweitklassigkeit schickte und Bayer aufatmen ließ. Der abschließende 14. Platz
blieb bis heute einmaliger Ausrutscher.
Die Zukunft bei den 04ern begann bereits
am 1. Juli 1996 mit der Verpflichtung Christoph Daums als Cheftrainer. Seitdem hat
Bayer eine Vizemeisterschaft sowie eine
Champions-League-Teilnahme vorzuweisen. Der ehrgeizige Coach kann derzeit auf
einen umfangreichen, vornehmlich jungen
Kader zurückgreifen, dessen engagiertes
Spiel vom Publikum auch zahlenmäßig
honoriert wird. Vom "Plastikclub" war
schon länger nicht mehr die Rede, trotzdem treten dem Sponsor Bayer AG immer

noch viele Fußballfans mit Mißtrauen entgegen. So rangiert die Mannschaft in der
Beliebtheitsskala noch weit hinter Clubs
wie Bayern München oder Borussia Dortmund, zählt jedoch inzwischen zu den ar-
rivierten der Liga. Deshalb liegt die Vermutung nahe, daß, sollte die Elf einmal in
Abstiegsgefahr geraten, plötzlich das Wort
vom "Traditionsverein Bayer" die Runde
machen wird. Sportlich kann es für Bayer
momentan nur eine Steigerung und Zielsetzung geben: die deutsche Meisterschaft.
Michael Müller-Möhring
Andreas Schulte

Borussia Mönchengladbach

Der Kalender weist es aus: 16. Dezember 1998, ein kalter Mittwochabend in der Vorweihnachtszeit. Es gibt viele Möglichkeiten, diesen verdrießlichen Tag zu einem guten Abschluß zu bringen: Am heimischen Kamin die Hände wärmen und die Seele baumeln lassen, einen heißen Glühwein im wohlig temperierten Wohnzimmer zu sich nehmen, oder ein wohltuendes Schaumbad bei 38 Grad Wassertemperatur. Nichts von all diesen gesundheitsfördernden Freizeitaktivitäten gönnen sich an jenem Abend die Menschen, die statt dessen gegen 19 Uhr zu Tausenden den beschwerlichen Aufstieg vom Mönchengladbacher Hauptbahnhof hinauf nach Eicken bewältigen. 34.500 sind es, wie immer.

Zeitreise in bessere Tage

Nach beschwerlichem Anmarsch haben alle ein Ziel, seit 33 Jahren geht das nun so, sehr zum Unwillen der Anwohner des noblen Viertels drumherum - das Ziel trägt den gefürchteten Namen „Bökelberg". An diesem Abend bleiben die Kassenhäuschen geschlossen, denn die Bayern kommen, die großen Rivalen aus dem Freistaat - das Duell der beiden erfolgreichsten Klubs der Bundesliga-Historie, die von 35 zu vergebenden Meisterschalen mehr als die Hälfte, genau 18, eingesackt haben. Daß die „Roten" in dieser Wertung derzeit mit 13:5 führen ist eine unbedeutende Momentaufnahme. Daß es diesmal kein Spitzenspiel ist, allenfalls bei viel gutem Willen angesichts der geographischen Höhenlage des Bökelbergs von einem „Gipfel"-Treffen gesprochen werden darf - Nebensache. Daß der Achtzehnte auf den Ersten trifft - die Saison ist noch lang! Was wirklich zählt an diesem Abend: Die Bayern haben hier so manch bittere Klatsche bekommen in den Jahren - warum also sollte heute alles anders sein?

Weil die Zeiten mittlerweile andere sind, weil die Wohlstandsschere auseinandergegangen ist, und weil als Folge dessen die-

Bundesligabilanz	
Bundesligajahre:	seit 1965/66
Gesamt:	33 Jahre
Beste Plazierung:	Platz 1 (1969/70, 1970/71, 1974/75, 1975/76, 1976/77)
Ewige Tabelle:	Platz 4, 1126 Spiele, 493 Siege, 300 Unentschieden, 333 Niederlagen, 2131:1628 Tore, 1779 Punkte
Ø Plazierung:	Platz 6,18
Top-Spieler:	Hans-Hubert Vogts (419), Uwe Kamps (389), Herbert Wimmer (366), Christian Hochstätter (339), Hans-Günter Bruns (331)
Top-Torjäger:	Josef Heynckes (195), Herbert Laumen (97), Hans-Jörg Criens (92), Günter Netzer (82), Uwe Rahn (81)

ser Effenberg an diesem eben doch eher tristen als heimeligen Vorweihnachtsabend zweimal trifft. „Effenberg, der Tiger - 2:0 gewonnen" jubele ich, ehe mich ein Mann in Borussen-Tracht brutal weckt: „Effenberg trägt jetzt ein schwarz-rotes Trikot" behauptet dieser mit versteinerter Miene, und in seinen Worten klingt ein bißchen Wehmut. Viel Wehmut!

Doch verweilen wir nicht in der desillusionierenden Gegenwart, setzen wir uns in die imaginäre Zeitmaschine. Verlassen wir den kalten Winter 1998 - und landen an einem sonnigen, warmen Bilderbuch-Sommertag anno 1963. Fußball-Deutschland sehnt mit großer Spannung dem 24. August entgegen, dem Tag, an dem sie beginnt: Die neue Ära des Klubfußballs namens Bundesliga. Erstmals spielen die 16 besten Vereine der Republik gemeinsam in einer Klasse. In Mönchengladbach hält sich das Fieber in Grenzen, da die lokale Borussia erwartungsgemäß nicht zum Kreis der Auserwählten zählt. Zu gering waren die sportlichen Erfolge in der Oberliga West in den Jahren zuvor, um sich Hoffnungen auf die Aufnahme in der neuen Eliteklasse zu machen. Dabei hatte im Herbst 1960 der überraschende Gewinn des DFB-Pokals gegen den KSC einen Schub verhießen. Tatsächlich gelang im darauffolgenden Jahr mit Rang 6 die beste Oberliga-Plazierung überhaupt, doch die beiden nächsten Jahre stand die Borussia wie gewohnt bis zuletzt im Abstiegskampf und belegte die Ränge 13 und 11.

Bei der Ursachenforschung für die späteren Erfolge spielt das Jahr 1962 eine entscheidende Rolle. In diesem Jahr erringt die Jugend des Klubs mit Spielern wie Höttges, Walter Wimmer, Laumen und Heynckes die westdeutsche Meisterschaft, und beim Nachbarn 1. FC Mönchengladbach macht ein 18jähriges Talent namens Günter Netzer auf sich aufmerksam, das im folgenden Jahr zum Bökelberg wechseln sollte. Der „eiserne Fritz", Fritz Langner, tritt die Nachfolge von Bernd Oles auf dem Trainerstuhl an und beginnt den notwendigen Neuaufbau. Die perspektivisch wichtigste Veränderung vollzieht sich jedoch in der Vorstandsetage. Am 25. April 1962 wählen rund 150 Vereinsmitglieder eine neue Führung für ihren am Boden liegenden Verein mit Dr. Helmut Beyer als Präsident und dem Garngrossisten Helmut Grashoff als „Vize". Grashoff, gebürtiger Hamburger, 1955 aus beruflichen Gründen von der Elbe an die Niers umgesiedelt, hatte seine bis dahin einzigen Vereinserfahrungen in der Prinzengarde der Stadt Mönchengladbach gemacht. Mit einigem Erfolg freilich - mit Ehefrau Helga wurde er in der Session 1962 zum Prinzenpaar erkoren.

Fußball war bis dahin nicht das Metier des Nordlichts, was zunächst unbedeutend war, da sein Ressort der kaufmännische Bereich sein sollte - und was sich zudem sehr schnell änderte. Finanziell stand es nicht zum Besten, nein, es sah katastrophal aus in der Geschäftsstelle an der Bismarckstraße 47. Grashoffs Grundsatz „mit dem Einkommen auskommen" wurde zum neuen Vereinscredo. Folgerichtig war der Verkauf von Albert Brülls zum FC Modena für 260.000 DM seine erste Amtshandlung.

Drei Wochen bevor der erste Ball in der Bundesliga rollte, vollzog sich der Auftakt der Regionalliga West. An einem drückend heißen Sonntag, man schrieb den 4. August, ging es an der Oberhausener Landwehr um die ersten Punkte. Günter Netzer brachte die traditionell ganz in schwarz gekleideten Gäste in Führung, doch trotz guter Leistung fehlte am Ende die letzte Cleverneß zum Erfolg. Da dies im weiteren Saisonverlauf noch öfters der Fall war, sprang am Ende nur Platz 8 heraus.

Im Frühjahr 1964 erlebt der Klub eine personelle Zäsur. Höttges, Mülhausen, Crawatzo und Torjäger Kohn gehen, Trainer Langner wechselt im April als Gawliczek-Nachfolger zum FC Schalke 04. Doch statt des erwarteten Rückschlages erlebt der Verein einen Höhenflug. Einerseits haben die jungen Talente deutlich an Erfahrung gewonnen, andererseits gelingt Dr. Beyer und Helmut Grashoff bei der Suche nach dem Langner-Erben ein echter „Coup". Auf Empfehlung Sepp Herbergers wird ein gewisser Hans Weisweiler als neuer Trainer verpflichtet. Der 44jährige Weisweiler, der im Umfeld zunächst auf Skepsis stößt, erweist sich schnell als Glücksgriff - und als Fachmann auf dem Gebiet der Psychologie. Auf seinen Rat hin verschwinden die

Hennes Weisweiler und seine Fohlen am Ziel ihrer Wünsche: In der Kabine wird die erste Meisterschaft ausgelassen gefeiert.

angestaubten schwarzen Traditionstrikots in der Altkleidersammlung, da diese triste Tracht negative Auswirkungen auf die Psyche der Spieler habe. Statt dessen tritt die Borussia fortan ganz in weiß an, wobei bis heute ungeklärt ist, ob diese Veränderung ursächlich für den weiteren Weg ist. Weisweiler verkörpert den völligen Kontrast zu Vorgänger Langner. Er fördert die individuellen Stärken seiner Jungs, preßt sie in kein taktisches Korsett, und läßt ihnen auch außerhalb des Rasens Freiräume. Netzer, Heynckes, Rupp & Co. danken es mit unbekümmertem, technisch starkem und offensivem Spiel, das zusätzlich auch von Erfolg gekrönt ist.

Die Regionalliga-Saison 64/65, in die Borussia als Außenseiter startet, wird zum Triumphzug. Mit 22:2-Startpunkten wird der Grundstein zum Titelgewinn gelegt, ehe es am gefürchteten Tivoli des Hauptrivalen Alemannia Aachen die erste Niederlage setzt (0:2). Beide Klubs liefern sich ein dramatisches Rennen, das Gladbach am vorletzten Spieltag zu seinen Gunsten entscheidet. Vor allem der überragende Innensturm mit Heynckes, Rupp und Netzer, der

in der Regionalliga 67 der 92 Treffer auf sein Konto brachte, hat die Borussen bundesweit in den Blickpunkt gerückt. In der Aufstiegsrunde gelingen tolle Auftritte in Worms (5:1) und gegen Reutlingen (7:0), aber vor allem Holstein Kiel bereitet den „Fohlen" arge Kopfschmerzen. Am 26. Juni 1965 um kurz vor sechs ist der Klub jedoch am Ziel: Mit einem 1:1 gegen Worms (Torschütze Netzer) steht die junge Elf da, wo sie vor Saisonbeginn allenfalls von Träumern gesehen wurde - in der Bundesliga! Ehe die von vielen Fachleuten prognostizierte „große Zukunft" beginnen konnte, gab es eine brennende Frage zu klären, die sich in den folgenden Jahrzehnten in regelmäßigen Abständen wiederholen sollte: Bietet das Bökel(berg)-Stadion die Voraussetzungen für erstklassigen Fußball? Die Führung der Borussia erwog einen Umzug ins benachbarte Rheydter Grenzlandstadion, ehe die städtische Wirtschaft als auch die Kommune selbst für etwas günstigere Rahmenbedingungen und damit den Verbleib des Klubs am Bökelberg sorgte.

Der Stamm der Aufstiegsmannschaft startete ohne Abgänge in das „Abenteuer Bundesliga", drei Neuzugänge sorgten für weitere Blutauffrischung: Gerhard Elfert (22), Heinz Wittmann (21) und last but not least ein 18jähriger blonder Lockenkopf von niedriger Statur aus dem Vorortverein VfR Büttgen: Hans-Hubert „Berti" Vogts.

Beim Bundesliga-Aufgalopp am 14. August 1965 stehen alle drei auf dem Platz des Neunkirchener Ellenfelds. „Amigo" Elfert gelingt um 16.21 Uhr die Torpremiere, Berti Vogts macht sich sofort als „Terrier" unter Fohlen einen Namen. Da Kapitän Jansen wegen Handspiels vom Platz fliegt, wird das 1:1-Endresultat als Punktgewinn gewertet.

Ernsthafte Gefahr das Klassenziel zu verfehlen, besteht zu keiner Zeit. Diese erste Saison bringt alles mit: Tolle Auftritte (8:3 gegen Nürnberg, 3:3 beim späteren Meister 1860), tiefe Enttäuschungen (0:5-Pleiten beim HSV und in Stuttgart, ein 0:7-Heimdebakel gegen Bremen), und manchmal beides zugleich: So beim Elfmeterfestival in Runde 5 gegen Dortmund, als beide Teams zweimal vom Punkt treffen, ehe

---

1. Spieltag Saison 1963/64

Regionalliga West, 4. August 1963, Rot-Weiß Oberhausen - Borussia 2:1, 5.500 Zuschauer - Manfred Orzessek, Albert Jansen, Horst-Dieter Höttges, Heinz Lowin, Gerd Schommen, Willi Raßmanns, Rudolf Pöggeler, Karl-Heinz Mülhausen, Ulrich Kohn, Günter Netzer, Werner Weigel - Tor: 0:1 Netzer (45.)

18. Spieltag Saison 1998/99

1. Bundesliga, 19. Dezember 1998, FC Schalke 04 - Borussia 1:0, 41.800 Zuschauer - Robert Enke, Sladjan Asanin, Patrik Andersson, Michael Klinkert (41. Martin Schneider), Markus Hausweiler (70. Chrissovalantis Anagnostou), Zeljko Sopic, Matthias Hagner, Karlheinz Pflipsen, Marcel Ketelaer, Jörgen Pettersson, Anton Polster (60. Markus Feldhoff)

Egon Milder den fünften „Elfer" statt zum verdienten 5:5 zu verwandeln an die Latte setzt. Viel tragischer als dieser Fehlschuß ist jedoch ein Ereignis, das sich am 30. April '66 zuträgt: Beim Trauerspiel gegen Werder Bremen erleidet Geschäftsführer Georg Hoffmann (60) einen Herzanfall, an dessen Folgen er einen Tag später verstirbt. Mit vielen neuen Erfahrungen, der Erkenntnis im Konzert der Großen mitspielen zu können, und dem 13. Platz endet die aufregende Premierensaison.

In den folgenden drei Spielzeiten etablieren sich die „Fohlen", gewinnen stetig an Reife und orientieren sich Schritt für Schritt Richtung Tabellenspitze. Zu der ungeheuren Spielfreude und technischen Raffinesse gesellt sich zusehends mehr Ruhe und Abgeklärtheit. Schon im zweiten Bundesligajahr, insbesondere nach dem 11:0 zum Rückrundenstart über die Langner-Elf Schalke 04, wird das Team von einigen Experten als „Geheimtip" auf den Titel gehandelt - voreilig, letztlich kam es auf dem 8. Rang ein. Das Potential des „Talentschuppens" bleibt Bundestrainer Schön nicht verborgen, der mit Netzer, Vogts, Rupp und Heynckes vier Leistungsträger in sein Team beruft. Allerdings schläft auch die Konkurrenz nicht, die in jenen Jahren äußerst zahlungswilligen Nordklubs Hannover 96 und Werder Bremen reißen im Sommer 1967 zwei wichtige Mosaiksteine aus dem Gefüge: Jupp Heynckes und Bernd Rupp erliegen dem „Lockruf des Geldes".

Daß trotz dieser ersten Rückschläge der Ansturm auf die Spitze nicht abgeblasen werden muß, ganz im Gegenteil mit zwei dritten Plätzen sogar vorangetrieben wird, verdankt die Borussia dem weiterhin guten Näschen der Talentspäher um Hennes Weisweiler. Die von unterklassigen Vereinen nach Eicken geholten Herbert „Hakki" Wimmer, Hartwig Bleidick, Winfried Schäfer und Wolfgang Kleff machen sich einen Namen, zudem heuern mit dem Saarbrücker Volker Danner, Klaus Ackermann (Münster), Peter Dietrich (RW Essen), Peter Meyer (Düsseldorf) und Horst Köppel (VfB Stuttgart) Spieler am Bökelberg an, die einerseits keine „heurigen Hasen" mehr sind, andererseits aber bei ihren vorherigen Klubs nicht die Sonnenseiten des Fußballs kennenlernten und daher hungrig nach Erfolgen sind.

Im Sommer 1969 bemerkt Hennes Weisweiler, daß ein weiterer Aufstieg auf der Erfolgsleiter nur möglich ist, wenn die

Mannschaft und auch die Taktik modifiziert wird. So geschieht etwas Atypisches: Der Klub investiert in zwei neue Spieler mit reichlich Erfahrung, und fast noch überraschender: In zwei Abwehrspieler mit ausgeprägtem Hang zur rustikaleren Art des Kicks. Vom frisch abgestiegenen 1. FC Nürnberg kommt „Luggi" Müller (28), aus Stuttgart Klaus-Dieter Sieloff (27). Auch vor dreißig Jahren besaß die Weisheit „in der Offensive gewinnt man Spiele, in der Defensive Meisterschaften" bereits Aktualität, und ohne die Maßnahme der Abwehrstärkung hätte auch Borussia Mönchengladbach niemals die Erfolge gefeiert, die in den „goldenen Siebzigern" eintreten sollten.

Mit dieser größten Dekade des Vereins ließen sich Bücher allein füllen, Bücher mit Biographien über herausragende Spielerpersönlichkeiten, Bücher mit Schilderungen großer Siege und Meisterschaften, auch Bücher über kuriose Ereignisse und tragische Niederlagen. Sie gehören zur Geschichte des Klubs, damit auch in dieses Kapitel, aber sie wurden schon tausendfach besungen. Mit der Gegenwart haben sie wenig zu tun (wieder bin ich versucht ein „leider" hinzuzufügen), daher sei mir eine nüchterne Rückblende verziehen.

Schlagen wir also den Bogen zum Anfang der Erfolgsjahre. Neben Sieloff und Müller war mit Ulrik le Fevre (23, Vejle BK) ein Däne verpflichtet worden, mit dem Borussia einen derart guten Griff machte, daß sich die Verantwortlichen in den folgenden Jahren noch oft mit großem Erfolg im nördlichen Nachbarland auf „Schnäppchenjagd" begaben. Nach einer 0:2-Auftaktniederlage auf Schalke war schon das zweite Spiel richtungsweisend. Der amtierende Meister und Mitaufsteiger anno 1965, der FC Bayern, kam zum Bökelberg - und es gab die erste von drei bemerkenswerten Premieren. Im neunten Aufeinandertreffen behielten die Gastgeber erstmals die Oberhand (2:1) - ein Sieg mit psychologischer Bedeutung. Es dauerte jedoch noch einige Wochen, ehe ein Rädchen ins andere griff. Das war im Oktober der Fall, und mit einem 5:1 über Alemannia Aachen wurde am letzten Tag dieses Monats erstmals überhaupt das Objekt der Begierde, der Bundesliga-Thron, erklommen. Nur für eine

Woche zunächst, dann machte es sich der 1. FC Köln dort gemütlich, doch nach dem 1:0-Sieg beim „geliebten" Nachbarn in Runde 14 blieb dieser bequeme Ort Heimat der Weisweiler-Elf - bis zum Saisonende. Anfang April waren die Meisterreden schon geschrieben, ehe drei 0:1-Auswärtspleiten beim FC Bayern, in Hannover und Essen die Nerven plötzlich flattern ließen. Am 30. April, einem Donnerstagabend um 21.45 Uhr gab es für 32.000 am proppevollen Bökelberg aber kein Halten mehr: Mit einem 4:3 über den HSV war die erste Meisterschaft unter Dach und Fach, die Sektflaschen konnten entkorkt, die Laudatio gehalten und das lange Wochenende feuchtfröhlich begangen werden. Die Meistermannschaft konnte mit Rückkehrer Jupp Heynckes und dem 18jährigen Supertalent von SuS Emmerich, Rainer Bonhof, noch verstärkt werden. Wurde im Europacup mit dem Aus im Elfmeterschießen beim FC Everton die erste Strophe des Liedes „Tragische Momente" geschrieben, so kristallisierte sich in der Liga schnell der Evergreen „Gladbach gegen Bayern" heraus. Die Führung wechselte einige Male zwischen dem Rheinland und dem Freistaat, nach 33 Runden hatten beide 48 Punkte, die Bayern lagen die Winzigkeit eines Tores voraus. Herzschlagfinale, die Münchner beim sorgenfreien MSV Duisburg, Gladbach bei den abstiegsgefährdeten Frankfurtern. Der Meidericher Rainer Budde entdeckte sein Gladbacher Herz und sorgte mit seinen Toren zum 2:0-Sieg des MSV dafür, daß Borussias 4:1-Erfolg im Waldstadion der Bundesliga ein Novum bescherte: Die erste Titelverteidigung seit Gründung der Eliteklasse!

Die aufgrund des schon zur damaligen Zeit als antiquiert geltenden Stadions auftretenden wirtschaftlichen Nachteile des Vereins machten in den folgenden drei Jahren einen personellen Umbruch erforderlich. Mit Horst Köppel, Peter Dietrich und Herbert Laumen (1971), Ulrik le Fevre (1972) sowie Mittelfeldregisseur Günter Netzer (1973) gingen langjährige Leistungsträger, außerdem verabschiedeten sich mit „Luggi" Müller, Heinz Wittmann und Hartwig Bleidick wichtige Abwehrstützen in den Ruhestand. Die Verluste hinterließen Lücken, die nach alter Tradition mit jungen Kräften kompensiert werden mußten. Spieler wie Jürgen Wittkamp, Dietmar Danner, Christian Kulik, Hans Klinkhammer, Uli Stielike und die Dänen Nr. 2 und 3, Henning Jensen und Allan Simonsen, bildeten Zug um Zug die neue Generation des Weisweilerschen „Fohlenstalls".

Die verbliebenen Säulen Kleff, Vogts, Bonhof, Sieloff, Wimmer und Heynckes sowie Rückkehrer Bernd Rupp gaben den „grünen Jungs" Starthilfe und sorgten dafür, daß trotz Neuaufbaus mit den Rängen 3, 5 und 2 der Kontakt zur Spitze, die von 1972 bis 1974 Bayern München hieß, nicht vollends verloren ging - und zudem eine überaus attraktive Spielweise (257 Treffer in drei Jahren!) gepflegt wurde.

Borussia verschaffte sich nun auch international einen Namen, wobei der spektakulärste Auftritt wieder in die tragische Kategorie fällt. Natürlich, gemeint ist der 20. Oktober 1971, das beste Spiel einer Borussia, das es jemals gab: Das grandiose 7:1 über Inter Mailand im Meistercup, der Büchsenwurf, der Auftritt des Roberto Boninsegna. Die Folgen sind bekannt: Annullierung, Neuansetzung in Berlin, Ausscheiden.

Eine weitere Legende wurde am 23. Juni 1973 im Glutofen des Düsseldorfer Rheinstadions geboren. Dort treffen sich zwei alte Bekannte mit Namen Borussia und 1. FC (Köln) zum Abschiedsspiel für Günter Netzer. Netzer unterhält seit geraumer Zeit

unhaltbar unter die Latte zum 2:1-Sieg. Als Abschiedsgeschenk erhält er einen großen Wanderpokal von seinem Fußballverband überreicht.

Ein Jahr nach Netzers Abschied ist die „neue" Borussia soweit, eine zweite Erfolgsära zu starten. Die Saison 74/75 wird zur besten in der Klubhistorie. Mit sechs Punkten Abstand zu Hertha BSC gelingt die dritte Meisterschaft, und auch auf europäischem Parkett gibt es wieder großartige Spiele zu bejubeln, die erstmals ihre Krönung finden: Nach einem ernüchternden 0:0-Hinspiel gewinnen Heynckes (3 Tore), Simonsen (2 Tore) & Co. mit einer 5:1-Gala im Rückspiel bei Twente Enschede erstmals den UEFA-Cup. Auf dem Höhepunkt seiner 11jährigen Tätigkeit angelangt, sieht Hennes Weisweiler den Zeitpunkt gekommen, „seine" Borussia zu verlassen und beim FC Barcelona eine neue Herausforderung anzunehmen.

Udo Lattek, nach fünfjähriger Arbeit beim FC Bayern im Januar entlassen, trat ein schweres Erbe an. Den Erfolg, den der Ostpreuße forderte, benötigte er zugleich, um den Schatten der „Institution" Weisweiler zu überwinden. Er sollte ihn bekommen. Die praktisch unveränderte Mannschaft trug bald Latteks Handschrift. Die Meisterschaft 1975/76 wurde mit klarem 4-Punkte-Abstand auf den HSV gefeiert, auch wenn öfter als in der Vergangenheit eine gewisse „Nüchternheit" bei den Siegen festzustellen war. 1977 schließlich wurde gar der Titel-Hattrick bejubelt. Nach 23:3-Startpunkten ohne Niederlage geriet die Lattek-Truppe aber böse ins Schlingern und hatte diesen fünften Titelgewinn weniger eigener Stärke als vielmehr der Unfähigkeit bzw. Unbeständigkeit der Konkurrenz zu verdanken. Ausgerechnet mit einem 2:2 beim FC Bayern wurde der Punktvorsprung gegenüber Schalke und Braunschweig im wahrsten Sinne ins Ziel „gezittert".

So knapp die „Salatschüssel" 1977 gewonnen wurde, so knapp wurde sie im Jahr darauf verloren - drei Tore fehlten in der Endabrechnung gegenüber dem 1. FC Köln, bei dem im zweiten Jahr Hennes Weisweiler wirkte. Das kuriose Finale gehört zu den

---

Spielklassen

1963/64 - 1964/65	Regionalliga West
seit 1965/66	1. Bundesliga

---

ein gespanntes Verhältnis zu seinem Trainer Weisweiler, welcher ihn prompt auf die Ersatzbank setzt. Dort wartet er 90 spannende, hochklassige, 1:1-unentschiedene Minuten. Als er seinen erschöpften Kollegen Kulik sieht, entscheidet der „große Blonde" demokratisch (Kulik ist dafür, Netzer auch, „Don Hennes" dagegen - macht 2:1-Stimmen) seine Einwechslung. Vier Minuten später nagelt er einen Sonntagsschuß

Geschichten, die wohl tausendmal erzählt wurden: Gladbach liegt vor dem Spiel zehn Tore hinter dem FC, schlägt einen völlig lustlosen BVB in Düsseldorf (am Bökelberg wurde die Tribüne gebaut) 12:0 - bis heute Bundesliga-Rekord. Die Kölner spielen beim Absteiger St. Pauli, gewinnen mit 5:0 und sind Meister. Nicht auszudenken, welcher Aufschrei entstanden wäre, wenn Schumacher & Co. nur 2:0 gewonnen hätten...

Freilich war es auf lange Zeit die letzte Meisterchance. Vor der Saison 78/79 war klar, daß der aus finanziellen, aber auch aus biologischen Gründen erforderliche Einschnitt schmerzhaft sein würde, schmerzhafter als je zuvor. Mit Bonhof (Valencia), Heynckes, Wimmer und Wittkamp gingen vier Leistungsträger. Als sich dann auch noch Berti Vogts im Pokalspiel gegen Wuppertal einen Beinbruch zuzog und erst in der Endphase der Saison wiederkam, fehlten den nachrückenden Spielern die Bezugspunkte. Vogts kam gerade noch rechtzeitig, um die latente Abstiegsgefahr zu bannen - und um sich selbst und dem scheidenden Udo Lattek ein unverhofftes Abschiedsgeschenk zu bereiten: Den UEFA-Cup-Sieg, der nach einem 1:1-Hinspiel durch ein 1:0 in Düsseldorf gegen Roter Stern Belgrad (Tor Simonsen) fixiert wurde.

Mit der Übernahme des Traineramtes durch Jupp Heynckes und dem Ausscheiden von Vogts (Laufbahnende) und Simonsen (FC Barcelona) begann im Sommer 1979 eine neue Zeitrechnung. Der Verein mußte damit leben, daß er nicht die finanziellen Mittel besaß, mit den Branchenführern zu konkurrieren. Talente fanden nicht mehr automatisch den Weg zur Borussia, da andere Klubs auch in diesem Bereich aufgeholt hatten.

In den achtziger Jahren wurden kleinere Brötchen gebacken in Eicken, die Zielvor-

Stefan Effenberg mit dem 1995 gewonnenen DFB-Pokal

gabe hieß nun nicht mehr „Meisterschaft", Maßstab war zumeist die Qualifikation für den UEFA-Cup. Nach dem Schock der Saison 82/83, in der die „Fohlen" bis zum Frühjahr vehement gegen den Abstieg kämpften, gelang dies auch immer recht souverän.

Die Borussia des Weisweiler-Schülers Jupp Heynckes spielte eine offensiven, attraktiven Fußball, sie besaß spielerisches Potential, sie wußte phasenweise derart zu überzeugen, daß Fans und Medien in Erinnerungen schwelgten und vom „Heranwachsen einer neuen Fohlen-Elf" träumten. Das entscheidende Defizit war jedoch, daß statt Titeln nur noch Schönheitspreise gewonnen wurden, daß die „Fohlen" einen glänzenden Parcours ritten, vor dem letzten Hindernis aber scheuten. Als Beispiele seien hier die UEFA-Cup-Finals 1980, die auf Platz 3 (punktgleich mit Meister Stuttgart) abgeschlossene Saison 83/84 und das DFB-Pokalfinale desselben Jahres erwähnt, in dem Lothar Matthäus einen Elfmeter gegen seinen künftigen Klub vergeigte. Und der UEFA-Cup 85/86: Im Achtelfinale wird Real Madrid in Düsseldorf beim 5:1 eine Lehrstunde erteilt. 14 Tage später geschieht das Unfaßbare: Borussia erstarrt vor Ehrfurcht und läßt sich widerstandslos mit 0:4 aus dem Wettbewerb kippen.

Trotz der beschriebenen Negativerlebnisse, trotz acht Jahren ohne Titel: Es war eine schöne Zeit mit Jupp Heynckes, mit Spielern wie Wilfried Hannes, „Bruno" Bruns, Michael Frontzeck, Uli Borowka, Lothar Matthäus, Uwe Rahn, Ewald Lienen, Frank Mill, dem „Joker" Jörg Criens und den nachrückenden Kamps und Hochstätter. Nicht nur unter dem Eindruck der aktuellen Situation, nein, bis zum Sommer 1987, als Heynckes' Fortgang zum (einstigen) Erzrivalen Bayern München anstand, hatte diese Borussia ein Profil, etwas Unverwechselbares, Einmaliges. Borussia stand für attraktiven, anfangs mehr, später weniger erfolgreichen Offensivfußball, Borussia stand für Kontinuität auf allen Ebenen (sei es die Führungstroika mit Dr. Helmut Beyer, Helmut Grashoff und Dr. Alfred Gerhards, die 22 Jahre amtierte, sei es die Tatsache, daß in 22 Bundesligajahren nur drei Trainer benötigt wurden, sei es die Gelassenheit, mit der auftretende Probleme harmonisch bewältigt wurden).

Folgerichtig kletterte Heynckes' langjähriger „Co", Wolf Werner als dessen Nachfolger in den Bundesliga-Ring. Unter dem 45jährigen Mathelehrer spielten die Borussen eine ansehnliche Vorrunde, stürzten jedoch im zweiten Abschnitt ins Mittelmaß ab. Der Aufstieg eines 19jähriger Hamburgers namens Stefan Effenberg ging mit dem Absturz des Uwe Rahn einher, der durch lustlose Vorstellungen seinen Abgang zum 1. FC Köln vorbereitete. Unter dem spröden Werner, der weder zum Großteil der Spieler, noch zu Medien und Fans einen Draht fand, glückten zwei mäßige Spielzeiten. Waren die Plätze 7 und 6 rein optisch akzeptabel, hatte sich eine Spielweise breitgemacht, die nichts mehr mit dem zu tun hatte, was einst den Ruf dieses Klubs begründete. Unmut machte sich breit, und in der Saison 89/90 brach die heile Welt am Bökelberg endgültig zusammen.

Der Abwärtstrend der immer desolater auftretenden Mannschaft erreichte im November seinen Höhepunkt. Sieben Niederlagen in Folge führten zur Eskalation der Reibereien, die sich selbst auf den lange Jahre so besonnenen Vorstand übertragen hatten. Erstmals in der Geschichte belegte man den letzten Platz in der Liga, und so war längst keine Sensation mehr, was sich am 21. des Monats ereignete: Mit Wolf Werner wurde erstmals ein Coach „abgesägt". Nachfolger Gerd vom Bruch verhinderte mit den Notkäufen Belanow, Bierhoff und Norbert Meier, von denen nur Letzterer einschlug, den drohenden Abstieg am letzten Spieltag. Die Mitgliederversammlung am 29. März 1990 geriet zur Schlammschlacht. Mit der Abwahl von Schatzmeister Dr. Gerhards ging eine weitere Ära zu Ende. Als künftiger Manager wurde Rolf Rüssmann engagiert, der Verein erhielt zeitge-

mäße Strukturen. Helmut Grashoff zog sich am 15. Januar 1991 zurück, Präsident Dr. Beyer machte 1992 Platz für Karl-Heinz Drygalsky.

Borussia Mönchengladbach war nun ein ganz normaler Verein, der auch unter den Trainern vom Bruch und Gelsdorf dem jährlich drohenden Abstieg nur haarscharf entging. Die sportliche Wende begann im November 1992, als der ehemalige Verteidiger Bernd Krauss das Zepter übernahm. Krauss führte die Elf ins gesicherte Mittelfeld, prägte einen lange nicht erlebten offensiven Stil und ließ die immer noch zahllosen Borussen-Fans in ganz Deutschland von einer Renaissance träumen. Mit der Rückkehr des „Tigers" Stefan Effenberg im Sommer 1994 wurde aus der Hoffnung Euphorie, hatten die Andersson, Dahlin und Herrlich doch nun auch den „Kopf", der dem Spiel bisher noch abging. Und tatsächlich: Die Saison 94/95 verläuft traumhaft, die Mannschaft schwimmt auf einer Erfolgswelle, wird Fünfter und holt sich überdies mit einem 3:0 über den VfL Wolfsburg den DFB-Pokal. Nach 16 titellosen Jahren kann endlich der Briefkopf geändert werden - die Zukunft erscheint rosarot.

Auch ohne Schützenkönig Heiko Herrlich, der nach langem Hickhack nach Dortmund wechselt, gelingt 1996 mit dem 4. Platz die Etablierung in der Spitze - so scheint's.

An einem eiskalten Mittwochabend im Dezember 1998 werde ich aus einem Traum gerissen. Keinen Dahlin, keinen Herrlich, keinen Krauss sehe ich an diesem Abend, immerhin einen Effenberg - doch dessen Trikot ist rot-schwarz... Ein Borussen-Fan erzählt mir die Geschichte von Effenberg, er erzählt mir auch von der Entlassung Bernd Krauss' - und die seiner Nachfolger Bongartz, Meier und Rausch. Reibe mir verwundert die Augen, sehe eine 90minütige Tragödie, und versinke erneut in tiefen Träumen. Wenn ich das nächste Mal erwache, sagen wir in zweieinhalb Jahren, will ich wieder hier oben sein auf der Eickener Höhe. Und wenn dann der Effenberg in rot-schwarz dabei ist, wüßte ich, daß es diesmal kein Alptraum gewesen wäre.

Matthias Weinrich

FC Bayern München

14 Trainer hatte Bayern München in seinen 34 Bundesligajahren. Einige, wie Lattek, Beckenbauer und Trapattoni, wirkten gleich zweimal an der Isar, andere, wie Lerby oder Rehhagel, durften sich nur einmal (und das auch nur kurz) beim zum Erfolg verdammten Rekordmeister verdingen.

Als beim FC Hollywood noch Ordnung herrschte

Alle hinterließen ihre Spuren - Geschichte geschrieben haben aber vor allem fünf Herren: Tschik Cajkovski (1963-68), Udo Lattek (1970-75 und 1983-87), Pal Csernai (1979-83), Jupp Heynckes (1987-92) und Giovanni Trapattoni (1994/95 und 1996 - 98). Nicht zu vergessen natürlich Franz Bekkenbauer (1994 und 96), aber der war nie „Trainer", sondern stets „Lichtgestalt".

14 Trainer in 34 Jahren – das ist eine Zahl, die andere Bundesligisten in einem Drittel des Zeitraums verbrauchten. Tatsächlich setzte der FC Bayern sein Trainerkarussell auch erst mit Ende der Heynckes-Ära (1992) in Bewegung. Zuvor hatte der Klub stets das Glück (und den Sachverstand), den richtigen Trainer zur richtigen Zeit zu haben. Erstaunlicherweise kamen die Münchner dabei lange Zeit sogar ohne die ganz namhaften Vertreter des Trainerstandes aus – Lattek und Csernai beispielsweise wurden erst beim FC Bayern „groß". Allerdings ist der Job beim FC Bayern auch kein gewöhnlicher, denn es geht (und ging) nicht darum, aus Fußballern Stars zu machen oder eine Mannschaft zu formen, sondern darum, die vorhandene Ansammlung von Ausnahmekönnern möglichst geschickt und reibungslos zum Erfolg zu geleiten. Ausgangspunkt der Münchner Erfolgsstory ist bekanntlich jene Mannschaft, mit der die Rothosen 1965 in die 1. Bundesliga aufstiegen und deren Achse Maier-Beckenbauer-Müller beim ersten Europapokalsieg neun Jahre später noch immer beisammen war. Dabei handelte es sich um ein Kollektiv ausgesuchter Ausnahmekönner, das ei-

Bundesligabilanz	
Bundesligajahre:	seit 1965/66
Gesamt:	34 Jahre
Beste Plazierung:	Platz 1 (1969, 1972, 1973, 1974, 1980, 1981, 1985, 1986, 1987, 1989, 1990, 1994, 1997)
Ewige Tabelle:	Platz 1, 1126 Spiele, 611 Siege, 274 Unentschieden, 241 Niederlagen, 2430:1400 Tore, 2107 Punkte
Ø Plazierung:	Platz 3
Top-Spieler:	Josef Maier (473), Gerd Müller (427), Georg Schwarzenbeck (416), Klaus Augenthaler (404), Franz Beckenbauer (396)
Top-Torjäger:	Gerd Müller (365), Karl-Heinz Rummenigge (162), Roland Wohlfarth (119), Dieter Hoene0 (102), Uli Hoeneß (86)

nen Trainer vor allem dazu brauchte, „bei Laune" gehalten zu werden. Die Vereinsführung um Präsident Neudecker und Manager Schwan stand somit vor der schwierigen Aufgabe, den angehenden Weltstars stets den richtigen Mann für die jeweilige Entwicklungsstufe an die Seite zu stellen. Ein Kunststück, das dem Duo bestens gelang.

Es begann mit dem 1998 verstorbenen kroatischen Spaßvogel Tschik Cajkovski, der im Sommer 1963 zum FC Bayern kam. Das galt übrigens als Sensation, schließlich hatte Cajkovski kurz zuvor noch den 1. FC Köln zur deutschen Meisterschaft geführt. Zudem stieg er mit dem Wechsel nach München praktisch freiwillig ab, da die Bayern die Qualifikation zur 1. Bundesliga verpaßt hatte. Cajkovski paßte nahezu perfekt zu den zum Teil gerade erst aus der Jugend gekommenen hochtalentierten Akteuren, deren überschäumende Spielfreude einen Lenker brauchte. „Ihr seid alle kleine Weltmeister", bleute er Beckenbauer, Maier, Olk, Ohlhauser und Co. ein, hielt die aufstrebenden Jünglinge zugleich an der langen Leine und stand obendrein auch noch als väterlicher Freund bereit. Das Resultat war überwältigend: In den Regionalligaspielzeiten 1963/64 und 64/65 zauberten die Bayern nach Herzenslust und erzielten 261 Tore – das entspricht einem Schnitt von mehr 3½ Treffern pro Spiel!

Und es ging weiter so. Im ersten Bundesligajahr führte der schlitzohrige Kroate seine unerfahrene Mannschaft auf Anhieb auf Rang 3 – erst der 1. FC Kaiserslautern sollte 1998 eine bessere Aufsteigerbilanz aufweisen können. Das Team der Jungspunde (Durchschnittsalter knapp 23) spielte einen derart herzerfrischenden Offensivfußball, daß ihm die Herzen der Fans förmlich zuflogen. In einer Umfrage nach der Saison 1965/66 wurde der FC Bayern zum „sympathischsten Klub der Saison" gewählt – weit vor dem deutschen Meister München 1860 und Europapokalgewinner Borussia Dortmund. Darüber hinaus sicherten sich die Cajkovski-Schüler mit einem 4:2-Finalsieg über den Meidericher SV den DFB-Pokal – die erste Trophäe des FC Bayern seit der deutschen Meisterschaft von 1932. Wenig später wurde die heute legendäre

Erfolgsachse komplettiert, als nach Torhüter Maier, Libero Beckenbauer und Mittelstürmer Müller der ebenso unauffällige wie geniale Vorstopper „Katsche" Schwarzenbeck in die Stammelf aufrückte. Der gehörten seinerzeit übrigens noch vornehmlich Akteure aus München und Umgebung an, wie neben den genannten beispielsweise Peter Kupferschmidt, Rudolf Nafziger, Dieter Brenninger oder Franz „Bulle" Roth.

Auch in der Saison 1966/67 frönten die Münchner dem „Hurra-Fußball", was sich einerseits im Gewinn des Europapokals der Pokalsieger auszahlte (1:0-Finalsieg über die Glasgow Rangers), andererseits aber zu kuriosen Ergebnissen wie dem 3:6 in Dortmund – nach 3:2-Führung – und zu einem unbefriedigenden sechsten Rang führte. Für Neudecker Signal genug, daß Cajkovskis Uhr abgelaufen und ein Wechsel fällig war. Während der Jugoslawe noch lautstark nach Neuverpflichtungen rief, verpflichtete er einen Mann, der außer der gemeinsamen Herkunft nichts mit Cajkovski gemein hatte: Branko Zebec. Unter Zebec wurde alles anders: Wo Cajkovski nachgiebig gewesen war, forderte Zebec Disziplin, wo der Kroate seine Spieler hatte gewähren lassen, verpaßte der Serbe ihnen ein klares taktisches Korsett und wo unter Cajkovski vergnügt gekickt worden war, mußte unter Zebec schweigend geschuftet werden.

Es war eine notwendige Richtungsänderung, denn inzwischen waren die Bayern-Talente selbstbewußter und erfolgreicher, aber auch schwieriger geworden. Einem Mann wie Franz Beckenbauer, dem seine Popularität seinerzeit bereits lukrative Nebeneinnahmen einbrachte (u.a. Werbung für Maggi-Suppen), war mit der Nachsichtigkeit eines Cajkovski nicht mehr gedient. Unter dem schweigenden Schleifer Zebec mußten die gefeierten Jungstars erstmals spuren – was sich positiv in ihrer Erfolgsbilanz niederschlug: 1969 gewann Bayern München als erster Klub nach Schalke 04 (1937) das begehrte „Double", bestehend aus Meisterschaft und Pokal. Damit wurden zugleich die großen Bayern-Jahre eingeläutet, was freilich auch Opfer forderte. Eines war der mitreißende Angriffsfußball, denn unter Zebec spielten die Bayern erfolgsorientierten Zweckfußball, der ohne jegliche

Effekthascherei auskam und ihnen bei vielen Fußballfans in der Bundesrepublik Antipathien einbrachte: 61 Tore in der Saison 1968/69 bedeuteten Minusrekord für den FC Bayern - und reichten dennoch für den Gewinn der deutschen Meisterschaft!
Die darauffolgende Saison brachte den Erfolgszug zum ersten Mal ins Stottern. Torjäger Ohlhauser und Kapitän Olk waren in die Jahre gekommen, andere Akteure nach dem Vorjahreserfolg nur noch schwer zu motivieren. Zebec' Forderungen nach adäquaten Verstärkungen stießen bei Präsident Neudecker auf taube Ohren. „Wir geben für Beckenbauer, Maier und Müller genug Geld aus", stellte der Bayern-Boß kurz und bündig fest – und nahm den nächsten genialen Schachzug vor: Kurz vor dem Spiel bei Hannover 96 ließ er Manager Schwan die Zebec-Aufstellung durcheinanderbringen und zog sich dadurch, wie erwartet, den Zorn des Trainers zu - was er, so einfach ging das damals, wiederum als Anlaß zur Beendigung des Vertragsverhältnisses nahm. Anschließend einigte sich Neudecker mit Udo Lattek, der eigentlich erst zur nächsten Saison kommen sollte, nun aber schon am 14. März 1970 seinen Job antrat. Lattek war ein ziemlich unbeschriebenes Blatt und verfügte über keinerlei Bundesligaerfahrung. Sein größter Fürsprecher war Franz Beckenbauer, der den Bundestrainer-Assistenten bei diversen Lehrgängen der Nationalmannschaft kennen- und schätzengelernt hatte. Bekanntlich wurde Lattek der nach Cajkovski und Zebec dritte Trainer-Volltreffer des FC Bayern. Er war jung (35 Jahre), erfrischend gradlinig, extrem erfolgsorientiert und überaus selbstbewußt – elementare Voraussetzungen, um mit dem erfolgsverwöhnten Münchner Starensemble zurechtzukommen. Darüber hinaus war Lattek bereit, sich auf die gesellschaftlichen Veränderungen der späten sechziger Jahre einzustellen, und den vorherrschenden Kasernenhofton

durch Mitbestimmung zu ersetzen. Udo Lattek sollte den FC Bayern in den nächsten Jahren von einem Erfolg zum nächsten führen. Neben zahlreichen sportlichen Triumphen verbuchte er auch auf anderen Gebieten Erfolge: Seiner Weitsicht war es nämlich weitgehend zu verdanken, daß der FC Bayern den anstehenden Verjüngungsprozeß bestens überstand. Schon zur Saison 1970/71 baute er mit Uli Hoeneß (TSG Ulm) und Paul Breitner (ESV Freilassing) zwei 18jährige ein, die sich binnen weniger Monate in die Nationalmannschaft spielten. Die beiden waren im übrigen nicht nur fußballerisch auffallend.

Ohne ihn wären die Bayern nicht das, was sie sind: im modischen Look mit Oberlippenbart Franz Beckenbauer

Sie hatten Abitur – seinerzeit noch die große Ausnahme in der Bundesliga -, waren durch die 68er-Bewegung politisch geprägt und sensibilisiert worden und zudem enorm selbstbewußt. Alles andere also als der bis dato noch bevorzugte aber etwas antiquierte Herbergersche „Elf-Freunde-müßt-ihr-sein"-Fußballer. Mit ihnen vollzog der FC Bayern endgültig den Sprung in moderne Zeiten, in der aus den elf Freunden elf Kollegen wurden, die neben sportlichem Talent auch kaufmännisches Kalkül mitbrachten (oder einen entsprechenden Berater hatten). Der FC Bayern München war der erste Klub, der, mehr noch als Borussia Mönchengladbach, wo Günter Netzer alles überstrahlte, dieser Entwicklung Rechnung trug – ein nicht unwesentlicher Schlüssel zum dauerhaften Erfolg. Zu Hoeneß und Breitner gesellten sich bald weitere „Revoluzzer": Aus Hannover kam Rainer Zobel, der sich offen zu den Zielen der APO bekannte, und von den Stuttgarter Kickers „Charly" Mrosko, der alleine mit seinen langen Haaren schon für Aufregung sorgte.

Bayern-Präsident Neudecker – sicherlich alles andere als ein Freund der Studentenbewegung, aber schlau genug, die Zeichen der Zeit zu erkennen - plagten derweil andere Sorgen: Die Stadionfrage. Seit den zwanziger Jahren trugen die Bayern ihre Heimspiele im vom Volksmund nur „Sechz'ger" genannten Städtischen Stadion an der Grünwalder Straße aus. Die beliebte und traditionsreiche Arena hatte al-

---

1. Spieltag Saison 1963/64

Regionalliga Süd, 4. August 1963, FC Bayern – SpVgg. Neu Isenburg 5:1, 8.000 Zuschauer - Josef Maier, Adolf Kunstwadl, Werner Olk, Karl Borutta, Heinz Ostner, Herbert Erhardt, Karl Schneider, Rainer Ohlhauser, Dieter Brenninger, Werner Ipta, Jakob Drescher - Tore: 1:0 Drescher (10.), 2:0 Borutta (11.), 3:0 Schneider (13.), 4:0 Ohlhauser (20.), 5:0 Brenninger (29.)

18. Spieltag Saison 1998/99

1. Bundesliga, 19. Dezember 1998, FC Bayern - VfL Wolfsburg 3:0, 39.000 Zuschauer - Oliver Kahn, Markus Babbel, Lothar Matthäus (83. Thorsten Fink), Thomas Linke, Thomas Strunz, Jens Jeremies, Stefan Effenberg, Bixente Lizarazu, Mario Basler (74. Hasan Salihamidzic), Carsten Jancker (88. Alexander Bugera), Giovane Elber - Tore: 1:0 Jancker (40.), 2:0 Elber (86.), 3:0 Salihamidzic (90, FE)

---

lerdings viele Nachteile. Sie war zu klein, wies lediglich 1.400 überdachte Sitzplätze auf und verfügte darüber hinaus kaum über Parkmöglichkeiten – im Zeitalter des boomenden Automobilverkehrs ein schwerwiegender Nachteil. Das

„Sechz'ger" setzte dem Verein enge finanzielle Grenzen und bedrohte die Weiterführung des eingeschlagenen Erfolgsweges. Schließlich war der FC Bayern, um die Erfolgsachse Maier-Beckenbauer-Müller in München halten zu können, gezwungen, seinen mit lukrativen Offerten förmlich überschütteten Stars das Bleiben mit hohen Einkünften schmackhaft zu machen. Ein finanzieller Balanceakt, der wegen des maroden Stadions zusehends in Gefahr war. Bayerns Rettung waren die Olympischen Spiele 1972, die endlich das ersehnte Großstadion nach München brachten – und dem FC Bayern einen entscheidenden Vorteil gegenüber der Bundesligakonkurrenz, allen voran Borussia Mönchengladbach, verschafften. Noch bevor die Arena in Oberwiesenfeld offiziell ihrer Bestimmung übergeben wurde, durfte der FC Bayern sie am 28. Juni 1972 per Sondergenehmigung erstmals benutzen und sicherte sich mit einem 5:1-Triumph über Verfolger Schalke vor 80.000 restlos begeisterten Fans Meistertitel Nummer 3 nach 1932 und 1969. Die Welt des FC Bayern war nun komplett. Mit Müller, Beckenbauer, Maier, Schwarzenbeck, Breitner und Hoeneß stellten die Bayern mehr als die Hälfte jener bundesdeutschen Nationalelf, die bei der EM 1972 so traumhaft schönen Kombinationsfußball bot. Das Olympiastadion verschaffte ihnen einen immensen ökonomischen Vorteil gegenüber der Konkurrenz, und das gefeierte Outfit sowie der einzigartige Komfort der Arena erschloß den Bayern neue, zahlungskräftige Publikumsschichten. Schließlich handelte es sich bei dem Bauwerk nicht um eine traditionsschwangere und komfortarme „Kampfstätte", sondern um eine auf Ästhetik Wert legende „Bühne", die aus einem profanen Fußballspiel ein Fest machte und in die man auch im schicken Abendmantel gehen konnte. Das Olympiastadion war – neben gesellschaftlich gewandten Spielern wie Franz Beckenbauer – Bayerns Schlüssel zur zahlungskräftigen Schickeria. Bleibt noch Trainer Lattek. „Wir waren damals eine Supertruppe, aber irgendwer mußte sie schließlich bei Laune halten", interpretierte Franz Beckenbauer dessen Rolle als eine Art „Motivator", der sich weniger mit taktischen Fragen, sondern vielmehr mit psychologischen Aufgaben zu beschäftigen hatte.

In jenen Tagen findet auch die im Grunde genommen paradoxe Tatsache, daß Bayern München gleichzeitig der beliebteste und unbeliebteste Klub Deutschlands ist, ihren Ursprung. Angesichts des schier unaufhaltsamen sportlichen und wirtschaftlichen Höhenfluges spaltete sich die bundesdeutsche Fußballgemeinde beim Thema Bayern. Insbesondere im Westen, wo diverse abgestürzte Traditionsklubs darbten, mußten sich Beckenbauer und Co. mitunter heftige Anfeindungen gefallen lassen. Das lag aber nicht nur am Erfolg – der bekanntlich neidisch macht – sondern auch am häufig arg arroganten Auftreten der Bayern-Stars sowie dem unattraktiven, aber nichtsdestotrotz erfolgreichen Zweckfußball der Münchner. Da konnten die Duisburger, Essener oder Schalker noch so gut spielen – am Ende gingen zumeist doch die Bayern als Sieger vom Feld. Ein weiterer Grund für die stetig wachsende Fanschar der Bayern war deren TV-Dauerpräsenz. Damals übertrugen ARD und ZDF lediglich absolute Topspiele – und daran waren die Münchner überproportional häufig beteiligt. So wurden die sportlichen Überflieger auch zur Wirtschaftsmacht. 1972 kauften die Bayern für die Rekordsumme von 800.000 Mark mit Kapellmann erstmals einen „fertigen" Spieler – und schwächten gleichzeitig einen Konkurrenten (Köln). Im Grunde genommen konnte der FC Bayern nun nur noch an sich selbst scheitern – und genau das drohte ihm im Oktober 1973, als einige von Paul Breitner angeführte Akteure sich öffentlich darüber mokierten, daß „Beckenbauer, Maier und Müller im Gehaltsgefüge eine Vorzugsbehandlung genießen". Erstmals wurde der allmächtige Präsident Neudecker unruhig. „Jeder, der glaubt, nicht mehr die volle Leistung bringen zu können, kann gehen", fauchte er – und erstickte die drohende Revolution damit im Keim. Fortan konzentrierten sich seine durch allerlei lukrativen Nebenbeschäftigungen mitunter etwas abgelenkt wirkenden Stars wieder auf ihre ureigenste Aufgabe: Fußball spielen. Am 17. Mai 1974 erklomm der FC Bayern den nächsten Gipfel, indem er Atlético Madrid im Finale um

den Europapokal der Landesmeister mit 4:0 vom Platz fegte. Wenige Wochen später wurden Maier, Schwarzenbeck, Beckenbauer, Breitner, Hoeneß und Müller mit der DFB-Auswahl Weltmeister und hatten damit nahezu jede wichtige Trophäe gewonnen, die ein Fußballer in seiner Karriere so gewinnen kann. Die Krise war nahe.

Sie begann am 24. August 1974 mit einer sensationellen 0:6-Niederlage gegen die Offenbacher Kickers und dauerte insgesamt sechs Jahre. Auf der Strecke blieb neben drei Trainern (Lattek, Cramer und Lorant) auch Präsident Neudecker, während Superstar Beckenbauer gemeinsam mit Manager

Bayern-Manager Uli Hoeneß

Schwan rechtzeitig den Absprung schaffte und zu Cosmos New York wechselte. Das Ende der Krise wurde ausgerechnet mit einer Revolution eingeleitet, der im März 1979 mit Präsident Neudecker einer der Eckpfeiler der Bayern-Erfolgsstory zum Opfer fiel. Der Präsident hatte mit seinem Vorhaben, den Trainerposten mit Max Merkel zu besetzen, einen regelrechten Spieleraufstand ausgelöst, der dem Bayern-Boß offensichtlich das Herz brach. Einen Tag, nachdem er dem amtierenden Trainer Pal Csernai auf Druck der Mannschaft zähneknirschend einen neuen Vertrag gegeben hatte, trat er selbst zurück. Fortan war es mit der Ordnung vorbei, und der FC Bayern nahm Kurs Richtung „FC Hollywood" auf.

Nach Neudeckers Rückzug wurde die Macht auf mehrere Schultern verteilt. Auf dem Spielfeld hatten der zurückgekehrte Paul Breitner sowie sein kongenialer Partner Karl-Heinz Rummenigge („Breitnigge") das Sagen, im taktischen Bereich gab der in sich gekehrte akribische Analytiker Pal Csernai den Ton an, und die Führungsetage übernahm Willi O. Hoffmann, der dem FC Bayern mit seiner launigen und kumpelhaften Art Volksnähe verlieh. Doch da war auch noch der letzte geniale Schachzug, den der scheidende Neudecker vorgenommen hatte: Den vakanten Managerposten mit Uli Hoeneß zu besetzen. Eine bahnbrechende Entscheidung, denn Hoeneß verstand sich im Gegensatz zu den meisten seiner Managerkollegen nicht als „Verwalter der gegebenen Möglichkeiten", sondern als „Visionär". Dank seiner Aktivitäten wurden die Bayern in nahezu jeder Hinsicht zum Trendsetter. Sportlich dominierten sie dank Pal Csernais optisch zwar unattraktiver, dafür aber enorm effektiver Spielweise die Bundesliga und drangen 1982 erstmals seit sechs Jahren sogar wieder bis ins Europapokalfinale vor (0:1 gegen Aston Villa). Wirtschaftlich waren sie

keitswirksamen Pal Csernai ablöste und zum zweiten Mal das Training der Münchner übernahm. Obwohl der Fußball-Lehrer den Abgang von Kalle Rummenigge hinnehmen mußte, konnte er in seinen vier Jahren drei deutsche Meisterschaften und zwei Pokalsiege feiern. Der ganz große Wurf – Europapokal – blieb Latteks Bayern jedoch verwehrt. Das lag nicht zuletzt daran, daß der bundesdeutsche Marktführer auf europäischer Bühne mit den finanzstärkeren italienischen Klubs nicht mithalten konnte und regelmäßig Leistungsträger abgeben mußte (Rummenigge, Matthäus, Brehme u.a.). Um die Ausgangsposition zu verbessern, erschloß Manager Hoeneß außersportliche Märkte. Seine vielfältigen Anstrengungen, das „Unternehmen FC Bayern" zu vermarkten, korrespondierten jedoch mit einer schweren Zuschauerkrise im deutschen Fußball, dessen goldene Jahre nach Ansicht vieler Skeptiker vorbei waren. Doch Hoeneß wußte um die Ursachen der Krise und hatte erste Lösungsansätze parat. Ob Merchandising, Wandlung des Fußballs zu einem Teil der Showbranche, Erschließung neuer Publikumsbereiche (vor allem Familien), Anpassung an die veränderten Konsumentenbedürfnisse oder die Chance durch das gerade aufkommende Privatfernsehen – Hoeneß hatte stets den richtigen Riecher.

Im sportlichen Bereich setzte Ende der achtziger Jahre ein Wandel ein. Für Udo Lattek, der sich mit der Meisterschaft 1987 verabschiedet hatte, kam Ju pp Heynckes, der mit akribischer Arbeit ein Team zusammenstellte, das weniger durch schillernde Persönlichkeiten als vielmehr durch für den FC Bayern eher ungewöhnliche Kollektivstärke überzeugte. Der wohl wichtigste Erfolg der Heynckes-Ära war die elfte deutsche Meisterschaft (1989), die das Bayern-Kollektiv gegen einen von Christoph Daum regelrecht aufgepeitschten 1. FC Köln erreichte. Doch mit der deutschen Meisterschaft war in München niemand mehr zu befriedigen. Der Europapokal war längst zum Maß aller Dinge geworden, an denen die Trainer gemessen wurden. Das wußte auch Heynckes – und beging einen folgenschweren Fehler, als er für 1990 den

Spielklassen	
1963/64 – 64/65:	Regionalliga Süd
seit 1965/66:	1. Bundesliga

durch die von Hoeneß geschaffenen modernen Strukturen der Bundesligakonkurrenz meilenweit voraus und erfolgreicher Marktführer. 1983 konnte Schatzmeister Scherer von der „vom finanziellen her erfolgreichsten Saison der Vereinsgeschichte" berichten.

Komplett wurde der „neue FC Bayern" am 1. Juli 1983, als Udo Lattek auf Druck von Hauptsponsor OPEL den wenig öffentlich-

Gewinn der begehrtesten europäischen Trophäe versprach. Es war der Auftakt zu einem turbulenten Jahrzehnt, an dessen Ausgang die Bayern noch immer auf den Europacup der Landesmeister warten. Im Verlauf der neunziger Jahre wurde die Diskrepanz zwischen dem FC Bayern und „dem Rest von Deutschland" kontinuierlich größer, ohne daß die Münchner sich dabei als Übermannschaft herauszuschälen vermochten. Namentlich Werder Bremen gelang es regelmäßig, den alljährlich als Titelkandidat Nummer 1 in die Saison gehenden Bayern Paroli zu bieten und sie mitunter sogar in die Schranken zu weisen. In wirtschaftlicher Hinsicht jedoch waren die Bayern für die anderen Klubs kaum noch erreichbar – allein der Werbevertrag mit OPEL brachte ihnen Summen (6 Mio. Mark pro Jahr), von denen andere Bundesligisten nur träumen konnten. Daß Geld im Fußball jedoch nicht alles ist, bestätigte sich einmal mehr am 5. Oktober 1991, als Aufsteiger Stuttgarter Kickers den FC Bayern vor 35.000 geschockten Fans regelrecht vorführte und mit 4:1 abkanzelte. Klammheimlich waren die von Europa träumenden Bayern in den Abstiegsstrudel geraten – das Aus für Jupp Heynckes.

Sein Rauswurf war der Auftakt zu einer tiefgreifenden Veränderung, wofür allerdings weniger Heynckes Nachfolger Sören Lerby, sondern vielmehr die in die Führungsetage aufrückenden Beckenbauer und Rummenigge verantwortlich waren. Unter ihnen wurde insbesondere die Transferpolitik völlig umgekrempelt. „Die ganzen Millionen auf der Bank nützen dir nichts, wenn du keine Punkte hast. Man muß auch mal auf eine Ablösesumme verzichten, wenn man international im Geschäft bleiben will", erteilte Beckenbauer der Praxis diverser aufstrebender Fußballer, ihren Marktwert in zwei bis drei Spielzeiten beim FC Bayern zu steigern, um alsdann in die zahlungskräftige italienische „Serie A" weiterzuziehen, eine eindeutige Absage. Stefan Effenberg war für längere Zeit der letzte, der von München aus über den Brenner wechselte.

Beckenbauers Führungsübernahme markiert aber noch etwas anderes: Den vielzitierten Wandel des FC Bayern zum „FC

Hollywood" – und daran war der regelmäßig heftig aufbrausende Medienstar selbst nicht gerade unschuldig. Hauptursache war (und ist) allerdings die imposante Ansammlung von Superstars, durch die Neid, Konkurrenz, Cliquenwirtschaft und Egoismus gefördert werden. Querelen und Skandale waren fortan an der Tagesordnung. Dabei fällt eine weitere Veränderung auf: Verfügten die Münchner bis dato stets über drei bis vier langjährige Akteure, die eine Sonderstellung innerhalb der Mannschaft einnahmen, auf dem Spielfeld „das Sagen" hatten und für eine gewisse Kontinuität sorgten, so begann spätestens mit dem Abschied von Klaus Augenthaler (1991) die Zeit der kurzlebigen Starspieler. Seither befindet sich der Kader des FC Bayern in stetiger Bewegung, wobei es regelmäßig Querelen mit und um die sensiblen Stars gibt.

Mit Beginn der Saison 1992/93 war Beckenbauers Handschrift erstmals deutlich zu erkennen: Für die Bundesligarekordsumme von 23,5 Mio. Mark waren Helmer, Jorginho, Scholl, Schupp und Matthäus (im Saisonverlauf) gekommen, denen in der darauffolgenden Saison Valencia, Witeczek und Zickler folgten. Die Verpflichtung des Niederländers Ruud Gullit, mit dem sich der FC Bayern ein kosmopolitisches Flair hatte verpassen wollen und seine Spielkultur zu erhöhen gedachte, scheiterte hingegen in letzter Sekunde. Was dem Klub, dessen Philosophie inzwischen „forever number one" lautete, außerdem noch fehlte, war ein zum illustren Kader passender Übungsleiter mit entsprechend weltmännischer Ausstrahlung. Der amtierende - Erich Ribbeck – galt als Vertreter der ruhigen Art und war zudem alles andere als unumstritten. „Er ist der einzige Mann im Verein, der keine Ahnung vom Fußball hat", behauptete beispielsweise das niederländische Abwehrraubein Jan Wouters. Unter den veränderten Rahmenbedingungen beim FC Bayern konnte Ribbeck nur scheitern und mußte, obwohl sein Team zu jenem Zeitpunkt auf Platz 2 lag, zur Winterpause 1993/94 gehen. Sein Nachfolger war der Kaiser persönlich, der damit die wohl einzigartige Ämterkombination Vizepräsident/Trainer aufwies. Unter ihm holte der FC

Bayern seine dreizehnte Meisterschaft und stellte mit 47.882 Fans pro Spiel einen neuen Zuschauerrekord auf. Nächstes Ziel auf dem Weg zu einem „Klub von Welt" war das Image. Aus der Zeit von Präsident Willi O. Hoffmann umgab den FC Bayern ein eher volkstümliches Flair, welches die Münchner abstreifen mußten, wollten sie mit Klubs wie AC Mailand oder FC Barcelona konkurrieren. Am besten ging das über die Position des Trainers, für die mit Giovanni Trapattoni nicht nur erstmals ein Italiener in die Bundesliga geholt wurde (was, wie vorausgesehen, europaweit Schlagzeilen machte), sondern vor allem ein Mann, dessen Name selbst auf allerhöchster Ebene des europäischen Fußballs einen ausgezeichneten Klang hatte. Trapattoni war exakt der Mann, der dem FC Bayern zum finalen Glamour noch fehlte.

Was dem FC Bayern allerdings weiterhin fehlte, war Geduld, denn Trapattoni bekam nie die Möglichkeit, seine Vorstellungen in Ruhe umzusetzen. Die Kritik an seiner Person begann mit dem ersten Pflichtspieltag (an dem der FC Bayern sensationell gegen den Dorfklub Vestenbergsgreuth aus dem Pokal flog), und führte schließlich dazu, das er frühzeitig seine Rückkehr nach Italien ankündigte. Nicht ganz unschuldig daran waren die Querelen auf der Führungsetage, die erst endeten, als Franz Beckenbauer im November 1994 als neuer Vereinspräsident inthronisiert wurde. Unter des „Kaisers" Führung wurde eine Einkaufspolitik eingeleitet, die seither unter dem alljährlich wiederkehrenden Motto „wir müssen einen Schnitt machen" steht.

Beckenbauer wollte (und will) ein „Dream Team" – und kaufte entsprechend ein. Im Sommer 1995 kamen mit Herzog, Strunz, Klinsmann und Sforza gleich vier ausgewiesene Spitzenkräfte. Das galt auch für den Übungsleiter, denn mit Otto Rehhagel hatte er sich den Mann ausgeguckt, der als der erfolgreichste Trainer seiner Zeit galt. Rehhagels aufsehenerregende Verpflichtung demonstrierte zudem brutal die inzwischen nahezu uneingeschränkte Kaufkraft der Bayern und wurde von wütenden Werder-Fans mit „Nur Narren dienen dem Kaiser" kommentiert. Doch das „Dream Team" war am Reißbrett entstanden und harmonierte in der Realität überhaupt nicht miteinander. Klinsmann und Matthäus – bis dato unbestrittener Leitwolf der Bayern – mochten sich nicht, mit Sforza, Herzog und Matthäus gab es gleich drei Mittelfeldakteure mit Führungsanspruch, und von dem in der Kleinstadt Bremen erfolgreichen Otto Rehhagel zu erwarten, er könne den schillernden FC Bayern auf die höchste internationale Ebene führen und noch dazu schönen Fußball kreieren, erwies sich als Fiasko. Nach einem fulminanten Saisonauftakt (sieben Siege in Folge) brach der Alltag brutal über die Bayern herein. Am Ende gab es diverse Verlierer (Rehhagel, Herzog u.a.) und nur einen Gewinner: Tausendsassa Franz Beckenbauer. Der Kaiser hatte nach der 0:1-Heimschlappe gegen Rostock im April 1996 höchstselbst das Training übernommen und anschließend seinen Ruf („was der anpackt klappt") mit dem Gewinn des UEFA-Pokals mal wieder bestätigt.

1999 ist der FC Bayern nur noch in Superlativen zu beschreiben. Rekordmeister, Rekordverdiener usw. Allerdings ist der Renommierklub auch zusehends zum Tollhaus geworden, in dem jeder gegen jeden kämpft und bei dem der Erfolgszwang drohend über allem schwebt. Mitunter scheint es, als seien die außersportlichen Grabenkämpfe wichtiger als der sportliche Erfolg, und der Einfluß der Medien größer, als der des Trainers bzw. der Vereinsführung. Unter diesen Umständen ist der FC Bayern bislang auch stets an seinem höchsten Ziel – Gewinn der Champions League – gescheitert. Darüber hinaus ist Geduld ein Fremdwort an der Säbener Straße. 1997 und 1998 gelang beispielsweise unter Rückkehrer Trapattoni der Gewinn der Meisterschaft bzw. des DFB-Pokals, was den Italiener jedoch nicht davor bewahrte, durch Ottmar Hitzfeld ersetzt zu werden. Unter dem früheren Dortmunder Erfolgscoach kehrte ungewohnte Ruhe - beinahe Harmonie - ein, die mitverantwortlich für einen regelrechten Traumstart war. Derzeit ist der FC Bayern mal wieder „number one". Wie lange der Burgfrieden hält, ist jedoch ungewiß. Immerhin: Hitzfeld ist ja bekannt für seine stoische Ruhe und Beharrlichkeit. Er wird sie brauchen beim „FC Hollywood".

Hardy Grüne

TSV München 1860

Es gibt Vereine, die umgibt ein Mythos. Nicht so ein schillernder wie der des FC Bayern, der regelmäßig durch Erfolge und Intrigen gespeist wird, sondern ein eher tragischer und weitaus schwerer zu greifender. Zumeist in der Vergangenheit gebildet und anschließend durch diverse sportliche Leidensphasen weiterentwickelt, handelt es sich um eine skurrile Mischung aus selektiver Erinnerung an vergangene Erfolge und unendlicher Sehnsucht, möglichst bald wieder an genau diese anzuknüpfen. In der Regel spricht man in solchen Fällen von einer "Legende", was laut Duden ein "verzerrt dargestellter historischer Vorgang" ist. Der "Turn- und Sportverein München von 1860" ist eine solche Legende.

1860 ist ein Klub, über den steinalte Männer mit zittriger Stimme wahre Wunderdinge erzählen können. Aus den späten zwanziger Jahren beispielsweise, als Max Breunig eine Mannschaft aufbaute, die 1931 ins Endspiel um die deutsche Meisterschaft einzog und dort nach großartigem Kampf nur wegen fragwürdiger Schiedsrichterentscheidungen mit 2:3 gegen Hertha BSC Berlin verlor. So etwas braucht man, um zur Legende zu werden. Oder die Pokalsiegerelf von 1942, deren Angriffsduo Krükkeberg/Willimowski nach Herzenslust wirbelte und im Endspiel selbst den glorreichen Schalkern keine Chance ließ (2:0). Daß das Team sich anschließend kriegsbedingt keine weiteren Titel mehr sichern konnte – Stoff zur Legendenbildung.

Passend zur Duden-Interpretation ("verzerrt dargestellt...") ist die Erfolgstafel der "Legende 1860" erstaunlich klein. Zum Zeitpunkt der Bundesliga-Gründung war der 1942er-Pokalsieg einsamer und einziger Erfolg der Löwen, deren Fußballgeschichte anno 1899 mit der Gründung einer entsprechenden Abteilung im seinerzeitigen

Löwen zwischen Schnitzeljagd und Indianerspielen

Bundesligabilanz	
Bundesligajahre:	1963/64-69/70, 1977/78, 1979/80-80/81, seit 1994/95
Gesamt:	14 Jahre
Beste Plazierung:	Platz 1 (1965/66)
Ewige Tabelle:	Platz 19, 468 Spiele, 166 Siege, 121 Unentschieden, 181 Niederlagen, 740:734 Tore, 619 Punkte
Ø Plazierung:	Platz 10
Top-Spieler:	Petar Radenkovic (215), Manfred Wagner (187), Alfred Heiß (169), Rudolf Zeiser (167), Wilfried Kohlars (141), Hans Reich (141)
Top-Torjäger:	Rudolf Brunnenmeier (66), Bernhard Winkler (50), Peter Grosser (49), Hans Küppers (47), Wilfried Kohlars (45)

"TV von 1860" begonnen hatte. Immer wieder hatte Glücksgöttin Fortuna den Weiß-Blauen anschließend im entscheidenden Moment den Rücken gekehrt, und den Löwen die Rolle des "tragischen Verlierers" zugewiesen - was freilich hilfreich bei der Legendenbildung war. Und wo wir gerade bei Legenden sind: 1860 wird ja nachgesagt, er sei ein "Arbeiterverein". Stimmt nicht! Gegründet und über weite Strecken angeführt von wohlhabenden Kaufleuten, Akademikern oder Medizinern war 1860 vielmehr bis weit nach dem 2. Weltkrieg eher ein "Eliteklub". Allerdings war das Stammpublikum überwiegend proletarischer Herkunft, denn 60igs Spielstätte an der Grünwalder Straße liegt inmitten von Giesing, *dem* Arbeiterviertel Münchens.

Nun aber ins Jahr 1962, wo das mit der Legende eine neue Episode bekam: Noch heute kann man im Trainingszentrum an der Grünwalder Straße (knapp 500 Meter Luftlinie vom derzeit vor aller Augen verrottenden Stadion entfernt) wunderschöne Geschichten über die letzten Tage vor Einführung der 1. Liga hören. "Chancenlos" seien sie gewesen, doch "der Merkel hat's trotzdem geschafft", schwärmen die Trainingskiebitze noch immer mit verklärten Augen. "Der Merkel", das war – natürlich – Max, der Mann mit Zuckerbrot und Peitsche. 1961 hatte es ihn an die Grünwalder Straße verschlagen, wo er sich mit markigen Worten einführte. "Hier muß man erst einmal mit der Machete einen Pfad durch den Fußball-Urwald schlagen", verkündete er gegenüber dem »Bayerischen Rundfunk«, und griff auch sogleich zu dem wuchtigen Schneidewerkzeug. Binnen zwölf Monaten waren von den Spielern, die Merkel 1961 übernommen hatte, nur noch sieben übrig, um die der Wiener eine Elf formte, mit der er in der letzten Oberligasaison 1962/63 die eigentlich unmögliche Qualifikation für die 1. Bundesliga schaffen wollte. Merkel wußte, das 1860 nur eine Chance hatte: "Wir müssen Meister werden". Das jedoch traute den Löwen um Petar Radenkovic, die Jungtalente Hans Rebele und Alfred Heiß sowie die alten Hasen "Fonse" Stemmer und Hans Auernhammer niemand zu. Außer Merkel na-

türlich.

Der Wiener setzte auf Kondition, Kraft und eisernen Willen, die er mit einer kleinen Spur Spielfreude würzte, für die vornehmlich der frühere Essener Hans Küppers zuständig war. Küppers reifte unter Merkel übrigens zum ersten 1860-Nationalspieler seit 28 Jahren (abgesehen von Kriegsgastspieler Willimowski). Nach altbekannter Art flößte der Motivationskünstler seinen Akteuren außerdem den Glauben an sich selbst und die eigene Stärke ein, und führte sie damit zum Erfolg. Am letzten Spieltag der letzten Oberligasaison 1962/63 hatte sein Team nicht nur den frischgebackenen Torschützenkönig Brunnenmeier in seinen Reihen (24 Treffer), sondern auch drei Punkte mehr auf dem Konto als Titelverteidiger Nürnberg, und war zum ersten und einzigen Mal Süddeutscher Meister geworden. Ein Triumph mit Folgen für die gesamte Münchner Fußballszene, denn während er den Löwen die Tür zur Fußball-Bundesliga öffnete, verschloß er sie für die mit einer erfolgreicheren jüngeren Vergangenheit ausgestatteten Bayern. Die Rothosen wurden in die Zweitklassigkeit verbannt, da pro Stadt nur ein Bundesligist möglich war. Und das war im Falle München Südmeister 1860.

Für die Weiß-Blauen ein nicht zu unterschätzender Vorteil. Schließlich lebten die Klubs seinerzeit noch vornehmlich von den Zuschauereinnahmen, und da hatten die Löwen (Schnitt 62/63: 22.000, Bayern: 19.000) nun einen Vorteil. Als einzigem Erstligisten standen ihnen die Herzen aller offen – und die 60er verstanden es ausgezeichnet, sie mit herzerfrischendem Fußball zu erstürmen. In Bundesligajahr 1 lockten sie durchschnittlich 32.000 Fans an, eine Zahl, die vermutlich höher ausgefallen wäre, hätte der Klub über ein zeitgemäßes Stadion verfügt. So aber war das marode Sechz'gerstadion mitsamt in Zeiten des Automobilbooms fataler Parkplatznot der einzige Wermutstropfen in einer strahlenden Bilanz. Schlimmer noch. Es stellte, so befürchteten Skeptiker, "mittelfristig sogar die Konkurrenzfähigkeit des Vereins in Frage".

Doch soweit sind wir noch nicht, denn anno 1963 sah es glänzend aus, und 1860 war auf dem Weg in die erfolgreichste Epoche seiner Vereinsgeschichte. Während 1963/64 in der Bundesliga noch die Auswärtsschwäche (9:21-Punkte) eine bessere Plazierung als Rang 7 verhinderte, waren die Merkel-Schützlinge im Pokalwettbewerb schon nicht mehr zu stoppen. Über Dortmund, Kaiserslautern, Saarbrücken und Regionalligist Altona 93 stürmten sie bis ins Finale, wo sie im Glutofen Stuttgarter Neckarstadion auch der Frankfurter Eintracht keine Chance ließen. Kohlars und Brunnenmeier markierten die Tore zum 2:0-Sieg, der den Löwen ihre zweite Trophäe nach 1942 bescherte. Angenehmer Nebeneffekt war, daß sich 1860 damit erstmals in der Vereinsgeschichte für einen europäischen Vereinswettbewerb qualifiziert hatte.

2:0 in Dortmund - das war die Meisterschaft! Jubel bei den Löwen

Niemand hätte wohl von den Löwen erwartet, daß sie bei ihrem Europapokaldebüt derart auftrumpfen und als zweites bundesdeutsches Team nach Eintracht Frankfurt ins Finale einziehen würden. Dort stoppte allerdings Englands Cupsieger West Ham United vor über 100.000 Zuschauern im Londoner Wembleystadion den Siegeszug, denn trotz eines überragenden Radenkovic gingen die Löwen als 0:2-Verlierer vom Feld. Dennoch gilt das Finale als Höhepunkt der 1860-Geschichte, und es hat – wohl auch wegen der unglücklichen Niederlage - einen wesentlichen Anteil an der "Löwen-Legende". Bis heute ist "Wembley" ein Begriff, der bei den Fans für Gänsehaut, verklärte Blicke und Äußerungen wie "ach, das war eine Mannschaft..." sorgt. In der Tat befand sich das Team um Radenkovic, Wagner, Kohlars, Reich, Bena, Luttrop, Heiß, Küppers, Brunnenmeier, Grosser und Rebele (Endspielaufstellung) auf dem Höhepunkt seines Schaffens. Die Ansammlung hochkarätiger Fußballer verfügte nicht nur über ein den Merkelschen Motivationskünsten und damit einhergehenden Erfolgen zu verdankendes imposantes Selbstbewußtsein, sondern zudem über eine in der Bundesliga wohl einzigartige Kondition und ein Spielsystem (4-2-4), das je nach Situation Sicherheitsfußball oder

Offensive erlaubte, und den Löwen dadurch enorme Flexiltät gab. Doch bei 1860 stimmte nicht nur die sportliche Seite, sondern auch das Umfeld. Geschäftsführer Maierböck und der väterliche Präsident Wetzel hatten den außersportlichen Bereich bestens im Griff, Trainer Merkel genoß Erfolg und Popularität in vollen Zügen und wo immer die Löwen hinkamen, erfreuten sie sich allergrößter Beliebtheit. 1966 war Titel Nummer 3 fällig - die Meisterschale. Der Gewinn der begehrtesten aller deutschen Fußballtrophäen krönte Merkels Wirken an der Grünwalder Straße, markiert aber gleichzeitig den Anfang vom Ende und ist als solcher bereits von Problemen und Querelen getrübt. Schon vor der Saison hatten Meldungen über einen 500.000-Mark-Schuldenberg die Fans erschreckt – eine Folge der überdurchschnittlichen Verdienstmöglichkeiten bei 1860. Trotzdem war der Kader mit Perusic und Konietzka kostspielig verstärkt worden, was sich zumindest in sportlicher Hinsicht auszahlte, denn Konietzka schoß 26 Tore und Perusic avancierte auf Anhieb zum verläßlichen Verteidiger und Publikumsliebling. Das größte Problem war allerdings Trainer Merkel. Der zynische Zampano holte allwöchentlich die Peitsche raus und gefährdete damit den Erfolg. "Von Montag bis Freitag ohne Gefühl auf Teufel komm raus", sei sein Training, schimpfte Kapitän

Grosser – und fing sich einen Verweis von Merkel-Intimus und Vereinspräsident Wetzel ein. Zum Rückrundenstart war die geschundene Mannschaft mit Kraft und Nerven völlig am Ende. Zwei aufeinanderfolgende Niederlagen (0:3 gegen den FC Bayern, 0:4 im Pokal bei Werder Bremen) brachten das schon lange gärende Faß schließlich zum Bersten. Als sich mehrere Spieler beim Präsidium über Merkels Trainingsmethoden beschwerten, zog sich der Wiener schmollend zurück (blieb aber im Amt) und ließ das Team mehr oder weniger im Stich. Radenkovic und Grosser übernahmen, und „weil niemand mehr fertiggemacht wurde, setzte langsam die Regeneration ein" (Grosser). Mit gewisser Berechtigung kann man also sagen, daß 60 dieser "Revolution" die Meisterschaft verdankte.

Mit der Meisterschaft sind vor allem zwei Dinge verbunden: Zum einen hatte der Mythos 1860 endlich etwas Greifbares in den Händen, und zum anderen war Merkel mal wieder "Meistermacher". Doch wie zerschnitten das Tischtuch zwischen Mannschaft und Trainer bereits war, verdeutlicht

kunft eigentlich offen gestanden hätte, ganz erheblich. Hinzu kam der inzwischen auf rund 1 Mio. Mark angewachsene Schuldenberg, denn auch die Meisterschaft war Trainer und Spielern natürlich fürstlich entlohnt worden. Offensichtlich erkannte im Löwen-Lager niemand die Gefahr. Schon im Jahr eins nach Gewinn der Meisterschaft verschlimmerte sich die Situation derart dramatisch, daß Präsident Wetzel sogar sein Haus verpfänden mußte, um Schlimmeres zu verhindern. Sanieren konnte er seinen geliebten TSV 1860 damit allerdings nicht, und so taumelten die Löwen schon kurz nach ihrem Titelgewinn allmählich Richtung Regionalliga, derweil Grünwalder-Straße-Mitbewohner FC Bayern (der ebenfalls im Sechz'ger spielte) sich anschickte, mit nie zuvor erlebter Souveränität die Bundesliga zu beherrschen und Kurs auf Europa zu nehmen. In München stand ein erneuter Machtwechsel an.

Sechzig-Problem Nummer 3 neben Merkel und Schulden war die Transferpolitik. Mit Fahrian, Lutz und Peter wurden 1966 drei Akteure verpflichtet, die verhältnismäßig teuer waren und sich allesamt als Flops erwiesen. Gleichzeitig war mit Otto Luttrop ein Leistungsträger abgegeben worden, was die Löwen nicht kompensieren konnten. Zur Winterpause – Titelverteidiger 1860 lag bereits scheinbar aussichtslos auf Rang 9 – eskalierte dann der Dauerstreit zwischen Mannschaft und Trainer. "Unter Merkel spielen wir keine Sekunde mehr", übermittelten Kapitän Grosser und Petar Radenkovic Präsident Wetzel, dem keine andere Wahl blieb, als seinen Lieblingstrainer zu entlassen. Unter Nachfolger Gunther Baumann wurden die Löwen am Ende sogar noch Vizemeister, was allerdings eher den Unzulänglichkeiten der Konkurrenz als ihrer eigenen Stärke zu verdanken war.

Allmählich kamen nun sämtliche von den Erfolgen übertünchte Probleme ans Tageslicht. Im März 1967 übergab der nach der Merkel-Entlassung völlig frustrierte Adalbert Wetzel, dessen gemächliche aber mitunter auch naive Art bis dato stets für einen gewissen Ausgleich gesorgt hatte, die Leitung der Fußballabteilung an einen gewissen Werner Volkmar, der im August des-

---

1. Spieltag Saison 1963/64

1. Bundesliga, 24. August 1963, TSV 1860 – Eintracht Braunschweig 1:1, 35.000 Zuschauer – Petar Radenkovic, Manfred Wagner, Rudolf Steiner, Rudolf Zeiser, Alfons Stemmer, Otto Luttrop, Alfred Heiß, Hans Küppers, Rudolf Brunnenmeier, Peter Grosser, Rolf Thommes - Tor: 1:0 Brunnenmeier (17.)

18. Spieltag Saison 1998/99

1. Bundesliga, 18. Dezember 1998, 1. FC Kaiserslautern – TSV 1860 1:1, 41.500 Zuschauer – Michael Hofmann, Marco Kurz, Gerald Vanenburg, Holger Greilich, Stefan Malz, Nedjeljko Zelic, Thomas Richter, Abderrahim Ouakili, Harald Cerny, Markus Schroth, Bernhard Winkler - Tor: 0:1 Winkler (51.)

---

ein Blick auf das nach dem Schlußpfiff aufgenommene Siegerfoto, auf dem von Max Merkel weit und breit nichts zu sehen ist. Die Merkel-Geschichte trübte die Aussichten der Löwen, denen mit ihrer eingespielten und erfolgreichen Mannschaft die Zu-

selben Jahres mit einem Koffer voller Geld (aus der Sechzig-Kasse natürlich) auf Nimmerwiedersehen verschwand. Seinem Nachfolger Willi Gumper blieb angesichts des inzwischen angehäuften Schuldenbergs von weit über 1,5 Mio. Mark keine andere Wahl, als das Motto "Gesundschrumpfen" auszugeben. Gumper agierte dabei "unglücklich". Für die Betreuung der durch den Abgang von Torjäger Konietzka weiter geschwächten Mannschaft beispielsweise verpflichtete er mit Albert Sing einen Coach, der später von Kapitän Grosser als "der größte Trottel, den ich je erlebt habe" bezeichnet wurde, "mit dem der Anfang vom Ende, der Anfang vom Untergang" eingeleitet wurde. Dennoch durfte Sing fast 1½ Jahre, bis zum 31. Oktober 1968, das Trainerzepter schwingen, ehe Schluß war mit seinen eher außergewöhnlichen Trainingsmethoden wie "Schnitzeljagd" und "Indianerspielen". Sportlich konnte die angesichts der Finanzlage radikal umgekrempelte Mannschaft (1968 waren auch Bründl, Küppers und Brunnenmeier gegangen) nicht annähernd an die Erfolge der Merkel-Ära anknüpfen. 1968 reichte es nur zu Rang 12, und 1969, als Lokalrivale FC Bayern erstmals Bundesligameister wurde, sprang unter Sing-Nachfolger Hans Pilz mit Platz 10 auch nicht viel mehr heraus. Parallel dazu hatte sich trotz des Ausverkaufs die Finanzsituation verschärft. Rund 2,3 Mio. Mark betrug der Schuldenstand inzwischen, woraufhin flugs verkauft wurde, was noch zu verkaufen war. Mit Patzke, Steiner, Rebele, Reich, Kohlars und Grosser verließen im Sommer 1969 sechs weitere einstige Leistungsträger den maroden Verein, der seinen Kader erneut lediglich mit jungen und hoffnungsvollen Talenten (darunter waren immerhin die späteren Nationalspieler Klaus Fischer und Ferdi Keller) ergänzen konnte. Unter diesen Umständen verlor 1860 zwangsläufig seine sportliche Wettbewerbsfähigkeit und stieg am 30. April 1970 nach einer 1:2-Niederlage in Duisburg ab. Die goldene Ära der Löwen, denen mit Radenkovic, Perusic und Zeiser nun auch die letzten Überbleibsel des Erfolgsteams den Rücken kehrten, war beendet. An der Grünwalder Straße konnte man sich wieder der Legenden-

bildung widmen.

Das tat man dann auch sogleich, denn obwohl der TSV 1860 vor lauter Schulden weder aus noch ein wußte, wurde dem neuen Coach Hans Tilkowski die sofortige Rückkehr ins Oberhaus ins Stammbuch geschrieben. So etwas tut wohl nur jemand, dessen Blick für die Realität von der Vergangenheit getrübt ist. Um es kurz zu machen: Von der Rückkehr in die Bundesliga waren die Löwen meilenweit entfernt. Weder das Wundermittel Trainerwechsel (für Tilkowski kam Schwartz) noch eine recht lebhafte Transfertätigkeit brachten dem Patienten 1860 irgendeine Besserung. Die Löwen blieben zweitklassig. Logische Folge war ein Zuschauerrückgang. Im Mai 1971 sorgten 1.200 Zahlende gegen Villingen 08 für einen neuen Minusrekord. Angesichts der damit einhergehenden Neuverschuldung setzte man 1973 alles auf eine Karte. Mit dem frischeröffneten Olympiastadion im Rücken, Weltenbummler Rudi Gutendorf auf der Trainerbank und Akteuren wie Keller, Mrosko und Heimkehrer Patzke auf dem Feld sollte (besser: mußte) die Rückkehr ins Oberhaus gelingen. Doch an der Grünwalder Straße machte man dieselben Fehler wie schon sieben Jahre zuvor: Für Top-Gehälter Top-Leistungen zu erwarten. Ein Konzept, das nicht aufging. Weil Gutendorf und seine Mannen zumeist nur beschauliche Leistungen boten, war das einzige, was sich bewegte, der Schuldenberg. Der betrug nunmehr 3,4 Mio. Mark.

Die siebziger Jahre waren ohnehin eine Epoche, in der die Höhe des Schuldenberges der Sechziger mehr Aufmerksamkeit erregte, als ihre sportlichen Erfolge. Das lag nicht allein daran, daß Erfolge in jenen Jahren eher rar waren, sondern vor allem am Dauerchaos auf der Vorstandsetage. Es begann alles ganz harmlos und irgendwie sogar harmonisch, als im November 1974 Dr. Erich Riedl seinen CSU-Parteifreund Sackmann auf dem Präsidentensessel ablöste und umgehend die Wende zum Positiven einleitete. Riedl warf den mit einer Monatsgage von 45.000 Mark viel zu teuren Trainer Merkel raus, der im Sommer '74 eine weitere Amtszeit begonnen hatte, setzte durch eine deutliche Reduzierung der Gehälter ein die ökonomische Konsolidierung einleitendes Zeichen und übergab das Trainingszepter an Heinz Lucas, der mit seiner bedächtigen Art für Ruhe und Gelassenheit im sportlichen Bereich sorgte. Unter dem Duo Riedl/Lucas feierte der Mythos 1860 in der Saison 76/77 sensationell die Wiedergeburt. Eigenartigerweise gelang der mit hoffnungsvollen Talenten bestückten Elf um Regisseur Metzger ausgerechnet im Jahr der Rückkehr ins Sechz'ger der Durchbruch – Wasser auf die Mühlen derer, die schon lange die Rückkehr nach Giesing gefordert hatten. Es war eine paradoxe Situation. Nachdem man jahrelang vergeblich mit Investitionen den Aufstieg hatte erzwingen wollen, gelang er nun ausgerechnet mit der wohl kostengünstigsten Mannschaft der jüngeren Vereinsgeschichte, die noch dazu erst in der Aufbauphase war! Begleitet war dies von einem Zuschauerboom (Ø: 20.000), was wiederum der leeren Kasse ausgesprochen gut tat. Bis die Fans den Aufstieg feiern konnten, hatten sie allerdings Nerven beweisen müssen. Die 1977er Aufstiegsspiele zwischen den bei-

den die den Rückstand jedoch mit unbändigem Kampfgeist und einer kräftigen Portion Härte egalisierten und ein drittes Spiel erzwangen. Im Oberhaus war die Wundertüte dann allerdings leer. Die nur mäßig verstärkte Mannschaft (Köstler, Metzler und Vöhringer) brauchte viel zu lange, um sich an die rauhe Erstligaluft zu gewöhnen. Als Hartwig und Co. endlich in Schwung kamen, war die Saison schon zu weit fortgeschritten und die Zahl der übriggebliebenen Spiele zu knapp. Mit neun Punkten Rückstand auf den rettenden fünfzehnten Platz ging es postwendend zurück in Liga 2. Zumindest in wirtschaftlicher Hinsicht war die Saison aber ein Riesenerfolg, denn der kurz zuvor noch fast aussichtslos verschuldete Klub hatte einen dicken Überschuß erwirtschaftet. Trotz Abstieg stand 1860 also die Zukunft offen.

Was dann passierte, haben eingefleischte Löwen-Fans bis heute nicht ganz verstanden, geschweige denn verschmerzt. 1982, also ganze vier Jahre später, verweigerte der DFB ihrem Klub die Lizenz und verbannte ihn in die Bayernliga. 1860 hatte es geschafft, in nur 48 Monaten rund 6 Mio. Mark Schulden zu machen! Als Hauptverantwortlicher galt Präsident Dr. Riedl, der seine erfolgreiche, auf Sparen ausgelegte Führungsarbeit nach dem 1977er Abstieg plötzlich komplett über den Haufen geworfen und statt dessen das Geld in allerbester Löwen-Manier mit beiden Händen ausgegeben hatte. Gerber, Sturz, Scheller, Stering, Flohe, Kapellmann, Zander, Klinkhammer, Wohlers, Beer – die Liste seiner namhaften und kostspieligen Neuverpflichtungen zwischen 1977 und 1981 ist schier endlos. Selbst Gerd Müller stand kurz vor dem Wechsel zu 1860! Riedls wilde und planlose Einkauferei wurde begleitet von regelmäßigen Trainerrauswürfen (Lucas, Krautzun, Rühl, Halama, Kremer) – und einer, das sollte an dieser Stelle keinesfalls übersehen werden, fast unglaublichen Pechsträhne. Nacheinander mußten die als Hoffnungsträger für teures Geld eingekauften Heinz Flohe und Jupp Kapellmann ihre Laufbahnen wegen

Spielklassen	
1963/64 – 69/70	1. Bundesliga
1970/71 – 73/74	Regionalliga Süd
1974/75 – 76/77	2. Bundesliga Süd
1977/78	1. Bundesliga
1978/79	2. Bundesliga Süd
1979/80 – 80/81	1. Bundesliga
1981/82	2. Bundesliga
1982/83 – 90/91	Bayernliga
1991/92	2. Bundesliga Süd
1992/93	Bayernliga
1993/94	2. Bundesliga
seit 1994/95	1. Bundesliga

den Zweitligazweiten Arminia Bielefeld und TSV 1860 gingen nämlich als die wohl spannendsten aber auch brutalsten Fußballduelle der Nachkriegsgeschichte in die Annalen ein. Erst im dritten Spiel setzten sich die Löwen endgültig durch und machten das "Wunder 1860" perfekt. Apropos Wunder: Nach einem 0:4-Debakel im Hinspiel hatte niemand mehr auch nur einen Pfifferling auf die Lucas-Schützlinge gesetzt,

schwerer Verletzungen aufgeben und hinterließen nicht zu stopfende Löcher. Dennoch: Präsident Riedl konnte sich seiner Mitverantwortung nicht entziehen, denn es war vor allem seine undurchschaubare und nahezu willkürliche Führungspolitik, die 1860 fast in den Ruin trieb. Trotz deutlich zurückgehendem Zuschauerinteresse zahlte er beispielsweise weiterhin viel zu hohe Gehälter, was den Schuldenstand steigen ließ und die Talfahrt beschleunigte. Und als den Löwen das Wasser bereits bis zum Hals stand, holte er auch noch einen zwielichtigen Immobilienmakler namens Roland Holly ins Boot, welches wenig später endgültig kenterte.

Am 6. Juli 1982 stand der TSV 1860 vor dem Aus. Keine Lizenz, kein Geld, keine Mannschaft und keine Hoffnung. Daß es dennoch weiterging, war vor allem Richard Müller (neuer Präsident), Erich Beer (Mannschaftskapitän) und Bernhard Schumm (neuer Trainer) zu verdanken, denen es gelang, binnen weniger Wochen die Vergangenheit abzuschütteln und die Weichen für die Zukunft zu stellen. Mindestens ebenso großen Anteil am Überleben haben allerdings die Fans. Über 12.000 von ihnen kamen nämlich zum ersten Bayernligaheimspiel gegen die SpVgg. Landshut und schrieben damit ein neues Kapitel für die "Gesammelten Werke des Mythos 1860". Symbolträchtig hatte irgendjemand "Einmal Löwe – Immer Löwe" auf ein Transparent gepinselt: Ein Slogan, den sich die Fans in den nächsten Jahren regelmäßig – und nicht selten mit einer gehörigen Portion Trotz gewürzt - gegenseitig vorbeteten. Neun Jahre verbrachte der TSV 1860 in der Bayernliga. Neun Jahre, in denen die Fans von einer Verzweiflung in die nächste getrieben wurden, und trotzdem – bundesweit bestaunt - unverdrossen die Treue hielten. Neun Jahre, in denen die Hoffnung auf eine Rückkehr ins Profilager häufig schon vor der Winterpause starb, und in denen Enttäuschung reichlich war. 1984 erreichte 1860 erstmals die Aufstiegsrunde – und holte in sechs Spielen ganze drei Punkte. 1986 rutschten die Löwen als Ersatz für Bayernligameister Landshut, der verpennt hatte, die Lizenz zu beantragen, erneut in die Aufstiegsrunde – und schnitten mit nur

einem Punkt noch schlechter ab! Zwischendurch, in der Spielzeit 1984/85, drohte gar der Abstieg in die Landesliga! Begleitet (und begründet) wurden die vergeblichen Wiederbelebungsversuche von einer ziemlich intensiven Trainer- und Spielerfluktuation sowie einem fatalen Dauerchaos auf der Vorstandsebene. 1984 hatte der Bauunternehmer Karl Heckl das Präsidentenamt übernommen und die wohl turbulenteste Phase der ohnehin turbulenten 1860-Geschichte eingeleitet.

Der Präsident und sein Trainer: Karl-Heinz Wildmoser und Werner Lorant

Heckls Rolle in der Löwen-Historie ist schwer zu bewerten. Einerseits setzte er sich für den konsequenten Abbau der Schulden ein und half dabei auch durchaus aus eigener Tasche, andererseits sorgte sein Auftreten für mächtig Unruhe im Verein. Heckl verstand sich als jemand der zahlte und dafür die Richtung angeben durfte. Allerdings verließ er sich dabei viel zu häufig auf windige Berater und Hintermänner, was zur Folge hatte, daß die Löwen von einer sportlichen und/oder wirtschaftlichen Krise in die nächste taumelten. Nie zuvor kamen und gingen beim TSV 1860 derart viele Trainer und Spieler, wie in der bis 1988 währenden Heckl-Ära. Ernten konnte der Präsident praktisch nichts. Im Gegenteil: 1986 hallten bei der 0:1-Heimschlappe im Aufstiegsspiel gegen Salmrohr wütende "Wir sind Löwen, und ihr nicht"-Rufe durchs Stadion. Die Sympathie selbst der treuesten Fans war verspielt - so tief war 1860 noch nie gesunken. Als sich Heckl knapp zwei Jahre später frustriert zurückzog (er erlag wenig später einem Herzinfarkt), ging es dem TSV mal wieder schlecht. Wie sechs Jahre zuvor hieß es "kein Geld, keine Mannschaft, keine Hoffnung" - doch diesmal waren keine 12.000 Fans da, die den Karren aus dem Dreck ziehen wollten. Zum Lokalderby gegen die Bayern-Amateure im Frühjahr 1988 kamen ganze 300 Hartgesottene!

Drei Jahre später feierten rund mitgereiste 7.000 Löwen-Fans einen 2:0-Sieg in Kassel einer Elf, die nahezu perfekt zum "Mythos 1860" paßte. Fast ausnahmslos aus Bayern stammend, zum Großteil gar aus München und mit einem Trainer ausgestattet, dem der gute Draht zu den Fans wichtiger war als scheinheilige Harmonie mit dem Präsidium: Karsten Wettberg. Der Aufstieg kam einer Erlösung gleich und war verdienter Lohn für die Arbeit des Präsidiums um die als "Hausfrau" verunglimpfte Liselotte Knecht, die nach ihrem Amtsantritt im April 1988 von allen Beteiligten "die Bereitschaft, alles für 1860 zu tun" eingefordert hatte.

Doch noch war das Drittligatrauma nicht beendet, denn aus dem "Nie mehr Bayernliga", das die Fans in Kassel noch so inbrünstig gesungen hatten, wurde nichts. Nahezu fahrlässig verspielte die Elf um den Freistoßexperten "Magic" Kneißl den schon sicher geglaubten Klassenerhalt und mußte in die Bayernliga zurück. Fast noch saurer als über den Abstieg waren die Fans allerdings über den Rauswurf von Meistercoach "König Wettberg", der den erneuten Turbulenzen auf der Vorstandsebene zum Opfer gefallen war. Kurz nach Wettberg ging auch Präsidentin Knecht, für die am 17. Mai 1992 der Großgastronom Karl-Heinz Wildmoser die Vereinsführung übernahm.

Unter seiner Regentschaft wurde aus der "Tragödie 1860" ein "Heldenepos", in dessen Verlauf die Löwen nur zwei Jahre nach ihrem erneuten Abstieg die Rückkehr in die 1. Bundesliga feierten. Eine Erfolgsstory, die neben Wildmosers Namen auch den von Werner Lorant trägt. Der knorrige Westfale übernahm im Juni 1992 das Training und krempelte den Kader komplett um. Unter seiner Führung schaffte das Team um Störzenhofecker, Kneißl und Ossen souverän die Rückkehr in die 2. Liga, wo ihm – nicht zuletzt wegen der Neuzugänge Winkler und Pacult - der Durchmarsch gelang.

Nicht nur in sportlicher Hinsicht konnte 1860 an alte Erfolgszeiten anknüpfen, denn auch wirtschaftlich ging es dem Verein dank Präsident Wildmoser wieder gut. Doch kein Märchen ohne böse Buben: Weil sich der mitunter etwas burschikos auftretende Wildmoser wenig demokratischer Methoden bediente und jegliche Opposition gnadenlos unterdrückte, geriet er in die Kritik, was angesichts des Dauererfolges zunächst allerdings wenig Beachtung fand. Erst als Wildmoser nach der sportlichen Etablierung im Oberhaus plötzlich ankündigte, zur Saison 1995/96 das geliebte und mit unzähligen Mythen umgebene "Sechz'ger-Stadion" zu verlassen, um fortan im ungeliebten und von vielen Fans "rote Schüssel" genannten Olympiastadion zu spielen, gab es einen ersten kollektiven Aufschrei. Allerdings nicht lange, denn die Protestaktionen ebbten, nicht zuletzt wegen des andauernden sportlichen Erfolges, rasch ab.

In sportlicher Hinsicht schaffte 1860 überraschend mühelos die Etablierung im Oberhaus, was vor allem dem dickköpfigen und streitlustigen Lorant zu verdanken war, der ohne Rücksicht auf Sentimentalitäten alles dem Erfolg unterordnete. 1996 gelang die Qualifikation für den UI-Cup, 1997 die für den UEFA-Cup und nach einer kurzen Verschnaufpause haben sie sich 1998/99 sogar erstmals in der Spitzengruppe etabliert. Der "Mythos 1860" ist zweifelsohne so lebendig wie lange nicht mehr, wobei gleichzeitig vom "Mythos" nicht mehr viel geblieben ist. Wie mehr oder weniger jeder Bundesligist ist auch 1860 inzwischen ein sporttreibendes Wirtschaftsunternehmen und als solches entfremdet von seinen Wurzeln. Tradition wird nur noch zu Werbezwecken genutzt, und Kontinuität in Sachen Spielerkader scheint spätestens seit Bosman ein Relikt aus der Vergangenheit zu sein. Die Löwen machen da keine Ausnahme. Und warum auch? Nach zehn Jahren Bayernliga sind sie schließlich wieder fester Bestandteil der Bundesliga!

Hardy Grüne

Preußen Münster

Münster ist eine schöne Stadt und wird in gewissen Kreisen als "ideal zum Leben" bezeichnet. Für Fahrradfahrer beispielsweise herrschen dort nahezu paradiesische Zustände. Ein ausgedehntes Radwegesystem erinnert an allerbeste niederländische Vorbilder und macht dem Zweirad-Fan das Leben leicht. Noch stolzer ist Münster allerdings auf seine altertümlichen Bauwerke. Den Prinzipalmarkt mit seinen wunderschönen Patrizierhäusern beispielsweise, oder die zahlreichen Adelshöfe und Bürgerhäuser im Stadtzentrum. Nicht zu vergessen natürlich die Kirchen, die Münster den Beinamen "niederdeutsches Rom" eingebracht haben. Ein Rundgang durch die Innenstadt wird dem Besucher rasch deutlich machen, warum Münster so stolz auf seine Geschichte ist.

Mit dem "Sport-Club Preussen von 1906 e.V." verhält es sich ähnlich. Auch er ist – zu recht - stolz auf seine Geschichte und kann mit herrlichen Ereignissen aus der Vergangenheit protzen. 1951 wurde man Deutscher Vizemeister, 1963 zählten die Preußen zu den Gründungsmitgliedern der 1. Bundesliga. Doch im Gegensatz zu Münsters steinernen Relikten der Siedlungsgeschichte locken die Meriten der Fußballvergangenheit heute keineswegs die Massen an - der Zahn der Zeit nagt an der Fußballhistorie eben in einem anderen Tempo als an Sehenswürdigkeiten. 1951, das Jahr der Vizemeisterschaft, ist für Gebäude kein Datum: Neubau, und weil man in den Fünfzigern eben so baute, häßlich. Im Fußball hingegen sind die 48 Jahre, die seither vergangen sind, eine Ewigkeit. Tiefste Geschichte, mit der man heutzutage niemanden mehr hinterm Ofen hervorlocken kann. Damals trugen Männer wie "Adi" Preißler, "Fiffi" Gerritzen oder Otto Mierzowski das grüne Jersey mit dem schwarzen Preußen-Adler und begeisterten die einstige Fußballdiaspora Münsterland,

Notizen aus der Provinz

Bundesligabillanz	
Bundesligajahr:	1963/64
Gesamt:	1 Jahr
Beste Plazierung:	Platz 15 (1963/64)
Ewige Tabelle:	Platz 42, 30 Spiele, 7 Siege, 9 Unentschieden, 14 Niederlagen, 34:52 Tore, 30 Punkte
Ø Plazierung:	Platz 15
Top-Spieler:	Klaus Bockisch (30), Dagmar Drewes (30), Werner Lungwitz (29), Heinz-Rüdiger Voß (28), Hermann Lulka (28)
Top-Torjäger:	Hermann Lulka (9), Manfred Rummel (7), Manfred Pohlschmidt (6), Karl-Heinz Kiß (3), Klaus Bockisch (3)

die sich gerade in ihrem „Fußball-Coming-Out" befand. Auch 1963, als Manfred Rummel, Manfred Pohlschmidt, Falk Dörr und Co. in München, Hamburg und Berlin aufliefen, um das Fähnchen der Provinzstadt Münster in der Großstadtliga 1. Bundesliga möglichst hoch zu halten, ist viel zu lange her, um heute etwas anderes als einen Eintrag in den Geschichtsbüchern darzustellen – zumal Münsters Kikker, die damals übrigens Jerseys trugen, die stark an Oberhemden erinnerten (mit durchgehender Knopfleiste!), nach nur einer Saison abstiegen.

Im Grunde genommen könnte man das Kapitel "Die Erfolgsgeschichte des SC Preußen" damit bereits schließen. Sicher: Von 1975 bis 1979 klopften die Münsteraner mehrfach heftig ans Bundesligator, kehrten 1989 in die 2. Bundesliga zurück, sicherten sich 1994 den ruhmreichen Titel des deutschen Amateurmeisters. Doch "Erfolgsgeschichte"? Nein, das waren die rund 35 Jahre nach dem ersten und bis heute einzigen Bundesligaabstieg anno 1964 wahrlich nicht. "Beim SC Preußen reden sie nur vom Professionalismus, wissen aber nicht, wie das Wort geschrieben wird", wies der unlängst als Trainer zurückgekehrte Hans-Werner Moors einmal auf einen der gewichtigsten Gründe hin, warum das so war, warum der SC Preußen beinahe jährlich hinter den Erwartungen zurückblieb: seine Führungsetage.

Zwischen Anspruch und Wirklichkeit lagen in Münster häufig, man muß es so deutlich sagen, "Welten". Das war im Grunde genommen schon anno 1951 so, als nur dank des sogenannten "100.000-Mark-Sturms" der Einzug ins Endspiel um die deutsche Meisterschaft gelang. Dabei handelte es sich um eine aus Rachuba, Lammers, Preißler, Schulz und Gerritzen bestehende Sturmformation, die nach Ansicht eines süddeutschen Zeitungsreporters 100.000 Mark wert sei und vom Volksmund sofort entsprechend getauft wurde. Der stürmende Fünferrat war allerdings ein künstlich geschaffenes Gebilde: Preißler und Schulz waren aus Dortmund gekommen, Gerritzen aus Oldenburg, Rachuba aus Erkenschwick und Lammers von München 1860. Sie waren nach Münster gewechselt, weil

man seinerzeit als Fußballer in der Provinz besser verdienen konnte, als in den Ballungszentren Ruhrgebiet oder München. Doch das Kunstgebilde war auf Sand gebaut. Zwölf Monate nach dem Beinahe-Triumph von Berlin (die Preußen verloren das Endspiel unglücklich mit 1:2 gegen den 1. FC Kaiserslautern) wurde der SCP in der Oberliga West nur Siebter und gab seinen Fans einen ersten Vorgeschmack auf das, was ihn bis heute als so ziemlich einzige Konstante treu begleitet hat: Eine Mischung aus Selbstüberschätzung, Disharmonie und fast unglaublicher Schwäche im Umgang mit Geld.

Obwohl Preußens Gloria mit dem Finale von 1951 mehr oder weniger schon wieder beendet war und das Team ins Oberliga-Mittelmaß zurückfiel, gehörte es zu den 16 Gründungsmitgliedern der 1. Bundesliga. Doch mit einer schon fast als fahrlässig zu bezeichnenden Großspurigkeit wurden bereits vor dem ersten Bundesligaspieltag die Weichen zum sofortigen Abstieg gestellt. Die Preußen-Führung war sich so sicher gewesen, beim Bundesliga-Auftakt dabeizusein ("Angst, das wir nicht reinkämen? – Nie gehabt!"), daß sie gar nicht daran dachte, nach der Qualifikation auch die notwendigen sportlichen Weichen zur nun anstehenden Sicherung der Erstklassigkeit einzuleiten. Ein psychologisches Problem: Für Münsters Führungsriege war trotz Bundesliga-Einführung, durch die die Zahl der Erstligaklubs von 74 auf 16 sank, Erstligafußball gleich Erstligafußball - und da gehörte der SC Preußen traditionsgemäß eben dazu. Punkt, aus, Schluß.

Natürlich gingen auch die Preußen nicht völlig unvorbereitet ins Bundesliga-Abenteuer. Frohen Mutes hatten sie ihren von Richard Schneider trainierten Kader durch den Einkauf von Rummel, Bente und Kiß vor allem im Angriff notwendige Verstärkungen verschafft, derweil die Abwehr um den kurzzeitig sogar von Real Madrid umworbenen Keeper Eiteljörge, Stopper "Whiskey" Bockisch sowie Kania und Tybussek als "bundesligatauglich" betrachtet wurde. Auch wenn die angestrebte Verpflichtung des Mönchengladbacher Talents Günter Netzer scheiterte (für Netzers Vater war Münster zu weit weg von der niederrheinischen Heimat), glaubte man sich im Preußen-Stadion gut gerüstet und verschwendete keinen Gedanken an den möglichen Abstieg.

Münsters Bundesliga-Abenteuer begann vielversprechend. Am 24. August 1963 trotzten die Westfalen dem ewigen Nordmeister HSV einen Punkt ab und gingen in den folgenden beiden Heimspielen sogar als Sieger vom Platz (jeweils 4:2 gegen Meiderich und Stuttgart). Doch mit der 1:2-Heimniederlage gegen Dortmund am siebten Spieltag begann eine Negativserie, die den SC Preußen völlig aus der Bahn warf. Nach 3:15-Punkten in Folge rutschten die Adlerträger am 14. Dezember 1963 (0:2 bei Hertha BSC) erstmals auf Abstiegsrang 15, den sie bis zum letzten Spieltag nicht mehr verlassen sollten. Die sportliche Krise war begleitet worden von internen Spannungen. Eine Woche nach dem 0:5-Debakel zum Rückrundenauftakt beim HSV hatte Trainer Schneider Torjäger Rummel auf die Tribüne verbannt, da er am Abend zuvor ausgiebig gefeiert hatte. Im Mannschaftskader war derweil Unzufriedenheit aufgekommen, weil die Neuzugänge Rummel, Bente und Kiß im Vergleich zu vielen langjährigen Preußen-Akteuren deutlich höhere Bezüge erhielten. Schlechte Voraussetzungen im Abstiegskampf.

Wenige Hoffnungsschimmer, wie beispielsweise das mit tollem Konterfußball erzielte 3:0 im Stuttgarter Neckarstadion, standen zahlreichen Enttäuschungen gegenüber, und bereits am vorletzten Spieltag besiegelte eine 2:4-Niederlage im Bremer Weserstadion endgültig das Schicksal der Münsterländer. Bei der anschließenden Ursachenforschung stellte sich heraus, daß ausgerechnet der neuformierte und nicht gerade kostengünstige Sturm das Problem gewesen war. Ganze 34 Saisontore hatten Rummel, Bente, Kiß und Co. markiert – so wenige, wie kein anderer Erstligist. "Die paßten nicht zu uns. Mit unserer alten Truppe, die die Bundesliga-Qualifikation geschafft hatte, wären wir nie abgestiegen", sah auch der damalige Stürmer Manfred Pohlschmidt die Abstiegsursache in fehlender Harmonie.

Am 9. August 1964 verpaßte jener Pohlschmidt mit zwei Treffern beim 2:1-Sieg

Volle Hütte zum Bundesligastart. Preußen-Keeper Schnoor erwischt das Leder vor Hamburgs Rummel

über den Wuppertaler SV den Hoffnungen, mit nahezu unverändertem Kader (nur Rummel und Bente waren gegangen) den "Betriebsunfall Abstieg" umgehend wieder reparieren zu können, einen kräftigen Schub. Doch die Saison 1964/65 brachte nur Platz 8 und war somit nur ein weiteres Kapitel in der noch immer andauernden Leidensgeschichte des SC Preußen Münster, die ihn bis heute nicht wieder dorthin führte, wo er meint(e), hinzugehören: In die 1. Bundesliga.

Die Ursachen für Münsters Scheitern waren weniger im sportlichen Bereich, als vielmehr auf der Führungsetage zu suchen. Dort glaubte man unbeirrt an das "natürliche Recht der Preußen auf einen Erstligaplatz" und hatte nach dem Abstieg kaum Anstrengungen unternommen, sich der neuen Situation anzupassen. Der Regionalliga-Aufenthalt sollte ja ohnehin nach zwölf Monaten wieder beendet sein. Doch die Preußen-Führung beging einen entscheidenden Fehler: Sie übersah, daß die Einnahmen im Vergleich zur Bundesligasaison auf knapp 300.000 Mark geschrumpft waren (zuvor rund 1,2 Mio.) und lebte völlig über ihre Verhältnisse: Im Sommer 1965 herrschte "plötzlich" Ebbe in der Preußen-Kasse, und statt vom Wiederaufstieg zu träumen mußte man an der Hammer Straße fortan kleinere Brötchen backen. Mit Lungwitz, Pohlschmidt und Kiß wurden drei Leistungsträger abgegeben, was die Finanzsituation zwar ein wenig entspannte, ohne die der SC Preußen sportlich allerdings endgültig im Mittelmaß verschwand. Das wiederum wollten die Münsteraner Fußballfans nicht sehen. Sie blieben zu Hause und vergrößerten die Finanzsorgen im Preußenstadion.

Im März 1966 trat Vorsitzender Josef Oevermann, der den Preußen-Aufschwung in den fünfziger Jahren eingeleitet hatte und der von Kennern der Münsterschen Fußballszene einerseits als "Alleinherrscher" charakterisiert wird, den aber „im Unterschied zu einigen seiner Nachfolger ein gewisser Sachverstand und Fürsorgebewußtsein aus-

die Rückkehr in die Bundesliga möglich gewesen wäre, dann in der Saison 66/67", meinte Torhüter Herbert Eiteljörge später und sah das Manko in der Person von Trainer Povoslav "Boba" Mihailovic, der zu Saisonbeginn Richard Schneider abgelöst hatte: "Wir hatten eine Bombentruppe, aber den falschen Trainer. Mihailovic entwickelte keine Spielkultur, sondern machte aus uns Leichtathleten. 5.000-Meter-Läufe, 400-Meter-Staffeln und 100-Meter-Sprints, das waren unsere Trainingseinheiten. Wir haben im Training nur die Aschenbahn gesehen. Und Spaß gab es bei uns überhaupt nicht mehr". Am Saisonende landete das Team um Jungtalent Klaus Ackermann und Publikumsliebling Günter Augustat auf einem enttäuschenden neunten Platz.

Angesichts der finanziell unverändert angespannten Lage setzte Vorsitzender Dr. Berg nun auf die Jugend und übergab die sportliche Leitung dem einst in England als Torhüter gefeierten Bernd Trautmann, der jedoch über kaum Erfahrung als Trainer verfügte und unter dem die Preußen 1967/68 erstmals sogar in Abstiegsgefahr gerieten. Allerdings hatten sie zuvor mit Ackermann, Feller, Bockisch, Anzill, Siebielski, Gerstner, Kostedde und Tybussek auch acht Stammkräfte verloren. Die Finanzen...

Vom "Betriebsunfall Abstieg", den man 1964 noch so vollmundig sofort wieder hatte reparieren wollen, sprach inzwischen niemand mehr. Angesichts von rund 150.000 Mark Schulden hieß das Ziel stattdessen "Überleben". Vorsitzender Dr. Berg meinte, dies mit zurückhaltender Transferpolitik tun zu müssen. Eine Vorgehensweise, die intern heftig umstritten war und die Preußen zudem sportlich und wirtschaftlich zum Stillstand verdammte. Im Oktober 1968 kam die Wende. Zunächst wurde der glücklose Bernd Trautmann entlassen, wenig später nahm Dr. Berg seinen Hut, und sein Nachfolger, der Arzt Dr. Alfred Bäumer, kündigte angesichts des zurückgehenden Zuschauerinteresses (1968/69 nur noch rund 5.000 Zahlende pro Spiel) umgehend ein umfassendes Investitionsprogramm an, mit dem die Rückkehr ins Oberhaus erzwungen werden sollte. Schon zur Saison 1969/70 schlug man kräftig auf dem Transfermarkt zu und holte Klei-

---

1. Spieltag Saison 1963/64

1. Bundesliga, 24. August 1963, Preußen – Hamburger SV 1:1, 30.000 Zuschauer - Herbert Eiteljörge, Heinz-Rüdiger Voß, Helmut Tybussek, Dagmar Drewes, Klaus Bockisch, Werner Lungwitz, Karl-Heinz Kiß, Manfred Pohlschmidt, Manfred Rummel, Falk Dörr, Hermann Lulka - Tor: 1:0 Dörr (70.)

15. Spieltag Saison 1998/99

Regionalliga West/Südwest, 16. Dezember 1998, FSV Salmrohr - Preußen 0:1, 600 Zuschauer - Alexander Ogrinc, Andreas Helmer, Olaf Buschkötter, Heiko Kuhn, Dirk Böcker, Stephan Küsters, Jürgen Serr, Thomas Ridder, Reinhard Geise, Heiko Weber (66. René Müller), Carsten Gockel (84. Carsten Becker) - Tor: 0:1 Müller (67.)

---

zeichnete", ratlos von seinem Amt zurück. Nachfolger wurde der Gymnasiallehrer Dr. Hans Berg, unter dem der SC Preußen trotz allmählich verbesserter Rahmenbedingungen unverändert im Mittelmaß blieb. Es fehlte vor allem an Fachkenntnis: "Wenn

na, Tonk, Jeworrek, Böttcher und Wartusch ins Münsterland, was sich jedoch kaum in der Tabelle widerspiegelte: Platz 7. Folgenschwerer waren die außersportlichen Vorgänge im Tollhaus Preußenstadion. Der gesundheitlich angeschlagene Trainer Schneider war mehrfach ausgefallen, und im März 1970 hatte dann urplötzlich die Dr. Bäumer-Ära geendet, als der Gartenbauunternehmer Günter Wellerdieck die Vereinsführung übernahm und die turbulenteste Phase der Vereinsgeschichte einleitete. Angesichts des trotz mehrfacher Finanzspritzen der Stadt Münster rund 400.000 Mark hohen Schuldenberges – eine in jenen Tagen astronomische Summe – und einer Mannschaft, deren Leistungsträger überaltert waren und somit im Falle des Verkaufs kaum Erlöse einbrachten, mahnte Wellerdieck Bescheidenheit an. "Wir müssen als Nahziel die Entschuldung ansehen. Erst wenn wir finanziell gesund sind, können wir an die Bundesliga denken".

In den nächsten Jahren dümpelte der SCP im unteren Mittelfeld der Regionalliga herum und bereitete seinen Fans nur sporadisch Freude. Immerhin stießen mit Karl-Heinz Krekeler und Benno Möhlmann zwei Spieler hinzu, die noch Vereinsgeschichte schreiben sollten. Chaos herrschte vor allem auf der Trainerbank. Richard Schneider war Ende 1970 aus gesundheitlichen Gründen von „Aki" Schmidt abgelöst worden, der im März 1972 Slobodan Cendic Platz machen mußte, unter dem der SC Preußen in ein ziemlich eigentümliches Fahrwasser geriet. Der jähzornige Jugoslawe machte ständig Negativschlagzeilen: Im August 1972 kassierte er eine Verbandsschelte, weil er einem Uerdinger Spieler gedroht hatte, ihn "nach dem Spiel kaputt zu machen", wenig später verpaßte er seinem eigenen Torhüter Topalovic einen Faustschlag und kurz darauf schmiß er Mannschaftskapitän Bernd Michel, der sich kritisch über ihn geäußert hatte, kurzerhand aus dem Kader. Vorsitzender Wellerdieck ließ Cendic gewähren und hielt sogar an dem Jugoslawen fest, als der Spielerrat per Resolution die Wiedereinstellung von Kapitän Michel forderte. Am 13. Mai 1973 erreichte der SC Preußen Münster mit einer 0:9-Niederlage bei Borussia Dortmund einen neuen Tiefpunkt seiner Vereinsgeschichte.

Preußens Führungsspitze stand vor einer schwierigen Situation. Um die für 1974 angekündigte zweigleisige 2. Bundesliga zu erreichen, war eine personelle Aufstockung unumgänglich, doch dafür fehlte das Geld – man wollte schließlich zuvorderst Entschuldung. Damit war nun Schluß, denn Vorsitzender Wellerdieck entschied sich für die gewagte Variante "Sanieren durch Investieren" – und wurde belohnt. Überraschend souverän gelang den Münsteranern der Sprung in die neue 2. Liga. Finanziell spiegelte sich der sportliche Aufschwung in einem deutlich gestiegenen Zuschauerinteresse (Schnitt rund 7.000) wider. Dennoch gab es einen Mißklang, als die zwischenmenschlichen Probleme zwischen Mannschaft und Trainer Cendic im Frühjahr 1974 erneut aufbrachen und in Cendic' Entlassung mündeten. "Preußen Münster steckt voller Merkwürdigkeiten", kommentierten die »Westfälischen Nachrichten« leicht verwundert.

Was nun kam, waren Preußens beste Jahre seit dem Bundesligaabstieg. Zwischen 1974 und 1979 waren die Adlerträger mehrfach kurz davor, ins Oberhaus zurückzukehren und verstanden es ausgezeichnet, das Münsterland für sich zu begeistern. Anläßlich des Schlagerspiels gegen Nachbar Arminia Bielefeld sorgten beispielsweise am 1. Februar 1975 mehr als 30.000 Zuschauer für die größte Kulisse seit dem Bundesligaabstieg, und am 26. Mai 1976 wohnten dem Thriller gegen Borussia Dortmund unterschiedlichen Angaben zufolge sogar zwischen 34.000 und 40.000 Menschen bei. Sie sahen einen hochverdienten 4:1-Heimsieg, der den Preußen das Tor zur Bundesliga sperrangelweit öffnete. Doch nur zwei Wochen später verspielten Welz, Meis, Krekeler, Grünther, Karbowiak, Blau, Möhlmann, Moors, Jank, Deterding und Kaczor mit einem 2:2 gegen die DJK Gütersloh - Güterslohs Ausgleich fiel praktisch mit dem Schlußpfiff - die große Chance und mußten sich am Saisonende mit Platz 3 zufrieden geben. "Die Mannschaft war so platt, daß sie keine taktische Disziplin mehr einhalten konnte", sah

Hans-Werner Moors den Hauptgrund im Wirken Rudi Faßnachts, der die Mannschaft "kaputt trainiert" habe. 1976/77 wurde ein weiterer (vergeblicher) Anlauf unternommen. Mit Graul, Seiler, Wolf und Mall schlugen die inzwischen mit rund einer Mio. Mark verschuldeten Preußen abermals kräftig auf dem Transfermarkt zu, doch statt Aufstiegsjubel gab es erneut nur Ernüchterung: Platz 6.

Vor der Spielzeit 1977/78 erkundigte sich Vorsitzender Wellerdieck in Ermangelung eigener Ideen beim heutigen Bundestrainer Erich Ribbeck, wen der SCP denn als Trainer verpflichten könne. Ribbeck nannte den Namen Werner Biskup, der seinerzeit in Belgien tätig war und mit dessen Wechsel an die Hammer Straße zum vorerst letzten Mal Euphorie im Preußen-Lager einzog. Höhepunkt war ein triumphaler 2:0-Erfolg über Rot-Weiß Essen, bei dem am 8. Januar 1978 rund 30.000 Zuschauer über Treffer von Möhlmann und Mall jubelten - und "Kalle" Krekeler feierten, der Essens gefürchtetes Kopfballungeheuer Horst Hrubesch völlig abgemeldet hatte. Doch wie schon zwei Jahre zuvor verdarben sich die Münsteraner durch eine 0:1-Niederlage bei Angstgegner Bayer Leverkusen höchstselbst die Aufstiegschance und wurden – nachdem sie 37 Spieltage in Fol-

dieck aufstellen, zog jedoch rasch seine Kandidatur zurück, als plötzlich bekannt wurde, daß unter Wellerdieck "krumme Geschäfte" gemacht worden waren: Beim SC Preußen gab es "schwarze Kassen"!

Als hätten die Preußen nicht schon genug Ärger, verweigerte der DFB ihnen kurz darauf auch noch die Lizenz für die Saison 78/79, weil sich "Bedenken ob der Wirtschaftlichkeit" ergeben hatten. Erst im Revisionsverfahren konnten die Münsteraner das begehrte Papier entgegennehmen, doch die sportliche Talfahrt war nun nicht mehr aufzuhalten. Insbesondere die ungeklärten Verhältnisse auf der Führungsebene – der Schuldenberg betrug inzwischen 3 Mio. Mark, die Führungstroika um Wellerdieck war vom DFB wegen einer „Schwarzkarten-Affäre" gesperrt worden – wirkte sich fatal aus. Dem SCP drohte der Konkurs. Erst am 23. März 1979 konnte Wellerdieck-Nachfolger Schmelter Entwarnung geben: Die Gläubiger hatten einem Vergleich zugestimmt, wodurch der Schuldenberg auf überschaubare 700.000 Mark sank. Doch die Atempause dauerte nicht lange. Sportlich ging es rasch in den Tabellenkeller, da angesichts der Finanzsituation ein Ausverkauf unumgänglich gewesen war; Mitte September 1979 trat der bis dahin sehr erfolgreich agierende Vorsitzende Schmelter verärgert zurück, weil seine Bestrebungen, dem Verein demokratische Verwaltungsstrukturen zu geben, von diversen Seiten torpediert worden waren, und nebenbei war der Ausverkauf weitergegangen. Nach Grünther, Salewski, Gede, Mall und Petkovic hatten im Verlauf der Saison 79/80 auch noch Held, Jürgens und Kaczor das Preußenstadion verlassen, denen im Sommer 1980 Linders, Schütte, Fraßmann und Werner Fuchs folgten. Mit dem Rest war in der letzten Saison der zweigleisigen 2. Bundesliga kein Staat zu machen, und so trat der SCP am 30. Mai 1981 zu seinem vorerst letzten Zweitligaspiel an, welches mit 1:3 im Kieler Holsteinstadion verloren ging. Ausgerechnet im Jahr des 75. Bestehens hatten die zahlreichen Trainer- und Vorstandswechsel, die seit Jahren unkalkulierbare Schuldenpolitik und die er-

Spielklassen	
1963/64	1. Bundesliga
1964/65 – 1973/74	Regionalliga West
1974/75 – 1980/81	2. Bundesliga Nord
1981/82 – 1988/89	Amateur-Oberliga Westfalen
1989/90 – 1990/91	2. Bundesliga
1991/92 – 1993/94	Amateur-Oberliga Westfalen
seit 1994/95	Regionalliga West/Südwest

ge auf einem Aufstiegsrang gelegen hatten - nur Dritter. Währenddessen war es auf der Vorstandsetage tumultartig zugegangen. Rund 2 Mio. Mark solle der Schuldenstand erreicht haben, munkelte man vor einer außerordentlichen Generalversammlung im März 1978, in deren Zusammenhang erstmals auch ein gewisser Jürgen Möllemann auftrat. Der FDP-Mann ließ sich als Gegenkandidat zu Günter Weller-

schreckende Blauäugigkeit der Verantwortlichen in puncto Professionalisierung und Kommerzialisierung des hochklassigen Fußballs ihren Tribut gefordert: Preußen Münster war nur noch drittklassig.

Acht Jahre brauchte der Klub, um sich von dem Schock zu erholen und in die 2. Liga zurückzukehren. Acht Jahre, in denen er zwischen 300 Zuschauern (gegen Horst-Emscher, letzter Spieltag 81/82) und 22.000 Fans (1987 im Pokalspiel gegen Alemannia Aachen) anlockte, und die zunächst deutlich im Zeichen der Entschuldung standen. Hubert Heydt, der im Dezember 1979 den Vorsitz übernommen hatte, gelang es tatsächlich, die Schulden auf Null zurückzuschrauben und zugleich für eine gewisse Professionalisierung zu sorgen. Der bewundernswerten wirtschaftlichen Energieleistung stand jedoch eine kaum verwunderliche sportliche Ernüchterung gegenüber. Immerhin kamen nach Platz 5 in der Saison 81/82 im Herbst 1982 erstmals Wiederaufstiegshoffnungen auf, da die vom früheren Emsdettener Ernst Mareczek trainierte Elf um Ralf Mester, Uwe Pieper, Charly Döhring, Uwe Tschiskale und "Scotty" Pieper etwas überraschend in die Spitzengruppe eingedrungen war. 1983/84 spielten die Preußen dann sogar ernsthaft um den Titel mit, mußten aber dem wenig später wegen Schwarzgeldzahlungen angeklagten FC Gütersloh den Vortritt lassen. Zugleich war die angestrebte Konsolidierung ins Stocken geraten, da mit Hubert Heydt eine der tragenden Figuren aus gesundheitlichen Gründen von seinem Präsidentenposten hatte zurücktreten müssen. Nachfolger Helmut König strebte mit "Talenten aus dem gesamten Münsterland und aus dem eigenen Nachwuchs" die Rückkehr in die 2. Liga an, was jedoch von vornherein zum Scheitern verurteilt war, da König zwar eine Menge kaufmännischen Sachverstand mitbrachte, aber nur begrenzten Einblick in die Funktionsweise eines Fußballklubs hatte. Mehrfach ließ er sich von Nachbar ASC Schöppingen regionale

Talente vor der Nase wegschnappen (z.B. Uli Gäher) und leistete sich eine haarsträubende Personalpolitik. 1984 beispielsweise verpflichtete der SCP mit Konrad, Tusch, Rinke und Rohnke vier nur mäßig begabte Akteure, die vom aufstrebenden Berliner Klub Blau-Weiß 90 zwecks Gewinnmaximierung in Münster "geparkt" wurden, ohne daß König irgendetwas davon merkte.

Preußen Münster auf dem Weg zurück in den Profifußball?

Allein der Arbeit von Trainer Mareczek war es zu verdanken, daß der sportliche Aufschwung dennoch anhielt. Mareczek hatte mit dem A-Jugendlichen Uwe Leifeld erneut ein Juwel entdeckt, das auf Anhieb den Sprung in den Oberligakader schaffte. Dennoch wurde Mareczek 1985 von Günter Exner abgelöst, der einen ziemlich schweren Stand im Preußenstadion hatte. Bei der 0:5-Heimniederlage gegen den FC Gütersloh spielten einige Akteure sogar ziemlich offensichtlich gegen Exner, den sie dennoch erst zum Saisonende loswurden. Gleichzeitig verließen mit Terhaar und Pieper zwei weitere Identifikationsfiguren das Preußenstadion, in dem einmal mehr Tristesse einzog.

Konzeptions- und ziellos dümpelte der Preußen-Dampfer dahin. Regional war er vom Nachbarn ASC Schöppingen überholt worden, und von der Rückkehr in die 2. Bundesliga träumten nur noch die Unverbesserlichen. Im Sommer 1987 wurde einmal mehr eine Zäsur vorgenommen und unter Helmut Horsch mit einem völlig neuformierten Kader endlich der sportliche Aufschwung eingeleitet. Begleitet wurde dies von einer für Preußen-Verhältnisse überraschend seriösen Vorstandsarbeit, deren größter Coup die Einrichtung eines gut funktionierenden Sponsorenpools war, der dem Verein gewisse finanzielle Freiräume schuf. Zweimal in Folge wurden die Preußen Westfalenmeister, scheiterten in der 1988er Aufstiegsrunde noch an Hertha BSC Berlin und Eintracht Braunschweig, ehe sie 1989 hinter dem MSV Duisburg Platz 2 belegten und die umjubelte Rückkehr in den Profifußball schafften. Für die Preußen-Fans waren es dramatische Wochen gewesen. Zunächst hatte ihr Team in der Oberliga die weit enteilte Bielefelder Arminia praktisch auf der Zielgeraden noch von der Tabellenspitze gestürzt, und in der Aufstiegsrunde war Nordvizemeister Göttingen 05 den Preußen mächtig auf den Fersen gewesen.

Die erfolgreiche Vereinsführung um Präsident König hatte nur ein Manko: Ihr fehlte es an professionellem Denken. Einer, der das rasch erkannte, war Erfolgstrainer Horsch, der nach vollzogenem Aufstieg zum westfälischen Fußballverband wechselte, und dessen Nachfolger Elmar Müller von Insidern als die "billigste Lösung" bezeichnet wurde. Tatsächlich wurde Müller im Verlauf der Rückrunde auch von Ernst Mareczek ersetzt, unter dem ein respektabler zwölfter Platz heraussprang, der auf die Etablierung im Profifußball hoffen ließ. Davon war jedoch in der Saison 1990/91 nichts zu sehen. Erschreckende Provinzialität auf der Führungsetage und ein hanebüchenes Transfergebaren führten überraschend zum erneuten Abstieg und warfen den SCP um Jahre zurück. Ursache Nummer 1 war der neue Trainer Gerd Roggensack, der in seiner Laufbahn nur wenige Erfolge errungen hatte und in Münster mit ziemlich hausbackenen Methoden zum Erfolg kommen wollte. Ursache Nummer 2 war die Transferpolitik. Mit Winter und Bremser (sowie im Saisonverlauf Uli Gäher) ließ man Leistungsträger gehen, ohne für entsprechenden Ersatz zu sorgen.

Seither versuchen die Preußen sich an der Rückkehr in den Profifußball. Zwei erfolglosen Aufstiegsrundenteilnahmen (1992 und 1993) stehen herben Enttäuschungen wie der Rückfall ins Mittelmaß nach Einführung der Regionalliga West/Südwest gegenüber. 1994 gelang zwar der Gewinn der deutschen Amateurmeisterschaft, der jedoch von Querelen überschattet wurde, denen u.a. Trainer Hans-Werner Moors zum Opfer fiel.

Dazu kam die unsägliche Endlosdiskussion um den Stadionneubau, die bis heute nicht beendet ist und die Entwicklung der Preußen in den letzten Jahren erheblich beeinträchtigte. Immerhin: Seit McDonalds-Geschäftsführer Thomas Herda im Oktober 1991 den Verein übernahm, ist in Münster endlich ein wenig Ruhe eingekehrt, und unter dem zurückgekehrten Hans-Werner Moors versuchen Männer wie Timo Kemming, Olaf Buschkötter, Andreas Helmer, Jürgen Serr und Co. derzeit durchaus erfolgreich, den Ruf des Traditionsklubs wieder ein wenig aufzupeppen. Für das fußballbegeisterte Münsterland ist Preußens Talfahrt überaus bedauerlich. Die Menschen warten förmlich auf die Wiedergeburt der Adlerträger. Bis es soweit ist, bleiben die treu-trotzigen rund 1.500, die zum harten Kern der SCP-Fanszene zählen (Kennzeichen: "leidensfähig") aber wohl noch weitestgehend unter sich.

Hardy Grüne

Borussia Neunkirchen

Sie stöhnten, keuchten, husteten. Und sie weinten. Mancher zeigte es offen. Ein anderer verkniff sich die Tränen, die schon in den Augen standen. Das alles wollte nicht passen. Irgendwo im verwinkelten Stahlgestrüpp des Neunkircher Eisenwerkes, so gerade um die Ecke, stand sie da. Eine recht große

Hoch lebe Eisen

Trauergemeinde. Einige Meter vom eigentlichen Geschehen entfernt, etwas weg von Hochofen II. Es zischte wild wie im Märchen unter Hexen und die Hitze war zu spüren. Auf der Haut, in der Nase, überall. Es blinkte wie Gold, doch es war rohes, flüssiges Eisen, das aus einer Öffnung des mächtigen Ofens mit knapp dreißig Metern Gardemaß wehleidig hervorquoll. Eigentlich wollte es nicht aufhören zu fließen, doch es mußte. Die Arbeiter, die es kühn bändigten, taten dies zum letzten Mal. Es war der Morgen des 29. Juli 1982, ein Donnerstag, gegen sechs Uhr in der Frühe. Und es war der letzte Abstich im Neunkircher Eisenwerk, ein tiefer Stich in das Herz einer Stadt.

Neunkirchen - Stadt der Kohle und des Eisens. Das war an jenem Sommermorgen vorbei. Die Trauergemeinde strich sich den Schmutz vom feinen Sonntagsanzug, den man zum Abschied von der Hütte mit dem Arbeitsanzug getauscht hatte. Und man schlich von dannen. In den nächsten Tagen war es unerträglich ruhig in der Stadt. Kein Zischen und Grummeln mehr vom Werk war zu hören, vereinzelt das nervöse Zittern einer Metallsäge. Mittags gegen 14 Uhr, wenn eigentlich Schichtwechsel war und in der Innenstadt kein Durchkommen, zwischen flüchtenden Menschenmassen, war es plötzlich still und leise. Einmal hatte einer gesagt, bei Schicht wäre nicht mal ein Panzer durch Neunkirchen gekommen. Doch was sollte der jetzt noch in der Stadt. Was sollte er zerstören, was nicht schon Bulldozer, Metallsägen und Kräne auseinandernahmen. Zwei Tage nach dem

Bundesligabilanz

Bundesligajahre:	1964/65-65/66, 1967/68
Gesamt:	3 Jahre
Beste Plazierung:	Platz 10 (1964/65)
Ewige Tabelle:	Platz 35, 98 Spiele, 25 Siege, 18 Unentschieden, 55 Niederlagen, 109:223 Tore, 93 Punkte
Ø Plazierung:	Platz 14,67
Top-Spieler:	Dieter Schock (88), Günter Kuntz (80), Erich Leist (73), Günter Schröder (60), Horst Kirsch (56)
Top-Torjäger:	Günter Kuntz (22), Elmar May (18), Heinz Simmet (13), Wolfgang Gayer (12), Hans Linsenmaier (8).

letzten Abstich auf dem Neunkircher Eisenwerk, kurz NE oder saarländisch „uff da Hidd", startete Borussia Neunkirchen in die neue Oberligasaison. Am Ende wie das Werk, mit 1,8 Millionen Mark Schulden, einer jungen Truppe und einer ungewissen Zukunft. 1.200 sahen ein 3:1 zum Auftakt gegen Leiwen, einen Ort, den keiner so recht kannte. In der 38. Minute traf ein 19jähriger „Bub", wie sie in Neunkirchen sagen, zum 2:1 für Borussia. Zu seiner Zukunft wußte auch noch keiner so recht etwas zu sagen, doch er hatte sein Leben ja noch vor sich. Das der Stadt, das des Vereins - beide lagen scheinbar in ihren letzten Zügen.

Ach ja, der junge Stürmer, der eigentlich Polizist werden wollte, „des sicheren Jobs und der vielseitigen Möglichkeiten" wegen, hieß übrigens Stefan. Stefan Kuntz, geboren in Neunkirchen, seit Kindertagen bei der Borussia. Einen sicheren Job wollte er. Und ging zur Polizei. Früher sagte der Großvater zum Vater, der Vater zum Sohn und der zu seinen Kindern: „Bub, geh uff die Hidd, dort bische sicher." In Neunkirchen konnten sie darüber nicht einmal mehr schmunzeln, im Sommer 1982. Während sich Stefan Kuntz mit seinen Toren in Bochum empfahl, wußten viele Hüttenarbeiter nicht wohin.

Als der Stefan dann in den Ruhrpott wechselte, war das Herz der heimischen Innenstadt zum Niemandsland geworden. Dort, wo die Hütte gestanden hatte, war fast nichts mehr über geblieben. Das undurchsichtige Stahl-Gestrüpp war gewaltsam entwirrt worden, Arthur Theiser von der Kokerei war geschockt: „Diese Gebäude, diese Maschinen kann man doch nicht einfach auflösen." Und man konnte es doch. Im Neunkircher Ellenfeld-Stadion hatten sie bei Siegen jahrzehnte lang aus voller Brust gesungen: „Hoch lebe Eisen, hoch lebe Stahl, hoch lebe Borussia." Vorbei. „Das hohe Lied ist leiser geworden, es wird wohl verklingen", schrieb der bekannte Neunkircher Journalist Gerd Meiser zum 75. Geburtstag der Borussen im Jubiläumsband schon 1980. Trotziger Titel des Buches: „Hoch lebe Eisen".

Nachdem die Gruben schon schlossen, als die Bundesliga laufen lernte, die Hütte weg war, war die Borussia Mitte der Achtziger als Fossil geblieben. Das letzte Stück Neunkirchen, neben der Schloss-Brauerei, die das Bier für Borussensiege braute. Gerd Meiser hatte es in „Hoch lebe Eisen" schon prophezeit, meinte: „Deshalb ist dieses Buch, in dem die Vergangenheit Gegenwart ist, Eisen und Stahl gewidmet - und Borussia, die Eisen und Stahl überdauern wird." Doch leicht war das weiß Gott nicht. Ein Hellseher ist Meiser allerdings nicht und er war es auch nie gewesen. Der Niedergang des Eisenwerks, er hatte schon Mitte der Siebziger begonnen. Schon 1974 bangten sie an der Blies, einem Nebenfluß der Saar, in der Ruhe vor dem Sturm. Zwar sprachen die Zahlen eine andere Sprache, attestierten dem NE bei einem Rekordumsatz von 959 Millionen Mark, bei der Produktion von 1,07 Millionen Tonnen Roheisen, 1,29 Millionen Tonnen Rohstahl und 1,05 Millionen Tonnen Walzwerkerzeugnissen eine rosige Zukunft. Und das bei einem Grundkapital von 135 Millionen, bei 8.784 Mitarbeitern. Doch die Stahlkrise war allerorts schon traurige Gewißheit. Der Fußball in Neunkirchen wurde noch sporadisch gefördert, immerhin qualifizierte sich die Borussia im Frühjahr 1974 als erster Regionalligist für die neue 2. Liga und schaffte unter Trainer Erwin „Ata" Türk gar den Regionalligatitel.

„Ata" Türk war im Sommer 1973 für Adi Preißler gekommen und stach mindestens ein Dutzend Mitbewerber aus. Die Borussia hatte schließlich einen wohlklingenden Namen. Einer von Türks Konkurrenten war seinerzeit Otto Rehhagel, zuvor beim 1. FC Saarbrücken entlassen und nun auf Jobsuche. Ihm ging allerdings wie manch anderem ein auf der Schreibmaschine lieblos und monoton gefertigtes Schreiben zu: „Sehr geehrter Herr Rehhagel, wir haben Ihr Schreiben erhalten und teilen Ihnen mit, daß wir die Stelle bereits anderweitig vergeben haben. Wir schließen jedoch eine spätere Zusammenarbeit nicht aus. Mit freundlichen Grüßen Borussia, VfB e.V. Neunkirchen/Saar". Zu dieser späteren Zusammenarbeit kam es jedoch nicht. Stattdessen wurde zur letzten Aufstiegsrunde der Bundesliga-Geschichte kräftig kalkuliert: Die Einnahmen schätzte man auf

Demonstration gegen die Schließung des Neunkirchener Eisenwerks.

180.682,80 Mark, „bei Aufstieg dürften die Netto-Einnahmen um ca. 100.000,00 DM höher sein." Die Ausgaben wurden mit 44.865,00 Mark veranschlagt, wobei allein der Lohnausfall für angenommene 14 Tage à DM 50,00 für 12 Spieler auf 8.400,00 Mark beziffert wurde. Die 100.000,00 Mark bei Aufstieg tauchten in der Endbilanz jedoch nicht auf, die Borussia packte den Sprung in die 1. Liga nicht mehr. Nie mehr. Und wie das NE, so brachen auch für die Borussia schwere Zeiten an. Nur: Das wußten - im Gegensatz zur Stahlkrise - nur wenige. Oder dachten es.

Dort, wo 1976 ein neues OBM-Stahlwerk die letzte Hoffnung der Hüttenarbeiter gewesen war. Der Thomasstahl war nicht mehr in Mode. Doch auch das OBM brachte keine Wende mehr. Im Februar 1977 begann mit den ersten Massenentlassungen seit über 50 Jahren die Endzeitstimmung in Neunkirchen.

An einem trüben Februarmorgen 1978 - vor ein paar Tagen hatte es geschneit und der matschige Schnee war schon zur Seite geräumt - begleiteten 8.000 Menschen die Straßenbahnlinie zwei den Neunkircher Hüttenberg hinauf. Nein, resignieren konnten und wollten sie nicht. Sie wollten Aufmerksamkeit erregen, nach draußen schreien, was ihnen am Herzen lag: Ihr und damit das Leben der Stadt. Unter anderem. Schwarz auf weiß war auf großen Transparenten zu lesen: „Neunkirchen muß leben." Neunkirchen - die Stadt der Kohle und des Eisens. „Natürlich haben wir das mitbekommen", erzählt Werner Weiß noch zwanzig Jahre danach. „Viele meiner Mannschaftskollegen haben ja damals auf dem Eisenwerk gearbeitet." Er selbst nicht. Doch er war Stürmer der Borussia, erzielte im April 1978 das 100. Saisontor der Borussen in der drittklassigen Saarlandliga, in der die Neunkircher nach dem Zweitligaabstieg 1975 traditionell Meister wurden. 1978 einige Wochen vor Saisonschluß. Im Jahr zuvor erst hätte die Borussia in der Aufstiegsrunde in Worms nur 2:0 verlieren müssen, um aufzusteigen. Dreimal traf Emanuel Günther an jenem Tag, Wormatia siegte 3:0 und tausende Borussen weinten auf den Rängen bittere Tränen. Worms stieg auf, Neunkirchen nicht. Aber so wollte es die Borussia 1978 noch einmal wissen. Trainer Dietmar Schwager meinte markig: „Diesmal sind wir an der Reihe." Und stand damit nicht alleine da. Lediglich Schwagers Torhüter liebte es etwas ruhiger. Mit 34 Jahren kehrte Willi Ertz ins Borussentor zurück. Seit er bei Borussias Erster spielte - und das schon seit 15 Jahren - hatte er es eigentlich immer mit gleichwertiger Konkurrenz zu tun gehabt. Zu jener Zeit unter Schwager Jürgen Muche, neunmaliger Amateur- und einmaliger Jugendnationaltorhüter, der zur Aufstiegsrunde allerdings verletzt war. So stand der Willi eben wieder seinen Mann. Er hat stets Leistung und Taten den großen Worten vorgezogen, große Interview-Wünsche abschlägig beschieden. Auch und vor allem während der Aufstiegsrunde. Geboren in Neunkirchen wuchs er in der Oberstadt, an der Neunkircher Scheib auf und spielte als Kind im alten Scheiber Wasserturm, der - 1968 gesprengt - noch heute Wahrzeichen des Scheiber Bürgervereins ist. Als echter Neunkircher war er aber auch einer von denen, die auf der Hütte arbeiteten. Einer von denen, die im Februar 1978 auf die Straße gingen.

---

1. Spieltag Saison 1963/64

Regionalliga Südwest, 4. August 1963, Borussia - SV Weisenau 1:0, 3.000 Zuschauer - Horst Kirsch, Günter Schröder, Hans Schreier, Achim Melcher, Erich Leist, Dieter Schock, Elmar May, Karl Ringel, Horst Berg, Günter Kuntz, Rüdiger Gratz - Tor: 1:0 May (6.)

18. Spieltag Saison 1998/99

Oberliga Südwest, 28. November 1998, SV Mettlach - Borussia 1:5, 300 Zuschauer - Sascha Purket, Stefan Wachter, Marco Schmitt, Adiele Echendu, Dirk Eichmann, Marco Emich, Thorsten Lahm, Ewald Bucher (84. Frank Stemmler), Thilo Jung (70. Marek Wosnitza), Jens Kiefer, Lars Mörsdorf (75. Ralph Flausse) - Tore: 0:1 Lahm (2.), 1:2 Lahm (20.), 1:3 Mörsdorf (35.), 1:4 Kiefer (81., HE), 1:5 Kiefer (85., FE)

- •
- •
- •
- •

In der Aufstiegsrunde traf Werner Weiß, der heute Trainer der Borussia ist, am Stück und in allen Spielen im Tor stand der Willi. Willi

Ertz, heute Torwart- und Co-Trainer, als mehrmaliger Interimstrainer ungeschlagen. Und hielt den Aufstieg fest. Im letzten entscheidenden Spiel gegen Neuendorf sahen 12.000 Zuschauer im Ellenfeld ein 2:0 durch Tore von Weiß und Kapitän „Jupp" Henkes, über einem Eingang im Stadion hing ein großes Transparent: „Buenos Dias 2. Liga." Das folgende Qualifikationsspiel gegen Hanau 93 (2:1) in Heilbronn hatte aufgrund des Bundesligaaufstiegs des Südzweiten Nürnberg keine Bedeutung mehr. Für Neunkirchen war der Auftritt in der Zweitklassigkeit - wie 1974/75 und später noch 1980/81 - jedoch nur von kurzer, einjähriger Dauer. Schnell hieß es „Hasta la Vista, Borussia". Trotz guter Noten und des „Notkaufs" Ferdi Keller, den man freundschaftlicher Bande nach Hamburg wegen recht leicht für 100.000 Mark vom HSV bekam. Für Keller war es indes recht schwer bei der Borussia. Zum ersten Mal in seiner Karriere mußte er die Schuhe selber putzen, seinen Trainingsanzug selber mitbringen. Zum Umziehen mußte er sich auf einer Holzbank niederlassen, von der die Farbe blätterte. „Ich war geschockt", fuhr es aus ihm heraus. Doch die Borussia schaffte Abhilfe: Der 12jährige Michael Günther, Borussen-Maskottchen der Aufstiegsspiele, putzte dem Star die Stiefel, die Holzbank wurde frisch gestrichen und Platzwart Felix Marx, zuletzt nach 30 Jahren Mitgliedschaft aus dem Verein ausgetreten, wusch Keller die Wäsche. Als der Ferdi dann nach einem Jahr wieder ging, bekam er zum Abschied ein Foto der Straßenbahn, Linie II, auf dem Weg über den Hüttenberg - im Hintergrund die scheidende Hütte - geschenkt. Mehr nicht. In Erinnerung blieben aus jenen Zweitligatagen vor allem wieder die Aufstiegsspiele mit Willi Ertz im Tor, den sie in Deutschland kannten. Weil er 1964 schon solch ein Teufelskerl gewesen war. Als 21jähriger Bursche.

Angefangen hatte es im Januar 1963, Ertz war noch nicht im Borussentor, aber auf dem Sprung. In Frankfurt hatte die Bundesliga-Kommission mit ihrem Vorsitzenden Franz Kremer aus Köln, dem Stellvertretenden Vorsitzenden Walter Baresel aus Hamburg, dem Nürnberger Rechtsanwalt Ludwig Franz, dem Essener Doktor Willi Hübner und dem Saarländer Hermann Neuberger getagt. Und dabei die ersten neun Vereine für die Bundesliga nominiert. Borussia, seit 1958 im Abo bei der Deutschen Endrunde präsent, fehlte unter den Kandidaten. Kein Beinbruch, hätten sie in Frankfurt nur nicht schon den 1. FC Saarbrücken auserkoren. Zwei Bundesliga-Vereine an der Saar würde es nicht geben. Das war gewiß. So blieb die einzige Hoffnung der Neunkircher das Endspiel um die Deutsche Meisterschaft, das zur Qualifikation reichen würde. Die Hoffnung der Neunkircher, sie war jedoch gering. Man stand im Mittelfeld der Oberliga-Tabelle, zwei Punkte Abzug eingerechnet. Wegen Elmar May, dem blonden Engel auf Rechtsaußen, mit einem Bums wie ein Vorschlaghammer. Die Hintergründe: Elmar war 1961 von Trier nach Neunkirchen gewechselt. Weil er ein Mädchen namens Monika liebte. Und deren Mutter stellte als Offizierswitwe hohe Ansprüche an einen Schwiegersohn. Er sollte schon Ingenieur sein. Daß dies für Elmar May kein Klacks war,

Die Torhüter Willi Ertz (links) und Horst Kirsch

sprach sich in der Fußballszene schnell herum. Ergo: Wer May an der Ingenieurschule unterbrachte, bekam ihn und seine Tore. Und Neunkirchen schaffte es, der Verband stimmte dem Wechsel zu, da sich Elmar May als Ingenieur freilich beruflich verbessern konnte. Die Umstände, unter denen May jedoch zur Ingenieurschule kam, sind bis heute so dubios, daß sie die Borussen mit dem Punktabzug zahlen mußten. Erst zum Saisonende kamen sie wieder auf ihr Konto zurück und das Schicksal nahm seinen Lauf.

Der Zweite Pirmasens durfte in Neuendorf Unentschieden spielen, um auf diesem Rang zu verharren. Die Bundesliga wäre für die Borussen in weite Ferne gerückt. Und sie mußten - um die theoretische Chance zu wahren - gar noch 4:0 gegen Oppau gewinnen! Ein Ding der Unmöglichkeit. Aber doch nicht ganz unmöglich. Kurz vor der Halbzeit kassierte Pirmasens das 0:1 in Neuendorf. Da stand es in Neunkirchen schon 3:0. Borussia warf noch einmal alles nach vorne, ehe Günter Kuntz - sein Sohn Stefan war noch kein Jahr alt - den 4:0-Endstand markierte. Und Neuendorf hielt den Vorsprung gegen den FKP, die Sensation, sie war perfekt, Borussia Zweiter! Der seit Januar laufende Bundesliga-Krimi lag nun in seinen letzten Szenen, während die Neunkircher EDEN-Kinos zum letzten Mal „Vom Winde verweht" zeigten. Schade. Ende Mai startete die Endrunde gegen den HSV, die Borussia bereitete sich bei einem Trainingslager unter dem Dach der Arbeitskammer in Kirkel vor. Diesen Ort wählte man übrigens bis in die Neunziger hinein vor lebenswichtigen Spielen.

Dann der Spieltag gegen den HSV. Weil das Ellenfeld zu klein war, zogen die Neunkircher nach Saarbrücken um, wo 40.000 ihren Augen nicht trauten. Borussia spielte, kämpfte - und siegte 3:0. Kapitän Karl Ringel, in Neunkirchen nur „de Ringel Kaal" gerufen und ein waschechter

Franke, meinte: „Ich glaube, daß es gegen unseren Sieg nichts einzuwenden gibt." Nach weiteren Spielen und einem 2:1 über 1860 München sollte es im Ludwigspark dann wieder ein Wechselbad der Gefühle geben. Ein Sieg über Borussia Dortmund hätte für Neunkirchen das Endspiel und die Bundesliga gebracht. Vor dem Spiel zogen drei Neunkircher Fans freudig durch die Stadt. Im feinen Anzug, das weiße Hemd geschickt versteckt. Es hätte sich mit dem Hüttenruß nicht vertragen. Einer blies auf der Trompete, die beiden anderen reckten ein Spruchband in die Höhe: „Wir glauben nicht an Spuk und Geister, Borussia Neunkirchen wird Deutscher Meister."

An einem Samstag warteten dann wieder 40.000 auf die Neunkircher. Es war schwül und Regen kündigte sich an, ehe die Massen das 1:0 von Kuntz in der 25. Minute bejubelten. Am Ende triumphierte dann jedoch der BVB, siegte verdient mit 5:2. Ausgeträumt war der Bundesligatraum. Die Borussen waren von der Rolle. Tribünengast war Horst Buhtz, Trainer der Sportfreunde Burbach, wo Hannes Löhr spielte. Er meinte zum Spiel: „Ein erstklassiges

stiegsrunde. Der Weg durch die Regionalliga war für sie steinig gewesen, aber sie meisterten ihre Aufgabe souverän. Schon am ersten Spieltag - Karl Ringel spielte zum 500. Mal für Borussia - stand Neunkirchens Gegner Weisenau den Borussen mehr auf den Füßen, als Fußball zu spielen. Das goldene 1:0 erzielte Elmar May. Das erste von 106.

Die Aufstiegsrunde 1964 begann für die Borussen mit einem Paukenschlag: 1:5 bei Tasmania Berlin. Willi Ertz streckte sich im Borussentor mit seinen 1,92 Metern, wie er konnte. Es half nichts. Nun begann das Wechselspiel, das für Ertz zum Alltag wurde. Gegen St. Pauli (4:1) stand Horst Kirsch im Tor. Trainer Buhtz bewies sich als gewiefter Psychologe und Mittelläufer Erich Leist, wie Erwin Glod und der überragende Stürmer Rudi Dörrenbächer, 1962 Deutscher Torschützenkönig und Ostermontag 1963 in Frankenthal schwer verletzt, aus Marpingen stammend, unterbrach extra seine Vorbereitungen zur Kfz-Meisterprüfung. Für die Aufstiegsspiele. Rudi Dörrenbächer, einer der größten Athleten und Sportsmänner, die man in Neunkirchen je sah, hat nach seinem Schädelbasisbruch in Frankenthal übrigens nie mehr Fußball gespielt, fiel als Langstreckenläufer noch einmal auf.

Der Weg der Neunkircher in die Bundesliga war ebenso lang. Nach dem Sieg über St. Pauli und einem 0:1 gegen Bayern - Leist verschoß einen Elfmeter und Kirsch flog wieder aus dem Kasten - brachte das Gastspiel der Borussia in München an der Grünwalder Straße die Wende zum Guten, Richtung Bundesliga. In der 23. Minute spielte Kunstwadl den Ball mit der Hand, der Böse, und Ringel schritt zum Elfmeterpunkt, schickte Sepp Maier in die falsche Ecke - 1:0, die Sensation! Der wahre Held von München war hingegen Maiers Pendant, Willi Ertz. An jenem 20. Juni hielt er alles, was auf sein Tor kam. Die Bayern verzweifelten und Ertz wurde bekannt wie ein bunter Hund in Deutschland. Als Neunkirchen 1996 gegen den damaligen Bundesligisten St. Pauli im DFB-Pokal spielte, wurde Hamburgs

Spielklassen	
1963/64	Regionalliga Südwest
1964/65 - 65/66	1. Bundesliga
1966/67	Regionalliga Südwest
1967/68	1. Bundesliga
1968/69 - 73/74	Regionalliga Südwest
1974/75	2. Bundesliga Süd
1975/76 - 77/78	Amateurliga Saarland
1978/79	2. Bundesliga Süd
1979/80	Amateur-Oberliga Südwest
1980/81	2. Bundesliga Süd
1981/82 - 93/94	Amateur-Oberliga Südwest
1994/95 - 95/96	Regionalliga West/Südwest
seit 1996/97	Oberliga Südwest

Spiel, die Neunkircher waren nicht schlecht." Nicht schlecht! Bei den Borussen hingen die Köpfe dicht über dem Boden.

Im Jahr darauf sollte der Buhtz daselbst dann an der Seitenlinie in Saarbrücken stehen, als Trainer der Neunkircher. In der Auf-

Manager Helmut Schulte gefragt, was er über die Borussia wisse: „Daß sie einmal im DFB-Pokal gespielt hat und ihr Torwart früher Willi Ertz hieß", meinte Schulte. In der 77. Minute besiegelte Kuntz mit seinem 2:0 den Borussensieg in Giesing. Der Showdown fand dann freilich bei brütender Hitze im Ludwigspark gegen Tasmania Berlin statt. Beim Einlauf fehlte Erich Leist, genannt Nebbie. Er hatte es im Kreuz und wurde gespritzt. „Nebbie": „Die erste Viertelstunde wußte ich gar nicht, wie mir war. Dann lief es ganz gut." Ertz stand endgültig im Tor und schon nach zehn Minuten hatte Elmar May zum goldenen 1:0 getroffen. May war seinerzeit vielbeschäftigt: Lizenzspieler, Versicherungsmann, Sportschuhvertreter und Gastwirt in einem. Unheimlich gerne an Mays Tor gegen Tasmania erinnerte sich vor kurzem noch der Borussen-Leo, der Anfang März 77jährig verstarb. Er wurde damals als Deutschlands fairster Fan bekannt, war mit dem „Kaiser" per Du und trug nur sonntags den Anzug. Unter der Woche dann den Borussen-Dress.

Brauerei oder vom NE, das damals noch knapp 12.000 Menschen Arbeit gab. Im Schnitt knapp 19.000 Fans, die beim Ausbau fast auf dem Rasen standen, bejubelten zuhause glorreiche Spiele: Ein 1:1 gegen Meister Werder, ein 3:0 über 1860, ein 4:0 über Frankfurt, je ein 3:1 über

Borussen-Torjäger Wolfgang Gayer bejubelt den Siegtreffer zum 2:1 über den 1. FC Köln

Mit dem Aufstieg begann Borussias letzte große Glanzzeit. Das Ellenfeld wurde während der ersten Bundesligasaison zur großen Bundesligaarena ausgebaut. Die zahlreichen Pressevertreter bekamen zu jedem Spiel ein kleines Geschenk. Einen Bierkrug zum Beispiel, gestiftet von der Schloss-

Hamburg und Stuttgart. Das erste Bundesligajahr schlossen die Neunkircher nach langem Abstiegskampf mit einem beachtlichen zehnten Platz ab, holten pro Spiel 0,91 Punkte. Vom verdienten Geld bauten sich die meisten Spieler zunächst ein Eigenheim. Wer im zweiten Bundesligajahr auf Neunkirchen setzte, hatte jedoch auf Sand gebaut.

Zuhause gab's gar ein 1:9 gegen den Deutschen Meister 1860 München, den man im Vorjahr ja noch souverän geschlagen hatte. Der Zuschauerzuspruch blieb konstant, trotz des Abstieges. Die Quote diesmal: 0,39 Zähler. Viel zu wenig. Zu Saisonbeginn, am 14. August 1965, hatte Berti Vogts zusammen mit Gladbach übrigens sein Bundesligadebüt gegeben - im Ellenfeld, 1:1. Hans-Hubert: „Ich sollte gegen May spielen, doch der hatte es am Knie." Nach dem Abstieg zerbröckelte die Mannschaft immer mehr - aus Altersgründen. „Nebbie" Leist: „Da gab es keine Stars, wir waren eine Mannschaft; jeder hat für den anderen gespielt. Und so waren wir gegen deutsche Spitzenmannschaften gleichwertig, obwohl wir fast nur mit Saarländern bestückt waren." Vorstopper Hennes Schreier - der ehemalige Bergmann - wechselte zum Beispiel zu seinem Heimatverein nach Wellesweiler zurück. Und kehrte nur in der Fernseh-Serie „Fußballtrainer Wulff" - als gekonnter Statist - in die Bundesliga zurück.

Trotz allem schafften die Neunkircher den direkten Wiederaufstieg, mit einer jungen Truppe unter Trainer Zeljko Cajkovski, dem Bruder von „Tschik". Die entscheidene Figur in Zeljkos Truppe war Routinier Leist. Gerd Meiser befragte Uwe Seeler mal nach dem stärksten Mittelläufer, gegen den er je gespielt hatte. Seeler: „Erich Leist von Borussia Neunkirchen."

„Tschik" Cajkovski, der gerade sein erstes Buch „Ich mache Mannschaften" geschrieben hatte, prophezeite den Borussen jedoch keine gute Bundesligazukunft: „Nur mit Kraft allein können die Borussen keine zehn Spiele durchstehen." Die glorreichen Zeiten in Schwarz-Weiß schienen langsam zu Ende zu sein, die Gruben um Neunkirchen schlossen. Den Aufstieg hatten sie in Neunkirchen allerdings noch passend wie den letzten gefeiert. Nach dem entscheidenden 1:1 in Essen stiegen die Spieler schon bei Waldmohr in offene Wagen um , wurden an der Autobahnabfahrt Neunkirchen von 50 Autos erwartet. Das NE und die Stadt hatten der Belegschaft freigegeben und in Neunkirchen regnete es Konfetti. Der Himmel blieb nicht stumm, wie an jenem Februarmorgen 1978, als alles schon vorbei war, auch mit der Borussia. Trotz Zweitligaaufstiegs. In ihrer letzten Bundesligasaison kassierten die Neunkircher übrigens noch Niederlagen wie das 0:10 auf dem Bökelberg, über das Willi Ertz nur zu besonderen Anlässen spricht. Das letzte Bundesligaspiel bestritt Borussia Neunkirchen am 18. Mai 1968, einem Samstag, gegen Stuttgart. Erich Leist spielte zum letzten Mal für Borussia, rannte sich noch einmal die Seele aus dem Leib. Trotz 0:5. So steht es zumindest auf vergilbtem Zeitungspapier, das eines aussagt: Die Zeit der Borussia, sie ist vorbei. Schon lange. Gerd Meiser hat recht behalten, zieht man Bilanz. Die Borussia hat Eisen und Stahl überdauert. Für das NE sprang als Sponsor lange die Schloss-Brauerei ein, die 1989 von der Karlsberg-Brauerei gekauft wurde. Zumindest hat sich die Stadt aus ihrer Lethargie erholt. Zum Glück. Neunkirchen lebt. Mittelpunkt der Stadt ist ein Einkaufszentrum geworden. Dort, wo einst die Hütte stand. Geld gibt es dort nicht mehr für die Borussia, wo heute noch ein paar Hundert ins Ellenfeld kommen. Das letzte große Spiel gab es in der Aufstiegsrunde zur zweiten Bundesliga 1991, vor 22.000 Zuschauern gegen 1860 München (1:1). Es war die einzige Aufstiegsrunde ohne Willi Ertz. Viele Verletzte und ein gesperrter Junge namens Jay-Jay Okocha verhinderten ein Comeback in Liga zwei. Die Borussia hat in den letzten Jahren dennoch versucht, sich an das neue, junge Image der Stadt anzupassen. Im ersten Jahr der Regionalliga schien man mit bescheidenen Mitteln auf dem besten Weg, hatte knapp 2.000 Zuschauer im Schnitt. Dann kam der Abstieg bei knapp 1.800. Heute, in der viertklassigen Oberliga, sind es noch selten tausend. Die Zeiten ändern sich. Nur bei hohen Siegen singen die Fans noch voller Stolz das hohe Lied: „Hoch lebe Eisen, hoch lebe Stahl, hoch lebe Borussia."

Tobias Fuchs

1. FC Nürnberg

Hans Blickensdörfer, einer der begnadetsten und fortschrittlichsten Sportjournalisten dieses Jahrhunderts, prägte einst einen Satz, der alles über den 1. FC Nürnberg aussagt: "Es gibt Clubs zu Tausenden, aber nur einen, bei dem bei uns in Deutschland alles gesagt ist, wenn man Club sagt".

Von der schweren Last des Ruhms

Ruhm, Ehre und Tradition haben Sie in Nürnberg beinahe im Überfluß. FCN - das war jahrzehntelang die Verkörperung von Tradition, der Inbegriff deutschen Spitzenfußballs und das Synonym für grenzenlose Leidenschaft. Neun deutsche Meisterschaften, 37 Nationalspieler mit 239 Einsätzen und ein Ruf, der weit über Europas Grenzen reicht. Auf der anderen Seite verkörpert aber auch kein zweiter Klub mit vergleichbarer Eindringlichkeit, daß Ruhm, Ehre und Tradition eine ziemlich schwere Bürde sein können, wie der "Club", dessen schleichende Talfahrt schon vor Einführung der 1. Bundesliga einsetzte. Dennoch ist selbst zwischen dem Gewinn der neunten Meisterschaft (1968) und dem Abstieg in die Drittklassigkeit (1996) eines unerschütterlich geblieben: Die Legende vom Club. Nürnberg ist Faszination. Ein Magnet für die Menschen aus Nah und Fern, eine Fußballinstitution, die ihre Fans im ganzen Land hat. 1. FC Nürnberg ist ein Name, bei dem ältere Fußballfans leuchtende Augen bekommen und sich zu ungeahnten Schwärmereien hinreißen lassen. 1. FC Nürnberg gilt aber auch heute noch als Gütesiegel, was durchaus erstaunlich ist, denn viele Jahre fiel der Club mehr durch Querelen und Skandale, denn durch sportliche Erfolge auf. Viel zu häufig dominierten in der alten Residenzstadt extravagante Präsidenten, schillernde Trainer und abgehalfterte Stars die Schlagzeilen. Zum großen Leidwesen der Club-Fans, denen die Turbulenzen mehr als einmal auf den Magen schlugen und ihnen unzählige Frusterlebnisse bescherten.

Bundesligabilanz	
Bundesligajahre:	1963/64-68/69, 1978/79, 1980/81-83/84, 1985/86-93/94, seit 1998/99
Gesamt:	20 Jahre
Beste Plazierung:	Platz 1 (1967/68)
Ewige Tabelle:	676 Spiele, 227 Siege, 166 Unentschieden, 283 Niederlagen, 920:1093 Tore, 847 Punkte
Ø Plazierung:	Platz 11,2
Top-Spieler:	Thomas Brunner (328), Andreas Köpke (264), Dieter Eckstein (183), Heinz Strehl (174), Ferdinand Wenauer (168)
Top-Torjäger:	Heinz Strehl (76), Dieter Eckstein (66), Franz Brungs (50), Georg Volkert (37), Werner Heck (34)

1. FCN

Erinnert sei an dieser Stelle nur an das Pokalfinale von 1982, als die Franken gegen den FC Bayern eine 2:0-Führung verspielten und mit 2:4 unterlagen sowie den immer wieder gerne zitierten Abstieg als amtierender Meister im Sommer 1969. Jene Meisterschaft hat einen Symbolcharakter, der schon damals weit über Nürnberg hinausging. Es war nicht nur die neunte und zugleich bis heute letzte Meisterschaft des FCN, sondern zudem der Schlußpunkt unter die Epoche des "volkstümlichen" Fußballs und der Beginn der Ära des "Angestellten-Fußballs", die vom FC Bayern und Mönchengladbach kreiert wurde. Wer wäre besser als "Übergangsmeister" geeignet gewesen, als der "Altmeister"!

Nürnbergs gleichermaßen überraschender wie landesweit nahezu uneingeschränkt begrüßter Titelgewinn hatte ebenso wie der darauffolgende sensationelle Abstieg mit einem Mann zu tun, dem in der Club-Historie eine etwas zwielichtige Rolle zukommt: Max Merkel. "Der "Zampano" mit den berühmt-berüchtigten Arbeitsmethoden "Zuckerbrot und Peitsche" übernahm am 2. Januar 1967 für ein astronomisches Monatsgehalt von 11.000 Mark die Trainingsleitung und läutete die turbulentesten 24 Monate der Vereinsgeschichte ein. Mit der Forderung "schneller und direkter spielen und laufen, auch wenn der Ball weg ist" führte er die auf Rang 15 abgerutschten Frankenkicker zunächst aus dem Tabellenkeller, motivierte sie in der Folgesaison zur neunten Meisterschaft - und kritisierte sie anschließend in die Regionalliga.

Nürnbergs Ära vor Merkel war sportlich wenig aufregend verlaufen. In den ersten drei Bundesligaspielzeiten hatten die Franken eher durch ihren vergleichsweise hohen Trainerverschleiß denn durch sportliche Leistungen auf sich aufmerksam gemacht und zwischen 1963 und 1966 gleich fünfmal das Amt des Übungsleiters neu besetzt. In allen Fällen war eine gewisse Ungeduld - und vor allem mangelnde Weitsichtigkeit - nicht zu übersehen gewesen. Es begann mit Herbert Widmayer, der am 30. Oktober 1963 nach einer katastrophalen 0:5-Heimschlappe gegen Kaiserslautern den wenig erstrebenswerten Titel des "ersten vorzeitig entlassenen Bundesligatrai-

ners" verliehen bekam. Ganze neun Spieltage waren zu jenem Zeitpunkt absolviert, aus denen die Franken magere acht Punkte geholt hatten. Nachfolger war Jenö Csaknady, der zuvor AEK Athen zum griechischen Meister gemacht hatte und nun den FCN zu vergleichbarem Ruhm führen sollte. Davon war der Ungar jedoch weit entfernt. Schon nach wenigen Spielen fragten sich die Fans, wie die Vereinsführung ausgerechnet auf ihn gekommen war, denn ihre Mannschaft war nur noch ein Schatten ihrer selbst. Nichts war mehr zu sehen vom Kombinationsfußball, der den Club einst in ganz Europa berühmt (und berüchtigt) gemacht hatte. Csaknady setzte auf unattraktiven Defensivfußball, der aber zumindest halbwegs erfolgreich war und die Nürnberger aus der Abstiegszone brachte.

Dennoch weinte dem Ungarn niemand eine Träne nach, als er im Juli 1964 freiwillig seinen Hut nahm und von Gunter Baumann abgelöst wurde. Baumann leistete sportlich ansehnliche Arbeit (Platz 6), überwarf sich jedoch mit Präsident Walter Luther, der des Trainers Kompetenzen massiv beschneiden wollte, woraufhin Baumann ("Ich bin doch kein kleiner Junge mehr") erbost zum Zweitligisten Schweinfurt 05 wechselte, den er prompt in die Bundesliga-Aufstiegsrunde führte. An der Pegnitz zogen derweil düstere Wolken auf. Unter Baumann-Nachfolger (und Vorgänger) Csaknady wiesen die sportlichen Vorzeichen wieder nach unten. Am 5. November 1966 platzte der Club-Führung nach einem enttäuschenden 1:1 gegen Rot-Weiß Essen der Kragen, und Csaknady mußte seinem Landsmann Jenö Vincze Platz machen. Vincze gelang es, den Club binnen fünf Spielen bis auf einen Punkt an die Abstiegsränge absacken zu lassen, woraufhin zwei Monate später Max Merkel die Peitsche übergeben wurde.

Der Wiener setzte auf Disziplin, Kampfkraft und Motivation, wobei er sich weder von moralischen noch von ethischen Bedenken abschrecken ließ. Merkel nutzte seine Trainerautorität gnadenlos aus. Wenn ihm danach war, stauchte er seine Spieler öffentlich in nahezu beleidigender Form zusammen und scheute sich auch nicht, dazu die Boulevardpresse zu benutzen. Unter – und vor allem durch - Merkel geriet der Club

Ein Jahr später stiegen sie ab: Merkels Meisterteam von 1968

nahezu zwangsläufig in die Schlagzeilen. Das schaffte Aufmerksamkeit und brachte Erfolg, hatte aber fatale Folgen.

Es fing ausgezeichnet an, denn 1966/67 führte Merkel seine abstiegsbedrohte Elf noch auf einen beachtlichen zehnten Rang. Höhepunkt war der 2:1-Sieg bei München 1860, mit dem Merkel seinem Ex-Klub die Titelverteidigung verdarb. Zur Saison 1967/68 bastelte der Wiener sich dann ein Meisterteam. Elf Abgängen – darunter Tasso Wild sowie die 1961er Meisterspieler Heiner Müller, Reisch und Flachenekker – standen sechs Neuzugänge gegenüber, die allesamt von Merkel höchstpersönlich ausgewählt worden waren. Starek von Rapid Wien, "Zick-Zack" Cebinac vom PSV Eindhoven, Blankenburg aus Heidenheim, Braun aus Erkenschwick und die Nachwuchskräfte Schäffner und Ebenhöh. Nach der Kadergestaltung machte sich Merkel an die Kaderschmiede: Den Cluberern wurde unbedingter Gehorsam eingebleut, mittels knochenharter Trainingsmethoden eine einzigartige Kondition und Härte verpaßt und zum Schluß klar gemacht, daß sie nun zu allem fähig seien. Mit "ich glaube, diesmal werden wir mitmischen", verblüffte Merkel alsdann die Pressevertreter, die den Club bestenfalls im unteren Mittelfeld erwarteten. Merkels Pläne gingen voll auf. Mit der Stammformation Wabra, Leupold, Popp, Ludwig Müller, Wenauer, Ferschl, Cebinac, Strehl, Brungs, Heinz Müller und Volkert (diese Elf spielte fast komplett alle 34 Saisonspiele, darüber hinaus kamen nur noch Toth, Hilpert, Schöll und Starek zu Einsätzen) mischten die Franken sofort an der Tabellenspitze mit, die sie am dritten Spieltag mit einem 4:0 über den HSV erstmals in der Bundesligageschichte übernahmen. Merkels moderner Fußball ("das Mittelfeld rasch überbrücken und konsequent mit drei Spitzen angreifen") stellte die Konkurrenz

vor nahezu unlösbare Probleme. Weiteres Plus waren die Folgen der Merkelschen Motivationskur, denn die Franken spielten sich in einen regelrechten Siegesrausch und wuchsen weit über ihr eigentliches Leistungsvermögen hinaus. Größter Tag war der 2. Dezember 1967, als Tabellenführer Nürnberg Verfolger Bayern München vor 65.000 begeisterten Fans mit 7:3 deklassierte und der »Kicker« beeindruckt vom "Meisterstück" sprach. In der Rückrunde kam der FCN-Express zwar ein wenig ins Stottern, und das Club-Spiel verlor seinen zwingenden Charakter, die Meisterschaft geriet jedoch nicht mehr in Gefahr. Ein 2:0-Sieg beim FC Bayern sorgte schließlich endgültig für den Gewinn der neunten deutschen Meisterschaft! Merkels psychologisches Vabanquespiel war voll aufgegangen. Der Motivationskünstler hatte aus gewöhnlichen Bundesligaspielern Meisterkicker gemacht, und sie auf eine regelrechte Welle der Begeisterung bugsiert. Doch weil sein Konzept nicht auf die Zukunft angelegt war, markiert der Gewinn der deutschen Meisterschaft eben zugleich den Beginn des schleichenden FCN-Abstiegs.

Zwölf Monate später erschien eines der inzwischen wohl am häufigsten reproduzierten Bilder der Bundesligageschichte in den Gazetten: Es zeigt Luggi Müller, Horst Leupold und Betreuer Röder, wie sie am 7. Juni

1969 das Spielfeld in Köln-Müngersdorf verlassen. Leupold weint, Röder tröstet, Müller schaut fassungslos. Ihr Verein, der amtierende deutsche Fußballmeister 1. FC Nürnberg, hat mit 0:3 beim 1. FC Köln verloren und ist abgestiegen. Eine noch nie dagewesene Katastrophe – für die die Ursachen auf der Hand lagen, denn mit Ferschl, Starek und Torjäger Brungs hatte Nürnberg vor Saisonbeginn unverständlicherweise gleich drei Leistungsträger abgegeben. Die Gründe waren umstritten. Gerüchten zufolge soll Trainer Merkel an den Ablösesummen beteiligt gewesen sein, und somit weniger unter sportlichen denn unter finanziellen Gesichtspunkten gehandelt haben. Für die hochkarätigen Abgänge kamen gleich dreizehn Neuzugänge, wodurch das erfolgreiche Meisterteam endgültig auseinandergerissen wurde. Und jene Cluberer, die den Merkelschen Kahlschlag überlebt hatten, bekamen es rasch mit dem nächsten Problem zu tun: Dem kräftezehrenden Training. Physisch und psychisch völlig ausgebrannt kam das Team gar nicht erst aus den Startlöchern, flog in Runde 1 aus dem Europapokal raus und mußte sich zu allem Übel auch noch mit

wurf seines zu Eskapaden neigenden Regisseurs Cebinac die FCN-Talfahrt.

Von der mannschaftlichen Geschlossenheit und dem Selbstbewußtsein der Meisterschaftssaison war nichts mehr zu sehen. Merkel flüchtete sich in Sarkasmus – und nahm am 24. März 1969 in Rücksprache mit der lethargisch wirkenden Vereinsführung freiwillig seinen Hut. Statt nun mit einem neuen Mann für frischen Wind zu sorgen, wurde Co-Trainer Robert Körner zum Chefcoach erkoren, was alles nur noch schlimmer machte. Ganze 19 Tage blieb der als "gutmütig" geltende Körner im Amt, ehe er im April 1969 die Trainingsleitung an Kuno Klötzer weitergeben mußte. Zu spät, denn "Ritter Kuno" konnte das Steuer nicht mehr herumreißen.

Neun Jahre brauchten die Franken, ehe sie wieder ins Oberhaus zurückkehrten. Neun Jahre, in denen der ruhmreiche Club dauerhaft den Anschluß an die deutsche Fußballelite verpaßte und zum "Altmeister" wurde. Neun Jahre, in denen Skandale, Querelen und sportliche Enttäuschungen überwogen, und in denen vor allem eins fehlte: Geduld. Statt mit einem behutsamen und planmäßigen Aufbau zum Ziel zu kommen, wurde alljährlich die "Brechstange" herausgeholt, wodurch der Club immer tiefer ins Dilemma rutschte. Sieben Trainer scheiterten zwischen 1969 und 1978 am FCN; unzählige Spieler trugen das Club-Jersey, ohne daß sie dem Rekordmeister zu einem Anknüpfen an goldene Zeiten verhelfen konnten. Für die treuen Fans waren die Jahre ein einziger Alptraum. 1970 patzte ihre über weite Strecken der Saison recht souverän aufspielende Mannschaft ausgerechnet in den letzten Saisonspielen und verspielte die schon sicher geglaubte Teilnahme an der Bundesligaaufstiegsrunde. 1971 sorgte eine peinliche 2:3-Schlappe im Aufstiegsrundenspiel bei Wacker 04 Berlin für das vorzeitige Aus, und 1974 fehlte unter Trainer Tilkowski ein einziges Törchen zur Rückkehr ins Oberhaus. Jene 74er Elf war dennoch das hoffnungsvollste, was man in Nürnberg seit langem gesehen hatte. Nüssing und Petrovic als Antreiber, Geinzer als Regisseur, Sturz, Rüsing, Hannakampf und Schabacker als Abwehrbollwerk sowie Majkowski, Geyer und Bittlmayer im

---

1. Spieltag Saison 1963/64

1. Bundesliga, 24. August 1963, Hertha BSC Berlin – 1. FCN 1:1, 60.000 Zuschauer - Roland Wabra, Paul Derbfuß, Karl-Heinz Ferschl, Reinhold Gettinger, Ferdinand Wenauer, Stefan Reisch, Gustav Flachenecker, Max Morlock, Heinz Strehl, Heinrich Müller, Richard Albrecht - Tor: 0:1 Morlock (40.)

18. Spieltag, Saison 1998/99

1. Bundesliga, 19. Dezember 1998, Hamburger SV – 1. FCN 2:0, 19.200 Zuschauer – Andreas Hilfiker, Markus Lösch, Markus Grasser, Armin Störzenhofecker, Marek Nikl, Frank Baumann, Henning Bürger, Michael Wiesinger, Markus Kurth (68. Martin Driller), Sasa Ciric, Pavel Kuka

---

internen Streitigkeiten herumschlagen. Auch dabei stand Merkel im Mittelpunkt. Der Österreicher, der sich mehr mit der Vermarktung seiner Person beschäftigte als mit dem Training, erwies sich als völlig kritikunfähig und beschleunigte mit dem Raus-

Sturm hatten durchaus das Zeug, den 1. FCN wieder zu einem Bundesligisten zu machen. Als die Nürnberger ihren Sturm dann im Sommer 1974 auch noch mit dem Ex-Bochumer Walitza verstärkten, schienen sie auf dem Weg Richtung Oberhaus nicht mehr aufzuhalten zu sein. Schienen, denn obwohl Walitza mit 21 Saisontoren sein Geld wert war, reichte es nur zu Platz 6. Die Pechsträhne ging weiter. 1976 durften sich die Nürnberger als Südvize mit dem Nordgruppenzweiten Borussia Dortmund um den dritten Aufstiegsplatz messen. Schon im Hinspiel platzten sämtliche Träume, als der BVB überraschend beide Punkte aus dem Frankenstadion entführte (0:1). "Jeder Dortmunder war seinem Nürnberger Gegenspieler balltechnisch überlegen", wies der »kicker« darauf hin, daß das Spiel der Tilkowski-Schützlinge nicht mehr auf dem neuesten Stand war. Nürnbergs Fußballfans reagierten auf das anhaltende Mittelmaß mit Desinteresse. Zum Abschlußspiel der Saison 1976/77 gegen Bayern Hof stellten exakt 1.743 Zuschauer einen neuen Minusrekord auf und sahen den FCN durch ein glückliches 3:3 auf Rang 5 abrutschen. Das Ende der Talfahrt war nicht abzusehen, zumal die kostspielige Transferpolitik inzwischen einen Schuldenberg angehäuft hatte, der dem FCN keine andere Wahl ließ, als zu sparen. Zur Saison 1977/78 mußten Leistungsträger wie Nüssing, Geinzer, Hannakampf, Majkowski, Pechtold und Rüsing verkauft werden, für die ausschließlich junge, kostengünstige, talentierte und aus der Region Nürnberg stammende Amateure wie Susser, Baumann, Beierlorzer, Steinkirchner und Dämpfling kamen. "Damit gibt es Abstiegskampf", fürchteten die Fans – und wurden eines Besseren belehrt. Schon nach wenigen Spieltagen stürmte das Team (Durchschnittsalter: 22,6 Jahre) an die Tabellenspitze und schaffte, trotz einer von Ungeduld gespeisten erneuten Kurzschlußhandlung, der Trainer Buhtz zum Opfer fiel, völlig überraschend die Rückkehr ins Oberhaus! Unbestrittener Held und gleichzeitig Liebling der Fans war Torhüter Manfred Müller, der insbesondere in den Aufstiegsspielen gegen Rot-Weiß Essen förmlich über sich hinauswuchs und das entschei-

dende 2:2 in Essen fast allein rettete. Doch der erneute Absturz hatte bereits begonnen, und aus dem ruhmreichen 1. FC Nürnberg wurde nun eine Fahrstuhlmannschaft. Schuld war das verzweifelte Bestreben der Vereinsführung, den Club unter allen Umständen im Oberhaus zu halten, was sich in einer völlig unkalkulierbaren Vereinspolitik widerspiegelte. "Das solide Gehaltsgefüge darf nicht angetastet werden. Stars, die unseren Rahmen sprengen, werden in Nürnberg künftig keine Chance mehr haben", erklärte Präsident Schmechtig auf der Aufstiegsfeier – um nur wenige Monate später mit der Verpflichtung von Uli Hoeneß selbst alles über den Haufen zu werfen. Zwischen 1978 und 1994 ging der Untergang des FCN auf fünf Ebenen vonstatten: Präsidium (sieben Wechsel), Trainer (siebzehn Wechsel), Spieler, Tabelle (drei Abstiege aus der 1. und einer aus der 2. Liga) und Finanzen (mehrere Konkursdrohungen bzw. Lizenzverluste).

Das Drama nahm seinen Ausgang in der ersten FCN-Erstligasaison seit neun Jahren, die von Querelen dominiert war. Sportlich stand die Club-Elf vom ersten Spieltag an mit dem Rücken zur Wand, woran auch der Panikkauf Uli Hoeneß nichts ändern konnte – zumal der Ex-Nationalspieler ohnehin mit seinen Gedanken mehr bei seinem künftigen Arbeitgeber FC Bayern war, dessen Managerposten er nach Saisonende übernehmen sollte. Folgenschwerer war die Entwicklung auf der Vorstandsetage. Im Dezember 1978 hatte Präsident und Foto-Quelle-Chef Schmechtig freiwillig seinen Hut genommen, weil er nicht bereit gewesen war, den umstrittenen Trainer Kern zu feuern. Auf einer alles andere als harmonisch verlaufenen Hauptversammlung hatte anschließend der Teppichgroßhändler Michael A. Roth die Führung übernommen. Unter ihm geriet der Club endgültig in ein fatales Mißverhältnis zwischen Anspruch und Realität. Roth investierte Millionen aus seiner Privatschatulle, verlangte dafür aber die uneingeschränkte Macht, die sich u.a. in acht Trainerentlassungen widerspiegelte. Darunter waren einige ziemlich kuriose, wie beispielsweise die von Horst Heese im März 1981. "Heute fliegt Heese", hatte eine Boulevardzeitung spekuliert – woraufhin Roth mit der Begründung "Was sollte ich denn machen, nachdem es schon in der Zeitung stand" prompt handelte. Michael A. Roth ließ jegliches Konzept vermissen. Unter seiner bis Weihnachten 1983 andauernden Amtsperiode avancierte der FCN zum "Durchlauferhitzer für abgetakelte Bundesligaspieler" (Werner Dreßel, Rüdiger Abramczik, Georg Volkert, Wolfgang Frank, Werner Heck usw.). Die wirtschaftlichen Folgen der schlingernden Vereinspolitik ließen nicht lange auf sich warten: Vor der Spielzeit 1981/82 mußte der 1. FC Nürnberg erstmals ernsthaft um die Lizenz bangen. Obwohl sich der FCN nach seinem Wiederaufstieg ab 1980 sportlich einigermaßen im Oberhaus etablieren konnte, blieb der große Durchbruch aus. Auch das unglücklich mit 2:4 gegen den FC Bayern verlorene Pokalfinale von 1982 konnte nicht darüber hinwegtäuschen, daß der Club auf dem besten Wege zu einer grauen Maus war, der zu allem Übel allmählich die Zuschauer wegrannten. Zwischen 1980/81

Spielklassen	
1963/64 – 68/69	1. Bundesliga
1969/70 – 73/74	Regionalliga Süd
1974/75 – 77/78	2. Bundesliga Süd
1978/79	1. Bundesliga
1979/80	2. Bundesliga Süd
1980/81 – 83/84	1. Bundesliga
1984/85	2. Bundesliga
1985/86 – 93/94	1. Bundesliga
1994/95 – 95/96	2. Bundesliga
1996/97	Regionalliga Süd
1997/98	2. Bundesliga
seit 1998/99	1. Bundesliga

und 1982/83 sank der Schnitt von knapp 29.000 auf rund 18.000. 1983/84 war es dann mit dem Zittern vorbei, denn da ging es zurück in Liga 2. Das mit Träumen von einem Platz im UEFA-Cup in die Saison gegangene, abermals kräftig verstärkte Team (Burgsmüller, Lottermann, Habiger und Grahammer) war insbesondere auswärts an Harmlosigkeit nicht zu überbieten und überbot mit 0:34-Punkten sogar den Uralt-Rekord von Tasmania Berlin (1:33)! Mit

Klug, Kröner, Popp und Höher versuchten sich gleich vier Trainer vergeblich an der Rettung, und selbst Präsident Roth gab angesichts der Lage entnervt auf. "Ich bin keine Melkkuh, auch mein Engagement hat Grenzen", sprach er – und übergab die Vereinsführung an Gerd Schmelzer, der mit 32 Jahren zum jüngsten Präsidenten im bezahlten Fußball wurde. Unter dem schwer zu greifenden Immobilienkaufmann ("Ich wollte aus drei Gründen Präsident werden: Weil mich die Aufgabe gereizt hat, aus Eitelkeit, und weil ich mir gewisse Vorteile von den Kontakten verspreche") geriet der Valznerweiher endgültig zum Hort des Chaos. Schmelzer ließ beispielsweise ein FCN-Hotel errichten und leitete die dringend nötige Stadionrenovierung ein, bediente sich dabei aber einiger zwielichtiger Methoden und führte den Club gemeinsam mit Schatzmeister Böbel noch tiefer ins Finanzdilemma. Sportlich begann seine Ära hingegen ausgezeichnet. Unter Trainer Heinz Höher wurde ein Neuaufbau eingeleitet, an dem aus finanziellen Gründen vornehmlich junge, ehrgeizige und unbekannte Akteure, beispielsweise der vom FC Bayern ausgeliehene Hans Dorfner, sowie einige übriggebliebene Routiniers wie Horsmann, Kargus, Weyerich oder Lieberwirth beteiligt waren. Ausgerechnet jene Routiniers sollten jedoch zum Problem werden: Sie zettelten eine Revolte an, mittels der der ungeliebte Höher gestürzt werden sollte. Als das gescheitert war, schlug Höher zurück und mistete den Kader aus. Mit Erfolg, denn wenige Monate später hatten Höhers „Fohlen" dank eines bewundernswerten Schlußspurts mit dem Höhepunkt des abschließenden 2:0-Sieges über Mitkonkurrent Hessen Kassel Platz 1 erklommen und sensationell den sofortigen Wiederaufstieg geschafft! Das 1985er Team war zweifelsohne eines der hoffnungsvollsten der Club-Historie. Auch Präsident Schmelzer wußte um die Stärke und verzichtete bewußt auf teure Neuzugänge, um den Mannschaftsgeist nicht zu zerstören (und die klamme Kasse nicht unnötig zu belasten). Darüber hinaus bewies er Geduld. Selbst eine Minusserie von 1:19-Punkten brachte den Stuhl von Trainer Höher nicht in Gefahr – überaus ungewöhnlich für Nürnbergs jüngere Fußballgeschichte. Unter tatkräftiger Hilfe der während der Saison verpflichteten Jörn Andersen und Anders Giske wurde schließlich mit einem 2:0-Abschlußsieg über Waldhof Mannheim der Klassenerhalt geschafft und das "Wunder 1. FCN" komplettiert. Im Sommer 1986 war die Club-Welt so rosarot wie schon lange nicht mehr, als die erneute Talfahrt begann, die mit dem Wechsel von Hans Dorfner zum FC Bayern eingeleitet wurde. 1988 – gerade hatte der Club den Einzug in den UEFA-Cup geschafft und damit den größten Erfolg seit der 1968er Meisterschaft perfekt gemacht - folgten ihm Reuter, Grahammer (beide zum FC Bayern) sowie Andersen (Frankfurt), womit der Traum von einer trophäenreichen Zukunft geplatzt war. "Die Bayern haben uns das Herz herausgerissen", klagte Präsident Schmelzer nicht zu Unrecht, vergaß aber zu erwähnen, daß der Erzrivale aus der Landeshauptstadt im Gegenzug die marode Club-Kasse füllte. Allmählich hatte auch die diffuse Führungspolitik Präsident Schmelzers ihre Spuren hinterlassen. Erfolgscoach Höher beispielsweise war auf die Managerposition abgeschoben worden, wo er heillos überfordert war und folgenschwere Fehler beging. Trotz Transfereinnahmen von mehr als sieben Mio. Mark konnte Höher nicht einen bundesligatauglichen Akteur nach Nürnberg lotsen, was seinem Nachfolger Hermann Gerland im Abstiegskampf immense Probleme bereitete. Als Höher im Februar 1989 seinen Hut nahm, hatte Gerland mit akribischer Arbeit immerhin das Schlimmste verhindert und den FCN auf Rang 14 geführt. Doch wie Anfang der achtziger Jahre war der Club vom Durchbruch meilenweit entfernt und statt dessen erneut auf dem besten Wege, zu einer grauen Maus zu werden. Glanztage wie das 4:0 über den Erzrivalen FC Bayern (25. November 1989) blieben Mangelware. Dafür avancierte der Club auf anderen Ebenen zum Schlagzeilenlieferanten. 1990/91

rutschte er unter dem mit viel Hoffnung verpflichteten Niederländer Arie Haan ans Tabellenende, woraufhin Präsident Schmelzer zum Allheilmittel Trainerwechsel greifen wollte, was ihm der Finanz- und Aufsichtsrat mit Hinweis auf die damit entstehenden Kosten jedoch verweigerte. Enttäuscht trat Schmelzer daraufhin zurück und erklärte pathetisch: "Der Club war für mich eine Lebensphilosophie. Ich gebe eine Liebe ab".

Der Club ist wieder da! Thomas Ziemer wird nach einem Treffer von seinen Kameraden geherzt. Am Ende hatte der 1. FC Nürnberg den Durchmarsch von der 3. in die 1. Liga perfekt gemacht

Anschließend wurde aus dem Club wieder ein Skandalklub. Da war ein Vlado Kasalo, der mit vermutlich absichtlichen Eigentoren Niederlagen herbeiführte, auf die er zuvor hohe Geldsummen gewettet hatte. Da war ein "Schiedsrichterskandal", der den Ruf des 1. FCN kräftig in Mitleidenschaft zog. Da war eine erschreckende Finanzsituation (mit rund 21 Millionen Mark Verbindlichkeiten war der Traditionsverein mehr oder weniger klinisch tot). Und da war die sportliche Seite. 1991 war der vom Europacup träumende Club trotz des vom neuen Präsidium um den Rechtsanwalt Sven Oberhof propagierten Mottos "Investieren" und der für 4,7 Mio. Mark zurückgeholten Eckstein und Dorfner erstmals wieder tief in den Abstiegsstrudel geraten. Nur dem überragenden Andy Köpke war es zu verdanken, daß es mit dem Klassenerhalt letztendlich klappte. "So etwas können wir unseren Anhängern nicht mehr zumuten", gab Präsident Oberhof nach Saisonende zerknirscht zu.

Doch der 1. FCN mutete seinen Fans noch ganz andere Sachen zu. 1994 stiegen die Nürnberger tatsächlich aus der 1. Bundesliga ab, verloren mit Andy Köpke auch noch ihren allerletzten Identifikationsfaktor und schoben einen turmhohen Wust ungelöster Skandale vor sich her. Ungedeckte Schecks, nicht verbuchte Gehälter, versuchte Schiedsrichterbeeinflussung, falsche Angaben im Lizenzierungsverfahren – die Palette der Anschuldigungen war gewaltig. Gerhard Voack, Geschäftsführer einer Heimwerkermarktkette, der Präsident Oberhof im Juni 1992 abgelöst hatte, war infolge dessen praktisch gar keine andere Wahl geblieben, als "saubere, durchschaubare Arbeit und eisernen Sparwillen" einzufordern, was wiederum den sportlichen Absturz beschleunigte. Und das Drama war längst noch nicht beendet, denn Voack reihte sich mühelos in die Riege der zur Selbstdarstellung neigenden und wenig vertrauenserweckende Arbeit abliefernden Club-Präsidenten ein. 1994 verweigerte der DFB angesichts des Schuldenbergs (rund 20 Mio. Mark) sowie diverser Verstöße gegen das Lizenzverfahren in erster Instanz die Lizenz, und heimste, nachdem er schließlich doch das begehrte Papier überreichte, harsche Kritik anderer Vereine ein.

Erneut gab es einen Führungswechsel. Voack ging, Roth kam zurück und stellte rasch fest, daß der Club "wirtschaftlich tot" ist. Ein Szenario, das wenige Monate später problemlos auf den sportlichen Bereich übertragen werden konnte, denn nachdem es schon 1994/95 nur wegen der Lizenzentzüge für Dresden und Saarbrücken zum Klassenerhalt gereicht hatte, stieg der ruhmreiche 1. FCN im Mai 1996 unwiderruflich zum ersten Mal in seiner Vereinsgeschichte in die 3. Liga ab. Die Legende vom Club wankte – aber sie fiel nicht. Nürnbergs Rückkehr war – wie es sich für den Club gehört – schlagzeilenträchtig. Die erste und bislang einzige Drittligasaison des "1. Fußball-Club Nürnberg – Verein für Leibesübungen e.V." entpuppte sich als sportlicher Spaziergang, der vornehmlich die Geographiekenntnisse der treuen Club-Fans aufbesserte und sie Ortschaften wie Weismain, Egelsbach und Ditzingen kennenlernen ließ. Dort gab es zudem viel zu feiern, denn mit 16 Punkten Vorsprung sicherte sich ihr neuformiertes Team frühzeitig die Meisterschaft und schaffte – begleitet vom wiedererwachten Uralt-Rivalen aus Fürth – souverän die Rückkehr in die 2. Liga. Plötzlich war die "Legende vom Club" wieder hochaktuell, zumal dem auch finanziell halbwegs erholten 1. FCN in der 2. Liga überraschend der Durchmarsch gelang und er damit Fußball-Franken in einen einzigen Freudentaumel stürzte.

Die Erfolge übertünchten allerdings einige bedenkliche Entwicklungen wie beispielsweise die Sache mit den Trainern. Nachdem Aufstiegscoach Entenmann im September 1997 Felix Magath hatten weichen müssen, verabschiedete sich Magath unmittelbar vor Saisonbeginn 1998/99 freiwillig, weil "der vorhandene Kader beim besten Willen nicht für die Bundesliga ausreicht". Eine Einschätzung, die Nachfolger Willi Reimann rasch zu spüren bekam. Nach einem akzeptablen Saisonstart rutschte er mit seinem heimschwachen Team in die Abstiegszone, geriet in die Kritik und kündigte schließlich selbst, weil seine Frau schwer erkrankt war. Bei der Suche nach einem Nachfolger entpuppte sich schließlich ein weiteres Problem: Die Person von Präsident und Multimillionär Roth. Wunschkandidat Schäfer beispielsweise sagte im Dezember 1998 trotz einer lukrativen Millionenofferte ab, was, so vermuteten Insider, auch mit den autoritären Führungsstrukturen im Frankenstadion zu tun hatte.

Die rasche Genesung des 1. FC Nürnberg ist zweifelsohne bewundernswert, doch der fränkische Patient ist deswegen keineswegs schon wieder völlig gesund. Aber das ist womöglich ohnehin einerlei, denn schon häufig war das einzige, was der 1. FC Nürnberg noch besaß, sein Name. Und bis heute reichte ihm das immer zum Überleben.

Hardy Grüne

Rot-Weiß Oberhausen

Im Mittelalter war Klee ein beliebtes Heilmittel: Es eignete sich vorzüglich zur Behandlung von Hämorrhoiden und Krampfadern. Heute kommt das zur Gattung der Schmetterlingsblütler zählende Kraut in rund 300 Arten in gemäßigten bis subtropischen Zonen vor; in Mitteleuropa sind

Die Geschichte vom Klee, der immer wieder aufblüht

rund 20 Arten bekannt. Neben Alternativheilern haben auch Kaninchen ihre Freude an Klee. Auch Hasen fressen es gerne, Meerschweinchen darf man es ebenfalls geben. Für gewöhnlich kommt Klee mit drei Blättern daher, dann und wann aber auch mit vier. Entdeckt man ein solches Gewächs, hat man, so heißt es, Glück. Die Finger lassen sollte man hingegen vom siebenblättrigen Klee, denn der bringt dem Volksglauben nach Unglück.

Der "Sport-Club Rot-Weiß Oberhausen e.V." hat ein vierblättriges Kleegewächs zu seinem Wappen erkoren.

Anno 1923 war es, als sich der Styrumer Ballspielverein und der Oberhausener Spielverein von 1904 zur Spielvereinigung Oberhausen-Styrum (aus der 1934 Rot-Weiß wurde) vereinten, und als neue Spieltracht schwarze Hemden mit weißem Kleeblatt angeschafft wurden.

Schaut man sich die Geschichte des SC Rot-Weiß ein wenig näher an, könnte man allerdings zu der Überzeugung gelangen, der unglückbringende siebenblättrige Klee wäre womöglich geeigneter gewesen. Glorreich war sie bislang nämlich nicht, die Geschichte des SC Rot-Weiß. Eher tragisch. Im Gegensatz zum Klee, der, einmal verblüht, nicht wiederkommt, hat RWO aber eines mit beeindruckender Beständigkeit immer geschafft: Regelmäßig neu aufzublühen.

Einer, der dafür mit diversen Düngekuren verantwortlich war, ist Peter Maaßen. 1947 übernahm der gewiefte Kaufmann den Vor-

Bundesligabilanz	
Bundesligajahre:	1969/70 – 72/73
Gesamt:	4 Jahre
Beste Plazierung:	Platz 14 (1969/70)
Ewige Tabelle:	Platz 32, 136 Spiele, 36 Siege, 31 Unentschieden, 69 Niederlagen, 182:281 Tore, 139 Punkte
Ø Plazierung:	Platz 15,75
Top-Spieler:	Friedhelm Dick (126), Hermann-Josef Wilbertz (116), Werner Ohm (108), Lothar Kobluhn (107), Wolfgang Scheid (105)
Top-Torjäger:	Lothar Kobluhn (36), Hugo Dausmann (15), Hans Schumacher (15), Franz Krauthausen (12), Ditmar Jakobs (12)

sitz, den er erst 25 Jahre später wieder abgab – nicht ohne auch danach immer wieder bereit zu stehen, wenn die Kleeblätter die Köpfe hängen ließen. Peter Maaßen war Rot-Weiß Oberhausen, Rot-Weiß Oberhausen war Peter Maaßen. Unter ihm erlebte der Klub zwischen 1968 und 1972 seine Glanzzeit mit dem Höhepunkt des 6. September 1969, als RWO nach einem triumphalen 4:0-Sieg in Braunschweig alleiniger Spitzenreiter der Fußball-Bundesliga war (eine Position, die man sieben Tage später durch einen 3:1-Sieg über Werder Bremen zu verteidigen wußte). Doch Maaßen mußte auch die schwärzeste Stunde seiner Kleeblätter miterleben, die 1973 aus der Bundesliga katapultiert und als einer der Mitverantwortlichen im Bundesliga-Skandal ausgemacht wurden. Zwei Jahre später stieg RWO gar in die Drittklassigkeit ab und stand vor einem Scherbenhaufen. "Der Wille zum erfolgreichen Schaffen war verlorengegangen. Die Mannschaft jener Jahre hatte ebenso wie die Verantwortlichen jegliche Motivation verloren. Das rot-weiße Vereinsschiff hatte keinen Steuermann, der beharrlich und zielstrebig und selbst unter großen Opfern bereit war, alles dafür einzusetzen, daß dem Verein die sportlichen und wirtschaftlichen Voraussetzungen gelangen", resümierte Ehrenpräsident Maaßen anläßlich des 75jährigen Vereinsjubiläums im Jahre 1979 rückblickend über die Ursachen der Krise.

Die vier Spielzeiten in der 1. Bundesliga nehmen einen zentralen Punkt in der Vereinshistorie ein. Bis 1968 arbeitete man mit voller Kraft und Anstrengung auf das einzige Ziel – Aufstieg – hin, seither hängen die 136 Bundesligaspiele wie ein Fluch über dem Verein. Ohnehin ist das Thema "Bundesliga und Rot-Weiß Oberhausen" eine recht eigentümliche Angelegenheit. Ausgerechnet RWO-Präsident Maaßen zählte nämlich Anfang der sechziger Jahre zu den erbittertsten Gegnern der Profiliga ("sie ist sportlich und wirtschaftlich ein zu großes Wagnis") – um sich nach deren Einführung lautstark darüber aufzuregen, daß seine Kleeblätter nicht aufgenommen wurden. Das war insofern gerechtfertigt, als die von 1951 bis 1957 nur in der Zweitklassigkeit dümpelnden Oberhausener den Qualifika-

tionskriterien des DFB nicht genügten und zudem in der letzten Oberligasaison 1962/63 nur Zehnter wurden.

Schade war es dennoch, denn das von dem Ungarn Nandor Lengyel betreute RWO-Team jener Tage war durchaus hoffnungsvoll. Da standen Akteure wie Horst Schlagowski, Friedhelm Kobluhn, Dieter Brozulat oder Helmut Laszig im Kader, dazu Riesentalente wie Hans Siemensmeyer, Lothar Kobluhn, Kalli Feldkamp oder Junioren-Nationalspieler Carl-Otto Marquardt. Doch die Brötchen, die RWO in der Regionalliga backen mußte, waren klein. Während der lange Zeit nur mitleidig belächelte Nachbar aus Meiderich in der Bundesliga für Furore sorgte und mit seinem Riegelsystem Vizemeister wurde, mußte sich der stolze SC Rot-Weiß mit Gegnern wie Lüner SV oder VfB Bottrop abgeben. Überzeugend war es nicht, was Rot-Weiß seiner schrumpfenden Fan-Gemeinde dabei bot. Platz 7 in der Auftaktsaison rechtfertigte im Nachhinein sogar die Nichtzulassung für die Bundesliga. Aber RWO hatte auch Probleme. Geldprobleme, was dem Klub enorme Schwierigkeiten bereitete, seine Akteure bei der Stange zu halten. Nachdem Maaßen deswegen 1962 schon Jürgen Sundermann zu Viktoria Köln hatte ziehen lassen müssen, wandte der Kraftfahrzeugersatzteile-Lieferant eine List an: Fortan durften RWO-Spieler nicht mehr allzu große Karriere machen. Einladungen zu Lehrgängen oder Auswahlspielen landeten schon mal im Papierkorb, ohne das die Akteure davon wußten. Nicht gerade die feine englische Art, aber eine Möglichkeit, um mit den Unbillen eines Regionalligisten im Schatten der Bundesliga zurechtzukommen. Einer derjenigen, bei dem Maaßens Trick klappte, war der heiß umworbene Torhüter Helmut "Jimmy" Traska, der 1959 aus Horst-Emscher gekommen war und bis 1967 fast ununterbrochen das RWO-Tor hütete.

Maaßens Ziel war die Bundesliga. 1964 übergab er Willibald Hahn das Trainingszepter, unter dem immerhin Platz 4 heraussprang, nachdem RWO phasenweise sogar die Tabelle angeführt hatte. Doch zum Saisonende kam der nächste Rückschlag, als Hans Siemensmeyer für lächerliche 50.000 Mark (seinerzeitige Ablöse-Höchstsumme) zu Hannover 96 wechselte. Während die sportliche Lücke, die "Hansi" hinterließ, kaum zu stopfen war, blieb Oberhausens Kasse also gleichzeitig leer, und das sportliche Hoch war folgerichtig rasch wieder vorbei. 1965/66 wurde RWO ohne Siemensmeyer noch einmal Vierter, 1966/67 kam der Rückschlag: Platz 6.

Zu Saisonbeginn hatte mit Werner Stahl ein Mann das Traineramt übernommen, der RWO in den fünfziger Jahren als Spielertrainer schon einmal zum Erfolg geführt hatte. Der umgängliche Steuerbeamte brachte frischen Wind an die Landwehr, das Vereinsdomizil der Kleeblätter. Darüber hinaus landete Maaßen mit der Verpflichtung von Franz Krauthausen, einem gebürtigen Oberhausener und zwischenzeitlich beim 1. FC Köln aktiven Spielmacher, einen Volltreffer. Doch nach einem gelungenen Saisonauftakt zogen rasch schwere Wolken über der Landwehr auf: Zu viele Punktverluste warfen die Stahl-Schützlinge in der Tabelle zurück, die frischgegründete US-Soccer-League rief mit dicken Dollarpaketen nach Krauthausen, Kobluhn, Eichholz, Feldkamp und Brozulat, und Vereinsboß Maaßen lag mit der Stadt Oberhausen im Clinch. Es ging um das 1926 erbaute Niederrheinstadion, in dem RWO seit Aufgabe seiner Heimat an der Lothringer Straße (1939) die Heimspiele austrug. Die im düsteren Ambiente zwischen A40, der damals noch völlig verdreckten Ruhr und diversen Zechenhalden liegende Arena befand sich in einem erbärmlichen Zustand und war eines Bundesliga-Aspiranten in keinster Weise würdig. Doch CDU-Mann Maaßen fand bei der SPD-Mehrheitsfraktion kein offenes Ohr, und die Renovierung des Niederrheinstadions sollte sich bis in heutige Tage hinziehen. Zumindest wurde aber seinerzeit das berühmt-berüchtigte "Gefälle" – das Grundwasser des Rhein-Herne-Kanals hatte das Spielfeld teilweise bis zu einem halben Meter absinken lassen – ausgeglichen. In der Zwischenzeit war aus Bundesligagegner Peter Maaßen einer der vehementesten Verfechter einer zweigleisigen 2. Bundesliga geworden. Dadurch hatte er sich in Funktionärskreisen gehörigen Respekt verschafft und wurde von Insidern sogar als geeignet für das Amt des DFB-Präsidenten betrachtet. Doch derartige Meriten interessierten Maaßen gar nicht. Er wollte nur eins: Mit RWO in die Bundesliga. 1967/68 hätte es fast geklappt. Drei Spieltage vor Schluß führten die seit zwanzig Spielen ungeschlagenen Oberhausener nach einem 3:0-Heimsieg über Düsseldorf ("Muster an Einsatz: Friedhelm Kobluhn", titelte der »Fußball-Sport«) die Tabelle an und hatte die große Chance, mit einem Sieg beim hartnäckigsten Verfolger Rot-Weiß Essen vorzeitig alles klar zu machen. An der Hafenstraße spielten die Niederrheiner wie entfesselt auf. "Die Oberhausener begannen, als wollten sie den Himmel stürmen. Ihre von hohem Tempo getragenen, weiträumigen Direktaktionen, mal steil, mal diagonal und nur ganz selten in die Breite laufend, drangen wie Messerstiche in das Fleisch des beinahe hilflos wirkenden Gegners, der mit dem Rücken zur Wand zunächst nur hinhaltenden Wi-

Peter Maaßen war RWO - RWO war Peter Maaßen

derstand zu leisten vermochte", schwärmte der »Fußball-Sport«. Der Sieger aber hieß Rot-Weiß Essen. In der 33 Minute hatte Wilbertz mit einem Querschläger seinen eigenen Torhüter versetzt und RWO um die Aufstiegsrundenteilnahme gebracht. Maaßen war untröstlich.

Zur neuen Saison übernahm der Altinternationale Alfred "Adi" Preißler das Training. Der zuvor mit Wuppertal beinahe Abgestiegene (Maaßen: "Preißler kämpft um seinen guten Ruf und wird sich bei uns besonders anstrengen") brachte Oberhausen endlich ans Ziel der Träume. Gemeinsam mit dem aus Pirmasens geholten Hugo Dausmann sicherte sich das fast ausschließlich aus Ruhrgebietlern bestehende Team mit einem 2:0 über Arminia Bielefeld bereits am vorletzten Spieltag die Westmeisterschaft und Qualifikation zur Aufstiegsrunde. 20.000 Fans verwandelten das Niederrheinstadion in ein rot-weißes Fahnenmeer. Zwanzig Tage später brillierte das Preißler-Team vor 40.000 Zuschauern im Ludwigshafener Südweststadion und demontierte im ersten Aufstiegsrundenspiel

den verletzten Torjäger Lothar Kobluhn nur einen 1:0-Arbeitssieg über Hertha Zahlendorf, dem eine 1:3-Schlappe in Freiburg folgte. Die Aufstiegsrunde blieb bis zum letzten Spieltag spannend. In Zehlendorf kassierte RWO trotz 2:0-Führung eine 2:3-Niederlage, die dem Kontrahenten aus Freiburg einen leichten Vorteil verschaffte. Vor dem letzten Spieltag, an dem Freiburg nach Oberhausen mußte, lagen RWO und FFC gleichauf an der Tabellenspitze, getrennt nur durch das hauchdünn bessere Torverhältnis von RWO. Rund 35.000 Fans füllten das Niederrheinstadion bis auf den allerletzten Platz und ließen eine neunzigminütige Nervenschlacht über sich ergehen, die weder Tore noch Sieger, mit Oberhausen aber einen Gewinner fand. Ein einziges Törchen gab schließlich den Ausschlag zugunsten der Preißler-Schützlinge, die sich mit aller Kraft gegen die Freiburger Angriffsbemühungen gewehrt hatten. Stunden später erstrahlte Oberhausen in Rot und Weiß. Freudetrunkene Fans hatten ganze Straßenzüge angemalt, das Pils floß in Strömen, Oberhausen war in der Bundesliga.

Trotz aller nun zu lösenden Probleme – die Stadionfrage, die angespannte Haushaltslage – herrschte in Oberhausen Zuversicht. "Ich bin davon überzeugt, daß wir, ähnlich wie Alemannia Aachen oder Borussia Mönchengladbach, auf Anhieb den Klassenerhalt schaffen werden. Im Stadion Niederrhein werden auch viele Spitzenklubs Federn lassen müssen", gab Präsident Maaßen mutig zu Protokoll - und behielt zunächst Recht. Die Bundesligasaison 1969/70 war vier Spieltage alt, als sie mit Rot-Weiß Oberhausen einen neuen Tabellenführer erhielt. Zwei Wochen später kassierte das Team um Torhüter "Yogi" Scheid, Libero Friedhelm Dick, den überragenden Außenläufer Lothar Kobluhn sowie Hitzkopf und Publikumsliebling Krauthausen ("der schwarze Franz") ausgerechnet bei Nachbar MSV Duisburg die erste Niederlage und wurde von Platz 1 gestürzt. Der weitere Saisonverlauf ist schnell erzählt. 12. Spieltag Platz 6, 16. Spieltag Platz 9, 20. Spieltag Platz 15. Am Ende entgingen die Kleeblätter zwar dem Abstieg, doch der Überlebenskampf hatte schon begonnen. 1970 kamen mit Uwe "Funkturm" Klie-

---

1. Spieltag Saison 1963/64

Regionalliga West, 4. August 1963, RWO – Borussia Mönchengladbach 2:1, 6.000 Zuschauer – Helmut Traska, Hans Barwenzik, Friedhelm Kobluhn, Helmut Laszig, Horst Poganatz, Siegfried Lüger, Carl-Otto Marquardt, Peter Schulz, Uwe Scheurer, Hans Siemensmeyer, Franz Fliege – Tore: 1:1 Scheurer (59.), 2:1 Siemensmeyer (75.)

19. Spieltag Saison 1998/99

2. Bundesliga, 20. Dezember 1998, RWO - Stuttgarter Kickers 1:1, 3.500 Zuschauer - Christoph Müller, Daniel Ciuca, Ivan Konjevic, Björn Arens, Jörg Lipinski, Carsten Pröpper, Jürgen Luginger, Thorsten Judt (46. Gerd Kühn), Siegmar Bieber, Lars Toborg (82. Mircea Onisemiuc), Achim Weber (65. Holger Gaißmayer) - Tor: 1:1 Pröpper (46.)

---

den südwestdeutschen Geheimfavoriten SV Alsenborn nach allen Regeln der Kunst. Der 4:1-Sieg katapultierte RWO in die Favoritenrolle, mit der die Kleeblätter so ihre Probleme hatten. Vier Tage später gab es ohne

mann und Wolfgang Sühnholz zwei Akteure vom ehemaligen Aufstiegsrundengegner Hertha Zehlendorf an die Landwehr, wo es nicht allzuviel zu feiern gab. Erst am achten Spieltag gab es den ersten Sieg – ein in der Höhe sensationelles 8:1 über den Hamburger SV. Doch die Regel waren nicht Siege, sondern Niederlagen. 16 Stück gab es davon im Saisonverlauf. Daß es dennoch zum Klassenerhalt reichte, hatte RWO allein Torjäger Kobluhn zu verdanken. 24mal traf das stämmige Kraftpaket aus dem Stadtteil Osterfeld ins Netz und sicherte sich damit Platz 1 in der Torjägerliste – vor Gerd Müller! Von der tabellarischen Pole-Position konnte RWO derweil nur träumen. Platz 16 hieß es am Saisonende, und das auch nur, weil Offenbach das um einen Treffer schlechtere Torverhältnis hatte. Erinnerungen an die Aufstiegsrunde 1969 wurden wach. Die Erleichterung wich jedoch bald Entsetzen, denn es wurde bekannt, daß RWO-Boß Maaßen nicht nur auf sportliche Pferde gesetzt hatte. Mindestens das 4:2 in Köln und das 3:0 gegen Bremen waren erkauft worden – RWO steckte tief im Bundesligaskandal, und im Verlauf der Ermittlungen stellte sich außerdem heraus, daß auch der 2:0-Sieg über Arminia Bielefeld, der RWO anno 1969 zur Westfalenmeisterschaft verholfen hatte, nicht astrein gewesen war.

Aus dem vierblättrigen Klee war ein siebenblättriger geworden. Die Folgen waren hart: Während die inzwischen von Günter Brocker trainierten Rot-Weißen in der vom Skandal überschatteten Saison 1971/72 mit sportlichen Mitteln den Klassenerhalt schafften (Platz 15), räumte der DFB auf. Präsident Maaßen wurde für zwei Jahre gesperrt, und RWO mußte mit einem Abzug von fünf Zählern in die Saison 1972/73 gehen. Das Ende war nahe. Auch wenn der Punkteabzug im Verlauf der Spielzeit wieder zurückgenommen wurde, reichte es nicht zum Klassenerhalt. Trotz zweier Trainerwechsel (Kobluhn für Brocker, Murach für Kobluhn) gelang es RWO an 34 Spieltagen nicht einmal, die Abstiegsränge zu verlassen. Das bis heute letzte Bundesligaspiel des SC Rot-Weiß Oberhausen endete am 9. Juni 1973 mit einem 2:1-Sieg der Kleeblätter über die Offenbacher Kickers.

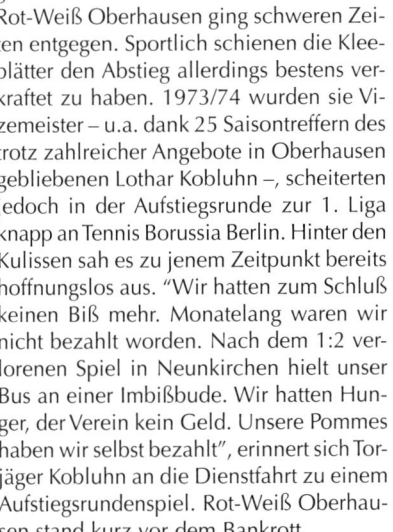

Im Stadion Niederrhein verloren sich ganze 900 Zuschauer.

Rot-Weiß Oberhausen ging schweren Zeiten entgegen. Sportlich schienen die Kleeblätter den Abstieg allerdings bestens verkraftet zu haben. 1973/74 wurden sie Vizemeister – u.a. dank 25 Saisontreffern des trotz zahlreicher Angebote in Oberhausen gebliebenen Lothar Kobluhn –, scheiterten jedoch in der Aufstiegsrunde zur 1. Liga knapp an Tennis Borussia Berlin. Hinter den Kulissen sah es zu jenem Zeitpunkt bereits hoffnungslos aus. "Wir hatten zum Schluß keinen Biß mehr. Monatelang waren wir nicht bezahlt worden. Nach dem 1:2 verlorenen Spiel in Neunkirchen hielt unser Bus an einer Imbißbude. Wir hatten Hunger, der Verein kein Geld. Unsere Pommes haben wir selbst bezahlt", erinnert sich Torjäger Kobluhn an die Dienstfahrt zu einem Aufstiegsrundenspiel. Rot-Weiß Oberhausen stand kurz vor dem Bankrott.

Dessen unbeachtet wurde der inzwischen von Gert Buttgereit angeführte Klub 1974 in die neugeschaffene 2. Bundesliga aufgenommen, in der das Stadion Niederrhein endgültig zum Hort des Chaos wurde. Ungeachtet der drückenden Schuldenlast verpflichteten die Oberhausener mit Torjäger Walter Krause (HSV) und den beiden Jugoslawen Stojan Vukasinovic sowie Dragan Stojanovic gleich drei fertige Spieler, die weder den sportlichen Abstieg verhindern konnten, noch die finanzielle Situation verbesserten. Im Gegenteil: Mit Ditmar Jakobs und Walter Krause mußten im Saisonverlauf zwei Spieler abgegeben werden, um das drohende Aus zu verhindern. Dennoch gingen die Spieler monatelang ohne Gehälter nach Hause und blieben vom 21. bis zum 38. Spieltag ohne doppelten Punktgewinn. Daß zwischen all dem auch noch das Geschäftsstelleninventar zwangsversteigert wurde, fällt da kaum noch ins Gewicht. Ausgerechnet Nachbar 1. FC Mülheim war Gegner im vorerst letzten Zweitligaheimspiel der Kleeblätter, das vor 2.000 Zuschauern torlos unentschieden endete. Zwei Jahre nach dem Abstieg aus der 1. Liga war das stolze Kleeblatt nur noch drittklassig.

Parallel zum Abstieg Rot-Weiß Oberhausens war auch das Maaßen-Imperium ins

Wanken geraten. Der Funktionär, der Ende 1974 einen schweren Autounfall nur knapp überlebt hatte, war mit seinen Firmen pleite gegangen und mußte nun mit ansehen, wie seine geliebten Kleeblätter immer mehr die Köpfe hängen ließen. Unverdrossen machte er sich nach Ablauf seiner Sperre wieder an die Arbeit. Gemeinsam mit "Ata" Becker baute er ein neues Team auf, das sich just zum 75jährigen Vereinsjubiläum im Jahre 1979 die Nordrheinmeisterschaft und damit die Rückkehr in die 2. Liga sicherte. Mit einer eindrucksvollen Serie von 32:2-Punkten hatte die von Manfred Rummel trainierte Elf den weit enteilten 1. FC Bocholt auf der Zielgeraden noch abfangen können. RWO wurde nun zum Wanderer zwischen den Welten. 1979/80 hielt man sich erstaunlich gut in der zweithöchsten Profiklasse, doch schon 1980/81 war mit Einführung der eingleisigen 2. Liga wieder Schluß mit Profifußball. Nachdem Kapitän "Tex" Hentschel, Torhüter Mackscheidt sowie Verteidiger Bachmann ihre Schuhe an den Nagel gehängt hatten, hatten sich die heimlichen Meisterträume Maaßens ins Gegenteil umgekehrt: Als Tabellenvierzehnter mußte RWO zurück in die nordrheinische Oberliga. 1983 gelang die Rückkehr. Erneut war es der 1.

zugunsten der Rot-Weißen ausging. In der anschließenden Aufstiegsrunde waren die seit 1982 vom Ex-Bocholter Friedel Elting trainierten Rot-Weißen dann nicht mehr zu bremsen und sicherten sich mit einem torlosen Unentschieden bei Mitaufsteiger SC Charlottenburg die Rückkehr in den Profifußball.

RWO war wieder "in". Über 3.000 Menschen kamen zum Trainingsauftakt der Saison 1983/84 und bewunderten das von Mäzen und Fußball-Obmann Hermann Schulz zusammengestellte Team um die Neuzugänge Wolfgang Funkel, Uwe Montelett und Wolfgang Pache. "Gemeinsamkeit macht stark! Nur der Erfolg zählt, und wenn er noch so klein ist! Mit anderen Worten, wir wollen den Klassenerhalt schaffen und noch etwas mehr!", gab Schulz sich optimistisch und verwies auf seinen Dreijahresplan, nach dem RWO 1986 zu den Aufstiegskandidaten in die 1. Bundesliga gehören sollte. Doch 1986 war von einem Aufstiegsfavoriten Rot-Weiß Oberhausen nichts zu sehen. Im Gegenteil: Schon in der Aufstiegssaison 83/84 war nur dank eines furiosen Endspurts der fast schon nicht mehr erwartete Klassenerhalt gelungen, zudem hatte es Ärger mit dem DFB gegeben, der die Lizenz zunächst nicht hatte herausrücken wollen. Das liebe Geld... 1984 verließ mit Wolfgang Funkel der Abwehrchef den Verein, derweil mit Manni Burgsmüller ein torgefährlicher Angreifer verpflichtet wurde, mit dem es in der geplanten "wir-spielen-um-den-Aufstieg-mit"-Saison 85/86 lediglich zu Rang 12 reichte. "Gegen Namenlose wurden Punkte abgegeben und damit unnötige Zitterwochen heraufbeschworen", machte der »kicker« als Ursache aus.

Finanziell ging RWO inzwischen schon wieder am Stock. Ein Schnitt von rund 3.400 Zahlenden hatte deutlich gemacht, daß die Kleeblätter die "Pleiteliga 2. Liga" so schnell wie möglich verlassen mußten - und zwar nach oben!

"RWO wird für positive Überraschungen sorgen!", hatte sich Trainer Elting trotz der Abgänge von Kleff, Wloka und Quabeck

Spielklassen	
1963/64 – 68/69	Regionalliga West
1969/70 – 72/73	1. Bundesliga
1973/74	Regionalliga West
1974/75	2. Bundesliga Nord
1975/76 – 77/78	Amateurliga Niederrhein
1978/79	Amateur-Oberliga Nordrhein
1979/80 – 80/81	2. Bundesliga Nord
1981/82 – 82/83	Amateur-Oberliga Nordrhein
1983/84 – 87/88	2. Bundesliga
1988/89	Amateur-Oberliga Nordrhein
1989/90 – 92/93	Verbandsliga Niederrhein
1993/94 – 94/95	Amateur-Oberliga Nordrhein
1995/96 – 97/98	Regionalliga West/Südwest
seit 1998/99	2. Bundesliga

FC Bocholt, mit dem sich die Kleeblätter einen erbitterten Zweikampf um die Nordrheinmeisterschaft lieferten, der schließlich

im Sommer 1985 zwar optimistisch gezeigt, doch spätestens als sein Team im September in die Abstiegszone abgerutscht war, war auch ihm das Lachen vergangen: Rauswurf. Slobodan Cendic hatte übernommen und die Kleeblätter aus dem Keller geführt. Doch das Vertrauen war verspielt. Zum Heimspiel gegen Eintracht Braunschweig beispielsweise waren am 1. November 1986 wieder nur 3.500 Zuschauer gekommen – obwohl RWO zuvor dreimal in Folge gewonnen hatte! Wirtschaftlich sah es zappenduster aus. Torjäger Burgsmüller war im Saisonverlauf an Werder Bremen veräußert worden, und die Kleeblätter hatten bis zum vorletzten Spieltag zittern müssen, ehe sie mit einem 2:1 beim direkten Konkurrenten Aschaffenburg endgültig den Klassenerhalt unter Dach und Fach hatten.

Lothar Kobluhns Tore hielten RWO drei Jahre lang in der Bundesliga

Aus den Aufstiegsträumen wurde nun ein Alptraumszenario. Am 22. Juli 1986 startete RWO mit einer 1:2-Schlappe in Freiburg in eine weitere Zittersaison, die mit Platz 16 und der gelben Lizenz-Karte durch den DFB endete. Finanziell ging an der Landwehr nichts mehr. Im Laufe der Saison hatte der Kader sogar mehrfach abgespeckt werden müssen, um überhaupt über die Runden zu kommen. Das alles hinderte den DFB nicht daran, RWO im Sommer 1988 die rote Karte zu zeigen. Vier Wochen vor Beginn der Spielzeit 88/89 war es, als der blaue Brief an der Landwehr einging. Der DFB störte sich an 200.000 Mark, die von einem Förderverein gekommen waren. Schenkung oder Darlehen war die Frage – deren Antwort

den Dachverband nicht mehr interessierte. Er warf RWO Falschangaben bei der Lizenzbeantragung vor und schmiß die Kleeblätter aus dem Profilager. Die Katastrophe nahm ihren Lauf.

Kein einziger Spieler blieb bei den Rot-Weißen, die quasi über Nacht eine neue Mannschaft zusammensuchen mußten. Was sie fanden, hatte kein Oberligaformat. Exakt 43 Spieler setzte RWO im Verlauf der Oberligasaison 1988/89 ein, und holte dennoch lediglich vier Zähler (bei 153 Gegentoren). Schon nach wenigen Wochen waren die Fans dazu übergegangen, Wetten abzuschließen, wie hoch man an diesem Wochenende verlieren würde.

Die Rekordschlappe setzte es beim VfB Remscheid, wo die Kleeblätter mit 1:9 unterlagen. Nur gegen die Amateure des 1. FC Köln (1:1), gegen den VfB Langenfeld (3:3) und beim SV Wermelskirchen (2:1-Sieg!) konnten sich die Kleeblätter über Pluspunkte freuen. Sportlich und wirtschaftlich stand Rot-Weiß Oberhausen vor dem Aus. Nach dem Lizenzentzug hatten sich sämtliche Abteilungen vom Hauptverein abgetrennt und die Fußballer mit den Schulden alleine gelassen; im selben Jahr starb Peter Maaßen 74jährig an einem Schlaganfall. Zumindest konnte der Notvorstand um Willi Bohlen die Rücknahme des Konkursantrages erreichen und damit dem Verein das Überleben sichern. Verbandsliga Niederrhein hieß die neue Spielklasse des Ex-Bundesligisten, und auch dort galt er als Abstiegskandidat. Als am Ende die Punkte zusammengezählt wurden, hatte man immerhin Viktoria

Goch, den SSV Velbert, Kleve 64 und den SV Schwafheim hinter sich gelassen, was gerade so eben den Sturz in die Fünftklassigkeit verhinderte. Jene Saison war zugleich Wendepunkt, denn in ihr entwickelte sich ein "jetzt erst recht"-Gefühl, das RWO schon 1990/91 auf Rang 5 führte. Es dauerte aber bis zur Spielzeit 1992/93, ehe die inzwischen vom früheren Leverkusener Torhüter Bockholt trainierten Rot-Weißen die Rückkehr in die Oberliga Nordrhein feiern konnten. Just ein Jahr vor Einführung der Regionalliga schaffte RWO die Rückkehr in die Drittklassigkeit.

Gemeinsam mit Manager Rummel machte Bockholt sich alsdann daran, die mit diversen Ex-Profi (Olaf Becker, Robert Nikolic u.a.) gespickte Mannschaft um Sturmtalent Holger Gaißmayer auf Regionalligakurs zu bringen. Der Durchmarsch schien zu klappen, denn als Tabellensiebter profitierten die Oberhausener vom Regionalligaverzicht der Leverkusener Amateure und hatten sich schon für die neue dritte Klasse qualifiziert, als der Nordrhein mit Wuppertal und Essen zwei Zweitligaabsteiger auffangen mußte. Plötzlich fehlte RWO ein mageres Törchen – mit knappen Torverhältnissen kennt man sich bei den Kleeblättern ja aus – auf Bonn, das sich trotz vehementer Proteste Oberhausens für die neue 3. Liga qualifizierte. Wütend machten sich Bockholt und Schulz daran, ein schlagkräftiges Oberligateam aufzubauen, und mit 12monatiger Verspätung schafften die "Bayern der Oberliga" um das Sturmduo Gaißmayer/Schröder im Sommer 1995 ungeschlagen den Aufstieg in die Regionalliga, wo sie trotz des Abgangs von Gaißmayer auf Anhieb in der Spitze mitspielten.

Am Ende liefen die als Geheimfavorit gestarteten Bockholt-Schützlinge auf Rang 8 ein und freuten sich über einen Durchschnittsbesuch von rund 2.300 Fans. Allerdings war nicht alles reibungslos über die Bühne gegangen. Nachdem RWO zu Saisonbeginn in den Tabellenkeller gerutscht war, hatte Fred Bockholt nach über drei Jahren Amtszeit seinen Hut genommen und war von Hermann Erlhoff abgelöst worden, dessen Nachfolge im März 1996 Franz-Josef Kneuper antrat.

Erst unter Kneuper war RWO schließlich in die Spitzengruppe marschiert. 1996/97 ging es weiter bergauf. Dank einer phänomenalen Hinrunde setzten sich die Kleeblätter souverän an die Tabellenspitze und erfreuten sich allerhöchster Beliebtheit bei den Fans. Höhepunkt war das Spitzenspiel gegen Wattenscheid 09, zu dem mehr als 11.000 Zuschauer in die altehrwürdige Niederrhein-Arena kamen. Ausgerechnet vor der Rekordkulisse setzte es am 17. November 1996 mit 0:2 jedoch die einzige Hinrundenniederlage, die RWO völlig aus dem Takt brachte. In der Rückserie präsentierten sich die Kleeblätter ziemlich unbeständig, und als es am 11. Mai eine 2:3-Niederlage in Wuppertal gab, mußte Trainer "Kiki" Kneuper gehen. Nachfolger war der ehemalige Gladbacher Gerd vom Bruch. Unter ihm wurden Oberhausens Profiträume schließlich 1997/98 wahr. Obwohl die Kleeblätter mit Nikolic einen Leistungsträger hatten abgeben müssen, legten sie erneut eine großartige Vorrunde hin, die die Grundlage zum Zweitligaaufstieg darstellte. Einer der Garanten war der während der Saison aus Mainz ausgeliehene Gustav Policella, der sich zehnmal in die Torschützenliste eintrug; Sturmpartner Achim Weber traf sogar 18mal.

Zehn Jahre nach dem Zwangsabstieg aus dem Profilager war RWO wieder da! Im Bundesliga-Unterbau taten sich die Kleeblätter zunächst äußerst schwer. Erst als vom Bruch das Handtuch warf und der frühere Düsseldorfer Aleksandar Ristic das Training übernahm, wiesen die Zeichen nach oben. Unter Ristic preschten die Oberhausener in gesicherte Tabellenregionen vor und drangen erstmals in der Vereinsgeschichte ins Halbfinale des DFB-Pokals ein, wo es gegen Bayern eine 1:3-Niederlage gab.

Mit dem sportlichen Aufschwung sowie dem endlich renovierten Stadion Niederrhein stehen die Chancen, daß der Oberhausener Klee dauerhaft über vier Blätter verfügt, derzeit recht gut. Doch RWO droht neue Unbill: Presseberichten zufolge hat der Verein während seiner Regionalliga-Zeit Spieler bei einer eigens gegründeten Marketing-Gesellschaft angestellt, um die VBG-Beiträge zu sparen. Der DFB ermittelt bereits.

Hardy Grüne

Offenbacher Kickers

"Welcher ist der höchste Berg Deutschlands?" - "Der Bieberer Berg. Der Aufstieg dauert jahrelang, runter geht's ganz schnell." Diesen Schabernack aus den Zeiten, als der OFC noch um einen Platz im Oberhaus des Fußballs mitspielte, ruft man sich heute in Offenbach eher wehmütig ins Gedächtnis.

Tanz auf dem Vulkan

Denn schließlich waren die letzten fünfzehn Jahre für den Verein, der einst im Wettstreit mit dem ungeliebten Nachbarn Eintracht Frankfurt um die Vorherrschaft im Rhein-Main-Gebiet kämpfte, eher davon geprägt, den freien Fall zu verhindern. Eine kurze Rast in den Gefilden des Profilagers Ende der 80er Jahre endete durch das rigorose Abschneiden der Sicherheitsleine durch den DFB. So dümpelt Kickers Offenbach als Schneewittchen der Traditionsvereine seit dem Zwangsabstieg 1988/89 in den Niederungen der Wald- und Wiesenligen vor sich hin, immer mit der Hoffnung, eines Tages wieder im Flutlicht des bezahlten Fußballs zu stehen und immer mit einem unerschütterlichen Anhang im Rücken, als wäre nie am rot-weißen Lack der Vergangenheit gekratzt worden.

Dabei hatte alles so vielversprechend angefangen. Im Jahr eins nach der Jahrhundertwende gegründet wurde der Spätentwickler (schließlich gab es vorher schon vier andere Fußballvereine) Offenbacher FC Kickers schnell zur Nummer eins in der Lederstadt. Warum ausgerechnet der OFC und nicht zum Beispiel Neptun Offenbach in die Fußballgeschichte eingehen sollte, gehört zu den Unberechenbarkeiten, die das Geheimnis Fußball ausmachen. Aber die zwei entscheidenden Stützen, die einen Verein zur Herzenssache machen, waren bei Kickers Offenbach von Beginn an vorhanden. Zum einen Menschen, die sich wider jeglichen Verstands für ihren Verein einsetzen. Von Christian Neubert, der als Spieler angefangen über den Vor-

Bundesligabilanz	
Bundesligajahre:	1968/69, 1970/71, 1972/73-75/76, 1983/84
Gesamt:	7 Jahre
Beste Plazierung:	Platz 8 (1974/75)
Ewige Tabelle:	Platz 24, 238 Spiele, 77 Siege, 51 Unentschieden, 110 Niederlagen, 368:486 Tore, 282 Punkte
Ø Plazierung:	Platz 13,4
Top-Spieler:	Sigfried Held (133), Manfred Ritschel (128), Winfried Schäfer (125), Josef Hickersberger (118), Hans Schmidradner (104)
Top-Torjäger:	Erwin Kostedde (52), Josef Hickersberger (29), Sigfried Held (25), Manfred Ritschel (25), Winfried Schäfer (21), Norbert Janzon (21)

sitz bis zum Ehrenpräsidenten in den Anfangszeiten den OFC immer wieder zusammenhielt, bis zum heutigen Hauptsponsor Horst Jung, der den Kickers seit mittlerweile 18 Jahren als „Sanitäter" beiseite steht. Zum anderen jedoch würde all das Engagement im Rasen versickern, wäre nicht über das Sportliche hinaus etwas vorhanden, was einen Verein zum Leben bringt.

Fußball ist ein Zuschauersport und in Offenbach wird das seit jeher inszeniert. Schon 1926 gab es zum Spiel gegen Viktoria Aschaffenburg den ersten Sonderzug für über 1.000 Zuschauer. Diese schnell anwachsende Unterstützung sicherte den Kickers schon bald eine Verdoppelung des Heimspielbonus. Denn was an einem Freitagabend unter Flutlicht am Bieberer Berg zum Ausbruch kommen kann, treibt bis heute manchen Gegner dazu, um Spielverlegung zu bitten. Das mag zum einen an der Konstruktion des Stadions liegen. Ein reines Fußballstadion ohne Aschenbahn, mit überdachten Stehtribünen, auf denen sich durch das Brechen der Schallwellen die Gesänge zu tobenden Stürmen entwickeln, und einem Flutlicht, das vielleicht noch nie Profiansprüchen genügte, aber ein magisches Leuchten erzeugt, welches sich in den Augen jedes Kickers-Abhängigen widerspiegelt. Sei es auch noch so marode, altmodisch und kostspielig in der Unterhaltung, für kein Geld der Welt würde ein Offenbacher Fan diesen Ort eintauschen. Als 1991 der damalige Eigner des Stadions, die Stadt Offenbach, aufgrund Geldmangels den Bieberer Berg zwecks Umwandlung in einen Freizeitpark an einen solventen Investor abschieben wollte, hagelte es Proteste, wie sie sonst nur Steuererhöhungen auslösen können. Der Erhalt wurde schließlich gesichert durch einen Erbpachtvertrag mit dem Verein, der sich trotz Überschuldung, wohlwissend der Bedeutung des Stadions, auf diese kostspielige Lösung einließ. Am Bieberer Berg kann man das Spiel direkt spüren, die Verkrampfung auf den Mienen der Spieler wird zur eigenen und die Emotion überträgt sich. Aber die Hingabe, mit der in Offenbach mitgelitten und mitgejubelt wird, ist auch eine besondere. Im Block an der Gegen-

geraden wird mitgespielt, man begreift sich als Teil der Mannschaft und weiß um die eigene Bedeutung, egal ob Familienvater, Rentnerin, Fanclubmitglied oder Büroangestellte. Auch die Schattenseiten dieser Heißblütigkeit haben jedoch Tradition und tragen dazu bei, daß OFC-Anhänger oft genug einer Überbehütung des gastgebenden Vereins ausgesetzt sind.

In Offenbach muß man sich sein Glück erarbeiten. Das gilt für den Fußball, hat aber auch in der Geschichte der Stadt eine Tradition. Seit jeher mußte man sich hier gegen den großen Nachbarn Frankfurt behaupten. Die Konkurrenz um den Handel am Main ging in früheren Jahren sogar soweit, daß die Zufahrtswege per Wasser abgeschnitten wurden. Und je mehr Frank- zu Bankfurt wurde, desto weiter ging die Talfahrt der Lederstadt Offenbach. Auch all das bestärkt die Identifikation mit der eigenen Stadt. Noch heute bezeichnen eingesessene Offenbacher das Ortseingangsschild von Frankfurt trotzig als Landesgrenze. Mit der gleichen Hartnäckigkeit hält man deswegen seinem Verein die Treue. Offenbach und Frankfurt - das ist das Verhältnis einer Nachbarschaft, welches sich über die Jahre hinweg immer wieder gerade auch im Fußball widerspiegelt.

Die große Ära des OFC begann 1946 mit der Verpflichtung von Paul Osswald. In der langen Geschichte der Trainer, die am Bieberer Berg nicht gerade von Kontinuität gekennzeichnet ist, prägte er über zwölf Jahre den Fußball in Offenbach und machte die Kickers zu dem führenden Fußballverein in der Region. Viermal erreichte der OFC unter ihm die Endrunde um die Deutsche Meisterschaft, doch mehr als eine Vizemeisterschaft in der Saison 1949/50 gegen den VfB Stuttgart sprang nicht dabei heraus. Die Offenbacher unterlagen nach einer bravourösen kämpferischen Leistung knapp mit 1:2 und ernteten Lob von allen Seiten. Doch der eigentliche tragische Höhepunkt in der Vereinsgeschichte folgte erst mit dem Weggang von Trainer Osswald, auch wenn er hierbei keine unbedeutende Rolle spielte. Denn nach seinem Wechsel zur anderen Mainseite hieß die Endspielpaarung 1958/59 Kickers Offenbach - Eintracht Frankfurt. Nach einem dramatischen

Halbfinale gegen Tasmania Berlin, in dem ein 2:0-Rückstand in den letzten drei Minuten noch zum 3:2-Sieg umgebogen wurde, wollte man nun ein für allemal zeigen, wer die Vorherrschaft in der Region hatte. Was folgte, waren 120 Minuten, die Fußballegenden schufen. Denn nachdem die Offenbacher innerhalb der regulären Spielzeit zweimal einen Rückstand ausgleichen konnten, wurden alle kämpferischen Bemühungen mit einem Pfiff von Schiedsrichter Asmussen zunichte gemacht. Ein Elfmeter, den jeder Offenbacher, der selbst zwanzig Jahre nach dem Spiel geboren wurde, als hundertprozentige Fehlentscheidung zurückweist, leitete die endgültige 3:5-Niederlage ein. Das Bild vom OFC als betrogener Verlierer war geboren. Und es sollte über die Jahre hinweg immer wieder genährt werden. Noch heute leitet Hauptsponsor Horst Jung seine Reden mit den Jahreszahlen der zahlreichen "Betrüge" am Verein Kickers Offenbach ein. Und auch im Dasein der Fans hält sich dieses Gefühl hartnäckig und nicht immer grundlos. Doch gerade dieses Geübtsein in der Unterlegenheit, im Ausgesetztsein von Ungerechtigkeiten stärkt wiederum die Identifikation zum Verein. Offenbach gegen den Rest der Welt. Das hat auch zur Folge, daß Erfolg nicht in Siegen gemessen wird. Wichtig ist nur, alles dafür getan zu haben. So wurde auch 1959 der Vizemeister mit Jubelstürmen begrüßt.

Der nächste Schicksalsschlag ließ jedoch nicht lange auf sich warten. Als am 24. August 1963 der erste Spieltag der neu eingeführten Bundesliga startete, war Kickers Offenbach erstmals seit 1945 nur noch zweitklassig. Denn bei der Zusammenstellung der höchsten deutschen Spielklasse hatte man keine Berücksichtigung erfahren. Obwohl der OFC im Bewertungszeitraum 1951-63 einmal Meister und viermal Vizemeister der Oberliga Süd wurde, konnte selbst nach einem dubiosen nachträglich eingeführten Schlüsselsystem mit verschiedenen Wertigkeiten einzelner Zeiträume dieser Ausschluß nicht gerechtfertigt werden. Anhand dieses Verfahrens wäre Offenbach mit Platz fünf ohne Wenn und Aber ein sicherer Kandidat gewesen. Die Realität sah anders aus und schmeckte besonders bitter, da im entscheidenden Ausschuß des DFB ausgerechnet Rudi Gramlich, Präsident des Neu-Bundesligisten Eintracht Frankfurt, mitgewerkelt hatte. Was blieb, war wieder mal der Kampf - diesmal um den Aufstieg. Den Gleichstand zwischen den beiden Mainstädten wieder herzustellen, hatte sich der neue Präsident der Kickers auf die Fahne geschrieben. Mit Horst Gregorio Canellas übernahm 1964 ein Mann die Führung des Vereins, der durch Charisma und Geschick zu beeindrucken wußte. Einer der wenigen Typen, die es im Fußball gibt und für den noch zwanzig Jahre später sich die Mitglieder einer Jahreshauptversammlung erheben - einfach nur dafür, daß er da ist. Dazwischen jedoch ging er mit Kickers Offenbach durch alle Höhen und Tiefen.

Denn die nächsten Jahre prägten den OFC mehr als alle vergangenen Erfolge. Fünf Aufstiegsrunden, drei Aufstiege und zwei Abstiege in zehn Jahren. Sich diesen Kraftakt, diese andauernde Anspannung und den nicht enden wollenden Kampf vorzustellen, heißt auch ein Stück Offenbach zu verstehen. Für die Kickers und ihre Anhänger ging und geht es nicht um Meisterschaften, Erfolge oder Prestige. Hier wurde und wird der richtige Fußball gelebt in emotionsgeladenen puren neunzig Minuten, die alles bedeuten können. Und was verkörpert diesen Zustand besser als ein Aufstiegsspiel oder - eine weitere Offenbacher Spezialität -, ein Pokalmatch, bei dem es in jeder Sekunde um alles geht. Die wenigen Glücksmomente werden dementsprechend um so heftiger ausgekostet. Beim ersten Bundesligaaufstieg glich Offenbach scheinbar Paris bei der Erstürmung der Bastille. Denn am 23. Juni 1968 hatte man sich endlich aus der Zweitklassigkeit befreit. Allen voran Hermann Nuber, seines Zeichens Metzgermeister und Abwehrspieler, der mit seinen eigenen Worten am besten ausdrückt, welchen längst verloren gegangenen Typus Fußballer er repräsentierte: "Ich hab immer nur für einen Verein gespielt. Kickers Offenbach." So etwas wird honoriert, und so entschlossen sich einige Anhänger nach seinem entscheidenden letzten Tor der Aufstiegsrunde zur Umbenennung der Bieberer Straße in Hermann-

Nuber-Allee. Auch wenn dies nicht von langer Dauer war, wurde ihm 1995 zu seinem 65. Geburtstag doch schließlich hochoffiziell am Bieberer Berg ein Denkmal gesetzt.

Offenbach sollte wieder eine Macht werden, und trotz des sofortigen Wiederabstiegs schien dieser Wunsch ein real existierender zu werden. Denn dem erneuten Aufstieg in die höchste Spielklasse folgte der bislang größte Erfolg der Vereinsgeschichte. Am 29. August 1970 wurde das langjährige Zittern, Leiden und Flehen der Kickers-Anhänger erhört. Denn als beim Pokalfinale in Hannover gegen den 1. FC Köln Schiedsrichter Schulenburg in der 81. Minute beim Stand von 2:1 für den OFC auf den Elfmeterpunkt zeigte, schien sich der 59er Alptraum zu wiederholen. Doch Glücksgöttin Fortuna breitete zärtlich die Arme um den Offenbacher Torhüter Karl-Heinz Volz und gemeinsam hielten sie den Ball und letztendlich den Pokal in den Händen. Verantwortlich für diesen Triumph waren zwei ehemalige Kickers-Spieler. Doch während der offizielle Trainer Aki Schmidt aufgrund einer Verletzung beim

stiegsrunde in die Bundesliga geführt hatte, sorgte durch sein "Notlösungs-System" für eine Vorführung des Overath-Teams im 4-4-2-Takt. Seitdem ist der Pokalwettbewerb Balsam auf den strapazierten Kickers-Nerven. Denn hier konnte über Jahre und Klassen hinweg immer wieder die gute alte Zeit aufgespürt werden. Dreimal noch erreichte man das Halbfinale. 1973 durch einen Sieg über den damaligen Deutschen Meister Bayern München, gleichzeitig deren erste Heimniederlage nach drei Jahren, 1980 unter anderem nach einem 2:0-Sieg über den sich in seiner Blütezeit befindenden HSV und 1990 als erster Amateur in der deutschen Fußballgeschichte. Eingemeißelt ins Langzeitgedächtnis jedes Kickers-Fans bleibt auch die zweite Hauptrunde des Pokals 1994 beim 4:2 gegen den SV Meppen. Angeschossen durch den Meppener Torhüter erzielte der mit Oberliga-Kult behaftete, schlaksige Abwehrspieler Günter Albert in der Nachspielzeit den Ausgleich mit dem Hinterteil. In solchen Momenten wird der Bieberer Berg zum Vulkan und die akustische Lava scheint sich im Bengaloschein in die Köpfe und Beine der Spieler zu brennen. Solche Spiele können nur gewonnen werden.

Daß man in Offenbach solchen kurzfristigen Glücksmomenten hinterherträumt, hat mit der bitteren Realität zu tun. Denn sich noch im höchsten Fußballhimmel wähnend, folgte mitten in der Saison 1970/71 der nächste Nackenschlag. Während die Mannschaft wieder im tiefsten Abstiegsschlamassel steckte, kämpfte Präsident Canellas mit Telefon und Tonband bewaffnet auf nicht- und unsportlicher Ebene gegen die Konkurrenz und den DFB. Das Ergebnis, hinlänglich als Bundesligaskandal bekannt, war ein weiterer Nadelstich, den die Fußballoberen scheinbar ihrem Voodoo-Püppchen Kickers Offenbach zufügten. Unverdrossen drängelte sich der OFC wieder in die oberen Reihen. Und schrieb weiter Fußballgeschichte. In der Saison 1974/75 trifft man am ersten Spieltag als Aufsteiger sechsmal ganz empfindlich das Selbstbewußtsein des Europacup-Gewinners Bayern München und steht im November gar das erste Mal an der Tabellenspitze der Bundesliga. Maßgeblich daran betei-

---

1. Spieltag Saison 1963/64

Regionalliga Süd, 4. August 1963, Freiburger FC – Kickers 1:2, 8.000 Zuschauer – Othmar Groh, Alfred Schultheis, Helmut Sattler, Gerhard Kaufhold, Hermann Nuber, Manfred Erber, Oskar Lotz, Georg Tripp, Siegfried Gast, Manfred Benz, Gerhard Süß - Tore: 0:1 Tripp (24.), 0:2 Gast (42.)

18. Spieltag Saison 1998/99

Regionalliga Süd, 27. November 1998, Kickers - München 1860 Am. 4:1, 9.000 Zuschauer - René Keffel, Dietmar Roth, Dubravko Kolinger, Bernd Gramminger, Günther Maier, Stefan Ertl (75. Frank Kastner), Oliver Speth (46. Tom Stohn), Michael Köpper (75. Michael Hartmann), Patrick Dama, Dirk Vollmar, Oliver Roth - Tore: 1:0 Kolinger (17.), 2:0, 3:0 Oliver Roth (19., 40.), 4:0 Maier (79.)

Finale erstmalig auf der Bank saß, konnte der eigentliche Vater des Erfolges diese Sternstunde nur von der Tribüne aus verfolgen. Der frühere Außenläufer Kurt Schreiner, zum dritten Mal Interimstrainer, nachdem er den OFC durch die 68er Auf-

ligt ein junger, unbekannter Trainer namens Otto Rehhagel und sein Stürmertalent Erwin Kostedde.

Der erste farbige Spieler der deutschen Nationalmannschaft hatte sich mit einemViertel aller Treffer schon in der Aufstiegsrunde in die Herzen der OFC-Fans geschossen. Mit seinem 3:3-Ausgleich beim 4:3-Sieg über den späteren Meister und Europapokalsieger Borussia Mönchengladbach eroberte er ganz Fußballdeutschland und wurde mit der Auszeichnung "Tor des Jahres 1974" gewürdigt. Und obwohl Erwin Kostedde nur drei Jahre im rot-weißen Trikot auflief, ist er bis heute unvergessen. Vielleicht auch, weil seine tragische Geschichte gar zu gut zum krisengeschüttelten Bieberer Berg paßt. Schnell zu Ruhm und Ehre gekommen, stand er am Ende durch das wohlbekannte Bauherrenmodell wie viele Fußballer seiner Zeit vor dem Nichts. Aufgrund dubioserVerdächtigungen geriet er 1990 in die Fänge der Justiz. Ein angeblicher Überfall auf eine Spielhölle in Coesfeld brachte ihm ein halbes Jahr Untersuchungshaft und einen Nervenzusammenbruch mit anschließendem Psychiatrieaufenthalt ein. Nicht der anschließende Freispruch und auch nicht die Zeit können solche Wunden heilen. Und doch bleibt ihm die Erinnerung an ein besseres Dasein, noch immer hört er die Rufe der Fans vom Bieberer Berg. Unlängst erzählte er gerührt in einem Fernsehportrait des WDR über sein erstes Spiel nach seinem Wechsel zu Hertha BSC Berlin am Bieberer Berg. "Da bin ich raus. Das war grandios. In Offenbach schreien alle: Erwin, Erwin! Das muß man sich mal vorstellen, ein

Offenbachs Kapitän Egon Schmitt mit Kölns Wolfgang Overath vor dem Pokalfinale 1970. Der OFC gewann mit 2:1

Meisterschaftsspiel. So was hab ich noch nie erlebt. Und dementsprechend hab' ich auch gespielt. Ich konnte den Offenbachern gar nicht weh tun." Solche Verbindungen auf Lebenszeit entstehen in einem Verein, der den Fußball lebt. Nicht nur, aber vor allen Dingen auf den Stehrängen. Und die Anhänger des OFC haben ein Gespür dafür, wer ihre Hingabe mit Haut und Haaren erwidert. So und nur so konnte die scheinbar endlose Oberliga-Tristesse der 90er Jahre überwunden werden.

Doch vorerst kriselte man sich durch die Zweitklassigkeit. Zwar immer einstellig und den Traum vom Wiederaufstieg in die 1.

Bundesliga allabendlich unterm Kopfkissen. Aber unübersehbar türmten sich finanzielle Gewitterwolken Jahr für Jahr am Horizont auf. Zum Blitzableiter entwickelte sich hierbei der damalige Vorsitzende und mittlerweile 78jährige Ehrenpräsident Waldemar Klein. Als der DFB den Kickers die Lizenz für die Saison 1977/78 wegen Überschuldung selbst in zweiter Instanz verweigerte, startete er eine beispiellose Aktion unter dem Motto "Rettet die Kickers". Ein Heer von OFC-Fans strömte aus, um mit Sammelbüchsen bewaffnet in Betrieben, Lokalen und auf der Straße letztendlich den Verbleib im Profifußball über den Gnadenweg zu sichern. Noch heute stellt sich Waldemar Klein, der sowohl Mann von Welt als auch des Volkes ist, kritischen Situationen wildentschlossen entgegen. So z.B. letzte Saison beim Auswärtsspiel in Burghausen, als er gegen einen brachialen Polizeieinsatz ebenso rigoros wie formvollendet Beschwerde einlegte.

Klubs schmückten. Die Liste der Namen gäbe eine hübsche Auswahlmannschaft, einige kennt noch heute ganz Fußballdeutschland. Doch wer weiß noch, daß Dieter Müller, Rudi Bommer, Rudi Völler, Uwe Bein, Oliver Reck und auch Ralf Weber das Balleinfetten am Bieberer Berg lernten?

Zur bisher letzten Saison des OFC in der 1. Bundesliga hat man in Offenbach ein eher gespaltenes Verhältnis. Zwar jubelte bei der Aufstiegsfeier im Juni 1983 noch halb Offenbach und Umgebung der Mannschaft und Trainer Lothar Buchmann, dem selbsternannten Erfinder der kontrollierten Defensive, zu. Doch die Gemütslage nahm schon bald stark depressive Züge an. Selbst die bekannte Heimstärke konnte nicht die Schmach tilgen, die sich jeden Montag bitter wie Galle und brennend wie Salzsäure über die Anhängerschaft ergoß. Fußballgeschichte schrieben die Kickers trotz des zwangsläufigen Abstiegs abermals. In der ewigen Statistik der Bundesliga stehen die Torhüter Valentin Herr und Oliver Reck mit 106 Gegentreffern in 34 Spielen auf dem zweiten Platz. Was folgte war wie Bungee-Jumping - nur ohne Glücksgefühle. Nahm man anfänglich an, daß der freie Fall in die Oberliga nicht mehr als ein Druckfehler in der Vereinschronik bleiben konnte, wurde mit dem Zwangsabstieg 1989 das Wort Amateur unerbittlich für die nächsten zehn Jahre eingemeißelt. Ein profaner Formfehler beendete die nur zwei Jahre dauernde Periode in der 2. Bundesliga. Und das obwohl der OFC in einer von emotionsgeladenen Abstiegskämpfen geprägten Saison am letzten Spieltag den Verbleib im Profilager in einer für diesen Verein typischen Art gesichert hatte. 20.000 verrückte Hoffungslose und -erfüllte peitschten die Kickers gegen den Mitkandidaten Rot-Weiß Essen zum Sieg. Mit der Kraft ihrer scheinbar nur für diesen Zweck entwikkelten Stimmbänder hauchten sie dem Offenbacher Mittelfeldspieler Knut Hahn den Ball vom Fuß ins Netz. Ihr Verstand war schon lange nicht mehr zu retten, das ge-

Spielklassen	
1963/64 – 67/68	Regionalliga Süd
1968/69	1. Bundesliga
1969/70	Regionalliga Süd
1970/71	1. Bundesliga
1971/72	Regionalliga Süd
1972/73 – 75/76	1. Bundesliga
1976/77 – 82/83	2. Bundesliga (-Süd)
1983/84	1. Bundesliga
1984/85	2. Bundesliga
1985/86 – 86/87	Amateur-Oberliga Hessen
1987/88 – 88/89	2. Bundesliga
1989/90 – 93/94	Amateur-Oberliga Hessen
1994/95	Regionalliga Süd
1995/96 – 96/97	Oberliga Hessen
seit 1997/98	Regionalliga Süd

Daß drei Jahre nach besagter 78er Spendenaktion erstmalig die Lizenz ohne Beanstandung gewährt wurde, ist auch dem Talentschuppen Bieberer Berg zu verdanken. Die Jugend- und Amateurmannschaften entpuppten sich als ein Notgroschen, denn bis heute gingen aus ihnen Spieler hervor, die durch ihren Verkauf den Weiterbestand des Vereins sicherten und so mit ihren Federn die Vereinsheime anderer

brochene Herz gesellte sich erst zwei Wochen später dazu. Der eigene Präsident Lothar Hardt brachte eine Privat- statt der geforderten Bankbürgschaft ins Lizensierungsverfahren und somit dem DFB die erneute Rolle als Heimsuchung für den OFC ein.

Tingeltangel in der Oberliga. Wenige Traditionsvereine, die eine solche Phase auf längere Sicht durchleben müssen, überleben sie letztlich.

Auch in Offenbach schwanden über die Jahre die Hoffnungen, daß all dies nur ein böser Alptraum sei. Aber Leidenschaft und Leidensfähigkeit hängen hier nicht nur begrifflich zusammen. Immer wieder mußten Demütigungen ertragen werden wie das 1.2 beim FSC Lohfelden in der Saison 93/94. Jeder noch so kleine Dorfverein, der einen Acker mit fünf Werbebanden aufweisen konnte, wuchs beim Spiel des Jahres über sich hinaus und wollte sich gegen die glorreichen

gorie paranoider Wahnvorstellungen. Auch der kurze deprimierende Ausflug in die neueingeführte Regionalliga versprach keine Linderung. Allem sportlichen Realismus zum Trotz, die Kickers galten als die Bayern der Oberliga. Und das, obwohl die Millionen nur noch auf der Sollseite zu finden waren. Die Summe der Schulden führte zu alljährlichen Konkursgerüchten, die mit stoischer Gelassenheit bei eisigen

Wenn der Berg brennt - Die Oriontribüne während des Spiels der Kickers gegen Waldhof Mannheim im September 1997

Kickers beweisen. Hinzu kam und kommt die penetrante Erprobung sämtlicher verfügbarer GSG9ähnlicher Truppen bei Auswärtsspielen. Natürlich war und ist der Offenbacher Anhang kein pflegeleichtes Konsumpublikum, und zu Zeiten des Profitums hatte man sich auch auf dem Gebiet der außersportlichen Auseinandersetzung einen zweifelhaften Ruf geschaffen. Angesichts der örtlichen Verhältnisse Sicherheitsbedenken zu hegen, ist durch den ein oder anderen unschönen Anlaß auch nachzuvollziehen. Doch was bis heute bei manchem Auswärtsspiel an Gastfreundschaft aufgeboten wird, fällt eher unter die Kate-

Testspielen in der Winterpause diskutiert wurden. So recht daran glauben konnte niemand, denn aufgeben, das gilt nicht in Offenbach. Nicht für die Anhänger, die auch an einem bitterkalten Winterabend gegen die SG Hoechst aus einem lauen 2:2 mit rund 1.000 Stimmen ein Spektakel der Sonderklasse machten. Und auch nicht für den Mann, der mit genau diesem Spiel die Fortdauer seines Engagements wider jeglicher Vernunft begründete. Nicht umsonst bezeichnet Hauptsponsor Horst Jung den OFC als seine zweite Ehe, er liebt diesen Verein. Und nichts und niemand scheint ihn von seinem Ziel abzubringen, Kickers

Offenbach zum hundertjährigen Jubiläum wieder in den Profifußball gehievt zu haben. Dafür geht er manchmal unbequeme Wege. Denn auch mit seiner Zustimmung lenkt seit 1996 der von der anderern Mainseite gekommene Klaus Gerster als Technischer Direktor die Geschicke am Bieberer Berg. Anfangs mit viel Mißtrauen beäugt, ging sein Motto "Zusamme schaffe mers" in einem für Offenbacher Verhältnisse unglaublichen Glückstaumel schon bald auf. Denn in der Aufstiegsrunde 1997 hatte Glücksgöttin Fortuna das zweite Mal in der Vereinsgeschichte die Hände im Spiel. Schon beim Spiel gegen Pforzheim pilgerten tausende Offenbacher Anhänger ins neutrale Stadion des VfR Mannheim, um ein nervenzehrendes Elfmeterschießen wider Erwarten als Sieger zu verlassen. Gegen den FC Memmingen am gleichen Ort schien wieder alles beim alten. Trotz zweimaligem Ausgleich lag der OFC bis zur letzten Minute zurück, als plötzlich das Flutlicht seinen Dienst versagte. Noch in zwanzig Jahren wird man wohl je nach Gusto von Sabotage oder göttlicher Fügung sprechen. Die zuständige Fußballgerichtsbarkeit setzte kurzfristig ein Wiederholungsspiel an, durch welches im spartanisch besetzten Gottlieb-Daimler-Stadion der Aufstieg in die Regionalliga besiegelt wurde. Die anschließenden Feierlichkeiten auf dem Weg zum und am Bieberer Berg stellten alles in den Schatten, was selbst langjährige OFC-Fans bisher erlebten. Ehrenpräsident Waldemar Klein landete im Entmüdungsbecken. Der ehemalige Torhüter, wiederholter Interimstrainer und Präsident Wilfried Kohls, tätowierte sich mit Edding die Vereinsinitialen auf die Brust. Und Tausende lagen sich nachts um Vier auf dem heiligen Rasen unter Flutlichtschein in den Armen.

Seitdem scheint der Erfolg kaum aufzuhalten. Die Zuschauerzahlen explodieren, mit dem neuen Trainergespann Hans-Jürgen Boysen und Stefan Groß scheiterte der direkte Durchmarsch in die 2. Bundesliga erst in der Aufstiegsrunde, unter dem neuen Präsidium konsolidierte sich der OFC erstmals auch finanziell wieder - Kickers Offenbach scheint auf dem besten Weg, ein solider Verein mit Ambitionen nach oben zu werden. Auch diese Saison spielt man von Anfang an in der Spitzengruppe mit und am Ende kann nur, da sind sich alle sicher, der Aufstieg stehen. Was das jedoch auch heißen kann, wird schon jetzt langsam sichtbar. Die Oberligafamilie, in der jeder jeden kannte, ist Vergangenheit. Modefans, die für jeden noch so plumpen Marketingartikel zu haben sind, Gruppierungen, deren dumpfe rassistische Schmähungen schon fast in Vergessenheit geraten waren, sie alle tauchen mit dem Erfolg wieder auf. Erhöhungen der Eintrittspreise und der Mitgliedsbeiträge sind gerade für den harten Kern der Fans, der jahrelang gegen den endgültigen Absturz geschrien, gelitten und gekämpft hat, angesichts der gestiegenen Einnahmen schwer nachvollziehbar. Zu schnell werden mittlerweile folgenschwere Entscheidungen zum Wohl des Vereins gefällt. So sind im Falle eines Aufstiegs die traditionsreichen Flutlichtmasten wohl nicht mehr zu retten. Folgerichtig fragte man auf der letzten Jahreshauptversammlung vorsichtig um Mitbestimmung nach, was von den Vereinsoberen mit Reaktionen zwischen Unverständnis und Irritation bedacht wurde. Doch dieses Vertrauen in die Menschen, die Kickers Offenbach über die Jahre hinweg durch ihre bedingungslose Besessenheit am Leben erhalten haben, sollte der Verein entgegenbringen. Zu oft hat man in Offenbach schon an einen Aufbruch in bessere Zeiten geglaubt und ist bitter enttäuscht worden. Das Kapital jedoch waren und sind die Fans. Wer das vergißt, schreibt auch ein Stück OFC-Geschichte. Und das könnte die letzte sein.

Steffie Wetzel

Hansa Rostock

Vom durchschnittlichen und lediglich lokal beliebten DDR-Oberligisten zum innig geliebten einzigen Ostklub der Bundesliga - es ist schon eine tolle Karriere, die Hansa Rostock im zu Ende gehenden Jahrzehnt hingelegt hat. Binnen weniger Jahre wurde der FC Hansa zum "Klub aller Ostdeutschen", der inzwischen selbst im fußballverrückten aber erstligaverwaisten Sachsen Anhänger hat. Das letzte Überbleibsel des einst so stolzen DDR-Erstligafußballs ist aber nicht nur Sport-Hoffnungsträger der Menschen zwischen Kap Arkona und Erzgebirge, sondern zudem Inbegriff des auch an anderen Stellen zu beobachtenden kollektiven Ost-Lebensgefühls, das Thüringer, Sachsen, Brandenburger, Sachsen-Anhaltiner und Mecklenburger gemeinsam die Vereinshymne "FC Hansa, Du bist so genial. FC Hansa, wir lieben Dich total" trällern läßt. Der FC Hansa ist die letzte Erstliga-Bastion des nach der Wende so bitter über den Tisch gezogenen Ostfußballs. Das schafft eine skurrile, aber gleichzeitig auch sympathische Mischung aus Stolz, Trotz und Wut. Wenn Hansa spielt, dann ist das immer auch so ein bißchen ein Duell "Ost gegen West", ein "die gegen uns". In den Köpfen steht sie eben auch 1999 noch, die Mauer.

Somit mutet es wie ein hinterhältiger Schachzug der Geschichte an, ausgerechnet einen "Wessi" auszuwählen, um Hansa Rostock den Weg zur unumstrittenen Nummer 1 Ostdeutschlands zu ebnen: Uwe Reinders. Der ehemalige Werder-Stürmer kam zu einem Zeitpunkt in die Hansestadt, als die DDR am Boden lag und sein Fußball vor der gewaltigsten Umwälzung der Geschichte stand. Am Ende der Spielzeit 1990/91 sollten ganze zwei der 14 Oberligisten in die 1. Bundesliga und sechs weitere in die 2. Bundesliga des vereinten Deutschland wechseln. Für den Rest hieß

Ewiger Zweiter als letzter Mohikaner

Bundesligabilanz

Bundesligajahre:	1991/92, seit 1995/96
Gesamt:	4 Jahre
Beste Plazierung:	Platz 6 (1996, 1998)
Ewige Tabelle:	Platz 27, 140 Spiele, 48 Siege, 37 Unentschieden, 55 Niederlagen, 179:190 Tore, 181 Punkte
Ø Plazierung:	Platz 11,25
Top-Spieler:	Heiko März (95), Hilmar Weilandt (93), Stefan Studer (89), Steffen Baumgart (85), Perry Bräutigam (83)
Top-Torjäger:	Jonathan Akpoborie (20), Stefan Beinlich (19), Steffen Baumgart (16), Sergej Barbarez (13), Michael Spies (13)

es Amateurlager – ein Schicksal, das so manch renommiertem Verein die Zukunft kosten sollte.

Für viele Experten zählte Hansa Rostock zu den Amateurligakandidaten. Schließlich hatten die Ostseestädter drei Jahre zuvor noch in der Zweitklassigkeit gekickt, waren ein Muster an Unbeständigkeit und hatten nicht einen einzigen aktuellen DDR-Nationalspieler in ihren Reihen. "Vom Niveau her würde ich sagen, könnten wir in der 2. Bundesliga durchaus mithalten", verbreitete auch Reinders nur begrenzten Optimismus und widmete sich statt dessen der Beseitigung einiger für den DDR-Sport typischer Strukturen, die sich in Rostock auch nach der Wende hartnäckig gehalten hatten. "Die Berufsauffassung hier ist sehr schlecht, denn jahrelang sind die Fußballer zur Unmündigkeit erzogen worden. Alles wurde vorgeschrieben, weil sie ja täglich von 8.15 Uhr bis 17 Uhr auf dem Trainingsgelände waren".

Hansas gewagtes Vorhaben, mit einem im Westen nicht übermäßig erfolgreichen Trainer den Sprung in den gesamtdeutschen Fußball schaffen zu wollen, zahlte sich aus. Unter dem "Wessi" lernte das ausschließlich aus "Ossis" gebildete Kollektiv schneller als alle anderen Oberligisten, was zum Erfolg im kapitalistischen Fußball nötig ist: Teamgeist, Kampfkraft und absolute Fitneß. Am dritten Spieltag übernahm Hansa mit einem 2:0-Heimsieg über Stahl Brandenburg erstmals die Tabellenführung, die im weiteren Saisonverlauf nie mehr ernsthaft in Gefahr geriet. Schon Wochen vor Serienende standen die Ostseestädter vorzeitig als künftiger Bundesligist fest, und sicherten sich ausgerechnet in der "Todessaison 1990/91", in der jedes einzelne Spiel über Sein oder Nichtsein entscheiden konnte, zum ersten Mal in ihrer Vereinsgeschichte die Meisterschaft! Für die Menschen in Mecklenburg-Vorpommern ein einziger Glücksfall. Ihre Region war schon zu DDR-Zeiten wirtschaftliches Sorgenkind gewesen, und mit der politischen Wende hatten sich die Sorgen in Rostock, Grevesmühlen oder Demmin noch einmal deutlich erhöht. In dieser Situation zumindest im Fußball "top" zu sein und einen von zwei ostdeutschen Bundesligisten zu stellen, erfüllte die

Menschen mit Stolz. Im übrigen hatten auch sie ihren Beitrag zum Erfolg geliefert, denn der optisch ein wenig dürftig ausschauende Zuschauerschnitt von 10.031 Fans bedeutete in der von Westflucht, Spielerwechseln, Hooligan-Problemen und allgemeiner Unsicherheit bezüglich der Zukunft überschatteten letzten Oberligasaison die Bestmarke.

Das war keineswegs überraschend, denn zu DDR-Zeiten galt Hansa als Zuschauerhochburg. Dreimal hatte der Klub in seinen 32 Oberligajahren die im DDR-Fußball magische 20.000er Grenze überschritten und 1980/81 mit 22.385 Fans pro Spiel sogar eine bis heute ungebrochene vereinseigene Rekordmarke aufgestellt. Die Liebe der Mecklenburger und Vorpommern zum FC Hansa war freilich überschattet von einer gewissen sportlichen Erfolglosigkeit, denn Hansa Rostock gewann in seinen drei Jahrzehnten Oberliga mit Ausnahme der 90/91er Meisterschaft rein gar nichts. Nicht das die Ostseestädter es nicht versucht hätten! Zwischen 1955 und 1987 wurden sie immerhin fünfmal Vizemeister und erreichten fünfmal das Pokalfinale, was sie jedoch ebenso häufig verloren. Nicht umsonst galt Hansa Rostock als Inbegriff des Scheiterns, als der "ewige Zweite", der "Pechvogel der Nation". "Schönspieler von der Ostsee" wurden die Akteure in Blau und Weiß genannt, so "launenhaft wie das Wetter im Norden".

Vertraut man den Experten, so war einer der Gründe für das regelmäßige Scheitern die spezielle mecklenburgische Mentalität, anderenorts auch "Dickschädel" genannt. An ihr scheiterten die Trainer reihenweise. Ob Walter Fritzsch, Gerhard Gläser, Heinz Werner, Helmut Hergesell, Horst Saß, Jürgen Heinsch, Werner Voigt u.a. – sie mußten allesamt vor dem FC "Dickschädel" Rostock kapitulieren. Exemplarisches Beispiel für die Rostocker Eigenarten ist DDR-Rekordnationalspieler Joachim Streich, der 1967 von der TSG Wismar zum FC Hansa delegiert wurde und Kritik an seiner mitunter laschen Trainingsauffassung gerne mal mit der eindrucksvollen Aussage "Ich bin der beste Stürmer der DDR" wegschob. Nein, ein Trainerparadies war das Ostseestadion garantiert nicht.

Daß das fußballerisch jahrzehntelang ziemlich unbedeutende Rostock überhaupt in die Riege der Oberligastädte aufgenommen werden konnte, war einem Vorgang zu verdanken, der nur in einem Land wie der DDR möglich war. Hansas Wurzeln befinden sich nämlich in Lauter, einem kleinen Örtchen nahe des erzgebirgischen Aue. Dort gab es einen Klub namens Empor, in dem in den frühen fünfziger Jahren eine erkleckliche Ansammlung ausgezeichneter Fußballer, unter ihnen die späteren Nationalspieler Kurt Zapf, Gerhard Schaller und Artur Bialas, kickten. Das Lauterer Kollektiv vermochte sogar derart gut Fußball zu spielen, daß ihm 1952 der Aufstieg in die höchste Spielklasse des Landes gelang, was für ein 6.000-Seelen-Örtchen natürlich eine Riesensache war. Lauters Spiele gegen die Großen der Republik glichen folglich Volksfesten, weshalb die heimische Anlage "Am Lumpicht" auch oft an ihre Grenzen stieß und die Blau-Gelben regelmäßig ins benachbarte Schwarzenberg auswichen, wo in der "Kampfbahn des Friedens" über 12.000 Menschen Platz fanden. Daß es sich bei dem Areal um einen Hartplatz handelte, störte die Lauterer ebensowenig wie die Tatsache, daß mit Wismut Aue und Motor Zwickau gleich zwei weitere Oberligisten in unmittelbarer Nachbarschaft kickten.

Anderswo war man allerdings nicht allzu begeistert davon, daß sich drei erstklassige Fußballteams in einem Umkreis von rund zwanzig Kilometern tummelten, während andere Regionen des Landes gänzlich oberligafrei waren. Insbesondere im Norden der DDR schaute man neidisch und wehmütig gen Süden. Mecklenburgs Fußballfans mußten nämlich mit wenig ambitionierten Zweitligisten aus Greifswald, Warnemünde, Wismar, Schwerin und Neu-

"Ich bin der beste Stürmer der DDR", behauptete Joachim Streich über sich selbst. Nicht zu Unrecht, denn Streich erzielte in seiner Karriere immerhin 229 Oberligatore – 58 davon für Hansa Rostock

brandenburg vorliebnehmen und bis nach Berlin fahren, wenn sie Oberligafußball sehen wollten.

Ein Mann, der dies regelmäßig tat und sich ebenso regelmäßig darüber ärgerte, war Harry Tisch. Dem damaligen Vorsitzenden des Rates der Stadt Rostock war es – so behaupten zumindest die Annalen - zu verdanken, daß aus Empor Lauter Empor Rostock wurde. Wie es dazu kam, hat deutliche Merkmale eines Krimis, allerdings keines allzu guten. Am 21. Oktober 1954, wenige Tage vor einer jener "Volkswahlen", die in der Regel mit rund 98% "Ja zur SED" endeten, wurden Lauters Spieler mitsamt Ehefrauen nach Rostock gekarrt, wo ihnen ein verlockender Tausch angeboten wurde. Um eine Neubauwohnung mit Fernheizung, deutlich verbesserte finanzielle und materielle Unterstützung sowie berufliche Qualifizierungsmöglichkeiten zu bekommen, mußten die Akteure nur eins tun: Nach Rostock ziehen. Ein Großteil der Spieler entschloß sich noch vor Ort, das attraktive Angebot anzunehmen, und tags darauf fand bereits das letzte Empor-Spiel in Lauter statt. Wenige Stunden nach ihrem 1:0-Sieg über Rotation Babelsberg reisten die umzugswilligen Akteure in einer Nacht-und-Nebel-Aktion erneut gen Rostock, wo sie zunächst in Hotelnotunterkünften untergebracht wurden.

Am 14. November 1954 liefen sie erstmals im wenige Monate zuvor eröffneten Ostseestadion auf, wo ihnen rund 17.000 Fans einen freundlichen Empfang in ihrer Wahlheimat bereiteten. Der SC Empor Rostock trennte sich mit einem torlosen Unentschieden von Chemie Karl-Marx-Stadt und erfreute sich an der Begeisterung der Rostocker Fußballfans, die über Nacht zu einem Oberligisten gekommen waren. Bald aber traten erste Probleme auf, denn das Empor-Kollektiv, das Lauter als Tabellenführer verlassen hatte, fand sich nur sieben Spieltage später am Tabellenende wieder. So ganz reibungslos war der Umzug offensichtlich doch nicht vonstatten gegangen. Am Ende langte es aber zu Rang 9 (und damit zum Klassenerhalt) sowie zum Erreichen des Pokalfinales, womit die Verlegung geglückt war.

In der Folgezeit entwickelte Empor Rostock einen undankbaren Ruf als "Ewiger Zweiter", den das Team 1962, 1963 und 1964

---

1. Spieltag Saison 1963/64

DDR-Oberliga, 11. August 1963, SC Empor Rostock - SC Turbine Erfurt 0:0, 20.000 Zuschauer - Jürgen Heinsch, Gerhard Sackritz, Kurt Zapf, Helmut Hergesell, Herbert Pankau, Klaus-Dieter Seehaus, Wolfgang Barthels, Günter Madeja, Herbert Holtfreter, Heino Kleiminger, Werner Drews

18. Spieltag Saison 1998/99

1. Bundesliga, 19. Dezember 1998, Hansa - Bayer 04 Leverkusen 1:1, 12.500 Zuschauer – Martin Piekkenhagen, Uwe Ehlers (70. Jens Dowe), Marko Rehmer, Marco Zallmann, Ahmed Radwan Yasser, Timo Lange, Peter Wibrån, Slawomir Majak, Abder Ramdane, Matthias Breitkreutz (70. Victor Agali), Oliver Neuville (82. Henri Fuchs) - Tor: 1:1 Neuville (72.)

-
-
-
-
-
-
- mit auch in der Tabelle ersichtlichem Recht – jeweils Vizemeisterschaft - trug. Jedes Mal hatte Empor über weite Strecken der Saison die Tabelle angeführt – und war im entscheidenden Moment abgefallen. In der Saison 1961/62 beispielsweise hatte die Elf

um Kapitän Artur Bialas praktisch schon als Meister festgestanden, als eine Minusserie von sieben sieglosen Spielen in Folge den Vorsprung Punkt für Punkt schmelzen ließ. Den endgültigen k.o. setzte es im letzten Heimspiel, das Empor vor 35.000 frustrierten Fans mit 1:3 gegen den unmittelbaren Titelkonkurrenten ASK Vorwärts Berlin verlor.

Auch 1963/64, als im Westen die Bundesliga gegründet wurde, langte es für Empor wieder nur zu Platz 2 - obwohl das Oberligakollektiv vor Ausnahmekönnern nur so strotzte. Der noch aus der Lauterer Einstandsausstattung stammende Kurt Zapf beispielsweise galt als bester Stopper der DDR, und das Mittelfeldduo Kleiminger/Pankau sowie die Stürmer Drews und Haack zählten zum Kader der Nationalmannschaft. Auch die Trainerbank war mit Walter Fritzsch, der sich später in Dresden den Ruf eines Meistermachers erwarb, hochkarätig besetzt. Die Rostocker plagte eigentlich nur ein Problem: Ihr Sturm. Seit Arthur Bialas den SC Empor 1962 als amtierender Torschützenkönig in Richtung Zweitligist Eisenhüttenstadt verlassen hatte, herrschte Dauerflaute. Im Jahr 1 nach Bialas erzielten die Rostocker mit 42 Toren ein Drittel weniger Treffer als in der Vorsaison, 1964/65 waren es nur noch 37 und 1966/67 wurde gar das Rekordtief von 27 Treffern – in 26 Spielen! - erreicht. Im Sturmzentrum versuchten sich Männer wie Günter Madeja, Werner Drews, Klaus-Dieter Seehaus und Jürgen Decker, doch keinem gelang es, die Bialas-Lücke zu schließen.

Die Sturmflaute war auch am 28. Dezember 1965 noch brandaktuell, wurde jedoch kurzzeitig von einem historischen Ereignis verdrängt. An jenem Tag wurde aus der Fußballsektion des SC Empor nämlich der eigenständige "FC Hansa", durch den Rostock in den erlauchten Kreis der mit erheblichen Vergünstigungen ausgestatteten "Fußballclubs" aufgenommen wurde und fortan eines von insgesamt nur zehn Fußball-Leistungszentren der DDR bildete. Rostocks Angriffssorgen half das zunächst nur wenig. Erst ab 1966 verfügte Hansa mit Gerd Kostmann endlich wieder über einen Torjäger, dessen gefürchtete Kopfballstärke ihm rasch den Beinamen "Goldköpfchen" einbrachte und zudem 1968 und 1969 zum Gewinn der Torjägerkanone verhalf. Ihm zur Seite stand ab 1969 Joachim Streich, der für Rostocker Verhältnisse ebenfalls exorbitant häufig ins Netz traf und Hansa damit – vor allem nach Kostmanns Abgang (1971) - Unannehmlichkeiten in Form von Abstiegssorgen ersparte.

Viel Grund zur Freude hatten die Hansa-Fans in jenen Tagen jedoch nicht. Nach der etwas überraschenden Vizemeisterschaft 1967/68 (den möglichen Titelgewinn hatte Hansa sich durch drei Niederlagen in den letzten vier Spielen mal wieder selbst verdorben) war es steil bergab gegangen, und während auch in der DDR - wie auf dem ganzen Kontinent - die Röcke kürzer und die Haare länger wurden, schrumpfte Hansas einst europaweit gerühmte Spielkultur zur Unkenntlichkeit. Das lag vornehmlich – man ahnt es schon – am Sturm. 1971/72 beispielsweise erzielten die Rostocker lediglich in zehn ihrer 26 Saisonspiele überhaupt Tore und stellten ihren 27-Tore-Minusrekord von 1967 ein. Das wiederum war selbst dem als treu geltenden Rostocker Publikum zu wenig: 1972/73 mußte der FC Hansa mit 8.423 Zuschauern pro Spiel den Tiefstand seiner Oberligageschichte hinnehmen.

Es war zum Verzweifeln. Binnen vier Spielzeiten hatte man im Ostseestadion rund 40 Akteure ausprobiert (darunter Hoffnungsträger wie Wolfgang Ramlow und Bernd Jakubowski), mit Horst Saß, Heinz Werner und Helmut Hergesell gleich drei Trainer und mit Pahnke, Timmermann und Alms auch drei Vorsitzende verbraucht, doch nichts davon hatte den Abwärtstrend bremsen können. Dazu kam, daß die Ostseestadt bei Spielern aus anderen Bezirken der DDR nicht gerade beliebt war und niemand freiwillig nach Rostock wechseln wollte. Dadurch blieb der FC Hansa weitestgehend auf den regionalen Nachwuchs beschränkt, was eine gewisse Eigenbrötlerei und Genügsamkeit hervorrief. So kam, was kommen mußte: Während in Magdeburg, Jena und Dresden europäische Spitzenteams reiften, mußten Rostocks Fußballfans sich von der DDR-Eliteliga verabschieden. Am 24. Mai 1975 war es soweit. Im letzten Saisonspiel bot sich dem beim bereits abgestiegenen Nachbarn Vorwärts Stralsund gastierenden FC Hansa zwölf Minuten vor Spielende per Foulelfmeter zwar noch die Chance, den Kopf doch noch aus der Abstiegsschlinge zu ziehen, doch Joachim Streich scheiterte an Torhüter Schönig, und Rostock war wie Stralsund nur noch "Ligastadt".

Es folgte eine fünfjährige turbulente Achterbahnfahrt, die unter dem Motto "für die Liga zu gut, für die Oberliga zu schwach" stand. Erst nach drei aufeinanderfolgenden Ab- und Aufstiegen konnte Hansa sich ab 1980 wieder im Oberhaus etablieren. Das Problem lag in der auf fünf Staffeln verwässerten Zweitklassigkeit. Gegner wie "Demminer Verkehrsbetriebe" oder "Rotes Banner Trinwillershagen" stellten keinerlei Probleme dar, und auch die anschließende Aufstiegsrunde absolvierte Hansa regelmäßig mit Bravour. Doch zurück im Oberhaus wurden dann binnen kurzem - aber dennoch zu spät - die Schwächen der in der Zweitklassigkeit kaum geforderten Mannschaft deutlich. Wie von Hansa gewohnt, lagen sie im Angriff. 1976/77 beispielsweise schossen die Blau-Weißen in den letzten dreizehn Saisonspielen ganze fünf Tore! Daß Jörg Seering sich im Abschlußspiel gegen Stahl Riesa dann auch noch den Luxus leistete, einen Elfmeter zu verschießen, führte schließlich – Duplizität der Ereignisse von 1974/75 – zum erneuten Abstieg. Zwölf Monate später kehrten die Rostocker mit eindrucksvollen 37:7-Punkten und allenthalben gelobtem Kombinationsfußball ins Oberhaus zurück, wo sie ihrer leidgeprüften Fangemeinde jedoch Katastrophales boten und erneut abstiegen. Während das "Leistungskollektiv" zwischen erster und zweiter Liga hin- und herpendelte, konnte das "Bezirksleistungszentrum FC Hansa" in der Nachwuchsarbeit zahlreiche Erfolge feiern, die sich schließlich auch im Oberligateam widerspiegelten. Zu Rainer Jarohs, Uwe Bloch, Jörg Kampf und Michael Mischinger, die allesamt der Rostocker Nachwuchsschulung entstammten, gesellten sich 1979 Juri Schlünz und Andreas Zachhuber, mit denen Hansa erneut ins Oberhaus aufstieg. Und diesmal gelang es der inzwischen von

Harry Nippert trainierten Elf sogar, den Klassenerhalt zu sichern! Im Gegensatz zu den gescheiterten Versuchen von 1976 und 1978 war Hansa ungewohnt zurückhaltend ins Rennen gegangen. "Angesichts der schlechten Erfahrungen, die wir in den letzten Jahren machen mußten, kann es für uns nur die Zielsetzung Klassenerhalt geben", hatte Kapitän Gerd Kische vor Saisonbeginn Bescheidenheit angemahnt, derweil Trainer Nippert sich vornehmlich um die "athletische Ausbildung" der Akteure kümmern wollte.

Der Erfolg gab ihm Recht, denn für die nächsten sechs Jahre zählte der FC Hansa zum festen Oberligabestand, ohne dabei allerdings Bäume auszureißen. Spielerisch gehörten die Ostseestädter vor allem dank Axel Schulz und Juri Schlünz zur gehobenen Klasse; im Sturm sorgte Freistoßexperte Rainer Jarohs regelmäßig für Torjubel und emsige Arbeiter wie Michael Mischinger sowie das begeisterungsfähige Publikum (Schnitt 1980/81: 22.385!) machten den FC Hansa wieder zu einem Markenzeichen. Doch alle Freude über die Etablierung

de Kampfkraft und Konzentrationsschwächen hinzukamen, ging es steil bergab: 1984 mußte der FC Hansa erstmals wieder um den Klassenerhalt zittern, und zwei Jahre später stand nach einer katastrophalen Rückserie (nur zwei Siege) der erneute Abstieg fest. Statt der erträumten Europapokalspiele in Madrid oder Turin mußte Hansa nun wieder gegen Schiffahrt/Hafen Rostock und Lok/Armaturen Prenzlau antreten, statt in die Oberligaspitze einzudringen war man aus der Eliteklasse geflogen. In Rostock sprachen alle von einem Betriebsunfall, der so schnell wie möglich repariert werden sollte.

Obwohl Hansa mit Thomas Doll einen Leistungsträger an den BFC Dynamo abgeben mußte, war das Projekt Wiederaufstieg auch tatsächlich zu keiner Zeit ernsthaft gefährdet. Mit nur zwei Niederlagen sicherten sich die Hanseaten nicht nur die Zweitligameisterschaft, sondern zogen zudem ins Pokalfinale ein, in dem sie allerdings eine 1:4-Niederlage gegen Lok Leipzig kassierten. Dennoch: Die Weichen für die Zukunft waren gestellt, zumal der Kader, mit dem der FC Hansa in die Saison 87/88 ging, bereits deutliche Anzeichen des Erfolgsteams von 1990 aufwies: Mit Kruse, Weichert, Hoffmann, März, Kunath, Alms, Rillich, Babendererde, Dowe, Schlünz, Wahl, Weilandt und Röhrich standen bereits dreizehn Akteure im Kader, mit denen Hansa drei Jahre später die Bundesliga-Qualifikation schaffen sollte. Erneut hatte sich die staatlich gelenkte Jugendarbeit ausgezahlt, denn alle dreizehn stammten entweder aus der eigenen Jugend oder waren frühzeitig von einem mecklenburgischen Nachbarverein nach Rostock delegiert worden. Das neue Hansa-Gefühl übertrug sich rasch auf die Fans, die einmal mehr in Scharen ins Ostseestadion strömten. 1988/89, als Hansa Rostock erstmals seit zwanzig Jahren wieder ernsthaft um die Meisterschaft mitspielte, kamen regelmäßig mehr als 20.000 und freuten sich über eine torhungrige Mannschaft (19:0-Treffer in den ersten acht Heimspielen!), die am Ende Platz 3 belegte und da-

Spielklassen	
1963/64 – 74/75	DDR-Oberliga
1974/75	DDR-Liga, Staffel A
1975/76 – 76/77	DDR-Oberliga
1977/78	DDR-Liga, Staffel A
1978/79	DDR-Oberliga
1979/80	DDR-Liga, Staffel A
1980/81 – 85/86	DDR-Oberliga
1986/87	DDR-Liga, Staffel A
1987/88 – 90/91	DDR-Oberliga (Oberliga Nordost)
1991/92	1. Bundesliga
1992/93 – 94/95	2. Bundesliga
seit 1995/96	1. Bundesliga

konnte nicht darüber hinwegtäuschen, daß der FC Hansa von der Form der sechziger Jahre weit entfernt war und sein Ziel – UEFA-Cup-Teilnahme – regelmäßig um Längen verfehlte. Hansa galt als "launische Diva", die sich regelmäßig peinliche, den Durchbruch immer wieder verhindernde Ausrutscher leistete. Als Mitte der achtziger Jahre dann auch noch altbekannte Probleme wie Abschlußschwäche, mangeln-

mit die Qualifikation für den UEFA-Cup erreichte.

Die darauffolgende Saison wurde überschattet vom einsetzenden Umbruch in der DDR, durch den der Fußballspielbetrieb erheblich gestört wurde. Hansas Zuschauerzahl halbierte sich, was vornehmlich der Fluchtwelle sowie der Verunsicherung der Menschen bezüglich ihrer Zukunft zuzuschreiben war. Allerdings zeigte Hansas Oberligakollektiv gleichzeitig deutliche Mängel in puncto Kampf und professionelle Einstellung, was zu einem enttäuschenden sechsten Platz führte und die Vereinsführung zu einem gewagten Schritt veranlaßte: Die Entlassung von Trainer Voigt und Verpflichtung von Uwe Reinders, der aus der launischen Diva FC Hansa den Überflieger des Jahrzehnts machen sollte. Die Mischung aus Westtrainer und Ostmannschaft war brisant – aber offensichtlich exakt das, was Hansa brauchte. Eine nicht unwichtige Rolle spielte dabei die Psychologie. Über "Wessi" Reinders konnten die Spieler nämlich höchstpersönlich mit dem Vorurteil "Ostdeutsche = Dumme" aufräumen und dem Westen zeigen, was „Ossis" alles können. Das erzeugte eine Reibung mit Explosionscharakter, denn so ehrgeizig und fest entschlossen wie der FC Hansa war kein anderer Oberligist. Am 4. Mai 1991 sorgte Juri Schlünz im vorentscheidenden Gipfeltreffen gegen Dynamo Dresden mit zwei wunderschönen Freistoßtoren dafür, daß die Bundesligatür sperrangelweit aufging. Wenig später marschierte der FC Hansa hindurch und stürzte Mecklenburg-Vorpommern in eine allumfassende Fußballeuphorie.

Der von niemandem erwartete Titelgewinn ließ die Ostseestädter auf einen Schlag an in der ewigen Oberligatabelle weitaus besser plazierten Teams wie Carl Zeiss Jena, 1. FC Magdeburg oder Rot-Weiß Erfurt vorbeiziehen und brachte sie geradewegs ins "Paradies 1. Bundesliga". Auch wenn der FC Hansa jenes nach nur zwölf Monaten wieder verlassen mußte, verschaffte die Erstligateilnahme in der Vereinigungssaison

dem Klub einen immensen Vorsprung gegenüber der früheren DDR-Konkurrenz. So richtig komplett wurde das "Wunder FC Hansa" allerdings erst 1995, als unter Frank Pagelsdorf der Wiederaufstieg gelang.

„Wessi" Uwe Reinders führte Rostock in die gesamtdeutsche Bundesliga

Zwischenzeitlich war Hansa Rostock, wie so viele Vereine der Ex-DDR, am Rande des Ruins gewandelt. Nach dem ernüchternden Bundesligaabstieg - nach einem regelrechten Traumstart war ein unruhestiftender Machtkampf zwischen Trainer Reinders und Präsident Kische ausgebrochen, dem schließlich Uwe Reinders zum Opfer fiel und durch den ungeeigneteren Erich Rutemöller ersetzt wurde - war Hansa im Zweitligamittelfeld versunken und hatte mit eklatanten wirtschaftlichen Problemen zu kämpfen gehabt.

1992/93 beispielsweise wurde der angestrebte Zuschauerschnitt von 6.000 nur zur

Hälfte erreicht, und sportlich war man vom Ziel Wiederaufstieg meilenweit entfernt. Jürgen Heinsch leitete schließlich unter finanziell arg eingeschränkten Bedingungen den Neuaufbau ein, der allerdings von anhaltenden Turbulenzen auf der Vorstandsetage beeinträchtigt wurde. Erst als im September 1994 der letzte Innenminister der DDR, Peter-Michael Diestel, das Amt des Vorstandsvorsitzenden übernahm, kehrte Ruhe ein. Gleichzeitig kam mit Frank Pagelsdorf ein junger und ehrgeiziger Trainer, der mit Union Berlin großartige Erfolge vorzuweisen hatte. "Die Mannschaft befindet sich im Umbruch. Man muß ihr Zeit geben, sich zu finden", mahnte Pagelsdorf Geduld an – und führte das Team binnen zwölf Monaten überraschend in die Erstklassigkeit zurück. Da sich gleichzeitig Dynamo Dresden aus dem Oberhaus verabschiedete, war Hansa Rostock plötzlich einziger Hoffnungsträger des Ostens und steht seither für viele Fans östlich der Elbe synonym für jenes Land, in dem sie aufgewachsen sind, und bei dessen Untergang sie sich überfahren fühlten.

Enormen Anteil an der überraschenden Rückkehr hatte der allseits gelobte herzerfrischende Offensivfußball, mit dem sich die Pagelsdorf-Schützlinge ("der Star ist die Mannschaft") im Oberhaus auf Anhieb etablierten und die Qualifikation für den UEFA-Cup nur knapp verpaßten. Schlagartig zählte der FC Hansa zu den Großen im Lande. Mit René Schneider hatten die Rostocker erstmals einen gesamtdeutschen Nationalspieler in ihren Reihen, konnten mit durchschnittlich rund 23.500 Zuschauern ein dickes finanzielles Plus vermelden (die Spiele gegen Frankfurt und Düsseldorf waren im wesentlich größeren Berliner Olympiastadion ausgetragen worden) und standen vor einer vielversprechenden Zukunft. Doch Hansas Erfolgskurve zeigte bald wieder nach unten. 1996/97 mußten die Rostocker bis zum letzten Spieltag um den Klassenerhalt zittern, derweil Vorstandsvorsitzender Diestel intern für Unruhe sorgte. Der als geltungssüchtig bezeichnete Rechtsanwalt rieb sich an der Popularität Frank Pagelsdorfs, den er bei jeder sich bietenden Gelegenheit öffentlich diskreditierte. Dazu kam der Abgang von

Jung-Nationalspieler René Schneider, den Hansa nicht kompensieren konnte. Im Frühjahr 1997 überschlugen sich plötzlich die Ereignisse, als der heftig in die Kritik geratene Peter-Michael Diestel gehen mußte, und anschließend Trainer Pagelsdorf trotz vollzogenem Klassenerhalt seinen Wechsel zum Hamburger SV ankündigte. Der FC Hansa stand mal wieder vor dem Neuaufbau.

Als Bauführer wurde Ewald Lienen ausgeguckt, der zuletzt auf der Ferieninsel Teneriffa gearbeitet hatte und als ehemaliges Mitglied der bundesrepublikanischen Friedensbewegung geeignet schien, den noch immer schwierigen Balanceakt Ost/West zu bewältigen. Lienens Startbedingungen waren schwer. Kapitän Beinlich (Pagelsdorf: "Das Herz der Mannschaft"), Libero Hofschneider sowie Goalgetter und Publikumsliebling Akpoborie hatten Rostock verlassen, was Lienen freilich nicht davon abhielt, neben dem Primärziel "Klassenerhalt" auch gleich eine Zukunftsvision auszugeben: "Hansa Rostock zu einem festen Bestandteil der Bundesliga machen". Nur zwölf Monate später schienen Lienen und die neue Führungscrew um den CDU-Fraktionsvorsitzenden von Mecklenburg-Vorpommern, Eckhardt Rehberg, bereits am Ziel zu sein: Platz 6, Teilnahme am UI-Cup und allseits bewunderter offensiv ausgerichteter Kombinationsfußball machten Hansa zu einem respektierten und beliebten Bundesligisten. Doch es gibt auch Probleme – vor allem im finanziellen Bereich. Das zu kleine, marode und wenig komfortable Ostseestadion beispielsweise, oder die hohe Arbeitslosenquote im Haupteinzugsgebiet Mecklenburg-Vorpommern, durch die die Eintrittspreise unterdurchschnittlich sein müssen, schnüren Hansas Budget enorm ein und führen regelmäßig zu Spielerverkäufen. 1998 verlor der FC Hansa mit Sergej Barbarez mal wieder einen Leistungsträger. Da aller Voraussicht nach weitere folgen werden, ist eine kontinuierliche Aufbauarbeit nur schwer möglich, und die erreichten Erfolge sind unter diesen Umständen um so bewunderswerter.

Hardy Grüne

1. FC Saarbrücken

Zwei Arbeiter machen Pause. Sie ordnen den Bewuchs rund ums Ludwigspark-Stadion im Saarbrücker Stadtteil Rodenhof. Der 1. FC Saarbrücken spielt hier, aber das ist Nebensache. Zu Mittag gibt es nämlich Kaffee. Der Park selbst ruht, bis ein abgenutzter Opel von der Camphauser Straße, die hin-

Lang lebe der König

ter der Gegengerade des Stadions entlangläuft, Richtung Arena abbiegt und das Marathontor des Parks passiert. Das Tor ist ein kurzer Tunnel, zwei Mann hoch, mit wuchtigen grauen Wänden. An der Decke des Tunnels blühen Rostrosen. Stahlbeton also. Der Opel rollt über die Tartanbahn, eine Viertelrunde um den Rasen. Am Steuer sitzt Josef Mock, 61. Am 1. Oktober ist er ein Vierteljahrhundert Platzwart im Ludwigspark, streichelt alle zwei Wochen den Rasen, markiert den Platz, baut die Eckfahnen auf und schüttelt die Tornetze aus. Damit der FCS bloß die nötigen Tore schießt. Auf der Rückbank seines Wagens sitzt Akko, sein mächtiger Schäferhund. Der dritte, seit Mock im Park arbeitet. Eigentlich kommt der Platzwart aus der Elektro-Branche, doch da waren die Perspektiven schlecht. Als das alte Hausmeister-Ehepaar den Ludwigspark verließ, bewarb sich Mock mit seiner Frau und erhielt den Zuschlag. „Solange eine Arbeit Spaß macht, soll man sie auch machen. Und mir macht sie noch Spaß", meint der kleine Mann mit der großen Nase. Sein krauses Haar ist in den letzten Jahren immer grauer geworden. "Vor drei Jahren hätte ich in Frührente gehen können, aber da ist meine Frau gestorben. Da habe ich die Arbeit gebraucht", sagt er und öffnet die Tür zu seinem kleinen Büro unter der Karlsberg-Tribüne, die wie der Ludwigspark selbst Anfang August 1953 eröffnet wurde. Im März 1954 spielte hier Deutschland. Mit dem besten was Bundestrainer Sepp Herberger zu bieten hatte. Der Gegner: Der 1. FC Saarbrücken, pardon, das autonome Saarland. Mit zehn

Bundesligabilanz	
Bundesligajahre:	1963/64, 1976/77-77/78, 1985/86, 1992/93
Gesamt:	5 Jahre
Beste Plazierung:	Platz 14 (1976/77)
Ewige Tabelle:	Platz 30, 166 Spiele, 32 Siege, 48 Unentschieden, 86 Niederlagen, 202:336 Tore, 144 Punkte
Ø Plazierung:	Platz 16,4
Top-Spieler:	Egon Schmitt (68), Ludwig Denz (62), Dieter Ferner (62), Bernd Förster (61), Heinz Traser (59)
Top-Torjäger:	Roland Stegmayer (19), Dieter Krafczyk (13), Harry Ellbracht (12), Rainer Schönwälder (11), Ludwig Denz (9), Werner Lorant (9)

Spielern des FCS und einem „Ex" mit Namen Kurt Clemens, damals Saar 05 Saarbrücken. Der Park füllte sich zum Menschenmeer, 53.000 drängten sich auf den Rängen. Für Herbergers Jungs ging es um das Ticket zur Weltmeisterschaft in der Schweiz. Deutschland bemühte sich redlich. Doch die Saar hielt dagegen, spielte Wellenbrecher im deutschen Ansturm. Letztlich sprang ein 3:1 für Fritz Walter und Co. heraus. Vom Ergebnis her war es deutlich, das Spiel selbst etwas anderes. Ungarns Übungsleiter Gustav Sebes schaute sich das ganze von der Karlsberg-Tribüne aus an, gab keinen Kommentar, blieb eisern wie das Tribünendach, das Stahlbau Siebert aus Saarbrücken besorgt hatte: "Wir könnten in der Schweiz ja auf Deutschland treffen." Saarlands Trainer war der lange Helmut Schön. Als Spieler hatte er für den Dresdner SC Ende Juni 1943 im Berliner Olympiastadion gegen den FV Saarbrükken, den späteren FC, um die deutsche Meisterschaft gespielt und 3:0 gewonnen. An den Wänden in Josef Mocks Büro hängen unzählige Wimpel. Von Bielefeld über Nachbar Röchling Völklingen bis Real Madrid. Ach, Real! Am 21. Februar 1951 schlug der FCS die Königlichen in Madrid im damaligen Charmatín-Stadion, dem heutigen Estadio Santiago Bernabeu, mit 4:0. Balzert, Clemens, Binkert und Prieur trafen. Neben einem grauen Aktenschrank, einem Fernsehsessel und einem Schreibtisch stehen in Mocks Büro noch eine durchgelegene Couch und ein furnierter Fernseher, auf dem eine hölzerne Kanone steht. Durch die Gardinen sieht man die grüne Spielwiese des FCS. Schon viele Kanoniere liefen hier auf und ab. Dahinter die Sitzbänke der Gegengerade. Sie sind aus Kunststoff, mattblau. Unter ihnen wachsen Farn und Gras. Die ausgetretenen Stehstufen im D-Block nebenan sehen ramponiert aus. Hierhin pilgern die eingefleischtesten Anhänger des FC Saarbrücken wenn Heimspiel ist. Wie die Christen ins französische Lourdes, wo 1858 einem 14jährigen Mädchen namens Bernadette die heilige Maria erschien. Nur: In Saarbrücken beten sie dafür, daß der FC wieder in die Bundesliga zurückkehrt. Denn die Realität sieht anders aus. 1995 wurde dem FCS als Zweitligist die Lizenz entzogen. Seither spielt man in der Regionalliga.

Am Blockeingang verewigen sie sich meist mit ihrem Namen. An einer Stützmauer der "Victor´s"-Tribüne, die schon viele Namen hatte und vor etwas mehr als zwanzig Jahren in hundert Tagen aus Beton entstand. "Victor´s", so heißt die edle Hotelkette von FC-Präsident Hartmut Ostermann, einem Liberalen an der roten Saar. Zuvor war der Mann Präses in Homburg und spendabler Freund des heutigen Verbandsligisten Saar 05 aus dem Saarbrücker Stadtteil St. Johann. Die Camphauser Straße hinab gelangt man zum Ludwigskreisel, die Biege rechts führt in die Lebacher Straße. Wir sind in Malstatt, zu saarländisch "Molschd", einem weiteren Stadtteil der saarländischen Landeshauptstadt. St. Johann liegt im Osten, Malstatt im Westen. St. Johann ist eine feine Gegend, brachte ins Saarbrükker Stadtwappen die zierliche Rose ein. Malstatt zusammen mit Burbach und seiner ausgestorbenen Hütte dafür den harten Schlegel und die Zange. In zwei Dritteln des Stadtteils gedeiht der Wald, in den tiefen Häuserschluchten rund um den Molschder Markt lebten im Dezember letzten Jahres 28.392 Seelen. Jahr für Jahr werden es weniger, seit 1970 knapp fünfzehn Prozent. Malstatt ist einer der sozialen Brennpunkte Saarbrückens. Und gerade hier hat sich der 1. FC Saarbrücken häuslich eingerichtet, in der Lebacher Straße 31. Hinter langen Schaufenstern wird in weiten Büroräumen das Alltagsgeschäft gemacht. Präsident Ostermann will zurück in die Bundesliga, die Geschäftsstelle soll dann weg von hier. Weg vom rechten Fleck. Fünf, sechs große Schritte von der Geschäftsstelle entfernt trennt ein tiefer Bahngraben Malstatt in zwei Teile. Ins Untere und Obere. Das Untere beginnt jenseits des große Grabens an einer neo-gothischen Kirche, erbaut vor knapp hundert Jahren. Die Pfarrgemeinde Sankt Josef ist hier beheimatet, in der Pfarrer-Bungarten-Straße 49. Franz Bungarten war Pastor in Molschd, von 1919 bis 1936. Und erklärter Kämpfer gegen die Nationalsozialisten. Seit neuneinhalb Jahren heißt der Pastor in Sankt Josef Edgar Michels, 55: "Die sozialen Probleme hier bemerkt man schon sehr stark. An der Ver-

Aufstiegsversuch Nummer 1 nach dem Bundesliga-Abstieg scheiterte 1965 am FC Bayern.In München setzte es eine herbe 0:5-Schlappe

wahrlosung der Kinder, über die hohe Arbeitslosigkeit bis zu den vielen Menschen, die an unsere Tür klopfen." Etwa 550 kommen an einem Wochenende im Schnitt noch in die Molschder Kirche, 2.615 in den Ludwigspark. "In unserer Gemeinde haben wir viele ganz treue Fans des FCS", sagt Pfarrer Michels. "Viel mehr als in den anderen Stadtteilen."

Und dabei spaltet der 1. FC Saarbrücken die große saarländische Fußballgemeinde wie es einst nur Reformator Martin Luther tat. Unter Michels geistlichen Kollegen. Der FCS – geliebt wird er, ebenso gehaßt und vergöttert. Warum sie ihn lieben; oder auch nicht? Es gibt viele Gründe, Geschichten. Eine davon erzählt vom 10. Januar 1963. In der Frankfurter DFB-Zentrale hatte sich an einem langen Tisch mit weißem Kleid eine kleine elitäre Truppe von Fußballexperten versammelt. Nicht zum Fernsehstammtisch wie heute üblich. "Bundesliga-Kommission" nannte man sich. Ihr Vorsitzender war Fußball-Visionär Franz Kremer aus Köln, sein Stellvertreter Walter Bar-

esel aus Hamburg. Dazu gesellten sich noch Doktor Willi Hübner aus Essen, Ludwig Franz aus Nürnberg und Hermann Neuberger aus Saarbrücken. Neuberger, geboren im saarländischen Fenne bei Völklingen, war zu Zeiten der FIFA-Mitgliedschaft des Saarlandes junger Boß des Saarländischen Fußball-Bundes (SFB) und seit eh und je ein glühender Verehrer des FC Saarbrücken. Zwei Tage saß er nun in Frankfurt und grübelte mit den Kollegen um die Startbesetzung der neuen Erstklassigkeit für Fußball-Deutschland, schick Bundesliga gerufen. Am 11.1. hatten sie neun Namen notiert. Der 1. FC Saarbrücken war einer von ihnen. Ein halber Skandal, meinte die Konkurrenz. In ihrer Südwest-Oberliga gaben Vereine wie Kaiserslautern, Pirmasens oder Neunkirchen den Ton an. Etwas lauter als der FC. Doch still und leise sollte dieser sich in die Bundesliga geschlichen haben. Schnell wurden Stimmen laut, die Neubergers blau-schwarzes Herz beschrien, wie die Sirenen den Odysseus bei den alten Griechen. Doch der FCS umkurvte auch dieses Hindernis gekonnt. Die Sportfreunde aus Burbach bei Malstatt, wo der frühere Italienlegionär Horst Buhtz in der Jakobstraße über dem Gasthaus Lotz wohnte und Trainer war, hatten ihre Bundesligabewerbung schon früh zurückgezogen. Abends spielte Buhtz mit einem seiner Spieler Billard, der war gerade zarte achtzehn. Seine Name: Johannes Löhr. Der spätere Bundesligaprofi des 1. FC Köln war in Burbach als äußerst ehrgeizig bekannt, trainierte sogar mit den alten Herren und ging sonntags in die Kirche. Aus dem westerwäldischen Eitorf kam er einst nach Burbach, wohnte in der Bergstraße bei den Verwandten in der Bäckerei Hermann, die es heute noch gibt. Auf der andern Straßenseite steht das Gasthaus "Anthes-Neumüller". Hermann Neumüller, 69, hat es 1960 von den Schwiegereltern übernommen, 33mal hat er für Burbach in der Oberliga Südwest gespielt. Er lacht: "Beinahe hätten wir ja damals noch den Wolfgang Overath neben Löhr nach Burbach geholt." Beinahe. Am 24. August 1963, einem Samstag, starteten die "Endspiele" um die deut-

---

1. Spieltag Saison 1963/64

1. Bundesliga, 24. August 1963, 1. FCS - 1. FC Köln 0:2, 35.000 Zuschauer - Volker Danner, Horst Remark, Erich Rohe, Heinz Steinmann, Werner Hesse, Manfred Klein, Heinz Vollmar, Hans-Dieter Diehl, Werner Rinas, Dieter Krafczyk, Karl Meng

18. Spieltag Saison 1998/99

Regionalliga West/Südwest, 19. Dezember 1998, Alemannia Aachen - 1. FCS 0:2, 7.500 Zuschauer - Harald Ebertz, Anthony Tiéku, Franz Weber, Paolo da Palma, Patrick Klyk (87. Juan Carlos Corvalan), Stephen Musa, Slaven Stanic, Helmut Gabriel, Taifour Diane, Branko Zibert, Sambo Choji (90. Olivier Caillas) - Tore: 0:1 Choji (67.), 0:2 Choji (69.)

Jahre jung war er, stark wie ein Alter. In der 22. Minute zog Overath vor der Strafraumgrenze ab. 1:0 für Köln. "Ich war bei ihm, hab' ihn aber nicht bremsen können. So entstehen Tore", erzählt Heinz Steinmann, heute 60 und nicht mehr so flink wie damals. Er kam einen Ausfallschritt zu spät.

Vor der Saison war er von Schwarz-Weiß Essen gekommen, hatte für die Elf vom Uhlenkrug so groß aufgespielt, daß er 1962 in Stuttgart gegen Frankreich (2:2) für Deutschland spielte. In Essen war Steinmann kaufmännischer Angestellter bei der Ruhrkohle, im großen Verwaltungsgebäude in der Rellinghauser Straße 1, das längst nicht mehr steht. Steinmanns Lehrling hieß Günther Wettlaufer, 52. Heute ist er Sport-Chef der "Saarbrücker Zeitung", der einzigen Tageszeitung des Saarlandes mit 600.000 Lesern täglich und stetiger Begleiter des FCS. Viel lernen konnte Wettlaufer am Schreibtisch von Steinmann nicht. "Meist war er nicht da. Der hat jeden Tag trainiert." Als FC-Spieler wohnte Steinmann in St. Ingbert, wo heute noch Alt-Bundestrainer Jupp Derwall lebt. Derwall sprang Ende Januar 1965 beim FC Saarbrücken als Trainer ein. Doch der Reihe nach. Nach Overath traf noch Christian Müller. 0:2 – und das im ersten Spiel. Ein mißglückter Auftakt für den FCS. Trainer war der Mannheimer Helmut Schneider, 1956 und 1957 Deutscher Meister mit Dortmund und von 1958 bis 60 Abo-Südwestmeister mit Pirmasens. Das machte viel her. Für ihn hatten sie in Saarbrücken einen Kerl namens Helmut Johannsen fortgeschickt. 1967 wurde der mit Braunschweig Deutscher Meister, trainierte später Röchling Völklingen in der 2. Bundesliga Süd (1973-1976). Einer seiner Spieler war Gerd Warken, heute Trainer der Amateure des 1. FC Saarbrücken. Er sagt: "Johannsen kam zu uns ins kleine Völklingen. Er ist immer so ein bißchen über uns geschwebt." Mit Schneiders Hurra-Stil hatte der FCS kein Glück. "Die ersten Heimspiele war der Ludwigspark immer noch voll", erinnert sich Heinz Steinmann zurück. Dann kamen immer weniger. Am 10. Spieltag, einem Samstag im November 1963, überwand Saarbrückens Werner Rinas Münchens "Radi" Ra-

sche Meisterschaft. Acht an der Zahl, denn Bundesliga hieß die schöne neue Wirklichkeit. Und Wolfgang Overath spielte statt in Burbach am Rodenhof, im Ludwigspark. Für den 1. FC Köln. Gerademal zwanzig

denkovic zum 1:0 an der Grünwalder Straße. Der FCS war noch sieglos. Und war nach neunzig Minuten mit 1:7 "abgewatscht" worden. Im verflixten dreizehnten Spiel dann der erste Sieg: 3:0 bei Werder. Scheinbar machte Heinz Steinmann da schon großen Eindruck. Nach der Saison wechselte er an die Weser, lebt heute noch in Achim bei Bremen. Am 29. März 1964 war der Ludwigspark mit 18.000 Zuschauern nochmal gut besetzt. Helmut Schneiders früherer Arbeitgeber Borussia Dortmund kam zur Stippvisite. Steinmann verschoß einen Elfmeter, "Emma" Emmerich brachte den BVB nach einer knappen Stunde mit 1:0 in Führung. Doch der FCS zeigte Zähne: Rinas glich aus (78.). Dieter Krafczyk (81.) markierte das 2:1 – der erste Heimsieg! Dennoch stieg der FCS als Letzter ab, Nachbar Neunkirchen auf. Ausgerechnet im großen Ludwigspark. Um die teure Miete zu sparen, zog der FCS dort aus, wechselte ins heimelige FC-Sportfeld, das lange bei Krisenfällen herhalten mußte und heute von der Zeit zersetzt wird. Gerd Warken spielt hier mit den Amateuren, die Erste des FC trainiert hier. Im Mai 1965 schlug der FCS am letzten Regionalliga-Spieltag den BSC Oppau mit 2:1. Im Park und unter Flutlicht, was damals eine kleine Sensation war. Nach dem Abstieg hatte es Saarbrücken schwer. 100.000 Mark Miese hatte man in der Bundesliga gemacht. Wenn Neunkirchen samstags Heimspiel hatte, war sonntags beim FC Flaute. Nur sportlich lief es. Blau-Schwarzer Silberstreif am Horizont: Die Aufstiegsrunde. Vorsitzender Eugen Keller: "Wenn wir die erreichen, dann haben wir es geschafft. Sonst sitzen wir in der Tinte." Gegen den BSC Oppau lief man ganz in weiß auf, so wie Real Madrid. Angemessen für einen 1. FCS, den König von der Saar. Wenn auch oft nur vom Anspruch her. Vorne lief und kämpfte immer noch Alt-Star Heinz Vollmar, an der Seitenlinie stand Jupp Derwall, nachdem sich Wundertrainer Schneider Ende Januar nach langem Hin und Her Richtung Karlsruhe verabschiedet hatte. Acht Punkte Vorsprung hatte der FCS auf Vizemeister Worms. Nur mit dem Aufstieg wurde es nichts. Im Sommer kam Bernd Oles, früher Neunkirchen, als Trainer. Und

sein dortiger Schützling Karl Ringel, der Franke, der über 500mal für die Borussen gespielt hatte. Der Haken am Ringel: Dessen lädiertes Knie. Der FC hatte keine Freude an ihm. Ringel: "Ich war der erste Fußballer, der einen Vertrag bekam und nicht trainieren mußte." Der Aufstieg wurde erneut verpaßt.

Zur Saison 1972/73 holte man sich einen jungen Trainer auf die Bank, nach jüngsten Mißerfolgen in der Regionalliga. Rehhagel hieß der Mann, Otto dazu. Jung war er und konsequent. Er hetzte vor allem die bewährten Kräfte gehörig über den Trainingsplatz. Das gefiel denen gar nicht. "Er war Doping für mein Talent", sagt heute noch Frank Holzer, seinerzeit einer von Rehhagels jungen, ehrgeizigen. Auf sie setzte Rehhagel mit der Zeit mehr und mehr. Später kam Holzer in Braunschweig groß raus und ist mittlerweile Pharma-Industrieller, Boß beim Regionalligisten SV 07 Elversberg. Otto hatte beim FC aber kein Glück, sie fanden ihn gar nicht gut. Zu Krisengesprächen lud er seine Spieler ins Café. Wie heute noch. In Saarbrücken war es das Café Ludwig in der Bahnhofstraße, einer breiten Einkaufsstraße im Herzen der City. "Von Saarbrücken hat man damals behauptet, es sei ein schlafender Riese", erinnert sich "König Otto" zurück. Sein Vertrag wurde während der Saison gelöst, aus der Ziegelstraße 48, wo er wohnte, schrieb Rehhagel mit Kuli kräftig Bewerbungen. Gehaltsvorstellung: 3.000 Mark plus hundert Mark pro Punkt. Monatlich.

Der FCS wurde in diesem Jahr Dreizehnter. Gar Gummi-Mayer Landau schnitt besser ab. Und der SV Alsenborn, Sozius von Fritz Walter und jahrelanger Talente-Lieferant für die erste Liga. Diese Alsenborner hatten über die Jahre kräftig Qualifikationspunkte für die 2. Bundesliga gesammelt. Der FCS war da eher bescheiden, zog nur in der letzten Saison 1973/74 noch einmal kräftig an. Die Meisterschaft vermieste am letzten Spieltag der VfB Theley aus dem Nordsaarland. Als Zweiter schaffte es der FCS noch in die Bundesliga-Aufstiegsrunde. Das Kuriose: Für die 2. Liga hatte sich der FC nicht qualifiziert, Alsenborn hatte sportlich die Nase vorn. Saarbrücken schwebte zwischen Bundes- und Amateurliga, zwischen Bayern München und dem ASV Kleinottweiler. Nach wenigen Aufstiegsspielen deutete schon alles auf Kleinottweiler. Gegen die Zulassung Alsenborns hatte man aber glücklicherweise noch Protest eingelegt. Der SV Alsenborn war mit 95 Qualifikationspunkten zwar eigentlich klar dabei, das Pfälzer Stadion faßte – unter anderem – allerdings nur 8.000 Zuschauer. Die Ausbaupläne lagen noch in einer Schublade in Enkenbach-Alsenborn. Der Zulassungsausschuß des DFB tagte ausgerechnet in einem Homburger Hotelrestaurant, wenige Kilometer von Saarbrücken entfernt. Im Restaurant machte man das beste Geschäft seit Jahren, alle wollten wissen, ob SVA oder FCS den Zuschlag erhielt. Ohne Ergebnis, die Entscheidung wurde vertagt. Auf den 15. Mai 1974, einen Mittwoch. Drei Stunden wurde in Kaiserslautern diskutiert, gerechnet, dann abgestimmt, ausgezählt. Nach zehn Minuten ergriff der Bad Kreuznacher Anwalt und Vorsitzende des Fußball-Regionalverbandes Südwest, Dr. Maurer, das Wort: "In geheimer Abstimmung ist dem Einspruch des

1976 war es spannend in der 2. Liga Süd. Erwin "Ata" Türk, ein harter Hund auf dem Trainingsplatz, weckte den Schlafenden Riesen. Endlich. Zweitligameister hieß das Zauberwort, ein übermütiger Fan pinselte gar das Torgestänge im Waldstadion des Rivalen FC Homburg (Vereinsfarben Grün-Weiß) über Nacht blau-schwarz. Nur in der Bundesliga verkroch sich der Riese im Tabellenkeller. Im April 1977 steckte der FCS im tiefsten Abstiegsschlamassel, brauchte eine Siegesserie. Ein 3:1 beim 1. FC Köln schürte die letzten Hoffnungen. Es ging auf ins Schalker Parkstadion. Zwölf Minuten vor Schluß stand es dort noch 0:0. Da lief der Ball durch die Saarbrücker Reihen, berührte sanft – Leder an Leder – den Fuß von Harry Ellbracht. 1:0, kurz darauf Abpfiff. Schalkes Trainer Friedel Rausch kullerten die Tränen über die Wangen. Ganz anders dagegen Ludwig Schuster. Glücklich diktierte Saarbrückens Mittelfeldrenner den gespannten Reportern in die Blöcke: "So bleiben wir drin, das war unser bestes Spiel. So hat nicht mal Bayern auswärts aufgetrumpft." Wirklich? Am 16. April kamen die Bayern nach Saarbrücken. 36.000 warteten im Park, 4.000 an den Zäunen außerhalb. Roland "Stegi" Stegmayer traf zum 1:0 für Saarbrücken, 21. Minute. Ellbracht bombardierte Sepp Maier mit einer Schuß-Granate, 33. Minute. Der ging benommen zu Boden. Bayern-Trainer Dettmar Cramer: "Der war k.o. wie ein Boxer." Maier sah nur noch Sternchen, keinen Ball mehr. Der FCS siegte 6:1! Der Park stand Kopf. Franz Beckenbauer hatte vor dem Spiel noch gemeint: "Dieser FCS steigt nicht ab." Frisch frisiert verstaute er nach dem Debakel den Föhn in seiner großen Sporttasche und verabschiedete sich mit seinem schönsten Lächeln: "Auf Wiedersehen im nächsten Jahr hier im Park." Saarbrücken packte den Klassenerhalt, mußte aber ein Jahr später runter. Zunächst wurde auch die Lizenz für die 2. Liga verwehrt. Der damalige Präsident Heinz Vaterrodt: "Wir haben per 30. Juni 1978 1,5 Millionen kurzfristige und 670.000 Mark langfristige Verbindlichkei-

Spielklassen	
1963/64	1. Bundesliga
1964/65 – 73/74	Regionalliga Südwest
1974/75 – 75/76	2. Bundesliga Süd
1976/77 – 77/78	1. Bundesliga
1978/79 – 80/81	2. Bundesliga Süd
1981/82 – 82/83	Amateur-Oberliga Südwest
1983/84 – 84/85	2. Bundesliga
1985/86	1. Bundesliga
1986/87 – 91/92	2. Bundesliga
1992/93	1. Bundesliga
1993/94 – 94/95	2. Bundesliga
seit 1995/96	Regionalliga West/Südwest

1. FC Saarbrücken stattgegeben worden." Der FCS war Zweitligist! Und die Namen Neuberger und FCS wurden wieder gefährlich nah und dubios in Verbindung gebracht. Saarbrücken hätte die besseren finanziellen Voraussetzungen hieß es offiziell. Daß Alsenborn ein Immobilienvermögen im Wert von einer Million Mark besaß, wurde erst später bekannt. So kam es aber, wie es kommen mußte. Im Sommer

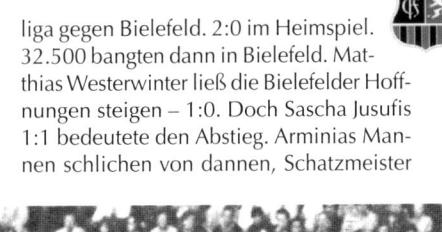

ten, die aber durch Bürgschaften von Stadt und Land abgesichert sind." Knapp sprang das Signal aus der Frankfurter DFB-Zentrale noch auf grün um. 1980 probierte es dann auf Anraten des Ex-Saarbrückers Felix Magath Andy Brehme als Jungprofi im Park.

liga gegen Bielefeld. 2:0 im Heimspiel. 32.500 bangten dann in Bielefeld. Matthias Westerwinter ließ die Bielefelder Hoffnungen steigen – 1:0. Doch Sascha Jusufis 1:1 bedeutete den Abstieg. Arminias Mannen schlichen von dannen, Schatzmeister

Mit diesem Tor von Felix Magath wurde der 3:0-Sieg gegen Kreuznach eingeleitet, der gleichzeitig den Aufstieg in die 1. Bundesliga bedeutete.

Was er an Saarbrücken schnell mochte? "Da pfeifen die Leute nicht gleich." Finanziell pfiff der FC dafür auf dem letzten Loch. Erst Likörgigant "Jägermeister" rettete dem Club Kopf und Kragen. Inzwischen in der Oberliga. Als Trainer holte man sich den Sohn eines Hafenarbeiters aus Bremerhaven, Uwe Klimaschefski, auf die Kommandobrücke. Und der versprach vollmundig: "Ich stelle eine Elf zusammen, mit der der FCS Meister wird." Er versprach nicht zuviel. 1983 brachte der Verein eine neue Chronik auf den Markt, streng aktuell gehalten. Titel: "Der neue FCS." 1985 stand der FC dann in der Relegation zur Bundes-

Hubert Neugebauer gab ihnen resigniert auf den Weg: "Wer einen neuen Verein findet, kann gehen." Und der FC, der war aufgestiegen! Doch eigentlich ging die Bundesligarückkehr dem FCS zu schnell. Klimaschefski nörgelte: "Wir sind eine Zweitligamannschaft, die sich mit der Bundesliga messen muß." Als er im Frühjahr 1986 seinen Wechsel nach St. Gallen zum Saisonende bekanntgab, war der FCS schon abgestiegen. Die Fans bewarfen ihn mit Steinen. Unter Polizeischutz mußte er den Park verlassen. Der FC stieg letztlich als Siebzehnter mit sieben Punkten Rückstand auf Platz 16 (Dortmund) ab. Jahre später gehörte der 1. FC Saarbrücken zum Standardwerk der Relegationsspiele. Der Torgarant: Anthony Yeboah. Im Frühjahr 1990 wollte der Ghanaer einen neuen Vertrag. Felix Magath, mittlerweile Manager beim FCS, war da anderer Meinung: "Yeboahs Vertreter haben erstmals ihre Forderungen mit Zahlen belegt. Und die stehen in keinster Weise im Verhältnis zu Yeboahs aktuellen Leistungen." Es kam der 25. Mai. SPD-Kanzlerkandidat und Ex-Oberbürgermeister der Stadt Saarbrücken, Oskar Lafontaine, sah zusammen mit 27.999 übrigen Anhängern im Park die dritte Relegation im dritten Jahr. Helmut Kohl hatte Tage zuvor in Malente gegen Sepp Maier ein Elfmeterduell 4:3 gewonnen. Da gab es für Oskar viel aufzuholen. Einen umstrittenen Strafstoß verwandelte das Bochumer Talent Thorsten Legat zum 1:0-Sieg (67.). Sonntag, 27. Mai, Rückspiel. In der 49. Minute flankte Schlegel, Yeboah stieg hoch und höher – 1:0. Saarbrücken war Bundesligist. Bis Uwe Leifeld den Tiefschlaf der FCS-Abwehr zum 1:1 (77.) nutzte. Das Ruhrstadion glich einem Tollhaus. Erst 1992 packte der 1. FC Saarbrücken noch einmal den Bundesligaaufstieg. Bester Torschütze war der heutige Nationalspieler Michael Preetz (17 Treffer), Trainer der Ruhrpott-Genius Peter Neururer. Der FC holte sich große Namen in den Park: Wolfram Wuttke und Beckenbauer. Stefan, der Sohn des Kaisers. Die Sensation war jedoch ein Amerikaner namens Eric Wynalda. Er traf neunmal und warb gleich für "Chicken-Wiener", eine saarländisch-amerikanische Wurstspezialität. "Der ist frisch, frei und locker – wie man die Amis so kennt", lobte auch "Wutti" Wuttke. Am 5. Juni 1993 bestritt der 1. FC Saarbrücken sein letztes Bundesligaspiel in Stuttgart (1:4), schoß zuvor über dreizehn Stunden kein Tor. Da lachten nicht mal mehr Wynaldas "Chikken-Wiener". Der Opel von Platzwart Josef Mock verläßt das Marathontor wieder nach draußen. In Mocks Büro bleibt der Kalender zurück. Es ist 1999. Zu Peter Neururer oder Wolfram Wuttke konnte Mock nichts mehr sagen. "Die Leute wollen eher ihre Ruhe haben. Und ich bin ja nicht aufdringlich." Oberhalb der Karlsberg-Tribüne steht Siegfried Mees, 64, geduldig vor der Stadionkneipe, dem FC-Treff, und säubert die Fenster. "Ich hoffe, daß der 1. FC Saarbrücken wieder nach oben kommt", sagt er zum Abschied.

Tobias Fuchs

Schalke 04

„Schalke 04 - ein Team, das zu Herzen geht", so war der Beitrag in einem Buch über die Bundesliga aus dem Jahre 1966 getitelt. Der Autor schildert die Begegnung in einem Zug, wie sich ein Mann nach und nach als Schalke-Anhänger outet, am Ende gar mit Tränen in den Augen.

Ein Team, das zu Herzen geht

Eine Geschichte, die mir blau-weiß infiziertem Stöpsel seinerzeit so grandios gut gefiel, daß ich ihn bis heute nie vergessen habe, gar als Stoßseufzer benutze, wenn „meine" Blauen mal wieder Anlaß zum Kummer geben: „Halt ein Team, das zu Herzen geht".

Ich bin ein Kind des Kohlenpotts, der Bundesliga (weil genau ab dem Startschuß dieser Klasse mein Fußball-Erinnerungsvermögen einsetzt) und ein Sproß des FC Schalke. Jedenfalls wenn man die Romantik von der „großen Vereinsfamilie" zumindest für die Gründerzeit der Bundesliga als gegeben erachtet.

Schalke heute, das ist ein „Traditionsklub", was angesichts des letzten Titelgewinns vor mehr als vierzig Jahren und den „großen Zeiten" mit Meisterschaften in Serie vor 60 Jahren ein schwacher Trost ist - ein Altmeister eben. Als die Bundesliga laufen lernte, starteten die Königsblauen als Mitfavoriten in die erste, schwer einzuschätzende Spielzeit. Sicher, die letzten Oberligajahre waren nicht grandios verlaufen. Doch Schalke verfügte über eine ausgezeichnete Mannschaft, drei aus dem Kader (Nowak, Schulz und Koslowski) gehörten dem deutschen Aufgebot bei der 62er-WM in Chile an, dazu Bomber Klaus („Zick-zack") Matischak, die großen Talente Friedel Rausch, „Pele" Berz, Günther Herrmann und „Stan" Libuda - in der Glückauf-Kampfbahn und rund um den Schalker Markt herrschte eitel Vorfreude auf die neue Liga. Und die erste Serie konnte diesen Optimismus auch rechtfertigen. Doch dann begann die große Krise. Das Geld ging aus,

Bundesligabilanz	
Bundesligajahre:	1963/64 - 80/81, 82/83, 84/85 - 87/88, seit 91/92
Gesamt:	30 Jahre
Beste Plazierung:	Platz 2 (1971/72, 1976/77)
Ewige Tabelle:	Platz 10, 1016 Spiele, 363 Siege, 253 Unentschieden, 400 Niederlagen, 1477:1603 Tore, 1342 Punkte
Ø Plazierung:	Platz 10,3
Top-Spieler:	Klaus Fichtel (477), Norbert Nigbur (355), Rolf Rüssmann (304), Klaus Fischer (295), Herbert Lütkebohmert (286)
Top-Torjäger:	Klaus Fischer (182), Erwin Kremers (50), Olaf Thon (49), Ingo Anderbrügge (46), Helmut Kremers (45)

Schalke geriet wegen unzulässiger Handgeldzahlungen ins Gerede, im Kader brodelte es vor Neid und Mißgunst, Coach Gawliczek war nicht mehr Herr der Lage. Der DFB hatte Schalke auf dem Kieker, weil der Ex-Karlsruher Günther Herrmann nur deswegen in Schalke gelandet war, weil man für die gleich hohe Ablösesumme von 50.000 DM zusätzlich noch einen vollkommen unbrauchbaren, restlos bundesliga-untauglichen Spieler namens Hans-Georg Lambert dazu genommen hatte, erkennbar aus dem einzigen Grund, um die Ablöse für Herrmann auf diesem Wege zu verdoppeln.

In der kommenden Saison setzte sich der Niedergang fort, viele sprachen von „Arbeitsverweigerung", die Stars in Blau und Weiß zierten von Beginn an das Tabellenende, das auch nicht mehr verlassen werden sollte. In Scharen verließen die Kicker nach dem letzten Abpfiff der Saison 64/65 das sinkende Schiff. Auch Willi Schulz, der vorher noch erklärt hatte, er ließe sich eher die Beine abhacken, bevor er Schalke verließe. Da hatte er den Vertrag in Hamburg schon unterschrieben, und den Kumpels, die deswegen seine Kneipe boykottierten und ihr Bier am Kiosk gegenüber tranken, entgegnete der spätere „World-Cup-Willi" trocken: „Die Bude gehört auch mir!"

Diesem ersten Abstieg, der dann durch eine Art Gnadenakt und im Zuge des Skandals um Hertha BSC aufgehoben wurde, sollten in den 80er Jahren drei weitere folgen. Immer spielte die wirtschaftliche Situation eine entscheidende Rolle. Konnte man in den 60er Jahren noch durch den Verkauf der Glückauf-Kampfbahn an die Stadt den Konkurs vermeiden, war dies 1980 nur durch die Millionentransfers der besten Spieler Rüssmann und Wuttke an die Borussen aus Dortmund und Mönchengladbach möglich. Und 1988 waren die Finanzen so marode, daß fast die gesamte Mannschaft verscherbelt wurde und mit einer blutjungen Truppe der Gang in die Zweitklassigkeit die bittere Konsequenz war.

Erfolgreicher konnten die Schalker die beinharten Abstiegskämpfe der 60er Jahre gestalten. Noch heute erinnern sich alte Schalker mit Wehmut an die Spiele dieser Zeit in der Glückauf-Kampfbahn. Eine nicht einmal im Ansatz erstliga-taugliche Truppe kämpfte nach obligatorischen Auswärtsschlappen alle 14 Tage im eigenen Stadion buchstäblich um ihr Überleben. Und die Kumpels auf den Rängen unterstützten sie dabei mit aller Leidenschaft und Herzblut. Klaus Fichtel, der seine grandiose Karriere in dieser Zeit begann und über 500 Bundesligaspiele absolvieren sollte, schwärmt noch heute von einem Spiel des Jahres 1966 gegen Borussia Neunkirchen, das den Klassenverbleib sicherte, als seinem persönlich größten sportlichen Erlebnis. Ein proppenvolles Stadion hatte nach dem 2:0 bis zum Spielende gesungen: „Aber eins, aber eins, das bleibt bestehn, der FC Schalke wird nie untergehn". Da schimmerte manches Auge feucht: „Ein Team, das zu Herzen geht!"

Doch die permanenten und auch perspektivlosen Abstiegskämpfe in der ersten Hälfte der 60er Jahre gingen auch an die Nerven. Günther Siebert löste das Schalker Denkmal Fritz Szepan als Vorsitzender ab und sorgte für frischen Wind. Der Mittelstürmer der letzten Meistermannschaft von 1958, wegen seines Kinderreichtums „Oskar, der Familienvater" genannt, startete 1968 eine Offensive: Schalke sollte wieder nach oben. Dazu wurden ein halbes Dutzend Neue verpflichtet, darunter der Holländer Heinz van Haaren, der Wiener Franz Hasil, Bernd Michel von Hessen Kassel, der leider viel zu früh verstorbene Herbert Lütkebohmert und einen, den die Fans mit der Sänfte zurück nach Gelsenkirchen getragen hätten: Reinhard „Stan" Libuda fand von Dortmund nach Schalke zurück.

Doch auch mit der neuen Truppe war der Anfang schwer. Trainer Günther Brocker mußte das Handtuch werfen, weil Schalke weiter nicht aus dem Abstiegsschlamassel kam. Neuer Coach am Schalker Markt: Rudi Gutendorf. Der Weltenbummler führte neue Sitten ein: Englisch-Unterricht für die Profis oder Langläufe an den Fabriktoren vorbei - zur Morgenschicht um sechs Uhr in der Frühe. Sportlich gelang eine kleine Kulturrevolution mit sechs ungeschlagenen Spielen in Serie zum Ende der Saison und dem Erreichen des Pokalfinales, das gegen die Bayern 1:2 verloren geht. Im Pokal haben die Schalker zu Bundesli-

Zum Bundesligastart war Schalke 04 natürlich dabei. Willi Koslowski versucht hier, Stuttgarts Keeper Günter Sawitzki auszuspielen

gazeiten keine Bäume ausgerissen. Zwei Finalteilnahmen (das andere wurde 1972 mit 5:0 gegen Kaiserslautern gewonnen), einige Halbfinals in den 70er Jahren, das legendäre 6:6 in der Saison 83/84 gegen Bayern München in der Vorschlußrunde - das war es schon. Dagegen standen Dutzende Pleiten, Pech und Pannen oft schon in der ersten Runde gegen unbekannte Amateure. „Wir fahren nach Berlin", dieser Schlachtruf ist mittlerweile aus dem Lieder-Repertoire der Fans fast schon gestrichen.

Dafür ging es 1970 nach Mexiko, weil zwei Schalker trafen. Klaus Fichtel und Stan Libuda schossen beim 3:2 über Schottland in Hamburg die deutsche Nationalmannschaft zur WM nach Mexiko. Und die Schalker Herzen weinten endlich mal wieder vor Freude.

Denn auch der Klub war eindeutig auf dem Vormarsch. Im Europapokal der Pokalsieger 1969 (Schalke nahm teil, weil Bayern München auch Meister geworden war) wur-

den erfolgreiche Schlachten geschlagen. Etwa im Dubliner Nebel, wo gegen Shamrock Rovers zwar 1:2 verloren-, das Rückspiel aber dank eines genialen Stan Libuda mit 3:0 in der Glückauf-Kampfbahn entschieden wurde. Trotzdem zogen dunkle Wolken am Schalker Markt auf. Es krachte fortwährend zwischen den beiden Persönlichkeiten Siebert und Gutendorf. Ausgerechnet auf dem Rückflug nach dem grandiosen 3:1-Sieg bei Dinamo Zagreb eskalierte der Dauerkonflikt, „Riegel-Rudi" mußte gehen, Assistent Slobodan Cendic machte bis zum Saisonende gute Arbeit, führte das Team bis ins Halbfinale des Europapokals, wo dann gegen Manchester City das Aus kam.

Bei der zweiten Teilnahme am Europapokal der Pokalsieger kam das Ende früher, nämlich in der dritten Runde, und mit 0:3 bei Sparta Prag (Hinspiel 2:1) sehr unrühmlich. Zweimal spielte Blau-Weiß in den siebziger Jahren im UEFA-Pokal mit. Unvergeßlich sicher das deutsch-deutsche

Duell gegen den 1. FC Magdeburg, das mit zwei Niederlagen endete und im Herbst 1977 den Niedergang einläutete. Zuvor hatten die siebziger Jahre die sicherlich beste Nachkriegsmannschaft hervorgebracht. Unter dem jugoslawischen Trainer Ivica Horvat spielte ein blutjunges Team Fußball zum Verlieben. Die Spieler und was aus ihnen geworden ist: Norbert Nigbur (heute Privatier) im Tor, die offensiven Außenverteidiger Jürgen Sobieray (Kaufmann, zeitweilig im Knast) und Helmut Kremers (kurzzeitig Manager und Vorsitzender von Schalke, mit mehr oder weniger Schimpf und Schande davongejagt), kopfballstarker Vorstopper war „Rolli" Rüssmann (gescheiterter Manager von Borussia Mönchengladbach) vor Libero Klaus Fichtel (lange Zeit bei Schalke als Jugend- und Amateurtrainer beschäftigt). Im Mittelfeld glänzten „Aki" Lütkebohmert (nach einer Krebserkrankung verstorben), Heinz van Haaren (arbeitet als Masseur) und Klaus Scheer (Trainer im Amateurbereich). Rechtsaußen war Reinhard „Stan" Libuda (verstorben nach einer Krebserkrankung), Mittelstürmer

•
•
• Klaus Fischer (Ex-Trainer der Schalker Ama-
• teure) und Linksaußen Erwin Kremers (Un-
• ternehmer in der Textilbranche). Diese
• Mannschaft ließ die Herzen der Fans in
• ganz Deutschland höher schlagen. Trotz
• Mönchengladbach und den Weltmeister-

Bayern gehörte ihr die Zukunft - wenn sie die nicht lange vorher verspielt hätte.

Denn im Sumpf des Bundesliga-Skandals spielten auch die Schalker eine schmutzige Rolle. 40.000 Mark waren vom Ex-Schalke-Spieler Waldemar Slomiany unter den Augen der Löwen des Westerholter Freigeheges für einen Sieg der Bielefelder Arminen gezahlt worden. Das 0:1 wenige Tage später, von den wütenden Fans mit „Schiebung"-Rufen quittiert, hatte mehrere Nachspiele, sogar vor ordentlichen Gerichten, wo die Schalker Spieler nach ihrem beharrlichen Leugnen auch wegen Meineids verurteilt wurden. Für manche Fans brach eine Welt zusammen, bis zuletzt hatten die meisten nicht an eine Schuld ihrer Lieblinge glauben wollen. Sogar eine Stadionbesetzung war in Erwägung gezogen worden, weswegen der DFB die Partie (gegen den 1. FC Köln) kurzerhand absetzte. Glaube und Treue waren am Schalker Markt mal wieder unerschütterlich. Als die Säulen der Mannschaft - Rüssmann, Fichtel, Lütkebohmert, Sobieray und Fischer - gesperrt waren, schaffte eine Rumpfelf unter der Leitung der übriggebliebenen Nigbur (er war bei dem Skandalspiel nicht im Tor), Scheer und den Kremers-Zwillingen (zu der Zeit noch bei den Offenbacher Kickers beschäftigt, dem Verein, der den Skandal ins Rollen gebracht hatte) den Klassenerhalt vor allem auch deshalb, weil in den Heimspielen die Zuschauer in der Glückauf-Kampfbahn wie ein Mann hinter dem gebeutelten Team standen. Das letzte Spiel dieser Saison 72/73 bedeutete aber noch eine andere Zäsur. Der Umzug von der legendären Kampfbahn an der Kurt-Schumacher-Straße ins riesige Parkstadion stand bevor.

Die Schüssel erwies sich zunächst als reine Goldgrube. Der Spruch entstand, man müsse nur das Flutlicht einschalten, schon kämen 30.000. In der Tat war der Zuspruch in der WM-Arena in den ersten Jahren phänomenal. Erst recht als die „Sünder" nach und nach zurückkehrten und der Klub - zumal nicht unerheblich verstärkt - zu den Spitzenmannschaften in Deutschland gehörte. Doch man wußte mit den Trümpfen nicht zu wuchern. Ob Horvat, Max Merkel, Friedel Rausch oder Uli Maslo, sie wußten mit dem großen Spielerpotential nichts anzufangen, jedenfalls erreichte man nicht annähernd das, was man sich jeweils zu Saisonbeginn vorgenommen hatten. Zwar gab es 1977 noch einmal die Chance zur Meisterschaft, als die Gladbacher ihren Vorsprung gegen die am Schluß sechsmal hintereinander siegenden Blau-Weißen gerade noch ins Ziel retteten. Doch auch in dieser Saison hatten die Schalker zuvor ihre Chancen mit Füßen getreten. Zwar wurden die Heimspiele zumeist souverän gewonnen, doch auswärts fehlten unbedingter Siegeswille und der Elan der frühen „Siebziger"-Elf. Die Stars waren satt und selbstgefällig, bekanntlich der Anfang vom Ende jeder Mannschaft. Symptomatisch der Konflikt der beiden Regisseure Bongartz und Oblak, die sich um das Trikot mit der Nummer zehn balgten. Am Ende verließen beide den Klub. Dafür kaufte Günther Siebert nach Gutsherrenart ein. Zum Beispiel zwei Jugoslawen, Dzoni und Boljat. Beim zweiten hielt sich hartnäckig das Gerücht, er sei der Bruder desjenigen, den Siebert wirklich verpflichten wollte. So spielte er auch. Und so geriet allmählich auch der Präsident in die Schußlinie der verärgerten Anhängerschaft. Ihm wurde Vetternwirtschaft und Eigenbegünstigung vorgeworfen, was nicht verwunderte, besaß er doch die Lizenz zum Bierausschank im Parkstadion, was in etwa vergleichbar war mit der Genehmigung zum Drucken von Bargeld. Das Gerangel hinter den Kulissen ließ die Begrifflichkeit von „Schalker Verhältnissen" in den Sprachschatz Einzug halten. Nachdem Dr. Hütsch, der Anwalt der Schalker Spieler in der Meineid-

Affäre, Präsident geworden war, nahm er die im betrunkenen Zustand verkündete Kündigung von „Manager" Günther Siebert wörtlich - Siebert mußte seinen Hut nehmen, eine Ära ging zu Ende. Bald aber auch die von Hütsch, neuer Präsident wurde nun der Unternehmensberater Hans-Joachim Fenne. Hinter pfeiferauchender Solidität verbarg sich bei ihm allerdings fußballerische und auch wirtschaftliche Ahnungslosigkeit. Beides sollte entscheidend zum Desaster der 80er Jahre beitragen, das freilich schon weit früher ihren Anfang genommen hatte.

Klaus Fischer im Zweikampf mit dem Bochumer Fechner

Der Abstieg mit Ansage 1981 löste große Trauer in der Fanschaft aus. Nie zuvor hatte Schalke woanders gespielt, als in der höchsten Klasse. Und nun diese Schmach. Zunächst erwiesen sich die Königsblauen in der erstmals einteiligen Zweiten Liga als großer Zuschauermagnet. Neuer Manager war Rudi Assauer geworden. Er kam mit der Empfehlung, auch Werder Bremen nach dem Abstieg gleich wieder ins Oberhaus geführt zu haben. Sein Ausspruch zu Beginn seiner Tätigkeit: „Entweder schaffe ich Schalke oder Schalke schafft mich", blieb lange an ihm haften. Der ehemals

„schönste Spieler der Bundesliga" und langjährige Stammspieler des verhaßten BVB wurde äußerst kritisch beäugt. Zumal schnell auch Differenzen mit dem durchaus beliebten Dr. Fenne bekannt wurden. Zunächst aber ging alles nach Plan. Mit einer reichlich überalterten Mannschaft gelang die direkte Rückkehr in die Bundesliga als ungefährdeter Tabellenführer der Zweiten Liga. Die meisten Treffer gelangen Norbert Janzon (13), der von den Bayern gekommen war. Auch Theo Bücker, Manni Drexler und die Torwart-Legende Norbert Nigbur waren mittlerweile jenseits der 30, beim Aufstieg aber die tragenden Säulen. Ausgerechnet der Keeper, von den Fans bedingungslos geliebt, sollte eine wichtige Rolle im nächsten Jahr spielen. Assauer gelang es, den Kapitän der Europameistermannschaft von 1980, Bernard Dietz, von Duisburg nach Schalke zu locken. Doch die Blauen scheiterten an einem Torwart-Problem. Denn Assauer feuerte ausgerechnet Norbert Nigbur nach einem schlechten Spiel in Karlsruhe, heuerte dafür den Ex-Bayern Walter Junghans an. Der galt bei den Fans wegen einiger bundesweit beachteter Fehlgriffe als „Fliegenfänger" und wurde gnadenlos ausgepfiffen, wenn auch nur ein Ball aus seinen Händen sprang.

50.000 restlos bediente Fans nach dem 1:1 das Parkstadion. Schalke war abermals abgestiegen.

Doch in der Krise steckte die Chance. In der abermals neu zusammengestellten Elf war mehr Substanz als zuvor. Assauer entwickelte bei drei Neuzugängen ein glückliches Händchen. Jakobs, „Shorty" Dierßen und Klaus „Boxer" Täuber waren absolute Volltreffer. Und ein Licht ging auf, das von Beginn an auf Schalke hell erstrahlte: Olaf Thon griff als 17jähriger ins Geschehen ein. Unvergeßlich sein Gala-Auftritt mit drei Toren beim 6:6 im Pokal-Halbfinale gegen die großen Bayern. Erneut gelang am Ende der Spielzeit der sofortige Wiederaufstieg.

Und Schalke verfügte über das Korsett für eine richtig gute Mannschaft. Allerdings befand sich der Fußball in den 80er Jahren insgesamt auf Talfahrt. Auch in Schalke blieben die Zuschauerströme aus, selbst Königsblau war auf einen Schnitt unter 30.000 abgerutscht. Große Sprünge ließen sich dadurch nicht machen, zumal weiterhin große Schuldenlasten drückten. Große Einkäufe von Schatzschneider, Hannes oder Wegmann konnten nur mit weiteren Krediten finanziert werden - am Ende stand nicht der herbeigesehnte Wiedereintritt in den Salon des großen Fußballs, sondern drei Jahre nach dem Aufstieg der wirtschaftliche Ruin. „Präses" Fenne mußte in einer leidenschaftlichen Jahreshauptversammlung seinen Rücktritt erklären. Manager Assauer wurde geradezu mit Schimpf und Schande davongejagt. Und einer kehrte von seinem Altersruhesitz auf der Sonneninsel Teneriffa, zurück, den viele Fans noch als S04-Messias verehrten: Günther Siebert. Der hatte zwar noch Charisma, doch er war auch alt geworden, ihm fehlte das Feuer. Seine Entscheidung, fast die ganze Mannschaft zu verkaufen und um Olaf Thon und den frisch verpflichteten „Toni" Schumacher ein gänzlich neues Team aufzubauen, erwies sich bald als falsch. Oskars früheres „Diamantenauge", mit dem er das Team der Siebziger zusammengestellt hatte, erwies sich als nicht mehr scharf. 1988 war der Abstieg erneut nicht vermeidbar. Jetzt ging

Spielklassen	
1963/64 – 1980/81	1. Bundesliga
1981/82	2. Bundesliga
1982/83	1. Bundesliga
1983/84	2. Bundesliga
1984/85 – 1987/88	1. Bundesliga
1988/89 – 1990/91	2. Bundesliga
seit 1991/92	1. Bundesliga

Heldentaten auf der Linie zählten nicht, jeder Fangfehler, jede Unsicherheit beim Herauslaufen wurde auf den Rängen laufhals beklagt. Junghans war der typische Sündenbock. Als am Ende der 16. Platz he[r]aussprang, hofften alle auf die Relegation gegen den Dritten der Zweiten Liga. Doch beim Hinspiel stand es nach einer halben Stunde schon 3:0 für Bayer Uerdingen, vier Tage später verließen mehr als

auch Olaf Thon, mehr als drei Millionen Mark aus der Bayern-Schatulle sicherten noch einmal das Überleben.

Es begann die düsterste Zeit in der Vereinsgeschichte des FC Schalke 04. Es war die Geschichte von trostlosen Schlammschlachten auf außerordentlichen Jahreshauptversammlungen, sportlichen und wirtschaftlichen Hiobsbotschaften und personellen Unbegreiflichkeiten, die den weniger werdenden Fans schwer zu schaffen machten, einige sogar vor Bitterkeit krank werden ließ: „Schalke, halt ein Team, das zu Herzen geht!"

Sieberts endgültiger Rückkehr auf die Insel folgte die Posse um einen Drei-Tage-Präsidenten, der es zwar gut gemeint hatte, dem aber vor der Kandidatur alle Insider-Informationen verwehrt wurden und der sich nach Kenntnisnahme der verheerenden Bücher sogleich verabschiedete. Die zusätzliche Pointe, daß es sich bei Michael Zylka um einen Bediensteten des BND handelte, sorgte natürlich für zusätzliche Pikanterie und Schlagzeilen wie: „Geheimagent auf Schalke". Ihm folgte der „Sonnenkönig" - eine Geschichte wie für die Klatschspalten der Regenbogenblätter ersponnen. In Schalke wurde sie Wirklichkeit.

Der Düsseldorfer Unternehmer Günter Eichberg, mit seiner exzentrischen und steinreichen Freundin Christa Paas im Schlepptau, übernahm den Klub in höchster Not, nachdem nicht einmal mehr die Liquidität für das Waschen der Trikots vorhanden war. Eichberg lieh dem Klub das Geld, um es sich später auf dubiose Weise und unter Einschaltung einer Marketing GmbH wieder herauszuholen. Eichberg entzündete in seiner mitreißenden Weise ein neues Feuer, aber als er Jahre später als Scharlatan enttarnt war, hinterließ er nur noch Brandwunden auf Schalke. Immerhin gelang es ihm, mit Peter Neururer genau

den richtigen Trainer zu verpflichten, der Schalke vor dem drohenden Gang in die Amateurliga bewahrte. Über 60.000 feierten den 4:1-Sieg über Blau-Weiß 90 Berlin, der 1989 den Klassenerhalt in der Zweiten Liga sicherte. Zwei Jahre später gelang gar die Rückkehr in die Bundesliga. Doch Eichberg hatte mit horrenden Gagen für angebliche Stars (Scherr, Mihajlovic, Christensen), Trainer-Gurus (Ristic, Lattek) oder illustre „Berater" (Netzer) enorm hoch gepokert und den Klub innerhalb kurzer Zeit erneut an den Rand des Ruins getrieben. Wobei er seine Regent-

Größter Erfolg der Nachkriegsgeschichte: UEFA-Cup-Sieg 1997

schaft nach Art des Sonnenkönigs betrieb und zum Schluß allein Einblick in sein dubioses Geschäftsgebaren besaß. Als seine berufliche Existenz zusammenbrach, drohte daran auch Schalke 04 zugrunde zu gehen. Der von ihm mittlerweile zurückgeholte Manager Rudi Assauer mußte einen Scherbenhaufen zusammenkehren. Obwohl Assauer viel Mißtrauen und Ablehnung entgegensprang, schaffte der „Malocher" ein kleines Wunder. Dem Klub blieben gerade noch Konkurs und Lizenzentzug erspart, Jörg Berger schaffte mit der Mannschaft den Klassenerhalt, die Fans kamen zurück ins Parkstadion. Schalke 04 erlebte seinen zehnten Frühling. Rudi Assauer nahm die Vereinszügel fest in die

Hand. Der Umstand, daß ihm mit der Verpflichtung von Mulder, Nemec, Wilmots und der Rückkehr von Olaf Thon Glücksgriffe gelungen waren, verhalf ihm zur uneingeschränkten Macht „auf Schalke", die er mit Hilfe einer modernen Satzung untermauerte. Nie wieder sollten „Schalker Verhältnisse" auf Jahreshauptversammlungen zu Tumulten und Bauchentscheidungen der Mitglieder führen können, wie jene, den umtriebig-egoistischen Helmut Kremers nur deswegen zum Präsidenten zu wählen, weil er eine geschickt formulierte Rede eines BILD-Redakteurs halbwegs fehlerfrei vom Blatt abgelesen hatte, die ihren programmatischen Höhepunkt in dem Ausspruch fand: „Gegen Dortmund haben wir uns früher nicht einmal umgezogen!" Assauer ließ Kremers auflaufen und sorgte bald wieder für dessen Rücktritt. Statt seiner wurde ein unscheinbarer Gelsenkirchener Bürgermeister und SPD-Stadt-Bonze, Gerd Rehberg, neuer Frühstückspräsident. Die Macht hält allein Rudi Assauer in den Händen. Und als 1996 nach einem 2:1-Sieg über Bayern München Schalke 04 Tabellendritter der Bundesliga wurde und sich damit für den UEFA-Cup qualifiziert hatte, hing der Himmel über dem Parkstadion voller Geigen und mancher freute sich mit Tränen in den Augen: „Daß ich das noch erleben darf!"

Bei diesem ersten Auftritt nach 20jähriger europäischer Abstinenz vollbrachten die international namenlosen Schalker ein blau-weißes Wunder. Über die Stationen Roda Kerkrade (dort hieß der Trainer Huub Stevens, der kurz darauf von Schalke verpflichtet wurde), Trabzonspor, FC Brügge, FC Valencia und Teneriffa gelangte Schalke ins UEFA-Cup-Endspiel gegen Inter Mailand. Obwohl der überragende Youri Mulder langfristig ausgefallen war, konnte Inter Mailand nach zwei dramatischen Partien im Elfmeterschießen besiegt werden. Fußball-Deutschland war zu einem großen Schalke-Fan-Klub geworden. Und die Spieler, die diesen größten Vereinserfolg nach dem Krieg errangen, trugen sich in viele goldene Bücher ein: Jens Lehmann, Olaf Thon, Thomas Linke, Johan de Kock, Radoslav Latal, Jiri Nemec, Andreas Müller, Yves Eigenrauch, Mike Büskens, Marc Wilmots, Martin Max und Ingo Anderbrügge - ein Team, das zu Herzen geht.

Kein Wunder, daß Schalke danach als dritte Kraft des deutschen Fußballs gehandelt wurde. Aber der Rückschlag kam prompt. Verletzungen im überalterten Kader, die Abwanderungen der Abwehr-Asse Lehmann und Linke - Schalke hat Mühe, in der Gegenwart den gestiegenen Ansprüchen gerecht zu werden.

Für die nahe Zukunft soll das wieder gewährleistet sein. Ein neues Stadion wird gebaut, das ungemein ehrgeizige 400-Millionen-Mark-Projekt stammt noch aus den weißweinseligen Visionen des Sonnenkönigs Eichberg und wurde von Rudi Assauer beharrlich weiterverfolgt. Ein Schmuckkästchen für 60.000 Menschen soll die Arena „Auf Schalke" werden. Klar, daß darin auch eine schmucke Mannschaft funkeln soll. Im Schatten des ab 2001 ausgedienten Parkstadions, das wie ein verlassenes großes Raumschiff auch zum Mahnmal für den Größenwahn im Profifußball werden kann, soll den Fans dann im fünften Jahrzehnt der Bundesliga richtiger Spitzenfußball in Blau und Weiß geboten werden. Vielleicht erleben ja sogar derzeit rüstige Vierzigjährige noch einmal eine Deutsche Meisterschaft des FC Schalke. Ob das dann aber noch ein Team ist, das zu Herzen geht, wird sich im neuen Jahrtausend erst noch zeigen müssen.

Uli Homann

FC St. Pauli

In einer idealen Welt wäre der FC St. Pauli schon lange Deutscher Meister. Besser noch, denn würden Treue, Hingabe, Leidensfähigkeit und Emotionalität auch nur halbwegs gerecht entlohnt, könnte St. Pauli problemlos selbst den FC Bayern in die Schranken weisen und wärenlängst dabei, um den Europapokal der Landesmeister zu spielen. Den gäbe es dann selbstverständlich auch noch. Fröhlich würden 20.000 Fans, natürlich weitestgehend stehenden Fußes und mit gut geölter Kehle, Gegner wie Celtic Glasgow oder Galatasaray Istanbul am Millerntor begrüßen, mit den jeweiligen Gästefans friedlich-wilde Parties feiern und sich anschließend an den Auftritten ihrer Lieblinge berauschen. St. Pauli wäre Trendsetter in Europa, Fußball würde den Fans gehören und alle wären glücklich und zufrieden.

Doch Fußball gehört nicht mehr den Fans, sondern dem Geld, und auf St. Pauli sind sie damit mehr als anderswo unzufrieden – und das liegt nicht nur daran, daß ihre Elf derzeit statt um die deutsche Meisterschaft mitzuspielen gegen den Abstieg in die 3. Liga kämpft. Was allerdings, neben gewissen vereinsinternen Dauerturbulenzen, dann doch wieder mit dem Geld, vor allem dem fehlenden, zu tun hat. Weil dem so ist, ist St. Pauli – oder besser: sind die St. Pauli-Fans - Trendsetter. Vorreiter im Kampf gegen Kommerzialisierung und darüber hinaus Vorbild bei der Bekämpfung des Rechtsradikalismus in Fußballstadien (und anderswo) sowie vehementer Verfechter der Stehplätze, einst elementares Bindeglied zwischen Fans und Spielern und heute von den meisten Klubs als Hemmschuh bei der ökonomischen Entwicklung betrachtet. Auf St. Pauli sind 16.000 der knapp 21.000 Plätze noch immer zum Stehen – eine Quote, die ihresgleichen sucht.

Die einzigartige Mischung aus sportlichem Erfolg, Stadtviertelverbundenheit einiger

Die Legende vom Kiez-Klub

Bundesligabilanz

Bundesligajahre:	1977/78, 88/89-90/91, 95/96-96/97
Gesamt:	6 Jahre
Beste Plazierung:	Platz 10 (1988/89)
Ewige Tabelle:	Platz 26, 204 Spiele, 46 Siege, 65 Unentschieden, 93 Niederlagen, 224:347 Tore, 203 Punkte
Ø Plazierung:	Platz 15
Top-Spieler:	André Trulsen (160), Jürgen Gronau (117), Klaus Thomforde (100), André Golke (98), Jan Kocian (90)
Top-Torjäger:	André Golke (25), Dirk Zander (20), Franz Gerber (16), Jens Scharping (12), Jürgen Gronau (11)

Akteure (namentlich Ex-Torwart Volker Ippig), fußballinteressierter Alternativszene sowie wachsender rechtsradikaler Szene beim HSV, durch die viele Fußballfreunde aus dem Volkspark getrieben wurden, schuf einen regelrechten Mythos, der aus dem "Fußball-Club St. Pauli von 1910 e.V." zwischen 1986 (Aufstieg in die 2. Liga) und 1988 (Aufstieg in die 1. Liga) so etwas wie eine "Begegnungsstätte" machte. Es handelte sich, überspitzt gesagt, um so etwas wie einen "Friede-Freude-Eierkuchen-Mythos". Mitunter glich das Stadion am Millerntor nämlich einem regelrechten Hort der Glückseligkeit, der sich auch von den des öfteren vorkommenden Heimniederlagen nicht erschüttern ließ und seinem Klub stets fröhlich-trotzig "you'll never walk alone" versicherte.

Was St. Pauli dann wahrhaftig nicht tun mußte (und muß), denn nirgendwo sonst ist das Verhältnis zwischen sportlicher Leistung und durchschnittlicher Zuschauerzahl so schief, wie bei den Hamburgern. Bis vor kurzem schien das anderswo übliche "da kriegt mich keiner mehr hin" schlicht außer Kraft gesetzt zu sein, was allerdings nicht unwesentlich damit zusammenhing, daß am Millerntor immer zwei Spiele stattfinden: das der Fußballer, und das der Fans.

Das hatte Auswirkungen, denn während spätestens mit Beginn der Privatfernsehen-Ära der böse Kommerzwolf durchs Land zog und sich einen Verein nach dem anderen riß, blieb das in Wurfweite zur Amüsier- und Neppmeile Reeperbahn gelegene "Wilhelm-Koch-Stadion am Millerntor" auf den ersten Blick fast unangetastet. Doch was ein idyllisches Überbleibsel aus längst vergangenen goldenen Tagen zu sein scheint, ist in Wirklichkeit nur "anders". Auch auf St. Pauli bestimmen wirtschaftliche Grundsätze das Handeln, wenn man dort auch weit mehr als in allen anderen Bundesligastadien zusammengenommen von Dingen wie "Solidarität", "Klassenkampf" und "Internationalismus" spricht. Doch da ein mitten im kapitalistischen System stehender Profiklub, der sich gegen die Entwicklung wehrt (die, im Fußball zumindest, nun mal auch Kommerzialisierung umfaßt), wohl kaum größere Überlebenschancen hätte, sind die üblichen

Marktmechanismen logischerweise auch bei St. Pauli zu finden – allerdings in zugegebenermaßen anderer Form, als beim FC Bayern oder dem BVB. Fan-Nähe und eine gewisse Sensibilität beim Umgang mit dem zahlenden Kunden beispielsweise gehören zum Credo – alles andere würde von der hellwachen und kritikfreudigen Fanschar der Braun-Weißen wohl auch kaum geduldet. Dennoch: Auch am Millerntor vermarktet man seinen Marktwert und schöpft das im Zuge der Mythologisierung entstandene wirtschaftliche Potential aus. Bestes Beispiel: Heißgeliebtes Logo der St. Pauli-Fans ist bekanntlich der Totenkopf. Jenes auf schwarzen Kapuzenpullistoff gedruckte Freibeutersymbol ist inzwischen in bestimmten Kreisen ein bundesweit geschätztes Marken- und Erkennungszeichen, was der "FC St. Pauli Marketing GmbH" aus dem gesamten Land eingehende Bestellungen beschert und den Posten "Merchandising" zu einem nicht zu verachtenden Bestandteil des Saisonetats macht.

Natürlich hat der FC St. Pauli auch eine Geschichte "vor dem Mythos", und die ist alles andere als uninteressant. 1910 erblickten die Braun-Weißen als Fußballabteilung des "Hamburg-St. Pauli TV" das Licht der Welt, seit 1924 sind sie als "FC" eigenständig. Geboren im sensiblen Hafenmilieu, war der Klub schon immer mehr als ein gewöhnlicher Sportverein. Jugendarbeit beispielsweise wurde bei St. Pauli früher als bei anderen Vereinen groß geschrieben, ebenso wie später die Ausländerintegration.

Sportlich dauerte es bis in die späten vierziger Jahre, ehe der FC St. Pauli erstmals landesweit Schlagzeilen machte. Während des Dritten Reiches hatten die Westhamburger noch zwischen erster und zweiter Liga gependelt, ehe sie 1947 schlagartig in die norddeutsche Spitze vordrangen und heftig am Thron des Lokalrivalen HSV rüttelten. Zu verdanken war dies der sogenannten "Dresden-Connection". Karl Miller, 1913 in St. Pauli geborener späterer Nationalverteidiger, der während des Krieges mit dem Dresdner SC zweimal Deutscher Meister geworden war, hatte nach Kriegsende mit Heinz Hempel, Walter Dzur, Heiner Schafer, Fritz Machate und Horst Köpping gleich fünf seiner ehemaligen Dresdner Mann-

Mit diesem Tor in Herford schoß Niels Tune-Hansen den FC St. Pauli erstmals in die Bundesliga.

schaftskameraden nach Hamburg geholt, wo sie fortan das weiß-braune Leibchen trugen. Zwischen 1948 und 1951 errang der derart verstärkte FC viermal in Folge die norddeutsche Vizemeisterschaft, wobei die Titelträume zweimal (1948 und 1949) erst im Entscheidungsspiel (gegen den HSV natürlich...) platzten.

Als 1963 die 1. Bundesliga an den Start ging, fehlte St. Pauli. Rein sportlich hätte man dabeisein müssen – doch weil der ewige Nordmeister HSV "gesetzt" war und der DFB nach dem Motto "aus einer Stadt nur ein Verein" vorging, blieben die Braun-Weißen außen vor. Darüber hinaus hatten sie Platzprobleme. 1961 war das Stadion am Millerntor wegen einer Großausstellung abgerissen und an heutiger Stelle neu errichtet worden, wobei man jedoch die Drainage vergessen hatte, so daß der Rasen nach jedem größeren Regenguß unbrauchbar war. Zwangsläufig mußte St. Pauli immer wieder auf andere Plätze ausweichen, was der sportlichen Entwicklung nicht gerade zugute kam. In der ersten Regionalligasaison 1963/64 waren die Braun-Weißen noch immer Gast im eigenen Haus. Ausgerechnet der Rothenbaum, Heimat des HSV, diente dann als Ausweichstätte, ehe am 10. November 1963 endlich der runderneuerte Rasen des Millerntor-Stadions freigegeben wurde. Gegner im "Einwei-

hungsspiel" war der VfL Wolfsburg; St. Pauli gewann vor 8.000 Zuschauern souverän mit 6:0. St. Paulis Regionalligajahre sind geprägt von dem mitunter verzweifelt wirkenden Versuch, den Sprung in die Bundesliga zu schaffen, um aus dem übermächtigen Schatten des HSV herauszutreten. Sechsmal erreichten die Hamburger zwischen 1964 und 1974 die Aufstiegsspiele (so häufig wie kein anderer Klub), doch das Aufstiegszertifikat hatten am Ende stets die Gegner in der Hand. Es begann im Sommer 1964, als sich St. Pauli nach einem spannenden Kopf-an-Kopf-Rennen mit Hannover 96 die Nordmeisterschaft gesichert und für die Aufstiegsrunde qualifiziert hatte. Um dem erwarteten Zuschauerzuspruch gerecht zu werden, zogen die Braun-Weißen zur Auftaktpartie gegen Bayern München eigens in die Betonschüssel Volksparkstadion um – und gingen vor 26.000 Zuschauern mit 0:4 unter. Im weiteren Verlauf war das Team um den bis heute letzten St. Pauli-Nationalspieler Porges (trug 1960 zum ersten und letzten Mal das Adlertrikot), Torhüter Thoms, die Goalgetter Haecks und Osterhoff sowie den Afrikaner Acolatse dann chancenlos und ging als Tabellenletzter in die Statistik ein.

1965 flog man als Nordvize sogar schon in der Qualifikation gegen den SSV Reutlingen raus. "Horst Haecks und Peter Osterhoff, die vor Jahresfrist eine Gefahr für jede Abwehr waren, sind in die Mittelmäßigkeit zurückgefallen", befand das »Hamburger Abendblatt«. 1966 erstürmte das Team um den aus Celle gekommenen Torjäger "Sigi" Bronnert zum vorerst letzten Mal den norddeutschen Regionalligagipfel, wobei die lange Zeit souverän aufspielende Elf zum Serienende deutliche Verschleißerscheinungen zeigte, und im vorletzten Saisonspiel mit einer 1:4-Heimschlappe gegen Verfolger Göttingen 05 sogar die eigentlich längst sicher geglaubte Aufstiegsrundenteilnahme aufs Spiel setzte. "Die Männer haben die Nerven verloren, sind der Belastung, den letzten Punkt zur Meisterschaft gewinnen zu müssen, nicht gewachsen. Anders ist es nicht zu erklären, daß das so lange brillant vorgeführte Direktspiel vergessen ist", gab Trainer Krause entnervt zu Protokoll – und freute sich eine Woche später über ein glückliches 1:1 bei Arminia Hannover, das St. Pauli zum Meister machte. In den anschließenden Aufstiegsspielen standen die Hamburger so dicht vor dem Aufstieg wie nie zuvor. Ob-

es jedoch nicht. Am 26. Juni 1966 erreichte die St. Pauli-Aufstiegsrundentragik ihren Höhepunkt, als das Team zwar mit 1:0 an der Essener Hafenstraße gewann, aber dennoch als Verlierer vom Platz ging, weil die unterlegenen Rot-Weißen über das hauchdünn bessere Torverhältnis (10:6 gegenüber 10:8) verfügten und aufstiegen.

Erst fünf Jahre später – 1971 – erreichte St. Pauli erneut die Aufstiegsrunde. In der Zwischenzeit hatte Erwin "Ata" Türk, der im Sommer 1968 vom VfB Bielefeld ans Millerntor gekommen war, den Kader radikal verjüngt. Im Tor stand nun der frühere Reutlinger Udo Böhs, die Abwehr bildeten Günter Hoffmann und Alfred Hußner, im Mittelfeld zog der talentierte Horst Wohlers die Fäden und im Sturm wirbelten der Jugendnationalspieler Herbert Liedtke, Werner Greth sowie der aus Bergedorf gekommene, ein wenig bullig wirkende Torjäger Horst Romes. Aus dem Aufstieg wurde wieder nichts. Gleich im ersten Spiel setzte St. Pauli seine Aufstiegsrunden-Pechserie fort und kassierte in Düsseldorf eine ziemlich unglückliche 1:3-Niederlage - über eine Stunde lang hatte man durch einen Romes-Treffer aus der vierten Minute in Führung gelegen. "Der FC St. Pauli muß dafür büßen, daß er im Norden in einigen Punktspielen auf die Dauer zu wenig geprüft wird", schob Sportjournalist Manfred Heun dem vermeintlich geringeren Leistungsniveau in der Regionalliga Nord eine Teilschuld zu.

Bis zur Auflösung der Regionalligen (1974) erreichte St. Pauli noch drei weitere Mal die Aufstiegsrunde, doch mit dem Klassensprung wollte es einfach nicht klappen. 1972 beispielsweise, als unter Trainer "Edu" Preuß, der zuvor mit dem Lokalrivalen Barmbek-Uhlenhorst mächtig am St. Pauli-Thron als Hamburgs Nummer 2 gewackelt hatte, erstmals seit sechs Jahren wieder die Regionalligameisterschaft ans Millerntor wanderte, war es ausgerechnet der Berliner Nobody Wacker 04, der einen Strich durch die Aufstiegsträume machte. Einem 1:1 in Berlin folgte eine 1:2-Heimschlappe, womit die Berliner drei ihrer insgesamt nur fünf Punkte gegen St. Pauli holten.

Der Hauptgrund für das regelmäßige Schei-

---

1. Spieltag Saison 1963/64

Regionalliga Nord, 11. August 1963, St. Pauli – Altona 93 4:1, 7.000 Zuschauer - Hans-Joachim Thoms, Heinz Deininger, Rolf Gieseler, Werner Pokropp, Klaus Eppel, Ingo Porges, Horst Haecks, Rolf Bergeest, Peter Osterhoff, Guy Acolatse, Klaus Kokoska - Tore: 1:1 Osterhoff (13.), 2:1 Haecks (21.), 3:1 Osterhoff (68.), 4:1 Osterhoff (87.)

19. Spieltag Saison 1998/99

2. Bundesliga, 20. Dezember 1998, St. Pauli – SpVgg. Greuther Fürth 0:2, 10.974 Zuschauer - Klaus Thomforde, Dirk Dammann, Markus Ahlf (70. Stefan Hanke), André Trulsen, Markus Lotter, Thorsten Chmielewski (46. Cem Karaca), Matthias Scherz, Thomas Meggle, Dirk Wolf, Ivan Klasnic, Marcus Marin (65. Artur Maxhuni)

---

wohl beide Spiele gegen Gruppenfavorit Rot-Weiß Essen gewonnen wurden und es nur in Schweinfurt sowie Saarbrücken unglückliche, erst in den Schlußminuten zustande gekommene Niederlagen gab, langte

tern war finanzieller Natur. "Die besten Teams aus den anderen Regionalligen haben unter Vollprofibedingungen trainiert. St. Pauli hat das zwar angestrebt, aber die wirtschaftliche Situation ließ das einfach nicht zu. Unser Spielermaterial war gut, und wenn wir jeden Tag zweimal hätten trainieren können und nicht bloß viermal in der Woche – wer weiß, wie die Aufstiegsrunde dann ausgegangen wäre", wies Trainer Preuß auf die Folgen der notorischen Geldknappheit hin. Allerdings hätten sich die Hamburger den Aufstieg im Grunde genommen ohnehin nicht leisten können. "Mindestens sieben neue Spieler müßten verpflichtet, also zwei Millionen investiert werden. Bei den mäßigen Zuschauerzahlen ist das glatte Utopie", wurde diesbezüglich in Hamburgs Medien klargestellt. Dennoch versuchte man es 1973 erneut – und in sportlicher Hinsicht sah es diesmal sogar ausgesprochen gut aus. "Kaschi" Mülhausen hatte das Training übernommen, und der vom FC Bayern gekommene Franz Gerber erwies sich als prima Ergänzung zum Sturmduo Bronnert und Schulz. In der Meisterschaft gab es einen souverän auftretenden FC, der Hoffnungen für die Aufstiegsrunde machte.

Am Ende jedoch schaffte Fortuna Köln den Klassensprung, weil St. Pauli gleich im Auftaktspiel mit 0:3 in Mainz patzte und den zwei Punkten bis zum Schluß hinterherlief. Zwölf Monate später beendete St. Pauli die letzte Aufstiegsrunde vor Einführung der 2. Bundesliga auf dem letzten Platz. Nach einer 2:3-Niederlage im Auftaktspiel gegen den FC Augsburg, bei dem man vor rund 28.000 Zuschauern im Volksparkstadion einen mitreißenden aber letztendlich nicht von Erfolg gekrönten Angriffswirbel hingelegt hatte, setzte es ein 1:2 in Oberhausen und ein 0:2 daheim gegen Tennis Borussia, womit frühzeitig alles vorbei war.

1974 brach mit Einführung der zweigeteilten 2. Bundesliga eine neue Epoche im bezahlten deutschen Fußball an. Für St. Pauli wurde es eine der turbulentesten Phasen der Vereinsgeschichte, die im sportlichen Bereich alles zwischen Erst- und Drittklassigkeit beinhaltete und in wirtschaftlicher Hinsicht im Debakel endete. Doch der Reihe nach: 1974/75 festigte St. Pauli zunächst seine Rolle als Nummer 2 von Hamburg, denn während BU, dessen Leistungsträger Werner Baumann vor Saisonbeginn ans Millerntor gewechselt war, am Saisonende abstieg, verpaßten die Braun-Weißen nur knapp die Vizemeisterschaft. Interessiert hatte das allerdings nur wenige, denn trotz der mitunter hochgelobten Darbietungen wohnten den Heimspielen im Schnitt lediglich 3.300 Fans bei. Nur den spendablen Vorstandsherren Ernst Schacht und Werner Velbinger war es zu verdanken, daß der FC nicht in existenzbedrohende Nöte kam. Die beiden waren es auch, die St. Pauli 1976 mit der Rückverpflichtung des zwischenzeitlich nach Wuppertal gewechselten Franz Gerber sowie Manfred Mannebach, man ist fast versucht zu sagen "endlich", die Tür zur 1. Bundesliga öffneten. Die Sache hatte natürlich ein Vorspiel, denn nachdem St. Pauli 1975 mit Wenzel und Wohlers fast die komplette Kreativabteilung verkauft hatte, war das Team in der Saison 75/76 in den Abstiegsstrudel geraten, aus dem es nur durch die Notenkäufe Ferrin, John und Skov herausgekommen war. Anschließend hatte man aus dem sonst so bescheidenen Wilhelm-Koch-Stadion plötzlich andere Töne gehört: "Mit aller Macht in die Bundesliga", hieß es nun, wozu neben Gerber und Mannebach eigentlich auch noch Weltstar Günter Netzer geholt werden sollte, was jedoch nicht klappte. Auch ohne ihn langte es zum Klassensprung, denn nach einem mäßigen Start sicherte sich die als "Millionentruppe" bezeichnete Elf bereits am drittletzten Spieltag durch einen 1:0-Sieg in Herford Meisterschaft und Aufstieg.

Nur zwölf Monate später war St. Pauli zurück in der Zweitklassigkeit und stand vor einem Scherbenhaufen. Eine völlig diffuse Personalpolitik, die folgenschwere Entscheidung, aus finanziellen Gründen die Heimat Millerntor weitestgehend aufzugeben und regelmäßig im Volksparkstadion zu spielen, sowie eine tragische Verletzungsserie, der u.a. Frosch, Ferrin, Mannebach und Beverungen zum Opfer fielen, hatten die Braun-Weißen im Rennen um den Klassenerhalt frühzeitig zurückgeworfen. Am 29. April 78 endete das mit einem 3:1-Sieg über Werder Bremen so hoffnungsvoll begonnene Erstliga-Abenteuer mit einem 0:5-Heimdebakel gegen den designierten Meister 1. FC Köln.

Weitere zwölf Monate darauf erreichte die desaströse Führungspolitik mit dem Entzug der Lizenz und der damit verbundenen Verbannung in die Drittklassigkeit ihren Höhepunkt. St. Pauli, das sportlich mit Platz 6 durchaus akzeptabel abgeschlossen hatte, hatte seinen wenigen Fans mehr Spannung auf den Nebenschauplätzen als auf dem Spielfeld geboten. Hauptfiguren in einer regelrechten Schmierenkomödie waren Präsident Schacht und der ehemalige Rugbyspieler Max Uhlig. Die beiden hatten diverse Spieler zu regelrechten Schleuderpreisen verkauft, Steuern nicht ordnungsgemäß abgeführt, dem DFB eine völlig wirre Buchführung vorgelegt und sich zu allem Übel offensichtlich auch noch selbst bereichert.

Am 5. August 1979 trat der FC St. Pauli zum ersten Drittligaspiel seiner Vereinsgeschichte an. Nach einer abenteuerlichen Busfahrt in "zwei klapprigen Kleinbussen, denn anfangs wollte uns kein Busunternehmen mehr fahren, wir hatten ja Schulden bei allen" (so das damalige Vorstandsmitglied Schröder), unterlag das von Alt-Ligaspieler

dem Rücken zur Wand. Erst als Kuno Böge das Training übernahm, wurde mit einer ansehnlichen Rückrundenbilanz (19:15-Punkte) das Abstiegsgespenst vertrieben und die treugebliebenen Fans (Schnitt: knapp 1.000) konnten aufatmen. Vom angestrebten Wiederaufstieg war man im weiteren Verlauf – dem übrigens die seinerzeit gefürchteten St. Pauli-Fans mehrfach auf unrühmliche Art ihren Stempel aufdrückten – jedoch weit entfernt. 1981 wurde Pauli zwar Meister, konnte aber wegen Einführung der eingleisigen 2. Liga nicht aufsteigen und mußte mit der Teilnahme an der deutschen Amateurmeisterschaft vorlieb nehmen, wo es im Endspiel eine 0:2-Niederlage gegen die Amateure des 1. FC Köln gab. Im Februar 1982 übernahm der damals 27jährige Michael Lorkowski das Training und leitete die Wende ein. "Lorko" verjüngte das Team um die Routiniers Makkensen und Box radikal und schuf eine Mannschaft (Durchschnittsalter: 22,3 Jahre), deren ehrlicher und begeisterungsfähiger Fußball beim Publikum außerordentlich gut ankam. 1982/83 lockte St. Pauli durchschnittlich 1.850 Zahlende an – so viele, wie lange nicht mehr. Zwölf Monate später gelang mit der Rückkehr ins Profilager dann der sportliche Durchbruch, wenn auch die 2. Liga nach nur einer Spielzeit wieder verlassen werden mußte. Hauptgrund für den sofortigen Wiederabstieg war der knappe Etat. "Das Halbprofitum ist unsere einzige Überlebenschance in der 2. Liga", hatte Präsident Paulick schon vor Saisonbeginn vor übermäßigen Erwartungen gewarnt. Obwohl St. Pauli im Saisonverlauf mit Demuth, Nogly und Ruländer drei Routiniers verpflichtete, reichte es nicht zum Klassenerhalt.

Diesmal brauchte man nur zwölf Monate bis zur Rückkehr, mit der der Wandel des FC St. Pauli zu dem, was der Klub heute darstellt, endgültig begann. Sportlich gelang in der Aufstiegssaison 86/87 unter Lorkowski-Nachfolger Willi Reimann um ein Haar sogar der Durchmarsch ins Oberhaus, doch in den Relagationsspielen gegen den Bundesliga-Sechzehnten FC Homburg kam für das Team um

Spielklassen	
1963/64 – 73/74	Regionalliga Nord
1974/75 – 76/77	2. Bundesliga Nord
1977/78	1. Bundesliga
1978/79	2. Bundesliga Nord
1979/80 – 83/84	Amateur-Oberliga Nord
1984/85	2. Bundesliga
1985/86	Amateur-Oberliga Nord
1986/87 – 87/88	2. Bundesliga
1988/89 – 90/91	1. Bundesliga
1991/92 – 94/95	2. Bundesliga
1995/96 – 96/97	1. Bundesliga
seit 1997/98	2. Bundesliga

Pokropp trainierte Team vor 4.000 Zuschauern dem just in die 3. Liga aufgestiegenen MTV Gifhorn mit 2:3. Holger Gerwalt hatte in der 13. Minute per Elfmeter die St. Pauli-Führung erzielt, Treffer Nummer 2 markierte Koch. Die gesamte Hinrunde über standen die Braun-Weißen mit

den zum dritten Mal zurückgeholten Torjäger Gerber das unglückliche Aus. Wirtschaftlich avancierte St. Pauli in derselben Spielzeit zum Zuschauermagneten (Schnitt: 7.500) und zum "etwas anderen Klub". Letzteres geschah in Verbindung mit dem zeitgleichen Wandel des Stadtteils St. Pauli von einem heruntergekommenen Viertel in ein spannendes Gemisch alternativer Lebensformen, von denen die vielzitierte "Hafenstraße", in der Torhüter Ippig phasenweise wohnte, nur ein Aspekt war.

Nächster Schritt zur Mythologisierung war die Übernahme des Trainings durch Helmut Schulte im November 1987. Schulte komplettierte den "neuen" FC St. Pauli, der auf dem Weg war, zu dem Klub der Fußball bislang verpönenden Intellektuellen- und Antifaschisten-Szene zu werden. Nicht unwesentlichen Anteil daran hatte natürlich der sportliche Erfolg, denn auch in der kritischen Linken jubelt man lieber Siegern als Verlierern zu: Am 29. Mai 1988 sorgte Dirk Zander mit einem wunderschönen 25-Meter-Schuß im Ulmer Donaustadion für den 1:0-Sieg, der St. Pauli zum zweiten Mal nach 1977 in die Bundesliga bugsierte. Der Aufwärtstrend hielt auch im Oberhaus an. Mit dem Schwung eines Aufsteigers stürmte die Elf um André Golke, Volker Ippig, Jens Duve und den Neuzugängen Kocian und Knäbel auf Platz 10, der bis heute besten Position in der Bundesligageschichte des FC St. Pauli. Mit an englisches Kick-and-Rush erinnerndem, begeisterndem Kampffußball und einer kaum zu brechenden Moral erwarben sich die Schulte-Schützlinge landesweit Sympathien und sorgten für Schlagzeilen. In Zeiten der einsetzenden Kommerzialisierung und des aufkommenden Privatfernsehens war

Fußball auf St. Pauli, das heißt Kampf pur

St. Pauli ein ungewöhnlicher Farbtupfer, den auch die Medien willkommen hießen. Sie schufen die Legende vom Kiezklub, die – zumindest so, wie sie verkauft wurde ("das Freudenhaus der Liga" u.ä.) – eine künstliche war, und bei der eine hanebüchene Verbindung zwischen Fußballclub St. Pauli und Amüsiermeile Reeperbahn konstruiert wurde. Sex und Fußball verkaufte sich eben, vor allem, da man auf Werbequoten angewiesen war, gut. Und auch St. Paulis Fanszene war quotenfördernd. Sie war bunt, unangepaßt, sangesfreudig, spontan, verfügte über einen in jenen Tagen noch völlig ungewöhnlichen hohen Frauenanteil - also durch und durch "anders". Logische Folge war, daß am Millerntor gefilmt, fotografiert und philosophiert wurde, was das Zeug hielt. Der Wahrheit kamen dabei allerdings nur Wenige nahe.

Während sich die Medien auf oberflächliche Art und vollgepackt mit Klischees mit St. Pauli beschäftigten, begann hinter den Kulissen ein wirklich spannender Prozeß: Am 29. Juli 1989 erschien die Nullnummer des Fanzine »Millerntor Roar!«, das binnen weniger Ausgaben zu einem Trendsetter mit Vorbildcharakter wurde. Die Idee, ein "Magazin von Fans für Fans" (= Fanzine), in dem es nicht nur um Fußball, sondern auch um Kultur, Politik und Stadtteil geht, zu machen, kam aus England und hatte bei St. Pauli ihren Ausgang in der Stadiondiskussion gefunden. Da das Wilhelm-Koch-Stadion zu klein und unkomfortabel war, um auf Dauer im Erstligafußball mitmischen zu können, waren Pläne für einen Sport-Dome entwickelt worden, die allerdings auf Ablehnung bei Fans und Anwohnern gestoßen waren.

1990/91 erhielt die "heile Welt von St. Pauli" einen ersten Riß. Verwöhnt von den Erfolgen (in der Vorsaison hatte man phasenweise sogar Hoffnungen auf einen UEFA-Cup-Platz gehegt) wandelte sich die ausgelassene Stimmung auf den Rängen in kritisches Beobachtertum. Die Atmosphäre am Millerntor war selbst zum Ereignis geworden, welches man sich mit dem Erwerb einer Eintrittskarte anschauen und - hören konnte, ohne daran mitzuarbeiten. St. Pauli als Theaterstück. "Es gibt keinerlei Grund, eine eher volksparkmäßige Trägheit einreißen zu lassen. Wenn doch, dann werden wohl einige die Drohung wahrmachen und nur noch zu Auswärts- oder Amateurespielen gehen, denn dort geht, unabhängig vom Spielstand, weiterhin die Post ab", warnte das »Millerntor Roar!« vor den drohenden Folgen, die freilich nicht zu verhindern waren.

Zudem ging sportlich so ziemlich alles schief, und St. Pauli mußte am 29. Juni 1991 durch eine 1:3-Niederlage im Entscheidungsspiel gegen die Stuttgarter Kickers völlig überraschend das Oberhaus verlassen. Zuvor hatte es Aufregung wegen der Entlassung von Trainer Schulte gegeben, da der Klub nach Ansicht vieler Fans damit die "Ablehnung der Erfolg-um-jeden-Preis-Strategie, die noch vor einiger Zeit fester Bestandteil des Werbekonzepts beim FC St. Pauli war" (»Millerntor Roar«), über Bord geworfen hatte.

Der "Mythos St. Pauli" wankte. 1992/93 mußten die Braun-Weißen unter Rückkehrer Lorkowski statt um den Aufstieg mitzuspielen sogar gegen den Abstieg in die Drittklassigkeit kämpfen, woraufhin "Lorko" durch Assistent Seppo Eichkorn abgelöst wurde, unter dem zumindest noch der Klassenerhalt gelang. Einzig positiver Aspekt war der Zuschauerschnitt, der mit 14.100 Erstligaverhältnissen entsprach. Doch die Atmosphäre am Millerntor wurde giftiger. Kapitän Schlindwein beispielsweise machte sich unbeliebt, weil er den Brasilianer Leo Manzi als "schwarze Sau" beleidigte, Trainer Eichkorn forderte die Fans auf, "sich nicht um Sachen zu kümmern, die sie nicht einschätzen können", und 1993/94 verspielte das Team die fast schon sichere Rückkehr ins Oberhaus, in-

dem es aus den sieben letzten Saisonspielen nur vier Punkte holte und nach einer indiskutablen 1:4-Abschlußniederlage in Wolfsburg auf Rang 4 zurückfiel.

Zwölf Monate später klappte es endlich mit der Rückkehr, die erneut grenzenlose Euphorie auslöste. Ein 2:0-Sieg in Freiburg katapultierte St. Pauli am 19. August 1995 sogar zum ersten und bislang letzten Mal an die Spitze der Bundesligatabelle, was die Begeisterung noch anwachsen ließ. Doch die alten Zeiten waren unwiderruflich vorbei. Unter dem umstrittenen Uli Maslo bot St. Pauli zwar einige mitreißende Spiele wie das 1:1 gegen Leverkusen und sicherte sich schließlich den Klassenerhalt, vermittelte aber kein harmonisches Bild. Da war die Entscheidung des Präsidiums, die Spiele gegen Dortmund, Bayern und Rostock aus finanziellen Gründen in den Volkspark zu verlegen (Vizepräsident Niewicki: "Es geht ums Überleben!"), da war der Skandal um Trainer Maslo, der sich beim Trainingslager in Spanien wie ein Kolonialherr aufführte, und da war die schleichende Entlassung von Manager Wähling, mit dessen Abgang der erneute Abstieg eingeleitet wurde.

1997 mußte St. Pauli nach diversen erschreckend schwachen Spielen zurück in die 2. Liga, aus der es bislang kein Herauskommen gab. Schlimmer noch, denn derzeit steht der Klub sportlich und auch sonst vor dem Aus. Finanziell wäre man ohne die regelmäßigen Eingriffe von Präsident "Papa" Weisener wohl längst bankrott. St. Paulis Zukunft steht derzeit ein wenig in den Sternen. Da ist die Stadionfrage, da ist das Trainerproblem (neun Wechsel in der 1990 begonnenen Weisener-Ära!) und da ist eine doppelt bedenkliche Entwicklung im Zuschauerbereich. Zum einen ist die Gesamtzahl der Besucher spürbar fallend, zum anderen haben die wachsenden Animositäten zwischen "Altfans" und "Modefans" bei der 0:2-Heimschlappe gegen Fürth im Dezember 1998 sogar erstmals zu Ausschreitungen geführt.

Im Interesse aller Fußballfans ist jedenfalls zu hoffen, daß der "Mythos St. Pauli" überlebt und bald wieder bessere Tage kommen mögen. Viva St. Pauli!

Hardy Grüne

Stuttgarter Kickers

Die Heimat spielt eine wichtige Rolle im Fußball. Nicht umsonst ist von Heimstärke oder Heimvorteil die Rede. In den vertrauten vier Wänden läßt es sich eben ungleich leichter spielen, während der Gast ob des ungewohnten Terrains schlechte Karten hat. Insofern ist ein Verein alles andere als begeistert, wenn er seine Heimat aufgeben muß.

Schon gar nicht, wenn er kurz zuvor den größten Erfolg seiner Vereinsgeschichte gefeiert hat, wie die Stuttgarter Kickers mit ihrem Aufstieg in die 1. Bundesliga, durch den sie 1988 aus ihrer erstligaungeeigneten Traditionsarena „Degerloch" verbannt wurden.

Ausgerechnet ins Neckarstadion, der Heimat des ungeliebten Lokalrivalen VfB, mußten sie umziehen, was bei den Fans der „Blauen" trotz aller Beschwichtigungsversuche ihrer Führungsetage („Was hat denn das Neckarstadion, wenn wir dort spielen, noch mit dem VfB zu tun?") gar nicht gut ankam. „Der Neckar ist eine Demarkationslinie, die eingefleischte Kickers-Fans niemals überschreiten", halfen die »Stuttgarter Nachrichten« der Kickers-Führung auf die Sprünge. Der Umzug ins Neckarstadion wurde für die Kickers sowohl in sportlicher Hinsicht (Platz 17) als auch unter wirtschaftlichen Gesichtspunkten (mit rund 11.800 Zuschauern pro Spiel gelang lediglich die Verdoppelung des Zweitligaschnitts) zur Pleite. Der über dem Neckarstadion schwebende VfB-Schatten war einfach zu groß und bescherte den Blauen im schwierigen Aufstiegsjahr ein zusätzliches Handicap. „Das wird für uns immer ein neutraler Platz bleiben", brachte Ex-Torjäger Kronenbitter anschließend die Kickers-Befindlichkeiten im Zusammenhang mit der Großarena am Neckar bestens auf den Punkt.

VfB gegen Kickers, das ist nicht nur in der Stadionfrage eine Angelegenheit mit wohl einzigartiger Intensität. Sicher: Lokalriva-

Die Heimatlosen aus Degerloch

Bundesligabilanz	
Bundesligajahre:	1988/89, 1991/92
Gesamt:	2 Jahre
Beste Plazierung:	Platz 17 (1988/89, 1991/92)
Ewige Tabelle:	Platz 37, 72 Spiele, 20 Siege, 17 Unentschieden, 35 Niederlagen, 94:132 Tore, 77 Punkte
Ø Plazierung:	Platz 17
Top-Spieler:	Ralf Vollmer (62), Wolfgang Wolf (60), Alois Schwartz (51), Andreas Keim (46), Thomas Ritter (36)
Top-Torjäger:	Marcus Marin (13), Dimitrios Moutas (12), Wolfgang Schüler (9), Ralf Vollmer (8), Demir Hotic (7)

lität gibt es auch anderswo, und auch dort handelt es sich in der Regel um recht verbissen geführte Angelegenheiten. Doch die Verhältnisse in München, Hamburg, Mannheim oder anderswo sind kein Vergleich zu dem, was in Stuttgart an der Tagesordnung ist. Nirgendwo sonst ist der Graben so tief und die Abneigung so groß, wie zwischen den Anhängern der „Blauen" (Kickers) und denen der „Roten" (VfB) - wobei hinzugefügt werden sollte, daß es vornehmlich die Kickers-Freunde sind, die beständig frische Holzscheite auf das ewig lodernde Feuer der Feindschaft legen.

Sie sind, so dumm sich das auch anhört, gekränkt, denn einst waren ihre inzwischen zum Durchschnitt zählenden Kickers unbestrittene Nummer 1 am Neckar und in allen Ecken und Winkeln Deutschlands gern gesehener und kassenfüllender Gast. Drehen wir ein wenig am Rad der Geschichte und begeben uns in die Spielzeit 1947/48, als ganz Deutschland voller Bewunderung von den Blauen sprach. Der aus wohlhabendem Milieu stammende Klub war verhältnismäßig gut durch den Krieg gekommen und hatte sich eine Mannschaft zusammengestellt, deren ganzer Stolz der gefürchtete „Hundert-Tore-Sturm" um Conen, Kronenbitter, Lauxmann, Schmeißer und Sosna war. Nur knapp verpaßten die Blauen seinerzeit die Teilnahme an der Endrunde um die Deutsche Meisterschaft – und leiteten anschließend ihren eigenen Untergang ein. Ganze zwei Jahre später, inzwischen hatte Lokalrivale VfB erstmals die deutsche Meisterschaft nach Stuttgart geholt (1949), stiegen die ruhmreichen Kickers erstmals in ihrer Vereinsgeschichte in die Zweitklassigkeit ab und verloren damit, auch wenn ihnen der sofortige Wiederaufstieg gelang, dauerhaft die Rolle der Nummer 1 von Stuttgart. Tröstend schrieb die »Sport-Illustrierte« nach dem Abstieg zwar noch „es kann keinen Zweifel darüber geben, daß nicht der VfB, sondern die Kickers in Fußball-Deutschland den großen unverblichenen Namen haben", doch die Realität sah anders aus: Fortan war der VfB die Macht am Neckar, wobei die Popularität der Männer mit dem roten Brustring im dem Maße anstieg, wie die der Kickers sank.

Nächster Tiefschlag war die Einführung der 1. Bundesliga, für die die Kickers sich gar nicht erst bewerben brauchten: 1958 waren sie erneut in die Zweitklassigkeit abgestiegen, hatten 1962 sogar nur mit Mühe den Sturz in die 3. Liga vermieden und waren in höchster Gefahr, in der Bedeutungslosigkeit zu verschwinden. Nahezu zwangsläufig war auch die einst so große und stolze Kickers-Fangemeinde auf überschaubare Dimensionen zusammengeschrumpft. Während der VfB in der ersten Bundesligasaison regelmäßig vor mehr als 40.000 Menschen spielte, verloren sich bei den Regionalligaspielen der Blauen selten mehr als 3.000 Hartgesottene unterm Fernsehturm zu Degerloch.

Hauptursache für die Dauerkrise war die Führungsschwäche. Zwischen 1945 und 1967 verbrauchten die Blauen nicht weniger als fünfzehn Vorsitzende – kontinuierliche Arbeit war da natürlich nicht möglich. Mitte der sechziger Jahre kam die Quittung, als beim „Sport-Verein Stuttgarter Kickers von 1899 e.V." gleich in dreierlei Hinsicht Perspektivlosigkeit herrschte: Das traditionsreiche Stadion „Degerloch" war marode, sportlich gehörten die Kickers allenfalls zum gehobenen Mittelmaß der Regionalliga Süd und wirtschaftlich zwickte und zwackte es an allen Ecken und Enden. Erst 1967 wurde die Wende zum Besseren eingeleitet, als mit Walter Queissner ein Mann die Vereinsführung übernahm, der zwölf Jahre lang im Amt blieb und die Weichen zur wirtschaftlichen Konsolidierung stellte. Daß es parallel dazu auch sportlich endlich wieder bergauf ging, war wiederum ausgerechnet einem waschechten „Roten" zu verdanken: 1966 hatte Georg Wurzer, der in den fünfziger Jahren den VfB zu zwei Meisterschaften und zwei Pokalsiegen geführt hatte, das Trainerzepter der Degerlocher übernommen, deren Formkurve fortan steil nach oben wies. Zwischen 1967 und 1969 drang das Team um die Leistungsträger Rolf Steeb und Rudi Kröner in die süddeutsche Zweitligaspitze vor, verpaßte jedoch dreimal in Folge knapp den Sprung in die Bundesliga-Aufstiegsrunde.

Womöglich hatte es auch damals schon etwas mit der eingangs erwähnten Heimat

Traditionsarena Degerloch

zu tun, denn in jenen Tagen spielten die Kickers für gewöhnlich im ... Neckarstadion. Natürlich nicht ganz freiwillig: Sie waren so etwas wie ein „Opfer des Wirtschaftswunders". Im Automobilzeitalter war das Degerloch-Stadion beim fahrenden Publikum in Ungnade gefallen, weil dort schlicht und einfach keine Parkmöglichkeiten vorhanden waren (daran hat sich übrigens bis heute kaum etwas geändert). Beinahe notgedrungen hatten sie also gen Neckar ziehen müssen - und zahlten einen hohen Preis. In der Riesenarena traten die Blauen häufig vor regelrechten Geisterkulissen auf, was womöglich das entscheidende Zünglein an der Aufstiegswaage war, die im entscheidenden Moment immer wieder gegen die Kickers ausschlug. Die Vereinsführung war jedenfalls nicht zu beneiden, zumal Lokalrivale VfB trotz wenig erbaulicher eigener Leistungen die Gunst der Schwaben längst auf seiner Seite hatte, und die Kickers weitestgehend nur noch von erbitterten VfB-Gegnern sowie ihrem Degerlocher Stammpublikum unterstützt wurden. Wobei letzteres den Weg „nach da unten", also ins Neckarstadion, zumeist scheute. Wegen dem VfB natürlich. Fußball-Psychologie.

Daß der SV Kickers unter diesen Umständen überhaupt überlebte, verdankte er dem regelmäßigen Verkauf von Leistungsträgern. An Expansion oder gar Aufstieg war jedenfalls nicht zu denken, und so überrascht es kaum, daß die Kickers zu Beginn der siebziger Jahre abermals ins Mittelmaß zurückfielen. Immerhin gelang den inzwischen nach Degerloch zurückgekehrten Blauen im Sommer 1974 trotz aller wirtschaftlichen Unbill die Qualifikation zur neu eingeführten 2. Bundesliga Süd, in der jedoch schwere Zeiten auf sie zukamen. Zu Beginn der Saison 1974/75 mußte, um die 2. Liga überhaupt finanzieren zu können, mit Torjäger Holoch mal wieder ein Leistungsträger abgegeben werden. Doch die Fans ließen die Blauen auch in der 2. Liga im Stich. Selbst zum alles entscheidenden letzten Saisonspiel gegen den FC Homburg zahlten ganze 4.000 Zuschauer ihren Obolus, freuten sich aber immerhin über einen 2:1-Sieg, der den Kickers die Klasse sicherte. Garant dafür war das Gespann mit Trainer Kröner und dem nunmehr als Technischer Direktor (also Manager) fungierenden „Schorsch" Wurzer. Unter ihnen hatte das Team um Libero Dollmann, Spielmacher Haug und den nach sechs Spielen aus Nürnberg zurückgekehrten Torjäger Holoch insbesondere in den eigenen vier Wänden enorme Qualitäten entwickelt. Während die Kickers im heimischen De-

313

gerloch sieben Monate lang ungeschlagen blieben, gingen sie auswärts gänzlich leer aus. Da war sie wieder, die Sache mit der Heimat.

Nach Saisonende herrschte allenthalben Zufriedenheit bezüglich der abgelaufenen und Zuversicht in Hinblick auf die kommende Saison. Einerseits war die sechzig Jahre alte Holztribüne, ein verfaultes Überbleibsel der glorreichen Kickers-Geschichte, durch einen rund 1,3 Mio. Mark teuren und weitaus komfortableren Neubau ersetzt worden, andererseits stand erstmals seit 1960 wieder ein Pflichtspiel-Lokalderby gegen den aus der 1. Bundesliga abgestiegenen VfB an. Am 6. Oktober 1975 war es soweit. Rund 28.000 Zuschauer bevölkerten die Ränge des Neckarstadions (eigentlich hatten die Kickers Heimrecht, aber...) und sahen im 135. Stuttgarter Derby einen überraschenden 2:0-Sieg der Kickers, deren Tore Holoch (mit dem Pausenpfiff) und Schroff (vier Minuten vor dem Spielende) markierten. Erstmals seit 1949 hatten die Blauen am Neckar damit wieder die Nase vorne!

---

1. Spieltag Saison 1963/64

Regionalliga Süd, 4. August 1963, Schwaben Augsburg – Kickers 0:0, 7.000 Zuschauer - Siegfried Gräter, Ludwig Hinterstocker, Manfred Bopp, Werner Weiß, Rolf Steeb, Pal Csernai, Helmut Fürther, Hermann Sodermanns, Wolfgang Höflinger, Manfred Ruoff, Werner Huber

19. Spieltag Saison 1998/99

2. Bundesliga, 20. Dezember 1998, Rot-Weiß Oberhausen – Kickers 1:1, 3.500 Zuschauer - Thomas Walter, Darko Ramovs, Achim Pfuderer, Dirk Wüllbier (22. Carsten Marell), Stefan Minkwitz (72. Jago Maric), Nikolaos Chatzis (74. Eberhard Carl), Torsten Raspe, Zoltan Sebescen, Mourad Bounoua, Tomislav Maric, Markus Sailer - Tor: 0:1 Bounoua (29.)

Doch die Kickers konnten die Chance, den VfB vom Stuttgarter Fußballthron zu stürzen, nicht nutzen. Das Geld für dazu notwendige Verstärkungen fehlte, und so wurden die Verhältnisse in Fußball-Stuttgart schon bald wieder gerade gerückt. 1977 feierte der VfB unter „Wundermann" Sund-

ermann die Rückkehr ins Oberhaus, derweil die abermals bis zum letzten Spieltag zitternden Kickers am Ende froh waren, auch künftig fade Zweitligakost genießen zu dürfen.

Das Jahr 1979 stellt einen wichtigen Einschnitt in der Kickers-Historie dar. Sportlich durch den Gewinn der deutschen A-Jugendmeisterschaft, zu der Talente wie Guido Buchwald, „Aki" Müller, Peter Schulz und Toni Kurbos beitrugen, intern, weil mit Axel Dünnwald-Metzler ein Mann auf den Präsidentensessel kletterte, der die Kickers komplett umkrempelte. „Wir müssen raus aus diesem tödlichen Mittelmaß und auf lange Sicht den Aufstieg in die Bundesliga erreichen", forderte „ADM", wie er analog seines VfB-Kollegen „MV" (Mayer-Vorfelder) genannt wurde, schon kurz nach Amtsantritt und erntete damit ungläubiges Staunen. Unter dem Hersteller exquisiter Brillen war Schluß mit der Kickers-Zurückhaltung. Zur Spielzeit 1979/80 konnte dank eines neu eingerichteten „Freundeskreises" mit Karl Allgöwer erstmals ein Leistungsträger gehalten werden, obwohl hochkarätige Angebote zahlungskräftiger Erstligisten für ihn vorlagen. Mit Alhaus, Nickel und Greifenegger wurden sogar zusätzliche erfahrene Kräfte angeworben. Der Erfolg blieb nicht aus. Nach einer ausgezeichneten ersten Saisonhälfte verhinderten erst einige nicht eingeplante Ausrutscher in der Rückserie den möglichen Aufstieg. Einziger Wermutstropfen der besten Saison seit Jahrzehnten war der Zuschauerzuspruch, der mit rund 4.500 pro Spiel bedenklich niedrig ausfiel.

Daran änderte sich auch in der Folgezeit nicht viel. In der Auftaktsaison der eingleisigen 2. Bundesliga (1981/82) mußten die Kickers mit knapp 3.000 Zuschauern sogar den niedrigsten Schnitt aller 38 Profiklubs hinnehmen – und das, obwohl ihnen zugkräftige Gegner wie Schalke, Offenbach, München 60 oder Hertha BSC gegenüberstanden. Mitverantwortlich war, man ahnt es fast, die Heimatfrage, denn weil das Kickers-Stadion in Degerloch einer gründlichen Renovierung unterzogen wurde, hatten sämtliche Heimspiele im Neckarstadion ausgetragen werden müssen...

In weiterer Verlauf drohten die ehrgeizigen Aufstiegspläne zu scheitern, woran Präsident Dünnwald-Metzler nicht ganz unschuldig war. Es ging vor allem um den geeigneten sportlichen Leiter für seine Mannschaft, mit dessen Suche sich der Brillenhersteller überaus schwer tat. „Lieber stelle ich in meiner Firma einen Prokuristen ein, als für die Kickers einen Trainer", stöhnte der mächtige Kickers-Boß – und tauschte die Übungsleiter mit schöner Regelmäßigkeit aus. Nummer 1 der ADM-Versuchsliste war Hans-Dieter Roos, der 1977 gekommen war und am 24. Oktober 1980 gehen mußte, weil er sich erlaubt hatte, mit Erstligist Arminia Bielefeld zu verhandeln. Nachfolger wurde Slobodan Cendic, der unter Zuhilfenahme diverser Gerichte förmlich aus dem laufenden Vertrag beim 1. FC Saarbrücken herausgeboxt wurde - und schon kurz darauf wegen angeblicher Führungsschwächen wieder gehen mußte. Alsdann versuchten es die Blauen mit „Wundermann" Sundermann, der zuvor beim Nachbarn VfB so erfolgreich gewesen war und dessen Verpflichtung im Kickers-Umfeld regelrechte Begeisterungsstürme auslöste. Doch auch Sundermann gelang es nicht, unter den strengen ADM-Augen zu bestehen und den Kickers-Kahn flott zu bekommen. Nach einem halben Jahr verließ er den auf Rang 9 herumdümpelnden selbsternannten Aufstiegsfavoriten in Richtung Schalke 04. Nachfolger Horst Buhtz machte zunächst einen guten Eindruck, scheiterte jedoch an seiner zu väterlichen Art.

Dieter Renner war es schließlich vorbehalten, über einen längeren Zeitraum unterm Fernsehturm zu wirken und mittels der damit verbundenen Kontinuität die Wende zum Erfolg einzuleiten. Als der frühere Kickers-Verteidiger im Oktober 1984 sein Amt antrat, befanden sich die Blauen gerade auf einem Abstiegsrang. Am Saisonende waren sie Neunter – und Renner der „Retter". In der darauffolgenden Spielzeit schien dann der berühmte Knoten endlich zu platzen. Dank einer nahezu makellosen Heimbilanz (man spielte natürlich im inzwischen „Waldau-Stadion" genannten Degerloch) lagen die Kickers im Januar 1986 auf Rang 2 und hatten den Aufstieg

greifbar vor Augen, als eine 0:10-Punkte-Serie den Sturz ins Mittelfeld einleitete. Mindestens ebenso schlimm war, daß die anfängliche Zuschauerbegeisterung in der Rückserie deutlich abgeflaut war, weshalb die finanzknappen Kickers mit Andreas Merkle mal wieder einen Leistungsträger abgeben mußten, was wiederum ihren Aufstiegsträumen einen herben Rückschlag versetzte. Dennoch forderte Präsident Dünnwald-Metzler auf einer Pressekonferenz vor der Saison 1986/87 eine Position „besser als Platz 5", woraufhin der neben ihm sitzende Coach Renner käseweiß wur-

Rolf Steeb (rechts) und Rudi Kröner: Zwei Leistungsträger der Kickers reparieren das Tor

de. Und tatsächlich: Von Platz 5 konnten sie unterm Fernsehturm nur träumen. Wie gehabt verdarb die Auswärtsschwäche alles. Am Ende reichte es nur zu Rang 7 und Dieter Renner nahm seinen Hut. Zuvor konnte er allerdings noch den größten Kickers-Erfolg der Nachkriegsgeschichte feiern: Den Einzug ins Pokalfinale, welches unglücklich mit 1:3 gegen den HSV verloren wurde.

Ein Jahr später klappte es dann endlich mit

dem Sprung ins Oberhaus. Unter dem neuen Coach Manfred Krafft erreichte die „ausgeglichenste und spielstärkste Elf" (»kicker«) Platz 1 und Axel Dünnwald-Metzler war am Ziel seiner Träume. In der Bundesliga trafen die Kickers alsdann zahlreiche alte Bekannte wieder, denn im Lauf der Jahre hatten sie eine Menge ausgezeichneter Fußballer hervorgebracht, die angesichts der chronischen Finanzschwäche Degerloch verlassen hatten und inzwischen im Oberhaus ihr Geld verdienten. Walter Kelsch, Karl Allgöwer, Jürgen Klinsmann, Guido Buchwald, Klaus Täuber, Andreas Merkle – die Reihe ist lang und namhaft. Auffallend ist, daß fast alle Talente zunächst zum Nachbarn VfB wechselten, der die Produkte der erfolgreichen Kickers-Jugendarbeit natürlich mit offenen Armen empfing. Für die treuen Kickers-Fans war es also ein doppelt herber Schlag, als ihre Mannschaft nach Erreichen der „Sehnsuchtstation Bundesliga" talabwärts ins verächtlich „Rotlichtbezirk" genannte VfB-Areal wechseln mußte. Der Kickers-Fan-Klub „Blau-Weiß" forderte sogar die Einrichtung eines Pendelbusverkehrs, denn „wir müssen nach dem Abpfiff schnell zurück. Länger als 90 Minuten hält man die schlechte Luft da unten nicht aus".

Spielklassen	
1963/64 – 73/74	Regionalliga Süd
1974/75 – 87/88	2. Bundesliga (-Süd)
1988/89	1. Bundesliga
1989/90 – 90/91	2. Bundesliga
1991/92	1. Bundesliga
1992/93 – 93/94	2. Bundesliga
1994/95 – 95/96	Regionalliga Süd
seit 1996/97	2. Bundesliga

Nun, die Erstligaluft im Neckarstadion bereitete nicht nur den Fans Probleme. Lediglich eine Spielzeit verbrachten die Kickers in der Großarena, dann war das Erstligaabenteuer schon wieder beendet und sie konnten nach Degerloch heimkehren. Dabei hatte sich das Team um die Achse Elser-Wolf-Hotic im Oberhaus gar nicht mal so schlecht geschlagen und hätte die von Trainer Krafft ausgegebene Losung „wir

wollen schauen, daß wir keine Fahrstuhlmannschaft werden" sogar beinahe erfüllt. Nach 34 Spieltagen wiesen die Blauen ebenso wie Frankfurt, Bochum und Nürnberg 26 Zähler auf – doch im Vergleich zur Konkurrenz war das Torverhältnis der Schwaben deutlich ungünstiger. Ein Folge der „Heimschwäche". Neun Partien waren im Neckarstadion verloren gegangen, darunter ein 0:6 gegen Werder Bremen und ein 0:2 gegen den VfB. „In Degerloch wäre uns das nicht passiert", schimpften die traurigen Kickers-Fans, während Präsident Dünnwald-Metzler rasch zur Tagesordnung überging und das Ziel „sofortiger Wiederaufstieg" ausgab. Aus sofort wurden schließlich vierundzwanzig Monate, denn nach einer Saison der Konsolidierung konnten die inzwischen von Rainer Zobel trainierten Blauen erst in der Saison 1990/91 die Rückkehr perfekt machen. Es war zudem ein Aufstieg, der lange am berühmten seidenen Faden hing. Als Zweitligadritter durften die Kickers nicht direkt aufsteigen sondern mußten sich über den Drittletzten der 1. Bundesliga qualifizieren. Jener hieß FC St. Pauli, war turmhoher Favorit - und ging nach drei packenden Begegnungen als Gesamtverlierer vom Platz. Ralf Vollmer, der Costaricaner Juan Cayasso Reid sowie Dirk Fengler schossen die Stuttgarter Kickers im dritten und entscheidenden Spiel im neutralen Gelsenkirchener Parkstadion zum 3:1-Sieg und damit sensationell ins Oberhaus zurück.

In die Aufstiegseuphorie mischte sich alsbald eine gehörige Portion Wehmut, denn erneut hieß es nun, Abschied vom Degerloch zu nehmen. „Wir haben viele Freunde in der Stadt", verbreitete Trainer Zobel dennoch Optimismus, den angestrebten Schnitt von 15.000 Zuschauern auch im ungeliebten Neckarstadion erreichen zu können. Doch Zobels Zuversicht erwies sich als Zweckoptimismus. Nach 38 Spieltagen konnten die Kickers lediglich auf einen Schnitt von rund 12.000 verweisen, was noch nicht einmal dem Doppelten der vorangegangenen Zweitligasaison entsprach. Angesichts der Spannung in der Vereinigungssaison 1991/

92 zweifelsohne eine Enttäuschung. Eine Enttäuschung, die von den sportlichen Ereignissen noch getoppt wurde, denn am Saisonende fehlte den Kickers ein einziger Punkt zum Klassenerhalt – während Lokalrivale VfB Deutscher Meister wurde. Abermals war es der Verlust der Heimat, der den Blauen einen Strich durch die Erstligarechnung machte. Ganze fünf Siege auf „eigenem" Platz waren einfach zuwenig, um sich im Oberhaus durchzubeißen.

Im Gegensatz zum ersten Abstieg brachen die Kickers nun auseinander, denn das Geld war allmählich knapp geworden.

Auch das zweite Bundesligaabenteuer der Kickers ging in die Hose. Schwarz im Zweikampf mit Anderbrügge

Leistungsträger wie Marin, Wolf, Ritter, Moutas und Kula gingen und wurden von kostengünstigen und unerfahrenen Amateuren ersetzt, unter denen sich aber immerhin der Torschützenkönig der Oberliga Baden-Württemberg, Fredi Bobic, befand. Auch Trainer Zobel verließ Degerlochs Höhen, wo der Trainerstuhl nun wieder zum Schleudersessel wurde. Der rapide schwindenden Kickers-Fangemeinde standen schwere Zeiten bevor. 1992/93 mußte ihr über weite Strecken enttäuschendes Team in der 2. Liga bis zum letzten Spieltag um den Klassenerhalt zittern, verprellte die Fans scharenweise (Schnitt: 3.913) und verbrauchte mit Schömezler und Schafstall gleich zwei Trainer. Wutentbrannt nahm der seit April 1993 amtierende Manager Wolfgang Wolf daraufhin einen der berüchtigten Schnitte vor und mistete kräftig aus. Mit Vollmer, Rückkehrer Moutas und Novodomsky blieben lediglich drei jener Akteure, mit denen die Kickers zwei Jahre zuvor noch in der 1. Liga gekickt hatten, im Kader, der aus finanziellen Gründen erneut mit preisgünstigen und unbe-

War über Jahre hinweg die Seele der Kickers: Demir Hotic

kannten Neuzugängen aufgefüllt wurde, dessen Leitung Lorenz-Günter Köstner übernahm. „Wenn's schiefgeht, bin ich der Depp" – schwante Manager Wolf Böses – und er behielt Recht, denn am Saisonende belegten die Kickers Rang 16, der angesichts der Reduzierung auf 18 Klubs ausnahmsweise ein Abstiegsplatz war. Zwei Jahre nach dem Abstieg aus der 1. Liga waren die Kickers erstmals in ihrer Vereinsgeschichte nur noch drittklassig.

Das mit dem Depp stimmte allerdings nur teilweise, denn „Depp" Wolf blieb den Kickers trotz Abstieg erhalten und übernahm sogar noch die Position des Cheftrainers. Als solcher hatte er einen weiteren Ausverkauf zu verdauen. Bobic, Hotic, Moutas, Flock – alles, was noch Rang und Namen hatte, verließ das Waldaustadion. Im Gegensatz zu den vorangegangenen Spielzeiten handelte es sich bei den Neuzugängen diesmal allerdings um durchaus erfahrene Kräfte, denn Präsident Dünnwald-Metzler wollte seine Kickers möglichst nur

Der Umzug stieß bei den Fans deutlich auf Unmut

schwächer präsentierte als die Abwehr (Torverhältnis 38:27). Seitdem herrscht auf Degerlochs Höhen Alltag, und in dem sind die Kickers entgegen Dünnwald-Metzlers Überzeugung eben doch als Graue Maus geeignet. Im Jahr ihres 100. Bestehens stehen die Kickers jedenfalls am Scheideweg: Mittelmaß - das mittelfristig tödlich für den Verein sein dürfte - oder Rückkehr ins Rampenlicht der 1. Liga heißen die Alternativen.

Im Gegensatz zu Vereinen in vergleichbarer Situation (wie beispielsweise St. Pauli oder, zumindest bis vor wenigen Jahren, München 1860) verfügen die Kickers einfach nicht über ein ausreichendes Potential an „Alternativpublikum", um im Schatten eines übermächtigen Lokalrivalen überleben zu können. Irgendwie muß einem um die Kickers sogar ein wenig bange sein, denn bei einem seit Jahren kontinuierlich um die 4.000er-Grenze schwankenden Zuschauerschnitt sind keine allzu großen Sprünge möglich. Nicht umsonst machte Präsidiumsmitglied Jakob vor der Saison 1998/99 deutlich, daß auch die Kickers „keinen Gelddrucker im Keller" haben. Wie sie den VfB jedoch ohne ein derartiges Gerät verdrängen wollen, wissen sie in Degerloch derzeit auch nicht so recht. Somit steht zu befürchten, daß die Fans der Blauen weiterhin von den „guten alten Zeiten" schwärmen werden und mindestens ebensoviel Freude an einer VfB-Niederlage wie an einem Kickers-Sieg haben.

Hardy Grüne

eine Spielzeit in der Regionalliga spielen sehen. Doch selbst Akteure wie Akpoborie, Bogdan, Malchow und Sailer konnten nicht verhindern, daß die Kickers nur Platz 2 hinter der SpVgg. Unterhaching belegten und eine weitere Spielzeit in die Regionalliga verbringen mußten.

Mit zwölfmonatiger Verspätung wurde der „Betriebsunfall Abstieg" schließlich in der Saison 1995/96 repariert. Mit einem Blitzstart (drei Siege und 11:0-Tore) preschte die Elf um Torjäger Markus Beierle sofort auf Rang 1, der im gesamten Saisonverlauf nicht mehr in Gefahr geriet. Und da die Blauen mit rund 3.200 Zahlenden pro Spiel sogar einen für Drittligaverhältnisse durchaus respektablen Zuschauerschnitt erreichten, herrschte rundherum Zufriedenheit im Waldaustadion.

Die Rückkehr in die 2. Liga war aber nur der erste Schritt zur Kickers-Wiedergeburt. „Als graue Maus eignen wir uns bestimmt nicht", legte Präsident Dünnwald-Metzler die Erfolgslatte ziemlich hoch – und hätte sich beinahe über den Durchmarsch in Liga 1 freuen können. Am Ende reichte es jedoch nur zu Rang 5, weil sich der Sturm

VfB Stuttgart

An einem nebligen Novembernachmittag 1998 wurde im Freiburger Dreisamstadion das ganze Dilemma des "Verein für Bewegungsspiele von 1893 Stuttgart" deutlich: 0:2 verloren, ausgerutscht auf einem Eisteppich, gedemütigt von einer seit Monaten daheim sieglosen Breisgau-Elf, von den Medien verspottet als "Klub

Wo die Vergangenheit nicht stattfindet

der Arbeitsverweigerer", von den eigenen Fans ausgelacht und von einigen Fanatikern sogar mit Steinwürfen bedacht. Der VfB als "Verein für Beschimpfungen".

Dabei zählte die Elf, die sich da vom Sport-Club Freiburg hatte demontieren lassen, rein namentlich zu den besten der Liga. Da stand ein österreichischer Nationalspieler im Tor (Franz Wohlfahrt), ein Weltmeister in der Abwehr (Thomas Berthold), trugen diverse ausländische Spitzenakteure (Verlaat, Lisztes, Soldo, Akpoborie) das weiße Jersey mit dem roten Brustring. Nicht zu vergessen natürlich der nach dem Abgang von Giovane Elber verbliebene Rest des "magischen Dreiecks", Fredi Bobic und Krassimir Balakov, zwei unumstrittene Klassefußballer. Was dem Stuttgarter Starensemble jedoch fehlte, war Teamgeist. Jeder spielte für sich, manche sogar gegeneinander und alle – so vermuteten zumindest Teile der Presse und die meisten VfB-Fans – gegen Trainer Schäfer. Angeblich, weil Schäfer aus dem badischen Karlsruhe gekommen war, was für einen echten Schwaben schon Grund genug ist, den Mann keines Blickes zu würdigen.

An jenem 28. November 1998 wurde jedoch viel mehr deutlich, als nur eine mit Trainer Schäfer verbundene momentane Verfassungskrise des VfB. Der Auftritt der Stuttgarter Profis war symbolisch. Ausdruck einer Vereinspolitik, wie sie unverständlicher nicht hätte sein können. Warum, mußte sich beispielsweise das Präsidium um Gerhard Mayer-Vorfelder („MV") fragen lassen, war „Jogi" Löw im Sommer 1998

Bundesligabilanz	
Bundesligajahre:	1963/64 - 74/75, seit 1977/78
Gesamt:	33 Jahre
Beste Plazierung:	Platz 1 (1984, 1992)
Ewige Tabelle:	Platz 6, 1118 Spiele, 476 Siege, 268 Unentschieden, 374 Niederlagen, 1998:1658 Tore, 1696 Punkte
Ø Plazierung:	Platz 6,94
Top-Spieler:	Karl Allgöwer (338), Günther Schäfer (331), Guido Buchwald (325), Hermann Ohlicher (318), Eike Immel (287)
Top-Torjäger:	Karl Allgöwer (129), Fritz Walter (102), Hermann Ohlicher (96), Jürgen Klinsmann (79), Karl-Heinz Handschuh (64)

entlassen worden, obwohl er den VfB in seinen zwei Amtsjahren zum Pokalsieg (1997), ins Europapokalfinale (1998) und zweimal auf einen UEFA-Cup-Platz geführt hatte? Und warum war ausgerechnet Winnie Schäfer geholt worden, obwohl der bei Spielern und Fans wegen seiner KSC-Vergangenheit praktisch gar keinen Vertrauensbonus genoß, und dessen Verpflichtung von MV auch mehr oder weniger im Alleingang hatte durchgeboxt werden müssen? "Disziplinlosigkeiten innerhalb der Mannschaft", hatte MV als Grund für den Tausch Löw/Schäfer angegeben. Doch die Ursache für den VfB-Frust liegt woanders: Sie liegt in acht Trainerwechseln – Winnie Schäfer, der nach 157 Amtstagen ging, schon eingeschlossen - in nur neun Jahren.

Kontinuität ist in Stuttgart ein Fremdwort, und eigentlich muß man sich auch nicht wundern, daß der VfB-Kader innerlich zerstritten ist, wenn beim kleinsten Mißklang die Führungsperson ausgetauscht wird. Im Gegenteil: Die VfB-Führung muß sich ernsthaft fragen lassen, wie ein Trainer Führungsstärke und Kompetenz aufbauen soll, wenn er schon nach drei, vier Amtswochen ins Gerede kommt. Wie bei Jogi Löw geschehen, bei Willi Entenmann, bei Jürgen Röber, bei Christoph Daum (bei dem dauerte es immerhin bis zum berühmten "Wechselfehler"), bei Rolf Fringer und bei ... - ach, eigentlich bei allen, seitdem Arie Haan am 26. März 1990 nach beinahe drei Amtsjahren seinen Laufpaß erhielt. Seitdem rennt der VfB sich selbst hinterher. Natürlich, 1992 wurde er Deutscher Meister. Doch daß das eher ein "Zufallsprodukt" war, denn das Ergebnis akribischer Arbeit, zeigen die Plazierungen in den darauffolgenden Jahren: Siebter, Siebter, Zwölfter und Zehnter. Erst unter Jogi Löw, der am 14. August 1996 zunächst nur interimsweise, später dann auf öffentlichen Druck als Cheftrainer für den Schweizer Rolf Fringer kam, zeigte die Leistungskurve wieder nach oben. Dennoch wurde Löw vor die Tür gesetzt. Weil er "zu nett" war...

16 Trainer hat MV verbraucht, seit er am 19. April 1975 – passenderweise per Kampfabstimmung - Hans Weitpert den VfB-Vorsitz abnahm. Dazu kommen diverse Manager, Geschäftsführer und sonstiges Personal. Seit der gebürtige Mannheimer im Amt ist, gibt es bei Stuttgarts Fußballstolz so gut wie keine Opposition mehr – Ausdruck seines autoritären Führungsstils. Natürlich darf gleichzeitig nicht übersehen werden, daß MV auf der anderen Seite untrennbar mit dem Erfolg des VfB verbunden ist. Jenen VfB, den er anno 1975 als konkursbedrohten designierten Absteiger übernahm. Ohne MV hätte der VfB wohl schon damals nur schwer überlebt, ohne ihn wäre die mitreißende Rückkehr unter "Wundermann" Sundermann (1977) kaum möglich gewesen, und ohne ihn hätte der VfB vermutlich arge Schwierigkeiten gehabt, seinen Weg unter die "großen Fünf" im deutschen Fußball zu finden. Kurzum: Der eloquente "Hans-Dampf-in-allen-Gassen" hat den VfB salonfähig gemacht. Aber MV ist eben auch ein Machtmensch, mit dem in Krisenzeiten nicht gut Kirschen essen ist und der zu einsamen Entscheidungen neigt. Dabei denkt er immer nur von Saison zu Saison. "Die Vergangenheit interessiert mich nicht mehr", gab er wenige Stunden nach Schäfers Demission bekannt. Eine Aufarbeitung fand nicht statt. Wieder nicht.

Werfen wir einen Blick auf die Historie des Verein für Bewegungsspiele, der am 2. April 1912 durch Fusion zwischen dem FV 1893 Stuttgart und dem Kronenclub 1897 Cannstatt entstand und dessen Heimat unten am Neckarufer, nahe der berühmten Cannstatter Wasen liegt. Bis Ende der zwanziger Jahre gibt es von den Rot-Weißen nicht allzuviel zu berichten. Die Kikkers aus Degerloch waren Stuttgarts Nummer 1, und beim VfB war man schon froh, wenn man mal am zweiten Lokalrivalen, dem inzwischen in der Versenkung verschwundenen SSC, vorbei kam. 1935 jedoch stürmten die Männer mit dem roten Brustring überraschend bis ins Finale um die deutsche Meisterschaft, wo sie Schalke mit 4:6 unterlagen - und seither nahezu ununterbrochen zu Deutschlands Spitzenklubs zählen. Ihre größte Zeit erlebten die Roten um den einarmigen Superstar Robert Schlienz in den Fünfzigern, als sie - dank einer hellwachen Vereinsführung um Dr. Walter prächtig aus dem Krieg gekommen

Verläßliche VfB-Stütze aus den ersten Bundesligajahren: Rudi Entenmann

- zweimal Deutscher Meister wurden (1950 und 1952). Als 1963 die Bundesliga ins Leben gerufen wurde, befanden sich die Akteure der großen Elf jedoch längst im wohlverdienten Ruhestand, und der Nachwuchs hatte arge Probleme, in die Fußstapfen der berühmten Vorgänger Schlienz, "Gummi" Schmid und "Kalli" Barufka zu treten. Das hätte dem VfB sogar beinahe die Bundesliga gekostet. Weihnachten 1962 lagen die von Kurt Baluses betreuten Schwaben nämlich noch ziemlich aussichtslos auf Rang 13 der süddeutschen Oberliga, arbeiteten sich aber dank eines mitreißenden Schlußspurts schließlich auf Platz 6 empor, der so gerade eben zur Bundesliga-Qualifikation reichte. Sehr zur Erleichterung ihres Präsidenten Dr. Fritz Walter übrigens, denn der Oberstudienrat war einer der vehementesten Befürworter der Bundesliga gewesen. Wenn da ausgerechnet sein VfB gefehlt hätte...

Im Oberhaus vermochten die Männer aus dem Neckarstadion trotz der Italien-Rückkehrer Erwin Waldner und Rolf Geiger zunächst keine größere Rolle zu spielen. Im Auftaktjahr langte es noch zu einem be-achtlichen fünften Platz, anschließend gab es nur noch Magerkost für die VfB-Fans. Auch zwei Trainerwechsel - im Februar 1965 löste Altligaspieler Franz Seybold den auch "Schweiger" genannten Kurt Baluses ab, vier Wochen später übernahm Rudi Gutendorf die Trainingsleitung – brachten nichts ein. Ein Grund mag die fehlende Professionalität gewesen sein. Der seinerzeit als "bunter Vogel" bezeichnete Gutendorf schlug jedenfalls schon kurz nach seinem Amtsantritt die Hände über dem Kopf zusammen und orakelte düster: "Ich glaube, wir haben keine guten Aussichten, weil zu viele Spieler noch den bürgerlichen Beruf mit sich rumschleppen". Während anderenorts längst der "Profifußballer" an der Tagesordnung war, wurden die VfB-Akteure noch immer mit einem mageren Grundgehalt von 1.200 Mark abgespeist – und mußten folglich nebenbei arbeiten. Doch es lag nicht nur an den ungünstigen Bedingungen, daß Stuttgarts Halbamateure am 3. Dezember 1966 nach einer 1:4-Niederlage in (ausgerechnet...) Karlsruhe erstmals auf einen Abstiegsrang abrutschten, denn Trainer Gutendorf hatte die

Mannschaft durch Abwanderungsgedanken ("ich will in die USA") ziemlich verunsichert und außerdem deutliche Motivationsmängel erkennen lassen.

Nachfolger wurde Albert Sing, der jedoch ein Problem hatte: Er kam vom Ortsrivalen Kickers, was damals ungefähr dasselbe war, als wenn heute jemand vom KSC kommt. Als Sing zum ersten Training in die Katakomben des Neckarstadions kam, hatten Unbekannte ihm ein blaues Kickers-Jersey an den Kleiderhaken gehängt, und im Klubhaus herrschte stets "eisiges Schweigen, wenn ich hineinkam". Ähnlichkeiten mit Winnie Schäfer sind rein zufälliger Natur... Sing ließ sich von der feindlichen Atmosphäre nicht abschrecken und brachte die VfB-Fans nach und nach auf seine Seite. Sein Erfolgsrezept war – natürlich – "Erfolg". 22:14-Punkte holte der VfB unter ihm, feierte u.a. ein Unentschieden bei den Münchner Bayern und beendete die Saison 66/67 auf einem respektablen zwölften Rang. Dennoch zog Sing es nach Saisonende vor, die Wasen zu verlassen, um bei München 1860 sein Glück zu versuchen. Unter seinem Nachfolger Gunther Baumann drang das inzwischen vom Fran-

taktsaison beste VfB-Jahr. Vielumjubelter Höhepunkt war der 3:0-Heimsieg über den damaligen Tabellenführer Bayern München, bei dem sich am 15. März 1969 mehr als 75.000 Zuschauer über die Treffer von Menne, Larsson und Haug freuten und Bundestrainer Schön beeindruckt feststellte. "So gut war der VfB noch nie". Meister wurde am Ende aber dennoch der FC Bayern, während die Schwaben zum dritten Mal am Messepokal teilnehmen durften, wo in Runde 2 gegen den SSC Neapel das Aus kam.

Stuttgarts Höhenflug währte nur einen Sommer und wurde mit einem bewährten Hausmittelchen gestoppt: Krach. Es begann im Sommer 1969, als Trainer Baumann, unter dem der VfB so erfolgreich wie nie zuvor in der Bundesliga gewesen war, den Laufpaß erhielt. Seine Ablösung kam einer Provinzposse gleich, bei der der neue starke Mann am VfB-Ruder, der schwerreiche Großverleger Hans Weitpert, im Mittelpunkt stand. Weitpert, der "nebenbei" auch noch Honorarkonsul von Togo war, hatte angekündigt, "den VfB ganz nach oben zu führen. Zur Deutschen Meisterschaft". Verwirklichen sollte dies der Tscheche Fransisek Bufka, den er für Baumann nach Stuttgart holte. Doch Bufka besaß gar keine Trainerlizenz – und fiel beim Versuch, sie zu erwerben, durch die Prüfung! Es kam noch schlimmer. Unter Branko Zebec, der Bayern München 1969 zum Double geführt hatte und der im Sommer 1970 die "Nachfolge" Bufkas antrat (während die Medien über "Deutschlands bestbezahlten Spaziergänger" gelästert hatten, war VfB-Geschäftsführer Franz Seybold zum offiziellen Trainer ernannt worden), fielen die Schwaben auf Rang 12 zurück, und 1971/72 wurden sie dann auch noch vom Bundesliga-Skandal eingeholt. Hans Arnold, Hans Eisele und Hartmut Weiß hatten sich eine 0:1-Niederlage in Bielefeld fürstlich bezahlen lassen und wurden nun gesperrt. Die ahnungslose Vereinsführung reagierte bestürzt. "Die Ereignisse haben uns überrollt. Für uns war es ein harter Schlag, so daß wir vor der Frage standen, ob wir weitermachen sollten oder nicht", gab Präsident Weitpert einigermaßen erschüttert bekannt - und verkündete, dennoch wei-

---

1. Spieltag Saison 1963/64

1. Bundesliga, 24. August 1963, Schalke 04 – VfB 2:0, 30.000 Zuschauer - Günter Sawitzki, Hans Eisele, Günter Seibold, Rudi Entenmann, Theodor Hoffmann, Gerd Menne, Rolf Geiger, Erwin Waldner, Eberhard Pfisterer, Hans Arnold, Manfred Reiner

18. Spieltag Saison 1998/99

1. Bundesliga, 19. Dezember 1998, Borussia Dortmund – VfB 3:0 - Frank Wohlfahrt, Jens Keller, Frank Verlaat, Thomas Berthold, Pablo Thiam, Zvonimir Soldo, Bradley Carnell (36. Jochen Endreß), Michael Zeyer, Thomas Schneider (46. Sreto Ristic), Jonathan Akpoborie, Krisztian Lisztes (46. Kristijan Djordjevic)

---

zosen Gilbert Gress, dem Schweden Bo Larsson und den Nachwuchskräften Heinze, Eisele und Köppel verstärkte Team allmählich in die Bundesliga-Spitze vor. Platz 8 in der Saison 1967/68 folgte zwölf Monate später mit Rang 5 das nach der Auf-

termachen zu wollen. Hätte er es nur nicht getan! Weitpert war im Bundesligageschäft nach einhelliger Meinung der Kritiker völlig überfordert. Binnen zweier Jahre führte seine haarsträubende Transferpolitik - während Spitzenkräfte wie Köppel, Handschuh, Frank, Schwemmle, Gress und Haug für buchstäblich "'nen Appel und 'n Ei" abgegeben wurden, gab der VfB viel Geld für Neuzugänge aus, die längst ihren Leistungszenit überschritten hatten - zum Abstieg aus dem Oberhaus.

Am 14. Juni 1975 war es amtlich. Ganze 5.000 Zuschauer verloren sich im weiten Rund des Neckarstadions, um dem vorerst letzten Erstligaspiel ihres VfB beizuwohnen. Trotz des 3:2-Sieges über Rot-Weiß Essen hatte der inzwischen kurz vor dem finanziellen Aus stehende Klub so ziemlich jeden Kredit bei Fans, Sponsoren und Akteuren verspielt. Dennoch keimte zu jenem Zeitpunkt bereits wieder Hoffnung auf eine rasche Genesung. Sie trug den Namen Gerhard Mayer-Vorfelder. Acht Wochen zuvor hatte der smarte Jungpolitiker Präsident Hans Weitpert in einer "Nacht der langen Messer" den Posten abgejagt und damit die Tür zum Neubeginn geöffnet. Die sportliche Talfahrt ging freilich vorerst weiter und erreichte am 22. Mai 1976, als der VfB vor knapp 2.800 Zuschauern im Neckarstadion gegen den Nachbarn SSV Reutlingen mit 2:3 verlor, sogar einen neuen Tiefpunkt. Ihre erste Zweitligasaison beendeten die Schwaben mit negativem Punktverhältnis (36:40) auf Rang 11. So schlecht waren sie noch nie gewesen. Es war am 27. April 1976, als Gerhard Mayer-Vorfelder beim Auswärtsspiel des VfB in Waldhof zufällig mit einem Mann ins Gespräch kam, der zum Glücksfall für den VfB werden sollte: Jürgen Sundermann. "Wenn ich VfB-Trainer werde, werde ich auf die Jungen schauen. Es sind Riesentalente darunter", erklärte ihm der in Oberhausen geborene Lockenkopf, der viele Jah-

re in der Schweiz gespielt hatte. Mayer-Vorfelder war begeistert, denn angesichts der finanziellen Situation blieb dem VfB ohnehin keine andere Wahl, als auf den Nachwuchs zu setzen. Sundermann bekam seine Chance – und nutzte sie. Binnen weniger Wochen zauberte der frühere Abwehrspezialist eine stürmische Mischung aus "Alten" (Ohlicher, Hitzfeld, Holcer) und "Jungen" (Hansi Müller, Karlheinz Förster, Martin, Elmer, Roleder, Dieter Hoeneß) hervor, die Furore machte. Mit exakt 100 Saisontoren und dem Torjäger

Hansi-Müller-Nachfolger Asgeir Sigurvinsson

Hitzfeld in seinen Reihen (beim 8:0 über Regensburg hatte er mit sechs Treffern einen Rekord aufgestellt), wurde der VfB mit nur fünf Saisonniederlagen souverän Meister und kehrte nur zwölf Monate nach der schlechtesten Saison seiner Geschichte ins Oberhaus zurück.

Fußball-Stuttgart war begeistert. Ein derart attraktives Team und derart begeisternden Offensivfußball hatte es im Neckarstadion noch nie gegeben. Sundermanns Erfolgskollektiv löste eine Euphorie aus, die auch im Oberhaus anhielt – was natürlich vornehmlich daran lag, daß die Himmelsstürmer auch dort unbekümmert angriffen und mit 58 Saisontoren bis in den UEFA-Cup stürmten. Fast eine Million Zuschauer (durchschnittlich 54.000) erfreuten sich an ihren Darbietungen und füllten die einst so leeren VfB-Kassen bis zum Überfluß. Und der Erfolg hielt an, denn 1978/79 wurde der VfB sogar Vizemeister! "Die Mannschaft war super. Technisch stark. Offensiv. Optimistisch. Hemmungslos", erinnerte sich der von den Fans längst "Wundermann" getaufte Jürgen Sundermann. Binnen zweier Jahre hatte er im Verbund mit Mayer-Vorfelder aus einem bankrotten Zweitligisten einen finanziell und sportlich prosperierenden Spitzenverein gemacht, der auch auf europäischer Bühne aufzutrumpfen verstand. 1980 drangen die Schwaben bis ins UEFA-Cup-Halbfinale vor, wo sie an Borussia Mönchengladbach scheiterten.

Konservieren konnten sie den Erfolg nicht. 1979 verließ Sundermann den VfB gen Zürich, und als er zwölf Monate später reumütig zurückkehrte, hatten sich die Bedingungen um 180 Grad verändert. Aus seiner einstigen "Rasselbande" war eine Ansammlung gestandener, erfolgsverwöhnter Männer geworden, denen er keine Impulse mehr zu geben vermochte. Zwei Jahre

lang versuchte Sundermann, den VfB in Richtung Meisterschaft zu führen, erntete jedoch nichts als sinkende Zuschauerzahlen (1981/82: nur noch 26.000) und fallende Tabellenplätze (1980/81: Platz 3, 1981/82: Platz 9).

Das Potential zum Titelgewinn war zweifelsohne vorhanden, schließlich verfügte der VfB mit Karl Allgöwer, Bernd Förster, Karlheinz Förster, Dieter Hoeneß, Walter Kelsch und Hansi Müller inzwischen über sechs Nationalspieler und hatte zudem mit Kapitän Hermann Ohlicher einen verläßlichen Routinier im Aufgebot. Allerdings benötigte das Team zu seiner Veredelung keinen emotionsgeladenen Motivator wie Sundermann, sondern einen bedächtigen und theoriestarken Lenker. Genau das war Helmut Benthaus, der am 1. Juli 1982 Sundermanns Nachfolge antrat. Knapp zwei Jahre später, am 26. Mai 1984, waren die Schwaben endlich am Ziel. "32 Jahre haben wir darauf gewartet. Jetzt sind wir Deutscher Meister! Das nimmt uns keiner mehr!", jubelte Präsident Mayer-Vorfelder am Abend nach der unbedeutenden 0:1-Niederlage gegen Verfolger HSV, die die dritte deutsche Meisterschaft des VfB nach 1950 und 1952 nicht mehr verhindern konnte.

Der ebenfalls aus der Schweiz geholte und wie Sundermann aus Westfalen stammende Benthaus hatte Sundermanns "Kunst und Show" mit "Arbeit und Disziplin" verfeinert und damit den Schlüssel zum Erfolg gefunden. Selbst der Verlust von Spielmacher Hansi Müller (1982 zu Inter Mailand) hatte sich nicht negativ ausgewirkt, zumal der VfB mit dem Isländer Asgeir Sigurvinsson exzellenten Ersatz bekommen hatte. Sigurvinsson wurde am Saisonende zum Spieler des Jahres gewählt. Darüber hinaus waren lediglich Guido Buchwald vom Lokalrivalen Kickers und Verteidiger Schäfer sowie Libero Makan aus dem Amateurbereich gekommen. Leistungsträger neben Sigurvinsson waren die Gebrüder Förster, der 1982 vom FC Bayern gekommene Kurt Niedermayer sowie Oldie Hermann Ohlicher. Mit ihnen verfügte der VfB gleich über vier Führungspersönlichkeiten, die sich dennoch weder auf noch neben dem Spielfeld in die Quere kamen.

Obwohl der VfB zweifelsohne das Zeug zum Sprung in die europäische Spitze hatte, konnte er sich nicht durchsetzen und stand schon kurz nach dem scheinbaren Durchbruch wieder mit leeren Händen da. 1985, nur zwölf Monate nach Gewinn der Meisterschaft, kehrte Helmut Benthaus Stuttgart den Rücken: Er war mit dem VfB lediglich Zehnter geworden. Stuttgarts Absturz war allerdings nicht Benthaus zuzuschreiben. "Der VfB hätte mehr auf Risiko und auf große Transfers setzen müssen", resümierte Karlheinz Förster später, "denn nur so kann man sich in der europäischen Spitze etablieren". Darüber hinaus trat erstmals eine Einstellung auf, die den VfB bis heute verfolgt. Helmut Benthaus: "Als es darum ging, das Niveau zu halten, die Stärke zu stabilisieren, dachten einzelne Leute nicht mehr in erster Linie an die gemeinsame Aufgabe, sondern an den persönlichen Nutzen, das Prestige, die Vermarktung".

Acht Jahre dauerte es, bis der VfB das "Trauma Meisterschaft" überwunden hatte und erneut die Meisterschale überreicht bekam. Acht Jahre, in denen im Neckarstadion nur in einem Bereich Kontinuität herrschte: Auf dem Präsidentenposten. Gerhard Mayer-Vorfelder war längst zum mächtigen Mann geworden, nach dessen Pfeife Trainer, Spieler und mitunter auch Fans tanzten. Daß dabei das Trainerkarussell kräftig in Bewegung kam (von 1984 bis 1992 kamen und gingen Baric, Entenmann, Coordes, Haan und noch einmal Entenmann), daß der VfB trotz Spielern wie Allgöwer, Gaudino, Klinsmann, Buchwald und Six nicht über Platz 4 (1987/88) hinauskam, daß das "Schwabenhäusle" mehr als einmal einem Tollhaus glich – Mayer-Vorfelder ließ sich von nichts aus dem Konzept bringen.

Gerhard Mayer-Vorfelder. Ein Mann, der VfB-Geschichte geschrieben hat. Ein Mann, der mit seinen inzwischen 24 Jahren auf dem höchsten Vereinsposten selbst Geschichte geworden ist. Und ein Mann, über den es unzählige Geschichten zu erzählen gibt. Häufig kommen Trainer darin vor. Nehmen wir Willi Entenmann, der von März bis Juni 1986 und noch einmal von März bis November 1990 das Trainingszepter der Schwaben schwang. 1986 erreichte er mit dem VfB das Pokalendspiel, das er zwar mit 2:5 gegen den FC Bayern ver-

Das „magische Dreieck" - Krassimir Balakov, Fredi Bobic und Giovane Elber

lor, welches aber zugleich den größten Erfolg seit der 1984er Meisterschaft darstellte. Dennoch war es sein letztes Spiel als VfB-Coach. Entenmann war der Prototyp eines Trainers, den der VfB in der Folgezeit noch des öfteren hatte: Bei Fans und Spielern beliebt, von den Stars jedoch nicht ernst genommen und deshalb von MV irgendwann abgeschoben. Für Nachfolger Coordes eine unangenehme Geschichte. Als der am 16. August 1986 erstmals als VfB-Coach das Neckarstadion betrat, hallten ihm von den Rängen "Willliiii-Rufe" entgegen. Nach einem frustrierenden Jahr verließ Coordes Stuttgart wieder. Für ihn kam Arie Haan, der zu den Besten seines Faches zählte. Haan brachte eine exzellente Mischung aus Fachwissen, Autorität und guter Laune ins Neckarstadion, wo er es ungewöhnlich lange aushielt: Fast 32 Monate - das hatte zuletzt Helmut Benthaus geschafft, und der war mit dem VfB Meister geworden!

Haan konnte zwar keine Meisterschaft holen, zog jedoch mit dem VfB ins Finale um den UEFA-Cup ein. Dort erwies sich zwar der SSC Neapel mitsamt Ballzauberer Maradona als stärker, doch der Elf um die Stürmer Walter und Klinsmann, Mittelfeldgenie - zumindest an guten Tagen - Maurizio Gaudino (mit dessen Eskapaden der gewöhnliche VfB-Fan übrigens immer so seine Probleme hatte), Torhüter Eike Immel und die als "Riesentalente" gefeierten Schmäler-Brüder wurde dennoch eine glorreiche Zukunft vorausgesagt. Auf dem Höhepunkt des Erfolges zu stehen, ist dem VfB noch nie bekommen. So war es auch 1989. Klinsmann ging nach Mailand, Haan flog wenig später raus, und Stuttgarts Alltag hieß nur sechs Monate nach dem UEFA-Cup-Finale wieder "Mittelmaß". Wie 1984 gelang es dem Verein nicht, eine emotionale Bindung zwischen Spielern und Klub herzustellen, und die mangelnde Einstellung einiger Spieler

Präsident Mayer-Vorfelder und Christoph Daum machte Mayer-Vorfelders Titeltraum wahr

brachte Haan-Nachfolger Entenmann fast um den Verstand. Erst als "Lautsprecher" Christoph Daum im November 1990 die Kommandobrücke im Neckarstadion betrat, knüpfte der VfB wieder an erfolgreichere Zeiten an. Daum unterschied sich von seinen Vorgängern gleich in mehrerlei Hinsicht. Er war eine emotionsgeladene Autorität, zwingend erfolgsorientiert und ließ sich außerdem nur ungern dreinreden. Auch nicht von Präsident Mayer-Vorfelder, der gehörigen Respekt vor Daum hatte – eine hilfreiche Angelegenheit, wenn man in Stuttgart Erfolg haben will. Am 16. Mai 1992 kam die Belohnung: Mit einem 2:1-Sieg in Leverkusen sicherte sich der VfB zum vierten Mal in der Vereinsgeschichte die deutsche Meisterschaft.

Der VfB war ein "Zufallsmeister" – wer erinnert sich nicht an den dramatischen Zweikampf Frankfurt gegen Dortmund, aus dem Stuttgart als lachender Dritter hervorging –, doch nichtsdestotrotz auch ein würdiger. Fritz Walter wurde Torschützenkönig, Ex-DDR-Nationalspieler Matthias Sammer gab ein großartiges Bundesligadebüt, Guido Buchwald befand sich auf dem Höhepunkt seiner Karriere, und Maurizio Gaudino blühte unter Trainer Daum noch einmal so richtig auf.

Doch - wie sollte es anders sein - der erneute Absturz stand schon bevor. Das Jahr 1 nach dem Titelgewinn beendete der VfB auf Platz 7, was allerdings bei weitem nicht so folgenschwer war wie das, was heute in Stuttgart einfach nur "Leeds" heißt und sich

am 30. September 1992 zutrug. An jenem Tag verteidigte der VfB in der nordenglischen Industriestadt seinen 3:0-Vorsprung im Europapokal der Landesmeister mit Mann, Maus und viel Glück und ging als 1:4-Verlierer vom Platz, was dank des Auswärtstores reichte. Doch ausgerechnet Meistermacher Daum hatte einen folgenschweren Fehler begangen, als er mit Jovo Simanic einen vierten Ausländer gebracht hatte, obwohl nur drei erlaubt waren. Die UEFA wertete das Spiel mit 3:0 für Leeds, beraumte ein Entscheidungsspiel an, das der VfB mit 1:2 in Barcelona verlor – und Daums Mythos war dahin. Knappe dreizehn Monate später mußte "Cassius" gehen. Seither befindet sich der VfB im altvertrauten Dilemma. Egal ob Jürgen Röber, ob der kurzzeitig reaktivierte Jürgen Sundermann, ob Rolf Fringer, ob Joachim Löw – Präsident Mayer-Vorfelder wurde mit keinem Coach glücklich. Zigfach flogen die Fetzen. Das "magische Dreieck" Elber-Bobic-Balakov, das so wunderschönen Fußball zelebrieren konnte, dem aber im entscheidenden Moment immer wieder die Nerven durchgingen, das Theater um Andy Köpke, der 1996 schon beim VfB unterschrieben hatte und dann doch nicht kam, Elbers Abgang zum FC Bayern, das eingangs geschilderte Schäfer-Debakel mit dem Höhepunkt der Mayer-Vorfelderschen Erkenntnis, die Mannschaft sei "untrainierbar" – all das und vieles mehr brachte die Schwaben in die Schlagzeilen, und zwar in die negativen. Nette Geschichten gibt's natürlich auch. 1996/97 zelebrierte das Team unter Jogi Löw herrlich Offensivfußball, der die Fans begeisterte. Löw war zudem erfolgreich. Unter seiner Regie holte sich der VfB den DFB-Pokal und stürmte anschließend ins Europapokalfinale, wo Chelsea London um den genialen Gianluca Vialli für das Ende sorgte. Doch während Löw noch beim Finale bangte, hatten sich die Stimmen aus der Mannschaft, die behaupteten, mit ihm könne der VfB nichts mehr erreichen, schon längst durchgesetzt. Erneut schenkte Mayer-Vorfelder diesen Stimmen mehr Gehör als seinem Trainer oder dem Blick auf die Tabelle: Und genau das ist das Problem des VfB.

Hardy Grüne

KFC Uerdingen

KAPITEL 1

in dem ein Fußballverein namens FC Bayer 05 in die Verbandsliga aufsteigt, Paul Hufnagel auf den Schultern der Fans vom Platz getragen wird und die Straßen von Krefeld-Uerdingen verwaist sind.

Der Himmel hängt schwer über der kleinen Stadionanlage in Neuss-Weißenberg; für die Jahreszeit ist es viel zu kühl. Man

Ein Trauerspiel in sieben Kapiteln

schreibt den 7. Juli 1963, und die 4.500 Anwesenden, zumeist männlichen Geschlechts, schlagen ihre Mantelkrägen hoch. Ihnen sind die widrigen Umstände egal. Sie sind innerlich aufgeheizt. Ein paar von ihnen haben rot-blaue, an dünnen Stangen festgemachte Stoffstücke dabei, mit denen sie die zweiundzwanzig Männer, die sich auf dem Spielfeld um einen Lederball streiten, anfeuern. Die Männer sind sorgfältig auf zwei Mannschaften verteilt. Elf von ihnen tragen blaue Hemden und kommen vom Fußball-Club Bayer 05 e.V. Uerdingen, elf andere kanariengelbe Hemden mit dem Aufdruck "1. FC Mönchengladbach". Eine Woche vorher haben beide Mannschaften schon einmal gegeneinander gespielt und dabei jeweils zwei Tore geschossen. Das Reglement schreibt jedoch vor, daß eine Mannschaft mindestens ein Tor mehr schießen muß als die andere, damit sie in die nächsthöhere Spielklasse – die Verbandsliga – aufsteigen darf. Spannung liegt in der Luft.
Szenenwechsel. In Krefeld-Uerdingen, einem nicht sonderlich ansehnlichen Viertel im Nordosten der ansonsten recht schönen Stadt Krefeld, sind die Straßen ungewöhnlich leer. Wer nicht in Neuss-Weißenberg ist, sitzt vor dem Radioapparat und lauscht gebannt der Rundfunkübertragung. Auf Krefeld-Uerdingen, dem vom Bayerwerk, das Arbeit, schlechte Luft, Wohlstand und tägliche Verkaufsstaus zum Schichtwechsel gebracht hat, dominierten Örtchen am Rheinufer kommen glänzende Zeiten zu. In we-

Bundesligabilanz	
Bundesligajahre:	1975/76, 1979/80-80/81, 1983/84-90/91, 1992/93, 1994/95-95/96
Gesamt:	14 Jahre
Beste Plazierung:	Platz 3 (1985/86)
Ewige Tabelle:	476 Spiele, 138 Siege, 129 Unentschieden, 209 Niederlagen, 644:844 Tore, 543 Punkte
Ø Plazierung:	Platz 13,1
Top-Spieler:	Friedhelm Funkel (254), Wolfgang Funkel (210), Dietmar Klinger (208), Matthias Herget (173), Franz Raschid (166)
Top-Torjäger:	Friedhelm Funkel (59), Stefan Kuntz (32), Wolfgang Funkel (31), Holger Fach (27), Marcel Witeczek (22)

nigen Jahren wird der 1905 gegründete und bislang weitestgehend unbekannte lokale Fußballklub in aller Munde sein. Noch ahnt niemand etwas davon, daß es ausgerechnet der Fußballsport ist, der Uerdingen auch im fernen München zu einem Begriff machen wird.

1956 – drei Jahre, nachdem sich das Bayer-Werk des Klubs angenommen und aus dem FC 05 der FC Bayer 05 geworden war _ waren die Uerdinger aus den Niederungen der Bezirksklasse in die Landesliga aufgestiegen und mit den lokalen Fußballgrößen BV Union, CSV Marathon, Spielsport und Preußen gleichgezogen. Seitdem 1962 mit Union auch der letzte Krefelder Klub aus der Landesliga abgestiegen ist, gilt Bayer 05 sogar als Nummer 1 der Stadt. Doch in Uerdingen träumt man von mehr. Man will in die Bundesliga. Dorthin, wo noch nie ein Krefelder Klub gewesen ist.

In Neuss-Weißenberg läuft die neunzigste Minute. Über der kleinen Stadionanlage liegt Feierstimmung. Die jungen Burschen schwenken lustig ihre blau-roten Fahnen, alte, vornehme zwar, aber nun nichtsdestotrotz aufgeregte Männer stehen mit verklärtem Blick am Spielfeldrand und warten auf den Schlußpfiff. Mittendrin Paul Hufnagel, der Trainer des FC Bayer 05, der durch Tore von Schaap und Kuhlen uneinholbar mit 2:0 führt. Sein Traum steht kurz vor der Verwirklichung. Nur noch Sekunden trennen ihn und seine Mannschaft vom Aufstieg in die Verbandsliga Niederrhein, der nach Einführung der 1. Bundesliga sowie Umwandlung der Oberligen in Regionalligen dritthöchsten Spielklasse des Landes. Kaum ertönt der Schlußpfiff, greifen sich Spieler und Fans Paul Hufnagel und tragen ihn begeistert vom Platz. Krefeld-Uerdingen ist ein Hort der Glückseligkeit.

KAPITEL 2

in dem der FC Bayer 05 seinen Aschenplatz zugunsten eines Rasenspielfeldes tauscht, er auf Gegner wie SV Byfang und Sportfreunde Walsum trifft und acht Jahre warten muß, ehe das Traumziel einen weiteren Schritt näher rückt.

Klaus Quinkert ist Diplom-Sportlehrer und fußballverrückt bis in den kleinen Zeh. Seine hohe Stirn ist ein häufig gesehener An-blick auf Niederrheins Fußballplätzen. Gemeinsam mit Paul Hufnagel, inzwischen Bayers Fußball-Abteilungsleiter, ist er überall dort zu finden, wo es gute Fußballer gibt. So haben die beiden schon Männer wie Lothar Prehn, Edgar Evenkamp, Rolf Jakobs und Manfred Kroke nach Krefeld-Uerdingen geholt; haben eine Mannschaft geformt, die eine große Zukunft hat. Am Abend des 13. Juni 1971 stehen sie neben dem Spielfeld der Krefelder Grotenburg-Kampfbahn und schauen sich stolz ihr Werk an: Gerade hat Bayer 05 den Aufstieg in die Regionalliga perfekt gemacht, ist Uerdingen auf die Landkarte des großen Fußballs gelangt, ist das verschlafene Industrienest endgültig aus seiner fußballerischen Bedeutungslosigkeit gerissen. Klaus Quinkert und Paul Hufnagel sind zufrieden.

Acht Jahre nach dem großen Tag von Neuss-Weißenberg gehen die Uhren in Uerdingen deutlich anders. 1964 hatte Bayer 05 seine wegen des Aschenplatzes ungeliebte Heimat an der Krefelder Straße hinter sich gelassen und war auf einen gepflegten Rasenplatz im Bayer-Stadion am Uerdinger Löschenhofweg umgezogen. Auf einem eines Bundesligaaspiranten würdigen Rasenteppich hatten die Männer in den blauen Jerseys rasch zu den besten Teams der Verbandsliga aufgeschlossen und sich deutlich von der Konkurrenz aus Essen-Byfang, Duisburg-Walsum und Neukirchen-Vluyn abgesetzt. Platz 6 in der Aufstiegssaison war 1964/65 Platz 10, 1965/66 Rang 5 und 1966/67 sogar die Vizemeisterschaft gefolgt. Doch zum angestrebten Sprung in die Regionalliga hatte es nicht gereicht – noch nicht, wie der Vorstand um Dr. Albert Olbermann nicht müde wurde, zu betonen. Im Sommer 1967 hatten die Uerdinger zudem erstmals bundesweit Schlagzeilen gemacht, als sie im Halbfinale um die deutsche Amateurmeisterschaft nur unglücklich an den Amateuren von Hannover 96 gescheitert waren. Daß zu jenem Spiel mehr als 7.000 Zuschauer an den Löschenhofweg gekommen waren, hatte das örtliche Bayer-Werk mit Interesse registriert und auf das mögliche Potential ihres bis dato nur stiefmütterlich behandelten Fußballklubs aufmerksam gemacht.

Anschließend waren die Uerdinger jedoch

in eine Krise geraten. Erfolgsverwöhnt, war es der Mannschaft nicht gelungen, an die guten Leistungen anzuknüpfen. Erst 1968/69 war wieder ein Spitzenplatz herausgesprungen. Zur Enttäuschung der Fans hatte das Team jedoch im letzten Saisonspiel mit einem 3:4 gegen die abstiegsgefährdeten Amateure des MSV Duisburg sämtliche Hoffnungen auf Platz 1 verspielt. Als in der darauffolgenden Saison selbst Teams wie der VfB Speldorf oder Union Ohligs beide Punkte vom Löschenhofweg entführen konnten, war den Verantwortlichen der Kragen geplatzt. Trainer "Ömmes" Schmidt mußte gehen, Klaus Quinkert kam und der Vorstand um Dr. Albert Olbermann gab die Parole "in zwei Jahren im bezahlten Fußball" aus.

Diplom-Sportlehrer Quinkert brauchte nur ein Jahr. Mit sieben Punkten Vorsprung führte er seine Mannschaft 1970/71 souverän zur Verbandsligameisterschaft, und in den Aufstiegsspielen zur Regionalliga half das Glück des Tüchtigen. Obwohl Bayer nur gegen Klafeld-Geisweid (2:2) und beim SVA Gütersloh (1:1) Punkte holte, stieg man als Gruppenletzter in die Regionalliga auf, weil Düsseldorf und Bochum gleichzeitig den Sprung in die Bundesliga schafften. In der Bayer-Zentrale herrschte nun allenthalben Zufriedenheit, zumal auch die gewagte Entscheidung, das Stadion am Uerdinger Löschenhofweg zugunsten der in Krefeld gelegenen Grotenburg-Kampfbahn zu tauschen, sich als richtig erwiesen hatte. Die miserable Parkplatzsituation am Löschenhofweg und das zurückgehende Interesse der Uerdinger an Bayer 05 waren der Umzugsgrund gewesen, ein deutlich gestiegener Zuschauerschnitt und eine richtungsweisende Heimstärke der Lohn.

KAPITEL 3

in dem sich ein ganzes Land fragt, was – oder wo – Uerdingen ist, der FC Bayer 05 sich in die Liste der besten Fußballmannschaften einträgt und aus der EishockeyHochburg Krefeld eine Fußballstadt wird.

22. Juni 1975, kurz nach 20 Uhr. Manfred Kroke schnappt sich seinen Trainer Quinkert, nimmt ihn kurzerhand auf seine Schultern und schleppt ihn, fröhlich grinsend, durch die Grotenburg-Kampfbahn. Quin-

kert ist das alles sichtlich peinlich. Bewegt und den Tränen nahe winkt er den jubelnden Menschen zu. Krefeld, die alte Eishockey-Hochburg, deren Aushängeschild "Preußen" seit Jahren vor der Pleite steht, ist glücklich. Bundesliga! Fußball-Bundesliga, wie es sich angesichts der EishockeyVergangenheit zu sagen geziemt! Bayer 05 Uerdingen ist am Ziel. Nach einem berauschenden 6:0 über den FK Pirmasens, von dem man sich vier Tage zuvor in einem ähnlich berauschenden Spiel 4:4 getrennt hatte, gehört der Klub zu den 18 besten Fußballteams des Landes. In München, Hamburg usw. fragen sich die Fans, wo denn dieses Kaff liege, derweil die Medien ahnungslos von "Ürdigen" schreiben. Staunend berichten die Gazetten von dem "Senkrechtstarter" vom Niederrhein. Informieren ihre Leser darüber, daß Bayer 05 "erst 1971 in die Regionalliga aufgestiegen ist und dort in allen drei Jahren ein positives Punktekonto hatte". Daß man mit Manfred Burgsmüller über einen Torjäger verfüge, der 1973 und 1974 Regionalliga-Torschützenkönig geworden war, 1974 jedoch zu seinem Stammverein Rot-Weiß Essen zurückgekehrt war. Und daß nun, nach dem Aufstieg, auch noch der kleine, trickreiche Außenstürmer Peter Falter den Verein verlassen würde. Man war sich einig, daß Bayer 05 im Oberhaus chancenlos sei. Die "Väter des Aufstiegs" - Trainer Quinkert und Abteilungsleiter Hufnagel - gönnen sich derweil ein wohltemperiertes Bier und lassen die vergangenen Jahre Revue passieren. "Ach, der Paul Hahn, den wir 1971 von Lintfort geholt haben, der ist schon Klasse", schwärmt Quinkert, "und daß du so gute Kontakte zum MSV Duisburg hast, hat uns immerhin den Hans Sondermann eingebracht, ohne den es wohl ganz schwer geworden wäre". "Ja, das stimmt", entgegnet Hufnagel, "doch vergiß nicht, daß die drüben im Bayer-Werk auch endlich mitgezogen haben". In der Tat: Seit dem Aufstieg in die Regionalliga ist bei der Bayer AG das Interesse an Bayer 05 groß. Ohne Unsummen investieren zu wollen, verfolgt die Konzernleitung den Wunsch, eine "glückliche Synthese zwischen Beruf und Sport" anzubieten, was Bayer 05 den Vorteil verschafft, über attraktive Arbeitsplätze und vor allem Zukunftsaussichten Spieler anzulocken, die sonst nie nach Krefeld kommen würden. Neben Hahn und Sondermann haben auch andere erstklassige Akteure den Weg in die Grotenburg gefunden und Bayer 1974 in die neugeschaffene 2. Bundesliga Nord geschossen: Burgsmüller und Falter aus Essen, Riege vom MSV Duisburg, Stieber, Brinkmann und Ketteler aus Sterkrade, der einst beim VfB Uerdingen groß gewordene Lüttges aus Leverkusen etc.

Als mit Erreichen der zweithöchsten Profiklasse Torjäger Burgsmüller und Regisseur Sondermann gingen, waren Quinkert und Hufnagel erneut in die Niederungen des niederrheinischen Fußballgeschehens eingetaucht - und mit reicher Beute zurückgekehrt. In ihrem Gepäck hatten sie u.a. Franz Raschid aus Lohberg, Heinz Mostert vom TuS Grevenbroich und Friedhelm Funkel vom VfR Neuss - Neuzugänge, mit denen man die Bundesliga halten wollte. Zugleich hatte sich das Umfeld verändert. Dank einer konzertierten Aktion von Bay-

---

1. Spieltag Saison 1963/64

Verbandsliga Niederrhein, 11. August 1963, Bayer 05 - SV Byfang 2:1

19. Spieltag Saison 1998/99

2. Bundesliga, 20. Dezember 1998, Fortuna Köln - KFC 1:1, 4.200 Zuschauer - Achim Hollerieth, Markus von Ahlen, Zoran Tomcic, Robert Nikolic, Almedin Civa, Jörg Scherbe, Fuad Sasivarevic (80. Miroslav Spizak), Uwe Grauer, Heinz Vossen, Dirk van der Ven (56. Michael Lorenz), Hans van der Haar - Tor: 0:1 Scherbe (68.)

---

er AG und Stadt Krefeld war die Grotenburg-Kampfbahn ausgebaut und pünktlich zum Aufstiegsspiel gegen Pirmasens eine 4.000 Plätze bietende Sitzplatztribüne eingeweiht worden; eine Flutlichtanlage gab es nun ebenfalls. Einem war es allerdings nicht mehr vergönnt, den Aufstieg seines Vereins mitzuerleben: Dr. Albert Olbermann, seit 1953 Vorsitzender des FC Bayer 05, war im August 1974 plötzlich verstorben.

KAPITEL 4

in dem der FC Bayer 05 zu einem Fahrstuhlfetischisten wird, von grauen Mäusen und Elefanten die Rede ist und es zu einem unerwarteten Aufstieg kommt.

19. Juni 1983. Im Gelsenkirchener Parkstadion haben sich 60.000 Menschen versammelt. 90 Prozent von ihnen, womöglich gar 95, zittern, hoffen, bangen, beten und schreien mit Königsblau. Schalke 04, Altmeister, Lieblingskind des Reviers und Skandalnudel des deutschen Fußballs, steht vor dem Abstieg in die 2. Liga. Als Sechzehnter der abgelaufenen Erstligasaison müssen die Knappen in die Relegation gegen den Zweitligadritten. Der heißt Bayer 05 Uerdingen und hat das Hinspiel mit 3:1 für sich entschieden. Fußball-Deutschland zittert mit dem Altmeister. Machte man eine Umfrage unter den deutschen Fußballfans, würden wohl bestenfalls fünf Prozent der Befragten für einen Aufstieg Uerdingens plädieren (um ein repräsentatives Ergebnis zu erhalten, sollte man Dortmund bei der Umfrage allerdings außen vor lassen). Beim Duell "Altmeister gegen Graue Maus" schneiden die Uerdinger in der Kategorie "Beliebtheit" schlecht ab. In der sportlichen Bewertung hingegen sind sie den Schalkern turmhoch überlegen. Fünf Minuten vor Spielschluß sorgt Michael Schuhmacher mit seinem Treffer zum 1:1-Ausgleich für das endgültige Aus der Schalker Bundesligaträume und führt Krefeld-Uerdingen auf die Landkarte der Erstligastädte zurück. Dort will sie allerdings kaum einer haben - auch die Krefelder offensichtlich nicht. 7.193 Zuschauer hat Bayer 05 in seinen 19 Heimspielen der abgelaufenen Zweitligasaison durchschnittlich begrüßen können. Ziemlich mager für einen ambitionierten Spitzenklub.

Die Konkurrenz am Niederrhein ist groß. In Mönchengladbach, Düsseldorf, Köln und Duisburg wird ebenfalls Bundesligafußball gespielt, und dort kann man zudem auf etwas verweisen, was sie in Uerdingen nicht haben: Tradition. Bayer 05 Uerdingen ist kein Zugpferd, da hilft auch das neue, moderne, eckige Vereinswappen, das das wappenförmige Traditionsemblem abgelöst hat, nicht. "Wir sind zwar eine sogenannte graue Maus, aber manchmal laufen auch Elefanten vor Mäusen weg...", gibt sich Kapitän Matthias Herget dennoch kämpferisch.

Es ist Uerdingens dritter Aufstieg, weshalb das Team inzwischen auch "Fahrstuhlmannschaft" genannt wird. 1975 war das Bundesliga-Abenteuer nach nur einer Spielzeit wieder beendet gewesen, 1979 hatte man sich immerhin zwei Jahre unter den Top-teams tummeln können. Daß es 1983 erneut zur Rückkehr langen würde, überraschte selbst die Uerdinger. Eigentlich befand man sich nämlich im Umbruch. Trainer Biskup war im Verlauf der Aufstiegssaison 1982/83 entlassen worden, und sein Nachfolger Timo Konietzka hatte sich eigentlich vorgenommen, einen behutsamen Neuaufbau vorzunehmen. Daß er den nun eine Klasse höher fortführen muß, schreckt ihn keineswegs. "Ich bin zuversichtlich. Den Klassenerhalt können wir schaffen", läßt sich der frühere Dortmunder nicht von den großen Gegnern erschrecken.

Manfred Kroke und Trainer Quinkert – zwei Garanten für Uerdingens ersten von bislang fünf Aufstiegen in die 1. Bundesliga.

KAPITEL 5

in dem der FC Bayer 05 überraschend Pokalsieger wird, er einen Tag erlebt, an dem er vom ganzen Land geliebt und bewundert wird, und in dem er sich mit dem Elefanten verbündet.

Timo Konietzka ist ein schlauer Mann. "Wenn die Leute nicht freiwillig ins Stadion kommen, müssen wir ihnen etwas bieten, was sie woanders nicht zu sehen bekommen", sagt er und beschließt, das zu fördern, was Fußball so attraktiv macht: Offensivspiel. Nach 34 Spielen weist seine vor Saisonbeginn als "Abstiegskandidat Nummer 1" apostrophierte Mannschaft ein Tor-

verhältnis von 66:79 auf, belegt einen sensationellen zehnten Rang und wird ob ihrer mitreißenden Spielweise überall gelobt. Über 15.000 Menschen sind durchschnittlich zu einem Heimspiel der Blau-Roten gekommen. So viele, wie nie zuvor.

Zugleich hat Trainer Konietzka mit seiner ausgezeichneten Arbeit die Konkurrenz auf sich aufmerksam gemacht und nach Saisonende verläßt er Krefeld in Richtung Dortmund. Für ihn kommt "Kalli" Feldkamp, unter dem Bayer 05 in Dimensionen vorstößt, von denen man in Krefeld wenige Jahre zuvor nicht ein mal zu träumen gewagt hätte. Feldkamp verfeinert den bedingungslosen Angriffsfußball in ein wohlgeordnetes Offensivspiel, das unter dem Motto "Fußball mit Herz" steht und die sonst so reservierten Krefelder schlichtweg begeistert. Zudem ist es erfolgreich: Platz 7 ist ein großartiges Ergebnis für den Underdog. Doch dessen Saisonhöhepunkt ist damit noch gar nicht erreicht. Am 27. Mai 1985 werden Uerdingens Fußballer nämlich von rund 15.000 glückstrunkenen Menschen auf dem Krefelder Theaterplatz empfangen. So etwas hat die alte Eishockey-Hochburg noch nie erlebt! Das Areal ertrinkt förmlich in blauroten Fahnen, den Spielern steht der Stolz in den Gesichtern geschrieben. Tags zuvor haben sie Bayern München geschlagen und sensationell den DFB-Pokal errungen. Unter unerbittlich brennender Sonne hatten Feilzer und Schäfer den frühen Führungstreffer des turmhohen Favoriten aus München null und nichtig gemacht und damit für die Sensation gesorgt. Bayer 05 Uerdingen, die grauste aller grauen Mäuse, ist

Pokalsieger, darf die Bundesrepublik im Europapokal vertreten. Mittendrin Trainer Feldkamp und Manager Roder, die Väter des Erfolges. Sie haben Akteure wie Wolfgang Funkel, Karl-Heinz Wöhrlin, Larus Gudmundsson und Wolfgang Schäfer in die Grotenburg geholt und die Saat, die Timo Konietzka gesät hat, damit zu voller Blüte gebracht.

Plötzlich ist Bayer 05 wer, ist Uerdingen = Krefeld, wird der Klub von Stadt und Wirtschaft hofiert. Oberbürgermeister Dieter Pützhofen verspricht den Ausbau der Grotenburg – "für den Europacup"-, die Führung der Bayer AG verkündet, daß die Uerdinger "ab sofort das gleiche Geld wie Bayer 04 Leverkusen" erhalten werden. Die Welt der grauen Maus Bayer Uerdingen ist so rosarot wie nie zuvor. Und es kommt noch besser. 1985/86 belegt das Kollektiv um Matthias Herget, dem ersten Uerdinger Nationalspieler, sensationell Platz 3 und trumpft nebenbei in Europa auf. Nach dem maltesischen Appetithäppchen Zurrieq FC räumen die Uerdinger mit Galatasaray Istanbul einen ersten renommierten Gegner aus dem Feld. Im Viertelfinale treffen sie auf Dynamo Dresden, mit dem sie sich eine der dramatischsten Schlachten der EuropapokalGeschichte liefern. Nach einer 0:2-Schlappe in Dresden und einem 1:3-Halbzeitrückstand im Rückspiel in der Grotenburg sind Bayers Lichter im Grunde genommen schon ausgegangen, als Wolfgang Funkel mit dem Anschlußtreffer zum 2:3 noch einmal Hoffnung schürt und den Uerdinger Kampfgeist anstachelt. Mit unwiderstehlicher Leidenschaft, die der des KSC bei dessen legendärem 7:0 über Valencia in nichts nachsteht, drehen die Bayer-Fußballer das Spiel noch um und ziehen mit einem 7:3-Sieg ins Halbfinale ein. Vor den Fernsehschirmen hockt derweil die Fußballnation und staunt, was für ein schillerndes Vögelchen Bayer Uerdingen sein kann. Vor dem Halbfinale gegen Atlético Madrid gehen in der Bayer-Geschäftsstelle Kartenwünsche aus dem ganzen Land ein. Deutschland hat sein Herz für Uerdingen entdeckt, und Bayer 05 hat den Gipfel seiner Beliebtheit erreicht.

Uerdingens Fußballhimmel hängt voller Geigen. Bayer 05 ist fest etabliertes Mitglied der Beletage und auf dem Weg, zu einer festen Größe in Europa zu werden. 1986/87 kommt im UEFA-Cup erst in Runde 3 gegen Barcelona das Aus. Doch das Image der "grauen Maus" schimmert schon längst wieder durch. In der Erfolgssaison 1985/86 sind durchschnittlich lediglich 11.264 Zahlende in die Grotenburg gekommen – so wenige hatte ein Bundesligadritter noch nie anlocken können. 1988/89 – das Team ist auf Rang 13 zurückgefallen – unterschreitet der Schnitt erstmals die 10.000er Marke (9.827); 1990/91 sinkt er gar auf das Rekordtief von 7.891 herab. Die Ursachen sind klar und unerbittlich hart: Bayer Uerdingen ist es nicht gelungen, zum Verein Krefelds zu werden. Das fehlende Geld – die Bayer AG hat trotz gegensätzlicher Ankündigung voll auf die Trumpfkarte Bayer 04 Leverkusen gesetzt –, das wenig komfortable Stadion, die fehlende Tradition und die Konkurrenz im Umfeld lassen Bayer kaum Spielraum. In seiner Not bemüht sich der Klub um die Jugend und baut ein Nachwuchsförderungssystem auf, das später von vielen kopiert wird. Während Bayer Uerdingen im Jugendfußball Vorbildfunktion übernimmt, sinkt die Aktie der Bundesligakicker von Saison zu Saison tiefer. 1990/91 wird der Tiefpunkt erreicht: Abstieg. Da hilft auch nicht, daß man inzwischen aus dem „Graue-Maus-Image" eine clevere Tugend gemacht und einen Elefanten zum Vereinsmaskottchen erklärt

Spielklassen	
1963/64 – 70/71	Verbandsliga Niederrhein
1971/72 – 73/74	Regionalliga West
1974/75	2. Bundesliga Nord
1975/76	1. Bundesliga
1976/77 – 78/79	2. Bundesliga Nord
1979/80 – 80/81	1. Bundesliga
1981/82 – 82/83	2. Bundesliga
1983/84 – 90/91	1. Bundesliga
1991/92	2. Bundesliga Nord
1992/93	1. Bundesliga
1993/94	2. Bundesliga
1994/95 – 95/96	1. Bundesliga
seit 1996/97	2. Bundesliga

hat. Frei nach dem 1983 von Kapitän Herget geäußerten Slogan "...manchmal laufen auch Elefanten vor Mäusen weg...", ist der "Grotifant" entstanden, der Glücksbringer, geschickter Marketingschachzug und symbolträchtiges Maskottchen in einem ist. Es wirkt: 1992 schafft Bayer zum vierten Mal den Aufstieg ins Oberhaus.

KAPITEL 6

in dem Bayer 05 seine Fahrstuhlleidenschaft wiederentdeckt, von seinem langjährigen Partner verlassen wird und sich allmählich von den großen Bühnen verabschieden muß.

Eine Scheidung nach 42 Jahren tut weh. Doch den Uerdinger Fans stehen keineswegs Tränen in den Augen, als die Bayer AG im Sommer 1995 ihre Siebensachen packt und aus der Grotenburg auszieht. Eine Ära geht zu Ende. In Uerdingen ist man geneigt, dies als Chance zum Neubeginn zu betrachten, als Möglichkeit, eine eigene Identität abseits des Images vom "Werksklub" aufzubauen. Die Verantwortlichen vom Chemiewerk hatten ohnehin schon lange keine Lust mehr auf Bayer 05 gehabt und sich zunehmend auf den Leverkusener Hauptklub konzentriert. Da war wenig übriggeblieben für Uerdingen. "Wenig Moos – schweres Los", hatte der »kicker« geschlagzeilt, nachdem Bayer 1994 zum fünften Mal binnen zwanzig Jahren ins Oberhaus aufgestiegen war. Wie schon viermal zuvor übrigens auch diesmal "sensationell", denn ein Jahr zuvor wäre Bayer beinahe noch in die Drittklassigkeit abgestiegen. Nicht zu Unrecht zieht das Fachblatt einen Vergleich mit einem "Bungee-Jumper". Ähnlich müssen sich Uerdingens Fans fühlen. Hin- und hergerissen zwischen 1. und 2. Liga, neidisch nach Leverkusen guckend, wo inzwischen ein topmodernes Stadion entstanden ist und erste Erfolge eingefahren werden, grollten sie lange Zeit still in sich hinein. Als nun die Bayer AG die Scheidung einreicht, sieht man in Uerdingen plötzlich Licht am Horizont. Im letzten Jahr unter dem weltumspannenden Kreuz kann Bayer 05 sportlich an alte Erfolgszeiten anknüpfen und sich – wie üblich als Abstiegskandidat Nummer 1 apostrophiert – Platz 15 und damit die Klasse sichern.

Das erste Jahr unter dem neuen Namen "Krefelder Fußball-Club Uerdingen 05" wird zum Debakel. Chancenlos dümpeln die von Friedhelm Funkel trainierten Blau-Roten vom ersten Spieltag an im Tabellenkeller. Ganze 33 Tore bringen lediglich 26 Punkte, was zu Platz 18 und dem erneuten Abstieg führt. In Uerdingen gehen die ersten Lichter aus. Ein letztes Mal waren die Fans in die Grotenburg geströmt – wiewohl der Schnitt von knapp 11.000 vornehmlich den zugkräftigen Gastspielen der Dortmunder, Schalker und Bayern zu verdanken gewesen war. Der KFC Uerdingen ist out; die Hoffnung auf ein neues Image

· Friedhelm Funkel und der DFB-Pokal. Der 26. Mai 1985 zählt
· zu den ganz großen Tagen in der Historie der grauen Maus aus
· Uerdingen.

zerplatzt. Uerdingen bleibt Uerdingen, ob als Bayer 05 oder als KFC. Statt dessen gibt es plötzlich ungewohnten Krach hinter den Kulissen des Vereins, der jahrzehntelang als Hort der Harmonie galt. Der neue Vereinsboß, Krefelds Kinderklinikchef Professor Dr. Hermann Schulte-Wissermann, paßt nach Ansicht von Beobachtern zum Fußball "wie ein Pinguin in die Sahara", und Schatzmeister Dr. Schultz gerät in den Verdacht, den Verein "totsparen" zu wollen. Sportlich blutet Uerdingen aus. Heintze, Meijer, Dreher, Paßlack, Laessig und Lesniak gehen, wobei die knapp 6 Mio. Mark Transferüberschuß nach Ansicht der Vereinsführung "nur im Notfall für weitere Verstärkungen ausgegeben" werden sollen. Der "Notfall" tritt nicht ein. Noch nicht. 1996/97 wird Uerdingen Neunter der 2. Liga, was angesichts des totalen Neuaufbaus keineswegs enttäuschend ist, zumal die Mannschaft in einigen Spielen bereits ihr Potential angedeutet hat. Andererseits ist der KFC allerdings mehr denn je graue Maus – da hilft auch kein Grotifant mehr. Exakt 3.436 Besucher lockten die Rot-Blauen durchschnittlich in die Grotenburg. Nur Fortuna Köln und die SpVgg. Unterhaching haben noch weniger Fans.

Kapitel 7

in dem der KFC traurig vor den Trümmern seines Lebens steht, von fast allen verlassen ist und dennoch Hoffnung hat.

Die Talfahrt hält an. 1997 übernimmt Jürgen Gelsdorf das Training, doch hinter den Kulissen regiert das Chaos. Geschäftsführer Edgar Geenen, der dem Klub in seinen sechs Amtsjahren ein ausgezeichnet funktionierendes professionelles Gewand verschafft hat, geht zu München 1860; und auch Lizenzspielleiter Klaus Janzen nimmt seinen Hut. Der bei Fans und Spielern gleichermaßen beliebte Gelsdorf steht ständig in der Kritik, obwohl er unter den gegebenen Umständen großartige Arbeit leistet und den KFC immerhin auf Rang 13 führt. Nach Saisonschluß kommt es zu einem erneuten Ausverkauf. Als im Sommer 1998 selbst Galionsfigur Claus-Dieter "Pele" Wollitz seinen Abgang ankündigt, platzen den wenigen noch verbliebenen KFC-Fans die Kragen. Erstmals kommt es zu Protesten, die sich vornehmlich gegen die Vorstandsetage richten. Ihr wird vorgeworfen, den KFC mutwillig zerstören zu wollen - eine Einschätzung, die Ex-Trainer Funkel indirekt bestätigt: "Zwei Jahrzehnte lang war Uer-

dingen ein sehr gut geführter Verein. Die Vereinspolitik stimmt nicht mehr. Der Klub wurde die letzten zwei Jahre völlig ausgeblutet. Es kommen ganz schwere Zeiten auf Uerdingen zu, die Führung hat den Respekt der Zuschauer in Krefeld verspielt", orakelt er. Derweil ereignet sich ein ziemlich dubioser Vorfall, als der KFC kurz vor Beginn der Saison 98/99 aus finanziellen Erwägungen plötzlich seine Amateurmannschaft aus dem Spielbetrieb der Oberliga Nordrhein zurückzieht und damit Absteiger SV Straelen die Klasse sichert. Sponsor der Straelener ist der Bauunternehmer Hermann Tecklenburg, zugleich Lizenzspielleiter des ... KFC Uerdingen. Die Fans schreien Zeter und Mordio, wittern Verrat, schimpfen, Tecklenburg habe Uerdingens Amateurmannschaft "geopfert". Tecklenburgs Vorgänger Geenen, inzwischen mit 1860 in der ersten Liga etabliert, kommentiert vielsagend: "Eine traurige Geschichte." Weihnachten 1998 verbringt der KFC Uerdingen 05 auf dem vorletzten Tabellenplatz der 2. Bundesliga. 13 Punkte stehen auf dem Konto, daheim haben die Krefelder bereits fünfmal verloren. Ganze 2.900 Zuschauer haben sich die Auftritte der inzwischen vom Niederländer Henk ten Cate betreuten Ex-Werkskicker noch, man muß es so deutlich sagen, "angetan". Die Zukunft der Uerdinger sieht düster aus. Der Abstieg in die Regionalliga wird nur schwer zu vermeiden sein, auch wenn der Jahresauftakt 1999 mit einem 4:1 über Fortuna Düsseldorf hoffnungsvoll ausfiel. Wie es nach dem vermutlichen Abstieg weitergehen wird, steht in den Sternen. Aber der KFC hat auch Hoffnung: Seinen Nachwuchs. 1998 holte sich die A-Jugend den DFB-Jugendkicker-Pokal, und wenn man sich auf den Fußballfeldern Europas umschaut, dann wird ohnehin rasch deutlich, über welches Potential die Uerdinger schon seit Jahren verfügen. Bierhoff, Laudrup, Chapuisat, Meijer, Heintze, Kuntz, Dogan, Paßlack, um nur einige zu nennen – alle haben schon einmal das blau-rote Jersey der Uerdinger getragen. Da werden doch wohl auch 1999 wieder ein paar Hoffnungsträger dabei sein.
Hardy Grüne

SV Waldhof Mannheim

Mannheim-Waldhof, ein schier undurchdringbares Wirrwarr an Straßen, Häusern und Industrieanlagen. Mittendrin der Alsenweg. Hier kam Herberger her, hier hat Otto Siffling, dieses viel zu früh verstorbene Riesentalent der dreißiger Jahre, gespielt, hier erlernte Jürgen Kohler den Umgang mit dem Lederball. Mannheim ist – gemeinsam mit Karlsruhe – Pionierstadt des Fußballs in Deutschland. Dennoch fehlte die Stadt bei Gründung der 1. Bundesliga und brauchte zwanzig Jahre, ehe sie erstmals in der Eliteliga vertreten war. Und als es endlich soweit war, da sah Mannheim doch keinen Bundesligafußball, denn Aufsteiger Waldhof mußte auf die andere Rheinseite nach Ludwigshafen umziehen. Weil Mannheim kein geeignetes Stadion hatte. Manchmal schlägt das Schicksal eben abstruse Schnäppchen.

Provinzposse auf historischem Boden

Als die Quadrantenstadt 1994 endlich eine bundesligataugliche Arena bekam, war das Kind längst in den Brunnen gefallen. Drei Jahre nach Eröffnung des wunderschönen Carl-Benz-Stadions stieg der SV Waldhof in die Regionalliga ab und empfängt seither unter erstligagerechten Umständen drittklassige Gegner. Aufgerieben vom Dauerexil und zermürbt von der schier endlosen Debatte um den Stadionbau ist Waldhof auch an der Unentschlossenheit der Mannheimer Stadtväter und -mütter gescheitert. Daß Mannheim derzeit weder einen Erst- noch einen Zweitligisten hat, muß sich die Stadt zweifelsohne im gehörigen Ausmaße selbst zuschreiben.

Seiner Rolle als Fußball-Pionierstadt kam Mannheim häufig nur ungenügend nach. Im Januar 1974 beispielsweise erklärte der damalige Oberbürgermeister Dr. Ratzel, Mannheims Fußballfans sollten, wenn sie Bundesligafußball sehen wollten, "nach Ludwigshafen ins Südweststadion fahren", da Mannheim "kein Geld für ein Bundesligastadion" habe. Nun war seinerzeit eine

Bundesligabilanz	
Bundesligajahre:	1983/84 - 89/90
Gesamt:	7 Jahre
Beste Plazierung:	Platz 6 (1984/85)
Ewige Tabelle:	Platz 23, 238 Spiele, 71 Siege, 72 Unentschieden, 95 Niederlagen, 299:378 Tore, 285 Punkte
Ø Plazierung:	Platz 12
Top-Spieler:	Uwe Zimmermann (215), Roland Dickgießer (208), Karl-Heinz Bührer (182), Alfred Schön (151), Dimitrios Tsionanis (146)
Top-Torjäger:	Fritz Walter (55), Karl-Heinz Bührer (42), Thomas Remark (18), Uwe Freiler (15), Gerd Dais (15)

solche Arena aus sportlichen Gründen gar nicht nötig - Waldhof hatte sich mit Mühe und Not die Qualifikation für die 2. Liga Süd gesichert, in die Lokalrivale VfR nur nachrückte, weil Hessen Kassel so dumm gewesen war, zum allerfalschesten Moment aus der Regionalliga abzusteigen –, dennoch erregte das offenkundige Desinteresse der Stadtoberen an ihren lokalen Klubs aus nachvollziehbaren Gründen die Gemüter. Mannheims Stadtoberhäupter hatten noch andere Tricks auf Lager. 1979 wollten sie ihre Lokalmatadore VfR und SV Waldhof sanft zur Fusion "zwingen", indem sie einem gemeinsamen Klub die direkte Finanzierung aus der Stadtkasse in Aussicht stellten. Ein Ansinnen, das vom Regierungspräsidium in Karlsruhe – ebenfalls aus nachvollziehbaren Gründen – gestoppt wurde. Die Krönung aber war die jahrelange Debatte um das Carl-Benz-Stadion, in deren Verlauf so ziemlich alles bis ins kleinste Detail geregelt wurde: Anzahl der Spiele, Anstoßzeiten, Spieltage usw. Der Fußball geriet dabei ein klein wenig zur Nebensache. Glücklicherweise vergaß man zumindest, den Bratwurstgrillern Auflagen zu machen, wohin ihr Rauch abzuziehen hat...

Als 1963 die Bundesliga vom Stapel lief, war die Debatte um den Stadionbau bereits sieben Jahre alt. Am 22. September 1956 hatte der »Mannheimer Morgen« "Mittel für den Stadionausbau sind vorhanden" gemeldet und mitgeteilt, daß eine erste Rate von 300.000 Mark nun bereitstehen würde. Insgesamt, so das Blatt, sollten 1,2 Mio. Mark aufgebracht werden, damit sich das auf dem heutigen Stadiongelände befindliche damalige Rhein-Neckar-Stadion "im Jahre des Stadtjubiläums den zu erwartenden Gästen und Sportfreunden in einer besseren Verfassung darbieten wird". Eröffnet wurde das Carl-Benz-Stadion am 25. Februar 1994. Rund 38 Jahre später.

Dem "Sport-Verein Waldhof von 1907 e.V." war das seinerzeit relativ egal. Er spielte am Waldhöfer Alsenweg, wo inmitten eines eher häßlichen Wohngebietes eine schmucke Fußballarena lag (und liegt), die seit 1924 Heimat der Schwarz-Blauen war. Einst "Platz an den Schießständen" getauft, hieß sie inzwischen schlicht "Waldhof-Stadion", denn der Name "Waldhof" war längst zum Gütesiegel geworden. Seit den dreißiger Jahren schwärmten die Fußballexperten schon von der Jugendschule der Schwarz-Blauen, die unzählige berühmte Namen hervorgebracht hatte. 1963 war es um die "Waldhof-Buben" allerdings nicht allzu gut bestellt. Ein Jahr zuvor waren sie zum dritten Mal aus der Oberliga abgestiegen und hatten sich gar nicht erst Hoffnungen machen müssen, bei der Bundesligagründung dabeizusein. Dank des treffsicheren "S-Sturms" (Schmitt, Schlüter, Schöttle, Sinn und Straub) gelang ihnen aber zumindest die Qualifikation zur Regionalliga Süd, in die auch der VfR sowie Nachbar Amicitia Viernheim aufgenommen wurden.

Während Viernheim sich am Saisonende für immer aus dem höherklassigen Fußball verabschiedete, dümpelten sowohl VfR als auch Waldhof bis weit in die sechziger Jahre ziel- und hoffnungslos im Mittelfeld herum. 1965 und 1966 belegte Waldhof mit Platz 4 bzw. 3 zumindest optisch ansprechende Positionen. Für gewöhnlich aber rissen die Schwarz-Blauen keinerlei Bäume aus und rangen statt dessen mit dem VfR um die Vormachtstellung in Mannheim. Die Fans wandten sich mit Grauen ab. Nur wenn die beiden so unterschiedlichen Klubs – Waldhof mit dem Image eines Arbeitervereins, der VfR als klassischer Vertreter des "Lackschuhklubs" – aufeinandertrafen, wurde Mannheim kurzzeitig zur Fußballhochburg. Im September 1964 beispielsweise wohnten rund 18.000 Zuschauer dem Lokalderby bei und sahen einen 1:0-Sieg des SVW. Von der Bundesliga zu sprechen erübrigte sich sowohl für den VfR als auch den SV Waldhof. Nur einmal, in der Saison 1965/66, ließen die Waldhöfer unter Trainer Hoffmann kurzzeitig Hoffnungen aufkommen. Nach mäßigem Start hatte sich das Team zum Jahreswechsel bis auf Rang 4 hochgearbeitet, doch Heimniederlagen gegen Ingolstadt, Freiburg und Fürth durchkreuzten in der Rückserie die Chancen auf das Erreichen der Aufstiegsrunde. Am Ende wies Waldhof als Drittplazierter neun Punkte Rückstand auf Vizemeister Offenbach auf.

Mittelmaß wollten die Mannheimer nicht sehen. Selbst beim Lokalderby gingen die Zuschauerzahlen bedrohlich in den Keller. Am 28. September 1968 wurden nur noch

7.000 Zahlende am Alsenweg gezählt, die sich über ein 1:1 der alten Rivalen freuten. Fünf Monate später beschloß die Generalversammlung der Waldhöfer, ihren Klub in "Sport-Verein Waldhof-Mannheim" umzubenennen, um die Verbindung zu Mannheim deutlicher zu machen. Der neue Name brachte kein Glück. Am 17. August 1969 – dem ersten Spieltag der Saison 1969/70 - erreichte die schleichende sportliche Talfahrt (1966/67: Platz 11, 67/68: 12, 68/69: wiederum 11) neue Dimensionen, als der FSV Frankfurt vor knapp 3.000 Zuschauern mit einem 3:0 beide Punkte vom Alsenweg entführte. Plötzlich geisterte das Abstiegsgespenst durch Waldhof. "Die Waldhöfer haben nichts dazugelernt. Ihr Spiel ist genau so auf den Zufall abgestimmt – nur mit noch weniger Harmonie -, als in der vergangenen Saison. Mit Leistungen wie dieser werden sie in der langen, kräfteraubenden Saison einen schweren Stand haben", fällte der »Mannheimer Morgen« ein vernichtendes Urteil. Auch drei (!) Trainerwechsel konnten den Abstieg nicht verhindern. Am 2. Mai 1970 sorgte eine 2:7 Schlappe in Villingen für das Aus. Erstmals mußte Waldhof in die Drittklassigkeit. "Auf Wiedersehen im nächsten Jahr", ließ der »Mannheimer Morgen« in einem Sketch den auf einem mit "Regionalliga" beschrifteten D-Zug sitzenden VfR zum aus dem fahrenden Zug gefallenen Kollegen aus Walhof sagen – und traf den Nagel auf den Kopf: 1970 stieg auch der VfR ab, und die Fußball-Pionierstadt Mannheim war ohne Zweitligist.

Der Niedergang der Traditionsklubs war Wasser auf die Mühlen der Fusionsbefürworter. Schon des öfteren hatten sie gefordert, VfR und SVW zu vereinen, um die kollektive Talfahrt zu stoppen. Nun wurde es langsam dramatisch, denn aus der einst befruchtenden Konkurrenz war längst ein hinderliches Übel geworden. Schon kurz vor Einführung der Bundesliga hatte man über einen Zusammenschluß nachgedacht, war jedoch nach Aussage des damaligen SVW-Präsident Esser "nie über ein kurzes Gespräch" hinausgekommen. Im September 1966 hatte sich Oberbürgermeister Krause in die Fusionsdebatte eingeschaltet.

"Was seit Jahren inoffiziell diskutiert und offiziell gefordert wurde, soll nun öffentlich gefördert werden", kommentierte der »Mannheimer Morgen« und berichtete, daß nach Aussage von Krause "Industrie- und Wirtschaftskreise bereit sind, dem neuen Verein eine Starthilfe zu geben". Doch der "1. FC Mannheim" kam nicht. Nicht 1966, nicht 1970, als die Chance wegen der gemeinsamen Drittklassigkeit von VfR und SVW so günstig wie nie zuvor war, nicht 1979, als beide Klubs erneut kurz vor dem finanziellen Aus standen, und auch nicht 1997, als man sich praktisch schon einig war, die ganze Geschichte dann kurz vor ihrem Abschluß aber erneut platzte. Einer der Hauptgründe war (und ist), daß SVW und VfR stets nur in die unmittelbare Zukunft – und zwar vor allem die eigene - schauten. 1970 beispielsweise wollte der VfR "erst einmal die Entwicklung der laufenden und der kommenden Saison in aller Ruhe abwarten". Ein Jahr später stieg auch er ab und guckte ziemlich dumm aus der Wäsche. Im Grunde genommen können sich Waldhof und VfR schlicht und einfach nicht leiden, und eine Ehe ist angesichts der Animositäten auf beiden Seiten schwer vorstellbar.

Waldhof Mannheim ging mit neuer Führung und neuformiertem Kader in die erste Drittligasaison der Vereinsgeschichte, welche mit dem glänzenden Torverhältnis von 102:25 meisterlich beendet wurde. In der anschließenden Aufstiegsrunde scheiterten die Schützlinge von Klaus Sinn jedoch im Entscheidungsspiel an Ludwigsburg 07. Ein Jahr später waren die "Buben" wieder da. Souverän verteidigte das Team um Kapitän Rolf Lederer seinen Titel und setzte sich in der Aufstiegsrunde glücklich gegen Singen 04 durch. Vor 15.000 Zuschauern im neutralen Offenburg sorgte Torjäger Bernd Bartels mit dem Tor des Tages für die Rückkehr in die Regionalliga. Sportlich wieder zweitklassig, plagten Waldhof jedoch finanzielle Probleme. Sponsoren waren rar, und es mußten neue Ideen her. Präsident Burger, Finanzchef Zeilinger und Spielausschußvorsitzender Wetzel hatten eine solche: Am 27. Juli 1972 ließen sie die Mitgliederversammlung über eine erneute Namensänderung abstimmen. Aus dem Traditionsklub sollte "Chio Waldhof 07" werden, da daß im benachbarten Frankenthal ansässige Kartoffelchips-Werk für diesen Fall eine kräftige finanzielle Unterstützung angeboten hatte. 95% der Mitglieder stimmten zu, und auf dem SVW-Konto gingen 190.000 Mark ein, die sich der Chipsriese die zunächst auf zwei Jahre befristete Zusammenarbeit kosten ließ.

Bessere sportliche Zeiten kamen unter dem Chio-Banner nicht zustande. Zwar qualifizierten sich die Waldhöfer 1974 souverän für die zweigleisige 2. Bundesliga, doch bis der Vertrag mit Chio im Sommer 1978 auslief, kamen sie im Profi-Unterhaus nicht über Mittelmaß hinaus. Immerhin war man seit 1975, als Lokalrivale VfR dauerhaft in der Drittklassigkeit verschwand, Nummer 1 von Mannheim. Kaufen konnten sich die Waldhöfer davon allerdings nichts – und zwar im wahrsten Sinne des Wortes. Die Zuschauerzahlen stagnierten (Schnitt 1974/75: 5.800), Sponsoren wurden auch nicht zahlreicher, und das Dauerthema "Fusion" war

de sich nur etwas tun, wenn es zur Fusion käme. Doch nur zwei Monate später sorgte Oberbürgermeister Dr. Ratzel für Verärgerung, als er anläßlich einer Sportlerehrung meinte, daß "Mannheims Fußballfans nach Ludwigshafen fahren sollen, wenn sie Bundesligafußball sehen wollen". Will heißen: Sollte der SVW jemals erstklassig werden, wollte Ratzel den Klub lieber ins Ludwigshafener Exil schicken, statt in Mannheim ein Stadion zu bauen. Mannheims Stadtväter gingen ohnehin wenig geschickt vor, denn sie setzten die Vereine unter enormen Zeitdruck, und provozierten damit das erneute Scheitern. Während sich die Mitglieder des VfR diesmal für "Ja" entschieden, votierten rund 470 der 550 stimmberechtigten Waldhof-Mitglieder für "Nein". Im Vergleich zu 1970 war es diesmal der Waldhof, dem es besser ging...

Während die Zweitligakicker des SVW sich in der Bedeutungslosigkeit tummelten und regelmäßige Niederlagen gegen Teams wie Röchling Völklingen oder Würzburger Kickers erlitten, wuchs auf dem Waldhof etwas ganz besonderes heran. 1975 wurde Waldhofs A-Jugend um einen gewissen Paul Steiner badischer Jugendmeister und zog in die Endrunde um die deutsche Meisterschaft ein, wo sie nur unglücklich am VfB Stuttgart scheiterte. Von der Mannschaft sollte noch zu hören sein. Im Seniorenbereich konzentrierte man sich derweil darauf, den alljährlich drohenden Abstieg zu vermeiden. 1978/79 wäre es beinahe soweit gewesen. Der mit Saisonbeginn wieder "SV Waldhof-Mannheim" genannte Klub konnte sich erst am vorletzten Spieltag mit einem torlosen Unentschieden beim direkten Konkurrenten Hanau 93 den Klassenerhalt sichern. Perspektiven hatte man am Alsenweg nur wenige. Die Zuschauerzahl war weiter zurückgegangen, die Attraktivität des SVW in der Region tendierte gegen Null. Als Hoffnungsträger blieb lediglich die A-Jugend, die 1978 bis in die Zwischenrunde um die deutsche Meisterschaft vorgedrungen war. 1980 konnten die Waldhof-Buben dann den großen Triumph feiern. In der Aufstellung Uwe Zimmermann, Pando Tsionanis, Pennese, Dimitrios Tsionanis, Quaisser, Rühl (21. Weixler), Rahn, Schön, Kispert (41. Weißenseel), Emig und Egbert Zimmer-

---

1. Spieltag Saison 1963/64

Regionalliga Süd, 4. August 1963, SV Waldhof - SpVgg. Fürth 3:3, 6.000 Zuschauer - Helmut Maklicza, Albert Preis, Walter Walz, Günter Schilling, Höfig, Rolf Lederer, Heinz Schmitt, Alfred Brecht, Werner Müller, Artur Schlüter, Richard Straub - Tore: 1:1 Schlüter (39.), 2:2 Brecht (48.), 3:2 Brecht (68.)

18. Spieltag Saison 1998/99

Regionalliga Süd, 28. November 1998, Wacker Burghausen - SV Waldhof 0:1, 1.400 Zuschauer - Marius Todericiu, Lamine Cissé (60. Guido Hoffmann), Vilmar Santos, Dariusz Pasieka, Borges, Ronny Ernst, Yahaya Mallam, Milenko Vukcevic (55. Werner Protzel), Rüdiger Rehm, Carsten Lakies, Jörg Kirsten (63. Attila Birlik) - Tor: 0:1 Richter (65., Eigentor) - Rot: Rehm (71.)

---

ebenfalls mal wieder geplatzt. Im Dezember 1973 waren die Verhandlungen im Schatten der nahenden 2. Bundesliga so weit wie noch nie fortgeschritten gewesen. Auch die Stadt Mannheim hatte Druck ausgeübt und erklärt, in Sachen Stadionausbau wür-

mann schlugen sie im Endspiel Schalke 04 mit 2:1 und legten den Grundstein zum "Wunder Waldhof", das nun seinen Lauf nahm.

Zuvor aber bestimmte noch einmal das Thema Fusion die Schlagzeilen. Im Februar 1979 hatte die Stadt Mannheim mit dem Vorschlag, bei einer Fusion rund 2 Mio. Mark springen zu lassen, aufgewartet. Wenige Tage darauf hatte sich die SVW-Vereinsführung mit der düsteren Erklärung, "ohne Fusion und ohne städtische Finanzhilfe keine Möglichkeit mehr zu sehen, den Spielbetrieb im bisherigen Umfang fortzuführen" zu Wort gemeldet. Die Zeichen standen deutlich auf Zusammenlegung, als das Stop-Signal aus Karlsruhe kam. Der dort ansässige baden-württembergische Regierungspräsident Trudert Müller verfügte die Sperrung von 1,7 Mio. Mark im Haushalt der Stadt Mannheim, mit denen man die Fusion hatte fördern wollen. Weil es eine "indirekte Förderung des Berufssports" sei. Wieder nix mit dem 1. FC Mannheim.

Drei Jahre später feierte Waldhof den Aufstieg in die 1. Bundesliga. Ein Triumph, auf den zunächst nichts hingedeutet hatte. Im Gegenteil: "Der Gürtel wird noch enger geschnallt!", hatte die Vereinsführung nach den geplatzten Fusionsgesprächen im Frühjahr 1980 erklärt, woraufhin nur mühevoll die Qualifikation zur eingleisigen 2. Liga gelungen war. Dort hatten die seit Juli 1980 von Klaus "Schlappi" Schlappner trainierten Buben wider Erwarten großartig aufgetrumpft. Am 22. August 1981 hatten die Medien ihnen sogar "Bundesliga-Niveau" bescheinigt, weil sie Tabellenführer Offenbach mit 3:1 besiegt hatten. Das Erfolgsrezept war – natürlich - der eigene Nachwuchs. Zwölf Akteure jener Mannschaft, die 1982/83 in die Bundesliga aufstieg, stammten aus der eigenen Jugend - Alfred Schön, Uwe Zimmermann, Ulf Quaisser, Dieter Schlindwein, Roland Dickgießer, Karl-Heinz Bührer, Jürgen Makan, um nur einige zu nennen. Und auch das 1980 nach

Mönchengladbach gewechselte Riesentalent Uwe Rahn lieferte einen erheblichen Beitrag zum Aufstieg, denn, so Trainer Schlappner, "mit den 350.000 Mark Ablöse können wir die Gehälter der anderen finanzieren". Ergänzt wurde das Erfolgsteam durch talentierte Nachwuchsspieler wie den aus Weinheim gekommenen Fritz Walter sowie Routiniers wie Sebert, der bereits seit 1956 das Waldhof-Trikot trug, und den aus Freiburg geholten Paul Linz.

Ein wesentlicher Anteil am "Wunder Wald-

Waldhof in der Bundesliga - und im Ludwigshafener Südweststadion

hof" gebührt natürlich Trainer Schlappner. Der Disziplinfanatiker und Hobby-Komponist (in dem von ihm mitverfaßten Vereinslied "Hey, Super Waldhof" heißt es u.a. "Der Es-Vau-We spielt superstark, das geht uns allen bis ins Mark. Wir schreien uns die Kehle heiser: Der Es-Vau-We wir Mei-ei-eister") lieferte der Ansammlung von Ausnahmetalenten mit seiner Willenskraft und Begeisterung den notwendigen Orientierungsrahmen. Dabei griff er auch auf ungewöhnliche Methoden zurück. Ein Beispiel: Als Schlappner 1980 kam, gab es 18 Junggesellen beim SV Waldhof. Drei Jahre später hatten sieben Mal die Hochzeitsglocken geläutet. Schlappner schwor eben noch auf den Geist der Familie. Zweifelsohne trug der autoritäre Elektromeister mit derartigen Maßnahmen zum sportlichen und letztendlich auch wirtschaftlichen Aufschwung Waldhofs bei. Allerdings weist seine Biographie auch ein paar düstere Seiten auf. So kandidierte er beispielsweise 1967 in seinem Heimatort Biblis für die NPD, forderte den Afrikaner Akpoborie im Training einmal auf, einen Schneemann zu bauen, und äußerte sich über die im Lauf der Jahre bedrohlich anwachsende rechtsradikale Szene beim SVW stets mit "das sind doch alles ganz normale Jungs". Schlappners väterlich-autoritäre Art ließ die Waldhof-Buben zur Höchstform auflaufen, und sein offensiv orientierter Fußball kam beim Publikum bestens an. Spätestens mit dem 16. Mai 1983, als ein 3:3 in Duisburg den Aufstieg perfekt machte, stieg die bundesweite Beliebtheitskurve des SVW exorbitant an. Plötzlich war Waldhof wer!

So ganz ungetrübt war Mannheims Fußball-Himmel allerdings nicht. Der erzielte Zuschauerschnitt von 7.016 lag zwar über dem vor Saisonbeginn anvisierten, war für einen sportlichen Überflieger wie den SVW aber dennoch erstaunlich mager. Und dann war da natürlich das Stadionproblem. "Diese Mannschaft hat der Stadt Mannheim Ehre gemacht. 20 Jahre Fußballhunger werden jetzt gestillt", hatte Bürgermeister David auf dem Empfang der Aufstiegsmannschaft noch gejubelt. Doch Mannheim hatte nun zwar einen Bundesligisten, aber keine entsprechende Arena. So wurde Mannheim Bundesligastadt, und wurde es doch nicht. Südweststadion Ludwigshafen hieß das Ausweichdomizil – wie 1974 von Oberbürgermeister Dr. Ratzel angekündigt. Fortan mußten die SVW-Fans über die große Rheinbrücke in ein anderes Bundesland (Rheinland-Pfalz) fahren, was bei ihnen gar nicht gut ankam. Es begann eine Diskussion, die mit dem Begriff "Provinz-

posse" noch wohlwollend harmlos umschrieben ist. "Ausbau des Waldhof-Stadions am Alsenweg", "Ausbau des Rhein-Neckar-Stadions in Neuostheim" oder "kompletter Neubau auf dem Gelände des Rhein-Neckar-Stadions" waren die Varianten, über die man sich noch stritt, als der SVW längst wieder in die 2. Liga abgestiegen war. Und das war immerhin erst sieben Jahre später, denn sportlich hatte der Umzug ins Südweststadion zunächst keine negativen Folgen. Die Schlappner-Buben, wie sie inzwischen bundesweit genannt wurden, trumpften schon im ersten Spiel gegen Titelfavorit Werder Bremen auf und sicherten sich vor 42.000 begeisterten Zuschauern beide Punkte. Am Saisonende belegten sie einen ausgezeichneten elften Platz und wurden als "Belebung für die Bundesliga" gefeiert. Auch der Zuschauerschnitt von 25.200 konnte durchaus zufriedenstellen. Zugleich gab es Hoffnungsvolles aus dem Jugendbereich zu berichten. Sowohl A- als auch B-Jugend des SVW qualifizierten sich 1984 für die Endrunde um die deutsche Meisterschaft; und mit Jürgen Kohler, Maurizio Gaudino etc. reiften bereits die nächsten Talente heran.

Nach der glänzenden Auftaktsaison etablierte sich der SVW überraschend problemlos in der Eliteliga. Im zweiten Bundesligajahr winkte sogar der Sprung in den UEFA-Cup, doch nach einer 1:2-Niederlage in Leverkusen fehlte ein einziges Tor auf den punktgleichen HSV. Die Erfolge weckten allerdings Begehrlichkeiten, die bald zum Bumerang wurden. 1984/85 war der Zuschauerschnitt bereits um knapp 7.000 auf 18.920 gesunken, und als 1985/86 "nur" Platz 8 (und das Erreichen des Halbfinales im DFB-Pokal) heraussprang, kamen durchschnittlich sogar nur noch 14.675 Fans ins Südweststadion. Das Ludwigshafener Exil wurde allmählich zum Problem. 1986/87 geriet des SVW um den frischgebackenen Nationalspieler Jürgen Kohler – er gab am 24. September 1986 als erster Waldhof-Akteur nach Helmut Schneider (1940) sein Debüt – erstmals in Abstiegsgefahr. Endgültig sein Ende fand das "Wunder Waldhof" im

Spielklassen	
1963/64 – 69/70	Regionalliga Süd
1970/71 – 72/73	Amateurliga Nordbaden
1973/74 – 74/75	Regionalliga Süd
1974/75 – 82/83	2. Bundesliga (Süd)
1983/84 – 89/90	1. Bundesliga
1990/91 – 96/97	2. Bundesliga
seit 1997/98	Regionalliga Süd

Sommer 1987, als Erfolgstrainer Schlappner Mannheim den Rücken kehrte. Mit ihm verließen Jürgen Kohler, Maurizio Gaudino und Torjäger Fritz Walter den SVW. Schlappner-Nachfolger Felix Latzke wurde nach nur 4½ Monaten durch Günter Sebert ersetzt, unter dem Waldhof bis zur buchstäblichen allerletzten Sekunde zittern mußte, ehe im Elfmeterschießen des notwendig gewordenen dritten Relegationsspiels gegen den Zweitligadritten Darmstadt 98 der Klassenerhalt gelang. Pikanterweise wurden die Lilien ausgerechnet von Ex Coach Schlappner betreut, der bei den drei Begegnungen nach eigener Aussage "Recht und Pflicht gegeneinander abwiegen" mußte. Sein Lebenswerk, der SV Waldhof, war zerstört. Auf knapp 13.000 war der Zuschauerschnitt gesunken, als Waldhof 1988 endlich nach Mannheim zurückkehren konnte. Zwar war aus dem Waldhof-Stadion am Alsenweg nicht wie erhofft ein bundesligataugliches Schmuckstück geworden, doch die mit Schönheitskorrekturen auf DFB-Auflagenniveau gebrachte Arena sollte helfen, den SVW auf neue Höhenflüge zu bringen. Am Saisonende stand der Abstieg. Wenigen Highlights wie das 1:0 gegen den FC Bayern standen zahlreiche Enttäuschungen gegenüber. Am 5. Mai 1990 besiegelte eine 0:1-Heimschlappe gegen Mitkonkurrent Düsseldorf das Schicksal der verletzungsgeplagten Sebert-Schützlinge, denen es schlicht und einfach an Bundesligareife gemangelt hatte. Daran hatten auch die aus dem Nachwuchs aufgerückten Christian Wörns und Thomas Franck nichts ändern können.

Just als Fußball-Mannheim sportlich am Boden zerstört war, gab das Regierungsprä-

Zank- und Streit-Objekt Nummer 1: Das Carl-Benz-Stadion

sidium Karlsruhe endlich grünes Licht für den von zahlreichen Auflagen beeinträchtigten Stadionneubau... So ist das mit der Geschichte, manchmal karikiert sie sich eben selbst. Während die Waldhof Buben am heimischen Alsenweg vergeblich versuchten, in die 1. Liga zurückzukehren, wurde am anderen Ende der Stadt das Rhein-Neckar-Stadion abgerissen und mit dem Bau des Carl-Benz-Stadions begonnen, welches nach unzähligen Streitigkeiten, Protesten und Verhandlungen schließlich im Februar 1994 eröffnet wurde. Zu jenem Zeitpunkt hatten die Waldhof-Buben bereits drei vergebliche Anläufe in Richtung 1. Liga hinter sich. 1992/93 war es besonders knapp gewesen: Nach einem torlosen Unentschieden gegen Leipzig fehlte dem SVW ein einziges Tor zur Rückkehr ins Oberhaus. Ausgerechnet die Leipziger, deren Trainer Jürgen Sundermann für die darauffolgende Saison bereits am Alsenweg zugesagt hatte, stiegen statt dessen auf. Inzwischen war aus dem allseits beliebten kleinen Klub mit der großen Jugendarbeit ein etablierter "Großer" geworden, gegen den die Gegner zu Topform aufliefen. Eine Rolle, mit der die Waldhöfer Probleme hatten. Darüber hinaus waren Teile der Fanszene in eine bedenkliche Richtung abgedriftet. Inmitten des fröhlichen Waldhof-Publikums, das insbesondere bei Heimspielen für großartige Stimmung sorgen konnte, war ein gefürchteter Mob entstanden, der wiederholt negativ auffiel. Die sogenannte "Waldhof-Firm" war (und ist) aber nicht nur als Schlägertruppe gefürchtet, sondern zudem im rechtsradikalen Umfeld aktiv. Durch ihre Aktivitäten geriet die gesamte Fanszene des SVW in Verruf.

Nach dem Debakel gegen Leipzig wiesen Waldhofs Zeichen nach unten. Fehlende Geduld insbesondere in der Trainerfrage forderte ihren Tribut. 1994/95 belegte man unter Uli Stielike zwar Platz 5, doch was auf den ersten Blick wie ein "Erfolg" aussieht, erweist sich bei näherem Hinschauen als erneutes Debakel. "Mannheims Zweitligist kann sich nur noch selbst Knüppel zwischen die Beine werfen", hatte der »Mannheimer Morgen« am 2. Mai 1995 geschrieben, nachdem Tabellenführer SVW seinen Vorsprung mit einem torlosen Unentschieden bei Verfolger Meppen sechs Spieltage vor Saisonende auf drei Zähler ausgebaut hatte. Anschließend warfen die Waldhöfer mit Knüppeln nur so um sich. Gegen Abstiegskandidat Leipzig gab es eine ernüchternde 1:3-Heimschlappe, die nicht zuletzt der umstrittenen Stielike-Entscheidung, mit nur einem Angreifer zu spielen, zuzuschreiben war. Dann setzte es ein 0:4 in Saarbrücken sowie ein 1:1 daheim gegen Wattenscheid, nach dem der Traum vom Aufstieg plötzlich geplatzt war. "An eigenen Schwächen einmal mehr gescheitert", schrieb der »Mannheimer Morgen«. Die Talfahrt hielt an. Im Oktober 1995 riefen die Fans nach der 1:2-Niederlage in Meppen erstmals nach Ex-Erfolgscoach Schlappner, der die Talfahrt seines Lieblingsklubs aus dem fernen China verfolgt hatte. Am 16. März 1996 löste der selbsternannte "Fachmann in Sachen Sportsanierung" den unglücklich agierenden Stielike ab und erklärte: "Ich will nur eins: Dem Waldhof helfen, sonst wäre ich nicht in Deutschland!". Doch auch der frenetisch gefeierte Elektromeister ("SVW ist unsere Religion, und Schlappi unser Gott", stand auf einem Fan-Transparent) brachte keine Wende. In der bis dato turbulentesten Saison der Vereinsgeschichte reichte es 1995/96 nur zu Rang 7. Es kam noch schlimmer. 96/97 rutschte Waldhof schon nach zwei Spielen auf einen Abstiegsplatz, den die Mannschaft im Saisonverlauf nur sporadisch verlassen konnte. Im Oktober 1996 erklärte Schlappner frustriert seinen Rücktritt und wurde von Günter Sebert ersetzt, unter dem es zumindest im Kurpfalz-Derby gegen Absteiger Kaiserslautern kurzzeitig Grund zur Freude gab, als Waldhof im ausverkauften Carl-Benz-Stadion den bis dato ungeschlagenen Tabellenführer mit 2:0 bezwang. Ironie der Geschichte war, daß Waldhofs Abstieg ausgerechnet im Rückspiel auf dem Betzenberg besiegelt wurde. Die dortige 0:5-Schlappe der inzwischen von Uwe Rapolder trainierten Mannschaft ließ die Klassenerhaltshoffnungen auf den Nullpunkt sinken. Waldhof Mannheim, Aufstiegsaspirant und Ex-Bundesligist, war nur noch drittklassig. Als Schuldiger wurde Präsident Wilfried Gaul angesehen, der im Spätherbst 1994 das Kommando übernommen und den Verein mit der Devise "Aufstieg" enorm unter Erfolgsdruck gesetzt hatte. Mangelnde Sachkenntnisse in puncto Spielerverpflichtungen, andauernde Ungeduld in der Trainerfrage und wirtschaftliche Probleme hatten in die entgegengesetzte Richtung gewiesen.

Was kam, waren – Geschichte wiederholt sich eben mitunter doch – Fusionsgespräche. Lokalrivale VfR hatte gerade einen seiner zahlreichen Wiederaufstiegsversuche erfolglos hinter sich gebracht und stand wie der Waldhof vor finanziellen Problemen. Einmal mehr war man sich nahezu einig, als der VfR plötzlich einen Rückzieher machte, weil er sich "über den Tisch gezogen" fühlte. Die daraufhin von beiden Seiten ausgegebene Beteuerung "jetzt packen wir es alleine", müssen nun Taten folgen – sowohl beim VfR als auch beim SVW. Dessen erste Regionalligasaison endete nach einem ausgezeichneten Start auf einem enttäuschenden siebten Rang, der zudem von dem umstrittenen Alleingang Präsident Gauls überschattet wurde, ausgerechnet in der entscheidenden Saisonphase zu erklären, der SVW wolle wegen "mangelnder sportlicher Perspektiven" ohnehin keine Lizenz für die 2. Liga beantragen. Für 1998/99 haben sich die Waldhof-Buben nun einen erneuten Anlauf in Richtung Zweitklassigkeit vorgenommen.

Hardy Grüne

SG Wattenscheid 09

Es war ein Spiel, bei dem es um weitaus mehr ging, als nur um den Klassenerhalt. Es ging um die Existenz. Um die Existenz der "Sportgemeinschaft Wattenscheid von 1909 e.V.", gerne auch mal "Steilmann-Klub" genannt. Jener Klaus Steilmann, Initiator und Inhaber einer erfolgreichen Modefirma, hatte die Nase voll. Gestrichen voll. Böse Gerüchte machten die Runde. "Wenn wir heute nicht den Klassenerhalt schaffen, zieht er die Mannschaft in die Oberliga zurück", munkelte man unter den am 7. Juni 1998 zum Abstiegsschlager nach Leipzig mitgereisten 09-Fans, bei denen sich zum ohnehin schon schwer erträglichen Nervenkitzel vor einem entscheidenden Abstiegsduell auch noch das tumbe Gefühl der Hoffnungslosigkeit gesellte. Würde ihre Mannschaft in zwei Monaten statt renommierter Mannschaften wie FC St. Pauli und Fortuna Düsseldorf unbekannte Dorfklubs wie Sportfreunde Oestrich und DJK TuS Hordel empfangen? Nun, mit einem torlosen Unentschieden ging der Kelch des Abstiegs noch einmal an der SG 09 vorbei – und damit auch der angedrohte Rückzug in die Oberliga. Wattenscheids Fans waren natürlich erleichtert und feierten noch lange nach Spielschluß.

Aufgeklärte Zeitzeugen und Beobachter der Szene hingegen fragten sich, wer die Wattenscheider wohl ernsthaft im Profifußball vermißt hätte. Das war zwar ein eindeutig ketzerischer Gedanke, dessen Berechtigung zugleich allerdings nicht völlig von der Hand zu weisen war. Ein Zuschauermagnet war WAT 09 nämlich nie, nicht mal annähernd. Als der Klub 1996 in die Regionalliga abstieg, da hatte das durchschnittlich ganze 2.304 Menschen interessiert, und die Tatsache, daß die Schwarz-Weißen nur zwölf Monate später den direkten Wiederaufstieg schafften, wurde nur von durch-

Die Geschichte einer wunderbaren Freundschaft

Bundesligabilanz	
Bundesligajahre:	1990/91 - 1993/94
Gesamt:	4 Jahre
Beste Plazierung:	Platz 11 (1990/91)
Ewige Tabelle:	Platz 29, 140 Spiele, 34 Siege, 48 Unentschieden, 58 Niederlagen, 186:248 Tore, 150 Punkte
Ø Plazierung:	14,5
Top-Spieler:	Thorsten Fink (125), Stefan Emmerling (120), Hans-Werner Moser (119), Jörg Bach (118), Souleyman Sane (117)
Top-Torjäger:	Souleyman Sane (39), Thorsten Fink (25), Uwe Tschiskale (21), Marek Lesniak (18), Uwe Neuhaus (12)

schnittlich 1.693 Zahlenden gewürdigt.
Die Geschichte der SG Wattenscheid 09 ist, so traurig das klingt, überschattet vom Mauerblümchendasein. Und irgendwie paßt da alles so ein bißchen zusammen – sogar die Historie der bereits anno 1417 mit stadtähnlichen Rechten versehenen und seit 1876 mit vollem Stadtrecht ausgestatteten Siedlung Wattenscheid, die 1976 unter bis heute nicht verstummtem Protest ihrer Anwohner zur ungeliebten Großstadt Bochum eingemeindet wurde. Eigentlich hätte Fußball eine prächtige Gelegenheit geboten, seine Eigenständigkeit zu demonstrieren. Nicht so in Wattenscheid, denn hätte man dort einen Klaus Steilmann nicht gehabt, wäre Wattenscheids Fußball heutzutage vermutlich ungefähr so populär wie der von Castrop-Rauxel oder Wanne-Eikkel, zwei bei der 1976er Strukturreform ebenfalls ihrer Eigenständigkeit beraubter Gemeinden.

Klaus Steilmann ist eine hochinteressante Person und alles andere als ein Vertreter dieses zwielichtigen Mäzenentypus, der in den sechziger Jahren aufkam und Figuren hervorbrachte, die sich für ein paar Mark in einen Verein einkauften, alsdann ihre mitunter abstrusen Ideen zu verwirklichen versuchten und nach ein paar Jahren – gescheitert – einen maroden Verein hinterließen. Nachbarklub Westfalia Herne weiß ein Lied davon zu singen. Klaus Steilmann ist das genaue Gegenteil von dem windigen Mäzen. Er ist treu, verläßlich und durch und durch seriös. Und das vom ersten Tag an. Anno 1958 hatte Steilmann sich in Wattenscheid als Kaufmann selbständig gemacht. Acht Nähmaschinen und eine Handvoll Mitarbeiter schufen Tag für Tag Kleidungsstükke, die auf dem Markt wohlwollendes Interesse fanden und aus der "Firma Steilmann" das "Unternehmen Steilmann" machten. 1963 kam Klaus Steilmann dann mit Fußball – und der SG 09 – in Berührung. Und das ging so: Einer seiner Mitarbeiter war Herbert "Tecki" Schellhase, der mit der SG 09 in der Verbandsliga Westfalen, Gruppe II, um Punkte kämpfte. Schellhase war jedoch mehr als ein gewöhnlicher Akteur. Er kümmerte sich um viele Dinge im Verein, war einer von diesen ehrenamtlich aktiven Leuten, ohne die ein Sportverein wohl kaum Überlebenschancen hätte. Darüber hinaus wusch er jeden Samstag den Wagen seines Chefs, zu dem er ein herzliches Verhältnis pflegte. Eines Tages fragte er ihn, ob er nicht mal den einen oder anderen Ball für die SG 09 spenden wolle. Steilmann zeigte sich durchaus interessiert, bestand aber darauf, sich zunächst mit eigenen Augen davon zu überzeugen, was die SG 09 denn überhaupt so treibt. SSV Hagen hieß der Gegner, als Steilmann und 09 sich kennenlernten. Es war Liebe auf den ersten Blick. Nach dem 2:1-Sieg im Hagener Ischelandstadion lud er Mannschaft und Betreuer zu einem kleinen Umtrunk ein – der Beginn einer wunderbaren Freundschaft.

Es dauerte nicht lange, da saß Steilmann in der Führungsetage des Vereins, dessen bis dato bescheidene Erfolgskurve nun steil nach oben wies – mit einer gewissen zeitlichen Verzögerung allerdings. Nach Platz 12 in der Saison 1963/64 mußten Wattenscheids Fans in der Spielzeit 1964/65 nämlich bis über den letzten Spieltag (1:0-Sieg über Beckum) hinaus um den Klassenerhalt zittern. Erst als sich Staffelkonkurrent und Nachbar VfL Bochum per Losentscheid (!) den Aufstieg in die Regionalliga gesichert und der eigentlich dem Abstieg in die Amateurliga geweihte Regionalligist STV Horst-Emscher durch Aufstockung der 1. Liga auf 18 Teilnehmer - wodurch Schalke 04 dem Abstieg in die Regionalliga entging – den Klassenerhalt unter Dach und Fach hatte, konnte in Wattenscheid Entwarnung gegeben werden. Inmitten der Phase der Erleichterung reiften erste Pläne für die Zukunft. Nie wieder wollte man so zittern müssen, schworen sich die Wattenscheider – und machten Nägel mit Köpfen. Heinz Kersting kam und übernahm für eine monatliche Gage von 300 Mark das Training der 1. Mannschaft, die 1965/66 bereits Platz 4 belegte, nur vier Punkte hinter Meister Hagen. Der nächste Schritt auf der Erfolgsleiter war ein Umzug. Schon länger war den Verantwortlichen der SG 09 die Spielstätte am Beckmannshof ein Dorn im Auge gewesen. Zwar lag die Arena inmitten Wattenscheids niedlicher Stadtmitte, doch für höherklassigen Fußball war sie nicht geeignet – zumal nicht weit entfernt inzwischen der "Sportplatz Lohrheide" entstanden war, der weitaus bessere Möglichkeiten bot. Doch ganz so einfach war das dann doch wieder nicht, denn die auf Ackerland entstandene Lohrheide war eigentlich für die Sportfreunde Rot-Weiß Leithe gebaut worden, die natürlich alles andere als begeistert waren, nun mit der SG 09 einen Untermieter zu bekommen. Zumal Rot-Weiß Leithe und die SG 09 Vereine waren, wie sie unterschiedlicher kaum hätten sein können: Der eine – Leithe – ein klassischer Arbeiterverein, der sich die Förderung in der Breite auf seine Fahnen geschrieben hatte, der andere – 09 – ein von einem erfolgreichen Unternehmer angeführter Klub mit Ambitionen in Richtung Spitzensport. Guter Rat war teuer. Wattenscheids Stadtväter schlugen eine Fusion vor – und ernteten brüske Ablehnung auf beiden Seiten. Schließlich setzten sich die Schwarz-Weißen mit Klaus Steilmann an der Spitze durch, und künftig spielte 09 in der Lohrheide. Steilmann war es auch, der aus dem Sportplatz Lohrheide im Laufe der Jahre das "Lohrheidestadion" machte, in dem er eine kleine, an einen überdimensionalen Fahrradunterstand erinnernde Sitzplatztribüne errichtete, die Ränge mit Stufen befestigen ließ – und natürlich den sportlichen Erfolg nach Wattenscheid brachte.

In der ersten Saison in der Lohrheide wiederholten die 09er ihren Vorjahreserfolg - diesmal aber mit einem 18-Punkte-Rückstand auf den überragenden Meister Lüner SV. Für die Vereinsführung Signal, aus der beschaulichen SG 09 und ihrem vornehmlich aus Wattenscheid und der näheren Umgebung stammenden Spielerstamm einen Klub mit Ambitionen zu machen. Als Trainer wurde Hubert Schieth verpflichtet, der zuvor Nachbar VfL Bochum zunächst in die Regionalliga geführt und die Blau-Weißen anschließend dort etabliert hatte. Mit Schieth kehrte Professionalität in der Lohrheide ein. Dennoch reichte es 1967/68 "nur" zu Platz 3 – wohl auch, weil Schieths Wirken schlicht ein bißchen Zeit brauchte, um sich in sportlichen Erfolgen niederzuschlagen. 1968/69 war es soweit.

Just zum 60jährigen Bestehen der einst aus einer Fusion zwischen BV 09 und einem aus einem "Centrum Morgensonne" genannten Zechenteam hervorgegangenen SG 09 wiesen die Schieth-Schützlinge sämtliche Kontrahenten in die Schranken und sicherten sich nicht nur die Staffelmeisterschaft, sondern zudem Platz 1 in der anschließenden Aufstiegsrunde zur Regionalliga West. Es war spannend gewesen. Zur Winterpause hatte der SSV Hagen noch die Nase vorn gehabt, doch im allerletzten Saisonspiel hatten sich die 09er durch einen 2:1-Sieg in Herne die Meisterschaft gesichert – Torjäger Haselhoff (26 Saisontore) konnte sich sogar den Luxus leisten, einen Elfmeter zu verschießen. Am 22. Juni 1969 war der Triumph dann komplett geworden. Post, Grede und Haselhoff hießen die Torschützen beim 3:0-Sieg in Gütersloh, der der SG 09 nach nur vier Aufstiegsrundenspielen bereits den Klassensprung bescherte.

Die erste Regionalligasaison der Hellwegstädter begann sensationell. Schon am ersten Spieltag sorgten die Schieth-Schützlinge für Schlagzeilen, als sie vor 25.000 Zuschauern an der Castroper Straße ausgerechnet Aufstiegsaspirant VfL Bochum eine empfindliche 0:2-Heimschlappe beibrachten. Vier Wochen später füllten rund 20.000 Zuschauer die noch nicht ausgebaute Lohrheide bis auf den allerletzten Platz, als der kecke Aufsteiger um seinen iranischen Neuzugang Reza Adelkhani auf den Wuppertaler SV traf, der mit 6:0-Punkten und 12:0-Toren sogar noch besser als 09 (6:0- Punkte, 7:2 Tore) gestartet war. Wattenscheid gewann das Gipfeltreffen mit 2:1 und übernahm Platz 1. Die Experten konnten es kaum fassen. "Sensation Wattenscheid", titelte der »kicker« und orakelte "Wattenscheid ist ein Anwärter auf den Thron!" Ganz so prächtig lief es dann aber doch nicht weiter. Eine Woche später setzte es in Düsseldorf die erste Saisonniederlage (1:4), und nach einer schwarzen Serie von 14 sieglosen Spielen in der Rückrunde fiel der Austeiger auf Rang 8 zurück, der aber dennoch einen Riesenerfolg darstellte.

1970/71 setzte sich der Aufschwung fort - nicht zuletzt, weil Mäzen Klaus Steilmann am 21. März 1970 die Vereinsführung übernommen und angekündigt hatte: "Alle Kraft meiner Freizeit will ich in den Dienst des Vereins stellen. Die SG 09 steht im Vordergrund meiner Bestrebungen". Ein Versprechen, dem Steilmann Taten folgen ließ. Zur Saison 1970/71 kamen Mittelstürmer Ewald Hammes von Germania Metternich, Torhüter Ulrich Gelhard aus Bonn, Ex-Profi Karl-Heinz Bechmann von Alemannia Aachen und Horst Grenda von der SSVg Velbert. Doch das zweite Regionalligajahr war ungleich schwerer. Niemand unterschätzte die 09er mehr, die sich selbst hingegen offensichtlich überschätzten. Das Resultat war Abstiegskampf. Am 12. Oktober 1970 zog Vorsitzender Steilmann die Reißleine. Nach nur acht Punkten aus zehn Spielen beurlaubte er Trainer Hubert "Papa" Schieth – und zwar im wahrsten Sinne des Wortes. "Er ist nervlich überlastet, soll einmal ganz weg vom Fußball und in Urlaub fahren", verkündete Steilmann und erklärte, in der Zwischenzeit würde Jugendtrainer Hubert Ritter coachen. Alle Welt glaubte natürlich, Steilmann habe Schieth entlassen, doch der saß nach drei Wochen tatsächlich wieder auf der Trainerbank. Ausdruck eines überaus sympathischen Steilmannschen Wesenszuges, der in der Zukunft noch des öfteren zu sehen war. Trotz Trainerurlaub reichte es am Saisonende nur zu Rang 13, was in der Lohrheide keineswegs Begeisterung auslöste. Steilmann ("Man macht sich ja lächerlich mit dieser Gurkentruppe") schob Hubert

Schieth nun auf den Posten des Managers ab, verpflichtete den Oberhausener Steueroberamtmann Werner Stahl als Nachfolger und lockte alsdann mit Werner Kontny (Eintracht Gelsenkirchen), Rudi Klimke, Hannes Bongartz (beide Bonner SC) und Helmut Zyla (Rot-Weiß Leithe) vier Akteure in die Lohrheide, die noch von sich reden machten. Dazu kamen aus dem eigenen Nachwuchs Torhüter Jupp Koitka und "Wolle" Schmidt, derweil der unermüdliche Kämpfer Dieter Mietz zu Borussia Dortmund wechselte. Zwölf Monate später kehrte er zurück in die Lohrheide – als Akteur der mit ihm aus der 1. Liga abgestiegenen Dortmunder. Doch auch für die SG 09 war die Spielzeit 1971/72 alles andere als optimal verlaufen. Trainer Stahl war Anfang 1972 entlassen worden, weil das Team erneut in Abstiegsgefahr geraten war, und unter Nachfolger Friedhelm "Fips" Schulte waren die Schwarz-Weißen „nur" auf Rang 12 eingelaufen. Das war beileibe nicht im Sinne von Klaus Steilmann, der längst ein neues Ziel hatte: 1. Bundesliga. Um das zu verwirklichen, mußten neue Kräfte her. 1972 griff er erstmals tief in die Tasche, um 09 eine Verstärkung zu ermöglichen: Für 150.000 Mark kam Jürgen Jendrossek von der Bielefelder Arminia, der sich als Glücksgriff erweisen sollte und seine Ablöse bis auf den letzten Pfennig wert war. Neben Jendrossek kamen Rosellen, Horsch, Gerhards und Behrendt, mit denen 09 Richtung Bundesliga marschieren wollte. Und auch im Umfeld tat sich einiges, denn nach jahrelangen Verhandlungen gab die Stadt 1972 endlich grünes Licht für den Bau einer Tribüne in der Lohrheide, deren Errichtung freilich Steilmann finanzieren mußte, da Wattenscheids Stadtkasse gähnend leer war. Der Herbst 1972 avancierte zum Horrorszenario für 09 und Klaus Steilmann. Sportlich legten die Schwarz-Weißen einen klassischen Fehlstart hin, wirtschaftlich brannte Steilmanns Unternehmen nach Brandstiftung bis auf die Grundmauern ab und mit Trainer Schulte hatte 09 zudem aufs falsche Pferd gesetzt. "Wenn nicht bald eine kameradschaftliche Einstellung zu erkennen ist, werde ich die Spieler dahin schicken, wo der Pfeffer wächst", schimpfte Boß Steilmann. Entnervt gab Trainer Schulte auf –

---

1. Spieltag Saison 1963/64
Amateurliga Westfalen, Gruppe 2, 18. August 1963, SG 09 - FV Hombruch 09 1:0

19. Spieltag Saison 1998/99
2. Bundesliga, 18. Dezember 1998, 1. FSV Mainz 05 - SG 09 2:0, 4.000 Zuschauer - Peter Martin, Werner Kempkens, Olaf Skok (46. Frank Schön), Hilko Ristau, Andreas Teichmann, Thorsten Schmugge (68. Sergej Dikhtiar), Mirko Stark, Stefan Fengler, Gabriel Melkam, Stefan Kohn (23. Ilian Simeonov), Marcus Feinbier

und machte den Weg frei für das "Wunder Wattenscheid". Neuer Coach wurde Karl-Heinz "Kalli" Feldkamp, der die 09-Amateure in der Zwischenzeit auf Platz 2 der Verbandsliga geführt hatte und - mangels A-Schein - mit Hubert Schieth als Strohmann die Trainingsleitung übernahm.

Aufwärts ging es allerdings erst, nachdem Feldkamp in einem vierwöchigen Schnellkurs unter Jupp Derwall die A-Lizenz erworben hatte. "Vorher hatten wir immer nur den Ball hochgeschossen und gekloppt. Dann kam Kalli vom Lehrgang und wollte mit uns Spielzüge einstudieren", erinnerte sich Reinhold "Kessy" Klee an die Konsequenzen der Feldkampschen Lernfortschritte, die sich rasch auch in den Resultaten widerspiegelten. In der Rückrunde 1972/73 deuteten die 09er mit 42 Treffern erstmals an, wozu sie in der Lage waren. 1973/74 wurde zum Triumphzug für die Wattenscheider. Offizielles sportliches Saisonziel war die Qualifikation für die nahende 2. Liga Nord – doch insgesamt träumte Steilmann von mehr. Nicht zu Unrecht, denn mit Hannes "Spargeltarzan" Bongartz, Jürgen Jendrossek, Werner Kontny usw. verfügte sein Team über Top-Akteure, die in der Rückrunde auch tatsächlich nicht mehr aufzuhalten waren. Als 09 am 20. Januar 1974 Viktoria Köln mit 6:3 nach Hause schickte, hatte man im dritten Rückrundenspiel zum dritten Mal sechs Tore geschossen und führte die Tabelle ungeschlagen an. Sportlich allemal bundesligareif, trübte nur der Zuschauerzuspruch die Stimmung: Ganze 5.000 Fans hatten gegen Viktoria Köln ihren Obolus entrichtet - Wattenscheid stand eben deutlich im Schatten der umliegenden Traditionsklubs. Dennoch: Am 5. Mai 1974 war der Triumph perfekt. Trotz einer 0:2-Niederlage in Mülheim gingen die 09er mit dem Meisterkranz vom Spielfeld, da Verfolger Oberhausen zeitgleich mit 1:2 bei Schwarz-Weiß Essen verloren hatte. Das Torverhältnis von 102:39-Toren machte

deutlich, wo die Stärken der Wattenscheider, die nebenbei auch noch die Bundesligisten Hertha und Schalke aus dem Pokal gekippt hatten, lagen: In Sturm und Abwehr gleichermaßen.

In der anschließenden Aufstiegsrunde sorg-

Unter dem Gespann Bongartz/Steilmann erlebte die SG 09 die erfolgreichste Ära ihrer Vereinsgeschichte

ten die Halbprofis – die meisten verdingten sich in einer Fünf-Tage-Woche bei Vereinsboß Steilmann - rasch für die nächste Sensation. Im Auftaktspiel entführten sie sensationell beide Punkte aus dem Braunschweiger Eintracht-Stadion – obwohl die heimischen Löwen zur Halbzeit noch mit 2:0 in Führung gelegen hatten. Jupp Koitka, der große Schweiger im Tor, sowie Spaßvogel Bernd Gräwe waren die Matchwinner. Vier Tage später kam der mit Siegen über Saarbrücken und Nürnberg noch sensationeller gestartete SC Wacker Berlin in die Lohrheide und machte deutlich, daß er durchaus das Zeug zum Aufstieg in die Bundesliga hatte. Sekunden nach dem Seitenwechsel egalisierte Lunenburg Wattenscheids Führungstreffer, und am Ende stand es „nur" 1:1. Einen weiteren Knacks erhielten Wattenscheids Aufstiegshoffnungen, als es aus den beiden Heimspielen gegen Nürnberg und Braunschweig nur einen mageren Punkt gab; endgültig vorbei war es

dann nach dem unglücklichen 0:1 im Rückspiel in Nürnberg.
Nach dem verpaßten Aufstieg kehrte Bescheidenheit ein. „Spargeltarzan" Bongartz ging für die Rekordablösesumme von 750.000 Mark zum Schalker Markt; als Ersatz holte man den argentinischen WM-Spieler Carlos Babington, der zwar als "Weltklassespieler" bezeichnet wurde, jedoch viel zu launisch war, um Bongartz adäquat ersetzen zu können. Die halbe Million Mark, die man für ihn ausgeben mußte, amortisierte sich jedenfalls nicht. In der neueingeführten 2. Liga Nord spielte 09 die wenig erbauliche Rolle einer grauen Maus. Zumeist im oberen Mittelfeld dabei, riß die Mannschaft ihre (wenigen) Fans nur selten von den Sitzen und kam nur sporadisch auf Tuchfühlung zur Spitze. 1974/75 langte es zu Rang 5, ein Jahr später wurde man Sechster und 1976/77 hieß es im Lohrheidestadion sogar "Abstiegskampf". Am Ende reichte es gerade noch zu Platz 15, doch von der Verwirklichung der Bundesligaträume waren die 09er so weit entfernt, wie schon lange nicht mehr. Hoffnungszeichen waren nirgendwo zu sehen. Zu allem Übel war inzwischen auch die Vereinskasse ein wenig klamm geworden, so daß Babington 1978 nach Argentinien zurückkehrte

stützen. 1980 drohte der nächste Schicksalsschlag: der Sturz in die Drittklassigkeit. Platz 10 in der letzten Saison der zweigleisigen 2. Liga war zu wenig, um in die künftig eingleisige Staffel zu gelangen. Doch weil Nordvize Braunschweig sich gegen Südvize Offenbach durchsetzte, durfte 09 nachrücken und blieb Zweitligist.
Besser wurden die Zeiten in der vereinten Zweitklassigkeit allerdings nicht. Bayreuth, Worms oder Fürth lockten kaum mehr Zuschauer in die Lohrheide als zuvor Erkenschwick, Kiel oder TeBe Berlin, und sportlich drohten schon 1982 erneut die Lichter auszugehen. Mit 31:45-Zählern belegte die mit einem Zuschauerschnitt von 3.268 nach den Stuttgarter Kickers unattraktivste Mannschaft der Liga Rang 17, der zum Abstieg verdammte. Die Rettung kam aus München, wo ein Herr Riedl den ruhmreichen TSV 1860 zugrunde gerichtet hatte. Sechzigs Verbannung in die Bayernliga bewahrte Wattenscheid 09 vor dem Sturz in die Westfalenliga – nicht überall in Deutschland war man glücklich darüber. In der Lohrheide aber war man natürlich erleichtert – und feierte, denn die B-Jugend der SG 09 sicherte sich durch einen 3:1-Sieg über Eintracht Frankfurt die deutsche Meisterschaft. Akteure wie Zander, Skibbe, Michael Drews, Kontny und Hilligloh schafften später den Sprung in den Wattenscheider Profikader; Michael Skibbe ist heute Hauptverantwortlicher beim schwarz-gelben B1-Nachbarn aus dem Westfalenstadion. Für Wattenscheids "Erste" gab es auch in der Folgezeit kaum Anlaß zum Jubeln. 1982/83 legte die aufgrund ihrer rustikalen Spielweise allmählich den Ruf einer „Kloppermannschaft" einnehmende SG 09 einen 0:16-Punkte-Start hin – und schaffte dank im Saisonverlauf wachsender Heimstärke dennoch den Klassenerhalt. 1984 langte es erneut nur zu Rang 15, ehe pünktlich zum 75jährigen Jubiläum allmählich bessere Zeiten anbrachen. 1984/85 wurde man unter dem seit 1982 in der Lohrheide wirkenden Fahrudin Jusufi immerhin Zehnter – nachdem man eine Zeitlang sogar ernsthaft um den Aufstieg mitgespielt hatte. Zur

---

Spielklassen

1963/64 - 1968/69	Amateurliga Westfalen, Gr. 2
1969/70 - 1973/74	Regionalliga West
1974/75 - 1989/90	2. Bundesliga (-Nord)
1990/91 - 1993/94	1. Bundesliga
1994/95 - 1995/96	2. Bundesliga
1996/97	Regionalliga West/Südwest
seit 1997/98	2. Bundesliga

(freilich tat er das auch, um seine Chance zu erhalten, in den argentinischen WM-Kader für 1978 zu gelangen) und der 1976 von Schalke gekommene Hans-Günter Bruns an den Gladbacher Bökelberg verkauft werden mußte. Triste Zeiten für die zumeist an einer Hand abzuzählenden 09-Fans. Oft genug waren es nur knapp über tausend, die sich im weitläufigen Lohrheidestadion verliefen, um die 09er zu unter-

Spielzeit 1985/86 übernahm Hans-Werner Moors die Trainingsleitung der Schwarz-Weißen, die bis zum letzten Spieltag von Platz 3 und damit der Teilnahme an den Relegationsspielen zur 1. Liga träumen konnten. Eine 1:2-Niederlage auf der Bielefelder Alm machte jedoch alles zunichte, und das Team um Kapitän Günter Tinnefeld und den zum Saisonende zum FC Bayern wechselnden Torjäger Uwe Tschiskale wurde nur Neunter. Nach Platz 11 in der Saison 1986/87 mußte Moors gehen, und Gerd "Zick-Zack" Roggensack kam. Dazu verpflichtete man mit Stefan Kuhn einen Mann, der nicht nur zu einem der besten Zweitliga-Liberos werden sollte, sondern zugleich zum Publikumsliebling avancierte. Daheim ungeschlagen, nahm die SG 09 rasch Tuchfühlung zu den Aufstiegsrängen auf. Am Ende reichte es aber nur zu Rang 4, weil 09 am vorletzten Spieltag im Saarbrücker Ludwigspark eine 1:0-Führung verspielte und Darmstadt 98 vorbeiziehen lassen mußte. Im Jahr seines 60. Geburtstags wollte Boß Steilmann, dem es hauptsächlich zu verdanken war, daß die 09er überhaupt noch im Profifußball mitmischte, es endlich wissen. Banach und Tschiskale kamen, doch fünf Niederlagen in Serie machten auch diesmal alles zunichte: Platz 6.

1989 ging Trainer Roggensack zum Lauterer Betzenberg. Sein Nachfolger war ein alter Bekannter, dessen Rückkehr von den Fans frenetisch gefeiert wurde: Hannes "Spargeltarzan" Bongartz. Mit ihm hatte Klaus Steilmann endlich den Mann gefunden, der seine Vorstellungen umzusetzen verstand. Unter dem Gespann Bongartz/Steilmann stand die SG 09 vor der erfolgreichsten Ära ihrer Vereinsgeschichte. Nach 19:3-Punkten ereilte die Bongartz-Schützlinge erst am 7. Oktober 1989 in Braun-

schweig mit 0:1 die erste Saisonniederlage. Die von Bongartz erfolgreich eingeführte Viererabwehrkette hatte prima eingeschlagen. Nach 17:5-Punkten in Folge konnte Klaus Steilmann am 10. Mai 1990 nach einem 5:1-Sieg über den bereits fest-

Vermeintlich am Boden, dennoch der strahlende Sieger: Wattenscheids Uwe Neuhaus und ein ratloser "Susi" Zorc

stehenden Aufsteiger Hertha BSC endgültig die Verwirklichung seines Traums feiern: Wattenscheid 09 war Erstligist! Zwei Wochen später erntete Bochums Oberbürgermeister Heinz Eikelbeck gellende Pfiffe, als er auf der offiziellen Aufstiegsfeier vor dem Wattenscheider Rathaus von "meinen zwei Bundesligisten in einer Stadt" sprach. 14 Jahre nach der Eingemeindung hatten die Wattenscheider noch immer nicht vergessen, und schon gar nicht verziehen. WAT war und blieb WAT! Für die etablierten Erstligisten war Steilmanns verwirklichter Erstligatraum ein Alptraum. Einen unattraktiveren Gegner als die SG 09 konnte man sich in München, Stuttgart oder Bremen kaum vorstellen, zudem war das kleine und unkomfortable Lohrheidestadion für Erstligafußball gänzlich ungeeignet. Doch alles Gezeter von Hoeneß und Co. half nichts. Die SG 09 hatte sich sportlich qualifiziert – und bewies im Auftaktspiel der Saison 1990/91 auch sogleich, warum, denn vor 12.000 Zuschauern mußte sich Werder Bremen mit 2:0 geschlagen geben. Thorsten Fink und Souleymane Sane hatten die Tore markiert. Trotz einer deftigen Krise im Saisonverlauf mit dem Höhepunkt einer 0:7-Schlappe in München geriet 09 nie ernsthaft in die Abstiegszone und etablierte sich überraschend souverän im Oberhaus. Mehr noch: Am drittletzten Spieltag verhalfen die Bongartz-Schützlinge dem befreundeten 1. FC Kaiserslautern mit einem 3:2-Sieg über Bayern München sogar zur deutschen Meisterschaft. An der Lohrheide herrschte Zufriedenheit.

Zum zweiten Jahr im Oberhaus verstärkten sich die 09er mit Markus Schupp, Roger Prinzen, René Unglaube und Andreas Müller, die jedoch nicht verhindern konnten, daß Wattenscheids Alltag schon rasch „Abstiegskampf" hieß. Gleich zum Auftakt der ersten gesamtdeutschen Bundesligasaison gab es ein ernüchterndes 0:3 bei Aufsteiger Stuttgarter Kickers, und nach zehn Spieltagen standen die Schwarz-Weißen nach einer 1:2-Heimschlappe gegen Bochum erstmals auf einem Abstiegsplatz. Zugleich wurde in der Lohrheide eine neue Sitzplatztribüne gebaut, wodurch die SG 09 ihre Heimkicks im ungeliebten Bochumer Ruhrstadion austragen mußte - ein schweres Handicap. Erst am 19. Oktober 1991 gab es das erste „richtige" Heimspiel, welches mit 2:4 gegen Frankfurt verloren ging. Erst als der Langzeitverletzte Uwe Neuhaus wieder fit war und Bernhard Winkler vom 1. FC Kaiserslautern ausgeliehen werden konnte, kam die Wende. Nach einem glücklichen 3:2-Sieg über Mönchengladbach feierten 18.000 Fans am 16. Mai 1992 erleichtert den erneuten Klassenerhalt. Die Mammutsaison war überstanden. „Nie wieder Zittern" hieß das Motto zur Saison 1992/93, die mit den Neuzugängen Kula und Lesniak - bei gleichzeitigem Abgang von Markus Schupp - Rang 14 brachte. Doch es war längst nicht mehr alles Gold, was glänzte. Sogar an Trainer Bongartz war Kritik aufgekommen, wobei Präsident Steilmann diesmal noch unverdrossen an seinem Trainerfreund fest-

hielt. Dennoch: Wattenscheids Harmonie - das wohl wichtigste Faustpfand der 09er im Abstiegskampf - war nachhaltig gestört. Die Folgen gab es in der Spielzeit 1993/94 zu beobachten, in deren gesamter Rückrunde die SG 09 einen Abstiegsplatz belegte. Mit Studer, Löbe, Jozic und Ridder hatte Trainer Bongartz zwar hoffnungsvolle Neuzugänge begrüßen können, doch war nach dem überraschenden 3:0-Auftaktsieg über Schalke rasch Ernüchterung eingetreten. Vor allem daheim waren die 09er an Harmlosigkeit kaum zu überbieten, derweil Bongartz Kontertaktik zumindest auswärts zu einigen überraschenden Punktgewinnen führte. Nach 14 sieglosen Spielen in Folge platzte Boß Steilmann der Kragen. Wegen mangelndem Einsatz warf er fünf Spieler aus dem Kader, doch weder das noch die Trennung von Trainer Bongartz, dessen Posten am 3. März 1994 Frank Hartmann übernahm, konnten den Abstieg verhindern.

Anschließend ging es steil bergab. Im Jahr 1 nach dem Abstieg reichte es in der 2. Liga nur zu Rang 10, und nur zwölf Monate später trug Wattenscheid erneut Trauer: Platz 18, und damit Abstieg in die Regionalliga. Das Team war völlig ausgeblutet und hatte nur acht Saisonsiege errungen. Unter Trainer Tenhagen gelang zwar 1996/97 nach einem spannenden Kopf-an-Kopf-Rennen mit Rot-Weiß Oberhausen der sofortige Wiederaufstieg, doch seitdem machen die Fans der SG 09 ein heftiges Wechselbad der Gefühle durch. Im Wiederaufstiegsjahr langte es nach einer respektablen Vorrunde nur durch ein regelrecht ermauertes 0:0 in Leipzig zum Klassenerhalt, und in der Saison 1998/99 steht die SG 09 schon wieder vor dem Abstieg. Über allem schwebt der düstere Schatten der Steilmannschen Ankündigung, im Falle des Abstiegs in die Oberliga zurückzuziehen. Um die Zukunft der SG 09 muß einem bange sein, es drohen erneut Oestrich und Hordel. Und auch wenn den eingangs erwähnten Kritikern das womöglich egal ist - es wäre schade, denn es wäre ein weiterer Rückschlag für die Verfechter von Wattenscheids Eigenständigkeit.

Hardy Grüne

VfL Wolfsburg

Nein, man kommt an diesem Tag nicht vorbei, will man über den VfL Wolfsburg berichten. An diesem 11. Juni 1997, einem Mittwoch. Angesetzt war das Spiel VfL Wolfsburg gegen Mainz 05. An und für sich eine Partie, die niemanden vom Hocker reißt. Am 11. Juni 1997 war das anders. Da kamen 15.500 und füllten das Stadion am Elsterweg bis auf den letzten Platz. Den allerletzten Platz. Und weil trotzdem noch welche rein wollten, bauten sie im nahegelegenen Allerpark auch noch eine Großbildleinwand auf, was weiteren 5.000 Fußballfans zumindest die Illusion verschaffte, „live" dabeizusein. So viele Wolfsburger hatten noch nie den VfL sehen wollen. 11. Juni 1997. Ein Tag, an dem eine Stadt den Atem anhielt. Eine Stadt, deren Bewohner, wenn sie hochklassigen Fußball sehen wollten, stets nach Hannover, Braunschweig oder Hamburg gefahren waren. Eine Stadt, in der es bis dato mehr Bayern München-Fans als VfL Wolfsburg-Fans gab und deren tristes Äußeres schon mal aufs Gemüt schlug. Eine Stadt, die im Fußball ungefähr so populär war, wie Helgoland im Eishockey (o.k., das ist jetzt Ketzerei und zudem maßlos übertrieben), die schweigend vor sich hinschuftete, ein Auto nach dem anderen produzierte (Vorurteil!) und ansonsten alles tat, um nicht aufzufallen. Wolfsburg als Inbegriff der Bescheidenheit. Am 11. Juni 1997 befreite sich Wolfsburg (pathetisch!). An jenem Tag wurde aus der vom alles überragenden VW-Konzern dominierten Stadt ein Bundesliga-Standort, was im Zeitalter der Dauerberieselung in Sachen Fußball eine durchaus angenehme weil werbewirksame Sache ist. Plötzlich war Wolfsburg in aller Munde – und sogar die Wolfsburger entdeckten ihr Herz für den VfL, den sie seither "unser VfL" nennen.

Fußball im Schatten des Werks

Bundesligabilanz	
Bundesligajahr:	seit 1997/98
Gesamt:	1 Jahr
Beste Plazierung:	Platz 13 (1997/98)
Ewige Tabelle:	Platz 40, 34 Spiele, 11 Siege, 6 Unentschieden, 17 Niederlagen, 38:54 Tore, 39 Punkte
Ø Plazierung:	Platz 14
Top-Spieler:	Roy Präger (33), Marijan Kovacevic (32), Jens Keller (31), Uwe Zimmermann (29), Claudio Reyna (28)
Top-Torjäger:	Roy Präger (13), Marijan Kovacevic (5), Claudio Reyna (4), Stefan Meissner (3), Detlef Dammeier (2), Frank Greiner (2), Michael Spies (2)

Der 11. Juni 1997 war aber auch ein Tag, an dem die Uralt-Floskel "Erfolg schafft Freunde" neue Dimensionen bekam. Werfen wir einen Blick zurück. Als der VfL-Kassenwart elf Jahre zuvor nach dem letzten Spieltag der Saison 1985/86 seine Zahlen zusammenrechnete, stellte sich heraus, daß die Grün-Weißen 9.360 Zahlende hatten begrüßen können. In allen 17 Heimspielen zusammen wohlgemerkt, was einem Schnitt von exakt 551 entsprach. Selbst der ungeliebte Nachbar MTV Gifhorn war mit immerhin 578 Fans noch zugkräftiger gewesen, obwohl die Männerturner am Saisonende abstiegen, während der stolze VfL munter an der Spitze mitgespielt hatte. Man muß es wohl so deutlich sagen: 1986 war der VfL in Wolfsburg ganz einfach "out".

Elf Jahre später, in der Sommerpause vor der ersten Erstligasaison, belagerten mehr als 7.000 Menschen die VfL-Geschäftsstelle, weil sie eine Dauerkarte haben wollten. 7.000 Menschen, die von vornherein, egal was für ein Gegner, egal was für ein Tabellenstand, dabeisein wollten, wenn der VfL spielt! "Quatsch, die wollten dabeisein, wenn Bayern, Dortmund und Schalke nach Wolfsburg kommen", werden Kritiker jetzt lästern, denn "echte Fans, die hat der VfL nur wenige. Die meisten sind Erfolgsfans". Das klingt bitter und irgendwie auch ungerecht, ist aber nicht ganz falsch. Doch wie für alles, gibt es dafür eine Erklärung. Hier ist sie: Als der VfL 1997 ins Oberhaus aufstieg, war Ostniedersachsen seit fast einem Jahrzehnt fußballerisches Niemandsland. Hannover 96 hatte sich 1989 zum bis heute letzten Mal aus der Bundesliga verabschiedet, Eintracht Braunschweig kickte seit 1993 sogar nur noch drittklassig. Die Menschen waren ausgehungert nach großen Fußballnamen. Sie hatten die Nasen voll von Herzlake, Delmenhorst, Fortuna Köln oder Waldhof Mannheim und wollten endlich wieder die Bayern sehen, die Dortmunder, die Schalker. Mit ihrem Aufstieg füllten die Wolfsburger diese Lücke, wobei sie aus Sicht vieler Fans eben zunächst tatsächlich "Sparringspartner für die Großen" waren. Ins VfL-Stadion ging man nicht, um den VfL zu sehen, sondern den Gegner. Und weil die Arena am El-

sterweg mit knapp 15.000 Plätzen arg klein war, brauchte man eben eine Dauerkarte, damit man keinen der "Großen" verpaßte. So einfach war das.

Das soll nun aber nicht heißen, der VfL Wolfsburg habe keine Fans, denn seit Beginn des sportlichen Höhenfluges vor rund zehn Jahren hat sich durchaus eine Fanszene entwickelt, die inzwischen auch treu und brav zu Auswärtsspielen reist. Freilich sind hier und dort Dinge zu entdecken, die erstaunen oder gar bedenklich stimmen. "VfL Wolfsburg – Das Beste im Norden", stand beispielsweise auf den Fahnen, die nach dem Aufstieg verkauft wurden. In Wolfsburg leidet man offensichtlich – trotz HSV, trotz Werder Bremen und trotz Hansa Rostock – nicht gerade an einem Mangel an Bescheidenheit. Ein wenig treffender verhält es sich mit den Fan-Schals. "VfL Wolfsburg – die Macht an der Aller" steht dort drauf, was wohl auch einen kleinen Seitenhieb an den inzwischen in die Viertklassigkeit abgerutschten Erzrivalen MTV Gifhorn darstellt. Und noch etwas fällt auf: Die Landesfarben Schwarz-Rot-Gold sind ausgiebig vertreten. Wo anderenorts vornehmlich in den Vereinsfarben gehaltene Produkte ohne stilisierte Deutschlandfahne üblich sind, suchte man in Wolfsburg vergeblich nach entsprechenden Kreationen. Selbst der Halswärmer der "Schlemmerbrüder", jenem Fan-Club, der auch schon zu tristen Oberligazeiten treu hinter den Grün-Weißen stand, ist mit Schwarz-Rot-Gold abgesetzt.

In Wolfsburg, allein durch das Volkswagenwerk sicherlich näher dran am deutschen Wirtschaftswunder als manch andere Stadt, gehört Nationalstolz scheinbar zum Credo - und das soll jetzt keineswegs ein erhobener Zeigefinger sein. Vermutlich ist es ohnehin eher ein rein zwangsläufiges Resultat der erst in den neunziger Jahren entstandenen Fankultur, die unter den seit einigen Jahren vorherrschenden reißerischen Bedingungen im deutschen Spitzenfußball geprägt wurde und die schwarz-rot-goldene Schals nicht wie anderswo kritisch hinterfragt. Nun sollte die Angelegenheit mit den deutschen Farben allerdings auch nicht überbewertet werden, denn die gibt es natürlich auch bei jedem anderen Bundesli-

gisten zu entdecken. Weniger häufig ist allerdings ein weiteres in Wolfsburg verbreitetes Phänomen: Dort war (und ist) es nämlich nicht verpönt, "nebenbei" Fan eines anderen Klubs zu sein. Vor allem die Bayern stehen hoch im Kurs, aber auch Schalke, Dortmund und Werder haben ihre Fans. Kaum verwunderlich, wenn man bedenkt, wo der VfL vor zehn Jahren noch kickte.

Wolfsburgs Fußballgeschichte vor dem 11. Juni 1997 kann in vier Phasen gegliedert werden, die sich allesamt nicht gerade durch Erfolgsdichte auszeichnen: 1.) 1947 bis 1963: Versuch, in die alte Oberliga zu gelangen bzw. sich dort zu etablieren. Von 1951 bis 1954 stand Amateurligist VfL viermal in Folge in der Aufstiegsrunde, schaffte es nur 1954, stieg 1959 nach fünf Jahren Dauerabstiegskampf wieder ab und kehrte nie zurück. 2.) 1963 bis 1974: Triste Regionalliga-Zugehörigkeit mit dem einsamen Höhepunkt der Teilnahme an der Bundesliga-Aufstiegsrunde des Sommers 1970, 3.) 1974 bis 1986: Verzweifeltes, nur 74/ 75 und 76/77 von zwei kurzen (und erfolglosen) Zweitligaabenteuern unterbrochenes Drittligadasein und schließlich 4.) der 1986 einsetzende Aufschwung, der mit dem Aufstieg in die 1. Liga seinen (vorläufigen?) Höhepunkt erreichte.

Daß die Wolfsburger dem Mittelmaß entkommen konnten, hat viel mit dem ortsansässigen Automobilwerk zu tun. Das mag den Leser aus naheliegenden Gründen nicht überraschen, entpuppt sich bei genauerem Hinsehen jedoch alles andere als selbstverständlich. VW und VfL war nämlich eine Verbindung, die keineswegs, wie immer mal wieder gerne behauptet wird, der Leverkusener "Ehe" Bayer-Werk/Bayer 04 ähnelte. Natürlich war die Werksleitung dem VfL stets wohlgesonnen - schließlich waren die Grün-Weißen Wolfsburgs Sportverein Nummer 1 und Klub zahlreicher Werksangehöriger. Doch mit Profifußball hatten die VWler lange Zeit nichts am Hut – und schon gar nicht mit den dazu erforderlichen Investitionen. VW setzte statt dessen auf Einzeldisziplinen und baute Wolfsburg lieber zum Olympiazentrum aus - was dem VfL immerhin weltweiten Ruhm einbrachte. Hildegard Falck beispielsweise sicherte sich 1972 in München die Goldmedaille über 800 Meter, Klaus Glahn holte beim selben Turnier die Silbermedaille im Judo.

Die Fußballer mußten sich derweil mit den Brosamen bescheiden. "Wir wurden einen halben Tag für das Training freigestellt", erinnert sich Wolf-Rüdiger Krause, einer der Leistungsträger jener Tage und wie viele

VfL-Kicker hauptberuflich bei VW beschäftigt, über die Vorteile und bedauert die VW-Zurückhaltung noch heute, denn "ich denke, als Vollprofis hätten wir damals schon erstklassig werden können". In dieselbe Kerbe schlug auch Dauertorjäger Wilfried "Wanze" Kemmer nach dem Zweitligaabstieg 1977: "Wir befanden uns gegenüber unseren Konkurrenten im Nachteil. Arbeiten und Fußball auf diesem Niveau vertragen sich nicht."

Schon in den sechziger Jahren, als sich der VfL erstmals angeschickt hatte das Fußball-Oberhaus zu erstürmen, hatte VW sich vornehm zurückgehalten. 1963 von Ex-Nationalspieler "Pipin" Lachner ins Endspiel um die deutsche Amateurmeisterschaft (0:1 gegen VfB Stuttgart Amateure) und die Regionalliga Nord geführt, waren die "Wölfe" daher weitestgehend auf ihr gutes Näschen für Talente sowie harte Arbeit angewiesen. Das VW-Werk verschaffte den Grün-Weißen nur insofern einen Vorteil, als es ihren Akteuren einen halbwegs sicheren Arbeitsplatz anbieten konnte, was in jenen Tagen durchaus gewissen Wert hatte. Sportlich konnte sich die VfL-Bilanz sehen lassen. 1964/65 machte man sich am

•
• Elsterweg erstmals Hoffnung auf Platz 2
• und damit die Teilnahme an der Aufstiegs-
• runde, doch das Team um Torhüter Winne-
• ke und das gefürchtete Sturmduo Jura/Kem-
• mer scheiterte an seiner Abwehrschwäche,

denn als Sechstplazierter wies der VfL mit 55:56-Toren ein negatives Trefferkonto auf! 1966 räumte Pipin Lachner den Trainerstuhl für den Ungar Imre Farkaszinski, unter dem erstmals so etwas wie Professionalität in Wolfsburg Einzug hielt. "Farkaszinski wollte eine Mannschaft aufbauen, die in die 1. Liga aufsteigen kann", erinnert sich Wolf-Rüdiger Krause, der seinerzeit vom frischgebackenen deutschen Meister Eintracht Braunschweig zum Regionalligisten VfL kam. Tatsächlich gelang es Farkaszinski in den folgenden Jahren gleich mehrfach, mit dem VfL um den Bundesligaaufstieg mitzuspielen. Am Ende fehlte den Allerstädtern jedoch regelmäßig das berühmte Quentchen Glück. 1967/68 beispielsweise führte die Elf um Fredi Rotermund, Manfred Wuttich und Ingo Eismann monatelang souverän die Tabelle an, ehe sie in die Krise kam und zwei Spieltage vor Serienende durch eine 1:2-Heimschlappe gegen Verfolger Göttingen 05 auf den undankbaren dritten Platz verdrängt wurde. 1969/70 klappte es - pünktlich zum 25jährigen Vereinsjubiläum – dann endlich. Am 18. Mai 1970 legten die in der Rückrunde großartig aufspielenden Wölfe vor über 6.000 begeisterten Zuschauer mit einem 7:0-Kantersieg über Olympia Wilhelmshaven (2x Wichmann, 2x Kemmer, je 1x Borutta, Matz und Krause) den Grundstein für die eine Woche später mit einem 2:0-Sieg bei Absteiger Concordia Hamburg endgültig gesicherte Teilnahme an der Aufstiegsrunde zur 1. Bundesliga.

Wolfsburg Stärke war das Konterspiel. Die als quirlig bezeichneten Außenstürmer Wichmann und Borutta sorgten im Verbund mit dem kopfballstarken Torjäger "Wanze" Kemmer für Gefahr vor dem gegnerischen Tor, während im Mittelfeld Ex-Amateurnationalspieler Krause und der frühere Werderaner Thun die Fäden zogen. Glanzstück der Farkaszinski-Elf war jedoch die Abwehr, die in 32 Saisonspielen ganze 35 Tore kassierte. Garanten dafür waren Torhüter Grünsch, einer der besten seiner Zunft, sowie der baumlange Wolfgang Matz, der die seinerzeit noch als "Ausputzer" bezeichnete Liberoposition besetzte. Obwohl der VfL unbestritten zu den stärksten Teams in Norddeutschland zählte, ging er nach

Aussage seines Vorsitzenden Heinz Pudenz als "krasser Außenseiter" in die Aufstiegsrunde, wo er sich jedoch "so teuer wie möglich verkaufen" wollte. Um es vorwegzunehmen: Allzusehr in die Höhe getrieben wurde der Preis der Wölfe-Haut nicht. Während die besten Fußballer der Welt im fernen Mexiko um die WM-Trophäe kämpften, mußten die Wolfsburger die bittere Erfahrung machen, von Erstligareife noch meilenweit entfernt zu sein. Schon nach dem Auftaktspiel in Offenbach, bei dem Kemmer einen heftig umstrittenen Elfmeter über das Tor semmelte und die Wölfe mit 1:2 verloren, fiel die Kritik vernichtend aus: "Wolfsburg spielte so bieder wie nur wer", lästerte der »kicker«, der zudem behauptete, daß die Niedersachsen "einem Schützenfest entgingen". Drei Tage später lagen die Wölfe daheim bereits mit 0:2 gegen den FK Pirmasens in Rückstand, als Krause und Thun zumindest noch für den Ausgleich sorgten. Zum Klassensprung war das natürlich viel zu wenig, und im dritten Spiel wurden die Wolfsburger Bundesligaträume dann auch endgültig zerstört. "Ein leichtes Spiel für den VfL Bochum. Das 4:0 ist, wenn man die haushohe Überlegenheit des Westmeisters zugrunde legt, noch schmeichelhaft für die Männer aus der Volkswagenstadt", fällte der »kicker« abermals ein vernichtendes Urteil. Insbesondere das Wolfsburger Mittelfeld um Klitzke und Thun hätte "auf der ganzen Linie enttäuscht". Enttäuschung herrschte am Elsterweg aber nicht nur wegen der sportlichen Pleite. Insgesamt waren zu den vier Heimspielen lediglich 26.000 Zuschauer gekommen – davon alleine 12.000 zum Auftaktspiel gegen Pirmasens. Im Sommer 1970 wurde dem VfL Wolfsburg brutal klar gemacht, daß er mit seinen bescheidenen Mitteln – kleines Stadion, wenig Zuschauer, geringe Prämien – einfach nicht mithalten konnte. Nicht umsonst war es das bis in die neunziger Jahre letzte Mal, daß er an das Bundesliga-Tor klopfte.

Es folgte eine Phase, die in der Vereinshistorie mit Konsolidierung umschrieben wird, und deren positivstes Resultat die Qualifikation zur 1974 eingeführten 2. Bundesliga Nord war. Darüber hinaus erfreute allenfalls die kontinuierlich sprudeln-

de Talentquelle die Fans. Aus ihr war auch Wolfgang Wallek gekommen, der elementar an einem der größten Erfolge jener Tage beteiligt war, indem er am 10. November 1973 im mit 13.000 Zuschauern ausverkauften VfL-Stadion mit zwei Toren fast im Alleingang für die erste Niederlage des mit 24:0-Punkten gestarteten Nachbarn Eintracht Braunschweig sorgte. Über den Rest deckt man besser den Mantel des Schweigens. 1974/75 stiegen die Volkswagenstädter sang- und klanglos in die Drittklassigkeit ab, zwei Jahre später hagelte es für die harmlosen Wölfe bei ihrem zweiten Zweitligaabenteuer 119 Gegentore, und ab 1977 dümpelten Diehl, Feuerhahn, Wallek, Kulla, Borutta, Eismann und die Speh-Brüder mehr oder weniger erfolglos und unter stetig sinkendem Zuschauerinteresse in den Niederungen des Drittligafußballs herum.

Dieser Zustand hielt bis weit in die achtziger Jahre an. Vergeblich bemühte sich das Führungsteam um den rührigen Fußballobmann Günther Brockmeyer, die allgegenwärtige Lethargie aufzubrechen. Doch weder regelmäßige Trainerwechsel noch zahlreiche personelle Umbrüche vermochten den VfL aus dem Mittelmaß zu reißen. Lediglich der anhaltende Fluß an ausgezeichneten Nachwuchsstürmern hellte die Mienen der Verantwortlichen gelegentlich auf. 1978 schaffte Bernd Krumbein den Durchbruch, 1979 war es "Siggi" Reich, 1981 Klaus Schäfer und 1983 Matthias Fiebich – Akteure, die später anderswo Karriere machten. Machen mußten, denn in Wolfsburg waren die Karrierechancen aus Gründen der geschilderten Lethargie arg begrenzt. Für die VfL-Fans waren es schwere Tage. Nachdem ihr Team 1978 unter dem zurückgekehrten Imre Farkaszinski ein letztes Mal erfolglos an der Aufstiegsrunde zur 2. Liga teilgenommen hatte, ging es steil bergab. 1979 stieg zu allem Übel auch noch der vom Ex-VfLer Wolf-Rüdiger Krause als Spielertrainer betreute Nachbar MTV Gifhorn in die Oberliga auf und rüttelte heftig an der seit Jahrzehnten unumstrittenen Führungsposition des VfL in der Aller-Region. Vier Jahre später zogen die Schwarz-Gelben aus Gifhorn erstmals in der Tabelle am großen Rivalen vorbei, derweil dem VfL unter Trainer "Wanze" Kemmer der Sturz in die Viertklassigkeit drohte. Wolfsburgs Fußballfans war das Schicksal des VfL – kaum einer sprach seinerzeit von "seinem" VfL – übrigens weitestgehend egal. 1981/82 war der Zuschauerschnitt erstmals unter die magische Tausendermarke gefallen (957). Auch die allmähliche sportliche Genesung unter Kemmer-Nachfolger Wolf-Rüdiger Krause, der 1985 aus Gifhorn zurückkehrte, konnte den Popularitätsverlust der Wölfe nicht stoppen. 1985/86 erreichte das Zuschauerinteresse mit 551 Zahlenden pro Spiel den Tiefststand der Vereinsgeschichte.

Um den freien Fall in die Bedeutungslosigkeit zu stoppen, versuchte man es mit Investitionen. 1986 kamen die früheren Braunschweiger Michael Geiger, Waldemar Josef und Frank Plagge, die den VfL zurück in die 2. Bundesliga schießen sollten. Da Nachbar Braunschweig zwölf Monate später passenderweise erstmals in die 3. Liga abstieg, bot sich den Wölfen plötzlich sogar die Chance, erstmals Nummer 1 in der Harz-Heide-Region zu werden. Doch daraus wurde nichts, denn nach einem spannenden Kopf-an-Kopf-Rennen sicherten sich die Braunschweiger die Meisterschaft und kehrten auf Anhieb in die 2. Liga zurück, während Vizemeister VfL in der Aufstiegsrunde kläglich scheiterte. Es

	Spielklassen
1963/64 – 73/74	Regionalliga Nord
1974/75	2. Bundesliga Nord
1975/76	Amateur-Oberliga Nord
1976/77	2. Bundesliga Nord
1977/78 – 91/92	Amateur-Oberliga Nord
1992/93 – 96/97	2. Bundesliga
seit 1997/98	1. Bundesliga

kam noch schlimmer. Obwohl mit dem früheren Kopfballungeheuer Horst Hrubesch ein namhafter Trainer verpflichtet wurde, blieben die Wölfe in den nächsten Jahren deutlich unter ihren Möglichkeiten und vergraulten mit zahlreichen indiskutablen Vorstellungen ihre gerade zurückgewonnenen Fans. Zwischen 1989 und 1990 halbierte sich der Zuschauerschnitt von knapp 1.300

auf 685.

1991 kam endlich die Wende, die, wie schon erwähnt, vom VW-Werk eingeleitet wurde. Freilich nicht absichtlich. Es verhielt sich schlicht und einfach so, daß mit Peter Pander ein im VW-Werk angestellter Kaufmann kostenfrei für die VfL-Fußballabteilung abgestellt wurde, um jener die schmerzlich vermißte Professionalität zu verschaffen. Was Pander, wie in jeder gängigen Bundesligatabelle nachzulesen ist, bestens gelang. Um sein Ziel zu erreichen, krempelte der einst bei Hannover 96 in der Jugend aktive und später beim TSV Heiligendorf dem runden Leder nachjagende Pander die Bereiche Transfers, Organisation und Marketing völlig um und brachte den VfL damit auf die Erfolgsspur. Doch Pander war nicht der einzige Erfolgsgarant. Im Juli 1990 hatte nämlich mit Ernst Menzel ein Mann das Training übernommen, der den Wölfen endlich das fehlende Selbstvertrauen eintrichterte und ihnen damit die Tür zum sportlichen Erfolg aufstieß. 1991 wurde der VfL erstmals Oberligameister, scheiterte allerdings in der anschließenden Aufstiegsrunde zur 2. Liga am FC Remscheid. 1991/92 war es dann soweit. Nachdem Erfolgstrainer Menzel wegen eines Streits mit der Vereinsführung von Uwe Erkenbrecher abgelöst worden war, gelangen dem Team um die Routiniers Olaf Ansorge, Heiner Pahl und Siggi Reich (21 Saisontore!) sowie die exzellenten Neuzugängen Bruno Akrapovic und Jacek Frackiewicz Titelverteidigung und Aufstieg. Am 13. Juni 1992 wurde mit einem 2:1-Sieg gegen den FC Berlin das "Wunder Wolfsburg" eingeläutet. Dank tatkräftiger Hilfe einiger Sponsoren (VW hielt sich noch immer merklich zurück) konnte der VfL das Abenteuer 2. Liga recht gelassen angehen. Mit Holger Ballwanz, Detlef Dammeier und Hans-Jürgen Brunner wurden drei erfahrene Akteure an den Elsterweg geholt, die gemeinsam mit den im Saisonverlauf verpflichteten Jann Jensen und Frank Lieberam den Grundstein zum Klassenerhalt legten. Erheblichen Anteil daran hatte auch Eckhard Krautzun, der im Saisonverlauf Meistermacher Erkenbrecher ablöste. Unter dem weltgewandten Krautzun legte der VfL sein noch immer etwas provinzielles Flair ab und stellte wenig später erstmals die Weichen in Richtung 1. Liga. Dabei kam den VW-Städtern der erneute Abstieg von Nachbar Eintracht Braunschweig in die Drittklassigkeit zugute, durch den sie erstmals Nummer 1 waren.

Daß die Wolfsburger nicht gewillt waren, sich mit dem Erreichen der 2. Liga zu begnügen, wurde in der Saison 1993/94 deutlich. Obwohl die Zweitligalizenz erst in letzter Sekunde durch eine konzertierte Rettungsaktion von Stadt und regionaler Wirtschaft (diesmal war auch VW dabei) gesichert worden war, stürmten die Krautzun-Schützlinge fröhlich ins obere Tabellendrittel und meldeten ernsthaft Aufstiegsansprüche an. Am Ende reichte es trotz eines mit Bilderbuchfußball herausgespielten 4:1-Abschlußsieges über Aufstiegsaspirant St. Pauli zwar nur zu Rang 5, was aber immerhin den bis dato größten Erfolg der Vereinsgeschichte darstellte. Allerdings hatten sich erste Risse im Wolfsburger Erfolgsgebäude gezeigt, denn Manager Pander und Trainer Krautzun wurden heftig kritisiert, weil sie Publikumsliebling Bruno Akrapovic zum Saisonende nach Mainz abschoben.

Nichtsdestotrotz war man am Elsterweg stolz auf das Erreichte – und das völlig zu Recht. Binnen zweier Jahre war aus dem biederen Drittligisten VfL ein ernstzunehmender Erstligakandidat geworden, dessen Flair sich – vor allem dank Trainer Krautzun – enorm gewandelt hatte. Und es ging weiter bergauf. Im September 1994 übernahmen die Grün-Weißen um die Neuzugänge "Pele" Wollitz und Stefan Meissner erstmals die Tabellenführung der 2. Liga und gingen als Herbstmeister in die Winterpause. Alle

Zeichen standen auf Aufstieg, als interne Turbulenzen ausbrachen und die erfolgsverwöhnten Krautzun-Schützlinge - der Trainer hatte auf eigenen Wunsch bereits einen Vertrag für die 1. Liga unterschrieben, da er "für eine weitere Zweitligasaison nicht zur Verfügung" stand - in die Krise gerieten. Nach einem 0:6-Debakel in Rostock am 1. April 1994 mußte Krautzun urplötzlich seinen Hut nehmen. "Wir hatten als Tabellenführer in der Winterpause unser Saisonziel neu formuliert: Aufstieg in die 1. Liga. Das war in Gefahr", begründete Manager Pander die umstrittene Maßnahme, durch die die Vereinsführung gehörig unter Druck geriet. Druck, dem die Mannschaft nicht standhielt. Am Ende reichte es nur zu Rang 4, worüber auch der sensationelle Einzug ins Pokalfinale (0:3 gegen Borussia Mönchengladbach) nicht hinweg trösten konnte.

Zunge raus, Blick starr auf den Ball: Wolfsburgs Stürmerstar Roy Präger

Zumindest hatte das Erreichen des Pokalfinales den VfL bundesweit in die Schlagzeilen gebracht, was positive Folgen für den wirtschaftlichen Bereich hatte. Längst war auch das VW-Werk auf das immense Werbekapital, das in einem erfolgreichen VfL steckt, aufmerksam geworden und hatte sich zunehmend engagiert. Darüber hinaus war die Führungsstruktur des noch immer unter Amateurbedingungen geführten Vereins den Erfordernissen im Profifußball angepaßt worden, und auch mit der überfälligen Renovierung sowie dem Ausbau des Stadions am Elsterweg war begonnen worden. Nach einer kurzen Schwächeperiode (Platz 12 in der Saison 1995/96) setzten die Wölfe ihren Erfolgsweg 1996/97 fort. Unter Willi Reimann, der am 23. Oktober 1995 das Training übernommen hatte, drang der in der Vorsaison nur knapp dem Abstieg entgangene VfL mit nahezu unverändertem Kader - Chad Deering und der Kroate Zoran Tomcic waren gekommen, Siggi Reich hatte seine Karriere beendet - erneut in die Spitzengruppe der 2. Liga vor und machte schließlich am eingangs erwähnten 11. Juni 1997 das "Wunder von Wolfsburg" komplett. Obwohl der VfL mit einem Achtmillionenetat zu den Underdogs zählte, verwies er damit so renommierte Klubs wie Eintracht Frankfurt oder den KFC Uerdingen auf die Plätze und stieg mit seinen fast ausschließlich bei anderen Klubs als "unbrauchbar" ausgemusterten Akteuren ("Die Rache der Entehrten", schrieb die »Sport Bild«) in die Bundesliga auf.

Der 5:4-Sieg über Mainz 05 krempelte Wolfsburg komplett um. Plötzlich wurde aus der mitleidig belächelten Fußball-Diaspora eine Fußballhochburg, die im Konzert der besten 18 mitmischte. Männer wie Roy Präger, Detlef Dammeier, Willi Reimann und Uwe Zimmermann wurden zu Volkshelden – und das in einer Stadt, in der die VfL-Fußballer jahrzehntelang nahezu unerkannt durch die Fußgängerzone hatten flanieren können. Zudem hatte der VfL die Fußball-Landschaft Ostniedersachsens umgekrempelt. Nicht mehr Hannover 96 oder Eintracht Braunschweig waren der Stolz der Region, sondern der VfL, den jahrzehntelang niemand wahrgenommen hatte. In Wolfsburg war derweil die Hölle los. Begierig warteten die Fans auf den Auftakt zur ersten Erstligasaison, während Menschen, denen der VfL stets egal gewesen war, sich mit grün-weißen Fan-Accessoires ausstatteten und für eine Dauerkarte anstanden.

Das "Wunder Wolfsburg" war (und ist) aber noch nicht beendet. Dank der inzwischen intensiven finanziellen Betreuung des ortsansässigen Automobilherstellers konnte Trainer Reimann sich ausgiebig auf dem Transfermarkt umschauen und seinem Zweitligakader Erstligareife verpassen. Vom HSV kamen Hiemann und Kovacevic, aus Prag Novotny, aus Leverkusen Reyna. Einziger Wermutstropfen war die Absage des Litauers Ivanauskas, dessen Frau gegen den Wechsel war und zudem mit ihrer Aussage, Wolfsburg sei eine "häßliche Stadt, in der man nicht leben könne", einen Finger in die mentale Wunde der Wolfsburger legte. Doch der Ärger und die Wut der Wolfsburger waren rasch verraucht, denn – Ivanauskas hin oder her – ihre vermeintlich häßliche Provinzstadt war nun erstklassig und gedachte es – allen Unkenrufen zum Trotz – auch zu bleiben. Dazu war freilich ein Trainerwechsel vonnöten. Am 14. März 1998 mußte Willi Reimann nach der 1:2-Heimschlappe gegen den KSC gehen, obwohl der VfL bis dato nicht einmal auf einem Abstiegsrang gelegen hatte. Unter Nachfolger Wolfgang Wolf sicherten sich die Grün-Weißen mit drei aufeinanderfolgenden 1:0-Siegen schließlich endgültig den Klassenerhalt.

Auch wenn der VfL inzwischen fest im Oberhaus etabliert ist und sich sogar Hoffnungen auf die Teilnahme an einem europäischen Wettbewerb machen kann, weist die Kombination "Wolfsburg und 1. Liga" noch immer außergewöhnliche Züge auf. Wie tief und stabil beispielsweise die Zuneigung der Einheimischen zum VfL ist, muß erst noch bewiesen werden. Allzu enthusiastisch ist sie offensichtlich (noch) nicht. Beim triumphalen 7:1 über Mönchengladbach beispielsweise, dem bislang höchsten Sieg der Wolfsburger Bundesligageschichte, verließen die Fans scharenweise schon vor dem Abpfiff das Stadion. Wo anderenorts Ehrenrunden und ausgelassene Partystimmung angesagt gewesen wären, ist es in Wolfsburg offensichtlich immer noch wichtiger, nach dem Spiel nicht in einen Stau zu geraten. Auch wenn die meisten inzwischen ins VfL-Stadion kommen, um den VfL zu sehen, ist Wolfsburg eben noch längst keine Fußballhochburg.

Hardy Grüne

Wuppertaler SV

Im Jahre 1979 erschien in Wuppertal ein kleines Heftchen mit der Aufschrift "Die Totsünden des WSV". Abgesehen von dem kleinen orthographischen Lapsus in der Überschrift handelte es sich um ein ebenso interessantes wie brisantes Pamphlet, das auf 60 Seiten die jüngste Geschichte des Wuppertaler Sportvereins analysierte. Herausgeber war Friedrich-Wilhelm Blasse, ein passionierter WSV-Fan und ehemaliges Mitglied des WSV-Verwaltungsrates. Was Blasse zu erzählen wußte, war mit spitzer Feder und oftmals beißender Ironie geschrieben ("Enthüllungen sind den Mächtigen nie sehr sympathisch, blinzeln sie doch oft, wenn das Licht der Sonne ihr im Dunkel zusammengekniffenes Auge trifft") und eine gnadenlose Abrechnung mit denjenigen, die der Herausgeber für den Niedergang des WSV verantwortlich machte. Der Zeitpunkt der Herausgabe war gut gewählt, denn der WSV war gerade auf dem Weg in die Drittklassigkeit - und das nur fünf Jahre nach dem Abstieg aus der 1. Liga.

Berg- und Talfahrt im Bergischen Land

Wie die Stadt Wuppertal, so ist auch der WSV das Ergebnis einer Vereinigung. Während Wuppertal 1938 jedoch in einem Rutsch aus Barmen und Elberfeld entstand, benötigte der WSV mehrere Fusionsschritte, um zu entstehen. Der letzte und entscheidende fand am 8. Juli 1954 statt, als sich der in Elberfeld ansässige SSV 04 – auch "Speckjäger" genannt - und die Vohwinkler Turn- und Sportgemeinde von 1880 – „Die Füchse" - vereinten. Das Resultat war der WSV, auf den sogleich ein ganzer Batzen unerfüllter Fußball-Hoffnungen Wuppertals gelegt wurde. Ähnlich hügelig wie die Geomorphologie der Stadt war nämlich auch ihre bisherige Fußballgeschichte gewesen: Höhen und Tiefen hatten einander abgewechselt, wobei die Talfahrten ein wenig häufiger vorkamen als die Höhenflüge.

Bundesligabilanz	
Bundesligajahre:	1972/73-74/75
Gesamt:	3 Jahre
Beste Plazierung:	Platz 4 (1972/73)
Ewige Tabelle:	Platz 34, 102 Spiele, 25 Siege, 27 Unentschieden, 50 Niederlagen, 136:200 Tore, 102 Punkte
Ø Plazierung:	Platz 12,7
Top-Spieler:	Gustav Jung (97), Erich Miß (87), Günter Pröpper (87), Herbert Stöckl (87), Heinz-Dieter Lömm (86)
Top-Torjäger:	Günter Pröpper (39), Gustav Jung (21), Jürgen Kohle (16), Franz Gerber (12), Manfred Cremer (11)

Das sollte sich nun ändern - und es änderte sich. Nur zwölf Monate nach seiner Gründung stieg der WSV bereits in die Oberliga West auf, aus der Vorläufer Vohwinkel 80 anno 1950 abgestiegen war. Zunächst hielten sich die "Löwen" – da man sich als Klub der Region verstand, war nicht der Wuppertaler, sondern der Bergische Löwe ins Vereinsemblem aufgenommen worden - durchaus achtbar, ehe 1958 ein wenig überraschend der Abstieg in die 2. Liga kam. Als der WSV vier Jahre später ins westdeutsche Oberhaus zurückkehrte, war der Bundesliga-Zug längst ohne ihn abgefahren. Wuppertal wurde stattdessen in die Regionalliga West eingereiht, warf im Pokal die Erstligisten Köln und Dortmund raus - und scheiterte 1964 in der Qualifikation zur Aufstiegsrunde sensationell am Südwestzwerg Pirmasens. 32.000 Fans waren geschockt, die Presse sprach davon, daß "der WSV den Westen blamiert" habe. Das tat er so schnell nicht wieder. 1965, 1966 und 1967 verpaßte der WSV nämlich mit großem Abstand die Aufstiegsrundenqualifikation und blamierte insofern nicht den Westen, sondern "nur" Wuppertal. Dabei war 1965 mit Adi Preißler extra jener Trainer geholt worden, der zwölf Monate zuvor Pirmasens zur Sensation gegen den WSV geführt hatte! Doch unter dem einstigen Dortmunder Regisseur glänzte das Team um den legendären Mittelläufer "Fifa" Augustat eher durch Unbeständigkeit denn durch Konstanz. Der WSV war wie die Straßen von Elberfeld: Mal steil, mal flach, aber immer aufregend. Einer der größten Verfechter Preißlers war übrigens Friedrich-Wilhelm Blasse, Herausgeber der eingangs erwähnten Broschüre. Der Legende nach soll er entscheidenden Anteil daran gehabt haben, daß Preißler auch zur Saison 1967/68 noch das Training der Löwen leitete – obwohl es in der abgelaufenen Saison eine Enttäuschung nach der anderen gegeben hatte und Preißler nach Ansicht von Kritikern "die Mannschaft nicht mehr im Griff hatte".

"Diese Saison wird mein Lebenswerk", frohlockte der im Amt Verbliebene zu Saisonbeginn, denn mit Plich, „Eisenschädel" Heese (beide Hamborn 07), Lutz (Spfr. Siegen) und dem Ex-Schalker Waschk hatte er gleich vier Spitzenathleten verpflichten können. Doch sein Lebenswerk hatte Preißler sich vermutlich anders vorgestellt. Nach 1:7-Startpunkten setzte es in Oberhausen sieben und in Bielefeld fünf Gegentreffer, woraufhin der WSV sich plötzlich am Tabellenende wiederfand und Preißler seinen Hut nahm. Kuno Klötzer, ein kurz zuvor unsanft in Düsseldorf abgeschobener Ostpreuße, übernahm und brachte den Löwen das Kämpfen bei. Nachdem der Klassenerhalt unter Dach und Fach war, wurden Nägel mit Köpfen gemacht. Für Klötzer kam der in Hannover entlassene Horst Buhtz, der zum Vater des Wuppertaler Aufschwunges werden sollte. Mit Buhtz kamen Straschitz, Gräber, Stöckl, Skrotzki, Bonn und Miß sowie der Iraner Adelkhani, mit denen es 68/69 zu Rang 5 langte. 69/70 ging es weiter bergauf. Aus Essen war ein junger Herr namens Günter Pröpper gekommen, vom FC Bayern München Gustl Jung und aus Neuendorf Torhüter Krätschmer. Letzterem bellte Buhtz übrigens beim Auftakttraining ein "ich wollte Sie nicht!" ins Gesicht: Fußball-Obmann Klewinghaus, der den mit Preißler gegangenen Blasse abgelöst hatte, hatte ihn eigenmächtig verpflichtet und Buhtz damit verärgert.

Allmählich wuchs der WSV nun zu einer Spitzenelf heran. Auch die Wuppertaler entdeckten ihr Herz für die Rot-Blauen und füllten das durch die Betonradrennbahn eigenartig aussehende Stadion am Zoo. 1969/70 reichte es hinter Bochum und Bielefeld bereits zu Platz 3. 1970/71 belegte der WSV abermals Platz 3, konnte damit aber nicht zufrieden sein. Am drittletzten Spieltag hatten nämlich einige eigentümliche Ereignisse Wuppertals Chancen auf Rang 1 bzw. 2 merklich reduziert. Während der WSV auf dem Aachener Tivoli nach einem krassen Fehler von Keeper Krätschmer zwei Minuten vor Schluß den 2:2-Ausgleich kassiert hatte, war Mitkonkurrent Bochum nach einem zwischenzeitlichen 1:2-Rückstand gegen Fortuna Köln durch einen Treffer aus der 94. Minute (!) noch als Sieger vom Platz gegangen und der Meisterschaft einen entscheidenden Schritt näher gerückt. Zwei Wochen später verließen die Bergischen trotz eines 4:1-Sieges mit hängenden Köpfen das Gütersloher Heidewaldstadion, denn Mitkonkurrent Düsseldorf hatte sie durch einen 3:1-Sieg über Neuss auch noch von Platz 2 verdrängt. Dem WSV blieb nur die Ehre des "besten Dritten, den es je gab". Und die Wut. 1971/72 war der Wuppertaler SV nicht mehr zu bremsen. Für das Tor hatte Buhtz mit Manfred Müller (Schwarz-Weiß Essen) einen Spitzenmann geholt, dazu kamen der Schalker Galbierz, Lütkebohmert aus Erkenschwick und Brune von Hannover 96. Ansonsten vertraute Buhtz auf sein eingespieltes Team um Lömm, Hermes, Stöckl, Kohle, Reichert, Cremer, Jung und Pröpper. "Schwächen?", gab er sich vor Saisonbeginn selbstbewußt, "gibt es bei uns nicht. Allerdings haben wir einige etwas labile Spieler in unseren Reihen, die nicht ständig in Bestform spielen". Das war offensichtlich kein Problem, denn die Spielzeit 70/71 wurde zu einem einzigen Triumphzug in Rot und Blau. Am 31. Oktober 1971 beispielsweise fertigten die Löwen Bundesligaabsteiger Rot-Weiß Essen in dessen eigener Arena mit sage und schreibe 5:0 ab, woraufhin der »kicker« "dieser WSV ist bundesligareif!" schwärmte. Mann des Tages war Günter Pröpper, der vier Treffer gegen seinen alten Klub erzielte. Wuppertals Kombinationsspiel lief auf höchsten Touren. Am Saisonende wiesen die Bergischen einen satten Sechs-Punkte-Vorsprung auf Verfolger Essen auf – doch der Gipfel stand noch bevor, denn mit nie zuvor erlebter Souveränität düpierte der WSV in der Austiegsrunde seine Gegner aus Osnabrück, Neunkirchen, Hof und von Tasmania Berlin. 16:0-Punkte holten die Buhtz-Schützlinge aus ihren acht Spielen, standen schon nach sechs Spielen vorzeitig als Aufsteiger fest und heimsten von allen Seiten Hochachtung und Bewunderung ein.

Buhtz' taktisches Konzept mit einem hängenden Linksaußen (Lömm), zwei Offensivverteidigern (Reichert und Cremer) und den ständig rotierenden Mittelfeldspielern Hermes, Stöckl und Kohle war glänzend aufgegangen. Das "HB-System" lebte aber vor allem von Torjäger Pröpper, der sich mit sagenhaften 52 Saisontoren - da träumte selbst Gerd Müller von - den Beinamen "Meister" redlich verdiente. Wuppertals Fußballhimmel hing voller Geigen. Das Team spielte auf dem Zenit seines Könnens,

die Zuschauer kamen in Scharen (Schnitt fast 18.000) und die heimische Wirtschaft stand eisenhart hinter den Löwen. Bei der Aufstiegsfeier auf dem Barmer Rathausvorplatz waren Stadt, Einwohner und Verein ein Herz und eine Seele. Nur Innenminister Hans-Dietrich Genscher, erklärter WSV-Fan, fehlte: Er war mit der Verfolgung der Baader-Meinhof-Bande beschäftigt. Wuppertals Erfolg war kein Produkt des Zufalls: "Man darf nicht verschweigen, wie sich die Stadt und heimische Industrie am Wiederaufbau des Vereins durch Spenden und Darlehen beteiligte. Vor allem die Stadtväter haben in den letzten Jahren mehrfach ein offenes Ohr und eine offene Hand für den WSV gezeigt", wies der »kicker« auf die großartigen Rahmenbedingungen hin.

In der Eliteliga ging der Siegeszug weiter. Am ersten Spieltag wurde Kaiserslautern mit einem 2:0 nach Hause geschickt, zwei Wochen später bekam Bochum im Stadion am Zoo drei Treffer eingeschenkt. Daheim waren die Rot-Blauen kaum zu schlagen. Nur Gladbach und Hannover 96 entführten beide Punkte aus dem Bergischen Land - dann aber mit 0:5 bzw. 0:4 auch gleich heftig. Trainer Buhtz ließ hemmungslosen Angriffsfußball spielen, der die Fans verzauberte und Aufsteiger Wuppertal auf Anhieb auf Rang 4 - und damit in den UEFA-Cup - bugsierte. Auch wenn dort gegen Ruch Chorzów bereits in Runde 1 das Aus kam, war Wuppertal erneut ein Hort der Glückseligkeit. Doch die Wurzeln zum Absturz waren schon gelegt. 1973/74 mußte der WSV bereits bis zum letzten Spieltag um den Klassenerhalt zittern. Daheim noch immer eine Bank, gab es auswärts nur einen kümmerlichen Sieg, was den Löwen um ein Haar das Genick gebrochen hätte. Erst neun Minuten vor Schluß der Saison sorgte Lömm mit seinem Treffer zum 2:2-Ausgleich in Stuttgart für den Klassenerhalt. Wuppertals Höhenflug war beendet. Das Team war hoffnungslos überaltert, denn im Rausch der Erfolge hatten die Verantwortlichen völlig vergessen, sich um den Nachwuchs zu kümmern. Hartnäckigen Gerüchten zufolge soll Buhtz allerdings auch nicht allzu sehr daran interessiert gewesen sein, neue Akteure in sein gewachsenes Team einzubauen. Meisen und Reichert beispielsweise trugen bereits seit 1963 das WSV-Trikot, Miß gar seit 1957 und "Meister" Pröpper war mit seinen 30 Jahren auch nicht mehr der jüngste, wiewohl er mit 21 (1972/73) bzw. 16 (73/74) Toren noch immer Garant für Punkte war. Trotzig wies Trainer Buhtz die Vorwürfe, sein Team sei zu alt, zurück und verwies auf seine eigene Karriere: Er war mit 33 noch in der italienischen Serie A und mit 37 noch als Spielertrainer in der Schweiz tätig gewesen. "Die Altersgrenze, die man mit 30 Jahren erreicht, ist eine psychologische Barriere. Es ist mehr das Wissen um das, das hemmt – wie bei einer Frau", war er überzeugt. Doch Wuppertal ging schweren Zeiten entgegen. Schon 1974/75 kam das Aus im Oberhaus. Trotz der Neuzugänge Dupke, Baake, Gerber, Geweke und Lausen mußte der WSV bis zum fünften Spieltag auf den ersten Sieg warten, dem im weiteren Saisonverlauf nur noch ein weiterer folgte. Dabei hatte es nach dem sensationellen 3:1 über den kriselnden Meister FC Bayern

Oktober 1974 mußte mit Horst Buhtz der Vater des Aufschwungs gehen. Nachfolger Bedl konnte nichts mehr retten. Unter seiner Leitung schöpften die Bergischen durch einen 2:0-Sieg über Mitkonkurrent Tennis Borussia Berlin am 21. Dezember 1974 zwar noch einmal kurzzeitig Hoffnung, die jedoch rasch zerplatzte. Wuppertals kräfteraubendes Spiel hatte seinen Tribut gefordert, das Buhtzsche HB-System war von der Konkurrenz entlarvt und entschärft worden. Doch das war noch nicht alles. "Es wurden Fehler gemacht, die auch heute noch jedem engagierten WSV-Freund das Wasser in die Augen treiben. Da ließ man mit Emil Meisen und Jürgen Kohle zwei Liberos ins Amateurlager ziehen, ohne für beide Ersatz zu haben. Da begann man als letzter Verein mit den Saisonvorbereitungen und erkannte auch nicht, daß sich Horst Buhtz und die Mannschaft gegenseitig abgeschliffen hatten, wie zwei Ehepartner, die sich nach zahllosen gemeinsamen Jahren nichts mehr zu sagen hatten", wies der »Sport Beobachter« auf grundsätzliche Probleme hin. Am 16. Juni 1975 verabschiedeten knapp 4.000 Treue den WSV aus der Bundesliga. Gegner war, wie drei Jahre zuvor im ersten Bundesligaspiel der Vereinsgeschichte, Kaiserslautern. Man trennte sich 3:3 unentschieden.

In der 2. Liga wollte der WSV von vorne beginnen – und machte neue Fehler. Nun wurde das Vollprofitum eingeführt, gegen das man sich in seinen drei Bundesligajahren so vehement gewehrt hatte. Der neue Trainer Diethelm Ferner wurde mit monatlich 9.000 Mark fürstlich entlohnt; die Stammelf mit wenigen Ausnahmen (Pröpper, Hermes, Müller, Gerber) komplett verkauft. Unter diesen Bedingungen nahm die Talfahrt des Wuppertaler SV dramatische Formen an. Schon im ersten Spiel gegen Wacker 04 Berlin kamen statt der anvisierten 15.000 Zuschauer lediglich deren 6.000, die immerhin einen 3:1-Sieg zu sehen bekamen. In der Folge kam der WSV über einen Mittelfeldplatz nicht hinaus, und als sich abzeichnete, daß der erhoffte direkte Wiederaufstieg nicht zu schaffen war, blieben die Zuschauer gänzlich aus. Am 23. Mai 1975 kamen gegen Bayer Leverkusen ganze 1.600 Fans - die Radrennbahn, in

---

1. Spieltag Saison 1963/64

Regionalliga West, 4. August 1963, Wuppertaler SV - Viktoria Köln 2:1, 7.000 Zuschauer - Helmut Domagalla, Manfred Paschke, Rolf Müller, Erich Haase, Günter Jäger, Vitus Sauer, Horst Arnrich, Manfred Reichert, Werner Tönges, Emil Meisen, Günter Nauheimer - Tore: 1:1 Tönges (46.), 2:1 Reichert (55.)

20. Spieltag Saison 1998/99

Regionalliga West/Südwest, 20. Dezember 1998, SC Verl - Wuppertaler SV 5:0, 1.080 Zuschauer - Jochen Gramse, Sven Backhaus, Ingo Menzel, Frank Wüster, Frank Klemmer, Richard Mademann, Sven Steup (76. Valdir Soares), Dirk de Wit, Christoph Dengel (36. Michael Blume/TW), Roland Wohlfarth (46. Sascha Lenhart), Gerrit Meinke - Rot: Gramse (36.), Backhaus (85.)

- noch geheißen, nun sei die Krise vorbei.
- Davon konnte jedoch keine Rede sein.
- Sechs Wochen später leuchtete nach einem
- 0:1 in Schalke – der Siegtreffer der Königsblauen fiel praktisch mit dem Schlußpfiff –
- erstmals die rote Laterne am Zoo. Am 20.

Erstligazeiten regelmäßig prall mit Menschen gefüllt und mit Stacheldraht zum Spielfeld hin abgegrenzt, zeigte symbolisch ihre häßliche Betonoberfläche.

1976/77 gab es ein Zwischenhoch. Herbert Burdenski hatte das Training übernommen, und die Mannschaft trotz der Abgänge Baake, Gerber und Müller – ohne die der finanzklamme WSV wohl keine Lizenz bekommen hätte – auf Tuchfühlung zu den Aufstiegsrängen gebracht. WSV-Fußballboß Günter Grobbel war das nicht genug. Während der WSV aussichtsreich um Platz 2 mitspielte, verhandelte er mit Erhard Ahmann über dessen Wechsel an die Wupper. Erbost protestierten Spieler, Fans und Medien. Vergeblich. Burdenski wurde abgeschossen (nachdem seine verunsicherte Mannschaft zuvor noch die Hoffnung auf Platz 2 verspielte) und Ahmann verpflichtet. Ganze fünf Monate hielt es den früheren Amateurnationalspieler am Zoo: Nach dem enttäuschenden 1:1 im prestigeträchtigen Nachbarschaftsduell gegen Union Solingen mußte er am 30. Oktober 1977 gehen. Der WSV belegte Platz 7, sein Zuschauerschnitt war von 12.500 (Saison 76/77) auf knapp 5.000 abgerutscht, und intern brodelte es an allen Ecken und Enden. Beispiel Finanzen: Aus der Bundesligazeit hatte man einen erklecklichen Schuldenberg mitgebracht, der sich in der 2. Liga auf rund 2 Mio. Mark erhöhte. Schon 1976 hatte es deshalb Probleme bei der Lizenzerteilung gegeben. WSV-Präsident Dieter Buchmüller war um seine Aufgabe nicht zu beneiden, mußte sich freilich auch gefallen lassen, gemeinsam mit Vorgänger Günter Fölsch als Mitverantwortlicher bezeichnet zu werden.

Wuppertals Finanzpolitik war atemberaubend. Wieviel Schulden der Klub tatsächlich aufwies, wußte niemand. Fakt war, daß bereits im November 1974 mit Willi Neuberger erstmals ein Spieler hatte verkauft werden müssen, um die Zahlungsfähigkeit zu erhalten, und das man 1976 kurzzeitig die Zahlungen an die Spieler hatte einstellen müssen. Anschließend war Wuppertal zum Tollhaus avanciert. Im Frühjahr 1976

Manchmal war das Stadion viel zu klein für Pröpper & Co.

beispielsweise hatte der frischgewählte Schatzmeister Dr. Peter Wülfing – ein Jungpolitiker, der den WSV als Sprungbrett in der Bundestag verstand – 700.000 Mark zur Abwendung des Konkurses zur Verfügung gestellt. Eine durchaus noble Geste, wenn da nicht die bis heute nicht verstummten Gerüchte, er habe deutlich überhöhte Zinsen genommen, gewesen wären...

1978/79 erreichte die Talfahrt neue Dimensionen. Erneut war mit Bernd Hermes ein Leistungsträger abgegeben worden, und unter dem neuen Coach Bernd Hoss waren die Bergischen frühzeitig in den Abstiegssumpf gerutscht. Nur dem Aufstieg von Vizemeister Uerdingen sowie dem Lizenzentzug für St. Pauli verdankten sie es, auch 1979/80 noch in der 2. Liga spielen zu dürfen. Jene Spielzeit war die vorerst letzte im Profilager. Schon nach wenigen Wochen stand fest, daß der WSV im Sommer 1980 unwiderruflich den Weg in die Drittklassigkeit antreten würde. Auch verzweifelte Hilferufe wie die eingangs erwähnte Broschüre oder eine Aktion "Jetzt erst recht WSV" konnten den totalen sportlichen und finanziellen Absturz nicht verhindern. Fünf Jahre nach dem Abstieg aus der Bundesliga stieg der WSV in die Oberliga ab. Zum letzten Auftritt der Bergischen Löwen gegen TeBe Berlin zahlten geschätzt 200 Fans ihren Obolus. Sie sahen eine 0:1-Niederlage.

Der Wuppertaler SV stand vor einem Scherbenhaufen. Sportlich konfrontiert mit Gegnern wie Langerwehe, Frechen 20 und Lokalrivale ASV Wuppertal, finanziell am Ende, von den Fans verlassen. Zudem gab es keine Hoffnung auf den direkten Wiederaufstieg, denn wegen Einführung der eingleisigen 2. Liga war der Aufstieg 1980/81 ausgesetzt. Immerhin bot der neuformierte Kader um die Torjäger Bakies und Hey diverse sehenswerte Partien, verspielte jedoch durch einige unnötige Heimniederlagen eine bessere Plazierung als Rang 3. Hoffnungsvoll ging der WSV in die Spielzeit 1981/82, in der unter Trainer Kalli Hoffmann der Aufstieg gelingen sollte. Doch die Rot-Blauen enttäuschten ihre durchschnittlich 1.349 Fans. Statt der Bergischen Löwen schaffte Nachbar BV Lüttringhausen, für den der Ex-WSVer Lothar "Tanne" Steinhauer 27 Tore erzielte, die Meisterschaft und stieg in die 2. Liga auf. Für Wuppertal ging es derweil weiter bergab. 1982 übernahm Ex-Torjäger Jonny Hey das Training, doch unter seiner Regie war der WSV nur noch ein Schatten seiner selbst: Platz 9. Wuppertal kam einfach nicht mehr in Schwung. 1983/84 trugen sich der aus Langerwehe gekommene Günter Delzepich sowie Ex-Profi Szymanek zwar jeweils 16mal in die Torschützenliste ein, doch in der Tabelle

vielmehr Ralf von Diericke. Der auch "Fußballbaron" genannte Stürmers geriet in Verdacht, die WSV-Geschäftsstelle überfallen und um einige tausend Mark erleichtert zu haben. „Einbruch" paßt auch zum weiteren sportlichen Werdegang der Blau-Roten. 1985/86 belegte der WSV nur Platz 12, und Trainer Pirsig mußte gehen. Trotz der schlechten Leistungen – ganze sieben Saisonsiege – waren die Fans unverändert ins Stadion am Zoo geströmt. Mit 1.736 Zuschauern belegte der WSV Rang 5. Zur Spielzeit 1986/87 kam ein alter Held zurück: Günter "Meister" Pröpper. Doch der einst gefeierte Torjäger hatte als Trainer eine unglückliche Hand. Zwar belegte der WSV am Saisonende Platz 2, doch ins Titelrennen hatte man praktisch nicht eingreifen können – nicht zuletzt, weil in der Rückrunde nur noch 13 von 34 Zählern geholt worden waren. Pröpper ging, Rolf Müller kam, doch Ex-Erstligist Duisburg unter Ex-WSV-Coach Detlef Pirsig war zu stark für den WSV. Kurz vor der Winterpause setzten sich die fulminant in die Saison gestarteten Rot-Blauen kurzzeitig an die Tabellenspitze, die sie jedoch wenig später an den MSV abgeben mußten, der sie anschließend bis zum Saisonende festhielt.

1988/89 wiederholte sich das inzwischen bekannte Spielchen: Trainer Müller ging, Dieter Tartemann kam, mit ihm zahlreiche frische Akteure, doch aus der Aufstiegsrundenteilnahme wurde wieder nichts. Am Ende sicherte sich der in der Aufstiegsrunde des Vorjahres gescheiterte MSV Duisburg erneut die Meisterschaft, gefolgt vom BVL Remscheid. Da halfen dem WSV auch die 18 Treffer des "Meister"-Sohnes Carsten Pröpper nicht. Das zehnte Jahr in der Oberliga wurde mit einem - surprise, surprise - Trainerwechsel eingeleitet. Wolfgang Jerat übernahm, doch erneut blieb der Erfolg aus, denn am mit Betonabwehr spielenden Nachbarn aus Remscheid (elf Gegentore!) gab es kein Vorbeikommen. 1992/93 war es dann endlich soweit. "Nächstes Jahr spielen wir in der 2. Bundesliga", hatte Präsident Runge, der aus dem WSV einen "Klub zum Anfassen" machen wollte, vor Saisonbeginn einmal mehr

---

Spielklassen

1963/64-71/72	Regionalliga West
1972/73-74/75	1. Bundesliga
1975/76-79/80	2. Bundesliga Nord
1980/81-91/92	Amateur-Oberliga Nordrhein
1992/93-93/94	2. Bundesliga
seit 1994/95	Regionalliga West/Südwest

---

reichte es nur zu Rang 3. Einziger Hoffnungsschimmer war der Zuspruch der Fans, der mit rund 2.250 zweitligareif war. 1984/85 sollte auch die sportliche Zweitligareife folgen. "Tanne" Steinhauer war aus Lüttringhausen zurückgekehrt, von Diericke aus Düsseldorf, und der seit 1984 am Zoo wirkende Trainer Detlef Pirsig sollte Garant für Erfolg sein: Er hatte 1982 schon Nachbar Lüttringhausen in die 2. Liga geführt. Am Ende sprang nur Platz 6 heraus. Der WSV machte dennoch Schlagzeilen – oder

behauptet – und diesmal behielt er Recht! Nach 15 Spielen ohne Niederlage sicherten sich die Jerat-Schützlinge Platz 1 und stiegen in die 2. Liga auf. Enormen Anteil daran hatte Torjäger Rudi Müller, der 18mal ins Netz traf und den nach Remscheid abgewanderten Carsten Pröpper damit vergessen ließ. Ein Zuschauerschnitt von rund 5.900 – das Verfolgerduell gegen den Erzrivalen RWE verfolgten alleine 20.000 Zuschauer – ließ auch Wuppertals Kassierer strahlen. Ganz ungetrübt war die Freude am Zoo allerdings nicht, denn Meistertrainer Jerat hatte schon vor vollzogenem Aufstieg beim 1. FC Köln unterschrieben und wurde vom Ex-Gladbacher Gerd vom Bruch ersetzt.

"Und jetzt wollen wir auch in zwei Jahren ganz nach oben", gab Präsident Runge vor Beginn der ersten Profisaison seit 13 Jahren ehrgeizige Ziele aus. Mit Tönnies und Straka hatte er ausgezeichnete Verstärkungen geholt, die den durchschnittlich von 8.200 Fans unterstützten Aufsteiger auf Anhieb auf Rang 13 katapultierten. Freilich waren vorher ein paar Späne gefallen. Im April 1993 hatte der WSV nämlich noch tief im Abstiegsstrudel gesteckt. Erst als Gerd vom Bruch durch den Ex-St. Paulianer Michael Lorkowski abgelöst wurde, war es gegangen. 1993/94 sollte es so weiter gehen. Mit den Zugängen Matysik und Schwinkendorf, die die wakkelige Abwehr verstärken sollten, ging Lorkowski optimistisch ins zweite Jahr. Ein Etat von 6,7 Mio. Mark sollte den mit knapp einer halben Mio. Mark verschuldeten Klub nach oben bringen. Doch die Fahrt ging in die entgegengesetzte Richtung. Für die Fans unfaßbar, verspielte der WSV auf

nahezu fahrlässige Art und Weise seine Zweitligazugehörigkeit und stieg völlig unerwartet in die Regionalliga ab. "Der Abstieg hat nicht nur an der Mannschaft, sondern vor allem am desolaten Vorstand gelegen", meinte ein nicht namentlich genannter Ex-Spieler gegenüber dem »Reviersport«.

Nun war das Wehklagen groß. Statt Kurs auf die Bundesliga aufzunehmen war man in den Amateurfußball zurückgefallen. Präsident Runge sprach von "Neuaufbau", doch die Fans waren stocksauer. 1994/95 mußte der WSV mit einem deutlich gesunkenen Zuschauerinteresse von nur noch 3.399 Fans pro Spiel auskommen und belegte mit einem völlig neuformierten Kader (nur acht Akteure waren geblieben) Rang 5 der neueingeführten Regionalliga West/Südwest. Anschließend gab es Jahr für Jahr dasselbe Schauspiel: Die WSV-Führung kündigte den Aufstieg an, kaufte und verkaufte Spieler nach Belieben – und erntete

Auf ihnen ruhte die Hoffnung einer ganzen Region. Wuppertals Zweitligakader 92/93. Hinten v. l.: Physiotherapeut Scherer, Ksienzyk, Müller, Juracsic, Vogt, Tönnies, Kindgen, Trabelsi. Mitte: Co-Trainer Schacht, Physiotherapeut Rückert, Muina, Straka, Sung Hong Wang, Klein, Torwarttrainer Diergardt, Glavas, Unmut, Zilles, Broos, Manager Techtewan, Trainer vom Bruch. Vorne: Reif, Beil, Kober, Lenz, Richter, Schmugge, Bieber, Pröpper

Enttäuschung. Akteure wie Breitzke, Sturm, Aerdken, Müller oder Schön konnten den WSV nicht aus dem Mittelmaß reißen. Mitunter legte man sich auch ein Eigentor ins Netz. Vor der Saison 1995/96 beispielsweise versprach Präsident Runge den Fans freien Eintritt für das zweite Heimspiel, wenn man die Auftaktpartie gegen Aachen nicht gewänne. Nun, der WSV gewann mit 4:1, und die Fans mußten gegen Homburg zahlen – wo sie eine 1:2-Heimschlappe sahen. Hohn und Spott war den Wuppertalern sicher. Sportlich lief es 95/96 ausgesprochen gut, doch kurz vor Saisonende brach der WSV urplötzlich ein und verspielte den sicher geglaubten Aufstieg. Negativhöhepunkt war die 2:7-Schlappe in Saarbrücken, bei der die mitgereisten Fans aus dem Staunen über die desolate Leistung und vor allem fehlende kämpferische Einstellung ihrer Elf nicht herauskamen.

Der abermals gescheiterte Aufstiegsversuch war Signal für einen erneuten Trainerwechsel. Nach mehr als zwei Jahren unter Werner Fuchs – für Wuppertaler Verhältnisse ein erwähnenswert langer Zeitraum – übernahm Ex-Meistermacher Wolfgang Jerat das Trainingszepter. Mit Heinen, Meinke, Hajradinovic, N'gombo, Simmes, Goulet und Manga konnte er gleich sieben Neuzugänge begrüßen, denen keine nennenswerten Abgänge gegenüberstanden. Dennoch trat Jerat auf die Euphoriebremse. "Wir sind kein Favorit. Uns fehlt es noch an der Klasse der Mannschaft. Nicht alle Spieler haben das Top-Niveau, um aufzusteigen. Manche Positionen sind noch nicht optimal besetzt". Vergeblich. Vom ersten Spieltag an standen die Bergischen unter Druck – und kamen damit nicht zurecht. Nach einer turbulenten Hinrunde belegte Titelkandidat WSV Weihnachten 1996 Rang 8 – viel zu wenig für die erwartungshungrigen Fans.

Im Stadion am Zoo brannte es mal wieder an allen Ecken und Enden. Die mitunter desolaten sportlichen Darbietungen hatten den Zuschauerzuspruch auf 2.350 sinken lassen und zahlreiche Sponsoren verärgert, woraufhin der WSV erneut heftige Finanzprobleme bekam. "Ich erlebe hier die schwerste Zeit, seit ich in Wuppertal bin. An allen Ecken wird Geld eingespart, werden Kosten reduziert", klagte Trainer Jerat, der wenig später Simmes und Weber ziehen ließ, um die klamme Vereinskassse überhaupt wieder flüssig zu bekommen.

Wuppertal blieb für Schlagzeilen gut. Mal ging es um eine eigentümliche Verbindung nach Rumänien, die zahlreiche Akteure an die Wupper führte, wo sie jedoch selten positiv auffielen, mal ging es um skurrile Marketingmethoden - wie im August 1997, als der WSV sein Saisonauftaktspiel gegen Münster live im Internet übertragen wollte, was ihm der DFB unter Androhung von 50 Mio. Mark Strafe untersagte - und immer wieder ging es um Trainer. Im November 1997 beispielsweise mußte Jerat-Nachfolger Höfer seinen Hut nehmen, weil er sich mit Präsident Runge angelegt hatte. Runge wollte daraufhin Wolfgang Sandhowe aus Ahlen holen, scheiterte jedoch am klammen Geldbeutel, woraufhin die „Billiglösung" Rudi Gores kam.

Der von den Fans nicht sonderlich geliebte Ex-Essener kam in ein Tollhaus. Der WSV war, schon wieder, pleite. Zum Heimspiel gegen Kaiserslauterns Amateure am 8. November 1997 erschien nicht mal mehr die Stadionzeitung, und sportlich ging es weiter bergab. Tiefpunkt war die 1:2-Heimschlappe gegen den designierten Absteiger Teveren. Anschließend wurde Publikumsliebling „Baba" N'Diaye nach Hannover verkauft, was Wuppertals Fans aber nicht vor einer erneuten Horrornachricht bewahrte. Am 26. Januar 1998 meldete die »Wuppertaler Zeitung« nämlich „WSV ist konkurs!" In einer konzertierten Aktion von Präsidium, Fans und Gönnern wurde zwar das Schlimmste verhindert, doch Wuppertal blieb ein Tollhaus. Kaum hatte Präsident Runge am 15. Februar 1998 anläßlich des Schlagerspiels gegen Rot-Weiß Essen verkündet, daß der Konkursantrag zurückgenommen und der WSV gerettet sei, trudelte die nächste Hiobsbotschaft am Zoo ein. Wuppertals 1:0-Sieg gegen RWE wurde für nichtig erklärt, weil die Spielgenehmigung des Südafrikaners Seleta gefälscht war.

1998/99 wurden mal wieder Nägel mit Köpfen gemacht. Aus dem Profibereich kamen Scherr, Dengel, de Wit, Wiesner, dazu der frühere Nationalspieler Wohlfarth. Mit einem 3-Mio.-Etat strebte der wenige Monate zuvor noch zahlungsunfähige WSV erneut die Zweitklassigkeit an - und ist abermals weit vom Erreichen entfernt. Trainer Gores hat längst gehen müssen, und Nachfolger Geschlecht dümpelt mit den Löwen im Mittelfeld herum.

Hardy Grüne

Die Autoren

Berthold Erb
Lebt in Ravensburg und ist Mitarbeiter beim Munzinger Sportarchiv. Lebt und leidet mit und schreibt über den Hamburger SV, das letzte noch in der Bundesliga verbliebene Gründungsmitglied.

Martina Ewald
Lebt in Kassel und ist beim AGON Sportverlag für den Bereich Herstellung und PR zuständig. Pflegt seit langem eine stille Vorliebe für die Roten Teufel aus Kaiserslautern, deren Historie sie in diesem Buch nachzeichnet.

Tobias Fuchs
Lebt in Neunkirchen/Saar, ist freier Mitarbeiter bei der Saarbrücker Zeitung und Experte für den saarländischen Fußball. Als solcher berichtet er über den 1. FC Saarbrücken, den FC Homburg und seinen Lieblingsverein Borussia Neunkirchen.

Hardy Grüne
Lebt in Göttingen und versteht sich als aktiver Verfechter des „Fußballs zum Anfassen". Nicht nur deshalb regelmäßiger Besucher der Spiele von Göttingen 05. Diverse Veröffentlichungen, wie beispielsweise die zweibändige „Enzyklopädie des deutschen Ligafußballs". Ist Herausgeber dieses Buches und verantwortlich für diverse Kapitel.

Uli Homann
Lebt in Witten und ist Chefredakteur von RevierSport. Königsblau im Herzen, schreibt er über die „Seele des Reviers", den FC Schalke 04. Außerdem stammen die Beiträge über den VfL Bochum und Rot-Weiß Essen aus seiner Feder.

Wolfgang Knöß
Lebt in Darmstadt, ist als Sportjournalist beim Darmstädter Echo tätig und seit 20 Jahren treuer Wegbegleiter der Lilien, über deren Weg durch die Ligen er in diesem Buch schreibt.

Lutz Küpper
Lebt in Alsdorf, ist in dem Jahr geboren, in dem der Aachener Alemannia ungerechtfertigterweise die Aufnahme in die Bundesliga verweigert wurde und schreibt genau über das - und alles andere, was im Zusammenhang mit Alemannia wichtig ist.

Bruno Morbitzer
Lebt in Köln, wo er in einer Buchhandlung tätig ist. Passionierter Anhänger der Kölner Geißböcke, deren derzeitige Krise er mit Schrecken verfolgt und über deren glorreiche Vergangenheit er in diesem Buch schreibt.

Michael Müller-Möhring
Lebt in Köln und arbeitet als freier Autor und Lektor im Bereich Fußball. Erlangte höheren Bekanntheitsgrad durch die Pionierwerke „1.000 Tips für Auswärtsspiele" und „1.000 Tips Europacup". Lebt, leidet und schreibt gemeinsam mit Andreas Schulte über Fortuna Köln; darüber hinaus stammt der Beitrag über Bayer Leverkusen aus ihrer gemeinsamen Feder.

Dirk Pieczek
Lebt in Duisburg, wo er als freier Autor derzeit an einem umfangreichen Werk über den MSV arbeitet (Erscheint 2000). War einst Jugendtorwart bei Beeck 05, ist heute Innenverteidiger bei Adler Osterfeld III und schreibt gemeinsam mit Jörg Chonrat Riederer über die Leidensgeschichte der Duisburger Zebras.

Volker Preilowski
Lebt in Kassel und arbeitet als freier Journalist. Autor mehrerer Fußballbücher (u.a. EM 1972) und Beobachter von Hessens Stolz, der Frankfurter Eintracht. Obwohl der Sportwissenschaftler meist über das „runde Leder" berichtet, gilt seine private Vorliebe dem kleinen Zelluloidball.

Jörg Chonrat Riederer
Lebt in Duisburg, wo er als freier Autor derzeit an einem umfangreichen Werk über den MSV arbeitet (Erscheint 2000). War einst rechter Läufer bei Beeck 05 und schreibt gemeinsam mit Dirk Pieczek über die Leidensgeschichte der Duisburger Zebras.

Andreas Schulte
Lebt in Köln und sympathisiert ein wenig mit Bayer 04 Leverkusen, deren Aufschwung er im Verbund mit Michael Müller-Möhring nachzeichnet. Im Gegenzug haben beide dann auch über die Kölner Fortuna geschrieben.

Gernot Speck
Lebt in Tönisvorst, ist Mitarbeiter bei einigen Fortuna-Fanzines und seit Jahren treuer Wegbegleiter der Düsseldorfer, über deren Geschichte er in diesem Buch schreibt. Herausgeber des im Sommer 1999 im AGON Sportverlag erscheinenden „alternativen Saisonrückblick der Fanzines".

Sven Taucke
Lebt in Göttingen und hilft den dortigen 05ern bei der Legendenbildung. Hat eine längere Bremer Vergangenheit und läßt sich demzufolge über den SV Werder aus.

Matthias Weinrich
Lebt in Kassel und ist Lektor beim AGON Sportverlag. Passionierter und leidenserprobter Anhänger von Borussia Mönchengladbach, an deren glorreiche Geschichte er erinnert.

Steffie Wetzel
Lebt in Offenbach und schwankt zwischen der Frage, was süßer ist: Schokolade oder Kickers Offenbach. In diesem Buch ist es der OFC, dessen Geschichte sie wiedergibt.

Ein herzlicher Dank geht an Manfred Schermoly für die Zurverfügungstellung diverser Materialien über die Geschichte des SC Tasmania 1900, sowie Stefan Peters (Braunschweig) und Oliver Sauer (St. Pauli) für inhaltliche Beratung.